사회

파워특강
사회

개정1판 발행   2024년 02월 23일
개정2판 발행   2025년 01월 10일

편 저 자 | 공무원시험연구소
발 행 처 | (주)서원각
등록번호 | 1999-1A-107호
주   소 | 경기도 고양시 일산서구 덕산로 88-45(가좌동)
교재주문 | 031-923-2051
팩   스 | 031-923-3815
교재문의 | 카카오톡 플러스친구 [서원각]
홈페이지 | www.goseowon.co.kr

2000년대 들어와서 꾸준히 이어지던 공무원 시험의 인기는 현재에도 변함이 없으며 9급 공무원 시험 합격 선이 꾸준히 상승하고 높은 체감 경쟁률도 보이고 있습니다.

최근의 공무원 시험은 과거와는 달리 단편적인 지식을 확인하는 수준의 문제보다는 기본 개념을 응용한 수능형 문제, 또는 과목에 따라 매우 지엽적인 영역의 문제 등 다소 높은 난도의 문제가 출제되는 경향을 보입니다. 그럼에도 불구하고 합격선이 올라가는 것은 그만큼 합격을 위한 철저한 준비가 필요하다는 것을 의미합니다.

사회는 많은 수험생이 선택하고 고득점을 목표로 하는 과목으로 한 문제 한 문제가 시험의 당락에 영향을 미칠 수 있는 중요한 과목입니다. 방대한 양으로 학습에 부담이 있을 수 있지만, 시험의 난도 자체가 높은 편은 아니므로 빈출 내용을 중심으로 공부한다면 고득점을 얻을 수 있습니다.

본서는 광범위한 내용을 체계적으로 정리하여 수험생으로 하여금 보다 효율적인 학습이 가능하도록 구성하였습니다. 핵심이론에 더해 해당 이론에서 출제된 최신기출문제를 수록하여 실제 출제경향 파악 및 중요 내용에 대한 확인이 가능하도록 하였으며, 출제 가능성이 높은 다양한 유형의 예상문제를 단원평가로 수록하여 학습내용을 점검할 수 있도록 하였습니다.

신념을 가지고 도전하는 사람은 반드시 그 꿈을 이룰 수 있습니다. 서원각 파워특강 시리즈와 함께 공무원 시험 합격이라는 꿈을 이룰 수 있도록 열심히 응원하겠습니다.

Structure

step 1

핵심이론 정리

방대한 양의 기본이론을 체계적으로 정리하여 필수적인 핵심이론을 담았습니다. 사회를 법과 정치, 경제, 사회·문화로 구분하여 체계적으로 이해하기 쉽도록 구성하였습니다. 서원각만의 빅데이터로 구축된 빈출 사료를 수록하여 이론학습과 동시에 문제 출제 포인트 파악이 가능합니다.

step 2

기출문제 파악

공무원 시험에서 가장 중요한 것은 기출 동향을 파악하는 것입니다. 이론정리와 기출문제를 함께 수록하여 개념이해와 출제경향 파악이 즉각적으로 이루어지도록 구성했습니다. 이를 통해 문제에 대한 이해도와 해결능력을 동시에 향상시켜 학습의 효율성을 높였습니다.

step3

예상문제 연계

문제가 다루고 있는 개념과 문제 유형, 문제 난도에 따라 엄선한 예상문제를 수록하여 문제풀이를 통해 기본개념과 빈출이론을 다시 한 번 학습할 수 있도록 구성하였습니다. 예상문제를 통해 응용력과 문제해결능력을 향상시켜 보다 탄탄하게 실전을 준비할 수 있습니다.

step 4

최신기출문제 수록

최근 시행된 국가직 및 지방직, 서울시 기출문제를 수록하였습니다. 최신 기출동향을 파악하고 학습된 이론을 기출과 연계하여 정리할 수 있습니다.

step 5

반복학습

반복학습은 자신의 약점을 보완하고 학습한 내용을 온전히 자기 것으로 만드는 과정입니다. 반복학습을 통해 이전 학습에서 확실하게 깨닫지 못했던 세세한 부분까지 철저히 파악하여 보다 완벽하게 실전에 대비할 수 있습니다.

1. 이론 정리
사회 핵심이론을 이해하기 쉽게 체계적으로 요약하여 정리했습니다.

2. 기출문제 연계
이론학습이 기출문제 풀이와 바로 연결될 수 있도록 이론과 기출문제를 함께 수록하였습니다.

문제유형파악

1. 단원별 예상문제
기출문제 분석을 통해 예상문제를 엄선하여 다양한 유형과 난도로 구성하였습니다.

2. 핵심을 콕!
핵심이론을 반영한 문제 구성으로 앞서 배운 이론복습과 실전대비가 동시에 가능합니다.

3. 친절한 해설
수험생의 빠른 이해를 돕기 위해 세심하고 친절한 해설을 담았습니다.

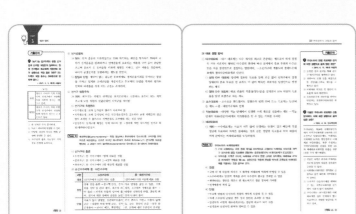

이론팁

1. 포인트 팁
학습의 포인트가 될 수 있는 중요 내용을 한눈에 파악할 수 있도록 구성하였습니다.

Contents

01 법과 정치

02 경제

03 사회 · 문화

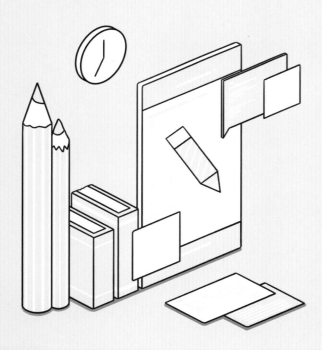

01

법과 정치

01 민주정치와 법

문 다음 질문에 대한 (가)와 (나)의 답변은 정치의 의미를 이해하는 다른 방식을 나타낸다. 이에 대한 설명으로 옳은 것은?

▶ 2021. 4. 17. 인사혁신처

질문	(가)	(나)
쓰레기 분리수거 문제로 갈등을 겪고 있는 아파트 입주민들의 회의를 정치 현상으로 보는가?	예	아니요

① (가)는 다원화된 현대 사회의 정치 현상을 설명하기 어렵다.
② (가)는 공공시설 설치 지역 선정을 둘러싼 지방자치단체 간의 갈등을 정치 현상으로 본다.
③ (나)는 가족 간 유산 상속을 둘러싼 갈등을 정치 현상으로 본다.
④ (나)는 국회의원의 입법 활동을 정치 현상으로 보지 않는다.

| 정답 ②

section 1 정치의 의미와 기능

(1) 정치의 의미

① 넓은 의미의 정치
  ㉠ 한정된 자원을 민주적인 방식으로 배분하여 사회 구성원들 사이의 갈등을 합리적으로 해결해 나가는 과정
  ㉡ 공동체의 의사 결정 : 국가나 집단이 스스로의 의사를 결정하는 과정
  ㉢ 일정한 권위를 가지고 유한한 사회적 희소가치를 공정하고 합리적으로 배분하는 활동

② 좁은 의미의 정치
  ㉠ 국가나 정부에 한정된 권력적인 활동
  ㉡ 정치인들에 의해서 이루어지는 정치 과정

(2) 정치를 보는 관점

① **국가현상설** … 정치를 국가 특유의 현상으로 보고, 정치를 국가와 관련된 일을 결정하는 사람들의 활동이라고 보는 견해로써, 특히 사회질서를 유지하기 위해서 물리적인 강제력이 필요한데, 이러한 강제력을 국가만이 갖는다고 봄

② **집단현상설** … 정치현상을 국가를 포함한 모든 인간 사회 집단에서 발생하는 현상으로 여기는 것으로 정치를 모든 집단이나 사회 영역에 있어서의 권력의 형성, 분배 및 행사와 관련된 현상을 말함

(3) 정책결정과 결정의 정당성

① **정책결정** … 공공목표의 달성 및 공공문제의 해결을 위한 정부의 활동방향을 뜻한다.

② **정책결정의 정당성**
  ㉠ 의의 : 일부 집단이 아닌 대다수 시민의 이익 또는 공익에 부합하도록 정책결정을 하여야 한다.
  ㉡ 부당한 정책결정에 대한 저항권
    • 저항권 행사의 요건 : 정부가 시민의 의사에 배치되는 정책결정을 내렸을 경우, 시민은 주권자로서 저항권을 행사할 수 있으며, 이는 로크의 저항권 사상을 근거로 한다.

• 저항권 행사의 유의점 : 저항권 행사는 국가권력의 행사가 불법이라는 것이 객관적으로 명백할뿐만 아니라, 그것을 구제할 수 있는 다른 방법이 없는 경우에 최후의 수단으로 이용되어야 한다.

(4) 정치의 기능

① 사회적 갈등 해결 및 질서유지 … 홉스에 따르면 자연 상태는 '만인의 만인에 대한 투쟁 상태'이며 국가는 이러한 상태를 극복하기 위한 인위적이고 정치적인 산물로, 국가 작용인 정치 역시 이러한 기능을 한다고 본다.

② 지배와 통제 … 근대 시민사회의 성립 이후 20세기 초까지는 입법·사법·행정 작용을 중심으로 국가의 정치 기능을 이해하였다.

③ 정부 정책의 감시와 비판 및 정치적 의사 형성 … 시민단체 등 여러 집단의 정치 참여가 활발한 오늘날에는 다양한 정치의 기능이 생겨나고 있다.

④ 규범적 기능 … 사회적 조건을 개선하고 바람직한 미래의 비전을 제시한다.

section 2 민주주의의 원리와 유형

(1) 민주주의의 이념

① 민주주의의 의미

　㉠ 민주주의 : 고대 그리스어의 demos(민중)와 kratos(권력)의 합성어로, 다수의 민중이 지배하기도 하고 지배받기도 하는 정치형태를 의미한다.

　㉡ 고대 그리스 아테네의 민주주의 (정치형태로서의 민주주의)

　　• 주권이 국민에게 있고 국민을 위하여 정치를 하는 제도로서 귀족제, 군주제 또는 독재체제에 대응되는 정치형태

　　• 민회와 평의회를 통한 직접 민주정치가 이루어졌다.

　　• 아테네의 직접 민주정치는 소규모 공동체였기 때문에 가능했다.

　　• 여자와 노예 그리고 외국인은 정치에 참여할 수 없는 제한된 민주주의였다.

　㉢ 근대 민주주의

　　• 시민혁명 이후 민주주의로 기본적 인권이 보장되는 실천원리로 작용하였다.

　　• 재산소유정도에 따라 선거권이 결정되어 다수의 노동자, 농민, 빈민들의 정치참여가 제한되었다.

　　• 노동자, 농민, 빈민들이 참정권 획득운동을 전개하였다. (차티스트, 여성 참정권 운동 등)

(가) 자연상태는 만인의 만인에 대한 투쟁 상태이다.
(나) 자연상태는 평화롭지만, 개인의 권리가 안전하게 보장받지 못한 상태이다.
(다) 자연상태는 평화로운 상태지만, 신분이나 재산에 따라 불평등 관계에 놓일 수 있다.

① (가)는 사회구성원이 자연권 일부를 통치자에게 양도하는 계약을 체결하였다고 주장하였다.
② (나)는 인간의 권리를 국가에 양도할 수 없다고 주장하였다.
③ (다)는 인간의 본성이 이기적이라고 보았다.
④ (가)와 (나)는 시민에게 적극적인 자유를 보장해야 한다고 주장하였다.
⑤ (나)와 (다)는 국민이 주권을 가져야 한다고 주장하였다.

정답 ⑤

ⓔ 오늘날의 민주주의
  • 국가 의사결정을 국민의 합의에 두는 특정한 정치형태라는 의미(정치형태로서의 의미)
  • 자유, 평등과 같은 기본이념을 민주적 방식으로 실현시킨다는 의미(사회구성원리로서의 의미)
  • 국민의 정신적 자세, 생활태도, 행동양식 등을 민주적으로 수행하는 생활양식이라는 의미(생활양식으로서의 의미)

② 자유와 평등
  ㉠ 사회계약설 : 자연법론자들에 의하여 주장된 것으로 국가가 결성되기 이전의 상태에서 개인은 아무런 제약이나 차별 없이 평등했으며, 국가의 결성은 자유 · 평등한 사람들 간의 계약에 의해 이루어졌다는 것으로, 권력보다 자유를 우선시했다.
  • 홉스 : 인간본성은 이기적이어서 '만인에 대한 만인의 투쟁' 상태이므로, 자기보전을 위해 동의를 하고 권리를 국가에 양도하는 것이다.
  • 로크 : 시민의 권리가 탐욕스런 사람에 의해 침해당하는 것을 방지하기 위해 계약을 맺고 국가를 구성하는 것이다.
  • 루소 : 자신의 잠재력을 최대한 발휘하기 위해 자발적으로 정치공동체에 참여하며, 시민은 양도하거나 나눌 수 없는 주권을 행사한다.

구분	홉스	로크	루소
인간 본성론	성악설	백지설(성무성악설)	성선설
자연 상태	만인의 만인에 대한 투쟁 상태	대체로 편안한 상태이나 자연법을 위반한 사람들 때문에 정쟁 발생	고립된 상태에서는 자유로우나 집단이 만들어지면서 불평등 발생
계약방식	전부양도	일부양도	양도불가
주권이론	군주주권론	국민주권론 (간접 민주주의)	국민주권론 (직접민주주의)
저항권	인정하지 않음	인정함	
국가형태	절대 군주국	입헌 군주국	민주 공화국
특징	자신의 보존을 위해 무엇이든 할 수 있는 권리를 지는 자연법이 부여	자연 상태의 권리를 두 개로 나눔→생명, 자유, 재산은 양도 불가능, 재재의 권리는 양도가능	일반 의지에 바탕을 두고 국가를 구성→국가에 복종하는 것이 자신에게 복종하는 것과 동일함

  ㉡ 자유권의 발달 : 자연권을 근거로 신앙, 양심의 자유가 요구되었다.

ⓒ 자유권의 변천 : 소극적 자유에서 적극적 자유로 변화하였다.

소극적 의미의 자유	적극적 의미의 자유
• 국가 권력의 억압이나 간섭으로부터 벗어날 권리라는 의미로 근대적 의미의 자유를 의미 • ~로부터 간섭을 받지 않고 자유롭게 되는 것	• 국가나 공동체 운영에 참여하는 권리를 포함하는 현대적 의미의 자유를 의미 • ~을 할 수 있거나 요구할 수 있는 자유를 가리킴

ⓔ 평등권의 변천 : 신 앞에서의 평등에서 법 앞에서의 평등으로 변화하였다.

ⓜ 평등의 의미 변천

절대적, 형식적, 기계적 평등		상대적, 실질적, 비례적 평등
17, 18세기적 평등으로 개인의 능력과 형편을 고려하지 않는 무조건적인 평등을 의미 예 정치적 권리(선거권), 각종 청구권(재판을 받을 권리) 등	→ 19세기 이후 독과점의 횡포로 인한 빈부격차 심화	20세기 현대 복지국가의 평등으로, 사회적 약자를 배려할 때 달성되는 평등을 의미 예 남녀고용평등법, 장애인 복지법, 누진세, 재범에 대한 누진 처벌

(2) 민주주의와 기본권

① 기본권
   ㉠ 인간존중 : 인간이라는 그 자체만으로도 존중되어야 한다.
   ㉡ 기본적 인권 : 프랑스인권선언, 세계인권선언 등이 대표적이다.

② 기본권의 변천
   ㉠ 자유권적 기본권 : 프랑스인권선언의 영향을 받아 국가권력으로부터 개인의 자유를 보장하고자 한 것으로 신체의 자유, 종교의 자유, 재산권의 보장 등이 그 핵심이다.
   ㉡ 참정권 : 정치적으로 소외되었던 시민들의 지속적인 선거권 획득을 위한 운동의 결과로 20세기에는 보통선거가 확립되었다.
   ㉢ 사회권적 기본권 : 산업혁명 이후 인간적인 삶을 누리지 못하는 노동자가 생겨나면서 관심을 갖게 되었으며, 사회 혼란을 막고, 사회적 약자를 보호하고자 한 것이다. 독일의 바이마르 헌법에서 최초 규정되었으며, 교육의 권리, 근로의 권리, 사회보장을 받을 권리 등을 그 기본으로 한다.

(3) 민주주의의 운영원리

① 다수결의 원리
   ㉠ 소수의 판단보다 다수의 판단에 따르는 것이 보다 합리적이라는 가정 아래 다수결의 원리가 채택되고 있다.

기출문제

🔲 밑줄 친 ㉠, ㉡에 대한 설명으로 옳은 것은?
▶ 2017. 4. 8. 인사혁신처

자유는 소극적 자유와 적극적 자유로 나뉜다. 소극적 자유는 국가 권력으로부터 구속이나 강제를 받지 않는 '국가로부터의 자유'를 의미한다. 이와 달리 적극적 자유는 국가 운영에 참여할 수 있는 ㉠ '국가에의 자유'와 인간다운 삶을 누릴 자유인 ㉡ '국가에 의한 자유'로 구분된다.

① ㉠에는 환경권과 보건권이 포함된다.
② 우리 헌법에 규정된 국민의 공무 담임권은 ㉠을 보장하기 위한 것이다.
③ ㉡은 역사가 가장 오래된 핵심적 권리이다.
④ 자본주의가 발달한 현대 사회에서는 ㉡의 필요성이 점차 줄어들고 있다.

| 정답 ②

㉡ 만장일치가 현실적으로 불가능하기 때문에 다수가 찬성하는 쪽으로 의사결정을 하는 것이 보다 합리적

㉢ 다수결의 전제조건

- 성원의 평등성 : 1인 1표주의
- 성원의 자율성
- 의견의 상대성 인정과 소수의 의견 존중
- 충분한 토론 및 설득과정

㉣ 한계 : 옳고 그름을 결정하는 것이 아니라 행동의 방향을 결정하는 것에 불과함.

㉤ 올바른 소수의 의견이 배척받는다면 다수결에 의한 민주주의는 수에만 의존하는 중우정치로 전락하게 됨

② 비판, 타협, 관용

㉠ 비판 : 보다 창조적인 것을 낳기 위한 인고의 과정으로서, 민주사회에서는 빼놓을 수 없는 생활태도이다.

㉡ 타협 : 구체적인 목적에 대한 각자의 처지를 서로 조정함으로써 대립관계를 해소하는 기술이다.

㉢ 관용 : 타인과의 공존을 인정하고, 다른 사람의 의견을 수용하는 등 능동적이고 개방적인 자세를 말한다.

(4) 민주주의의 원리

① 국민주권

㉠ 군주 주권 : 왕권신수설을 바탕으로 군주에게 주권이 있다는 주장

㉡ 국민 주권 : 국가의 의사를 최종적으로 결정할 수 있는 최고의 권력인 주권이 국민에게 있음

㉢ 국민 주권설의 의의 : 국가의 주권은 국민에게 있고, 모든 국가 권력의 성립과 행사는 국민의 동의를 바탕으로 해야 정당함

② 대의제의 원리

㉠ 의미 : 국민이 직접 선거로 뽑은 대표로 하여금 국민의 의사를 대신하도록 하는 원리 → 간접 참여를 통한 주권 행사

㉡ 국민 주권 실현의 이상적인 방법 : 시민이 직접 주권을 행사

㉢ 대의제의 등장 : 많은 인구, 넓은 영토, 행정의 전문화로 인해 국민이 직접 정치에 참여 하는 것이 불가능해짐

③ 입헌주의

㉠ 의미 : 헌법을 제정하고 헌법에 따라 통치가 이루어져야 함

ⓛ 등장 배경 : 절대 군주의 통치 권력을 제한하려던 근대 시민 혁명 과정에서 정립됨

ⓒ 법치주의를 확립할 수 있는 필수적인 민주 정치 제도

④ 권력 분립

　ⓖ 의미 : 국가 권력을 몇 개로 분리하여 서로 독립된 기관이 맡도록 함

　ⓛ 목적 : 자의적 권력 행사를 방지하고 국민의 기본권을 보장

　ⓒ 삼권분립 : 입법권, 행정권, 사법권으로 분리하여 서로 견제와 균형이 이루어 지도록 함

⑤ 지방자치

　ⓖ 의미 : 지역 주민들이 해당 지역의 공공 문제를 스스로 처리

　ⓛ 유형 : 단체 자치와 주민 자치

(5) 민주주의의 유형

① 직접 민주주의와 대의 민주주의

　ⓖ 직접 민주주의 : 공동체의 정치적 의사를 토론을 통해 시민이 직접 결정하는 방식으로 고대 그리스의 아테네가 그 기원이다. 모든 국민에게 참정권을 부여하는 오늘날과 달리 여자, 노예, 외국인 등에게는 시민권을 부여하지 않아 제한된 민주주의라는 평가를 받는다.

　ⓛ 대의 민주주의 : 국민의 대표를 선출하여 입법부를 구성하고 입법부에서 국가 정책에 관한 주요 사항을 결정하는 방식으로, 국민의 대표인 의회를 통해 주권을 행사한다는 점에서 의회 민주주의 또는 간접 민주주의라고도 한다.

② 참여 민주주의 … 오늘날에는 시민단체 등 비정부 기구의 정치와 현상 및 개인 또는 소집단 차원에서 자발적으로 정치에 참여하여 정치적 의사결정에 영향을 미치기도 한다.

③ 전자 민주주의

　ⓖ 의미 : 정보통신 매체를 이용한 민주 정치 형태

　ⓛ 특징 : 대의 민주주의의 한계를 극복하고, 정치 참여에 대한 개인적·사회적 비용을 줄이며, 일반 국민이 정보화 수단을 통해 정치권력을 감시할 수 있음

　ⓒ 장점

　　• 공간적 제약을 극복하고 자신의 의사를 표출할 수 있음 → 직접 민주제적 요소의 강화

　　• 정치 참여에 대한 개인적·사회적 비용을 줄임

　　• 전자 투표의 경우 선거 결과를 신속하고 정확하게 집계하여 선거 비용 절감

　　• 젊은 층의 정치적 관심 제고

기출문제

문 전자민주주의 발달이 국민의 의사를 바로 전달할 수 있다는 점을 고려할 때 정치과정에 미칠 영향으로 보기 어려운 것은?
▶ 2001. 인천광역시

① 시민들의 정치주체로서의 지위를 강화할 수 있다.
② 직접적인 의사소통이 가능해진다.
③ 시민들의 폭넓은 의견수렴이 가능할 것이다.
④ 국민의 민의를 반영하는 선거제도를 더욱 고집할 것이다.

문 다음 글에 나타난 아테네 민주정치에 대한 설명으로 옳은 것은?
▶ 2015. 4. 18. 인사혁신처

민주정치의 기원은 고대 그리스의 아테네에서 찾아볼 수 있다. 아테네 민주정치의 중심이었던 민회는 법을 제정하고, 국가의 주요 정책을 심의하고 의결했다. 또한 아테네에서는 공직자 선출을 위해 추첨제, 윤번제 등의 제도를 시행하였다.

① 민회는 추첨제로 선출된 시민들의 대표로 구성하였다.
② 민회는 정당정치와 의회정치를 매개로 의사결정기능을 수행하였다.
③ 추첨제는 전문성보다 공직 담당 기회의 평등을 중시하는 방식이다.
④ 추첨제는 전쟁 관련 직책이나 재판정의 배심원 선출에는 활용되지 않았다.

정답 ④, ③

ⓔ 단점
• 대표자와의 대면 접촉 기회 감소, 여론 조작 가능성 발생
• 정보화에 앞선 사람만을 위한 정치 발생, 사이버 포퓰리즘의 등장 가능
• 젊은 층 중심에서 나오는 대표성 논란 문제, 사이버상의 인신공격과 사생활 침해 가능
ⓜ 예 : 인터넷을 통한 여론 수렴, 선거 캠페인, 온라인 투표, 사이버 국회, 전자 공청회, 여론조사, UCC 등

section 3 민주정치의 발전

(1) 아테네의 민주정치

① 직접 민주정치
ⓐ 민회 : 아테네 최고의 주권기구로, 법제정 및 정책의 심의 결정을 담당하였다.
ⓑ 행정기관인 500인 평의회와 사법부에 해당하는 재판소가 있었음
ⓒ 추첨제, 수당제, 중임제한 등을 통해 아테네의 시민들은 가문, 재산 등에 관계없이 모든 시민이 국정에 참여할 수 있었다.
ⓓ 아테네의 민주정치가 가능했던 이유는 생산 활동을 담당한 노예가 있었기 때문이다.
ⓔ 도편추방제 : 오늘날 국민소환방식에 해당하는 도편추방제를 실시하여 독재정치의 출현을 막고 시민들이 직접 정치를 통제할 수 있는 수단으로 활용하였다. 하지만 점차 정적제거의 수단으로 악용되는 폐해가 발생하기도 하였다.

② 제한 민주정치 … 일정한 연령(만 18세)에 도달한 성인 남자만이 정치에 참여할 수 있었으며, 여자와 노예, 외국인은 정치에 참여할 수 없었다.

(2) 시민혁명의 의미와 배경

① 의미 … 봉건 사회 내부에서 성장한 신흥 시민 계급인 부르주아가 중심이 되어 절대왕정을 타도하고 국가 권력을 장악한 역사적 변혁으로, 이를 통해 시민사회가 성립되었다.

② 자본주의적 경제의 발전 … 자본주의의 발달로 부르주아의 영향력이 커지면서 자유와 평등을 보장하는 제도를 요구하였다.

③ 계몽사상 … 절대군주제에 대한 비판과 과거의 폐단을 극복하기 위한 합리적인 국가 건설의 사상적 바탕을 이루었다.

④ **로크의 사회계약설** … 권력의 원천을 국민의 동의에 두고 국민과 정부의 계약에 의해 국가권력이 구성된다고 주장하였다.

⑤ **천부인권설** … 인간은 태어나면서부터 불가침의 자연법상의 권리를 갖고 있다는 관점이다.

⑥ **입헌주의** … 기본적 인권을 보장하고 국가 권력의 분립을 규정한 헌법을 제정하여 국가를 운영하자는 이념이다.

⑦ **개인주의** … 개인의 존엄성을 존중하여 개인의 가치가 국가보다 우선한다는 이념이다.

(3) 세계 3대 시민혁명과 3대 인권선언

① **영국의 명예혁명 & 권리장전(1689)의 주요 내용**

> • 왕은 의회의 승인 없이 법률을 만들거나 과세할 수 없다.
> • 왕은 의회의 동의 없이 상비군을 둘 수 없다.
> • 국민의 청원권을 자유롭게 보장한다.
> • 의회에서의 언론의 자유를 보장한다.

→ 권리장전은 의회의 입법권, 의회의 승인 없는 과세의 금지, 의회에서의 발언의 자유, 법률의 공정한 적용 등의 내용을 담고 있다. 이를 통해 의회는 절대 군주의 권력 행사를 제한하고, 의회가 정치의 중심이 되는 영국식 의원 내각제의 기틀을 마련했고, 입헌주의의 원리를 확립시켰다.

② **미국 독립혁명 & 독립선언서의 주요 내용**

> 모든 인간은 평등하게 태어났으며, 생명과 자유, 그리고 행복을 추구할 권리를 포함하여 누구도 침범할 수 없는 권리를 가진다.
> 바로 이러한 권리를 보장하기 위해 정부가 만들어졌다. 따라서 정부는 국민의 동의 아래 생겨난 것이다. 어떤 형태의 정부이든 이 목적에 어긋난다면, 국민은 그 정부를 개혁하거나 폐지하고 새로운 정부를 조직할 권리가 있다.

→ 미국의 독립선언서는 인간의 존엄성, 자유, 평등 등의 기본권에 대한 중요한 내용을 담고 있다. 즉, 개인은 생명·자유 행복을 추구할 권리를 지키기 위해 정부를 구성했으며, 만약 정부가 국민의 인권을 침해할 때에는 국민이 그 정부를 바꿀 수 있다고 하여 독립의 필연성을 담고 있다. 또한 영국의 왕과 귀족을 부정하여 최초의 민주공화제정부를 수립한 중요한 의의가 있다.

기출문제

③ 프랑스 대혁명 & 인권선언문(1789)의 주요 내용

제1조 모든 인간은 자유롭게, 그리고 평등한 권리를 가지고 태어났다.
제2조 모든 정치적 결사는 침해할 수 없는 권리를 보존하는데 목적이 있다. 자유,
　　　재산, 안전 그리고 억압에 대한 저항은 누구도 침해할 수 없는 권리이다.
제3조 주권은 국민으로부터 나온다. 어떤 단체나 개인도 국민으로부터 유래하지
　　　않는 권리를 행사할 수 없다.

→ 인권선언은 구제도의 사망증명서인 동시에 프랑스 혁명이 지지하는 새로운 시민
　사회의 기본 이념과 원리를 표현한 문서였다. 개인의 자유와 평등, 저항권, 재
　산의 보호, 국민 주권 등을 절대 침범할 수 없는 불가침의 권리로 선언했는데,
　영국혁명이나 미국독립선언보다 나라나 인종을 초월하는 보편성을 지닌 것으로
　근대 시민 사회의 형성에 큰 영향을 끼쳤다.

(4) 근대 민주정치의 특징과 한계

① 특징
　　㉠ 간접 민주정치의 지향
　　㉡ 정치형태로서의 의미만 가지고 있었던 기존의 민주주의 이념에 자유와 평등
　　　과 같은 기본적 인권이 보장되는 새로운 실천원리라는 의미가 추가
　　㉢ 법치주의 확립 및 국민주권 구현
　　㉣ 개인주의와 자유주의의 확산

② 한계
　　㉠ 여전히 시민권은 부르주아들로 한정
　　㉡ 경제적 부에 따라 선거권을 차등 분배→19세기 노동자와 농민에 의한 선거권 확
　　　대운동에 영향

문 정치권력의 정당성 확립을 위해
갖추어야 할 중요한 요소는?
▶ 2001. 행정자치부
① 합리적인 정책과 집행
② 국민의 동의와 지지
③ 정치질서의 안정
④ 경제발전

정답 ②

section 4 **정치권력과 법치주의**

(1) 정치권력의 의미와 성격

① 의미 … 공동체의 목적을 실현하기 위해 국가가 행사할 수 있는 강제력으로, 사
　회에서 발생하는 이해관계의 대립을 조정한다.

② 권력과 유사 의미
　　㉠ 권력 : 다른 사람을 자기가 원하는 방향으로 제어할 수 있는 힘
　　㉡ 강제력 : 물리적 힘이나 강제로 권력의 궁극적 기초이며 수단

ⓒ 폭력 : 국민들이 인정하지 않은 정당성 없는 강제력

ⓓ 영향력 : 위인의 말이나 저서를 보고 자신의 삶에 변화가 오는 것처럼 제재라는 위협 없이 다른 사람의 행동에 변화를 가져오는 것

③ 정치권력의 성격
ⓐ 포괄성 : 사회 구성원 전체에게 적용
ⓑ 강제성 : 개인의 의사와 관계없이 행사
ⓒ 지속성 : 권력의 소재와 관련 없이 지속됨
ⓓ 정당성 : 국민들로부터 위임된 정당한 권력

(2) 정치권력의 정당성

① 의미 ··· 정부의 결정이 시민이 합당한 것으로 수용하는 것으로 국민의 자발적 동의와 지지를 통해 형성한다. 정당성이 없는 정치권력은 진정한 정치권력으로 볼 수 없다.

② 정당성 확보 요건
ⓐ 실질적으로 합법적이고 도덕적인 권력획득 및 행사·유지가 이루어져야 한다.
ⓑ 권력에 대한 국민의 지속적 감시와 비판이 필요하다.

③ 정당성과 도덕성의 관계 ··· 정치권력이 도덕성을 확립하면 국민의 동의와 지지를 얻게 되고, 이때 정당성 확보가 가능하다.

④ 정당성과 합법성의 관계 ··· 정당성을 확보하지 못하고 법적 근거만을 가진 채 국민을 지배하면 형식적 합법성만을 가진 권력이 된다. 실질적 합법성을 가진 권력이 되기 위해서는 법적 근거가 요구된다.

⑤ 정치권력에 대한 저항권 행사
ⓐ 저항권 : 정당하지 못한 정치권력이나 정부정책에 대해 주권자로서의 시민이 불신임하고 거부할 수 있는 권리
ⓑ 유래 : 로크의 사회계약설에서 유래하며 미국의 독립전쟁이나 프랑스 시민혁명의 사상적 배경을 둔다.
ⓒ 요건
• 침해의 중대성 : 민주적·법치국가적 기본질서 또는 기본권 보장체계를 전면적으로 부인하는 경우일 것
• 불법의 명백성 : 저항권을 행사할 수 있기 위해서는 공권력의 행사가 불법적인 것임이 객관적으로 명백한 경우라야 한다.
• 보충성 : 저항권을 행사할 수 있기 위해서는 헌법이나 법률에 규정된 일체의 법적 구제 수단이 이미 유효한 수단이 될 수 없는 경우, 즉 현행 법질서가 허용하는 법적 구제수단을 모두 거친 경우라야 한다.

- 최종성 : 민주적 · 법치국가적 기본질서를 재건하거나 기본권보장체계를 복구하기 위한 최후의 수단으로서 저항권의 행사만 남아 있다고 판단하는 경우라야 한다.
  - ㉣ 저항권 행사의 한계 : 무정부 상태로의 전락 → 신중성 강조됨

(3) 정당성 확보이론(막스 베버)

① 전통적 권위
  - ㉠ 의미 : 옛날부터 통용되어 오는 전통의 신성성과 그 전통에 의해서 권위가 부여된 자의 정당성에 대한 일상적 신앙에 기인되는 권위
  - ㉡ 근거 : 전통과 관습. 오랜 시일에 걸친 전통과 관습을 그 배후에 가지고 그와 같은 오랜 역사적 전통에 대한 신뢰가 치자의 지배에 전통성의 근거 부여
    - 예 가부장적 지배, 종족사회의 족장, 봉건영주, 전제군주의 권력행사
  - ㉢ 한계 : 점진적인 사회변화의 정상적인 상황에서는 질서를 유지할 수 있지만, 사회적 격변기에는 전통이나 관습만으로 정치적 권위를 유지할 수 없음

② 카리스마적 권위
  - ㉠ 의미 : 어떤 특정한 인격자아의 신성성 · 영웅적 권력 · 이상적 모범성 및 그에 의해서 계시 또는 창조된 질서의 신성성 등에 대한 열렬한 신뢰에 기인하는 권위
  - ㉡ 카리스마 : 국민들로부터 적극적인 지지를 끌어낼 수 있을 정도의 초인적인 자질을 갖춘 지도자의 신비한 힘
    - 예 히틀러, 티베트의 달라이 라마
  - ㉢ 한계 : 비합리적인 것이기에 본질적으로 불안정하며 오래 지속되기 어려움, 따라서 빨리 전통적 유형이나 합법적 유형으로 전환되어야 함

③ 합법적 · 법적 권위
  - ㉠ 의미 : 법규화된 질서의 합법성과 또한 그것으로서 지배권행사의 권리를 부여받은 자의 규칙에 의한 적법한 지배이기 때문에 정당하다고 승인되는 권위
    - 예 법의 지배 원리에 의해 관료가 행하는 것과 같은 지배
  - ㉡ 정치적 엘리트 : 사회구성원들이 법을 저항 없이 받아들이고 국가기관의 정책결정에 복종하는 한, 정치적 엘리트들은 권위를 가지고 권력을 행사할 수 있음

(4) 법치주의의 의미와 기능

① 법치주의의 의미 … 국가가 국민의 자유와 권리를 제한하거나 국민에게 새로운 의무를 부과할 때 객관적인 기준으로서 법에 의하거나 법에 근거가 있어야 한다는 원리로, 권력 통제를 통해 국민의 자유와 권리를 보장하는 것이 목적이다.

② 기능 … 국가 권력의 발동 및 국가 권력의 제한과 통제의 근거가 된다.

문 〈보기〉의 법치주의를 바라보는 관점 A, B에 대한 설명으로 가장 옳은 것은?

▶ 2023. 6. 10. 제1회 서울시(보훈청)

〈보기〉

A는 입법에 필요한 모든 합법적인 절차를 거쳐 제정된 법률이라면 그 법률에 의한 국가 권력 행사는 정당화된다고 본다. 반면, B는 법률이 절차적 합법성을 갖추어야 할 뿐만 아니라 실질적 정의에도 부합해야 한다고 본다.

① A는 통치의 합법성보다 실질적 정당성을 중시한다.
② B는 합법적 절차를 거쳐 제정된 법률일지라도 국민의 권리를 침해할 수 있다는 점을 간과한다.
③ A는 B와 달리 위헌법률심사제의 필요성을 강조한다.
④ A와 B 모두 국가 권력으로부터 국민의 기본권을 보장하는 것을 목적으로 한다.

| 정답 ④

③ 법치주의의 주요 내용 … 법률의 우위, 법률에 의한 행정, 법률에 의한 재판

④ 법치주의의 구분

구분	형식적 법치주의	실질적 법치주의
등장 배경	기본권 보장의 제도적 장치 필요	국민의 기본권 침해 증대
원리	• 의회가 제정한 법률에 의한 지배 • 법을 도구로 한 합법적 독재 • 법률 만능주의	인간존엄, 실질적 평등 등의 정의 실천을 내용으로 하는 통치원리
내용	• 통치의 합법성 중시 • 정당성 무시 • 히틀러의 수권법 • 박정희의 유신헌법 • 형식적 법치주의는 의회가 제정한 법률의 목적이나 내용을 문제 삼지 않으며, 법률만능주의, 법실증주의와 관련이 있고 자연법의 한계를 극복하고자 함	• 합법성 및 정당성의 강조 - 권력 분립 제도, 헌법 재판 제도 - 행정 재판 제도, 탄핵 제도 - 선거 제도, 의회제도 - 사법권의 독립, 복수 정당제도 - 언론, 출판, 집회, 결사의 자유, 저항권 • 실질적 법치주의에서 헌법에 위배되는 법률은 그 효력이 인정되지 않음

기출문제

📍 (가)와 (나)는 서로 다른 유형의 법치주의이다. 이에 대한 설명으로 옳은 것은?

▶ 2017. 6. 24. 제2회 서울시

(가) 법을 통치자의 의사를 실현하는 도구나 수단으로 사용할 수 있다는 점에서 진정한 의미의 법치주의라고 볼 수 없다. 절대 왕정 시대의 법은 곧 왕의 의지를 의미하였고 중국의 법가사상은 법을 전제 군주의 통치 수단으로 보았다.

(나) 누구도 법과 동등한 권위를 지닐 수 없고, 통치자를 비롯한 모든 사람이 법에 종속된다는 의미를 지니므로 진정한 의미의 법치주의에 해당한다. 여기서 법은 국민의 대표 기관인 의회를통해 법률로 구체화되므로, 법은 곧 국민의 뜻으로 보았다.

① (가)의 논리는 독재 정부의 지배를 정당화할 수 있다.
② (나)의 논리는 '악법도 법이다.'라는 주장을 지지한다.
③ (가)는 자연법사상, (나)는 실정법사상에 입각한 것이다.
④ (가)와 (나)는 모두 정치권력의 합법성과 정당성을 강조한다.

정답 ①

2021. 6. 5. 제1회 서울시

1 〈보기〉는 정치를 바라보는 갑(甲), 을(乙)의 관점에 대한 주장이다. 이에 대한 설명으로 가장 옳은 것은?

〈보기〉

- 갑(甲) : 정치는 정치권력을 획득, 유지, 행사하는 국가의 고유한 활동이라고 생각합니다.
- 을(乙) : 직장이나 가족 등에서 이해관계의 대립이나 갈등을 조정하고 해결하는 과정이 정치라고 생각합니다.

---

① 갑(甲)의 관점은 국가 형성 이전의 정치 현상을 설명할 수 없다.

② 을(乙)의 관점은 정치를 국가 특유의 현상이라고 본다.

③ 갑(甲)에 비해 을(乙)의 관점은 다원화된 현대 사회의 정치 현상을 설명하기에 적합하지 않다.

④ 갑(甲)과 달리 을(乙)의 관점은 정치 활동이 소수의 통치 엘리트들에 의해서만 이루어진다고 본다.

Point

　갑 : 국가현상설
　을 : 집단현상설
　② 국가현상설에 관한 설명이다.
　③ 갑(甲)에 비해 을(乙)의 관점은 다원화된 현대 사회의 정치 현상을 설명하기에 적합하다.
　④ 갑(甲)의 관점은 정치 활동이 소수의 통치 엘리트들에 의해서만 이루어진다고 본다.
　※ 국가현상설과 집단현상설
　　㉠ 국가현상설 : 정치를 국가에서 일어나는 특별한 현상으로 보는 입장으로, '정치'의 개념을 좁혀서 생각한다.
　　㉡ 집단형상설 : 정치를 국가뿐 아니라 모든 사회 집단 활동에서 일어나는 보편적 현상으로 여긴다.

2 다음 글의 (A)(B)(C)에 대한 설명으로 옳은 것을〈보기〉에서 모두 고르면?

(A) 고대 그리스 아테네의 민주정치

(B) 근대 민주정치

(C) 현대 민주정치

㈎ (A)는 제한된 민주 정치였다.

㈏ 사회구성의 원리로서의 민주주의가 추구된 것은 (A)이다.

㈐ (B)에서는 재산권의 공공성이 강조되기 시작하였다.

㈑ 입헌주의와 국민주권 사상에 바탕을 둔 민주주의가 실현된 것은 (B)이다.

㈒ 국가에의 자유가 전면 보장된 것은 (B)이다.

① ㈎㈏　　　　　　　　　　　　　② ㈎㈑

③ ㈏㈐　　　　　　　　　　　　　④ ㈑㈒

Point

㈎ (A)에서는 국가 정책을 결정할 수 있는 시민을 성인 남자로 한정되고 여자와 노예, 외국인은 제외되었다.

㈑ 입헌주의와 국민주권 사상에 바탕을 둔 민주주의가 실현된 것은 (B)이다.

㈏ 근대 시민 혁명 이후 사회구성의 원리로서의 민주주의가 실현된 것은 (B)이다.

㈐ (B)에서는 재산권을 절대적 기본권으로 보장하고 있었다. 재산권의 공공성이 강조되어 제한되기 시작한 것은 (C)이다.

㈒ (B)에서는 재산이 많은 부르주아에게만 국가에의 자유 즉 참정권이 주어졌다. 보통선거 실시로 일정한 연령 이상 모든 계층의 정치 참여가 보장된 것은 (C)이다.

Answer 1.① 2.②

3 다음 글에 대한 설명으로 옳은 것은?

> ㉠ 자연 상태에서는 '만인의 만인에 대한 투쟁'이 불가피하므로 개인은 평화와 안전을 보장받기 위해서 모든 권리를 국가라는 제3자에게 양도했다.
>
> ㉡ 자연 상태는 자유, 평등한 상태이며 생명·자유·재산의 자연권을 가진다. 그러나 자연 상태에서는 이러한 권리의 보장이 불확실하므로 사람들은 계약을 맺고 권력을 탄생시켰다. 만일 국가가 계약을 배반하고 자연권을 침해하면 시민들은 이에 반항하는 것은 시민의 자연권에 속한다.
>
> ㉢ 자연 상태에서 자유롭고 평등했던 인간은, 자유와 평등을 제도적으로 보장하기 위해 계약을 통해 국가를 탄생시켰다. 따라서 국가의 성립은 인간의 자유 의지에 의한 것으로 보았으며, 일반 의지의 행사인 주권은 양도될 수 없다.

① ㉠은 홉스, ㉡은 루소, ㉢은 로크의 주장이다.
② ㉠은 국가 주권론을, ㉡과 ㉢은 국민 주권론을 뒷받침한다.
③ ㉢은 대의 정치가 바람직하다고 본다.
④ ㉠㉡㉢은 모두 이성적 판단을 하는 사람들 간의 계약에 의해 국가가 성립했다고 설명한다.

Point

④ ㉠㉡㉢ 모두 계약에 의한 국가 형성에 있어서 인간의 이성적 판단을 중시한다.
① ㉠은 홉스, ㉡은 로크, ㉢은 루소의 주장이다.
② ㉠은 군주 주권론을, ㉡과 ㉢은 국민 주권론을 뒷받침한다.
③ 루소는 대의 정치를 반대하고 직접 민주정치를 주장하였다.
※ 홉스, 로크, 루소의 사회계약설

구분	홉스	로크	루소
자연상태	만인에 대한 만인의 투쟁상태	• 자유롭고 평등하며 자연권이 존재하는 상태 • 권리보장이 불확실한 잠재적 투쟁상태	• 자연권이 존재하는 자유롭고 평화로운 최선의 상태 • 사유재산제로 불평등 발생
인간본성	성악설(이기적이고 악한 존재)	백지설(성무선악설 : 선하고 악함의 본성은 없음)	성선설(선한 존재)
사회계약	• 군주에게 자연권을 모두 양도(전부양도설) • 군주에 대한 절대 복종(절대군주론)	• 자연권(자유, 생명, 재산) 보장을 위해 계약을 맺고 국가구성 • 자연권의 일부만 위임(신탁) → 일부위임설 • 인민은 신탁을 배반한 정부에 대한 저항권 인정	• 자유롭고 평화로운 상태를 유지하기 위하여 인민들 상호간에 계약 → 일반의지 성립 • 일반의지에 입각한 정치공동체 구성 • 자연권의 양도불가
주권소재	군주주권론	국민주권론	국민주권론
정치형태	전제군주정치(=절대군주정치)	• 제한군주제(입헌군주제) • 간접민주정치(대의제) • 2권분립 : 입법권과 집행권(행정·사법)	직접민주정치 강조(대의제 부정)
저서	「리바이어던」	「시민 정부론」	「사회 계약설」

4 다음 글에 대하여 옳은 설명은?

> (개) 고대 아테네 민회에서 추첨제에 의해서 공직자를 선출하였다.
> (내) 근대 이후에는 국민이 선거를 통해 대표자를 선출하였다.

① (개)의 추첨제, (내)의 선거제 모두 간접 민주정치 방식이다.

② (개), (내) 모두 효율성의 원칙에 따라 능력이 뛰어난 사람을 선출하는 제도이다.

③ (개)에서 선출된 공직자는 시민의 대표자이다.

④ (개), (내) 모두 국민자치를 실현하는 방법이다.

Point

④ (개)의 직접민주정치, (내)의 간접민주정치 모두 국민자치를 실현하는 방법이다.

① (내)의 선거제는 국민이 선거를 통해 대표자를 선출하고 선출된 대표자가 국민을 대신하여 국정을 처리하는 간접 민주정치 방식이나, (개)의 추첨제는 통치를 받는 시민이 추첨을 통하여 직접 통치자의 역할을 담당할 수 있게 함으로써 치자와 피치자의 동일성을 추구하는 직접 민주정치 방식이다.

② (내)의 선거제는 효율성의 원칙에 따라 자질과 능력이 있는 사람을 대표로 선출한다는 의미가 있으나 (개)의 추첨제는 평등성의 원칙에 따라 공직자가 될 기회의 공평성을 제공하지만 능력을 기준으로 하지 않았기 때문에 선출한 자가 해당 직무 수행에 가장 적합한 자인 지를 가리는 데는 한계가 있었다.

③ 선출된 대표자가 국민을 대신하여 국정을 처리하는 것은 간접 민주정치 방식이고 (개)의 추첨제는 추첨을 통하여 직접 통치자의 역할을 담당할 수 있게 하는 직접 민주정치 방식이다.

Answer 3.④ 4.④

5 다음의 역사적 사건들이 갖는 공통점을 가장 잘 지적하고 있는 것은?

> • 영국의 명예혁명
> • 미국의 독립전쟁
> • 프랑스 대혁명

① 복지 국가의 건설을 사회 발전의 이상으로 제시하였다.
② 직접 민주주의에 의한 정책 결정을 제도화하고자 하였다.
③ 자유의 주장에도 불구하고 노동자는 소유권을 인정받지 못했다.
④ 국가의 권력을 제한함으로써 시민의 자유를 증진시키고자 하였다.

④ 시민혁명을 통해 왕권을 제한함으로써 시민의 자유를 증진시킬 수 있는 정치제도를 만들고자 하였다.
① 복지 국가론은 20세기 중반 이후에 등장하였다.
② 근대 민주주의는 간접 민주주의 형태로 실시되었다.
③ 소유권 자체는 누구나 인정받았다. 다만, 소유하고 있는 재산의 크기에 따라 빈부 격차가 발생할 뿐이다.

6 정치권력에 대한 설명으로 옳은 것을 고르면?

> ㉠ 정치권력은 모든 국민을 대상으로 행사된다.
> ㉡ 정치권력은 일방적인 지배와 복종의 관계이다.
> ㉢ 합법적인 정치 권력의 행사는 언제나 정당하다.
> ㉣ 집권세력이 바뀌면 정치권력도 소멸된다.
> ㉤ 선거는 정치 권력에 정당성을 부여하는 과정이다.

① ㉠㉢   ② ㉠㉤
③ ㉡㉢   ④ ㉢㉣

㉠ 정치권력은 국가에 의해 행사되는 공권력으로 모든 국민을 대상으로 행사된다.
㉤ 오늘날 민주 정치 국가에서는 선거를 통해 국민의 동의와 지지를 받아 정치권력의 정당성을 부여 받는다.
㉡ 지배와 복종의 관계가 자발적인 동의와 합의(계약)에 따라 이루어진다는 점에서 계약적인 상호작용 즉 상호적인 성격을 갖는다.
㉢ 정치권력의 행사과정에서 합법성과 도덕성이 모두 충족되어야만 정당한 권력 행사가 될 수 있다.
㉣ 권력의 소재와 관련없이 지속된다. 즉 권력을 잡은 사람이 바뀌어도 지속적으로 존재한다.

7 홉스, 로크, 루소의 사회 계약설의 공통점을 모두 고른 것은?

㉠ 인간은 본성적으로 선한 존재이다.

㉡ 국가는 만악(萬惡)의 근원이다.

㉢ 국가의 권력은 시민들의 자발적인 계약에서 유래한다.

㉣ 자연 상태만으로는 인간의 필요를 충분히 충족시킬 수 없다.

㉤ 국가 권력에 대한 제한적 성격을 띤다.

㉥ 인간은 태어나면서부터 당연히 자연법상의 권리를 가지고 있다.

---

① ㉠㉡㉢㉣

② ㉠㉢㉤㉥

③ ㉠㉡㉢㉤

④ ㉢㉣㉤㉥

Point

사회 계약설 : 모든 인간은 천부의 권리(자연권)를 가지는데, 자연 상태에서는 이러한 자유와 권리의 보장이 확실하지 않으므로 계약을 맺어 국가를 구성하고 자신들의 권리를 국가에 위임하였다고 주장한다.

※ 홉스, 로크, 루소의 사회계약설의 공통점
- 인간은 태어나면서부터 당연히 자연법상의 권리(자연권)를 가지고 있다.
- 자연 상태만으로는 인간의 필요를 충분히 충족시킬 수 없다.
- 구성원의 동의에 기초해 정부를 조직하였다.
- 국가의 권력은 시민들의 자발적인 계약(평등하고 이성적인 개인 간의 계약)에서 유래한다.
- 국가 권력에 대한 제한적 성격을 띤다.
- 인간의 이성을 옹호하는 계몽주의를 따른다.

㉠ 홉스는 성악설(이기적이고 악한 존재), 로크는 백지설(성무선악설 : 선하고 악함의 본성은 없음), 루소는 성선설(선한 존재)의 입장이다.

㉡ 국가는 사람들의 필요에 의해 계약으로 만들어진 것이다.

8 근대 정치 사상가 (개), (내), (대)의 사회 계약 사상에 대한 설명이다. 옳은 설명을 〈보기〉에서 모두 고른 것은?

> (개) 인간의 자연 상태는 공포와 죽음의 상태이다.
> (내) 인간의 자연 상태는 평화롭지만 갈등이 잠재되어 있다.
> (대) 인간은 자유롭게 태어났으나 어디서나 쇠사슬에 묶여 있다.

> ㉠ (개)의 제3자가 계약 이후에는 주권자가 된다.
> ㉡ (내)의 계약은 자연 상태의 개인들 상호 간에 이루어진다.
> ㉢ (내)의 계약에서 재산권 보호는 필수적이다.
> ㉣ 자연 상태에서 인간은 자신이 피해를 당한 경우에만 자연법을 집행할 수 있다.
> ㉤ (대)의 국가권력은 국민의 동의에 기원하지만, 주권자의 권력 행사는 개인들의 의사에 구속받지 않는다.

① ㉠㉡㉢
② ㉠㉡㉤
③ ㉡㉢㉣
④ ㉢㉣㉤

Point

(개) 홉스 (내) 로크 (대) 루소
㉠ 홉스에 의하면 인민들의 계약을 통해 제3자인 군주에게 주권을 양도했기 때문에 계약 이후에는 군주가 주권자가 된다(왕권민수설). 옳음
㉡ 홉스에 의하면 자연 상태의 개인들 상호 간에 계약을 맺는 것이다.
㉢ 로크는 사회 계약 과정에서 사유 재산권 보장을 특히 중시하였다. 로크는 자연에 개인이 노동을 투입해서 얻은 결과가 개인의 소유물 (재산)이며, 그 재산권을 보호하는 것이 사회 계약의 필수 사항이며 정부의 우선적 목표라고 하였다.
㉣ 사회 계약설에 의하면 자연 상태에서 인간은 천부적인 자연권을 가진다고 보기 때문에, 자신이 피해를 당한 경우에만 자연권을 가지고 자연법을 집행할 수 있다는 것은 아니다.
㉤ 국가권력은 국민의 동의에 기원하지만, 주권자의 권력 행사는 개인들의 의사에 구속받지 않는 것은 홉스의 사상이다.

9 다음에서 제시한 민주주의의 원리와 관련 깊은 내용을 〈보기〉에서 고른 것은?

> 국가 권력을 여러 기관에 분산시켜 서로 견제와 균형을 이루게 한다.

> ㉠ 헌법을 통해 국가의 권력을 제한하고 법에 따라 권한을 행사하게 한다.
> ㉡ 권력의 남용을 막고 국민의 자유와 권리를 보장하려는 목적을 갖는다.
> ㉢ 법을 만드는 입법부, 집행하는 행정부, 적용하는 사법부로 나누어 운영한다.
> ㉣ 권력의 정당성이 국민의 뜻에 있으며 국민이 스스로를 다스리고 다스림을 받는다.

① ㉠㉡
② ㉠㉢
③ ㉡㉢
④ ㉢㉣

Point

제시문은 권력분립의 원리에 대한 설명이다.
㉡ 권력분립의 원리는 국가권력을 복수의 기관에 분산시킴으로써 서로 견제와 균형을 통해 권력의 남용을 막아 국민의 기본권 보장을 보장하는데 그 목적이 있다.
㉢ 권력분립의 원리는 국가 권력을 입법권, 행정권, 사법권 등으로 분리하여 서로 독립된 기관에 맡겨 행사하도록 하는 원리이다.
㉠ 입헌주의에 대한 설명이다. 통치관계를 헌법에 규정하고 국가가 행하는 모든 권력작용은 헌법에 근거를 두도록 하여 국민의 자유와 권리가 국가권력으로부터 침해당하지 않도록 보호하는데 목적이 있다.
㉣ 국민주권(국민자치)에 대한 설명이다.
※ 입헌주의(법치주의)와 권력분립의 공통된 목적 : 국민의 기본권보장

Answer 8.① 9.③

10 다음의 내용에서 현대에 새롭게 등장한 기본권은?

> 빈곤과 실업, 무지와 질병 등의 문제가 단순히 개인의 책임이라기보다는 부당한 저임금, 만성적인 물가불안, 주기적인 경기변동 등 사회구조적 요인과 관련되어 있다는 인식이 확대되면서 인간다운 최소한의 생활을 보장해 주는 것이 국가를 비롯한 사회구성원 모두에게 부과된 의무라는 관념이 자리를 잡게 되었다.

① 자유권적 기본권　　　　　　　　② 사회적 기본권
③ 청구권적 기본권　　　　　　　　④ 국가배상청구권

　교육의 권리, 근로의 권리, 노동자의 권리, 사회보장을 받을 권리, 복지향상 등은 사회적 기본권에 해당한다.

11 다음 글을 읽고 내용과 관계가 있는 것을 모두 고르면?

> 사회가 발전해감에 따라 국민의 활동은 정치, 경제, 사회문화, 교육 등 많은 분야로 세분화되고 기능이 전문화되어 가고 있다. 다원주의는 이들 각 활동분야가 각각 자율성을 유지해 가면서 다른 분야에 예속되지 않을 것을 보장하자는 원리이다. 따라서 민주정치이념을 제대로 실현하려는 사회는 제도적으로 다원주의를 보장하여야 한다.

> ㉠ 경제적 부는 민주주의의 중요한 토대이다.
> ㉡ 다원주의의 인정은 권력의 집중화를 막는다.
> ㉢ 다양한 이익들의 사회적 조화는 가능하다.
> ㉣ 모든 개인은 사회적 기본권을 가진다.
> ㉤ 민주주의는 올바른 상대주의에 입각하고 있다.

① ㉠㉡㉢　　　　　　　　　　　② ㉠㉢㉤
③ ㉡㉢㉤　　　　　　　　　　　④ ㉢㉣㉤

　다원주의는 철학상의 다원론에서 나온 것으로, 사회를 구성하는 여러 요소들은 서로 독립적이어서 다른 것으로 환원될 수 없다는 사상이다.

12 다음 중 자치원리에 대한 설명으로 옳은 것은?

① 국민자치원리에 가장 충실한 것은 직접 민주정치제도이다.

② 인구가 적고 영토가 비교적 큰 나라에서는 간접 민주정치의 가능성이 크다.

③ 자치원리는 시민이 직접 주권을 행사하는 경우만 해당된다.

④ 최근 정보통신과 대중매체의 발달로 간접 민주정치제도가 생겨났다.

 Point

자치원리는 직접 민주정치제도와 간접 민주정치제도가 있으며 자치의 원리에 충실한 것은 직접 민주정치이다.

13 근대 민주주의국가의 정치권력을 정당화하는 주장을 내용에서 바르게 묶은 것은?

> ㉠ 국가의 최고 권력인 주권은 법률이 아니라 도덕에 의해서 제약된다.
> ㉡ 시민에게서는 공공복지를 증진시키지 못하는 정권을 지지할 의무가 없다.
> ㉢ 대부분의 정치변화는 소수에 의하여 이루어지며 시민들은 이에 대해 합리적 판단을 하지 못한다.
> ㉣ 모든 사람은 생명, 자유 및 재산에 대한 권리를 갖는다.
> ㉤ 많은 사람들이 정치에 관심을 갖고 참여할 때 가장 좋은 정부가 된다.

① ㉠㉡㉢

② ㉠㉢㉣

③ ㉡㉢㉣

④ ㉡㉣㉤

 Point

근대 이전의 시민은 참정권이 제한된 지배의 대상이 되어 자유롭게 정치생활을 하지 못했지만 근대의 시민은 적극적으로 사회의 주도권을 장악할 만큼 정치·사회생활의 주체로 등장하여 경제적으로는 자유방임을, 사회적으로 자유와 평등을 요구하게 되었다(로크의 사회계약설).

(Answer) 10.② 11.③ 12.① 13.④

14 그림은 세 학자의 사회 계약론을 비교하여 도식화한 것이다. A~D에 대한 설명으로 옳은 것은?

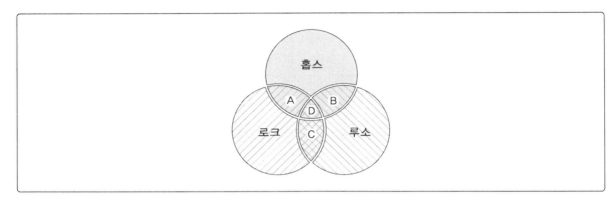

① A는 주권이 군주에게 있다는 것이다.

② B는 인간의 본성이 악하다는 것이다.

③ C는 국민이 주권을 가져야 한다는 것이다.

④ D는 적극적 자유를 보장해야 한다는 것이다.

 Point

사회 계약설은 시민 혁명기에 자연법 사상에 기초하여 등장한 이론으로, 국가 권력은 자연 상태의 부족함을 채우기 위해 시민들의 계약에 기초한다고 하였으며, 국민 주권 사상의 바탕을 이루었다. 이러한 사회 계약설을 주장한 대표적 사상가로는 홉스, 로크, 루소 등이 있다. 홉스는 자연 상태에서는 '만인의 만인에 대한 투쟁' 상태가 발생하므로 인간은 자발적인 동의에 의해서 자연 상태의 권리를 통치자에게 양도해야 한다고 주장하였다. 이에 반해 로크는 인간의 본성이 선하여 극단적 투쟁은 없다고 보았으며, 탐욕적인 사람에 의해 자연 상태의 권리를 침해당하는 것을 방지하기 위해 국가를 구성한다고 주장하였다. 그러나 정부가 시민의 의사를 무시하고 시민의 권리를 침해하면 이에 대해 시민은 저항권을 행사할 수 있다고 하였다. 루소는 자연 상태에서 인간은 자유롭고 평등하며, 시민이 자신의 잠재력을 최대한 발휘하기 위해 주권을 행사하고 정치 공동체를 구성할 수 있다고 보았다. 그러므로 ③ 로크와 루소의 공통된 주장으로 국민의 권리를 보장받기 위해서 주권을 가져야 한다는 것이다.

15 다음 정책 결정 과정 모형에 대한 설명으로 가장 적절한 것은?

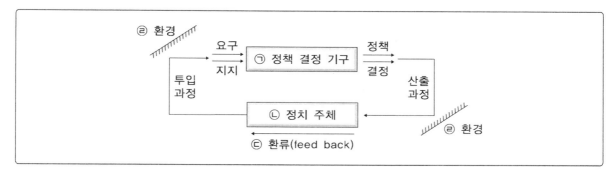

① 청소년 관계법의 개정은 ㉠ 중에서도 정당에 의해 주도된다.

② ㉢은 결정된 정책을 구체화하는 과정이다.

③ ㉣에서 정치 활동의 자율성 확대는 투입 과정을 보다 활성화시킨다.

④ 전통적 정치 과정에서는 ㉠과 ㉡을 역동적인 상호 작용 관계로 파악한다.

⌘Point

그림은 데이비드 이스턴(David Easton)의 정책 결정 과정을 도식화한 것이다. ㉠은 공식적 정책 결정 참여자이다. ㉢은 정책을 평가하고, 평가결과를 바탕으로 새로운 요구와 지지가 형성되는 과정이다.
① 정당은 비공식적 정책 결정 참여자이다. ② 정책을 구체화하는 과정인 정책 집행은 행정부에 의해 이루어진다.
④ ㉠과 ㉡을 역동적 상호 작용 관계로 파악하는 것은 현대적 정치 과정의 특징이다.

Answer 14.③ 15.③

16 다음은 이스턴의 정책 결정 모형이다. ㈎~㈑에 대한 설명으로 옳은 것은?

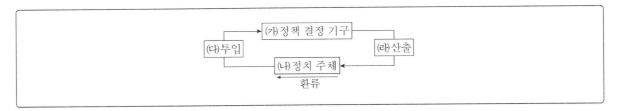

① ㈎에서 현대 정부의 역할은 감소하고 있다.

② 현대 사회에서 ㈏는 국회이다.

③ 여론 조사 결과를 바탕으로 기존의 정책을 수정하는 것은 ㈐에 해당한다.

④ 사치품에 대한 특별 소비세를 폐지하기로 결정한 것은 ㈑에 해당한다.

Point

④ 사치품에 대한 특별 소비세를 폐지하기로 결정하는 것은 정책 결정이므로 산출에 해당한다.

① 정책 결정 기구로서 현대 정부의 역할은 강화되고 있다.

② 현대 사회에서 정치 주체는 국민이다.

③ 여론 조사 결과를 바탕으로 기존의 정책을 수정하는 것은 환류에 해당한다.

17 민주 정치 발전 과정을 나타낸 연표이다. ㈎~㈏에 대한 설명으로 적절하지 않은 것은?

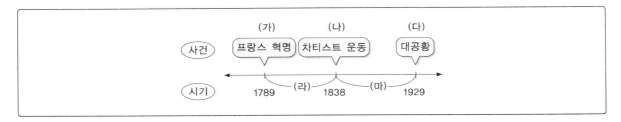

① ㈎는 국민 주권론과 사회 계약설의 영향을 받았다.

② ㈏에서 노동자들은 정치 참여 기회의 확대를 주장하였다.

③ ㈐를 계기로 적극 국가가 본격적으로 등장하였다.

④ ㈏시기에는 대부분의 국가에서 보통 선거가 정착되었다.

Point

차티스트 운동을 계기로 노동자들을 중심으로 한 보통 선거권 확립 움직임이 활발하게 일어났지만, 실제로 보통 선거가 실시되기 시작한 것은 1920년대 무렵이며, 대부분의 국가에 정착된 것은 1940년대 이후이다.

③ 바이마르 헌법에서도 적극 국가 이념을 천명하였지만 선언적 수준에 머물렀고, 적극 국가가 본격적으로 등장한 것은 대공황 이후이다.

18 (가), (나)에 나타난 법치주의에 대한 설명으로 옳은 것은?

> (가) 의회는 주권자인 국민의 위임을 받아 법률을 만들며, 법률은 곧 국민의 의사로 간주된다. 따라서 의회는 어떠한 법률이든 제정할 수 있으며, 법률은 모든 국가 기관을 구속한다.
>
> (나) 국가가 국민의 자유와 권리를 제한하거나 국민에게 새로운 의무를 부과하려면 반드시 법률에 근거가 있어야 할 뿐 아니라 법률의 목적과 내용도 정의에 합치되어야 한다.

① (가)는 법을 도구로 한 합법적 독재를 예방하기 위해 등장하였다.
② (나)는 개인의 자유와 권리의 보장보다 공동체의 목적 달성을 더 중시한다.
③ (가)는 자연법론, (나)는 법실증주의에 근거하고 있다.
④ (가)와 (나)는 국가 권력의 자의적인 행사를 통제하기 위한 법 원리이다.

Point

(가)는 형식적 법치주의, (나)는 실질적 법치주의에 해당한다. 법치주의는 역사상 (가)에서 (나)의 형태로 그 의미가 변화되었다. 형식적 법치주의가 법치주의의 형식적 측면만을 강조할 때 합법적 독재로 전락할 수 있지만 역사적으로 볼 때 법치주의는 법률이라는 형식적 측면을 강조하면서 등장한 것이다. 그러므로 형식적 법치주의와 실질적 법치주의 모두 국가 권력의 자의적인 행사를 통제하기 위해 등장한 법 원리라고 할 수 있다.
① 합법적 독재를 예방하기 위해 등장한 것은 실질적 법치주의이다.
② 실질적 법치주의에서는 공동체의 목적 달성보다 개인의 자유와 권리 보장을 상위의 가치로 설정한다.
③ 형식적 법치주의는 법실증주의, 실질적 법치주의는 자연법론의 입장에 가깝다.

Answer 16.④ 17.④ 18.④

🔑 〈보기〉의 표는 정부형태 A, B를 구분한 것이다 이에 대한 설명으로 가장 옳은 것은? (단, A, B는 각각 전형적인 대통령제와 의원 내각제 중 하나이다.)

▶ 2023. 6. 10. 제1회 서울시(보훈청)

〈보기〉

질문 \ 정부형태	A	B
입법부와 행정부가 별도의 선거로 구성되는가?	예	아니오
(가)	아니오	예

① A에서는 입법부가 탄핵 소추권을 통해 행정부를 견제한다.
② B에서는 의회 의원이 각료를 겸직할 수 없다.
③ A는 B와 달리 내각의 존립이 의회의 신임에 의존한다.
④ (가)에는 '국가 원수와 행정부 수반이 동일인가?'가 들어갈 수 있다.

|정답 ①

section 1 정부 형태와 정치 제도

(1) 의원내각제

① **의미** … 행정권을 담당하는 내각이 입법부인 의회의 신임에 의해 구성되고 존립되는 정부 형태로, 입법부와 행정부가 밀접한 관계를 가지고 국정을 운영한다.

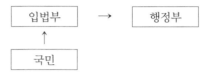

② **성립배경** … 의원내각제의 고전적 원형은 영국

대헌장(1215)	전제 군주의 절대 권력을 제한할 수 있는 장치 마련
명예혁명 (1688)	권리장전→입헌군주제의 확립, 의회 중심의 영국식 정치제도 등장
17세기 말 내각의 구성	초기의 영국 의회의 주권은 입법권에 한정되어 있었고 행정권은 별도의 행사기관(추밀원)에서 행했는데, 그 업무를 효율적으로 처리하기 위해 자문관 중 핵심을 따로 모아 국무를 담당했는데 이를 내각이라 한다.
입헌군주제	'왕은 존재하나 통치하지 않는다.'→왕은 책임이 없으며 왕을 대신하여 내각이 실제적으로 집권하고 의회에 대한 책임을 지게 되는 오늘날 의원내각제의 모델이다.

③ **의원내각제의 특징**

  ㉠ 의회 다수당의 대표가 수상이 되어 내각을 구성하고 내각은 행정권을 담당한다.
  • 수상과 내각의 각료는 의원을 겸하고 있다.
  • 집행권을 행사하는 내각이 의회 안에서 다수 의석을 차지한 정당의 지도자들로 구성된다.
  • 의회는 법 제정권을 갖지만 그 집행은 내각이 수행한다.
  • 의회와 내각의 상호 견제 방법은 의회의 내각 불신임 결의권과 내각의 의회 해산권에 의하여 이뤄진다.
  ㉡ 내각과 의회의 기능상 협동
  • 내각과 의회는 동질이고 내각은 의회에 대하여 연대책임을 진다.
  • 내각은 법률안 제출권을 갖고 수상(법률안 제출 가능)과 각료는 의회에 출석하여 발언할 권리가 있고, 의회도 수상과 각료의 출석과 발언을 요구할 권리가 있다.

④ 의원내각제의 장·단점

㉠ 장점

- 내각이 국민의 대표 기관인 의회에 그 존립과 존속을 의존하게 되므로 민주적 요청에 가장 적합하다.
- 내각이 의회에 연대책임을 지므로 책임정치를 시행할 수 있다.
- 의회와 내각이 대립하는 경우 불신임 결의와 의회해산으로 정치적 대립을 신속하게 해결할 수 있다.
- 내각은 의회를 모체로 하며 행정부와 입법부가 밀접한 관계를 갖고 있으므로 국정을 통일적으로 능률적으로 원활하게 처리할 수 있다.

㉡ 단점

- 군소정당의 난립 또는 정치인의 타협적 태도가 결여된 상황에서는 연립정권의 수립과 내각에 대한 빈번한 불신임 결의로 정국의 불안정이 초래될 수 있다.
- 의회가 정권획득을 위한 투쟁의 장소가 될 수 있다.
- 정부가 의회의 의중을 살펴서 연명을 도모하려 하므로 국민을 위한 강력하고 계속적인 정치가 어렵다.
- 국회 다수당과 정부가 합작하게 되면 다수결의 폭정이 나타날 수 있다.

(2) 대통령 중심제

① **의미** … 국민이 선출한 대통령이 일정한 임기 동안 책임지고 행정권을 담당하는 제도로, 대통령이 국가의 대표인 동시에 행정부의 수반으로 그 권한을 행사한다.

② **목적** … 엄격한 삼권분립의 원리(몽테스키외의 삼권분립)에 기초를 두어 권력 집중으로 인한 자의적 전제를 방지하고 국민의 자유와 권리를 최대한 보장

③ **대통령제의 일반적인 특징**(우리나라 대통령제와는 다름)

㉠ 대통령의 지위는 국가 원수이자 행정부의 수반이다.

- 각료들로 구성되는 내각은 대통령을 보좌하는 자문 기관에 불과하다.
- 대통령은 국민의 직접선거(미국의 경우는 간접선거)에 의해 선출된다.
- 대통령은 법률안 제안권을 가지지 못한다.

㉡ 내각 또는 각료는 대통령에 의하여 임명되며, 대통령에게 책임을 져야한다.

㉢ 권력분립의 원칙상 입법부와 행정부가 서로 다른 부를 제압하는 일을 방지하기 위해 각료는 의원을 겸직할 수 없다.

㉣ 입법, 행정, 사법의 3권이 완전히 독립된 동격의 기관으로 분리되어 있다.

→ 상호 균형과 견제를 위하여 의회의 대통령 불신임 결의권 및 대통령의 의회해산권은 허용되지 않는다.

기출문제

문 〈보기〉의 ㈎, ㈏에 대한 설명으로 가장 옳은 것은? (단, ㈎, ㈏는 전형적인 대통령제와 의원내각제 중 하나인 정부 형태이다.)

▶ 2018. 4. 7. 인사혁신처

〈보기〉

모든 국가에는 대외적으로 국가를 대표하는 사람이 있다. 그런데 정부 형태에 따라 국가를 대표하는 사람에게 상징적인 권위만을 부여하기도 하고, 실질적인 통치권을 함께 부여하기도 한다. 현대 정부 형태에서 전형적인 정부 형태인 ㈎는 이 두 가지가 한 사람에게 집중되어 있으나, ㈏는 그렇지 않다.

① ㈎는 로크의 2권 분립을 바탕으로 한다.
② ㈎에서 행정부 수반의 임기는 예외적이고 특별한 경우를 제외하면 엄격하게 보장된다.
③ ㈏에서 행정부 수반은 의회에 대해 정치적 책임을 지지 않는다.
④ 영국과 일본은 ㈎, 대한민국과 미국은 ㈏를 채택하고 있다.

정답 ②

① 행정부에 대한 입법부의 견제 수단은 대통령제의 경우 대통령의 행정부 인사에 대한 거부권이고, 의원내각제의 경우 내각불신임권이다.
② 의원내각제에서 행정부의 수반과 각료는 의회 의원을 겸직할 수 있기 때문에 입법권과 행정권이 서로 융합되어 있다.
③ 대통령제에서 행정부의 수반은 법률안 제안권은 없지만, 법률안 거부권을 행사함으로써 입법부를 견제할 수 있다.
④ 의원내각제는 입법부 의원의 임기가 법으로 정해져 있지 않다는 점에서 대통령제와 차이를 보인다.

④ 대통령 중심제의 장·단점
　㉠ 장점
　　• 대통령이 임기 중에 국회로부터 책임 추궁을 당하지 않기 때문에 대통령의 임기 동안에는 정국의 안정성을 유지한다.
　　• 소수당의 후보가 대통령으로 당선될 수 있기 때문에, 의회 다수당의 횡포를 방지할 수 있다.
　㉡ 단점
　　• 행정부와 입법부의 마찰 시 원만한 해결을 위한 제도적 장치가 없다.
　　• 대통령 권한의 비대화로 인하여 독재의 위험성이 있다.

(3) 이원집정부제

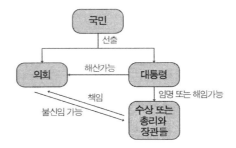

① 행정부의 이원적 구조와 권한의 분할
　㉠ 대통령은 국민에 의해 선출되며 외교·국방 등 국가 안보에 관한 사항을 관장하고 국가긴급권을 보유한다.
　㉡ 내각의 수상은 통상 원내 다수당의 지도자가 선출되며 나머지 일반 행정에 관한 사항을 관장한다.
② 이원집정부제의 장단점
　㉠ 장점 : 평상시에는 권력분립을 통해 독재를 막고, 긴급시에는 권력을 집중시켜 위기를 극복할 수 있다.
　㉡ 단점 : 동거 정부(대통령과 수상의 소속정당이 다를 경우)일 때는 대통령과 내각 사이의 정치적 갈등으로 인한 정국의 불안정을 초래할 가능성이 크다. 반면 대통령과 수상의 소속정당이 동일할 경우에는 권력의 집중과 남용으로 인한 독재화의 위험성도 내포한 정부형태이다.

(4) 우리나라의 정부 형태

① 우리나라의 정부형태 변화과정

㉠ 이승만 정권(제1공화국) : 대통령제 실시, 대통령의 장기 집권과 독재

㉡ 4·19혁명 이후의 제2공화국 : 의원내각제 채택

- 의회는 민의원과 참의원 양원으로 구성되었고, 행정권은 민의원에서 선출된 국무총리를 중심으로 한 내각에 집중되었음
- 의회는 언제든지 내각을 불신임할 수 있었으나, 내각은 민의원의 정부 불신임 결의에 한해 의회 해산권을 갖고 있었음

㉢ 5.16군사 정변 이후의 박정희 정부 : 대통령제, 장기 집권과 독재, 유신 체제

- 유신체제 : 1972년 박정희 정부의 유신헌법 제정, 강력한 대통령제 추구, 통일주체국민회의에 의한 대통령 간접선거
- 신대통령제(카알 뢰벤슈타인, 권위주의적 정부형태) : 권력분립 원리의 형식화, 대통령의 절대적 우월성과 통제 장치의 유명무실화 등

㉣ 전두환 정부 : 7년 단임의 대통령제, 대통령 선거인단에 의한 간선제 채택

㉤ 노태우 정부 : 5년 단임의 대통령 중심제, 국민 직선제 → 현재까지 이어지고 있음

② 대통령 중심제 … 입법부와 행정부의 구성이 엄격히 분립되어 있다.

㉠ 입법부와 행정부의 구성 방식 – 엄격한 분립

- 제41조 1항 : 국회는 국민의 보통·평등·직접·비밀 선거에 의하여 선출된 국회의원으로 구성한다.
- 제67조 1항 : 대통령은 국민의 보통·평등·직접·비밀 선거에 의하여 선출된다.

㉡ 입법부와 행정부와의 관계

- 제66조 1항 : 대통령은 국가의 원수이며 외국에 대하여 국가를 대표한다.
- 제66조 4항 : 행정권은 대통령을 수반으로 하는 정부에 속한다.
- 제70조 : 대통령의 임기는 5년으로 하며 중임할 수 없다.
- → 대통령은 임기 5년 동안 탄핵 소추를 제외하고는 국회에 대하여 정치적 책임을 지지 않고, 국회는 대통령에 대해 불신임을 결의할 수 없다. 대통령도 국회를 해산할 수 있는 권한이 없다.
- 제53조 2항 : 법률안에 이의가 있을 때에는 대통령은 15일 이내에 이의서를 붙여 국회로 환부하고, 그 재의를 요구할 수 있다. → 법률안 거부권
- 제40조 : 입법권은 국회에 속한다. → 대통령제 아래에서, 대통령은 입법과정에 관여하지 못한다.

③ 의원내각제적 요소 가미

㉠ 국무총리제

㉡ 행정부의 법률안 제출권

문 〈보기 1〉을 특징으로 하는 우리나라 정부 형태에 대한 설명으로 옳은 것을 〈보기 2〉에서 모두 고른 것은?

▶ 2024. 6. 22. 제2회 서울시(보훈청)

〈보기 1〉
- 국회 의원과 정부는 법률안을 제출할 수 있다.
- 행정권은 국민에 의해 선출된 대통령을 수반으로 하는 정부에 속한다.
- 법률안에 이의가 있을 때에는 대통령은 기간 내에 이의서를 붙여 국회로 환부하고, 그 재의를 요구할 수 있다. 국회의 폐회 중에도 또한 같다.

〈보기 2〉
㉠ 행정부가 입법부에 대해 연대책임을 진다.
㉡ 국가 원수와 행정부 수반이 동일 인물이다.
㉢ 행정부가 의회 다수당의 횡포를 견제할 수 없다.
㉣ 대통령제에 의원 내각제 요소를 가미하고 있다.

① ㉠, ㉡
② ㉡, ㉢
③ ㉡, ㉣
④ ㉢, ㉣

I 정답 ③

ⓒ 국회의원의 각료 겸직 가능

ⓔ 국무 위원의 국회 출석 발언권

ⓜ 국무 회의에서 국정 심의

ⓗ 국회의 동의에 의한 국무총리 임명

ⓢ 국회의 국무총리와 국무위원 해임 건의권

section 2 선거

(1) 민주정치와 선거

① 선거

ㄱ **대의민주제** : 국민이 직접 국정에 참여하는 것이 아니라 선거를 통해 선출된 대표자가 국정을 담당하는 것을 말한다.

ㄴ **민주정치와 선거** : 선거는 국민이 정책결정과정에 참여하는 기본적인 행위이며 주권을 행사하는 기본적인 수단이 된다.

ㄷ **선거권의 행사**

• 국정참여의 기회 : 선거는 국민이 국가 정책결정과정에 참여할 수 있는 중요한 기회이다.

• 국민의 권리와 의무 : 선거권의 행사는 국민으로서의 권리인 동시에 의무이다.

② **선거의 기능**

ㄱ 대표자 선출 기능

ㄴ 대표자에게 정당성 부여

ㄷ 대표자 통제 기능

ㄹ 정치적 의견, 가치관, 이해관계를 대표하는 기능

ㅁ 여론을 표출시키고 확인하는 기능

ㅂ 주권자로서의 권리 의식과 자부심, 귀속감과 책임감을 함양시켜주는 역할

ㅅ 정치 지도자를 지속적으로 충원하는 기능

③ **선거의 구분**

ㄱ **총선거** : 대통령제 하 총선거는 의원의 임기가 만료되기 직전에 실시되며 의원 내각제 하에서는 의원의 잔여 임기에 관계없이 의회가 해산되면 총선거 실시

ㄴ **재선거** : 총선거가 실시된 이후 당선 무효나 선거 자체의 무효 사유가 발생하였을 때 다시 실시되는 선거

ㄷ **보궐선거** : 의원이 그 직책을 사퇴하거나 사망 등 부득이한 사유로 의정 활동을 수행할 수 없는 경우에 이를 보충하기 위해 실시하는 선거

③ 공명선거의 필요성

㉠ 민주선거의 4원칙

- 보통선거 : 일정한 연령에 달하면 어떤 조건에 따른 제한이 없이 선거권을 주는 제도로 제한선거와 대비된다.
- 평등선거 : 투표의 가치에 차등을 두지 않는 제도로 차등선거와 대비된다.
- 직접선거 : 선거권자가 대리인을 거치지 않고 자신이 직접 투표소에 나가 투표하는 제도로 대리선거와 대비된다.
- 비밀선거 : 투표자가 누구에게 투표했는지 알 수 없게 하는 제도로 공개선거와 대비된다.

㉡ 공명선거의 필요성 : 민주정치의 정착을 위해서 반드시 요구된다.

(2) 우리나라의 선거제도

① 우리나라 선거의 종류

구분		선출직명	임기	피선거권	연임	비고
대통령 선거		대통령	5년	40세 이상	단임	직접 선거제
국회 의원 선거		국회의원	4년	25세 이상	가능	직선, 소선거, 비례대표
지방자치 단체장	광역	특별시장, 광역시장, 도지사			3회 가능 (2회 연속 재출마 가능)	
	기초	자치구청장, 시장, 군수				
지방의회 의원	광역	특별시, 광역시, 도의회 의원			가능	직선, 소선거, 비례대표
	기초	자치구, 시, 군의회 의원			가능	직선, 중선거, 비례대표

② 선거관리위원회 … 정치적으로 중립적인 국가기관의 기능을 담당하며 선거, 국민투표의 공정한 관리 및 정치자금의 사무 등을 처리한다.

㉠ 선거관리위원회의 구성

- 중앙선거관리위원회는 대통령이 임명하는 3인, 국회에서 선출하는 3인, 대법원장이 지명하는 3인 등 총 9인으로 구성되고 임기는 6년이다.
- 시 · 도 선관위, 구 · 시 · 군 선관위, 읍 · 면 · 동 선관위가 있다.

㉡ 선거관리위원회의 활동

- 선거와 국민 투표를 공정하게 관리하며, 정당과 정치 자금에 관한 사무 처리, 국민에 대한 홍보 및 계도활동, 선거 지원, 선거 · 정당제도 등에 관한 연구 및 교육활동
- 중앙선거관리위원회의 권한 : 선거법 위반 행위 예방 및 단속권, 선거법 위반 행위에 대한 조치권 등

기출문제

📘 〈보기〉는 우리나라 헌법 기관 A의 어느 해 주요 업무 계획의 목차이다. A에 대한 설명으로 가장 옳은 것은?

▶ 2024. 6. 22. 제2회 서울시(보훈청)

〈보기〉

□ 과제별 세부 추진 계획

과제 I. 유권자 중심의 완벽한 선거 사무 구현

1. 대통령 선거의 정확한 관리 .... p. 5
2. 재외 선거의 안정적 관리로 재외 국민 참여 확대 .... p. 10
3. 재 · 보궐 선거 관리 및 전국 동시 지방 선거 준비 .... p. 13

① 선거구를 법률로 확정한다.
② 선거 관련 법률을 제정한다.
③ 정당 사무에 관한 규칙을 제정할 수 있다.
④ 위헌 정당 해산 심판권을 갖는다.

|정답 ③

<보기>는 갑(甲)국의 현행 선거법과 선거법 개정안의 일부이다. 현행 선거법과 비교하여 개정안에 대한 설명으로 가장 옳은 것은? (단, 지역구 의원 총수는 200명으로 변동이 없다.)

▶ 2021. 6. 5. 제1회 서울시

<보기>

현행	제21조 하나의 의회 의원 지역 선거구에서 선출할 의회 의원의 정수는 1인으로 한다.
개정안	제21조 하나의 의회 의원 지역 선거구에서 선출할 의회 의원의 정수는 2~4인으로 한다.

① 총 선거구 수가 증가한다.
② 사표가 과다하게 발생할 수 있다.
③ 다양한 국민의 의사를 의회 구성에 반영할 수 있다.
④ 다수당의 출현 가능성이 커져 정국 안정에 유리하다.

③ 선거공영제

㉠ 의미 : 선거 운동의 자유방임으로 인해 야기되는 폐단을 방지하기 위하여 국가가 선거운동을 관리하거나 선거운동에 소요되는 비용을 국가 등이 부담함으로써 후보자 간 선거운동 기회의 형평을 기하고, 선거 비용을 경감하며, 나아가 공명선거를 실현하려는 제도를 말한다.

㉡ 장점과 단점 : 재력이 없는 유능한 후보에게도 정계진출기회를 부여하는 장점을 가지고 있지만 조세부담을 가중시키고 후보자의 난립을 가져와 평가와 선택의 어려움을 겪게 하는 단점도 존재한다.

④ 선거구 법정주의

㉠ 의미 : 선거구는 전체의 선거인을 선거인단체로 구분하는 표준이 되는 지역으로서 보통 의원의 선출단위인 지역구를 의미함

㉡ 선거구의 획정원리

• 인구대표성 : 표의 등가성의 원리가 지켜져야 함

• 지역대표성 : 표의 등가성에 따른 인구대표성만을 강조하다 보면 지역간의 불균형이 초래될 수 없으므로 지역단위도 고려해야 하는 것을 말함

• 법정주의 : 선거구의 확정은 법에 따라야 함→권력에 의한 자의적인 선거구 확정(게리맨더링)방지

Point 팁 게리맨더링(gerrymandering) … 특정 정당이나 후보자에게 유리하도록 선거구를 인위적으로 재조정하는 것으로 1812년 매사추세츠 주지사 게리(Gerry)가 선거구를 재조정했는데, 그 모양이 마치 샐러맨더(salamander)와 유사하다고 한 데에서 유래하였다.

㉢ 선거구의 종류

• 소선거구 : 한 선거구에서 1명의 대표를 선출

• 중선거구 : 한 선거구에서 2~4명의 대표를 선출

• 대선거구 : 한 선거구에서 5명 이상의 대표를 선출

㉣ 소선거구제와 중·대선거구제

구분	소선거구제	중·대선거구제
의미	1선거구에서 1인의 대표 선출	1선거구에서 2인 이상의 대표 선출
장점	양대 정당 출현→정국의 안정, 선거비용 절약 및 관리 용이, 후보자 파악 유리→지역적 인물의 당선이 용이, 선거에 대한 참여와 관심을 높임	사표 발생을 줄일 수 있음, 신진세력, 소수파의 정계진출 용이→다양한 국민의사 반영, 전국적 인물의 당선이 용이
단점	사표가 많이 발생함, 신진세력진출이 곤란→다양한 의사 반영 곤란, 선거부정용이→선거인 매수, 관권개입	선거 관리가 어렵고 비용이 많이 듬, 군소 정당이 난립→정국 불안, 선거에 대한 무관심이 우려됨

정답 ③

(3) 대표 결정 방식

① 다수대표제 ··· 다수 대표제는 다수 의사를 최고로 존중하는 제도로서 의사 결정의 가장 기본적인 형태인 다수결의 원리에 따라 선거에서 유효 투표의 다수를 얻은 자를 당선인으로 결정하는 방법이다. → 소선거구에 적용되며 상대다수대표제와 절대다수대표제로 나뉜다.

　ㄱ 상대 다수 대표제 : 당선에 필요한 득표율 등의 조건 없이 선거구에서 경쟁 상대보다 유효 투표를 한 표라도 더 많이 획득한 후보자를 당선인으로 결정하는 제도

　ㄴ 절대 다수 대표제 : 대표 선출의 직접성(정당성)을 살리면서 50% 이상의 득표율을 당선 요건으로 하는 제도

② 소수대표제 ··· 소수표를 획득했어도 정원수의 범위 안에 드는 득표자는 당선되는 제도 → 중 · 대선거구제와 연계

③ 직능대표제 ··· 다양한 직능 단체에서 일정한 수의 대표를 선출하는 제도 → 직능 단체의 대표(전문가)에게도 의정활동을 할 수 있는 기회를 부여함

④ 비례대표제

　ㄱ 의미 ··· 다수대표제는 사표가 너무 많이 발생하는 단점이 있기 때문에 직접 정당에 득표하여 의석을 분배하는 것과 같은 정당별 득표율과 의석 비율이 거의 같아지는 비례대표제를 도입하였다.

Point 팁 우리나라의 비례대표제도

　ㄱ 21대 국회에서는 국회 전체 의석을 300석으로 고정하되 비례대표 의석수를 지역구 의석수와 정당 득표율에 연동하는 준연동형(50%) 비례대표제가 도입되었다.

　ㄴ 의석수를 '지역구 253석, 비례대표 47석'의 현행 그대로 유지하되, 비례대표 47석 중 30석에만 '연동형 캡(cap, 상한선)'을 적용해 연동률 50%의 준연동형 비례대표제를 적용하는 것을 골자로 한다.

　ㄴ 장점
- 국민 각 계 각층의 의사가 그 세력에 비례하여 의회에 반영될 수 있음
- 소수파에게도 당선의 기회를 주어 다수당의 횡포를 견제할 수 있음
- 개인보다는 정당을 위주로 한 제도이므로 정당 정치에 기여함
- 선거비용이 적게 듦

　ㄷ 단점
- 투표의 방법과 당선자의 결정의 절차가 복잡해 질 수 있음
- 여러 소수당이 난립될 경우 정국 불안을 초래할 수 있음
- 당선자가 국민의 대표라기보다는 정당의 대표가 되기 쉬움
- 선거인과 당선자의 관계가 멀어질 수 있음

문 우리나라의 정당 제도에 대한 설명으로 옳지 않은 것은?

▶ 2017. 6. 17. 제1회 지방직

① 정당의 설립은 자유이고 복수 정당제는 헌법에서도 보장된다.
② 정당은 법률이 정하는 바에 의하여 그 운영에 필요한 자금을 국가로부터 보조받을 수 있다.
③ 정당의 목적이나 활동이 민주적 기본 질서에 위배될 때에는 국회는 헌법재판소에 정당의 해산을 제소할 수 있다.
④ 정당은 공직 선거에 참여하거나 여론을 형성하고 주도하는 등 국민의 정치적 의사 형성에 참여할 수 있다.

문 〈보기〉는 정치 참여 집단 A~C를 구분한 것이다. 이에 대한 설명으로 가장 옳은 것은? (단, A~C는 각각 정당, 시민 단체, 이익 집단 중 하나이다.)

▶ 2022. 6. 18. 제2회 서울시(보훈청)

〈보기〉

구분	A	B	C
공직 선거에 후보자를 공천하는가?	아니요	아니요	예
특수 이익보다 보편 이익을 추구하는가?	예	아니요	예

① A는 정치 과정에서 산출 기능을 담당한다.
② B는 정부와 의회를 매개하는 역할을 한다.
③ C는 자신의 활동에 대해 정치적 책임을 진다.
④ A, B는 C와 달리 정치 사회화 기능을 수행한다.

정답 ③, ③

(4) 선거문화와 민주정치

① 우리나라의 선거 실상
  ㉠ 과거의 선거 : 국민의 정부 선택보다 정치적 정당성에 더 큰 의의를 부여하였으며, 선거풍토의 타락 등이 문제점이었다.
  ㉡ 현재의 선거 : 국민의 의식수준과 정부의 개혁의지가 향상되었다.

② 바람직한 선거문화
  ㉠ 국민의식의 중요성
    • 올바른 선거문화풍토의 조성 : 선거문화는 입후보자와 유권자의 의식이나 행동방식에 의해 결정된다.
    • 입후보자의 선거의식 : 법 준수, 국민의 선거에 대한 관심과 합리적 판단이 요구된다.
    • 유권자의 선거의식 : 유권자가 행사하는 표는 국가의 운명을 좌우하는 중요한 정치적 의사표시이므로 소중하게 행사하고, 선거 후에도 계속해서 국정활동을 감시해야 한다.
  ㉡ 공명한 선거와 정치발전
    • 민주정치의 발전과 선거 : 공명한 선거의 실시는 어느 국가든 민주정치 발전을 위하여 반드시 거쳐야 하는 과정이다.
    • 국가권력의 정당성과 선거 : 국민의 자유로운 의사결정과 후보자들의 공정한 경쟁을 통해서 대표가 선출되고 정부가 구성될 때, 국가권력의 정당성이 확립되고 민주정치는 발전하게 된다.
    • 민주정치의 확립과 선거 : 선거기능이 제대로 발휘될 때, 참다운 의미의 민주정치가 확립되었다고 할 수 있다.

section 3 정당 · 이익집단과 시민단체

(1) 민주정치와 정당

① 정당의 의의와 역할
  ㉠ 정당 : 정치적 견해를 같이하는 사람들이 정권을 획득함으로써 자신들의 정강을 실현하는 것을 목적으로 조직한 단체를 말한다.
  ㉡ 정당의 기능
    • 정치적 충원 : 각종 선거에서 후보자를 추천하여 국민의 의사를 대변할 대표자를 의회에 진출시킴
    • 여론형성 조직화 : 국민의 의사를 수렴하여 정부에 전달함으로써 정책 결정에 영향력을 행사함
    • 매개적 역할 : 행정부와 의회(당정 협의회 통해), 정부와 국민을 연결하는 매개적 역할을 수행함

Point 팁 당정협의회 … 정당과 행정부의 대표들이 정기적으로 모임을 갖고 앞으로의 현안과 정책 입안 및 집행 등에 관한 의견을 조율하고 정리하는 회의

- 정부 및 권력통제 : 정부 각 부처의 활동을 상호 조정하는 기능을 수행하고 부당한 권력 행사를 감시
- 정치 사회화 기능 : 정부의 정책에 대하여 국민의 지지 반대를 유도하거나 정치적 가치를 형성시킴

② 민주국가의 정당제도

　㉠ 원칙 : 일반적으로 복수정당제를 채택한다.

　㉡ 분류 : 일당제, 양당제, 다수정당제 등이 있다.

Point 팁 양대정당제와 다수정당제의 비교

구분	양대정당제	다수정당제
장점	• 정국이 안정됨 • 책임정치가 가능 • 정권의 평화적 교체가 원활	• 국민 각층의 의견 반영 가능 • 소수자의 이익도 보장 • 정당 간 대립 시 제3자가 중재
단점	• 국민 각층의 의견 반영 곤란 • 다수당 횡포→소수 이익의 보장 곤란 • 양당 충돌시 해결 곤란	• 정국 불안 가능성(프랑스 제3·4공화국) • 강력한 정책 실현 곤란

③ 정당정치와 정치자금 … 정치자금의 공개 및 양성화로 돈 안 드는 선거풍토 정착, 정치자금의 자발적 지원 등이 요구된다.

④ 한국 정당정치의 발전과제

　㉠ 한국 정당정치의 특성 : 짧은 정당의 수명, 국민의사의 불충분한 반영, 비민주적 구조 등

Point 팁 정당의 수명이 짧음

구분	집권당	주요야당
이승만 정권(1948~60)	자유당	자유국민당
장면 정권(1960~61)	민주당	무소속
박정희 정권(1961~79)	민주 공화당	신민당
전두환 정권(1981~88)	민주 정의당	민주 한국당, 한국 국민당
노태우 정권(1988~93)	민주 정의당 → 민주 자유당	민주당, 통일 국민당
김영삼 정권(1993~98)	민주 자유당 → 신한국당 → 한나라당	새정치 국민 회의, 통합 민주당
김대중 정권(1998~2003)	새천년 민주당	한나라당, 민주 노동당
노무현 정권(2003~08)	새천년 민주당 → 열린 우리당 → 대통합 민주 신당	한나라당, 민주 노동당
이명박 정권(2008~13)	한나라당 → 새누리당	통합 민주당 → 민주통합당
박근혜 정권(2013~17)	새누리당 → 자유한국당	민주통합당→더불어 민주당
문재인 정권(2017~22)	더불어 민주당	자유한국당→국민의힘 바른미래당→국민의당
윤석열 정권(2022~27)	국민의힘	더불어 민주당

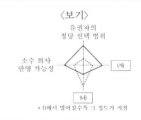

문 그림의 (가)~(다)에 대한 설명으로 옳지 않은 것은? (단, (가)~(다)는 각각 정당, 시민단체, 이익집단 중 하나이다)

▶ 2020. 6. 13. 지방직/서울시

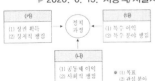

① (가)는 정치적 충원과 여론 형성 및 조직화 기능을 수행한다.
② (나)는 시민들에 의해 자발적으로 구성되는 집단이다.
③ (다)는 사회 전체의 보편적 이익과 충돌하는 활동을 할 우려가 있다.
④ (가)와 (다)는 정치적 책임을 진다는 공통점이 있다.

문 〈보기〉의 정치 참여 집단 A, B에 대한 설명으로 가장 옳지 않은 것은?

▶ 2021. 6. 5. 제1회 서울시

〈보기〉
현대 민주 정치의 중요한 정치 행위자로 A와 B가 있다. A는 그들의 이익을 정치 현장에서 실현시키기 위해 B를 매개체로 이용하고, B도 정치권력의 획득을 위한 지지기반을 넓히기 위해 A와 밀접한 상호 관계를 맺는다. B는 A로부터 정책 쟁점에 대한 전문적 지식과 견해를 획득하고, 다원적 사회에 분산돼 경쟁 관계에 있는 여러 A는 B와 연계해 자신들에게 유리한 정책을 형성하도록 정부에 압력을 행사한다.

① B는 의회와 정부를 매개한다.
② A는 집단의 특수 이익을 실현하고자 한다.
③ B는 A와 달리 자신의 활동에 대해 정치적 책임을 진다.
④ A는 B와 달리 정치 사회화를 담당한다.

l 정답 ④, ④

ⓒ 발전과제
• 당내 민주주의의 확립
• 정당 구조의 선진화
• 정치자금의 투명성 확보
• 국민 여론을 효과적으로 반영할 수 있는 제도적 장치 마련 : 교차투표제, 상향식 공천제도(국민참여경선제)

Point 팁 교차투표제와 국민 참여 경선제
ⓐ 교차투표제 : 의원들이 소속 정당의 당론에 구애 받지 않고 유권자의 태도나 자신의 정치적 소신에 따라 투표하는 것
ⓑ 국민(참여) 경선제 : 정당의 공직 후보자를 선출하는 과정에서 당원이 아닌, 일반 유권자의 의사를 반영하는 제도

(2) 민주정치와 이익집단

① 이익집단과 정치과정
ⓐ 이익집단(압력단체) : 이해관계를 공유하는 사람들이 공동의 이익을 실현하기 위하여 정부의 정책에 영향력을 행사하려는 집단이다.
ⓑ 정당과의 관련성 : 이익집단은 그들이 추구하는 이익을 실현하기 위해 정당을 이용하며, 정당은 지지기반을 확보하기 위해 이익집단과 결합한다.

② 이익집단의 출현원인과 기능
ⓐ 출현원인 : 이익의 다원화, 지역대표의 결함보완, 민주정치의 발달, 정부기능의 통제필요 등이 있다.
ⓑ 순기능
• 다원주의 이념 구현에 기여 : 시민들의 다양한 의사를 정치과정에 반영함
• 직능 대표제의 역할 수행 : 지역 대표제의 한계를 보완
• 정부정책에 대한 감시자 역할을 함 등
ⓒ 역기능
• 특정 집단의 이익을 추구함에 따라 사회 전체의 이익과 충돌하거나 정책 결정 과정에 혼란을 초래하기도 함
• 이익집단이 정치권력과 야합할 경우 부정 부패를 유발함
• 소수의 보호를 위한 집단이므로 특수 이익만 우선적으로 반영하여 계층 간의 불평등 구조를 심화시킬 수 있음

③ 이익집단의 이익실현
ⓐ 이익집단의 목표달성 : 구성원들의 적극적인 활동과 지도력이 요구된다.
ⓑ 이익실현의 방법 : 정부에 직접적으로 압력을 행사하거나 여론을 형성하여 정부가 이익집단의 요구를 인식하고 받아들이게 하는 간접적 방법이 있으며, 개인적 친분을 활용하거나 대표단을 파견하는 등 여러 가지 방법을 이용한다.

④ 공익과 이익집단

　㉠ 공익을 위한 이익집단 : 정치과정에서 경제적, 사회적, 직업적으로 나타나는 특수한 이익들을 그 성격에 따라 골고루 대표하는 역할을 수행한다.

　㉡ 공익을 저해하는 이익집단 : 소수의 이익을 보호하기 위한 집단이다.

(3) 시민단체

① 의미 … 시민이 주체가 되어 공동의 목적을 이루기 위해 집단적으로 협력하는 단체

② 등장과 특징

　㉠ 등장 : 참여 민주주의가 등장하면서 시민의 정치참여가 활성화되고, 이에 따라 정치뿐만 아니라 경제, 환경, 인권, 복지 등 다양한 분야에 대한 요구가 증가하였다. 그러나 이처럼 다양한 요구를 수용하기 위해서는 정부와 정치권의 능력에 한계가 있었고, 이에 시민은 자발적으로 단체를 만들어 정치과정에 참여하였다.

　㉡ 특징 : 시민 단체는 공공선과 공익 추구를 목적으로 한다는 점에서 단체 구성원의 이익 추구를 목적으로 하는 이익집단과 구별되는 특징을 가진다.

구분	정당	이익집단	시민단체
정권 획득을 목적으로 하는가?	○	×	×
정치적 책임을 지는가?	○	×	×
공익을 추구하는가?	○	×	○
정부의 정책결정에 영향력을 행사하는가?	○	○	○

③ 한국 시민단체의 특징과 문제점

　㉠ **정부에 대한 감시와 비판** : 과거 권위주의 정권과의 민주화 투쟁으로 발전해 왔기 때문

　㉡ **시민 없는 시민 운동** : 시민단체가 짧은 시간 동안 급속하게 발전하는 과정에서 소수의 지도자를 중심으로 한 하향식 의사 전달 체계로 운영

　㉢ 재정과 인적 자원에서의 자립도가 낮은 매우 열악한 상황

　㉣ **시민단체의 이익집단화** : 시민단체가 자신들의 이해 관계를 중시하면서 제 기능을 다하지 못함

　㉤ **전문성 부족** : 전문성이 부족하거나, 의욕만 앞선 상태서 일을 추진하여 합리적 대안 제시 능력이 부족한 경우가 있음

기출문제

문 다음 자료의 두 정치 참여 집단 A와 B에 대한 설명으로 옳은 것은? (단, A, B는 각각 정당, 시민단체 중 하나이다)

▶ 2023. 8. 26. 국회사무처

• 현대 민주주의 정치 과정의 핵심적 원리 중 하나는 다수의 상이한 A이/가 국민의 지지를 얻기 위해 경쟁한다는 것이다. 각 A은/는 국민들의 지지를 받을 수 있는 정치인을 충원하고 국민들의 관심을 끌 수 있는 정책을 제시하며 선거 경쟁에서 승리하기 위해 애쓴다.

• 현대 사회가 복잡해지고 다원화되며 시민들의 의사가 정책 결정 과정에 제대로 반영되지 못하자 현대 정치 과정의 새로운 주체로 B이/가 등장하였다. B은/는 선거 경쟁에 직접 참여하지 않지만 B이/가 추구하는 환경 보호가 선거 경쟁에서 중요한 이슈가 될 수 있도록 노력한다.

① A는 의회가 제정한 법률을 집행하는 역할을 한다.

② B는 자기 집단의 특수한 이익 실현을 위해 노력한다.

③ A와 B 모두 정치 사회화의 기능을 담당한다.

④ A와 B 모두 활동 결과에 대해 정치적 책임을 진다.

⑤ A와 B 모두 정치 권력의 획득과 유지를 목적으로 한다.

정답 ①

기출문제

🔮 정당, 이익집단, 시민단체의 공
통점은?

▶ 2012. 서울시

① 여론형성
② 대표자 선출
③ 특정 집단의 이익 실현
④ 정부와 의회의 매개
⑤ 공공선과 공익 추구

section 4 여론

(1) 여론과 여론정치

① 여론 … 쟁점에 대해 다수의 사회구성원들이 가지는 공통된 의견을 말한다.

② 여론의 중요성과 기능
  ㉠ 여론의 중요성
  • 민주주의가 발전하면서 대중매체의 발달에 따라 점차 그 중요성이 확대되고 있다.
  • 여론의 중요성을 강조한 격언과 우리나라 학자
  –서양 : 민중의 소리는 신의 소리다.
  –동양 : 민심은 곧 천심(天心)
  –이율곡, 정약용, 조광조
  ㉡ 여론의 기능 : 정치의 방향을 제시하는 정치적 기능, 문화적 기능, 집단행동
  의 통일성을 확보하는 통일적 기능 그리고 구성원들이 느끼는 심리적 안정
  감의 기능이 있다.

③ 여론과 사회 안정
  ㉠ 사회구성에 관련된 본질적인 문제 : 기본권 보장, 언론의 자유 등이 있다.
  ㉡ 민주사회의 다양한 의견 : 대화와 타협으로 해결한다.
  ㉢ 이익집단과 정당의 활동 : 대화와 타협을 주도하고, 국민을 설득하고자 노력한다.

④ 여론정치
  ㉠ 정당, 언론 등의 의견집단이 여론 형성을 주도한다.
  ㉡ 여론정치 : 국민의 여론을 파악하여 정책에 반영하는 정치를 뜻한다.
  ㉢ 여론의 문제점 : 여론은 조작가능성 등 내재적 취약성을 가지며, 소수의 의견
  이 여론이 될 수 있으며, 선전에 의해 왜곡될 수 있다.

(2) 여론과 언론

① 민주정치와 언론의 자유
  ㉠ 언론의 여론 형성에의 역할 : 사회적 사실을 신속·정확하게 전달하고 사회적
  쟁점을 규정하며 해설과 비판 등을 제공한다.
  ㉡ 여론형성의 조건
  • 공익과 관련된 사회적 쟁점이 있어야 한다.
  • 그 쟁점과 관련하여 이해관계가 얽혀있는 공중(公衆)이 형성되어야 한다.
  • 사회 구성원 사이에 진지하게 토론이 이루어져야 한다.
  • 표현의 자유가 보장되어야 한다.

┃정답 ①

ⓒ 여론의 종류

합의형 여론	분산형 여론
• 특정문제에 대하여 지배적인 여론이 형성된 경우 • 여론이 동질적으로 형성되어 있으므로 사회 안정과 결속이 가능함 • 정부가 쉽게 정책을 결정할 수 있고, 정책 정당성을 확보하기에도 유리함	• 중립적인 입장을 취하는 사람은 적고 찬성과 반대가 양극화 되어 있는 경우 • 여론 분포가 찬반으로 극심하게 나누어져 있으므로 사회 분열과 갈등이 우려된다. • 정부가 쉽게 정책을 결정하기 어렵고, 정책집행의 성공도 보장할 수 없다. (공청회 등을 통해 의견을 조율하고 차이를 줄이려는 노력이 필요하다.)

ⓔ 언론의 국민여론 조작 : 정치세력의 선전도구로 전락하거나 허위사실을 유포하기도 한다.

ⓕ 언론의 자유 : 정치권력에 대한 비판 기능(감시역할 수행), 엄밀하고 정확한 보도로 사건이 재발하지 않도록 감시하는 역할을 수행한다.

② 언론의 책임 … 언론은 공정성·정확성·신속성을 확보하고 공익을 위해 기능해야 하며, 시민은 언론에 대해 비판과 감시를 해야 한다.

section 5 정치참여와 정치문화

(1) 정치과정에의 참여

① 정치참여의 중요성
  ㉠ 정부의 정책 결정을 감시하여 정부의 책임 행정을 기대할 수 있다.
  ㉡ 공직자들의 부정부패를 예방하는 효과를 얻는다.
  ㉢ 대의 민주정치의 보완 효과가 있다.
  ㉣ 시민의 이익증진 : 시민이 정책 결정과 집행 과정에 자발적으로 참여함으로써 자신의 권리 보호, 공공이익 증진
  ㉤ 국민 주권 의식의 성장 : 스스로 다스리고 다스림을 받는 정치 원리에 충실

② 정치참여의 방법과 요건
  ㉠ 투표 : 가장 보편적·적극적·기본적인 정치참여의 방법으로 거의 모든 국가에서 실시하고 있다.
  ㉡ 기타 정치참여방법 : 정치에 대한 토론, 선거운동에 직접 참여, 정당 활동, 여론 형성, 청원, 집회나 시위 등이 있다.

기출문제

문 (개와 (내) 여론 분포의 유형에 대한 비교 설명으로 옳지 않은 것은?
▶ 2015. 6. 27. 제1회 지방직

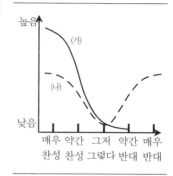

① (개는 (내보다 국민적 합의가 이루어져 지배적인 여론이 형성된다.
② (개는 (내보다 대다수가 공통된 의견을 갖고 있어 정책 추진이 원만하게 이루어질 가능성이 높다.
③ (내는 (개보다 찬성과 반대의 의견이 균형을 이루어 정책 결정이 신속히 이루어진다.
④ (내는 (개보다 국민적 일체감이 형성되기 어렵고 사회 갈등이 증가할 수 있다.

문 다음 중 국민의 의견이 국정에 반영되기 위한 방법으로 옳지 않은 것은?
▶ 2010. 행정안전부
① 집회나 시위
② 정치토론회 개최
③ 이익집단의 이익 실현
④ 언론 및 출판에 대한 강제

┃정답 ③, ④

문 다음은 신문 기사 제목을 나열한 것이다. 다음의 주장들이 실현될 경우 기대되는 효과로 가장 적절한 것은?

▶ 2018. 5. 19. 제1회 지방직

• '실질적 투표권 달라'며 투표시간 연장을 요구하는 서명 운동 벌여
• 정당 설립 요건 완화해야
• 투표율을 높이기 위해서 사전 투표 제도 도입해야

① 직접민주주의가 활성화될 것이다.
② 대표자의 권한이 강화될 것이다.
③ 시민의 정치적 의사 반영 기회가 확대될 것이다.
④ 법 제정 과정에서의 신속성이 제고될 것이다.

ⓒ 진정한 정치참여의 요건
  • 개인의 이익뿐만 아니라 정치 공동체의 이익에 기여하여야 한다.
  • 정당한 절차를 거쳐 확정된 법이나 정책을 준수하면서 참여한다. 자신의 의사와 다르거나 자신의 이익에 배치된다는 이유로 법을 지키지 않거나 따르지 않는 것은 민주정치에 역행하는 행위이다.

③ 정치 참여의 긍정적 기능과 부정적 기능

긍정적 기능	부정적 기능
• 대의정치의 보완 • 시민의 이익 증대 • 시민의 주체 의식 신장	• 과도한 참여로 사회 안정 파괴 • 비전문가에 의한 비합리적 결정

(2) 참여와 정치발전

① 대의 민주정치와 참여
  ㉠ 시민참여의 한계 : 시민은 대표선출이나 투표 이외에는 영향력을 행사하기 어려우며 그 표현방식에도 한계가 있다.
  ㉡ 대의 민주정치의 위기 : 시민의 대표로서 공공의사결정을 책임져야 할 입법부가 사회문제를 직접 해결하지 못하고 행정부가 공공의사결정을 실질적으로 좌우하게 되는 현상이 발생하였다.
  ㉢ 시민참여의 증가 : 민주주의 사회의 위기의식이 확산되면서 정치참여가 확산되었다.

② 정치적 무관심
  ㉠ 정치적 무관심의 원인 : 현대 정치과정의 거대화 복잡화로 인한 대중의 소외감, 물질적 소비문화, 업무의 과중으로 인한 무력감 등
  ㉡ 정치적 무관심의 유형

무(無)정치적 무관심	• 전통형 무관심 : 정치는 모든 국민이 하는 행위가 아니라 일부 특권층만 하는 행위라고 체념하는데서 오는 무관심 • 현대형 무관심 : 보통선거의 실시로 대중이 정치의 주체가 되었고 대중 매체를 통해 많은 정치적 정보를 가지고 있음에도 불구하고 정치에 무관심한 경우로써 정치 참여로 얻어지는 결과가 다른 활동으로 얻어지는 결과에 비해 낮다고 판단되므로, 정치에 관심을 보이지 않는 것
탈(脫)정치적 무관심	• 지난 날 정치에 큰 기대를 가졌거나 참여했는데, 그 기대나 욕구가 좌절되어 심한 환멸과 무력감으로 나타나는 무관심 • "정치인은 다 도둑놈이야! 그 놈이 그놈이야! 투표는 해서 뭘해, 다 뻔한데!" 등의 냉소적 반응

┃정답 ③

반(反)정치적 무관심	• 개인의 사상, 신념이 추구하는 가치가 정치와 반대된다고 판단함으로써 생기는 무관심 • 극단적이고 소수적 사상을 가진 사람들, 개인주의적 무정부주의자나 종교적 신비주의자 • "이번엔 나의 사상과 맞지 않는 정당이 집권했어. 관심 끌래.", "조금 있으면 신의 심판이 오는데 정치가 무슨 필요가 있어?"

ⓒ 정치적 무관심의 결과

• 정당정치와 의회 정치의 침체 현상을 가져오게 할 위험성이 있다.

• 정치적 부패를 가져오게 할 위험성이 있다.

• 자의적인 지배와 권력 남용이 심화되어 독재권력이 등장할 수 있다.

③ 참여와 정치발전

ㄱ 정치발전 : 사회의 공공문제를 해결할 수 있는 정치체제의 능력이 신장되는 것을 말한다.

ㄴ 정치발전의 조건 : 정부의 정책결정능력의 강화, 정부 조직구조와 기능의 분화, 국민통합, 참여의 활성화 등이 있다.

ㄷ 정치발전과 참여 : 정치참여가 활성화되어야 정치가 발전할 수 있다.

④ 참여의 한계와 안정

ㄱ 참여의 궁극적 목표 : 다수 시민의 이익, 즉 공익증진에 기여하는 것이다.

ㄴ 과도한 참여의 부작용 : 참여는 공익증진을 위한 바람직한 수단이지만, 대중의 과도한 참여는 사회 및 정치의 갈등을 가져오기도 한다. 따라서 참여와 안정의 조화가 필요하다.

(3) 정치문화

① 정치문화

ㄱ 정치문화 : 시민들의 정치생활양식, 정치와 정부에 대하여 시민들이 지니고 있는 태도 및 가치관을 의미한다.

ㄴ 정치문화의 유형

• 향리형 정치문화 : 정치적 역할이 미분화된 전근대적 전통사회에서 보이는 정치문화로, 정치적 의식과 참여정도가 모두 낮다.

• 신민형 정치문화 : 중앙집권적 권위주의사회에서 두드러진 정치문화로 정치적 의식은 높으나 참여정도가 낮다.

• 참여형 정치문화 : 민주사회의 특징적인 정치문화로, 정치적 의식과 참여정도가 모두 높다.

기출문제

② 정치문화와 정치발전
- ㉠ **정치문화와 정치발전과의 관계** : 정치발전을 이루기 위해서는 정치제도와 그 나라의 독특한 정치문화가 서로 조화를 이루어야 한다.
- ㉡ **우리나라의 정치발전** : 권위주의적 요소가 혼재되어 있으나 점차 참여형 정치문화로 개선되고 있다.

민주정치의 과정과 참여

2024. 6. 22. 제2회 서울특별시(보훈청) 시행

1 〈보기〉의 정치 참여 집단 A, B에 대한 설명으로 가장 옳지 않은 것은? (단, A , B는 각각 이익 집단과 시민 단체 중 하나이다.)

> 〈보기〉
>
> 경제학에는 '이로운 외부 효과'라는 용어가 있다. 이는 어떤 경제 주체의 행동이 제3자에게 의도하지 않은 혜택을 가져다 주지만 이에 대한 대가를 받지 않을 때 생기는 효과를 말한다. 이러한 '이로운 외부 효과'와 유사한 현상이 정치 분야에서도 발생할 수 있다. 즉, 어떤 정치 주체의 행동이 제3자에게 혜택을 주지만 제3자는 그에 대한 대가를 지불하지 않는 것이다. 이를, 정권 획득을 목표로 하지 않는 정치 참여 집단 A, B와 관련하여 살펴보자. A는 활동에 따라 얻은 것들을 자신들만 주로 누린다. 이에 반해 B는 활동에 따라 얻은 것들을 그 구성원만이 아닌 사회의 다른 구성원들도 누리지만 다른 구성원들이 그에 대한 대가를 B에게 지불하는 경우는 많지 않다.

① A는 의회와 정부의 매개 역할을 하고, 정치적 책임을 진다.
② B는 시민들이 자발적으로 결성한 비영리 집단이다.
③ A는 특수 이익의 실현, B는 공익의 실현을 중시한다.
④ A, B 모두 대의 정치의 한계를 보완한다.

Point

① 〈보기〉에서 A는 이익 집단, B는 시민단체에 해당한다. 의회와 정부의 매개 역할을 하고, 정치적 책임을 지는 것은 정당의 역할에 해당한다. 이익 집단(A)은 특정 이익을 위해 로비 활동을 하지만, 정치적 책임을 지거나 의회와 정부의 매개 역할을 하지 않는다.

Answer 1.①

2023. 8. 26. 국회사무처

2 다음은 정책 결정 과정을 나타낸 것이다. 이에 대한 설명으로 옳은 것은?

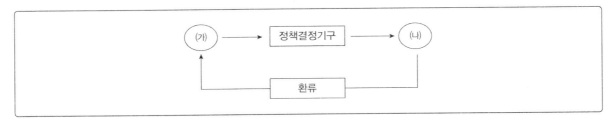

① ㈎는 정치 집단만이 참여할 수 있다.

② ㈏는 주로 행정부에 의해 이루어진다.

③ ㈎와 ㈏는 이익 집단이 중요한 역할을 한다.

④ 환류 단계에서 정책 결정자가 여러 대안 중 하나를 선택한다.

⑤ 민주적 국가에서는 ㈎보다 ㈏를 중요시한다.

Point

㈎ 투입, ㈏ 산출
① 투입 활동에는 시민 단체, 이익 집단 등도 참여할 수 있다.
③ 이익 집단은 자신이 속한 집단의 이익을 위해 투입 활동을 한다.
④ 환류는 산출된 결과를 기준으로 하여 장단점을 확인하고 바꾸어야 할 것을 알아보는 과정이다.
⑤ 시민들의 정치 효능감이 높은 국가에서는 투입 활동이 활발하다.

2023. 6. 10. 제1회 서울시

3 〈보기〉의 그림은 복수 정당제의 유형 A, B의 일반적 특징을 비교하여 나타낸 것이다. 이에 대한 설명으로 가장 옳은 것은?

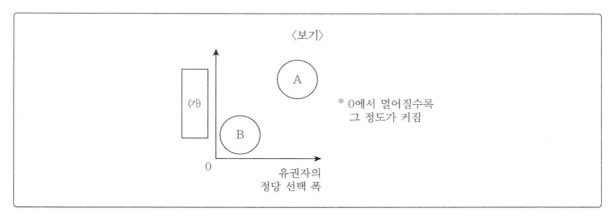

① A는 B에 비해 정당 간 대립 시 중재가 용이할 수 있다.

② B는 A에 비해 정책 실패에 대한 책임 소재가 불분명하다

③ B는 A에 비해 국정에 다양한 국민의 의견을 반영하기에 용이하다.

④ (가)개에는 '다수당의 횡포 가능성'이 들어갈 수 있다.

Point

A : 다당제, B : 양당제

② A(다당제)는 B(양당제)에 비해 정책 실패에 대한 책임 소재가 불분명하다.

③ A(다당제)는 B(양당제)에 비해 국정에 다양한 국민의 의견을 반영하기에 용이하다.

④ '다수당의 횡포 가능성'이 큰 것은 B(양당제)이므로 (가)에는 들어갈 수 없다.

Answer 2.② 3.①

2023. 6. 10. 제1회 서울시

4 〈보기〉의 정치 참여 집단 A~C에 대한 설명으로 가장 옳은 것은? (단, A~C는 각각 정당, 이익 집단, 시민 단체 중 하나이다.)

> 〈보기〉
>
> A와 B는 모두 대의 민주주의를 가능하게 하는 본질적인 제도인 공직 선거에 영향력을 행사한다 사회가 다원화되면서 A만으로는 다양한 이해관계를 정치 과정에 모두 반영하기 어려워졌다. 이에 시민은 자신들의 특수한 이익을 실현하고자 B를 조직하여 공직 선거에 후보자를 추천하는 A에 영향력을 행사하기도 한다. 한편, 시민은 공익 추구를 목표로 자발적으로 조직한 단체인 C에 가입하여 활동하며 정치 과정에 영향력을 행사하기도 한다.

① A는 당정 협의회를 구성하여 행정부와 의회를 매개한다.
② B는 선거에서 제시한 공약 실천에 대한 국민의 평가를 받아 정치적 책임을 진다.
③ C는 정권 획득을 위해 정책적 대안을 제시한다.
④ C와 달리 B는 정부 정책에 대한 감시와 비판의 기능을 수행한다.

Point

A : 정당, B : 이익 집단, C : 시민 단체
②③ 정당, ④ 모두 해당

2021. 4. 17. 인사혁신처

5 다음은 갑국의 선거구제 변화를 나타낸 것이다. 이러한 변화의 결과에 대한 옳은 추론만을 〈보기〉에서 모두 고르면?

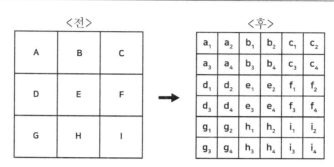

※ 갑국은 시기별 하나의 선거구제를 채택하고 있으며, 지역구만 존재한다. 또한 선거구제 변화 전후의 총의원수는 36명으로 같다.

〈보기〉

㉠ 유권자와 대표 간 유대 관계 형성이 어려워진다.
㉡ 군소 정당의 난립으로 정국이 불안해질 수 있다.
㉢ 유권자가 후보자에 대한 상세한 정보를 얻기 유리하다.
㉣ 사표 발생 증가로 정당 득표율과 의석률의 격차가 커진다.

① ㉠, ㉡
② ㉠, ㉢
③ ㉡, ㉣
④ ㉢, ㉣

갑국의 선거 제도는 중·대선거구제에서 소선거구제로 변경되었다.
㉠, ㉡. 중·대선거구제에 관한 설명이다.
※ 중·대선거구제와 소선거구제 특징

구분	중대선서구	소선거구
장점	• 선거관리용이, 선거비용절약 • 다수당 출현 유리 • 후보자 파악 유리 • 대표의 원리 충실	• 사표감소 • 군소정당 원내 진출 용이 • 전국적 인물 당선 가능 • 인물 선택 범위 넓음
단점	• 사표가 많아짐, 소수당 불리 • 부정선거, 선거구 조작 가능 • 지역적 인물 당선 유리	• 과도한 선거비용, 후보자 난립 • 군소정당 난립시 정국불안 • 후보자 인물파악 곤란

Answer   4.① 5.④

6 다음과 같은 특징을 보이는 정치 문화의 유형은?

> • 시민들이 정치 체계에 대한 의식을 가지고 있다.
> • 적극적인 참여 의식과 자세가 결여되어 있다.
> • 권위주의 정치 체제에서 주로 나타난다.

① 참여형 정치 문화
② 합의적 정치 문화
③ 향리형 정치 문화
④ 신민형 정치 문화

Point

④ 신민형 정치 문화는 권위주의 사회에서 나타나는 정치문화로서 정치 공동체에 대한 인식을 갖고 있으나, 정치에 능동적으로 참여하지 않는다.

※ 개인의 정치적 정향에 따른 분류

향리형 정치 문화	• 전근대적 전통 사회 • 정치 공동체에 대한 명확한 인식이 없음(투입과 산출 모두에 관심이 없음) • 정치 참여 소극적
신민형 정치 문화	• 권위주의 사회 • 정치 공동체에 대한 인식을 갖고 있음(산출과정에 관심 있음) • 정치에 능동적으로 참여하지 않음
참여형 정치 문화	• 민주주의 사회 • 정치 공동체에 대한 명확한 인식이 있음(산출과정에 관심 있음) • 정치 과정에 적극적·능동적으로 참여함(투입과정에 관심 있음)

7 정치적 무관심에 대한 설명으로 옳지 않은 것은?

① 정치 과정의 거대화, 복잡화로 인해 정치적 냉소주의를 가지게 되었다.

② 심신이 피로해지고 정신적으로 수동화되어 정치로부터 멀어지게 되었다.

③ 대중 매체가 일반 대중을 정치적 영역으로 관심을 집중 시키게 한다.

④ 정치인들의 당리당략에 의한 국정 운영이 국민들을 식상하게 한다.

Point

정치적 무관심이란 어떠한 권력이나 정부에 대해서 적극적인 충성이나 지지, 적극적인 반항과 부인도 보이지 않는 비정치적인 태도이다.

③ 대중 매체가 일반 대중을 정치적 영역에서 소비, 오락 등 비정치적인 영역으로 관심을 집중 시키고, 심각한 정치 상황과 가벼운 오락물을 시간적으로 동시에 반영함으로써 대중의 정치 감각을 무뎌지게 한다.

① 정치 과정의 거대화, 복잡화로 인해 '나 하나 쯤'이라는 의식이 생기고 정치적 냉소주의를 가지게 되었다.

② 기계의 부품처럼 반복적 작업을 하는 과정에서 심신이 피로해지고 정신적으로 수동화되어 정치로부터 멀어지게 되었다.

④ 정치인들의 당리당략에 의한 국정 운영이 국민들을 식상하게 한다.

※ 정치적 무관심 원인

정치 과정의 거대화, 복잡화	일반대중이 소외감을 느끼게 되었다. – '나 하나 쯤'이라는 의식이 생기고 정치적 냉소주의를 가지게 됨
각종 사회조직의 발달과 업무과중	기계의 부품처럼 반복적 작업을 하는 과정에서 심신이 피로해지고 정신적으로 수동화되어 정치로부터 멀어지게 되었다.
대중매체의 발달과 소비문화의 확산	대중 매체가 일반 대중을 정치적 영역에서 소비, 오락 등 비정치적인 영역으로 관심을 집중시킴으로써 대중의 정치 감각을 무뎌지게 되었다.
정치인들의 당리당략에 의한 국정 운영	

※ 정치적 무관심의 유형 – 라스웰(Laswell, H.D.)

무(無)정치적 무관심	〈전통형〉 정치는 일부 특권층만이 하는 행위라고 인식
	〈현대형〉 권력이외의 다른 가치(학문, 예술, 여가, 취미, 오락 등)에 열중하여 나타나는 무관심
탈(脫)정치적 무관심	정치에 기대를 가지고 참여했다가 실망으로 나타나는 경우 후회, 환멸로 인한 무관심
반(反)정치적 무관심	자신의 사상이나 신념(무정부주의자나 종교적 신비주의 등)이 정치와 충돌할 경우에 나타나는 무관심

Answer 6.④ 7.③

8 다음과 정치 문화의 유형이다. 이에 대한 설명으로 옳은 것은? (단, +는 적극적 반응, −는 소극적 반응)

	정치체제(공동체)	투입과정	산출과정	정치주체
향리형 정치 문화	−	−	−	−
신민형 정치 문화	+	−	+	−
참여형 정치 문화	+	+	+	+

① 향리형 정치 문화는 구성원들이 정치에 대해 명확한 의식을 가지고 있지 못하며 참여에 적극적이다.
② 신민형 정치 문화는 구성원들이 정치에 대해 명확한 의식을 가지고 있고 참여에도 적극적이다.
③ 신민형 정치 문화는 투입과정에는 참여하지 않고, 산출과정에도 관심이 없다.
④ 현실적으로 정치 문화는 혼재되어 나타난다.

Point
- 향리형 – 정치에 대해 명확한 의식이 없으며, 참여에 소극적
- 신민형 – 정치에 대해 명확한 의식이 있지만, 참여에는 소극적
- 참여형 – 정치에 대해 명확한 의식이 있고, 정치에 능동적으로 참여
④ 현실적으로 한 사회에서 정치 문화는 하나의 형태로만 나타나는 것이 아니라 여러 유형이 섞여 나타난다.
①② 향리형, 신민형 모두 참여에 소극적이다.
③ 신민형 정치 문화는 투입과정에는 참여하지 않으나, 산출과정에는 관심이 있다.

※ 다음은 정책결정과정에 대한 그림이다. 【8~9】

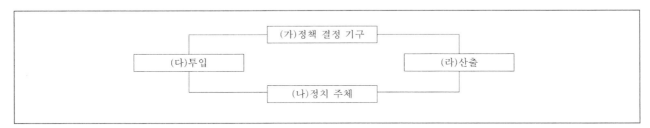

9 (가)~(라)에 대한 설명으로 옳은 것은?

① (가)에서 현대 정부의 역할은 감소하고 있다.
② 이익집단, 정당, 선거 등을 통한 여론 수렴은 (라)의 과정에서 이루어진다.
③ 권위적인 정부일수록 (다)는 (라)의 필수적인 전제가 된다.
④ 사치품에 대한 개별 소비세를 폐지하기로 결정한 것은 (라)에 해당한다.

제시된 자료는 이스턴(D. Easton)의 정책 결정 모형이다.

④ 사치품에 대한 개별 소비세를 폐지하기로 결정하는 것은 산출에 해당한다.

① 오늘날 행정부의 역할은 강화되고 있다(행정국가화 현상).

② 이익집단, 정당, 선거 등을 통한 여론 수렴은 (다)투입과정이다.

③ 전통적인 정치과정(권위주의 정부, 독재 정부)에서는 국민의 요구·지지가 정책결정에 잘 반영되지 않는다. 즉 투입 단계 없이 산출 단계에 이를 수 있다.

10 (가)~(라)에 대한 설명으로 잘못된 것을 모두 고르면?

> ㉠ 현대 민주 국가에서는 (라)의 과정을 특히 중요시한다.
>
> ㉡ 오늘날 (가) 중에서 국회의 기능이 강화되었다.
>
> ㉢ 국회에서 안전상비약 편의점 판매를 골자로 한 약사법 개정안을 통과시킨 것은 (라)의 과정이다.
>
> ㉣ 주로 선거나 여론을 통하여 정책에 대한 국민의 평가와 개선책들이 다시 투입에 영향을 주는 것은 환류의 과정이다.
>
> ㉤ 이익단체들이 시위를 통하여 자신들의 주장을 표출하는 것은 (다)의 과정에 해당된다.

① ㉠㉡

② ㉡㉢

③ ㉠㉣

④ ㉣㉤

㉠ 현대 민주 국가에서는 투입 과정을 특히 중요시한다.

㉡ 오늘날 정책결정기구는 국회, 행정부, 법원, 지방자치단체 등의 국가기관으로, 현대국가에서는 행정부의 기능이 강화되었다.

㉢㉣㉤ 모두 옳음

11 갑국의 정치 상황이 다음과 같을 때 적절한 추론은?

> • 투입 : 적음(미약)
>
> • 산출 : 많음
>
> • 환류 : 적음(미약)

① 정치적 관심이 높아질 것이다.

② 정책결정 담당자가 권한을 남용할 가능성이 높다.

③ 언론의 활발한 정책 평가가 이루어진다.

④ 법률제정에 국민의 요구가 잘 반영될 것이다.

Point

갑국의 정치 상황은 시민의 정치 참여는 미약하고 정책결정기구에 의한 일방적 산출이 일어나고 있는 상황이다. 즉 투입은 수동적이고 산출은 능동적인 중앙 집권적 권위주의 사회(신민형 정치 문화 유형)에서 볼 수 있는 상황이다.

② 시민의 정치 참여는 미약하고 정책결정기구에 의한 일방적 산출이 일어나고 있는 상황이므로, 정책결정 담당자가 권한을 남용할 가능성이 높다.

① 시민의 정치 참여는 미약하므로 정치적 무관심으로 이어질 것이다.

③ 환류에 해당하는 언론의 정책 평가는 미약하다.

④ 법률제정에 국민의 요구가 잘 반영되고 있지 않다.

12 시민의 정치 참여에 대한 설명으로 옳은 것은?

> ㉠ 대통령 선거에서 투표를 하는 것은 비공식적인 참여 방법이다.
>
> ㉡ 환경 단체 등 시민단체를 통한 참여는 개인적 참여 방법으로, 가장 소극적인 참여 방법이다.
>
> ㉢ 독자 투고, 고소 등은 개인적 참여 방법이다.
>
> ㉣ 정당에 가입하여 참여하는 것은 공식적 참여 방법이다.
>
> ㉤ 시민의 참여를 활성화시키기 위한 제도적 장치로는 공청회, 국민 감사 청구 제도 등이 있다.

① ㉠㉢
② ㉠㉤
③ ㉡㉣
④ ㉢㉤

> ㉢ 독자 투고, 청원, 고소, 고발 등은 개인적 참여 방법이다.
> ㉤ 시민의 참여를 활성화시키기 위한 제도적 장치로는 공청회, 국민 감사 청구 제도, 옴부즈맨 제도 등이 있다.
> ㉠ 선거는 참정권 행사로 공식적이며 가장 기본적인 참여 방법이다.
> ㉡ 환경 단체 등 시민단체를 통한 참여는 집단적 참여 방법으로, 가장 적극적이고 지속적인 방법이다.
> ㉣ 정당에 가입하여 참여하는 것은 비공식적 참여 방법이다.

13 (가)와 (나)의 집단에 대한 설명으로 옳은 것은?

> (가) 대한 변호사 협회, 전국 경제인 연합회, 대한 의사 협회
>
> (나) 참여 연대, 환경 운동 연합, 경실련

① (가)는 정책 결정 과정의 공식적 참여자이나, (나)는 비공식적 참여자이다.

② (가) (나) 모두 대의 정치의 한계를 보완한다.

③ (가)는 정치적 책임을 지지 않지만 (나)는 정치적 책임을 진다.

④ (가) (나) 모두 집단의 이익을 추구한다.

> (가)는 이익집단, (나)는 시민단체이다.
> ① (가), (나) 모두 비공식적 참여자이다.
> ③ (가), (나) 모두 정치적 책임을 지지 않는다.
> ④ (가)는 집단의 특수이익을 추구하지만 (나)는
> 공익 실현을 목표로 한다.

Answer 11.② 12.④ 13.②

14 〈보기〉에서 정당과 이익 집단의 공통적인 속성에 해당되는 것만을 고르면?

> ㉠ 정부의 정책에 압력을 행사한다.
> ㉡ 정책의 실패에 정치적 책임을 진다.
> ㉢ 국민 여론을 형성하고 유도한다.
> ㉣ 모든 정치적 문제에 관심을 가진다.

① ㉠㉡   ② ㉡㉢

③ ㉢㉣   ④ ㉠㉢

 Point

정당과 이익 집단(압력 단체)의 공통점 : 여론 형성, 정부의 정책 결정 과정에 영향력을 행사하려 함.

㉠㉢ 정당과 이익 집단(압력 단체)의 공통점

㉡ 정치적 책임을 지는 것은 정당의 특징이다.

㉣ 모든 사회적 쟁점 및 문제 영역에 관심을 갖는 것은 정당의 특징이다. 이익 집단은 집단의 이익과 관련된 특수 영역에만 관심을 갖는다.

※ 정당과 이익 집단의 비교

구분	정당	이익 집단(압력 단체)
정권획득 목적	있음	없음
추구이익	공익 실현	집단의 특수 이익 실현
관심 사항	모든 사회적 쟁점 및 문제 영역에 관심	집단의 이익과 관련된 특수 영역에만 관심
정책	정치적 책임을 짐(정책이 탄력적)	정치적 책임을 지지 않음(정책이 비탄력적)
상호관계	자신들의 지지 기반을 넓히기 위해 이익 집단을 이용하기도 함	자신들의 특수 이익을 실현하기 위해 정당에 압력을 행사하거나 협력함
공통점	• 정책 결정 과정에 영향력을 행사하려 함 → 정치 과정의 비공식적 참여자 • 여론 형성	

15 양당 정치의 장점에 해당하는 것을 〈보기〉에서 고르면?

> ㉠ 정당 간 대립의 해결이 쉽다.
> ㉡ 소수 의견의 보호에 유리하다.
> ㉢ 다양한 의견을 반영할 수 있다.
> ㉣ 정국의 안정적 운영에 유리하다.
> ㉤ 유권자의 정당 선택 범위가 넓다.
> ㉥ 정치적 책임 소재가 명확하다.

① ㉠㉡㉣

② ㉡㉢

③ ㉠㉤㉥

④ ㉣㉥

Point

㉣㉥ 양당제(양당정치)의 장점
㉠㉡㉢㉤ 다당제(다당정치)의 장점
※ 복수 정당제의 유형(양당제와 다당제)

구분	양당제(양대 정당제, 양당 정치) – 미국, 영국 등	다당제(다수 정당제, 다당 정치) – 프랑스, 독일, 이탈리아 등
장점	• 정국 안정 • 정치적 책임 소재가 명확함→책임 정치 실현 가능 • 강력한 정책 추진이 용이함 • 유권자의 정당 선택이 용이함	• 국민의 다양한 의사 반영 • 소수 의견이 보호됨 • 정당 간 대립시 조정이 용이함 • 유권자의 정당 선택 범위가 넓음
단점	• 다수당의 횡포가 우려됨 • 정당 간 대립시 중재 곤란 • 국민의 다양한 뜻을 반영하기 어려움→소수 의견 무시 • 유권자의 정당 선택 범위가 좁음	• 군소 정당 난립으로 정국 불안정이 우려됨 • 정당 간 연합으로 정치적 책임 소재가 불분명함 • 강력한 정책 추진이 곤란함 • 유권자가 정당을 선택하기 어려움

• 양당제 출현 가능성이 높은 선거제도→다수대표제(소선거구제)
• 다당제 출현 가능성이 높은 선거제도→비례대표제, 소수대표제(대선거구제)

16 다음은 우리나라에서 활동하고 있는 대표적인 사회 단체들을 예시한 것이다. 이 단체들에 대한 설명으로 옳은 것만을 〈보기〉에서 고른다면?

- 전국 경제인 연합회(전경련)
- 한국 노동 조합 총연맹(한국노총)
- 전국 민주 노동 조합 총연맹(민주노총)
- 대한 한의사 협회
- 대한 약사 협회

ㄱ 정권 획득을 목표로 하지 않는다는 점에서 정당과 구별된다.
ㄴ 정치에 영향력을 행사 한다는 점에서 단순한 친목 단체와 구별된다.
ㄷ 자신들이 추구하는 이익을 실현하기 위해 정당을 이용하기도 한다.
ㄹ 이들의 의사가 정책에 반영되는 정도와 정책의 공익성은 비례한다.

① ㄱㄴ
② ㄴㄷ
③ ㄱㄴㄷ
④ ㄴㄷㄹ

우리나라에서 활동하고 있는 대표적인 이익 집단을 예시하고 있다. 따라서 이익 집단의 특성에 해당하는 것을 고르면 된다.
ㄱㄴㄷ 이익 집단의 특성
ㄹ 이들의 추구하는 이익은 공익성과 충돌할 가능성이 상존한다.
※ 이익 집단의 기능

순기능	역기능
• 국민의 다양한 의사를 정책결정에 반영 • 정부 정책에 대한 감시 • 정치 사회화	• 공익과 충돌 가능성 • 정책결정에 혼란 초래 • 정경 유착과 부정 부패

17 우리나라의 정당제도에 대한 설명으로 옳은 것은?

ⓣ 우리 나라 정당 설립에 있어서 허가제이다.

ⓛ 정당의 목적, 조직과 활동이 민주적이어야 한다.

ⓒ 정당은 법률이 정하는 바에 의하여 국가의 보호를 받는다.

ⓔ 양당제를 기본으로 한다.

ⓜ 정부는 정당의 목적이나 활동이 민주적 기본질서에 위배된다고 생각될 경우에는 정부는 정당을 해산할 수 있다.

ⓗ 헌법에 정당 해산 규정을 두는 이유는 자유민주주의를 수호하기 위해서이다.

---

① ㄱㄴㅁ

② ㄱㄷㄹ

③ ㄴㄷㅂ

④ ㄹㅁㅂ

Point

ⓛ 정당이 헌법에 의하여 보호를 받기 위해서는 그 목적, 조직과 활동이 민주적이어야 한다.

ⓒ 정당은 법률이 정하는 바에 의하여 국가의 보호를 받으며, 국가는 법률이 정하는 바에 의하여 정당운영에 필요한 자금을 보조할 수 있다.

ⓗ 헌법에 정당 해산 규정을 두는 이유는 반국가적·반민주적 정당의 활동을 방지하여 자유민주주의를 수호하고, 헌법재판에 의해서만 해산시킬 수 있도록 함으로써 정당을 보호하기 위해서이다.

ⓣ 허가제가 아닌 신고제(등록제)를 채택하고 있다.

ⓔ 우리나라는 정당 설립의 자유와 복수정당제를 보장한다. 헌법 제81조에서 '정당의 설립은 자유이며, 복수정당제는 보장된다'라고 규정하고 있다.

ⓜ 정부는 정당의 목적이나 활동이 민주적 기본질서에 위배된다고 생각될 경우에는 정부는 헌법재판소에 그 해산을 제소할 수 있고, 정당은 헌법재판소의 심판으로 해산된다(헌법 제8조 제4항).

18 헌법재판소가 다음과 같은 결정을 내린 것은 민주선거의 4대 원칙 중 어떤 원칙에 위배되기 때문인가?

> '경기 안양시 동안구 선거구'의 경우 전국 선거구의 평균인구수로부터 +57%의 편차를 보이고 있으므로, 그 선거구의 획정은 국회의 재량의 범위를 일탈한 것으로서 청구인의 헌법상 보장된 선거권 및 평등권을 침해하는 것임이 분명하다.

① 비밀선거   ② 평등선거

③ 직접선거   ④ 보통선거

선거구 획정에 관하여 국회의 광범한 재량이 인정되지만 그 재량에는 평등선거의 실현이라는 헌법적 요청에 의하여 일정한 한계가 있을 수밖에 없는 바, 선거구 획정에 있어서 인구비례원칙에 의한 투표가치의 평등은 헌법적 요청으로서 다른 요소에 비하여 기본적이고 일차적인 기준이기 때문에, 합리적 이유 없이 투표가치의 평등을 침해하는 선거구 획정은 자의적인 것으로서 헌법에 위반된다[헌재 2001.10.25. 2000헌마92 · 240(병합)].

① 투표자가 누구에게 투표했는지 알 수 없게 하는 제도이다.

② 투표의 가치에 차등을 두지 않는 제도이다.

③ 선거권자가 대리인을 거치지 않고 자신이 직접 투표 장소에 나가 투표하는 제도이다.

④ 일정연령에 도달한 사람은 어떤 조건에 따른 제한없이 누구나 선거를 할 수 있는 제도이다.

19 다음 중 양대정당제도에 관한 설명들만 골라 묶은 것은?

> ㉠ 책임정치의 실현이 용이하다.
>
> ㉡ 정권의 순환적 교체로 정국이 불안하다.
>
> ㉢ 다양한 국민의 의사가 정치에 반영된다.
>
> ㉣ 일반적으로 대선거구제를 채택한 국가에서 나타난다.

① ㉠   ② ㉡

③ ㉢   ④ ㉠㉣

양대정당제도는 보통 소선거구제하에서 나타나며, 정국이 안정되고, 국정 운영이 능률적이며, 책임정치가 실현될 수 있다.

20 다음 그림의 A~C는 정치 참여 주체이다. 이에 대한 옳은 설명을 〈보기〉에서 고른 것은?(단, A~C는 각각 시민 단체, 이익 집단, 정당 중 하나에 해당한다.)

	집단의 특수한 이익을 추구하려는 경향이 있는가?	자신들의 행위에 대한 정치적 책임을 지는가?
A	아니오	예
B	아니오	아니오
C	예	아니오

ㄱ A는 시민 단체이다.
ㄴ B는 C와 달리 자기 집단의 배타적인 이익을 추구한다.
ㄷ B, C는 대의 정치의 한계를 보완하는 기능을 수행한다.
ㄹ A~C 모두 정부의 정책 결정 과정에 영향력을 행사한다.

① ㄱㄴ　　　　　　　　　　② ㄱㄹ
③ ㄴㄷ　　　　　　　　　　④ ㄷㄹ

Point

A는 정당, B는 시민단체, C는 이익집단
ㄱ은 정당 ㄴ은 이익집단에 대한 설명이다.
ㄱ B는 시민 단체이다.
ㄴ 자기 집단의 배타적인 이익을 추구하는 것은 이익집단(C)이다.
ㄷ 대의 정치의 한계를 보완하는 것은 시민단체와 이익집단이다. 정당 정치는 곧 대의 정치를 의미한다.
ㄹ A~C 모두 정부의 정책 결정 과정에 영향력을 행사하는 정치 과정의 비공식적 참여자이다.

구분	정당	이익 집단	시민단체
정권획득 목표	있음	없음	없음
추구하는 이익	공익추구	사익(특수이익)추구	공익추구
정치적 책임	있음	없음	없음
관심 대상	넓음(정치적 쟁점)	좁음(특수분야쟁점)	넓음(사회적 쟁점)
공통점	• 사회화 기능 • 비공식적 참여자 • 정책 결정 과정에 영향력 행사 • 여론 조성(형성)		

21 다음 중 현재 우리나라 국회의원선거에서 채택되고 있는 제도를 모두 고르면?

> ㉠ 소선거구제   ㉡ 중선거구제
> ㉢ 소수대표제   ㉣ 다수대표제
> ㉤ 비례대표제   ㉥ 선거공영제
> ㉦ 직능대표제

① ㉠㉢㉤㉥   ② ㉠㉣㉤㉥
③ ㉠㉣㉥㉦   ④ ㉡㉣㉤㉥

 지역구의원은 지역대표제, 다수대표제(소선거구제)를, 전국구의원은 비례대표제를 채택하고 있고, 선거공영제는 국가 또는 지방자치단체가 선거를 관리하는 제도이다.

22 다음 중 정당의 기능과 관계가 없는 것은?

① 선거에 후보자를 추천
② 정부에 직접적으로 압력행사
③ 여론을 형성·조직화하여 정부에 전달
④ 정부의 정책결정에 대한 지지나 반대를 유도

 정당은 국민의 의사를 대변하여 국민전체의 이익을 도모하지만, 이익단체는 자기들의 특수한 이익만을 얻기 위하여 여러 가지 방법을 실현시킨다.
 ①③④ 정당의 기능에 해당한다.
 ② 이익실현의 방법에 해당된다.

23 현대 민주정치의 과정에서 보기의 용어들이 공통적으로 관련이 있는 것은?

> ㉠ 선거
> ㉡ 정당
> ㉢ 언론
> ㉣ 압력단체
> ㉤ 대중운동

① 정책심의기관이다.
② 정책집행기관이다.
③ 시민운동의 일환이다.
④ 국민의 참여수단이다.

현대민주정치의 과정에서 국민들은 다양한 방법과 절차로 정치에 참여하고 있다.

24 다음 중 바람직한 정치참여의 태도는?

① 권리를 정당하게 행사하면서 의무를 성실히 이행한다.
② 사회를 위해서는 권리를 포기할 수 있다.
③ 의무수행보다 정당한 권리를 행사한다.
④ 자유보다는 먼저 책임을 완수해야 한다.

정치참여
㉠ 의미: 민주정치의 참여란 모든 개인이 자신의 권리를 충분히 행사하면서 의무를 성실하게 이행하는 일이다. 이러한 참여의식은 비단 권리행사에만 국한되는 것이 아니고, 민주시민으로서 지켜야 할 필수적인 것이다.
㉡ 방법: 선거, 정당 및 사회단체의 구성, 대중매체를 통한 지지·비판 등을 통해서 참여한다.

Answer 21.② 22.② 23.④ 24.①

25 표는 어느 나라의 의회 선거 결과이다. 이에 대한 분석 및 추론으로 옳은 것은?

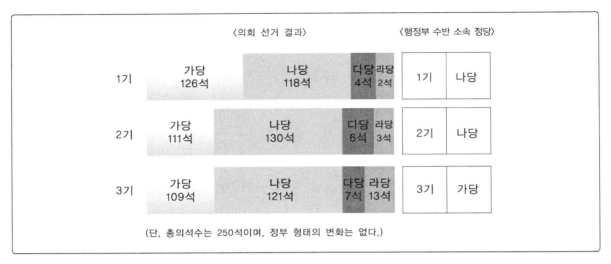

〈의회 선거 결과〉 〈행정부 수반 소속 정당〉

| | | | | | | 1기 | 나당 |

1기 / 가당 126석 / 나당 118석 / 다당 4석 / 라당 2석

2기 / 가당 111석 / 나당 130석 / 다당 6석 / 라당 3석 — 2기 나당

3기 / 가당 109석 / 나당 121석 / 다당 7석 / 라당 13석 — 3기 가당

(단, 총의석수는 250석이며, 정부 형태의 변화는 없다.)

① 행정부 수반은 의회 선거 결과에 의해 결정된다.
② 1기에서는 연립 정부의 구성이 필요하다.
③ 1기보다 2기에서 여당의 입법 주도권이 상대적으로 약해졌다.
④ 2기보다 3기에서 소수 의견의 반영 가능성이 높아졌다.

⋯Point⟩

의회 선거 결과, 과반 이상의 정당과 행정부 수반의 소속 정당이 일치하지 않으므로 대통령제임을 추론할 수 있다.
④ 3기는 여소 야대 정국에 과반 이상의 정당이 존재하지 않아 다당과 라당이 캐스팅 보트(casting vote)를 행사할 수 있으므로 여대 야소의 정국인 2기보다 소수 의견의 반영 가능성이 높다.
①② 의원 내각제의 특징이다.
③ 2기는 여대 야소 정국으로 여당이 입법을 주도했을 것이며, 법률안 거부권 행사 가능성이 낮았을 것이다.

26 다음은 어느 나라의 정부 형태와 정당별 의석 수를 나타낸 것이다. 행정부의 수반이 B당에 소속된 경우, 두 자료를 통하여 추론할 수 있는 내용을 〈보기〉에서 모두 고른 것은?

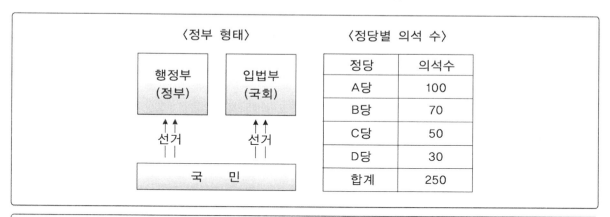

〈정부 형태〉

행정부 (정부)　　입법부 (국회)

↑↑ 선거 ||　　↑↑ 선거 ||

국　　민

〈정당별 의석 수〉

정당	의석수
A당	100
B당	70
C당	50
D당	30
합계	250

〈보기〉
ㄱ 정부와 국회 간의 갈등이 생길 수 있다.
ㄴ 행정부의 수반은 의회를 해산할 권한을 가진다.
ㄷ 법 제정이 일관되고 안정적인 방향으로 추진되기 쉽다.
ㄹ 행정부의 수반은 의회에 대한 정치적 책임을 직접 지지 않는다.
ㅁ 행정부와 입법부의 권력 관계가 분립보다는 융합의 형태를 띤다.

① ㄱ, ㄴ

② ㄱ, ㄹ

③ ㄴ, ㄷ

④ ㄷ, ㅁ

Point

정부 형태는 대통령제이며, 정당별 의석 수를 분석하면 여당이 소수이고 야당이 다수인 여소 야대 형태이다. 이 경우 행정부와 입법부를 장악한 정당이 서로 다르면, 입법부가 통과시킨 법률안에 대해 대통령이 거부권을 행사하는 상황이 벌어질 수 있으며, 이러한 경우 정책 결정 과정의 효율성이 떨어지게 된다. 이에 따라 정당 간의 타협을 통한 정치의 필요성이 제기되고 있다.

27 그림은 정당 명부식 비례 대표를 선출하는 투표 용지를 재구성한 것이다. (가)와 비교되는 (나)를 통한 선출 방식의 특징으로 옳은 것을 〈보기〉에서 고른 것은?

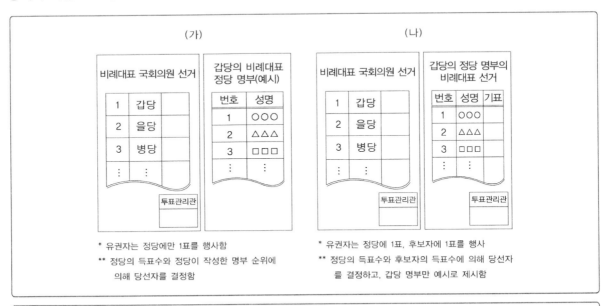

* 유권자는 정당에만 1표를 행사함
** 정당의 득표수와 정당이 작성한 명부 순위에 의해 당선자를 결정함

* 유권자는 정당에 1표, 후보자에 1표를 행사
** 정당의 득표수와 후보자의 득표수에 의해 당선자를 결정하고, 갑당 명부만 예시로 제시함

〈보기〉

㉠ 후보자 개인의 선거 운동 필요성이 크다.
㉡ 당선자 결정에 정당 지도부의 영향력이 크다.
㉢ 비례 대표 후보자에 대한 국민의 선택 폭이 넓다.
㉣ 후보자 당선에 미치는 정당 명부 순위의 중요성이 크다.

① ㉠, ㉡ ② ㉠, ㉢
③ ㉡, ㉢ ④ ㉡, ㉣

Point

정당 명부식 비례 대표제 방식에서 (가)는 고정 명부식, (나)는 가변 명부식이다. (나)는 후보자가 당선을 위해서는 개인의 선거 운동이 필요하고 유권자에 의해 당선자가 결정되기 때문에 비례 대표 후보자에 대한 국민의 선택 폭이 넓다. 따라서 정당 명부 순위가 대표 결정에 미치는 영향력이 작다.

28 그림은 세 국가의 정당별 의석 분포이다. 이에 대한 설명으로 옳은 것은?

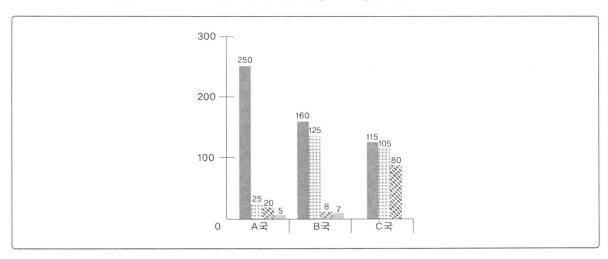

① A 국의 정부 형태가 대통령제라면 제1당은 여당이 된다.
② 정당 간 정책 연합의 가능성이 가장 큰 나라는 B 국이다.
③ C 국에서는 다수당의 횡포가 우려된다.
④ 정당 간 대립 시 중재가 용이한 나라는 B 국보다 C 국이다.

Point
B국은 양당제 구도로서 두 거대 정당을 제외한 나머지 정당들의 영향력이 매우 미약하지만, C국은 다당제이므로 제3당에 의한 중재 가능성이 크다.

03 우리나라의 헌법

기출문제

🔎 〈보기〉의 헌법에 대한 설명으로 옳은 것을 모두 고른 것은?

▶ 2024. 6. 22. 제2회 서울시

〈보기〉
㉠ 헌법은 국회에서 제정한 법률과 동일한 수준의 효력을 가진다.
㉡ 헌법에 위배되는 법률의 경우 권리 구제형 헌법 소원심판으로 법률의 효력을 상실하게 한다.
㉢ 헌법은 국민의 자유와 권리를 보장하기 위하여 국가 기관의 구성과 운영에 대한 사항을 규정한다.
㉣ 헌법은 정치권력의 행사 방법과 절차, 그 한계 등을 규율한다.

① ㉠, ㉡
② ㉡, ㉢
③ ㉡, ㉣
④ ㉢, ㉣

section 1   우리나라 헌법의 기초 이해

(1) 헌법의 의미와 특징

① **고유한 의미의 헌법**… 국가의 최고 기관을 조직·구성하는 근본이 되고, 이들 기관의 행위 및 상호관계를 규정한다.

② **근대적·입헌주의적 의미의 헌법**… 근대적 의미의 헌법이 국가 권력을 조직하는 측면보다는 국가 권력을 제한하는 면에 더욱 중점을 둔다면 입헌주의적 의미의 헌법은 국민주권의 원칙, 기본권보장의 원칙, 권력분립의 원칙에 초점을 맞춘다.

③ **현대적 의미의 헌법**… 국민에게 인간다운 생활을 보장하고 나아가 국민의 복지 향상에 치중하며 실질적 평등의 보장을 중시하고 있다.

④ **헌법의 의의**
  ㉠ **정치적 의의**
    • 헌법의 내용과 목적이 국가의 창설이라는 정치적 성격을 지님
    • 정치활동을 주도하며 사회 통합을 실현
  ㉡ **법적의의**
    • 최고 규범
    − 모든 법령의 제정 근거
    − 법령의 정당성 평가
    • 조직 수권규범 : 국가 통치 조직에 권한을 부여
    • 권력 제한 규범
    − 국가 권력의 분립과 상호 견제
    − 국민의 기본권을 실질적으로 보장

⑤ **특징**… 현행 헌법은 1948년 7월 17일 제정 이후 1987년 6월 민주 항쟁을 계기로 9차 개정이 이루어졌으며, 대통령 국민 직선제, 국회 권한 강화, 헌법 재판소 신설, 사생활의 비밀과 자유, 연좌제 금지, 형사 피고인의 무죄 추정, 구속 적부 심사 청구권의 확대, 환경권, 평생 교육권 등을 명시하여 보장하고 있다.

❙정답 ④

[입헌주의의 이해]

구분	입헌주의 헌법	복지 국가 헌법
시기	18~19세기	20세기
최초의 헌법	1776년 버지니아 권리 장전	1919년 바이마르 헌법
주권론	형식적 국민 주권	실질적 국민 주권
국가관	소극 국가, 자유 방임 국가	적극 국가, 행정 국가, 사회 국가
기본권 본질	자연법적 권리, 천부적 권리	자연법적 권리, 공감대적 가치
주된 기본권	자유권(재산권의 절대성)	자유권과 사회권의 조화
경제 체제	자유 시장 경제 질서	사회적 시장 경제 질서
특징	기본권 보장, 국민 주권, 권력 분립, 성문 헌법, 경성 헌법	국제 평화주의, 사회적 기본권 수용, 행정 국가화 경향, 헌법 재판 제도 활성화

→근대 입헌주의 헌법은 시기적으로 시민 혁명 직후에 만들어진 것이고, 복지 국가 헌법은 20세기에 만들어진 것임을 알 수 있다. 근대 입헌주의 헌법은 개인의 자유와 권리 보장을 위한 정부의 역할 축소를 강조하는 반면, 현대 복지 국가 헌법은 정부의 경제 개입을 통한 사회권 보장을 강조함을 알 수 있다. 기본권의 천부 인권성, 국민 주권, 권력 분립 등은 근대 입헌주의 헌법에서 명시되었지만, 국제 평화주의, 사회적 기본권 보장, 행정부의 비대화 등은 현대 복지 국가 헌법에서 발견할 수 있는 내용임을 알 수 있다.
우리 헌법의 기본 원리 중 국민 주권주의, 자유 민주주의는 근대 입헌주의 헌법과 관련이 있고, 국제 평화주의, 복지 국가의 원리, 문화 국가주의 원리는 현대 복지 국가의 헌법과 밀접한 관련이 있음을 알 수 있다.

9차 개정 헌법 전문
유구한 역사와 전통(민족주의)에 빛나는 우리 대한국민은 3·1운동으로 건립된 대한민국임시정부의 법통(대한민국의 정통성)과 불의에 항거한 4.19 민주이념을 계승하고, 조국의 민주개혁과 평화적 통일의 사명에 입각하여 정의, 인도와 동포애로써 민족의 단결을 공고히 하고(민족 통일의 열망), 모든 사회적 폐습과 불의를 타파하며, 자율과 조화를 바탕으로 자유민주적 기본질서(자유 민주주의)를 더욱 확고히 하여 정치·경제·사회·문화의 모든 영역에 있어서 각인의 기회를 균등(국민의 자유와 권리 보장)히 하고, 능력을 최고도로 발휘하게 하며, 자유와 권리에 따르는 책임과 의무를 완수하게 하여, 안으로는 국민생활의 균등한 향상(복지국가의 지향)을 기하고 밖으로는 항구적인 세계평화와 인류공영에 이바지(국제 평화주의)함으로써 우리들과 우리들의 자손의 안전과 자유와 행복을 영원히 확보할 것을 다짐하면서 1948년 7월 12일에 제정되고 8차에 걸쳐 개정된 헌법을 이제 국회의 의결을 거쳐 국민투표에 의하여 개정(국민 주권주의)한다.

문 우리나라의 헌법 개정에 따른 정부 형태의 변화에 대한 설명으로 옳은 것은?

▶ 2014. 4. 19. 안전행정부

① 1952년 1차 개헌에 의하여 대통령 직선제에서 대통령 간선제로 전환되었다.
② 1962년 5차 개헌에 의하여 대통령 직선제가 채택되었다.
③ 1972년 7차 개헌에 의하여 대통령 3선이 처음으로 허용되었다.
④ 1987년 9차 개헌에 의하여 대통령 단임제로 개정되었고, 선거인단에 의한 간선제가 채택되었다.

문 다음의 헌법 조항에 나타난 헌법의 기본 원리를 실현하기 위한 방안에 해당하는 것만을 〈보기〉에서 모두 고른 것은?

▶ 2017. 6. 17. 제1회 지방직

제1조
① 대한민국은 민주 공화국이다.
② 대한민국의 주권은 국민에게 있고, 모든 권력은 국민으로부터 나온다.

___

㉠ 선거권과 공무 담임권의 보장
㉡ 언론 · 출판 · 집회 · 결사의 자유 보장
㉢ 대의제의 채택
㉣ 최저임금제의 실시

① ㉠, ㉡
② ㉢, ㉣
③ ㉠, ㉡, ㉢
④ ㉡, ㉢, ㉣

정답 ②, ③

78

[대한민국 헌정사]

	역사적 사실	특징
제1공화국	• 반공 · 반일을 앞세운 자유당 이승만 정부의 권위적 통치체제 • 1960년 장기 집권 획책과 부정선거에 항거한 4 · 19혁명으로 붕괴됨	• 역대 정부의 권위주의적 통치 : 국가 안보와 경제 성장을 지배 이념으로 내세우면서 국민을 통치의 대상으로 생각함 • 잦은 개헌과 정치 변동 : 9차에 걸친 헌법개정과 두 차례의 군사정변 발생 • 권위주의 정부의 강압정치에 대한 시민들의 민주화 운동 전개
제2공화국	• 의원내각제, 양원제 정부 • 과도한 이익 표출과 정치체제의 비효율성으로 혼란 지속 • 1961년 5 · 16군사정변으로 붕괴됨	
제3공화국	• 박정희를 위시한 소수 정치 군인의 쿠데타 세력에 의해 수립 • 경제성장과 안보 논리를 내세워 개발독재를 실시함	
제4공화국	• 유신 개헌을 통해 영도적 대통령체제 출발 • 권위적인 대통령 독재체제 • 민주화 운동에 대한 억압 내지 인권 탄압을 일삼았음	
제5공화국	• 12 · 12사태를 통해 정권을 장악한 신군부에 의한 독재 정치 • 5 · 18 광주 민주화 운동 등 독재 정권에 대한 국민적 저항 지속	
제6공화국	• 6월 민주항쟁(1987)을 통해 대통령 직선제 쟁취 • 시민사회의 활성화 • 대통령 5년 단임의 권력구도가 지속됨	• 인권보장과 민주정치의 실현 • 활발한 시민운동의 전개

(2) 우리나라 헌법 기본 원리

① **국민주권주의**(이념적 · 법적기초) … 국가의 의사를 결정하는 최고 권력인 주권이 국민에게 있다.

> 헌법 제1조 1항 : 대한민국은 민주 공화국이다.
> 헌법 제1조 2항 : 대한민국의 주권은 국민에게 있고 모든 권력은 국민으로부터 나온다.

㉠ 대의제 민주주의, 간접민주주의의 채택 (국민자치) → 보통 · 평등 · 비밀 · 직접 선거의 원칙에 따라 대표자를 선출해야 한다.
㉡ 공정한 선거제도 : 국민주권주의의 확립을 위한 가장 기초적인 제도이다.
㉢ 직접민주주의(국민자치)적인 국민 투표제도를 규정하여 간접 민주주의를 보완하고 있다.

> 헌법 제72조 : 대통령은 필요하다고 인정할 때에는 외교·국방·통일 기타 국가
> 안위에 관한 중요 정책을 국민 투표에 붙일 수 있다.
> 헌법 제130조 2항 : 헌법 개정안은 국회가 의결한 후 30일 이내에 국민 투표에
> 붙여 국회의원 선거권자 과반수의 투표와 투표자 과반수의
> 찬성을 얻어야 한다.

- ② 수평적인 권력 분립 : 입법, 사법, 행정의 3권 분립
- ⑩ 수직적인 권력 분립 : 지방자치제도의 실시
- ⑭ 복수정당제도의 도입 : 국민들의 다양한 정치적 견해가 반영될 수 있도록 함

> 헌법 제8조 1항 : 정당의 설립은 자유이며, 복수 정당제는 보장된다.
> 헌법 제7조 1항 : 공무원은 국민 전체에 대한 봉사자이며, 국민에 대하여 책임을
> 진다.

- ⊗ 직업 공무원 제도 : 주권자인 국민에 대하여 봉사하고 책임을 지는 공무원 제
  도는 국민 주권주의의 구현을 위한 현실적 제도
- ② 자유민주주의(정치적 기본 원리)
  - ⑤ 의미 : 개인의 가치를 중시하여 개인의 자유를 옹호하고 존중하는 자유주의와
    국가 권력 창출과 권력의 정당성이 국민의 합의에 의해 이루어진다는 민주
    주의가 결합된 원리

> 헌법 전문 : 자율과 조화를 바탕으로 자유 민주적 기본 질서를 더욱 확고히 하여 …
> 헌법 제8조 2항 : 정당은 그 목적, 조직과 활동이 민주적이어야 하며 …
> 헌법 제8조 4항 : 정당의 목적이나 활동이 민주적 기본 질서에 위배될 때에는 정
> 부는 헌법재판소에 그 해산을 제소할 수 있고, 정당은 헌법재판
> 소의 심판에 의하여 해산된다.
> 헌법 제12조 1항 : 누구든지 법률에 의하지 아니하고는 체포, 구속, 압수, 수색
> 또는 심문을 받지 아니하며, 법률과 적법한 절차에 의하지 아
> 니하고는 처벌, 보안 처분 또는 강제 노력을 받지 아니한다.

- ⓒ 기본적 인권의 보장 : 인간이 존엄성과 인격의 존중(자유 민주주의 내용 중 가
  장 기본적인 요소)
- ⓒ 권력분립의 원리, 책임정치의 원리
- ② 법치행정 : 행정은 법률에 근거가 있는 경우에 법률에 규정된 절차에 따라 행
  해져야 한다는 것
- ⑩ 정당 활동의 자유의 보장 : 우리 헌법은 복수 정당제와 더불어 정당의 설립과
  활동의 자유를 보장

🔑 다음 헌법 조항이 공통적으로 추구하는 헌법의 기본 원리에 대한 설명으로 옳지 않은 것은?

▶ 2021. 6. 5. 제1회 지방직

제34조 ① 모든 국민은 인간다운 생활을 할 권리를 가진다.
제119조 ② 국가는 균형있는 국민 경제의 성장 및 안정과 적정한 소득의 분배를 유지하고, 시장의 지배와 경제력의 남용을 방지하며, 경제주체간의 조화를 통한 경제의 민주화를 위하여 경제에 관한 규제와 조정을 할 수 있다.

① 권력분립과 적법절차 원리에 의해 실현된다.
② 근로자에 대한 적정임금보장과 관련 있다.
③ 자유와 평등의 실질적 보장을 추구한다.
④ 공공 부조, 사회 보험 제도와 관련 있다.

| 정답 ①

③ 복지국가의 원리(경제·사회의 기본원리) … 인간의 존엄성을 유지할 수 있는 기본적 생활 수요를 보장하고, 국민의 생활 여건을 조성하는 것이 국가의 책임이며, 그것에 대한 요구가 국민의 권리로서 인정된다는 국가원리이다.

> 헌법 전문 … 정치·경제·사회·문화의 모든 영역에서 각인(各人)의 기회를 균등히 하고, 능력을 최고도로 발휘하게 하며, 자유와 권리에 따르는 책임과 의무를 완수하여 안으로는 국민 생활의 균등한 향상을 기하고 …
> 헌법 제34조 1항 : 모든 국민은 인간다운 생활을 할 권리를 가진다.
> 헌법 제34조 2항 : 국가는 사회보장, 사회복지의 증진에 노력할 의무를 진다.
> 헌법 제23조 2항 : 재산권의 행사는 공공복리에 적합해야 한다.
> 헌법 제119조 2항 : 국가는 균형 있는 국민 경제의 성장 및 안정과 적정한 소득의 분배를 유지하고 시장의 지배와 경제력의 남용을 방지하며 경제 주체 간의 조화를 통한 경제의 민주화를 위하여 경제에 관한 규제와 조정을 할 수 있다.

ⓐ 사회적 기본권의 규정 : 인간다운 생활을 할 권리, 사회 보장 제도를 통해 실질적 구현

ⓑ 재산권의 제한 : 재산권이 무제한적으로 보장되는 권리가 아니라 사회적 구속성을 가지고 있음

ⓒ 경제의 민주화를 위한 국가의 규제와 조정을 정당화 : 시장경제질서의 원리를 원칙으로 하되, 성장과 분배의 조화를 도모하고, 경제적 측면에서의 국민의 실질적 자유와 평등을 보장

④ 문화국가의 원리 … 국가가 국민의 교육, 과학 및 생활을 보장하여 사회와 문화 발전을 적극 도모한다는 원리

ⓐ 의미 : 국가로부터 문화의 자율성을 보장하면서 국가가 문화를 형성하고 보호하는 헌법 원리

ⓑ 문화국가를 실현하기 위한 원칙
• 문화의 자율성을 보장 : 국가는 문화에 대하여 중립성을 지켜야 하며, 여기에 간섭해서는 안 된다.
• 국가는 문화를 보호·육성하기 위한 경제적 지원을 할 의무가 있다.
• 문화적 기본권의 보장

⑤ 국제 평화주의(국제 질서의 기본원리) … 국제 협조와 국제평화의 지향을 이념적 기반으로 하려는 원리

> 헌법 전문 : …밖으로는 항구적인 세계평화와 인류 공영에 이바지함으로써 …
> 헌법 제5조 1항 : 대한민국은 국제 평화의 유지에 노력하고 침략적 전쟁을 부인한다.
> 헌법 제6조 1항 : 헌법에 의하여 체결·공포된 조약과 일반적으로 승인된 국제법규는 국내법과 같은 효력을 가진다.
> 헌법 제6조 2항 : 외국인은 국제법과 조약이 정하는 바에 의하여 그 지위가 보장된다.

㉠ **국제평화주의와 침략전쟁의 부인**: 적의 직접적 공격을 격퇴하기 위한 방위전 쟁(자위전쟁)은 인용

㉡ **국제법 존중주의**: 우리나라가 가입한 조약과 일반적으로 승인된 국제법규가 국내법과 같은 효력을 가진다는 의미

• 외국인의 법적 지위 보장

• 우리나라에서는 외국인의 법적 지위를 상호주의의 원리에 따라 규정

• 상호주의: 외국인에게 권리를 부여하는 데 있어서 그 외국인의 본국이 자국인에게 동등한 권리를 부여할 것을 조건으로 하는 입장을 말한다.

⑥ **평화통일의 원리** 자유민주적 기본질서에 입각하여 평화적 통일을 추구한다는 원리

> 헌법 4조: 자유민주적 기본 질서에 입각한 평화적 통일 정책을 수립하고 이를 추 진하다.
> 헌법 제66조 3항: 대통령은 조국의 평화적 통일을 위한 성실한 의무를 진다.
> 헌법 제72조: 대통령은 필요하다고 인정할 때에는 외교 · 국방 · 통일 기타 국가 안위 에 관한 중요 정책을 국민투표에 붙일 수 있다.
> 헌법 제92조 1항: 평화통일 정책의 수립에 관한 대통령의 자문에 응하기 위하여 민주평화통일자문회의를 둘 수 있다.

⑦ 남한과 북한의 통일은 원래 단일한 하나의 국가가 역사적으로 분단된 것을 다 시금 통일시키는 것

⑧ 우리나라의 국가적 목표인 동시에 헌법의 기본원리

section 2 기본권의 보장과 제한

(1) 기본권의 성격

① **자연권(천부인권) 사상**

㉠ 기본권은 국가 성립 이전부터 존재하는 초국가적 성격의 권리

㉡ 기본권은 누구에 의해서도 침해되어서는 안 된다는 주장

② **실정권 사상**

㉠ 기본권은 실정법상의 권리에 불과하다는 주장

㉡ 국가는 필요한 경우 실정법을 통해 기본권을 제한할 수 있다고 본다.

기출문제

🔒 우리나라 헌법의 기본원리 중 국제평화주의에 대한 설명으로 옳지 않은 것은?

▶ 2019. 6. 15. 제1회 지방직

① 국민은 항구적인 세계평화와 인 류공영에 이바지한다.

② 대한민국은 국제평화의 유지에 노력하고 일체의 전쟁을 부인 한다.

③ 외국인은 국제법과 조약이 정하 는 바에 의하여 그 지위가 보 장된다.

④ 헌법에 의하여 체결 · 공포된 조 약과 일반적으로 승인된 국제 법규는 국내법과 같은 효력을 가진다.

|정답 ②

🔍 다음 글과 관계 깊은 사상을
〈보기〉에서 모두 고르면?
▶ 2016. 6. 25. 서울시

국가가 결성되기 이전의 자연 상
태에서 개인은 아무런 제약이나
차별 없이 자유롭고 평등하다. 이
러한 자유와 평등을 제도적으로
보장하기 위하여 사람들이 계약을
맺어 국가를 구성한다. 이 국가는
국민들이 일반의지를 실현하려는
기구이다.

〈보기〉
㉠ 사회 계약설
㉡ 실정권 사상
㉢ 자연권 사상
㉣ 국민 주권 사상

① ㉠, ㉡
② ㉠, ㉣
③ ㉠, ㉢, ㉣
④ ㉡, ㉢, ㉣

정답 ③

③ 우리 헌법의 기본권
  ㉠ 자연권 사상과 실정권 사상의 조화
  ㉡ 기본권의 천부 인권성을 인정하면서 한정된 범위 내에서 기본권의 제한을
    허용함

[우리 헌법에 나타난 기본권 사상]

→근대적 의미에서 자유란 단순히 국가의 간섭만 받지 않으면 된다는 소극적인 개
념이었다. 시민혁명을 일으켜 절대왕정을 붕괴시키는데 성공한 시민계급의 최대
과제는 어떻게 하면 국가 권력의 자의적 지배로부터 개인의 자유를 수호하느냐에
있었다. 이 당시 시민계급은 개인의 자유는 국가권력에 대립되는 자유, 즉 국가
로부터의 자유를 의미하는 것으로 파악하고 국가권력을 가능한 많이 제한함으로
써 개인 자유의 영역을 최대한 확보하려고 하였다. 이러한 과정을 통해 종교적
자유, 언론ㆍ출판ㆍ결사의 자유, 경제적 자유 등 다양한 형태로 자유의 개념이
확대되었다. 그러나 시민혁명과 산업혁명 이후 사회적ㆍ경제적 지배계급으로 성
장한 시민들은 자신들의 이익을 확대하기 위해서 정치권력을 장악할 필요성이 있
음을 느끼게 되었다. 이들은 국가권력의 제한이라는 기준의 소극적 태도를 버리
고 국가 권력자체를 소유하여 완전한 자유를 확보하고자 하였으며 국가운영에 적
극적으로 참여할 수 있는 권리를 주장하면서 자유의 개념은 '국가에의 자유'로 확
대되었다. 그러나 20세기 이후 자본주의 발달 과정에서 나타난 빈부격차, 실업,
경제공황 등의 문제로 참정권 보장만으로는 사회적 약자의 인간다운 생활을 담보
할 수 없게 되면서 자유의 개념은 '국가에의 자유'에 머무르지 않고 국가가 제도
를 통해 사회적 약자의 자유를 보장하는 사회권, 즉 '국가에 의한 자유'로 발전되
었다.

④ 기본권의 효력

대국가적 효력	• 의미 : 국가의 권력을 직접 구속하는 효력 (기본권은 국가권력으로부터 국민의 자유와 권리를 보호하기 위해 대두된 개념) • 내용 : 입법부 (기본권 보장에 위배되는 법률을 제정해서는 안된다.) 행정부 (기본권을 침해하는 권한을 행사하면 안된다) 사법부 (재판절차나 판결에서 국민의 기본권을 침해해서는 안된다.)	私人 → 國
대사인적 효력	• 사인과 사인 간에는 간접적으로 적용 : 헌법의 기본권 규정은 원칙적으로 국가와 국민 간의 관계를 규정한 것이고, 개인과 개인 간의 문제에 있어서는 헌법의 기본권보호정신을 반영한 사법규정을 통해 간접적으로 적용된다. • 노동 3권 등은 직접 적용 : 단결권, 단체교섭권, 단체 행동권을 보장한 헌법 규정과 같이 기본권의 성질에 따라서는 개인과 개인, 개인과 단체 사이의 관계에 있어서도 직접적으로 적용되기도 한다.	私人 → 私人

⑤ 기본권의 상충(충돌)

　㉠ 의미 : 복수의 기본권 주체가 서로 충돌하는 권익을 실현하기 위하여 국가에 대하여 각기 대립되는 기본권의 적용을 주장하는 경우

　㉡ 해결방법

　　• 이익형량에 의한 방법 : 충돌하는 기본권의 이익과 가치를 서로 비교하여 보다 중요한 혹은 보다 우월한 이익을 보장하고 덜 중요한 이익을 유보시키는 방법

　　• 상하(上下)기본권 충돌 : 상위 기본권 우선

　　• 동위(同位)의 기본권 충돌 : 인격권 우선의 원칙, 자유권 우선의 원칙

Point 팁

　이익형량에 의한 방법 사례
　㉠ 공공장소에서 흡연하게 되는 경우에는 벌금형을 부과한다.
　㉡ 태아의 생명권을 보장하기 위해 낙태 금지법을 제정하였다.

문 다음 헌법조항에서 공통으로 나타나는 기본권에 대한 설명으로 옳지 않은 것은?

▶ 2015. 4. 18. 인사혁신처

제31조
① 모든 국민은 능력에 따라 균등하게 교육을 받을 권리를 가진다.

제32조
① 모든 국민은 근로의 권리를 가진다. 국가는 사회적·경제적 방법으로 근로자의 고용의 증진과 적정임금의 보장에 노력하여야 하며, 법률이 정하는 바에 의하여 최저임금제를 시행하여야 한다.

제34조
① 모든 국민은 인간다운 생활을 할 권리를 가진다.
② 국가는 사회보장·사회복지의 증진에 노력할 의무를 진다.

제35조
① 모든 국민은 건강하고 쾌적한 환경에서 생활할 권리를 가지며, 국가와 국민은 환경보전을 위하여 노력하여야 한다.

① 복지국가·사회국가 원리에 기초하고 있다.
② 주로 국회의 입법권 행사에 의해 실현되는 권리이다.
③ 원칙적으로 국민만이 누리는 권리이나, 기본권의 성질에 따라서는 외국인에게도 보장된다.
④ 국가권력으로부터의 침해를 배제하는 소극적·방어적 성격의 권리이다.

|정답 ④

문 다음 사례에 대한 설명으로 옳은 것은?

▶ 2020. 7. 11. 인사혁신처

• 법원은 □□법 일부 조항이 기본권 침해의 소지가 크다며 A에 (㉠)을 제청하였다.
• △△법 위반으로 기소된 갑은 1심 재판 중 해당 법 조항에 대해 법원에 (㉡)을 신청한 후, 기각되자 A에 (㉢)을 청구하였다.

① A의 종국심리에 관여한 재판관 과반수가 찬성하면 해당 법률 조항은 위헌으로 결정된다.
② 법원이 ㉠을 제청하기 위해서는 소송 당사자의 제청 신청이 있어야 한다.
③ 갑이 법원에 신청한 ㉡은 위헌법률심판 제청이다.
④ ㉠은 위헌법률심판이고, ㉢은 권한쟁의심판이다.

정답 ③

⑥ 규범 조화적 해석 방법
  ㉠ 의의 : 두 기본권의 충돌 시 이익 형량에 의해 어느 하나의 기본권만을 다른 기본권에 우선시키지 않고 헌법의 통일성을 위해 충돌하는 기본권 모두가 최대한으로 그 기능과 효력을 나타낼 수 있는 조화의 방법을 추구하려는 입장
  ㉡ 과잉금지의 원칙 : 충돌하는 기본권을 양립할 수 있도록 양 기본권을 제약하지만, 필요 최소한으로 그쳐야 한다는 원칙
  ㉢ 대안 제시의 원칙 : 병역의무와 집총거부권의 충돌을 민간 역무 부과로 해결하는 방법
  ㉣ 최후 수단의 억제 : 극단적 수단에 의한 보호 배제

[규범 조화적 해석 방법 사례]

두 기본권이 서로 충돌하는 경우에는 헌법의 통일성을 유지하기 위하여 상충하는 기본권 모두가 최대한으로 그 기능과 효력을 나타낼 수 있도록 하는 조화로운 방법이 모색되어야 할 것이고 결국은 이 법에 규정한 정정 보도 청구권 제도가 과잉금지의 원칙에 따라 그 목적이 정당한 것인가, 그러한 목적을 달성하기 위하여 마련된 수단 또한 언론의 자유를 제한하는 정도가 인격권과의 사이에 적정한 비례를 유지하는 것인가의 여부가 문제된다 할 것이다. 현행 정정 보도 청구권 제도는 언론의 자유와 비록 서로 충돌되는 면이 없지 아니하나 전체적으로 상충되는 기본권 사이에 합리적인 조화를 이루고 있는 것으로 판단된다.

⑦ 기본권 침해의 법적 구제
  ㉠ 청원제도 : 국민이 국가 기관에 대해서 의견을 표명하거나 희망을 요구하는 것을 말한다. 청원의 대상이 되는 기관은 행정기관, 입법기관은 물론이고 법원에 대해서도 할 수 있다. 국가 기관은 이를 수리하여 심사할 의무만 지고 재결을 해줄 필요까지는 없다. 국회에 대하여 입법 청원을 하는 것이 대표적이다.
  ㉡ 위헌법률 심판제도
    • 의미 : 헌법 재판 기관이 법률이 헌법에 위반되는지의 여부를 심사하여 헌법에 위반되는 것으로 인정되는 경우 그 법률의 효력을 상실하게 하는 제도
    • 위헌법률심판제청권자 : 법원
    • 법원의 위헌법률심사제청권 행사 : 법원이 현재 재판 중인 구체적인 사건에서 판단 기준이 되는 법률의 위헌 여부가 재판의 결과에 영향을 끼치는 경우라야 한다.
    • 위헌법률심판권은 국회가 제정한 법률이 헌법에 어긋나는 경우
    • 헌법재판소 결정의 유형
    - 위헌결정 : 즉시 효력 상실
    - 헌법불합치결정 : 법이 개정될 때까지 한시적 효력이 있음

ⓒ 행정쟁송제도 : 행정청의 위법, 부당한 처분으로 인해 권리를 침해당한 사람이 이의 시정을 구하는 제도로 행정심판과 행정소송

[법적 구제 비교]

구분	위헌법률심판	권리구제형 헌법소원	위헌법률심사형 헌법소원
누가 제기하나	법원	당사자 개인, 법인	당사자 개인, 법인
심판 대상	법률	공권력 행사와 불행사	법률
결정 유형	• 각하 • 위헌, 합헌 불합치	• 각하 • 기각 • 인용	• 각하 • 위헌, 합헌 헌법 불합치
지정재판부의 사전 심사	×	○	○

⑧ 헌법소원의 유형

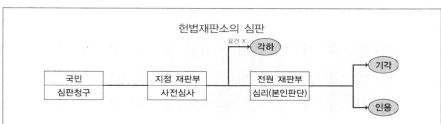

→ 헌법재판소의 심판은 특별한 규정이 없는 한 재판관 전원으로 구성되는 재판부에서 관장하지만 헌법소원심판의 경우에는 사전 심사를 위하여 재판관 3인으로 구성되는 지정재판부를 둔다. 이는 헌법소원의 남용으로 인한 과중한 업무를 방지하기 위한 장치로서 요건이 적합하지 못한 헌법소원은 부적격 각하결정을 내리고 그렇지 않은 경우에는 전원일치로 심판회부결정을 내려 전원재판부가 이를 심판하게 된다.

㉠ 권리구제형 헌법소원

• 의미 : 공권력의 행사 또는 불행사로 인하여 헌법에 보장된 기본권을 침해당한 국민이 그 권리를 구제 받기 위하여 헌법재판소에 직접 심판을 청구하는 헌법소원
• 사례 : 강도죄로 복역 중인 김모씨는 교도소장의 허가 없이 서신을 발송하였다가 규율 위반을 이유로 구금된 후 이러한 교도소의 규제가 자신의 통신 비밀의 자유와 신체의 자유 등을 침해하였다고 그 구제를 헌법재판소에 청구하였다.

문 위헌법률심판에 대한 내용 중 옳지 않은 것은?
▶ 2008. 경상남도교육청

① 헌법재판소의 권한으로 법원에서 제청한다.
② 심리 후 종국결정에서 위헌결정을 내릴 때는 재판관 6명 이상의 찬성이 있어야 한다.
③ 위헌법률심판은 헌법재판관 전원으로 구성된 전원재판부에서 심리한다.
④ 재판과는 관련이 없는 법률조항도 위헌법률심판의 제청을 신청할 수 있다.

문 〈보기〉의 ㉠과 ㉡에 대한 설명으로 가장 옳은 것은?(단, A와 B는 우리나라의 국가기관이다.)
▶ 2021. 6. 5. 서울시

〈보기〉
상속권과 관련된 소송을 제기한 갑(甲)은 해당 민법규정이 법률에 어긋난다며 A에 ㉠위헌 법률 심판 제청을 신청하였으나 기각 결정이 내려졌다. 이에 갑(甲)은 B에 ㉡헌법 소원 심판을 청구하였다.

① 국가의 적극적 개입을 정당화한다.
② 헌법에 열거되지 않아도 보장되는 포괄적 권리다.
③ 다른 모든 기본권을 보장하는데 전제가 된다.
④ 다른 기본권 보장을 위한 기본권으로서 수단적 권리다.

┃정답 ④, ①

기출문제

문 다음 글에 대한 설명으로 옳은 것은?

▶ 2013. 8. 24. 제1회 지방직

「군법무관 임용 등에 관한 법률」 제6조에서는 "군법무관의 보수는 법관 및 검사의 예에 준하여 대통령령으로 정한다"고 규정하고 있음에도 불구하고, 행정부는 이에 관한 대통령령을 제정하지 않고 있었다. 이로 인해 갑(甲)은 자신의 재산권이 침해되었다고 주장하며 헌법소원을 청구하였다. 이에 대해 헌법재판소는 행정부의 입법부작위가 갑(甲)의 기본권을 침해하여 헌법에 위배된다는 결정을 내렸다.

① 위 헌법재판소의 결정으로 인해 「군법무관 임용 등에 관한 법률」 제6조의 효력은 상실된다.

② 입법부작위에 대한 헌법소원심판청구에 있어서도 재판의 전제성 요건이 충족되어야 한다.

③ 이러한 사안에서 헌법재판소 재판관 7인 이상의 출석과 재판관 과반수의 찬성으로 헌법소원심판은 인용결정된다.

④ 국회가 위임한 특정한 사항에 대하여 행정부가 정당한 이유 없이 이를 이행하지 않았으므로 권력분립의 원칙과 법치국가의 원칙에 위배된다.

| 정답 ④

ⓒ 위헌법률심사형 헌법소원

• 위헌적 법률로 인하여 기본권을 침해당한 국민이 법원에 위헌법률심판제청을 해줄 것을 신청하였으나 법원이 이를 기각한 경우 직접 헌법재판소에 심판을 청구하는 헌법소원

• 사례 : 영화감독 박모씨는 '꿈의 나라'라는 영화를 상영함에 있어 상영 전에 공연윤리위원회의 심의를 받지 않아 영화법 제12조 위반으로 기소되자, 이러한 공연윤리위원회의 심의가 헌법이 보장하는 기본권을 침해하고 있다고 생각하여 법원에 위헌법률심판제청을 해줄 것을 신청하였으나 이를 기각하여 직접 헌법 재판소에 그 구제를 청구하였다.

[헌법 소원 심판의 유형]

[사건 1] 청구인(갑)은 2003년 이모씨(여)와 결혼하였고, 2004년 부인 이모씨가 임신을 하게 되었다. 태아가 아들인지 딸인지 궁금했던 청구인은 담당의사에게 태아의 성별을 질문하였으나, 의사는 의료법 제19조의 2 제2항 규정에 따라 태아의 성별을 알려줄 수 없다고 하였다. 이에 청구인은 의료법 규정으로 인해 자신의 아이가 딸인지 아들인지 알 수 없어 기본권이 침해당했다고 주장하며 헌법 소원을 청구하였다.

[사건 2] 청구인(을)은 1999년 산부인과 병원을 운영하고 있었다. 그런데 3차례에 걸쳐 산모들에게 태아의 성별을 확인시켜 주어 의료법 제19조의 1 제2항을 위반했다는 이유로 의사 면허 자격 정지 6개월 처분을 받았다. 이로 인해 청구인은 서울행정법원을 상대로 의사 면허 자격 정지 처분의 취소를 구하는 소송을 제기하였고, 재판 중에 위헌 법률 심판의 제정을 신청하였으나 기각 당하였다. 이후 청구인은 위헌 법률 제청 신청이 기각되었음을 이유로 헌법 소원 심판을 청구하였다.

→ 두 사건은 모두 구 의료법 제19조(태아 성감별 행위 등 금지)에 대해 청구된 헌법 소원 사건으로 매우 유사해 보인다. 하지만 구체적인 내용을 살펴보면 서로 다른 유형의 헌법 소원 심판에 해당함을 알 수 있다. 먼저 [사건 1]의 경우에는 청구인 갑이 의료법 규정으로 인해 기본권이 침해당했음을 주장하고 있으므로, 이는 공권력(입법부)의 행사로 인한 기본권이 직접 침해당한 경우로 권리 구제형 헌법 소원 청구에 해당한다. 이와 달리 [사건 2]의 청구인 을은 산부인과 의사로서 의료법 규정을 위반하여 의사 면허 자격 정치 처분을 받았으나, 이 처분의 취소를 구하는 소송을 제기하였다. 이후 재판 중에 청구인은 위헌 법률 심판 제청 신청을 하였으나, 법원으로부터 기각을 당하자 이를 이유로 헌법 소원 심판을 청구하였다. 따라서 이 사건에서의 헌법 소원 심판은 [사건 1]과 달리 위헌 법률 심사형 헌법소원 청구에 해당한다.

⑨ 기본권의 제한과 한계

기출문제

헌법에 의한 기본권 제한 1

헌법 제21조 4항 : 언론·출판은 타인의 명예나 권리 또는 공중 도덕이나 사회윤리를 침해하여서는 아니 된다.

헌법 제23조 2항 : 재산권은 공공복리에 적합하도록 하여야 한다.

헌법 제29조 2항 : 군인·군무원·경찰공무원 기타 법률이 정하는 자가 전투, 훈련 등 직무 집행과 관련하여 받은 손해에 대하여는 법률이 정하는 보상 외에 국가 또는 공공단체에 공무원의 직무상 불법행위로 인한 배상은 청구할 수 없다.

헌법 제33조 2항 : 공무원인 근로자는 법률이 정하는 자에 한하여 단결권, 단체교섭권 및 단체 행동권을 가진다.

헌법 제33조 3항 : 법률이 정하는 주요 방위 산업체에 종사하는 근로자의 단체 행동권은 법률이 정하는 바에 의하여 이를 제한하거나 인정하지 아니할 수 있다.

헌법 8조 4항 : 정당의 목적이나 활동이 민주적 기본 질서에 위배될 때에는 헌법재판소에 그 해산을 제소할 수 있고, 정당은 헌법 재판소 심판에 의하여 해산된다.

→ 위의 조항들은 헌법 조문에서 직접적으로 기본권의 제한을 명시하고 있다.

헌법에 의한 기본권 제한 2

헌법 제37조 2항 : 국민의 모든 자유와 권리는 국가안전보장·질서유지 또는 공공복리를 위하여 필요한 경우에 한하여 법률로써 제한할 수 있으며 제한하는 경우에도 자유와 권리의 본질적인 내용을 침해할 수 없다.

→ 위 조항은 법률에 의한 기본권 제한 가능성 및 그 한계를 명시하고 있다.

㉠ 형식상 한계
- 원칙 : 기본권 제한은 국회가 제정한 법률에 의해야만 한다.
- 예외 : 대통령의 긴급명령, 긴급 재정 경제 명령으로도 기본권을 제한할 수 있으며, 비상계엄시에는 영장제도나 언론·출판·집회·결사의 자유에 대한 특별조치가 가능하다.

㉡ 목적상 한계
- 국가안전보장, 질서유지, 공공복리를 위한 경우에만 기본권을 제한할 수 있다.
- 국가안전보장 : 외부로부터 국가의 독립, 영토의 보전, 헌법에 의해 설치된 국가 기관의 유지(외부적인 국가의 존립과 안전을 위한 것)
- 질서유지 : 타인의 권리 유지, 도덕질서 유지, 사회 공공질서 유지를 포함한 공공의 질서 유지(내부에 있어서의 국가의 존립과 안전을 위한 것)
- 공공복리 : 국가 구성원 전체를 위한 행복과 이익

문 다음 중 헌법의 기본권 제한에 대한 설명으로 옳지 않은 것은?
▷ 2004. 경기도교육청
① 국가안전보장, 질서유지, 공공복리의 증진을 위하여 필요한 경우에 제한할 수 있다.
② 법률에 의해 제한하는 것을 원칙으로 한다.
③ 국가비상시에는 기본권 제한에 한계를 두지 않는다.
④ 자유와 권리의 본질적 내용은 침해하지 않는다.

ㅣ정답 ③

ⓒ 방법상 한계
- 과잉금지의 원칙 : '필요한 경우에 한하여' → 국가의 권력은 무제한 적으로 행사되어서는 안 되며, 이는 반드시 정당한 목적을 위하여 필요한 범위 내에서만 행사되어야 한다.
- 국가 권력이 기본권을 제한할 때에는 목적의 정당성, 방법의 적정성, 피해의 최소성, 법익균형성을 지켜야 한다.
- 기본권을 제한할 때 기본권의 본질적인 내용은 침해할 수 없다.
  → 기본권을 제한하여야 할 현실적인 필요성이 아무리 큰 것이라도 기본권을 근본적으로 잃게 하는 본질적 내용을 침해하는 기본권 제한은 허용되지 않는다.

Point 팁 기본권 제한의 예외
ⓐ 긴급명령 : "대통령은 국가의 안위에 관계되는 중대한 교전상태에 있어서 국가를 보위하기 위하여 긴급조치가 필요하고, 국회의 집회가 불가능한 때에 한하여 법률의 효력을 가지는 명령을 발할 수 있다."(헌법 제 76조 2항)
ⓑ 긴급재정 경제 명령 및 처분권 : "대통령은 내우, 외환, 천재지변 또는 중대한 재정, 경제상의 위기에 있어서 국가안전보장 또는 공공의 안녕 질서를 유지하기 위하여 긴급한 조치가 필요하고, 국회의 집회를 기다릴 여유가 없을 때에 한하여 최소한으로 필요한 재정·경제상의 처분을 하거나 이에 관하여 법률적 효력을 가지는 명령을 발할 수 있다."(헌법 제76조 1항)
ⓒ 비상계엄 : '대통령은 전시·사변 또는 이에 준하는 국가 비상사태에 있어서 병력으로써 군사상의 필요에 응하거나 공공의 안녕 질서를 유지할 필요가 있을 때에는 법률이 정하는 바에 의하여 계엄을 선포할 수 있다."(헌법 제 77조 1항) 이때 제한할 수 있는 기본권은 헌법에 열거된 것(영장제도, 언론출판집회결사의자유)에 한함

기본권 제한 관련 판례
학교정화구역 내의 극장 시설 및 영업을 금지하고 있는 이 사건 법률조항이 학생들의 행복추구권을 침해하는지 여부
→ 오늘날 영화 및 공연을 중심으로 하는 문화산업은 높은 부가가치를 실현하는 첨단산업으로서의 의미를 가지고 있다. 따라서 직업교육이 날로 강조되는 대학교육에 있어서 문화에의 손쉬운 접근가능성은 중요한 기본권으로서의 의미를 갖게 된다. 이 사건 법률조항은 대학생의 자유로운 문화향유에 관란 권리 등 행복 추구권을 침해하고 있다. 아동과 청소년은 부모와 국가에 의한 단순한 보호의 대상이 아닌 독자적인 인격체이며, 그 인격권은 성인과 마찬가지로 인간의 존엄성 및 행복추구권을 보장하는 헌법 제10조에 의하여 보호된다.
따라서 헌법이 보장하는 인간의 존엄성 및 행복추구권은 국가의 교육권한과 부모의 교육권의 범주 내에서 아동에게도 자신의 교육환경에 관하여 스스로 결정할 권리, 그리고 자유롭게 문화를 향유할 권리를 부여한다고 할 것이다. 이 사건 법률조항은 아동, 청소년의 문화향유에 관한 권리 등 인격의 자유로운 발현과 형성을 충분히 고려하고 있지 아니하므로 아동, 청소년의 자유로운 문화향유에 관한 권리 등 행복추구권을 침해하고 있다.

정답 ③

⑩ 기본권의 종류

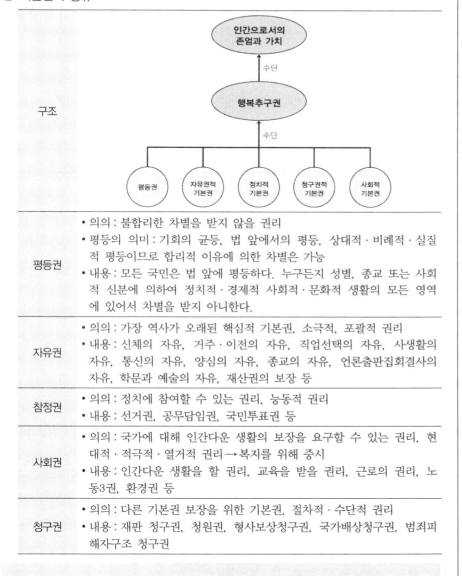

구조	(도표 참조)
평등권	• 의의 : 불합리한 차별을 받지 않을 권리 • 평등의 의미 : 기회의 균등, 법 앞에서의 평등, 상대적·비례적·실질적 평등이므로 합리적 이유에 의한 차별은 가능 • 내용 : 모든 국민은 법 앞에 평등하다. 누구든지 성별, 종교 또는 사회적 신분에 의하여 정치적·경제적 사회적·문화적 생활의 모든 영역에 있어서 차별을 받지 아니한다.
자유권	• 의의 : 가장 역사가 오래된 핵심적 기본권, 소극적, 포괄적 권리 • 내용 : 신체의 자유, 거주·이전의 자유, 직업선택의 자유, 사생활의 자유, 통신의 자유, 양심의 자유, 종교의 자유, 언론출판집회결사의 자유, 학문과 예술의 자유, 재산권의 보장 등
참정권	• 의의 : 정치에 참여할 수 있는 권리, 능동적 권리 • 내용 : 선거권, 공무담임권, 국민투표권 등
사회권	• 의의 : 국가에 대해 인간다운 생활의 보장을 요구할 수 있는 권리, 현대적·적극적·열거적 권리→복지를 위해 중시 • 내용 : 인간다운 생활을 할 권리, 교육을 받을 권리, 근로의 권리, 노동3권, 환경권 등
청구권	• 의의 : 다른 기본권 보장을 위한 기본권, 절차적·수단적 권리 • 내용 : 재판 청구권, 청원권, 형사보상청구권, 국가배상청구권, 범죄피해자구조 청구권

헌법 제10조 : 모든 국민은 인간으로서의 존엄과 가치를 가지며, 행복을 추구할 권리를 가진다. 국가는 개인이 가지는 불가침의 기본적 인권을 확인하고 이를 보장할 의무를 진다.

㉠ 인간의 존엄과 가치
• 모든 기본권의 이념적 출발점

기출문제

🔖 〈보기〉의 ㉠, ㉡에 해당하는 기본권 유형에 대한 설명으로 가장 옳은 것은?
▶ 2024. 6. 22. 제2회 서울시

〈보기〉
  ㉠ 과 ㉡ 은 우리 헌법에서 보장하는 기본권이다. ㉠ 은 국민이 부당하게 국가의 침해를 받지 않고 자유롭게 생활할 수 있는 권리이고 ㉡ 은 실질적인 평등과 인간다운 생활의 보장을 국가에 요구할 수 있는 권리이다.

① ㉠은 기본권 보장을 위한 수단적·절차적 권리라는 성격을 지닌다.
② ㉡은 헌법의 기본 원리 중 국민 주권주의와 직접적으로 연관되어 있다.
③ ㉠은 역사적으로 볼 때 가장 오래된 기본권이다.
④ ㉡은 ㉠과 달리 국가의 최소한의 기능을 강조한다.

정답 ③

• 인간의 존엄과 가치가 헌법상 최고의 원리이므로, 모든 국가 권력은 이에 구속되며 국가목표달성을 위해서라도 인간의 존엄과 가치를 해치는 수단으로 사용할 수 없다.

• 인간의 존엄과 가치를 해치는 국가권력에 대해서 국민은 저항권을 행사할 수 있다.

• 인간의 존엄과 가치에 반하는 헌법개정도 허용될 수 없다.

ⓛ 행복추구권

• 소극적 의미 : 고통과 불쾌감이 없는 상태를 추구할 권리

• 적극적 의미 : 안락하고 만족스러운 삶을 추구하는 권리 + 행복을 추구하기 위한 활동을 국가 권력의 간섭 없이 자유롭게 함

• 행복추구권의 구성 : 일반적 행동 자유권 + 개성의 자유로운 발현권 + 자기 결정권

ⓒ 평등권

헌법 제11조 1항 : 모든 국민은 법 앞에 평등하다. 누구든지 성별·종교 또는 사회적 신분에 의하여 정치적·경제적·사회적·문화적 생활의 모든 영역에 있어서 차별을 받지 아니한다.

헌법 제11조 2항 : 사회적 특수 계급의 제도는 인정되지 아니하며, 어떠한 형태로도 이를 창설할 수 없다.

헌법 제11조 3항 : 훈장 등의 영전은 이를 받은 자에게만 효력이 있고 어떠한 특권도 이에 따르지 아니한다.

문 〈보기〉의 (가)~(다) 제도가 공통적으로 보장하고자 하는 기본권에 대한 설명으로 가장 옳은 것은?
▶ 2019. 2. 23. 제1회 서울시

• 인간의 존엄성을 실현하기 위한 본질적인 기본권

• 국가가 법을 제정하거나 법을 해석 및 집행할 때에 따라야 하는 기준

• 불평등한 대우를 하지 말 것을 요구할 소극적 권리 + 평등한 대우를 할 것을 요구할 수 있는 적극적 권리를 포함

• 평등의 원칙에 따라 성별, 종교, 사회적 신분에 따른 합리적 이유 없는 차별은 금지

• 우리 헌법에서 규정하는 평등권이 개인 간의 차이 자체를 고려하지 않는 결과적 평등을 추구하는 것은 아니고, 각자에게 상응하는 몫을 나누어 주는 상대적·비례적 평등을 지향

〈보기〉
(가) 생계 곤란 가구에 최저 생계비 지원
(나) 집행유예 중인 자에게도 선거권 부여
(다) 선거구 간 인구 편차를 2 : 1까지로 제한

① 다른 기본권 보장을 위한 수단적 권리이다.
② 인간다운 생활을 보장하기 위한 기본권이다.
③ 가장 고전적인 권리로서 방어적 성격의 권리이다.
④ 신분, 성별, 재산 등의 이유로 차별받지 않을 권리이다.

(2) 자유권

① 의미

ⓐ 고전적 야경 국가에서 강조된 기본권

ⓛ 개인이 국가 권력의 간섭이나 억압을 받지 않을 권리

② 성격

ⓐ 소극적이고 방어적인 공권

ⓛ 포괄적 권리(↔ 열거적 권리)

ⓒ 의미 : 헌법에 규정되지 않은 자유권도 보장해야 함

정답 ④

② 예 : 자기결정권, 평화적 생존권, 휴식권, 일조권, 생명권, 수면권, 저항권 등은 헌법에 열거되어 있지 않으나 보장되는 기본권

③ 천부인권적 권리(역사가 가장 오래된 기본권) … 절대 군주에 항거하여 최초로 획득한 권리로 천부인권성이 가장 강함

④ 신체의 자유 … 자유권 보장을 위한 가장 기초적이고도 본질적인 권리

헌법 제12조
① (죄형법정주의)누구든지 법률에 의하지 아니하고는 체포·구속·압수·수색 또는 심문을 받지 아니하며, 법률과 적법한 절차에 의하지 아니하고는 처벌·보안 처분 또는 강제노역을 받지 아니한다.
② (고문을 받지 아니할 권리) 모든 국민은 고문을 받지 아니하며, 형사상 자기에게 불리한 진술을 강요당하지 아니한다.
③ (영장주의) 체포·구속·압수 또는 수색을 할 때에는 적법한 절차에 따라 검사의 신청에 의하여 법관이 발부한 영장을 제시하여야 한다. 다만, 현행범인인 경우와 장기 3년 이상의 형에 해당하는 죄를 범하고 도피 또는 증거 인멸의 염려가 있을 때에는 사후에 영장을 청구할 수 있다.
④ (변호인의 조력을 받을 권리) 누구든지 체포 또는 구속을 당한 때에는 즉시 변호인의 조력을 받을 권리를 가진다. 다만, 형사 피고인이 스스로 변호인을 구할 수 없을 때에는 법률이 정하는 바에 의하여 국가가 변호인을 붙인다.
⑤ (미란다의 원칙) 누구든지 체포 또는 구속의 이유와 변호인의 조력을 받을 권리가 있음을 고지 받지 아니하고는 체포 또는 구속을 당하지 아니한다. 체포 또는 구속을 당한 자의 가족 등 법률이 정하는 자에게는 그 이유와 일시, 장소가 지체 없이 통지되어야 한다.
⑥ (체포·구속 적부 심사제) 누구든지 체포 또는 구속을 당한 때에는 적부의 심사를 법원에 청구할 권리를 가진다.
⑦ (자백의 증거능력 제한) 피고인의 자백이 고문·폭행·협박·구속의 부당한 장기화 또는 기망, 기타의 방법에 의하여 자의로 진술된 것이 아니라고 인정될 때 또는 정식 재판에 있어서 피고인의 자백이 그에게 불리한 유일한 증거일 때에는 이를 유죄의 증거로 삼거나 이를 유죄의 증거로 삼거나 이를 이유로 처벌할 수 없다.

헌법 제13조
① 모든 국민은 행위시의 법률에 의하여 범죄를 구성하지 아니하는 행위로 소추되지 아니하며, 동일한 범죄에 대하여 거듭 처벌받지 아니한다.
② 모든 국민은 소급입법에 의하여 참정권의 제한을 받거나 재산권을 박탈당하지 아니한다.
③ 모든 국민은 자기의 행위가 아닌 친족의 행위로 인하여 불이익한 처우를 받지 아니한다.

헌법 제27조
④ (무죄추정의 원칙) 형사 피고인은 유죄의 판결이 확정될 때까지는 무죄로 추정한다.

기출문제

문 〈보기〉의 사례와 관련된 기본권의 유형 A, B에 대한 설명으로 가장 옳은 것은?
▶ 2022. 6. 18. 제2회 서울시

〈보기〉

| A | 갑(甲)은 출근 도중 갑자기 경찰관에게 체포되었다. 하지만 이 과정에서 체포의 이유 및 변호인의 조력을 받을 권리를 전혀 고지받지 못했다. |
| B | 을(乙)은 사업에 실패하고 소득이 없어지자 국가에 생계비 지급을 요구하여 국민기초생활수급자로 선정되어 일정한 생계 급여를 받게 되었다. |

① A는 국가 권력의 간섭이나 침해를 받지 않을 방어적 권리이다.
② B는 다른 기본권 보장을 위한 수단적 성격의 권리이다.
③ A는 B와 달리 국가의 존재를 전제로 보장되는 권리이다
④ A와 B는 모두 헌법에 열거되어야 보장되는 권리이다.

I 정답 ①

기출문제

🔖 〈보기〉의 기본권의 유형 A~C
에 대한 설명으로 가장 옳은 것은?
(단, A~C는 각각 자유권, 사회권,
청구권 중 하나이다.)
▶ 2023. 6. 10. 제1회 서울시

〈보기〉

질문	예	아니오
소극적 · 방어적 성격의 권리인가?	A	B, C
(가)	B	A, C

① (가)에는 '다른 기본권 보장의 전제 조건이 되는 권리인가?'가 들어갈 수 있다.

② (가)가 '기본권 보장을 위한 수단적 성격의 권리인가?'라면, B는 C와 달리 국가의 존재를 전제로 하는 권리이다.

③ B가 교육을 받을 권리를 포함한다면, (가)에 '실질적 평등의 실현을 위해 등장한 현대적 권리인가?'가 들어갈 수 있다.

④ A는 B, C와 달리 헌법에 열거되어야 보장되는 권리이다.

(3) 참정권

① 개념

　㉠ 의미 : 모든 국민이 선거를 통해 국가 조직과 의사 형성에 참여하거나 공무원으로 선임될 수 있는 국민의 권리

　㉡ 국가의 운영에 직접 참여하려는 적극적인 권리

　㉢ 우리 국적을 가진 국민만이 갖고 있는 권리로서, 외국인에게는 인정되지 않는다.

② 직접 참정권의 종류

　㉠ **국민 발안권** : 국민의 헌법 개정이나 법률안을 제안할 수 있는 권리

　㉡ **국민 투표권** : 중요한 법안이나 정책을 국민투표로써 결정하는 권리

　㉢ **국민 소환권** : 공직자가 잘못을 저질렀을 경우 국민이 직접 임기 만료 전에 해직시킬 수 있는 권리

③ 간접 참정권의 종류

　㉠ 선거권

　㉡ 선거직 공무원(대통령, 국회의원 등) **피선거권** : 공무원을 뽑는 선거에 후보로 나갈 수 있는 권리

　㉢ 공무원 **피임명권**(공직 취임권) : 일정한 자격이나 조건을 갖추어 공무원이 될 권리

(4) 청구권

① 의미

　㉠ **적극적 기본권** : 국민이 국가에 대해 일정한 행위를 적극적으로 청구할 수 있는 권리, 국가가 있어야 인정되는 권리

　㉡ **수단적 기본권** : 다른 기본권을 보장하기 위한 수단적 · 절차적 성격의 기본권

② 청원권

　㉠ 의미 : 공권력 관계에서 일어나는 여러 가지 이해 관계, 의견, 희망 등에 관하여 (문서로써) 국민이 적법한 청원을 하면 국가 기관이 청원을 받아들이고 이를 심사하여 적어도 그 결과를 통지할 것을 요구할 수 있는 권리

　㉡ 기능 : 비사법적인 또는 정치적인 권리구제 수단, 국민이 국가에 직접 청원할 수 있다는 점에서 직접 민주주의 기능

|정답 ③

③ 재판 청구권

    ㉠ 독립된 법원에 의해 정당한 재판과 신속한 재판을 받을 수 있는 권리, 군인 또는 군무원이 아닌 경우는 군사 재판을 받지 않을 권리

    ㉡ 형사 피고인에 대한 무죄 추정의 원칙과 형사 피해자의 재판 절차 진술권도 포함

④ **형사 보상 청구권** … 형사 피의자 또는 피고인으로 구금되었던 자가 불기소 처분, 무죄판결을 받았을 때, 그가 입은 정신적·물리적 손실에 대한 보상을 청구할 수 있는 권리

⑤ **국가배상청구권** … 공무원의 직무상 불법행위 또는 공공 시설 등의 설치, 관리, 하자로 손해를 입었을 때, 국가 또는 공공단체에 배상을 청구할 수 있는 권리

⑥ **범죄피해자 구조 청구권** … 자신에게 아무런 잘못이 없이 타인의 범죄행위로 인해 생명과 신체에 피해를 입은 국민이나 그 유족이 범죄자로부터 충분한 피해 배상을 받지 못한 경우 국가에 대해서 일정한 보상을 요구할 수 있는 권리이다.

(5) 사회권

① 의의

    ㉠ 의미 : 국가에 대하여 어떠한 보호나 생활 수단의 제공을 요구할 수 있는 권리

    ㉡ 성격 : 적극적 권리, 개별적 권리 (헌법에 규정되어 있는 것만 보호), 복지증진의 수단

② 인간다운 생활을 할 권리

    ㉠ 의미 : 인간의 존엄성에 상응하는 건전하고 문화적인 생활을 누릴 수 있는 권리

    ㉡ 법적 성격 : 능동적이고 행위규범성이 강한 적극적인 권리

    ㉢ 국가의 의무

      • 사회보장과 사회 복지 증진에 노력할 의무가 있음

      • 생활무능력자의 생활보호 청구권, 국가의 여성·노인·청소년의 복지 향상 의무, 국가의 재해예방 및 보호의무 포함

③ 교육을 받을 권리

    ㉠ 의미 : 모든 국민은 능력에 따라 균등하게 교육을 받을 권리가 있음

    ㉡ 부모의 의무 : 모든 국민은 그가 보호하는 자녀에게 최소한의 의무 교육을 받게 해야 함

    ㉢ 교육 관련 규정 : 국가의 평생 교육 진흥의무, 의무 교육의 무상실시, 교육의 자주성, 전문성, 정치적 중립성

기출문제

문 〈보기 1〉의 (가), (나)에 대한 옳은 설명을 〈보기 2〉에서 모두 고른 것은?

▶ 2018. 6. 23. 제2회 서울시

〈보기 1〉

기본권	관련 헌법 조항
(가)	제33조 ① 근로자는 근로 조건의 향상을 위하여 자주적인 단결권·단체 교섭권 및 단체 행동권을 가진다.
(나)	제30조 타인의 범죄 행위로 인하여 생명·신체에 대한 피해를 받은 국민은 법률이 정하는 바에 의하여 국가로부터 구조를 받을 수 있다.

〈보기 2〉

㉠ (가)는 인간다운 생활을 보장하기 위한 사회권이다.

㉡ (나)는 기본권 보장을 위한 기본권이다.

㉢ (나)는 (가)와 달리 수단적이고 절차적 권리라는 성격을 가진다.

㉣ (가), (나) 모두 근대 시민 혁명 직후 확립된 권리이다.

① ㉠, ㉡

② ㉢, ㉣

③ ㉠, ㉡, ㉢

④ ㉡, ㉢, ㉣

┃정답 ③

기출문제

近 근로 3권에 대한 설명으로 옳지 않은 것은?

▶ 2021. 4. 17. 인사혁신처

① 근로 3권은 근로자가 사용자와 대등한 지위에서 근로관계를 형성할 수 있도록 해준다.
② 사용자가 불공정한 방법으로 근로 3권을 침해하는 것은 부당노동행위에 해당한다.
③ 근로자는 근로조건 이외에도 사용자의 경영 전반에 걸쳐 제약 없이 단체교섭권을 행사할 수 있다.
④ 단체행동권의 정당한 행사에 따른 사용자의 손해에 대해 근로자는 법적 책임이 없다.

ㅣ정답 ③

④ 근로의 권리와 노동3권
  ㉠ 근로의 권리
   • 근로 기회의 제공과 인간다운 근로조건의 확보
   • 근로기준법제정, 최저임금제, 여자와 연소자의 근로에 대한 특별 보호 등
  ㉡ 노동3권의 보장 : 단결권(노동조합결성), 단체교섭권(근로자와 사용자의 근로조건교섭), 단체행동권(쟁의행위 – 파업) 등

[자유권적 기본권과 사회권적 기본권의 비교]

구분	자유권적 기본권	사회권적 기본권
바탕 원리(이념)	자유주의, 개인주의 등과 같은 근대 시민사회 이념	단체주의, 사회정의 등과 같은 사회복지국가 이념
주체	자연인(인간)	국민
성격	• 국가의 침해를 배제하는 방어적, 소극적 성격의 권리 • 전국가적인 인간의 권리	• 국가에게 급부와 보장을 요구하는 적극적인 기본권 • 국가내적 · 실정법적 국민권리
효력	재판규범성 강함	행위규범성 강함
제한상의 차이 (법률유보)	권리 제한적 → 국가안전보장, 질서유지가 목적	권리 형성적 → 공공복리가 목적
위헌 심사 정도	상대적으로 엄격함	상대적으로 완화됨

section 3 국가 기관의 구성과 기능

(1) 현대 민주 정치와 의회의 이해

① 현대 민주정치와 의회
  ㉠ 민주정치와 의회 : 의회는 민주정치에서 핵심적인 역할을 수행하는 기관
  ㉡ 정부 형태와 의회 : 의원 내각제 하에서는 의회가 내각의 구성과 운영을 주도
   → 국가 운영의 중심적 역할 수행
  ㉢ 의원의 역할 수행 : 국민 전체의 의사를 정치와 정책 결정에 반영하도록 함

② 의회의 형태

	단원제	양원제
의미	의회가 하나의 합의체로 구성된 경우	의회 합의체가 두 개인 경우
장점	• 신속한 의안 처리, 비용 절감 • 의회의 책임 소재 명확	• 신중한 입법 심의 • 의회와 행정부의 충돌 완화
단점	경솔, 부당한 입법 심의	양원의 의견이 같을 경우에는 무용지물이고, 다를 경우에는 국론의 분열이 우려됨, 시간과 비용의 과다한 소모

(2) 대한민국 국회의 성격

① 국민의 대표 기관 ··· 국민들이 선출하는 국회의원들로 구성된 회의제 기관

② 입법기관 ··· 국회의원들이 국정의 근간이 되는 법률이 제정하는 기관

③ 국정통제기관 ··· 국민을 대표하여 행정부·사법부 등 다른 국가 기관의 권한 행사를 감시하고 비판하는 기관

④ 예산 심의·의결기관

⑤ 의회주의의 위기 ··· 현대사회의 복지 국가 지향과 정당 국가화 현상으로 인한 행정부의 비대화 → 의회의 통법부화(행정부에서 마련된 법안들을 통과시켜주기만 하는 기관)

(3) 국회의 구성과 국회의원의 선출

① 방식 ··· 단원제

② 지역구 의원 ··· 각 선거구에서 선거를 통해 선출 (우리나라 : 소선거구제와 다수 대표제로 선출)

③ 전국구 의원 ··· 비례대표제에 기초하여 정당별 득표율에 따라 의석을 배분받아 국회로 진출함

(4) 국회의원의 권한과 의무

① 국회의원의 특권

ㄱ 면책특권

• 의미 : 국회의원이 국회에서 직무상 행한 발언과 표결에 관하여 국회 밖에서 책임을 지지 아니하는 특권

• 조건 : 회기 중 + 국회 안에서 행한 발언 + 직무상 행한 발언

기출문제

문 다음은 갑국 의회의 의원 선거 방식이다. 이에 대한 설명으로 옳은 것은?

▶ 2021. 6. 5. 제1회 지방직

• 의원 정수 : 300명(지역구 의원 200명과 비례 대표 의원 100명)

• ㉠지역구 의원 : 선거구는 200개 지역구로 구성됨. 각 지역구에서 가장 표를 많이 얻은 후보자를 해당 선거구의 당선자로 결정함

• ㉡비례 대표 의원 : 전국을 하나의 선거구로 함. 각 정당이 얻은 정당 득표율에 따라 할당된 정당별 비례 대표 의원 수를 각 정당은 미리 작성한 비례 대표 후보자 명부의 순위에 기반을 두어 확정함

① ㉠ 선거는 절대다수 대표제를 채택하고 있다.

② ㉡ 선출 방식은 한 선거구 내에서 당선자 간 투표 가치의 차등 문제를 발생시킬 가능성이 크다.

③ ㉠ 선출 방식은 ㉡ 선출 방식보다 정당의 득표율과 의석률 간의 차이를 작게 발생시킨다.

④ ㉡ 선출 방식은 ㉠ 선출 방식보다 의회 의석 배분에 국민의 의사를 더 충실히 반영할 수 있다.

┃정답 ④

문 **다음 국회 공고문의 ㉠~㉣에 대한 설명으로 옳은 것은?**

▶ 2023. 8. 26. 국회사무처

국회공고 제20××-×호

제○○○회 국회(임시회) 집회공고

㉠국회의원 A 외 ○○○인으로부터 헌법 제47조 제1항에 따른 ㉡국회 임시회의 집회 요구가 있으므로 국회법 제5조 제1항에 따라 제○○○회 국회(임시회) 집회를 다음과 같이 공고함.

• ㉢일시 : 20××년 ×월 ××일 (×요일) 오후 ×시

• 장소 : 국회의사당

20××년 ×월 ××일

㉣국회의장 ○○○

① ㉠의 국회의원 숫자는 국회 재적 의원 3분의 1 이상이어야 한다.

② 대통령은 ㉡을 요구할 수 없다.

③ 회기는 ㉢ 날짜 이후 100일 이내이다.

④ ㉡은 매년 9월 1일이며 그날이 공휴일이면 그 다음 날로 미뤄진다.

⑤ ㉣은 그 직에 있는 동안 당적을 가질 수 없다.

ㅣ정답 ⑤

㉡ **불체포 특권**

• 의미 : 국회의원이 현행범이 아닌 한 회기 중 국회의 동의 없이 체포 또는 구금되지 않으며 회기 전에 체포 또는 구금된 경우라도 국회의 요구에 의해 석방될 수 있는 권리를 말한다. 따라서 불구속 상태에서 수사·재판절차를 진행할 수 있으며 법원의 판결도 가능하다.

• 조건 : 현행범이 아니어야 한다 + 회기 중이어야 한다 + 국회의 체포동의안이 의결되면 회기중이라도 체포 가능

	불체포 특권	면책 특권
보호가치	신체의 자유	직무상 발언과 표결
직무관련성	직무 관련 없는 범죄에서도 인정	국회 내 직무상 발언과 표결
적용기간	일시적	영구적
효과	법적 책임 면제가 아닌 체포 유예	법적 책임 면제

㉢ **국회의원에게 특권을 보장하는 이유** : 의원의 독자적인 발언·표결을 보장하여 대의제 민주주의를 유지하고 국회의 자주성을 확보하기 위해서이다.

㉣ **국회의원에 대한 특권의 악용 – 이른바 '방탄 국회'** : 자기 정당 소속 국회의원의 신변 보호만을 위하여 특별한 명분 없이도 의원 정족수 1/4의 발의로 임시 국회를 열어 회기를 연장하는 경우가 있기 때문에 이렇게 국회의원을 체포할 수 없도록 계속 회기를 열어 진행하는 것

② **국회의원의 의무**

㉠ 지위와 특권 남용 금지, 청렴의 의무

㉡ 국익 우선 의무, 법률이 정한 직위의 겸직 금지 의무

(5) 국회의 기관

① **국회의장단** … 국회의원이 선출하는 의장 1인(다수당에서 후보를 내고 본회의에서 선출) + 부의장 2인(여당 1인, 야당 1인)으로 구성 (헌법 48조에 규정)

② **국회의장의 지위**

㉠ 당적을 가질 수 없으며 상임 위원회의 위원도 될 수 없다.

㉡ 의장과 부의장은 의원 외의 직책을 겸할 수 없으며 국무위원도 될 수 없다.

㉢ **국회의장의 권한** : 본회의 사회권, 본회의 직권 상정권, 대통령이 법률안 공포를 지체할 경우 법률안 공포권

③ **국회 위원회 제도**

㉠ **필요성** : 각 분야에 전문적 식견을 가진 위원회가 안전에 대해 예비적으로 심의하여 의회의 전문성과 효율성을 높이기 위해

ⓒ 종류

상임위원회	• 의안의 효율적 처리와 의회의 전문성 위해 설립 • 행정부와 의회 간의 의사 소통의 장 • 대통령제 하에서 더 의미가 있음 (왜→ 의원내각제는 의원과 내각 구성원의 겸직) • 임기 : 2년
특별위원회	• 의미 : 국회에 있어 상임위원회의 소관에 속하지 않거나 또는 특히 필요가 있다고 인정하는 안건을 심사하기 위하여 설치한다. • 종류 : 예산 결산 특별 위원회, 윤리 특별 위원회, 인사 청문위원회

④ 교섭단체

　ⓐ 의미 : 20석 이상의 국회 의원을 보유한 정당은 하나의 교섭단체를 구성하는데, 교섭단체는 국회에서 의사 진행에 관한 중요한 안건을 협의하기 위한 단체를 말한다.

　ⓑ 장점 : 정파 간 교섭의 창구 역할을 하도록 함으로써 의원들의 의사를 사전에 통합하고 조정하여 원활한 국회 운영을 도모함

　ⓒ 단점 : 소수 정당들의 목소리는 반영될 수 없기 때문에, 다양한 의사 반영을 하기 어렵다.

(6) 국회의 회의

① 입법기(의회기) … 국회가 동일 의원들로 구성되는 임기 개시일로부터 임기 만료일 또는 국회 해산일까지의 시기

② 회기 … 입법기 내에서 국회가 실제로 활동하는 기간

③ 정기회 … 매년 1회 9월 1일에(공휴일인 경우 그 다음날) 집회하며, 정기회의 회기는 100일을 초과할 수 없다.

④ 임시회 … 대통령 또는 국회 재적 의원 1/4 이상의 요구가 있으면 열리게 되며, 임시회의 회기는 30일을 초과할 수 없다.

⑤ 국회의 의사 진행 절차의 원칙

　ⓐ 의사 공개 원칙 : 국회 의사 결정 과정을 국민에게 공개해야 한다.
　　→ 국민주권의 원리 실현과 국회 의사 결정의 민주적 정당성 부여

　ⓑ 회기 계속의 원칙 : 국회는 임기 중에는 동일성을 가지므로 한 입법기 내에서는 한 회기 내에 처리 되지 않은 안건은 폐기되지 않고 다음 회기에서 계속 심의할 수 있다는 원칙→중요한 법률이 묻혀 버리지 않기 위해

　ⓒ 일사부재의 원칙 : 의회에서 한번 부결된 의안은 동일 회기 내에서 다시 발의·심의하지 못한다. → 회의의 원활한 운영을 도모하기 위함, 소수파에 의한 의사 방해를 배제하려는 것

기출문제

🔹 국회 인사청문회의 청문대상 공직이 아닌 것은?
　　▶ 2020. 6. 13. 지방직/서울시
① 대법원장
② 감사원 감사위원
③ 국무총리
④ 대법관

🔹 국회의원의 법률안 발의를 활성화하기 위한 방안으로 적절하지 않은 것은?
　　▶ 2014. 3. 22. 사회복지직
① 직능대표제 강화
② 국회입법조사처 기능 제고
③ 일사부재의 원칙의 폐지
④ 국회의원 입법 활동 지원

정답 ②, ③

문 국회의 권한에 대한 설명으로 옳은 것은?

▶ 2020. 7. 11. 인사혁신처

① 국회는 헌법 또는 법률에 특별한 규정이 없는 한 재적의원 3분의 1 이상의 출석과 출석의원 과반수의 찬성으로 의결한다.
② 국회는 국가 기관 구성과 관련하여 헌법재판소장 임명권 및 중앙선거관리위원회 위원장 선출권을 가진다.
③ 국회는 정부의 동의 없이 정부가 제출한 지출예산 각 항의 금액을 증가하거나 새 비목을 설치할 수 있다.
④ 국회는 국정을 감사하거나 특정한 국정사안에 대하여 조사할 수 있으며, 이에 필요한 서류의 제출 또는 증인의 출석과 증언이나 의견의 진술을 요구할 수 있다.

문 다음은 우리나라의 법률 제·개정 절차 중 일부를 나타낸 것이다. 이에 대한 설명으로 옳은 것은?

▶ 2023. 8. 26. 국회사무처

(가) 법률안 제출
(나) 국회 상임위원회 심사
(다) 국회 본회의 의결
(라) 공포

① (가)단계는 입법부의 국회의원만이 할 수 있다.
② (가)단계는 발의자를 포함하여 국회의원 5명 이상의 찬성이 필요하다.
③ (나)단계에서도 법률안이 폐기될 수 있다.
④ (다)단계에서 법률안이 회기 중에 의결되지 못하면 국회의원의 임기가 만료되더라도 회기 계속 원칙에 따라 법률안은 폐기되지 않는다.
⑤ (라)단계에서 대통령이 정해진 기간 내에 공포하지 않으면 법률안은 자동으로 폐기된다.

| 정답 ④, ③

㉣ 다수결의 원칙
• 일반 의결 정족수 : 재적의원 과반수 이상의 출석과 출석 의원 과반수 이상의 찬성으로 의결
• 단, 가부동수 즉 찬성표와 반대표가 같은 숫자인 경우 부결로 처리 (가부 동수일 경우 의장이 던지는 최종 투표인 캐스팅 보트를 인정하지 않는다).
• 특별의결정족수 : 헌법과 법률의 특별한 규정에 근거

(7) 국회의 권한

① **법률제정권과 개정권**

㉠ **법률안제출**
• 국회의원 10인 이상의 찬성을 얻은 경우 (10석 이상의 의석을 보유하지 못한 정당은 자력으로 법률안 제출 어려움)
• 정부(→ 의원내각제적 요소)

㉡ **상임위원회 회부**
• 국회의장이 제출된 안을 그 법률안의 성격에 맞는 상임위원회로 회부함(국회의장의 직권으로도 본회의 상정가능)
• 상임위원회에서는 심의 절차를 거쳐서 법률안의 본회의 상정여부를 결정함

㉢ **본회의 의결과정** : 본 회의에서 재적의원 과반수가 출석하고 출석 의원 과반수가 찬성하면 의결 정족수(일반의결정족수)가 충족되어 법률안이 통과된다.

㉣ **공포** : 대통령이 이송된 법률을 검토한 후 이송된 날로부터 15일 이내에 공포하여야 하며, 공포 후 20일이 지나면 법률은 효력을 발생한다.

㉤ **대통령법률안거부권**
• 대통령의 법률안 거부권(환부거부→ 대통령제적 요소) : 국회에서 의결된 법률안을 15일 이내에 이의서를 붙여 다시 국회로 되돌려 보낼 수 있다. 환부 거부된 법률안은 다시 논의를 거쳐 본회의에 상정된다.
• 거부권 행사된 법률안이 국회를 통과하려면 본회의에서 재적의원 과반수가 출석하고 출석의원 2/3가 찬성(특별의결정족수)해야 법률이 재의결 된다.
• 재의결된 법률안에 대하여 대통령은 다시 거부권을 행사할 수 없으며 지체 없이 공포하여야 한다. 만약 대통령이 이를 5일 이내에 공포하지 않으면 국회의장이 대신 공포하여 공포 후 20일이 경과함으로써 효력이 발생하게 된다.

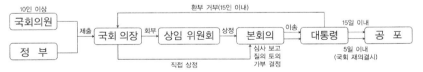

② 헌법의 제정과 개정에 관한 권한

ㄱ 헌법의 제정권과 개정권은 궁극적으로 국민에게 있다. 그러나 헌법 개정에는 국회의 역할이 매우 크게 작용한다.

ㄴ 헌법은 한 국가의 최고법이기 때문에 함부로 개정할 수 없으므로 법률의 개정 절차보다 훨씬 엄격한 절차가 필요하다.

ㄷ 헌법 개정절차

제안	• 대통령 (→단, 대통령의 임기 연장 또는 중임 변경을 위한 헌법개정은 그 헌법개정 제안 당시의 대통령에 대해서는 효력이 없다.) • 국회 재적 의원 과반수
공고	발의된 헌법 개정안은 대통령이 20일 이상 공고해야 한다.
의결	• 국회는 개정안이 공고된 날로부터 60일 이내에 의결해야 한다. –헌법개정안이 국회를 통과하려면 재적 의원 2/3 이상의 찬성을 얻어야 한다. –표결방법 : 투표용지에 안건에 대한 가부(可否) + 투표한 의원의 성명을 기재하는 기명투표 –헌법 개정안은 일반 법률안과 달리 수정하여 통과시킬 수 없으며, 그 법률안 전체가 가부투표에 회부돼야 함.
국민투표	• 국회에서 찬성으로 의결하였을 경우 30일 이내에 국민투표에 부쳐져야 한다. • 유권자의 과반수의 투표와 유효 투표 중에서 투표자 과반수의 찬성을 얻으면 헌법 개정은 확정된다.
공포	• 헌법개정안이 국민투표에서 통과되면 대통령은 즉시 공포해야 한다. –대통령은 헌법개정안에 관하여 거부권을 행사할 수 없다.
효력발생	• 공포와 동시에 즉시 효력발생

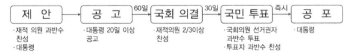

③ 재정에 관한 권한

ㄱ 조세의 종목 및 세율 결정(조세 법정주의)

ㄴ 예산안의 심의, 의결 및 결산 심사권

ㄷ 예비비 설치에 대한 동의 및 지출 승인권

ㄹ 예산 외에 국가에 부담이 될 계약 체결에 대한 동의권

ㅁ 국민에게 중대한 재정적 부담을 지우는 외국과의 조약체결·비준에 대한 동의권

문 **대통령의 임명행위 중 국회의 동의가 필요한 것은?**

▶ 2015. 4. 18. 인사혁신처

① 대법관 임명
② 법무부장관 임명
③ 국가정보원장 임명
④ 대법원장이 지명한 헌법재판관 임명

문 **다음 (개), (내)의 내용과 국회의 기능이 각각 옳게 짝지어진 것은?**

▶ 2015. 4. 18. 인사혁신처

(개) ○○년 ○월 ○일 국회에서는 국무총리 임명동의안을 통과시켰다.
(내) ○○년 ○월 국회 대정부질문은 6일 정치, 10일 외교·통일·안보, 11일 경제, 12일 교육·사회·문화 등 분야별로 진행된다.

① (개) 국가 기관 구성 기능
   (내) 국정 감시 통제 기능
② (개) 국정 감시 통제 기능
   (내) 입법 기능
③ (개) 입법 기능
   (내) 재정 기능
④ (개) 재정 기능
   (내) 국가 기관 구성 기능

문 **국회가 회기 중 국정전반에 관해 행하는 조사는?**

▶ 2012. 서울시

① 국무회의   ② 정무회의
③ 국정운영   ④ 국정감사
⑤ 국정조사

정답 ①, ①, ④

④ 헌법기관구성권

㉠ 국무총리, 감사원장, 대법원장, 대법관, 헌법 재판소장의 임명에 대한 동의권
㉡ 헌법재판소의 재판관 3인 선출권
㉢ 중앙선거관리위원회 위원 3인 선출권 : 국회는 행정부의 공직자 임명권도 견제할 수 있는 권한을 가지고 있다.

⑤ 국정감시 및 통제권 … 국정통제권이란 의회가 의회 외의 국가 기관들을 감시·비판·견제할 수 있는 권한으로 국회는 대통령의 통치권 행사를 통제할 수 있다.

㉠ 국정감사 및 국정 조사권

> **헌법**
> 제61조 ① 국회는 국정을 감사하거나 특정한 국정사안에 대하여 조사할 수 있으며, 이에 필요한 서류의 제출 또는 증인의 출석과 증언이나 의견의 진술을 요구할 수 있다.
> ② 국정감사 및 조사에 관한 절차 기타 필요한 사항은 법률로 정한다.
>
> **국정감사 및 조사에 관한 법률**
> 제2조 ① 국회는 국정전반에 관하여 소관 상임위원회별로 매년 정기회 집회일 이전에 국정감사 시작일부터 30일 이내의 기간을 정하여 감사를 실시한다. 다만, 본회의 의결로 정기회 기간 중에 감사를 실시할 수 있다.
> 제3조 ① 국회는 재적의원 4분의 1이상의 요구가 있는 때에는 특별위원회 또는 상임위원회로 하여금 국정의 특정사안에 관하여 국정조사를 하게 한다.
> → 헌법 제61조는 국회의 국정 감사와 국정 조사권을 나타낸다. 한편 국정감사 및 조사에 관한 법률은 헌법에서 위임한 국정감사와 국정조사의 절차에 대해 구체적으로 명시하고 있다. 국정감사와 국정조사는 입법부가 행정부의 국정 운영을 감시하고 통제하는 대표적인 권한이다.

㉡ 동의권 (행정부의 행위에 대한 입법부의 인허 내지 시인의 의사표시로 사전에 행해지는 동의) : 선전포고, 국군의 해외파견, 외국군의 국내 주둔, 일반 사면에 대한 동의권
㉢ 승인권 (행정부의 행위에 대한 입법부의 인허 내지 시인의 의사표시로 사후에 행해지는 승인) : 긴급재정·경제 처분 및 명령, 긴급명령에 대한 승인권
㉣ 계엄 해제 요구권
㉤ 국무 총리 및 국무 위원 해임 건의권

ⓑ 탄핵소추의결권

- 의미 : 탄핵소추란 일반적인 사법절차에 의하여 징계하기가 곤란한 고위 공직자나 법관 등 신분이 보장된 공무원이 직무상 중대한 잘못을 저지른 경우에 국회가 헌법 재판소에 그들의 파면을 요구하는 제도를 말한다.
- 탄핵의 대상이 되는 고위 공직자 : 대통령, 국무총리, 국무위원, 행정 각 부의장, 헌법재판소 재판관, 법관, 중앙선거관리위원회 위원, 감사원장, 감사위원 등

⑥ 국회의 자율권과 징계권

ⓐ 국회의 자율권 : 국회가 다른 국가 기관에 간섭을 받지 않고 헌법과 법률 그리고 의회 규칙에 따라 내부 사항을 독자적으로 결정할 수 있는 권한을 말한다.

ⓑ 국회의원 신분에 관한 자율권 : 국회는 자체적으로 국회의원의 자격을 심사하며, 의원을 징계할 수 있다. 또한 국회 재적의원 2/3 이상의 찬성이 있으면 국회의원을 제명할 수 있다.

(8) 의회 민주주의의 위기

① 의미 … 국회가 정책 결정의 중심이 되지 못하고 행정 관료가 정책의 결정을 주도하는 현상을 의미한다.

② 원인

ⓐ 정당정치의 문제 : 정당정치가 발달하면서 의회 의원의 정당 기속이 강화되면서 그 결과 의회의 의원이 전체 국가의 이익보다는 정당의 이익을 우선하여 의사 결정에 참여하는 경향이 생겨났다. 이는 의회는 국민의 대표기관이라는 의회주의의 원리에 배치된다.

ⓑ 행정 국가화 현상 : 복지국가를 지향하게 되면서 교육, 의료, 사회보장제도 등 국가에 의해 보장되어야 할 분야가 늘어났으므로 정부가 큰 정부를 지향하게 되었으므로, 이러한 정책을 결정하고 집행하는 행정관료의 영향력이 커졌다.

ⓒ 의회의 비능률적인 의사결정절차 : 사회가 점점 복잡해지면서 국가가 신속하게 처리해야 할 일들은 늘어났지만 의회의 의사 결정 절차는 이러한 사회 변화를 따라가기에는 비능률적이었다.

ⓓ 전문성의 부족 : 의회의 의원은 비교적 오랜 기간 동안나 한 분야에서 경험과 지식을 쌓은 행정관료에 비해 전문성이 부족함

ⓔ 선거제도의 결함 : 지역이나 특정 집단을 기반으로 선출되는 의회의 의원들은 국민들의 다양한 이해관계를 반영하기 힘들게 되었기 때문

기출문제

❓ 다음 중 헌법상 탄핵소추의 대상으로 볼 수 없는 것은?

▶ 2012. 서울시

① 대통령
② 국무총리
③ 감사원장
④ 국회의원
⑤ 법관

| 정답 ④

기출문제

문 대통령과 행정부에 관한 설명으로 옳지 않은 것은?

▶ 2017. 4. 8. 인사혁신처

① 대통령이 일반사면을 명하려면 국회의 동의를 얻어야 한다.
② 행정각부의 장은 국무위원 중에서 국회의장의 제청으로 대통령이 임명한다.
③ 국무회의는 대통령, 국무총리 및 15인 이상 30인 이하의 국무위원으로 구성된다.
④ 감사원은 세입·세출의 결산을 매년 검사하여 대통령과 차년도 국회에 그 결과를 보고하여야 한다.

문 〈보기〉의 우리나라 헌법 기관 A, B에 대한 설명으로 가장 옳지 않은 것은?

▶ 2024. 6. 22. 제2회 서울시

〈보기〉
○월 ○일 대통령 일정

10:00	행정 기관 및 공무원의 직무에 관한 감찰을 주 임무로 하는 A의 장에게 임명장 수여
13:00	행정부 최고 심의 기관인 B에 참석하여 주요 국정 현안 협의

① A의 기능에는 세입·세출의 결산 검사가 있다.
② A의 장을 임명할 때에는 국회의 동의가 필요하다.
③ B의 의장은 국무총리이다.
④ 국회의원은 B의 구성원이 될 수 있다.

l 정답 ②, ③

③ 의회민주주의의 위기 극복방안
  ㉠ 전문성 향상 : 직능대표제의 도입, 입법보좌관제, 의원자질함양, 정책정당 지향
  ㉡ 정당 내부의 민주화 : 교차투표, 상향식 공천, 공식적 의사결정 과정 중시
  ㉢ 운영의 효율성 : 상임위원회, 교섭단체 중시
  ㉣ 국민들의 적극적인 의사표현과 입법과정에 대한 적극적 참여(직접민주주의 도입) : 국민투표제, 국민소환제의 활용

section 4 행정부

(1) 우리나라 행정부의 구성

① 입법부와 행정부와의 관계 … 의원내각제와 대통령제의 구분 기준이 된다.
② 행정권 … 엄격한 권력 분립의 원리에 따라 행정권은 대통령을 수반으로 하는 정부에 속함
③ 대통령 … 행정부의 수반이자 국가 원수
④ 국무총리(의원내각제적 요소)
  ㉠ 대통령 궐위 또는 사고 시 대통령의 권한 대행자
  ㉡ 대통령을 보좌하여 행정 각 부를 통할함
  ㉢ 국무회의 부의장
  ㉣ 행정부 제2인자
  ㉤ 장관 임명 제청권
  ㉥ 총리령 발포권
⑤ 국무회의(의원내각제적 요소)
  ㉠ 헌법상 필수기관으로, 정부의 권한에 속하는 중요한 정책을 심의하는 행정부의 최고 심의 기관, 독립된 합의제 기관
  ㉡ 국무위원
    • 국무총리의 제청으로 대통령이 임명함
    • 역할 : 대통령 보좌, 국정 심의, 부서권을 가짐 → 대통령의 권한 남용을 통제하는 기능 (대통령의 지시·감독을 받지 않는 대등한 관계)
⑥ 행정 각부의 장
  ㉠ 국무 위원 중에서 국무총리의 제청으로 대통령이 임명한다.
  ㉡ 국무 위원이 아닌 자는 행정 각부의 장이 될 수 없다.
  ㉢ 대통령의 지휘 하에 정책을 집행하는 지위를 가지므로 대통령의 지휘·감독을 받는다.
  ㉣ 부령 발표

⑦ 감사원

   ㉠ 헌법상 필수기관, 합의제 기관

   ㉡ 국가 원수로서의 지위를 가진 대통령에게 소속된 행정부 최고 감사 기관

   ㉢ **직무상 독립기관**: 대통령도 감사원의 직무에 대해 구체적으로 지시를 내릴 수 없고, 행정부를 감시하기 위해서는 행정부로부터 직무상 독립성을 유지해야 한다.

   ㉣ 국가의 세입·세출 결산권

   ㉤ 국가·지방자치단체·정부투자기관에 대한 회계 검사권

   ㉥ 행정 기관 및 공무원에 대한 직무 감찰의 권한

   ㉦ 감사 결과에 대한 시정 요구권

(2) 대통령의 권한

① 대외적인 국가대표

   ㉠ 조약체결비준권

   ㉡ 외교사절 신임접수 또는 파견

   ㉢ 외국에 대한 선전 포고권과 강화권

② 국가와 헌법의 수호자

   ㉠ **긴급명령권**: 통상적인 입법절차로는 대체할 수 없는 국가 안위에 관한 비상 사태가 발생하였을 경우 비상사태를 극복하기 위하여 법률의 효력을 가지는 명령을 발동하는 것이다.

   ㉡ **긴급 재정 경제 처분 및 명령권**: 중대한 재정 경제상의 위기가 발생하면 국가 안전 보장 또는 공공질서를 유지하기 위하여 대통령이 행하는 재정 경제상의 처분과 명령을 의미한다.

   ㉢ **계엄선포권**: 전쟁 등 중대한 국가 비상사태의 경우에 이를 극복하기 위하여 군 병력을 사용하는 긴급 비상조치를 의미한다.

   ㉣ **위헌 정당 해산 제소권**: 자유민주적 기본 질서에 위배되는 정당은 헌법 재판소의 위헌 정당 해산 심판에 의해 해산된다. 이때 헌법재판소에 위헌 정당 해산 심판을 제소할 수 있는 권한은 대통령에게 있다.

③ **국정의 통합 조정자** … 국가 기능의 효율성을 유지하고, 국론을 통일할 의무

   ㉠ 헌법 개정안의 제안권

   ㉡ 중요 정책의 국민 투표 부의권

   ㉢ 국회 임시회 집회 요구권

   ㉣ 국회 출석 발언권

   ㉤ 법률안 제출권과 법률안 거부권

   ㉥ 사면(죄를 용서하여 형벌을 면제해주는 국가 원수의 직권으로 사법권 독립의 예외적인 현상 - 일반사면, 특별사면), 복권 및 감형 등에 관한 권한

기출문제

문 헌법상의 국가 기관 A, B에 대한 설명으로 옳은 것은?

▶ 2020. 7. 11. 인사혁신처

A : 정부의 권한에 속하는 중요한 정책을 심의하는 행정부 내 최고 심의 기관의 의장

B : 국가의 세입·세출의 결산, 국가 및 법률이 정한 단체의 회계검사와 행정기관 및 공무원의 직무에 관한 감찰 등을 담당하는 기관

① A는 국무총리의 제청으로 대통령이 임명한다.

② A는 국민의 직접 선거로 선출되며, 임기는 5년이다.

③ B는 권한 쟁의 심판을 담당한다.

④ B는 사법부 소속의 독립성을 갖는 헌법 기관이다.

문 〈보기〉는 우리나라 국가 기관 A~D의 권한을 나타낸 것이다. 이에 대한 설명으로 가장 옳은 것은?

▶ 2022. 6. 18. 제2회 서울시

〈보기〉

구분	권한
A	국무 회의의 의장으로서 국무 회의를 주재함
B	위헌 법률 심판, 탄핵 심판 등을 담당함
C	상고심, 명령·규칙·처분의 최종 심사권을 가짐
D	공무원의 직무 감찰, 국가의 세입·세출의 결산 등을 함

① A는 임시 국회 소집을 요구할 수 있다.

② B는 C의 장(長)이 임명한 9인의 재판관으로 구성된다.

③ C는 고위 공직자에 대한 탄핵 소추권을 가진다.

④ D는 국가의 예산안을 편성하고 심의하여 확정한다.

┃정답 ②, ①

기출문제

문 대통령의 행정부 수반으로서의 지위에 해당하지 않는 것은?
▶ 2010. 행정안전부

① 국군통수권
② 조약체결
③ 법령집행권
④ 공무원임면권

문 다음 중 대통령의 권한이 아닌 것은?
▶ 2011. 경상북도교육청

① 국정 조사권
② 국군 통수권
③ 조약 체결권
④ 계엄 선포권
⑤ 국민투표 부의권

④ 헌법 기관 구성권자
  ㉠ 대법원장과 헌법재판소장 및 감사원장 임명권
  ㉡ 헌법재판소 재판관과 대법관 및 중앙선거관리위원회 위원 중 각각 3인씩의 위원 임명권
  ㉢ 감사위원 임명권

⑤ 행정부 수반으로서 갖는 권한
  ㉠ 행정부 지휘 감독권
  ㉡ 국군 통수권
  ㉢ 공무원 임면권(임명뿐만 아니라 파면에 관한 권한)
  ㉣ 대통령령 발포권(대통령이 제정하는 명령의 일종으로 의회가 제정하는 법률보다 하위의 규범이다.)
  ㉤ 집행에 관한 최종적인 결정권자, 집행부의 모든 구성원에 대하여 최고의 지휘감독권 행사
  ㉥ 대통령은 국회의 동의를 얻어 국무총리 임명
  ㉦ 국무 총리의 제청으로 국무위원 임명
  ㉧ 행정 각 부의 장 임명
  ㉨ 국무회의의 장으로서 국무회의를 소집하고 주재하며 운영을 총괄함

(3) 대통령의 권한행사 방식과 특권 및 의무

① 대통령의 권한 행사 방식
  ㉠ **국무총리와 국무위원의 부서**
    • 대통령의 국법상 행위는 문서로 하며, 국무총리와 국무위원이 부서함
    • 권한행사의 신중성을 확보하고, 책임의 소재를 명확히 하며, 대통령의 전제를 방지하기 위함
  ㉡ 대통령의 권한행사는 국무회의의 심의를 거쳐 이루어짐(보좌와 견제)
  ㉢ 국회의 동의와 승인, 자문기관의 자문(국가원로자문회의, 국가안전보장회의, 평화통일자문회의, 국민경제자문회의)을 받도록 함

② 대통령의 특권
  ㉠ 대통령은 내란 또는 외환의 죄를 범한 경우를 제외하고는 재직 중 형사상 소추를 받지 않음→국가 안위에 대한 중죄가 아닌 한 대통령의 지위를 보장하여 그 책임을 완수하게 하기 위해
  ㉡ 재직 중이라도 민사상·행정상의 소추는 받을 수 있음

정답 ②, ①

104

③ 대통령의 의무
　ⓐ 국회의 독립과 영토의 보전
　ⓑ 국가의 계속성과 헌법의 수호
　ⓒ 조국의 평화적 통일을 위해 성실히 노력할 의무

(4) 행정부 견제와 통제

① 행정부 통제의 필요성
　ⓐ 행정부의 권한이 비대화 됨에 따라 국가에 의해 주권자인 국민의 자유와 권리가 침해될 가능성이 높아짐
　ⓑ 행정부에 대한 인식의 변화 : 행정부가 통치와 지배의 기관이 아니라 국민에 대한 봉사 기관이라는 인식이 확산됨
　ⓒ 행정부 통제의 의의 : 국민의 권리 보호, 국가 운영의 효율성 제고, 행정의 민주성과 투명성 강화

② 행정부의 통제 방법
　ⓐ 행정부 내부의 통제
　　• 조직의 유지와 행정의 효율성 확보를 위한 노력
　　• 감사원의 감사, 행정 심판, 직업 공무원 제도, 국민 고충 처리 위원회 등
　ⓑ 국회에 의한 통제
　　• 국민 주권과 대의제의 원리에 의거하여 이루어짐
　　• 입법권, 예산안 심의, 각종 동의 및 승인권, 계엄 해제 요구권, 국정 감사 및 조사권, 각료 해임 건의권, 탄핵 소추권의 행사로 대통령과 행정부의 권한 행사를 견제 및 비판함
　ⓒ 법원에 의한 통제
　　• 사법권을 가진 법원에 의한 통제
　　• 대법원의 명령·규칙·처분심사권, 행정소송 등
　ⓓ 국민에 의한 통제
　　• 선거·정당·대중매체를 이용한 적극적인 정치 참여와 정치적 의견 표현
　　• 참정권, 재판청구권, 헌법소원, 행정정보공개청구 등
　　• 여론 형성을 통한 영향력 행사
　ⓔ 헌법재판소의 견제 : 탄핵심판, 긴급명령·긴급제정경제명령, 조약의 위헌심판

기출문제

🔍 그림은 대통령의 권한 행사에 대한 통제수단을 나타낸 것이다. ⓐ~ⓓ에 대한 설명으로 옳지 않은 것은?
▶ 2016. 4. 9. 인사혁신처

① ⓐ-대통령이 직무집행에 있어서 헌법이나 법률을 위반한 경우에 헌법재판소는 탄핵의 소추를 의결할 수 있다.
② ⓑ-명령이 헌법이나 법률에 위반되는지 여부가 재판의 전제가 된 경우에는 대법원이 최종적으로 심사할 권한을 가진다.
③ ⓒ-국무회의는 정부의 권한에 속하는 중요한 정책을 심의한다.
④ ⓓ-국회는 국무총리의 해임을 대통령에게 건의할 수 있다.

│정답 ①

헌법에 명시된 임기에 관한 내용 중 옳지 않은 것은?

▶ 2011. 법무부

① 국회의원의 임기는 4년이다.
② 대통령의 임기는 5년이며 중임할 수 없다.
③ 대법원장의 임기는 5년이며 중임할 수 없다.
④ 헌법재판소 재판관의 임기는 6년이며 연임할 수 있다.

section 5 사법부와 헌법재판소

(1) 사법권의 의미

① 사법의 의미
  ㉠ 무엇이 법인지를 해석, 판단하고 선언하는 수동적인 국가작용
  ㉡ 사법은 무엇이 법인가를 선언하는 것이므로 법의 내용을 형성하는 입법기능과는 다르다.

② 행정(行政)과 사법(司法)

행정	사법
행정부가 담당	사법부가 담당
능동적인 국가 작용	수동적인 국가작용→쟁송의 제기를 전제로 함
미래지향적인 국가 작용	현상유지적인 기능
법의 집행→국민의 복지 증진 기여	법의 해석·적용→법질서 유지, 기본권 보호 효과

(2) 사법권의 독립

① 의미 … "법관은 헌법과 법률에 의하여 그 양심에 따라 독립하여 재판한다."(헌법 103조)→공정한 재판을 보장하기 위하여 사법권을 입법권과 행정권으로부터 분리·독립시키고 법관이 다른 어떠한 권력으로부터도 간섭이나 지시를 받지 않고 자주적·독립적으로 재판하는 것을 말한다.
  ㉠ 법관의 독립 : 법관에 대한 외부의 압력이나 간섭 배제
  ㉡ 법원의 독립 : 입법부와 행정부로부터의 독립
  ㉢ 목적 : 재판의 공정성 확보를 통한 국민의 자유와 권리 보호

② 사법권의 독립을 위한 제도적 장치

법관의 자격	헌법 제101조 ③ 법관의 자격은 법률로 정한다.
법관의 임기	헌법 제105조 ① 대법원장의 임기는 6년으로 하여, 중임할 수 없다. ② 대법관의 임기는 6년으로 하여 법률이 정하는 바에 의하여 연임할 수 있다. → 대법관의 수는 대법원장을 포함하여 14인 ③ 대법원장과 대법관이 아닌 법관의 임기는 10년으로 하여 법률이 정하는바에 의하여 연임할 수 있다.
법관의 임명	헌법 제104조 ① 대법원장은 국회의 동의를 얻어 대통령이 임명한다. ② 대법관은 대법원장의 제청으로 국회의 동의를 얻어 대통령이 임명한다. ③ 대법원장과 대법관이 아닌 법관은 대법관 회의의 동의를 얻어 대법원장이 임명한다.

┃정답 ③

법관의 신분보장	헌법 제106조 ① 법관은 탄핵 또는 금고 이상의 형의 선고에 의하지 아니하고는 파면되지 아니하며 징계처분에 의하지 아니하고는 정직, 감봉, 기타 불리한 처분을 받지 아니한다.
대법원의 규칙 제정권	헌법 제108조 : 대법원은 법률에 저촉되지 아니하는 범위 안에서 소송에 관한 절차, 법원의 내부 규율과 사무처리에 관한 규칙을 제정할 수 있다.

③ 사법부의 권한
　㉠ 재판권

민사재판	사인(私人) 간의 관계에 대한 분쟁을 대상으로 함→3심제
형사재판	반사회적인 범죄 행위를 대상으로 함→3심제
행정재판	행정법규의 적용이나 공법상의 법률관계에 대한 분쟁을 대상으로 함 →3심제
군사재판	군인, 군무원의 범죄를 대상으로 하는 재판→3심제, 비상 계엄시 1심제(사형 선고시 3심제)
특허재판	특허분쟁을 대상으로 하는 재판→2심제
선거재판	선거의 효력이나 당선의 유·무효에 관한 소송을 대상으로 함 →중요선거 1심제, 기타선거 2심제

　㉡ 위헌법률심판제청권
　㉢ 명령·규칙 심사권 : 위헌 또는 위법적인 명령·규칙의 적용을 배제하여 법질서를 유지하고 국민의 기본권 침해를 배제하는 제도이다.

(3) 재판의 원칙

① 증거재판주의
　㉠ 형사소송법 제307조(증거재판주의) : 사실의 인정은 증거에 의하여야 한다.
　㉡ 제310조(불이익한 자백의 증거능력제한) : 피고인의 자백이 그 피고인에게 불이익한 유일의 증거인 때에는 이를 유죄의 증거로 하지 못한다.

② 공개재판주의
　㉠ 범위 : 재판의 심리와 판결을 일반인에게 공개
　㉡ 목적 : 재판이 공정하게 행해지고, 소송당사자의 인권을 보장하기 위한 것
　㉢ 예외 : 국가안전보장 또는 안녕과 질서를 방해하거나 선량한 풍속을 해칠 염려가 있을 때는 예외적으로 법원의 결정으로 심리를 공개하지 않을 수 있음 →반드시 재판의 결과(판결)는 공개하여야 함

③ 일사부재리의 원칙 … 일단 판결이 확정하면, 그 다음에는 동일한 사건에 대해서는 거듭 심판하는 것이 허용되지 않음

기출문제

문 형사소송법에서 일단 판결이 확정되면 같은 사건에 관하여 다시 공소(公訴)의 제기가 허용되지 않는다는 원칙은?
▶ 2007. 경기도교육청
① 법률불소급의 원칙
② 불고불리의 원칙
③ 일사부재리의 원칙
④ 무죄추정의 원칙
⑤ 형벌불소급의 원칙

정답 ③

기출문제

문 다음은 A가 가진 권한에 관한 기사이다. 그 밖에 A의 권한으로 옳은 것은?

▶ 2015. 6. 27. 제1회 지방직

A는 진 모 씨 등이 "전국의 모든 PC방을 금연구역으로 지정한 「국민건강증진법」 제9조 제4항 제23호가 평등권, 행복추구권을 침해했다."며 제기한 헌법소원에 대해 만장일치로 합헌 결정했다.

－ ○○일보, 0000년 00월 00일 －

① 행정소송
② 형사재판
③ 선거재판
④ 권한쟁의심판

문 〈보기〉의 헌법 기관 A에 대한 설명으로 가장 옳은 것은?

▶ 2023. 6. 10. 제1회 서울시

〈보기〉

A는 특정 기관 100m 이내에서 야외 집회와 시위를 일률적으로 금지한 현행법에 대해 ㉠헌법불합치결정을 내렸다.

① A의 장(長)은 탄핵 심판의 대상이 될 수 있다.
② A는 명령이나 규칙이 헌법이나 법률에 위반되는 여부가 재판의 전제가 된 경우 최종 심사권을 갖는다.
③ ㉠인 경우 즉시 해당 법률의 효력이 상실된다.
④ ㉠의 결정은 재판관 9명의 만장일치제로 시행된다.

┃정답 ④, ①

(4) 심급제도

① 의미 … 재판을 할 때 법원에 급(級)을 두어 여러 번 심판하게 하는 제도(3심 원칙)

② 목적 … 소송 절차에 신중을 기해 공정한 재판을 확보하기 위한 것

③ 상소(上訴) … 하급 법원의 판결이나 결정에 불복하여 상급 법원에 다시 재판을 청구하는 것
  ㉠ 항소 : 1심 판결에 불복하여 2심 판결을 구하는 것
  ㉡ 상고 : 2심 판결에 불복하여 대법원에 3심 판결을 구하는 것
  ㉢ 항고 : 판결이 아닌 결정(예 : 증거의 인정)이나 명령에 불복하여 상급 법원에 이의를 제기하는 것
  ㉣ 재항고 : 2심법원의 결정·명령에 불복하여 대법원에 이의를 제기하는 것

④ 3심제의 예외
  ㉠ 2심제 : 특허재판, 지방의회의원 선거재판, 기초자치단체장(구·시·군) 선거재판
  ㉡ 단심제 : 비상계엄시 군사재판(단, 사형선고의 경우는 3심제 적용), 대통령·국회의원·광역자치단체장 선거재판

(5) 헌법재판제도의 의미, 구성과 기능

① 헌법재판의 의미 … 헌법의 해석과 관련된 다툼에 있어서 어느 쪽이 헌법의 의미와 정신에 부합하는지 가리는 재판(헌법재판소는 사법부에 속해있지 않다.)

② 헌법재판의 기능
  ㉠ 헌법의 보호
  ㉡ 국민의 자유와 권리를 보장 : 통치권 행사의 합헌성과 정당성의 확보
  ㉢ 권력 통제 기능 : 통치권의 행사가 헌법 질서와 조화를 이룰 수 있도록 권력을 견제하도록 하는 기능

③ 헌법재판소의 구성
  ㉠ 헌법재판소의 재판관 : 9명 (대통령, 대법원장 3명 지명, 국회에서 3명 선출)
  ㉡ 헌법재판소의 재판관은 정치적 중립성을 지키기 위하여 정당 가입과 정치 활동이 금지
  ㉢ 헌법재판소 임기는 6년이며, 연임제한이 없으며, 신분 보장을 위해 탄핵 또는 금고 이상의 형의 선고에 의하지 않고는 파면되지 않는다.

④ 헌법재판소의 의사결정정족수
  ㉠ 탄핵심판, 위헌법률심판, 정당해산심판, 헌법소원 심판 : 9인 중 6인 이상 찬성 필요

ⓒ 권한쟁의심판 : 7인 이상 참석, 참석자 과반수 찬성 필요

(6) 헌법재판소의 권한

① 위헌법률심판권

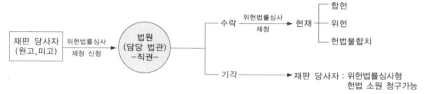

ⓐ 의미 : 헌법 재판 기관이 법률이 헌법에 위반되는지의 여부를 심사하여 헌법에 위반되는 것으로 인정되는 경우 그 법률의 효력을 상실하게 하는 제도

ⓑ 위헌법률심판제청권자 : 법원

ⓒ 법원의 위헌법률심사제청권 : 법원이 현재 재판 중인 구체적인 사건에서 판단 기준이 되는 법률의 위헌 여부가 재판의 결과에 영향을 끼치는 경우라야 한다.

ⓓ 위헌법률심판권은 국회가 제정한 법률이 헌법에 어긋나는 경우 효력을 상실시킨다. 국회가 제정한 법률이 헌법에 어긋나는 경우 효력을 상실시키기 때문에 국회의 잘못된 입법 활동을 견제

ⓔ 헌법재판소 결정의 유형
- 위헌결정 : 즉시 효력 상실
- 헌법불합치결정 : 법이 개정 될 때까지 한시적 효력이 있음

② 헌법소원심판권

ⓐ 의미 : 국가 기관의 공권력의 행사로 인하여 헌법상 보장된 국민의 기본권이 침해된 경우 헌법 재판소에 재판 청구를 하여 그 침해의 원인이 된 공권력의 행사를 취소할 수 있는 제도이다.

ⓑ 헌법소원의 대상 : 공권력의 행사로 인한 기본권 침해 + 공권력의 불행사
　　예 검사의 불기소 처분

ⓒ 주체 : 국민 누구나 제기할 수 있다.

ⓓ 헌법소원의 요건
- 헌법소원의 대상이 국가기관의 공권력 행사 또는 불행사(예 검사의 불기소처분)에 의한 기본권 침해여야 한다.
- 헌법소원을 청구하는 사람은 대상이 되는 기본권 침해와 직접적인 자기 관련성이 있어야 한다.
- 최종적인 권리 구제 수단 : 기본권을 침해받은 사람은 법원에 의한 재판 등 자신의 권리를 구제받을 수 있는 다른 모든 절차를 적법하게 거친 후에도 구제되지 않은 경우에만 헌법소원을 제기할 수 있다.

기출문제

🔵문 다음 사례에서 A가 취할 수 있는 조치는?

▶ 2013. 7. 27. 안전행정부

B검사는 사기혐의로 체포된 피의자 C의 수사과정이 적법했는지와 구속사유를 심사하기 위해 사법경찰관인 A에게 피의자 C를 검사실로 데려오라고 두 차례에 걸쳐 직무상 명령을 하였으나, A는 정당한 사유 없이 이를 이행하지 아니하였다. 이에 B검사는 A를 사법경찰관으로서의 직무를 유기함과 동시에 인권옹호에 관한 검사의 명령을 준수하지 아니한 이유로 기소하였다. 이에 A는 이 사건의 심판대상 법률 조항인 「형법」 제139조의 인권옹호직무방해죄 규정'이 명확하지 않고 과잉금지나 비례의 원칙에 위반한다며 위헌법률심판제청을 신청하였으나 법원이 위신청을 기각하였다.

① 헌법소원심판
② 위헌법률심판
③ 위헌정당해산심판
④ 권한쟁의심판

┃정답 ①

문 〈보기〉의 (개)에 해당하는 국가 기관에 대한 설명으로 가장 옳은 것은?

▶ 2024. 6. 22. 제2회 서울시

〈보기〉

__(개)__ 는 A당 의원 19명이 다수당의 일방적 법안 처리를 제한하기 위해 개정된 국회법이 국회의원의 심의·의결권을 침해한다며 국회 의장과 국회 기획 재정 위원장을 상대로 낸 권한 쟁의 심판 청구를 각하 결정했다. 해당 조항은 국회의원들의 표결심의권을 침해하지 않으며 국회의 자율성과 권한을 존중하기 위한 것이라는 점이 각하 이유이다. 즉, 국회법 개정 행위에 대해 법률의 제·개정 행위를 다투는 권한 쟁의 심판의 피청구인은 '국회'가 되어야 한다는 것이다. 이 결정에 대한 재판관 의견은 각하(5명), 기각(2명), 인용(2명)로 나뉘었다.

① 장은 대통령의 동의를 얻어 재판관 중에서 국회의장이 임명한다.
② 대통령에 대해 탄핵 소추 의결을 한다.
③ 민주적 기본 질서에 위배되는 정당의 해산 여부를 심판한다.
④ 명령·규칙 또는 처분이 헌법이나 법률에 위반되는 여부가 재판의 전제가 된 경우에 이를 최종적으로 심사할 권한을 가진다.

▌정답 ③

- 법원의 판결 결과는 헌법소원의 대상이 될 수 없다. (→ 사법권의 고유한 권한 침해 방지)
- 청구기간 : 기본권 침해 사실을 알게 된 날로부터 60일 이내 또는 기본권 침해 사건이 있었던 날로부터 180일 이내 → 변호사를 대리인으로 선임

ⓜ 유형
- 권리 구제형 헌법소원 : 국민이 직접 헌법재판소에 공권력 취소 혹은 위헌을 확인하는 것
- 위헌법률심사형 헌법소원 : 개인이 법관에게 청구한 위헌 제청 청구가 기각 되었을 때 직접 헌법 소원하는 것

구분		헌법소원심판	위헌법률심판
공통점		헌법 재판소 관할, 국민의 기본권 보장	
차이점	심판청구주체	기본권 침해를 당한 일반 국민	법원
	심판대상	위헌적인 공권력 행사	위헌적인 법률
	심판의 효과	공권력 행사의 취소	위헌적인 법률의 효력 정지

③ 탄핵심판권
ⓞ 의미 : 국회가 탄핵 소추를 결의하면 헌법재판소가 그 공무원의 탄핵 여부를 심판하는 제도를 말한다.
ⓛ 탄핵의 대상이 되는 고위 공직자 : 대통령, 국무총리, 국무위원, 행정 각부의 장, 헌법재판소 재판관, 법관, 중앙 선거 관리위원회 위원, 감사원장, 감사위원
ⓒ 9인의 헌법재판소 재판관 중 6인 이상이 찬성하면 해당 고위 공직자는 파면된다. → 행정부에 대한 강력한 견제 수단

④ 기관 간권한 쟁의 심판권
ⓞ 의미 : 국가기관 상호 간, 국가기관과 지방자치단체, 지방자치단체상호 간에 다툼이 있는 경우 이를 조정하고 권한과 의무의 한계를 확인하는 것
ⓛ 기능 : 각 기관에게 주어진 권한을 보호하고 질서를 유지하여 국가기능의 수행을 원활하게 하고 권력 기관 상호간의 견제와 균형을 유지하려는 제도

⑤ 위헌 정당 해산 심판권
ⓞ 의미 : 정당의 목적이나 활동이 민주적 기본질서에 위배되는지를 심판하여 해산시킬 수 있는 권한 → 위헌 정당 해산 절차를 헌법 재판소의 판결을 거쳐야만 할 수 있도록 한 것은 오히려 정당 활동의 자유를 보장하기 위한 방편
ⓛ 제소권자 : 대통령의 위헌 정당 해산 제소권

section 6 지방자치

(1) 지방자치의 개념

① 지방자치 … 일정한 지역의 주민이 그 지역 내 사무를 자주재원으로 자기책임 하에 스스로 또는 그 대표자를 통해 처리하는 것을 말한다.

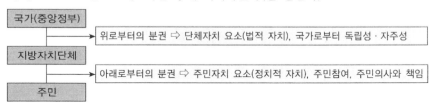

② 지방자치의 3대 구성요소 … 지역(구역), 주민, 자치권

* 4대요소로 지방사무 추가

(2) 지방자치의 필요성

① 정치적 필요성

ㄱ 독재정치의 방파제 역할을 한다.

ㄴ 민주주의 이념의 실현 수단이 된다.

ㄷ 정국혼란의 지방확산 방지의 효과가 있다.

ㄹ 민주주의 훈련장(주민의 정치교육)이 된다.

② 행정적 · 기술적 필요성

ㄱ 행정의 민주성을 제고한다.

ㄴ 정책의 지역적 실험이 용이하다.

ㄷ 지역실정에 맞는 행정수행이 요구된다.

ㄹ 중앙과 지방의 능률적 업무분담이 요구된다.

(3) 지방자치단체의 종류

① 보통(일반)지방자치단체 … 존립목적, 조직, 권능, 구성 등이 일반적 · 보편적 · 종합적 성격을 가진 자치단체

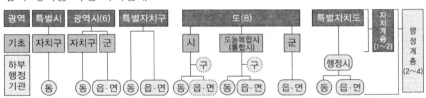

※ 인구 50만 이상 시에 구(행정구)를 둔 경우 구에 읍 · 면을 둘 수 있음. 도농복합형태의 시에는 행정구 설치와 상관없이 읍 · 면을 둘 수 있음.

기출문제

※ 동 밑에 통, 읍·면 밑에 리를 둘 수 있으나 통·리는 하부행정기관이 아니므로 행정계층에 포함시키지 않음. 통장·이장은 명예직(공무원 아님)

　㉠ 광역지방자치단체(제2차적·상급·중간 자치단체): 17개 – 특별시, 광역시(6), 도(8), 특별자치도(제주), 특별자치시(세종)

　　정부의 직할 하에 둠. 법적 지위는 동일하나 서울특별시·세종특별자치시·제주특별자치도는 지위·조직·운영상 특례를 인정한다.

　㉡ 기초지방자치단체: 시, 군, 자치구

② **특별지방자치단체** … 자치행정상의 정책적 관점에서 특정한 목적을 수행하거나 특수한 행정사무를 처리하기 위하여, 또는 행정사무의 공동처리를 위하여 설치되는 지방자치단체이다.

　예 지방자치법상 지방자치단체조합, 지방공기업법상 지방공기업 조합

> 헌법 제117조 1항: 지방자치단체는 주민의 복리에 관한 사무를 처리하고 재산을 관리하며, 법령의 범위 안에서 자치에 관한 규정을 제정할 수 있다.
> 헌법 제117조 2항: 지방자치단체의 종류는 법률로 정한다.
> 헌법 제118조 1항: 지방자치단체에 의회를 둔다.
> 헌법 제118조 2항: 지방의회의 조직·권한·의원선거와 지방자치단체의 장의 선임방법 기타 지방자치단체의 조직과 운영에 관한 사항은 법률로 정한다.

(4) 지방자치단체의 의결기관 – 지방의회

① 의의 및 지위

　㉠ **성격** … 지방자치단체의 최고 의사결정기관이다. 주민에 의하여 선출된 지방의회의원을 구성원으로 하는 합의제 의사결정기관이다. 지방이익을 추구하는 점에서 국가이익을 추구하는 국회와 다르다. 지방의회는 단원제로 운영한다.

　㉡ **지위**

　　• 주민의 대표기관: 주민이 선출한 의원으로 구성되어 있다. 선출된 선거구 주민이 아닌 전체 주민을 대표하는 기관이다.

　　• 의결기관(의사기관): 지방자치단체의 의사를 최종적으로 확정하는 권한을 지닌다.

　　• 입법기관: 자치법규인 조례 제정권은 지방의회의 전속적 권한이다.

　㉢ **행정감시기관**: 의회의 결정사항이 집행기관에 의해 실현되는지 감시·확인한다.

　㉣ **헌법기관**: 헌법 118조는 지방자치단체에 의회를 두도록 한다(지방의회의 조직·권한·의원선거에 대한 사항은 법률로 정함)

② 지방의회의원

    ⊙ 지방의회의원의 선출

- 주민의 보통 · 평등 · 직접 · 비밀선거로 선출한다.
- 지역구 의원 : 광역의회의원 선거는 소선거구제(1인 선출), 기초의회의원 선거는 중선거구제(2~4인 선출)
- 비례대표 의원 : 비례대표 의원 정수는 지역구 지방의회의원 정수의 10%. 정당이 비례대표 후보자 추천시 50% 이상을 여성으로 추천해야 한다(명부 순위 매 홀수에 여성 추천). 다른 선출직과 달리 주민소환투표 대상이 아니다.
- 정당참여 : 지방의원 선거에서의 정당참여 · 정당공천을 허용한다

    ⓒ 지방의회의원의 지위와 신분

- 지위 : 임기 4년, 정무직 지방공무원, 연임 제한 없고 명예직 규정은 삭제되었다 (전문성이 요구되는 직무로 보기 때문에).
- 면책특권 · 불체포특권 없음 : 지방의회의원은 국회의원과 달리 면책특권 · 불체포특권은 없으며 체포 · 구금이나 형사사건 판결이 확정된 때 의장에게 알려야 한다.
- 지방의회의원에게 지급되는 비용 : 의정활동비, 여비 월정수당
- 겸직 금지 : 국회의원, 다른 지방의회의 의원, 헌법재판소재판관, 각급 선거관리위원회 위원, 국가 · 지방공무원, 「공공기관의 운영에 관한 법률」상 공공기관 (KBS, EBS, 한국은행 포함) 및 지방공사 · 지방공단의 임직원, 농업협동조합 · 수산업협동조합 · 산림조합 · 엽연초생산협동조합 · 신용협동조합 · 새마을금고의 임직원과 이들 조합 · 금고의 중앙회장이나 연합회장, 정당의 당원이 될 수 없는 교원, 다른 법령에 따라 공무원의 신분을 가지는 직을 겸할 수 없다.
- 영리목적의 거래 및 직무관련 영리행위 제한 : 지방의회의원은 해당 지방자치단체 및 공공단체와 영리를 목적으로 하는 거래를 할 수 없으며, 이와 관련된 시설이나 재산의 양수인 또는 관리인이 될 수 없다. 지방의회의원은 소관 상임위원회의 직무와 관련된 영리행위를 하지 못하며, 그 범위는 해당 지방자치단체의 조례로 정한다.

③ 지방의회의 권한

    ⊙ 의결권 … 지방의회는 다음 사항을 의결한다.

- 조례의 제정 · 개정 및 폐지
- 예산의 심의 · 확정
- 결산의 승인
- 법령에 규정된 것을 제외한 사용료 · 수수료 · 분담금 · 지방세 또는 가입금의 부과와 징수
- 기금의 설치 · 운용
- 대통령령으로 정하는 중요 재산의 취득 · 처분
- 대통령령으로 정하는 공공시설의 설치 · 처분
- 법령과 조례에 규정된 것을 제외한 예산 외의 의무부담이나 권리의 포기

기출문제

- 청원의 수리와 처리
- 외국 지방자치단체와의 교류협력에 관한 사항
- 그 밖에 법령에 따라 그 권한에 속하는 사항

ⓛ 행정감시권

- 행정사무 감사 및 조사권

구분	행정사무감사	행정사무조사
대상	행정사무 전반	특정 사안(구체적·한정적)
시기·요건	매년 1회 정기적(정례회 회기 내에 실시)(광역 14일, 기초 9일 범위)	재적의원 1/3 이상 연서로 발의, 본회의 의결로 조사. 실시 시기 제한 없음
대상기관	상임위원회 소관의 전체기관	특정 사안 관련기관
주체	본회의, 위원회(소관 상임위원회, 특별위원회)	
공개원칙	공개(위원회 의결로 비공개 가능)	

- 자치단체장에 대한 서류제출요구권 : 본회의나 위원회는 그 의결로 안건의 심의와 직접 관련된 서류의 제출을 해당 지방자치단체장에게 요구할 수 있다(폐회 중에 의원으로부터 서류제출요구가 있을 때에는 의장은 이를 요구할 수 있음).
- 행정사무 처리상황 보고 및 출석·답변 요구권
- 의견표시권 : 자치단체 폐치·분합이나 명칭·구역 변경시 주민투표를 거치지 않은 경우, 지방의회의 의견을 들어야 한다. 의견서가 제출되면 자치단체는 그것을 수리할 의무가 있지만 반드시 그 의견에 구속되는 것은 아니다.

(5) 지방자치단체의 집행기관 – 지방자치단체장

① 의의

ㄱ 의결기관인 지방의회의 결정에 따라 지방자치단체의 목적을 구체적·적극적으로 실현해 나가는 최고집행기관이다.

ㄴ 해당 지방자치단체를 대표하며 교육·학예사무를 제외한 지방자치단체의 일반적인 집행업무를 총괄한다.

② 지위

ㄱ 주민의 대표기관 : 주민이 선출한 주민의 대표기관이다.

ㄴ 지방자치단체의 대표기관 : 외부에 대해 지방자치단체를 대표하는 기관이다.

ㄷ 지방자치단체의 행정수반 : 지방자치단체의 사무(고유사무·단체위임사무)를 실질적으로 집행하는 최고책임자이다.

ㄹ 국가(또는 상급자치단체)의 하급행정기관 : 국가의 사무를 수임·처리(기관위임사무)할 경우 하급행정기관의 지위를 지닌다.

ⓜ 정치지도자로서의 지위, 지방의회 견제기관이다.

③ 신분

　㉠ 선거 · 임기 : 주민의 보통 · 평등 · 직접 · 비밀선거로 선출(정당공천 허용)한다. 정무직 지방공무원. 임기 4년, 계속 재임(연임)은 3기에 한한다.

　㉡ 겸임 금지 : 대통령, 국회의원, 헌법재판관, 각급 선관위 위원, 지방의회의원, 국가 · 지방공무원, 다른 법령의 규정에 따라 공무원 신분을 가지는 직, 「공공기관의 운영에 관한 법률」상 공공기관(KBS, EBS, 한국은행 포함) 및 지방공사 · 지방공단 임직원, 농협동조합 · 수산업협동조합 · 산림조합 · 엽연초생산협동조합 · 신용협동조합 · 새마을금고의 임직원, 교원을 겸임할 수 없음. 겸임할 수 없는 직에 취임시 당연퇴직 사유가 된다.

　㉢ 영리목적 거래 및 영리사업 종사 금지 : 재임 중 그 지방자치단체와 영리 목적의 거래를 하거나 그 지방자치단체와 관계있는 영리사업에 종사할 수 없다.

④ 권한

　㉠ 통할 · 대표권 : 지방자치단체를 대표하고 사무를 통할한다(단, 교육 · 학예사무 통할권은 교육감이 지님).

　㉡ 사무의 관리 · 집행권 : 지방자치단체장은 해당 지방자치단체의 사무(자치사무와 단체위임사무)와 법령에 의하여 그 지방자치단체장에게 위임된 사무(기관위임사무)를 관리 · 집행한다.

　㉢ 사무위임권 : 권한의 수직적 위임, 권한의 수평적 위탁, 권한의 민간위탁, 권한의 재위임 등을 수행한다.

　㉣ 소속직원 임면 및 지휘 · 감독권 : 소속 직원을 지휘 · 감독하고 법령과 조례 · 규칙으로 정하는 바에 따라 그 임면 · 교육훈련 · 복무 · 징계 등에 관한 사항을 처리한다.

　ⓜ 지도 · 감독권 : 자치단체장은 소속 각급 행정관청을 지도 · 감독하며, 상급자치단체는 하급자치단체를 지도 · 감독한다.

　ⓗ 규칙제정권 : 법령이나 조례가 위임한 범위에서 그 권한에 속하는 사무에 관하여 규칙 제정 가능하다.

　ⓢ 재정에 관한 권한 : 예산편성권과 집행권 및 지방채 발행권 등.

　ⓞ 기관 · 시설 설치권

　ⓩ 지방의회에 대한 권한 : 의회 출석 · 진술권, 임시회 소집 요구권, 의안 발의권, 예산안 발의권, 의회 부의 안건의 공고권, 조례공포권(이송 20일 이내에 공포), 재의요구 및 제소권, 선결처분권, 지방의회 사무직원의 임명권.

🔵문 (가), (나)에 대한 설명으로 옳지 않은 것은?

　▶ 2021. 6. 5. 제1회 지방직

(가) 이것은 지방자치단체의 예산 편성 권한을 주민과 공유하여 공공 서비스나 행정 활동에 대한 주민의 다양한 의견을 예산에 반영하는 것이다.

(나) 이것은 지방자치단체와 그 장의 권한에 속하는 사무의 처리가 법령에 위반되거나 공익을 현저히 해친다고 인정되면 일정 수 이상의 주민이 연대 서명하여 직접 감사를 청구하는 것이다.

① (가)는 재정 운영의 투명성과 재원 배분의 공정성을 높인다.

② (나)가 이루어지면 지방자치단체장의 권한이 정지된다.

③ (가)와 (나) 모두 지방자치 활성화에 기여한다.

④ (가)와 (나) 모두 지방자치단체의 민주적인 의사 결정을 강화한다.

정답 ②

기출문제

(6) 부단체장

① 신분 · 선임방식

	자치단체	부단체장 정수	부단체장의 공직분류	
광역	특별시	3명	행정부시장 (2인)	정무직 국가공무원
			정무부시장 (1인)	정무직 지방공무원
	광역시 · 특별자치시 도 · 특별자치도	2명 (인구 800만 이상 광역시 · 도는 3명)	행정부시장 · 부지사	일반직 국가공무원 (고위공무원단 가 등급)
			정무부시장 · 부지사	별정직 1급 상당 지방 공무원이나 지방관리관
기초	시 · 군 · 자치구	1명	일반직 지방공무원(직급은 인구규모에 따라 지방 서기관 · 부이사관 · 이사관)	
	인구 100만 이상 대도시	2명	일반직(지방이사관), 별정직(2급 상당) 또는 임기제 지방공무원	

② 권한대행과 직무대리

권한대행	법과 조례 · 규칙에서 정하는 바에 따라 부단체장이 자치단체장의 권한에 속하는 사무를 처리 • 지방자치단체장이 ⓐ 궐위된 경우, ⓑ 공소 제기된 후 구금상태에 있는 경우, ⓒ 「의료법」에 따른 의료기관에 60일 이상 계속하여 입원한 경우 부단체장이 그 권한을 대행 • 지방자치단체장이 그 직을 가지고 그 지방자치단체장 선거에 입후보하면 예비후보자 또는 후보자로 등록한 날부터 선거일까지 부단체장이 그 지방자치단체장의 권한을 대행
직무대리	지방자치단체장이 출장 · 휴가 등 일시적 사유로 직무를 수행할 수 없으면 부단체장이 그 직무를 대리함

정답

2022. 6. 18. 제2회 서울시(보훈청)

1 〈보기〉의 (가), (나)가 공통적으로 강조하는 법의 이념은?

〈보기〉

(가) 모든 국민은 행위 시의 법률에 의하여 범죄를 구성하지 아니하는 행위로 소추되지 아니하며, 동일한 범죄에 대하여 거듭 처벌받지 아니한다.

(나) 어떤 상태가 일정 기간 지속될 경우 진실된 권리관계와 관계없이 그에 적합한 법률 효과를 인정하는 제도로 공소 시효는 검사가 일정 기간 동안 공소를 제기하지 않고 방치하는 경우, 국가의 소추권 및 형벌권을 소멸시키는 제도를 가리킨다.

---

① 정의
② 합목적성
③ 법적 안정성
④ 일사부재리의 원칙

 Point

법의 이념 … 법이 추구하는 근본 사명
㉠ 정의 : 법은 정의를 실현하는 것을 이념으로 한다.
㉡ 합목적성 : 법은 국가와 사회가 추구하는 이상적인 가치를 예상하고 그것에 맞추어 집행한다.
㉢ 법적 안정성 : 법의 규정이 명확하고 잦은 변경이 없어 국민이 법에 따라 안심하고 생활할 수 있도록 하여야 한다.

Answer 1.③

2022. 6. 18. 제2회 서울시(보훈청)

2 〈보기〉는 우리나라 지방자치단체의 종류를 나타낸 것이다. 이에 대한 설명으로 가장 옳은 것은?

〈보기〉			의결	집행 기관	
구분			기관	일반 업무	교육·학예 업무
광역 자치단체	특별시, 광역시, 특별자치시, 도, 특별자치도		㉠	㉡	㉢
기초 자치단체	시·군·구(자치구)		㉣	㉤	–

① 서울특별시 시장은 ㉠에 해당한다.

② 전라남도 여수시장은 ㉢에 해당한다.

③ ㉠과 ㉣은 조례, ㉡과 ㉤은 규칙을 제정할 수 있다.

④ ㉤은 ㉣의 업무에 대해 감사와 조사를 할 수 있다.

Point

　　① 서울특별시 시장은 ㉡에 해당한다.
　　② 전라남도 여수시장은 ㉤에 해당한다.
　　④ ㉣은 ㉤의 업무에 대해 감사와 조사를 할 수 있다.

2021. 6. 5. 제1회 지방직

3 다음 헌법상 기본권의 특징으로 옳은 것은?

> 제31조 ① 모든 국민은 능력에 따라 균등하게 교육을 받을 권리를 가진다.
> 제32조 ① 모든 국민은 근로의 권리를 가진다.
> 제35조 ① 모든 국민은 건강하고 쾌적한 환경에서 생활할 권리를 가지며, 국가와 국민은 환경 보전을 위하여 노력하여야 한다.

① 국가의 적극적 개입을 정당화한다.

② 헌법에 열거되지 않아도 보장되는 포괄적 권리다.

③ 다른 모든 기본권을 보장하는 데 전제가 된다.

④ 다른 기본권 보장을 위한 기본권으로서 수단적 권리다.

제31조 1항, 제32조 1항, 제35조 1항은 사회적 기본권에 해당한다. 사회정의의 실현을 국가목적으로 하는 사회(복지)국가에서 국민이 인간다운 생활을 확보하기 위하여 일정한 국가적 급부와 배려를 요구할 수 있는 권리이다.
② 자유권에 대한 설명이다.
③ 평등권에 대한 설명이다.
④ 청구권에 대한 설명이다.

2021. 04. 17. 인사혁신처

4 밑줄 친 ㉠, ㉡에 대한 설명으로 옳은 것은?

> • 갑은 같은 회사 직원 병에게 폭행을 당해 상해를 입어 형사고소를 하였다. 갑은 민사소송 제기 없이 형사재판에서 신속하고 간편하게 손해배상을 받기 위해 ㉠배상명령제도를 활용하려 한다.
> • 을은 살인 혐의로 구속기소되어 재판을 받던 중 진범이 잡혀 무죄로 석방되었다. 억울한 을은 ㉡형사보상제도를 활용하여 피해를 보상받으려 한다.

① 갑이 ㉠을 통해 손해배상을 받기 위해서는 병이 당해 재판에서 유죄판결을 받아야 한다.
② 불구속 수사 후 무죄취지의 불기소처분을 받은 사람도 ㉡을 활용할 수 있다.
③ 구속 재판을 받은 피고인이 집행유예 확정판결을 받은 경우 ㉡을 통해 보상을 청구할 수 있다.
④ ㉠, ㉡ 모두 국가가 범죄 피해자 보호를 위해 보상 또는 배상을 하는 제도이다.

② 불구속 수사 후 무죄취지의 불기소처분을 받은 사람은 형사보상제도를 활용할 수 없다.
③ 집행유예는 유죄 판결로, 유죄 판결을 받은 경우 형사보상제도를 이용할 수 없다.
④ 국가가 범죄 피해자 보호를 위해 보상 또는 배상을 하는 제도는 범죄 피해자 보호 제도이다. 형사보상제도는 범죄자로 오인 받은 사람을 보호하기 위한 제도이다.

Answer 2.③ 3.① 4.①

2021. 4. 17. 인사혁신처

5 우리나라 국회에 대한 설명으로 옳은 것은?

① 국회는 의장 1인과 부의장 2인을 선출하고, 그 임기는 4년이다.

② 20인 이상의 소속 의원을 가진 정당만이 하나의 교섭단체를 구성할 수 있다.

③ 국회는 헌법개정안이 공고된 날로부터 60일 이내에 의결하여야 하며, 국회의 의결은 재적의원 3분의 2 이상의 찬성을 얻어야 한다.

④ 국회 회의의 원칙에 따라 한 회기 중에 의결하지 못한 법률안이나 의안은 다음 회기에 다시 심의하지 못한다.

① 국회는 의장 1인과 부의장 2인을 선출하고, 그 임기는 2년이다.

② 20인 이상의 소속 의원을 가진 정당이 하나의 교섭단체를 구성할 수 있지만, 20인 이하의 의원으로 단독으로 교섭단체를 구성할 수 없을 때에는 다른 교섭단체에 속하지 않은 의원 20인이 모여 교섭단체를 구성할 수 있다.

④ 국회 회의의 원칙에 따라 한 회기 중에 의결하지 못한 법률안이나 의안은 다음 회기에 제출되어 의결할 수 있다.

6 우리나라의 심급 제도에 대한 설명으로 옳지 않은 것은?

> ⊙ 대통령, 국회의원의 선거법 위반에 관한 재판은 단심제이다.
> ⓒ 대통령, 국회의원의 선거 재판은 3심제이다.
> ⓒ 특허 재판은 특허 법원에서 1심을 담당한다.
> ⓔ 민사, 형사, 가사, 행정 재판은 3심제로 이루어진다.
> ⓜ 3심제에서 1심을 단독 판사가 심판한 경우에 2심 법원은 지방 법원 합의부가 된다.
> ⓗ 1심 법원의 결정에 불복하는 경우 2심 법원에 항고할 수 있다.

① ⊙ⓒ

② ⓒⓔ

③ ⓒⓜ

④ ⓔⓗ

⊙ 대통령, 국회의원의 선거법 위반에 관한 재판은 형사사건으로 3심제이다.

ⓒ 선거 무효, 당선 무효를 다루는 선거 소송 사건에 대한 재판은 신속한 재판 진행을 위해 대법원이 1심 법원이 되는 단심제이다.

ⓒ 특허 소송은 특허 법원이 1심 법원이 된다.

ⓔ 민사, 형사, 가사, 행정 재판은 3심제이다.

ⓜ 3심제에서 1심을 지방 법원 단독 판사가 심판한 경우에 2심 법원은 지방 법원 합의부가 된다.

ⓗ 1심 법원의 결정 명령에 불복하는 경우 2심 법원에 항고, 3심 법원인 대법원에 재항고할 수 있다.

7 다음 글의 밑줄 친 부분을 실현하기 위해 실시하고 있는 제도에 해당하는 것은?

> 사법권의 독립이 실현되려면, 사법을 담당하는 기관인 법원인 제도적으로 독립되어 있고, 재판을 담당하는 사람인 법관의 신분이 확실하게 보장되어야 한다.

① 법관의 자격을 헌법으로 정하고 있다.　　② 법관의 임기를 헌법으로 보장하고 있다.
③ 법관의 임명절차도 법률에서 정하고 있다.　④ 징계 처분에 의해서만 법관을 파면할 수 있다.

Point
② 법관의 임기는 헌법에 정함으로써 법률로 그 임기를 함부로 고칠 수 없게 하고 있다.
① 법관의 자격은 법률(법원조직법)로 정하고, 아무나 법관으로 임명하지 못하게 하고 있다.
③ 법관의 임명절차도 헌법에서 정하고 있다.
④ 법관은 탄핵 또는 금고 이상의 형의 선고에 의하지 아니하고는 파면되지 아니하며, 징계처분에 의하지 아니하고는 정직·감봉 기타 불리한 처분을 받지 않는다(헌법 제106조).

8 다음 재판의 담당기관과 요청기관에 대한 내용으로 바르게 연결된 것은 몇 개인가?

> ㉠ 위헌 법률 심판 – 법원　　　　㉡ 위헌 법률 심사제청 – 국회
> ㉢ 정당 해산 심판 – 법원　　　　㉣ 위헌 정당 해산 제소 – 국회
> ㉤ 권한 쟁의 심판 – 국민　　　　㉥ 탄핵 소추 – 정부
> ㉦ 탄핵 심판 – 국가 기관　　　　㉧ 헌법 소원 심판 – 국가 기관

① 1개　　　　　　　　　　　　② 2개
③ 3개　　　　　　　　　　　　④ 0개

Point
㉠ 위헌 법률 심판 : 헌법 재판소
㉡ 위헌 법률 심사제청 : 법원
㉢ 정당 해산 심판 : 헌법 재판소
㉣ 위헌 정당 해산 제소 : 정부(대통령)
㉤ 권한 쟁의 심판 : 헌법 재판소
㉥ 탄핵 소추 : 국회
㉦ 탄핵 심판 : 헌법 재판소
㉧ 헌법 소원 심판 : 헌법 재판소

Answer　5.③　6.①　7.②　8.④

9 통치기구간의 견제와 균형의 관계를 나타낸 것이다. 연결이 옳은 것은?

> ㉠ 행정부에 대한 입법부의 통제 – 국정감사권
> ㉡ 입법부에 대한 행정부의 통제 – 위헌 법률 심사 제청권
> ㉢ 행정부에 대한 사법부의 통제 – 법률안 거부권
> ㉣ 사법부에 대한 행정부의 통제 – 대법원장 및 대법관 임명권
> ㉤ 입법부에 대한 사법부의 통제 – 명령 · 규칙 · 처분 심사권

① ㉠㉡   ② ㉢㉣

③ ㉠㉣   ④ ㉢㉤

 Point

    ㉠ 행정부에 대한 입법부의 통제: 국정감사권, 국정조사권, 탄핵소추권, 각 종 동의권과 승인권
    ㉣ 사법부에 대한 행정부의 통제: 대법원장 및 대법관 임명권, 사면권 등
    ㉡ 입법부에 대한 행정부의 통제: 법률안 거부권
    ㉢ 행정부에 대한 사법부의 통제: 명령 · 규칙 · 처분 심사권
    ㉤ 입법부에 대한 사법부의 통제: 위헌 법률 심사 제청권

10 다음 중 헌법 재판소의 권한에 대해 바르게 설명하고 있는 것은?

> ㉠ 법원의 위헌 법률 심사 제청이 있을 때 헌법 재판소는 법률이 헌법에 위반되는지의 여부를 심판한다.
> ㉡ 국회로부터 탄핵 소추를 받은 자가 있을 경우 이를 심판한다.
> ㉢ 명령 · 규칙 · 처분이 헌법이나 법률에 위반되는지의 여부가 재판의 전제가 된 경우에 최종적으로 심판한다.
> ㉣ 일반 국민도 헌법재판소에 권한쟁의 심판을 청구할 수 있다.

① ㉠㉡   ② ㉠㉢

③ ㉡㉢   ④ ㉡㉣

 Point

    ㉠ 위헌 법률 심판권이다.
    ㉡ 탄핵심사권이다.
    ㉢ 명령 · 규칙 · 처분이 헌법이나 법률에 위반되는 여부가 재판의 전제가 된 경우에 이를 심사하는 것을 말한다. 위헌법률의 심사권은 헌법재판소가 행사하나(헌법 제107조 ①항), 위헌 명령 · 규칙 · 처분의 심사권은 법원이 가지며, 최종적인 심사권은 대법원이 가진다(헌법 제107조 ②항).
    ㉣ 권한쟁의심판은 국가기관 상호간, 국가기관과 지방자치단체간 및 지방자치단체 상호 간에 벌어진 권한 다툼에 대해 헌법재판소가 심판하는 것으로, 제기권자는 당해 행정기관이고 일반 국민은 헌법재판소에 권한쟁의심판을 청구할 수 없다.

11 다음 헌법 재판소의 위헌 법률 심판에 대한 설명으로 옳지 않은 것은?

① 헌법 재판소는 대통령이 임명한 9인의 재판관으로 구성되며, 6인 이상의 찬성으로 법률의 위헌을 결정한다.

② 기본권을 침해당했을 때 개인도 위헌 법률 심판의 제청을 할 수 있다.

③ 법원은 헌법 재판소에 위헌법률심판의 제청을 할 수 있다.

④ 위헌 결정시 해당 법률은 즉시 효력을 상실한다.

Point

② 위헌 법률 심판의 제청은 법원만이 할 수 있다. 개인이 하는 것은 헌법소원이다.

① 헌법 재판소는 대통령이 임명한 9인의 재판관으로 구성되며, 3인은 국회의 추천, 3인은 대법원장의 지명, 3인은 대통령의 지명으로 대통령이 9인을 임명한다. 위헌 법률 심판은 재판관 6인 이상의 찬성으로 결정한다. 대통령이 3명만 임명하는 것은 아니다.

③ 법원은 위헌법률심사제청권을 갖는다.

④ 위헌 결정을 내리면 해당 법률은 즉시 효력을 상실한다.

12 다음 탄핵 제도에 대한 설명으로 옳지 않은 것은?

> ㉠ 입법부가 행정부와 사법부를 견제하는 수단이 된다.
>
> ㉡ 대통령의 탄핵 소추 의결은 국회 재적 의원 과반수의 찬성을 요한다.
>
> ㉢ 법관이나 헌법재판소 재판관은 탄핵소추 대상이 아니다.
>
> ㉣ 헌법재판소의 탄핵 심판에 필요한 의결 정족수는 7인 중 과반수 찬성이다.
>
> ㉤ 탄핵 소추권이 발동되면 탄핵 여부가 가려질 때까지 권한 행사가 정지된다.

① ㉠㉡㉤

② ㉠㉢㉣

③ ㉡㉢㉣

④ ㉢㉣㉤

Point

㉡ 대통령에 대한 탄핵 소추 발의는 국회 재적 의원 과반수, 탄핵 소추 의결은 국회 재적 의원 3분의 2 이상의 찬성을 요한다.

㉢ 법관이나 헌법재판소 재판관도 탄핵소추 대상이 된다.

㉣ 헌법재판소의 탄핵 심판에 필요한 의결 정족수는 6인 이상 찬성이다. 권한쟁의심판에 필요한 의결 정족수는 7인 이상 출석과 과반수 찬성이고, 나머지 심판은 6인 이상 찬성이다.

㉠ 탄핵 소추권자(탄핵 심판의 심판 청구권자)는 국회이므로 입법부가 행정부와 사법부를 견제하는 수단이 될 수 있다.

㉤ 탄핵 소추권이 발동되면 탄핵 여부가 가려질 때까지 권한 행사가 정지되고, 탄핵의 결정으로 공직에서 파면된다. 단, 민·형사상의 책임은 면제되지 않는다.

Answer   9.③   10.①   11.②   12.③

13 다음은 지방 자치 단체에 관한 우리 헌법 규정이다. 이를 통해 알 수 있는 지방 자치 단체의 권한을 〈보기〉에서 모두 고르면?

> 지방 자치 단체는 주민의 복지에 관한 사무를 처리하고 재산을 관리하며, 법령의 범위 안에서 자치에 관한 규정을 제정할 수 있다.

> ㉠ 자치 입법권   ㉡ 자치 행정권
> ㉢ 자치 재정권   ㉣ 자치 사법권

① ㉠㉡㉢   ② ㉠㉡㉣
③ ㉠㉢㉣   ④ ㉡㉢㉣

Point

지방 자치 단체의 권한에는 자치 사법권은 없다.

※ 지방 자치 단체의 권한

㉠ 자치입법권	지방의회의 조례제정권과 지방자치단체의 장의 규칙제정권 - 조례는 법률과 명령의 범위 안에서, 규칙은 조례의 범위 안에서 제정되어야 한다.
㉡ 자치행정권	법령과 조례에 근거를 두고 지방자치단체의 장이 행사할 수 있다.
㉢ 자치재정권	지방자치단체의 재산을 형성하고 유지할 수 있는 권한. 지방세부과, 사용료, 수수료, 부담금 등 부과
㉣ 주민투표부의권	지방자치단체의 장은 주민에게 과도한 부담을 주거나 중대한 영향을 미치는 지방자치단체의 주요 결정사항 등에 대하여 주민투표에 부칠 수 있다.

14 다음에서 ㈎에 해당하는 권리 구제 수단은?

> ㉠ A는 공권력에 의하여 기본권을 침해받았다.
> ㉡ A는 침해된 기본권을 구제받기 위하여 다른 구제 절차를 모두 거쳤다.
> ㉢ 그럼에도 불구하고 A는 침해된 기본권을 구제받지 못했다.
> ㉣ A는 최종적으로 헌법재판소에 ㈎를 청구하였다.

① 탄핵 심판   ② 정당 해산 심판
③ 위헌 법률 심판   ④ 헌법 소원 심판

헌법소원심판이란 공권력의 행사 또는 불행사로 인하여 헌법상 보장된 기본권이 침해된 경우, 헌법재판소에 심판을 청구하여 그 침해의 원인이 된 공권력의 행사를 취소하거나 그 불행사가 위헌임을 확인받는 법적 권리구제 방법이다.

④ 공권력 행사 또는 불행사에 의해 헌법에 보장된 기본권을 침해당한 경우 일반 국민이 직접 헌법 재판소에 헌법소원(권리구제형)을 제기한다.

① 탄핵 심판은 법률이 정한 공무원에 대한 국회의 탄핵 소추가 의결된 경우 국회의 소추로 헌법재판소에서 심판하는 것이다.

② 정당 해산 심판은 정당의 목적·활동이 민주적 기본 질서에 위배될 때 정부의 제소로 헌법재판소에서 심판하는 것이다.

③ 위헌 법률 심판은 법률이 헌법에 위반되는지 여부가 재판의 전제가 된 때 법원의 제청으로 헌법재판소에서 심판하는 것이다.
- 위헌법률심사(심판) → 법원이 제청한다(위헌법률심사 제청)
- 위헌법률 심사형 헌법소원 → 일반 국민이 직접 청구한다.(헌법소원 제기)

15 다음 선거관리 위원회에 대한 설명으로 옳은 것은?

① 선거관리 위원회 위원은 정당에 가입할 수 있다.
② 위원은 탄핵 또는 금고 이상의 형의 선고과 징계에 의하지 아니하고는 파면되지 아니한다.
③ 중앙 선거관리 위원회를 대통령이 지명하는 3인, 국회에서 선출하는 3인, 대법원장이 지명하는 3인으로 구성한다.
④ 선거관리 위원회는 선거와 국민 투표 관리, 정당에 관한 사무 처리, 선거구 획정 등의 일을 한다.

Point>

중앙 선거관리 위원회를 대통령이 지명하는 3인, 국회에서 선출하는 3인, 대법원장이 지명하는 3인으로 구성한다. 이는 정치적 중립성을 보장하기 위한 것이다.
① 선거관리 위원회 위원은 정당에 가입할 수 없다.
② 위원은 탄핵 또는 금고 이상의 형의 선고에 의하지 아니하고는 파면되지 아니한다.
④ 선거구 획정은 국회에서 법률로 정한다.

16 자료의 ㉠~㉢에 대한 설명으로 옳은 것은?

> 법 단계설은 법에는 상·하위의 단계가 있다고 주장하는 학설이다. 이 학설을 바탕으로 우리나라의 법은 그림과 같이 근본 규범을 중심으로 단계가 서열화 된다고 할 수 있다.

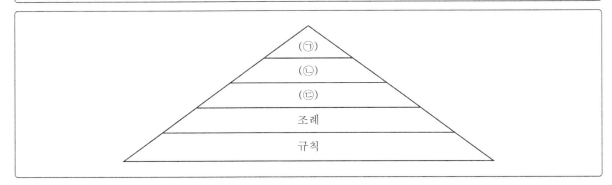

① ㉠은 모든 국가에서 기본권 보장을 위해 성문의 형태로 이루어진다.
② ㉡의 제정은 국회의 일반 의결 정족수로 의결하면 확정된다.
③ ㉢이 ㉠이나 ㉡에 위반되는 여부가 재판의 전제가 된 경우에는 대법원에서 최종 심사할 권한을 가진다.
④ 국민의 자유와 권리의 제한은 ㉢을 통해 이루어져야 한다.

 Point

법 단계설 : ㉠헌법 > ㉡법률 > ㉢명령 > 조례 > 규칙 → 상위법 우선의 원칙
③ ㉢명령, 규칙, 처분이 ㉠헌법이나 ㉡법률에 위반되는 여부가 재판의 전제가 된 경우에는 대법원에서 최종 심사할 권한(명령·규칙·처분 심사권)을 가진다.
① 오늘날 헌법은 대부분의 국가에서 기본권 보장을 위해 성문의 형태(성문헌법)로 이루어지나, 성문화된 형식적 의미의 헌법을 가지고 있지 않은 불문헌법 국가(영국 등)도 있다.
② ㉡법률안을 국회에서 의결로 확정되지 않고, 대통령은 거부권을 행사할 수 있다. 대통령이 거부권을 행사한 경우에 재적의원 과반수 출석, 출석의원 3분의 2 이상 찬성으로 재의결을 하면 법률로써 확정된다. (옳음)
④ 국민의 자유와 권리는 국회에서 제정한 ㉡법률로써 제한할 수 있다.

17 그림은 우리나라의 헌법 개정 절차를 나타낸 것이다. 이에 대한 설명으로 옳은 것은?

① ㉠은 국회의원 10명 이상 또는 대통령에 의해 이루어진다.

② ㉡은 국회의장이 국민에게 20일간 헌법 개정안을 알리는 것이다.

③ ㉢은 국회의원 제명 의결과 동일한 의결 정족수를 필요로 한다.

④ ㉣은 유권자 과반수의 투표와 투표자 2/3이 찬성으로 개헌안이 확정된다.

Point

③ ㉢ 국회 의결 : 국회의원 2/3 이상의 찬성으로 의결되므로, 국회의원 제명 의결과 동일한 의결 정족수를 요한다.

① ㉠ 제안 : 국회 재적의원 과반수 찬성 또는 대통령의 발의로 제안된다.

② ㉡ 공고 : 대통령이 제안된 헌법 개정안을 국민에게 20일 이상 알리는 것이다.

④ ㉣ 국민 투표 : 유권자(국회의원 선거권자) 과반수의 투표와 투표자 과반수의 찬성으로 개헌안이 확정된다.

18 그림은 우리나라의 법률 제정 절차이다. 이에 대한 설명으로 옳은 것은?

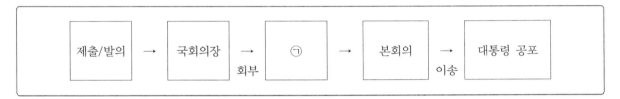

① ㉠은 법률안을 수정하거나 폐기할 수 없다.

② 본회의에서 법률안의 내용을 수정·가결할 수 있다.

③ 일반 법률안은 재적 의원 과반수의 찬성으로 가결된다.

④ 국회의장은 ㉠에서 폐기된 법안을 본회의에 직권상정할 수 있다.

Point

㉠은 상임위원회이다.

② 본회의에서 원안 그대로 가결할 수도 있고, 법률안의 내용을 수정하여 가결할 수도 있다.

① 상임위원회에서 법률안을 심사, 수정, 폐기할 수 있다.

③ 일반 법률안은 재적의원 과반수 출석, 출석의원 과반수 찬성으로 가결된다.

④ 국회의장의 직권상정은 여야가 ㉠상임위원회에서 상정·협의하지 못하는 법안을 국회의장이 심사기일을 지정한 뒤 기일이 지나면 직접 해당 법안을 본회의에 상정해 처리하는 것이다. 폐기된 법안은 본회의에 직권상정할 수 없다.

Answer 16.③ 17.③ 18.②

19 다음 결정문과 관련된 분석 및 추론으로 옳지 않은 것은?

> 결정
>
> 사건 2008 초기 450 위헌 법률 심판 제청
>
> 신청인 ○○지방법원 2008 고합 726 공직선거법 위반
>
> 주문 이 사건 위헌법률심판제청 신청을 기각한다.
>
> 신청취지 공직선거법, 제93조 제1항, 제255조 제2항 제2호의 위헌 여부에 관한 심판을 제청한다.

① 법원의 결정 후에 갑은 헌법 소원을 제기할 수 있다.

② 법원이 신청을 받아들였다면 당해 사건의 재판은 중지되었을 것이다.

③ 갑은 공직선거법의 위헌 여부가 재판의 전제라고 판단했을 것이다.

④ 법원이 헌법 불합치 결정을 했다면 법 개정을 위해 일정 기간 동안 공직선거법의 효력이 없어진다.

Point

위헌 법률 심판 제청은 법률이 헌법에 위반되는지 여부가 재판의 전제가 된 때 법원이 직권 또는 당사자의 신청에 의하여 헌법재판소에 해당 법률의 위헌여부를 결정해 주도록 요청하는 제도이다.

④ 헌법재판소가 헌법 불합치 결정은 했다면 법 개정을 위해 일정 기간 동안 공직선거법의 효력이 유지된다.

법원이 신청을 받아들였다면 헌법재판소의 위헌여부의 결정이 있을 때까지 당해 사건의 재판은 중지된다. 법원에 위헌법률심판의 제청을 신청하였으나 기각된 경우에 갑은 직접 헌법재판소에 헌법 소원을 제기할 수 있다.

20 다음 헌법 조항에 나타난 기본권 (가), (나)에 대한 설명으로 옳은 것은?

> (가) 모든 국민은 근로의 권리를 가진다. 국가는 사회적 · 경제적 방법으로 근로자의 고용의 증진과 적정 임금의 보장에 노력하여야 하며, 법률이 정하는 바에 의하여 최저 임금제를 시행하여야 한다.
>
> (나) 타인의 범죄 행위로 인하여 생명 · 신체에 대한 피해를 받은 국민은 법률이 정하는 바에 의하여 국가로부터 구조를 받을 수 있다.

① (가) - 현대 복지 국가 형성의 바탕이 되는 기본권이다.

② (가) - 다른 기본권의 보장을 위한 수단적 성격을 가진 권리이다.

③ (나) - 국가 권력으로부터 간섭받지 않을 권리이다.

④ (나) - 정부의 정책 결정에 참여할 수 있는 권리이다.

Point

(가)는 사회권(근로권), (나)는 청구권(범죄 피해자 국가 구조 청구권)에 대한 설명이다.

① 현대 복지 국가 형성의 바탕이 되는 기본권은 사회권이다.

② 기본권 자체가 목적이 아니라 다른 기본권을 보장하기 위한 수단적 성격의 권리는 청구권이다.

③ 국가의 간섭이나 침해를 받지 않고 자유로운 생활을 할 권리, 국가로부터의 자유는 자유권이다.

④ 국가의 정책 결정 과정에 참여하여 정치적 의사 표시를 할 수 있는 권리는 참정권이다.

21 밑줄 친 ㉠~㉣ 중 옳은 것은?

> 우리나라에서 헌법 개정은 ㉠국회 재적 의원 3분의 1 이상 또는 대통령의 발의로 제안되며, ㉡국회 재적 의원 과반수의 찬성이 있어야 하는 의결 과정을 거쳐 ㉢국회의원 선거권자과반수의 투표와 투표자 과반수의 찬성을 얻어야 하는 국민 투표로 확정된다. 한편, 법률의 제정 및 개정은 ㉣정부나 국회의원 20인 이상이 발의할 수 있다.

① ㉠   ② ㉡

③ ㉢   ④ ㉣

Point

③ ㉢ 총 유권자(국회의원 선거권자) 과반수의 투표와 투표자 과반수의 찬성을 얻어 확정된다.

① ㉠ 국회 재적의원 과반수 찬성으로 헌법개정안을 제안한다. 국회 재적의원 과반수 찬성으로, 또는 대통령이 국무회의 심의를 거쳐 헌법개정안을 제안한다.

② ㉡ 국회 재적의원 2/3 이상의 찬성으로 의결된다.

④ ㉣ 법률 제·개정안은 국회의원 10인(20인×) 이상 또는 정부가 제안한다.

Answer 19.④ 20.① 21.③

22 헌법이 보장하는 신체의 자유에 대한 내용에 해당되지 않는 것은?

① 모든 국민은 형사상 자기에게 불리한 진술을 강요당하지 않는다.

② 누구든지 체포 또는 구속을 당한 때에는 적부의 심사를 법원에 청구할 권리를 가진다.

③ 타인의 범죄행위로 인해 생명·신체에 대한 피해를 받은 국민은 법률이 정하는 바에 의하여 국가로부터 구조를 받을 수 있다.

④ 정식재판에 있어서 피고인의 자백이 피고인에게 불리한 유일한 증거일 때에는 이를 유죄의 증거로 삼거나 이를 이유로 처벌할 수 없다.

    ③은 범죄피해자 구조 청구권으로 청구권적 기본권이다.
    ① 진술거부권
    ② 체포 구속 적부심
    ④ 자백의 증거능력 제한 등은 신체의 자유를 보장하기 위한 내용이다.

23 다음에서 법의 공통적인 특징을 가장 적절히 표현한 것은?

> • 범죄의 종류와 형벌의 정도를 규정한 법
> • 개인 간의 재산적 · 신분적 생활관계를 규율하는 법

① 공적인 수직관계를 규율하는 법이다.

② 권리와 의무 그 자체의 내용을 규율하는 법이다.

③ 사적인 사회생활관계를 규율하는 법이다.

④ 권리와 의무를 실현할 수 있는 절차를 규율하는 법이다.

    이 법들은 모든 권리와 의무발생, 변경을 규정한 실체법에 속한다.

24 법원에 대한 다음 설명 중 옳지 않은 것으로만 묶인 것은?

> ㉠ 명령·규칙·처분에 대한 최종적인 심사권은 대법원이 가진다.
> ㉡ 비상계엄하의 군사재판은 모두 단심으로 할 수 있다.
> ㉢ 지방법원 단독판사의 판결에 대한 항소심은 고등법원이 담당한다.
> ㉣ 행정법규의 적용에 대한 심사권은 행정법원이 가진다.

① ㉠㉡ ② ㉡㉢
③ ㉢㉣ ④ ㉠㉣

 Point
  ㉡ 비상계엄하의 군사재판은 군인·군무원의 범죄나 군사에 관한 간첩죄의 경우와 초병, 초소, 유독음식물 공급, 포로에 관한 죄 중 법률이 정한 경우에 한하여 단심으로 할 수 있다. 다만, 사형을 선고하는 경우에는 단심으로 할 수 없다.
  ㉢ 지방법원 단독판사의 판결에 대한 항소심은 지방법원 본원 합의부이고, 지방법원 합의부의 항소심은 고등법원이다. 최종심(상고심)은 모두 대법원이다.

25 다음과 같은 일을 수행하는 기관은?

> 임의로 선거구를 정함으로써 특정 정당이나 후보자에게 유리한 일이 없도록 선거구를 조정한다.

① 중앙선거관리위원회 ② 국회
③ 행정부 ④ 사법부

 Point
  ② 국회는 각 선거구의 선거인수와 인원수의 비율을 같도록 하고 특정 정당이나 후보자에게 유리한 일이 없도록 하기 위해 선거구를 법률로써 정한다(선거구법정주의).

26 다음과 같은 권한을 국회에 부여한 이유로서 가장 적절한 것은?

> - 국회는 국정을 감사하거나 특정한 국정사안에 대하여 조사할 수 있다〈헌법 제61조 제1항〉.
> - 국회는 국무총리 또는 국무위원의 해임을 대통령에게 건의할 수 있다〈헌법 제63조 제1항〉.
> - 국회는 대통령, 국무총리, 국무위원, 행정각부의 장, 헌법재판소 재판관, 법관 등이 직무집행에 있어서 헌법이나 법률을 위배한 때에는 탄핵의 소추를 의결할 수 있다〈헌법 제65조 제1항〉.

① 의회주의의 위기를 극복하기 위해
② 국회운영의 자주성을 확보하기 위해
③ 다수당에 의한 횡포를 방지하기 위해
④ 행정부와 사법부의 권력남용을 방지하기 위해

> 국회의 권한 … 국회는 법률의 집행과 적용을 감독하고 견제하는 국정통제권한을 가진다. 왜냐하면 입법·행정·사법 상호 간의 견제와 균형을 통해 국가권력의 남용을 방지하고, 이로써 국민의 기본권을 보장하려는 것이 바로 헌법의 정신이기 때문이다.
> ④ 국정에 관한 감사·조사권과 국무총리·국무위원해임건의권, 탄핵소추권에 해당되는 내용으로 국회가 그 밖의 국가기관들을 감시·비판·견제하여 권력남용을 방지하기 위한 국정통제권한이다.

27 우리나라 헌법재판소의 권한이 아닌 것은?

① 위헌법률심판권
② 탄핵소추권
③ 정당해산심판권
④ 헌법소원심판권

> ② 국회의 권한이다.
> ※ 헌법재판소의 권한
> ㉠ 위헌법률심판권
> - 법원의 제청
> - 법률이 헌법에 위반되는지의 여부가 재판의 전제가 된 때, 해당 법률의 효력 상실
> ㉡ 탄핵심판권
> - 국회의 소추
> - 국회에서 탄핵소추가 의결된 때, 공직에서 파면
> ㉢ 정당해산 심판권
> - 정부의 제소
> - 정당의 목적이나 활동이 민주적 기본질서에 위배된 때, 정당의 해산
> ㉣ 기관쟁의 심판권(권한쟁의 심판권)
> - 국가기관, 지방자치단체의 제소
> - 헌법적 권한과 의무의 범위와 내용에 관한 다툼의 발생시, 다툼의 조정·권한과 의무의 한계를 설정
> ㉤ 헌법소원심판권
> - 국민의 제소
> - 위법한 공권력 발동으로 헌법에 보장된 자유와 권리를 침해당한 때, 인용 시 권리를 구제받음

28 다음 사항에 공통적으로 필요한 헌법상의 절차는?

> • 일반사면　　　　　　　　　• 긴급명령
> • 비상계엄선포　　　　　　　• 정당해산 제소

① 국회의 동의　　　　　　　② 국회의 승인
③ 헌법재판소의 심판　　　　④ 국무회의의 심의

Point

　국무회의는 행정부의 최고심의기관으로 정부(대통령)의 권한에 속하는 중요한 정책을 심의한다. 보기의 사항들은 모두 국무회의의 심의를 거
쳐 국회의 동의·승인·통고와 헌법재판소의 심판을 요하는 사항들이다.

29 법원에 관한 설명으로 옳지 않은 것은?

① 정치적 사건을 사법적 절차에 따라 해결하는 곳은 대법원이다.
② 명령·규칙·처분의 최종적인 심사는 대법원이 한다.
③ 군사법원의 상고심은 대법원이 담당한다.
④ 민주적 사법제도의 2대 원칙은 증거재판주의와 공개재판주의이다.

Point

　① 정치적 사건을 사법적 절차에 따라 해결하는 기관은 헌법재판소이다.
　※ 법원
　　㉠ 뜻 : 사법기관으로서, 법관으로 구성되고 소송절차에 따라 사법권을 행사하는 국가기관이다.
　　㉡ 법원의 조직
　　　• 대법원 : 모든 상고사건, 재항고사건, 선거재판, 명령·규칙·처분 심사
　　　• 고등법원 : 항소·항고사건, 행정재판
　　　• 지방법원 : 모든 소송의 제1심, 단독 판사판결에 대한 항소사건, 단독 판사의 결정·명령에 대한 항고사건
　　　• 가정법원 : 가사사건, 소년보호사건 심판
　　　• 군사법원 : 특별법원으로 군인·군무원의 범죄, 국민의 특별범죄 담당

30 대통령의 권한 가운데 국가원수로서 국정을 조정할 수 있는 권한으로 묶여진 것은?

① 계엄선포권, 영전수여권, 명령제정권

② 조약의 체결·비준권, 외교사절의 신임·접수·파견권, 선전포고 및 강화권

③ 대법원장·국무총리·감사원장·대법관·헌법재판소의 장 임명권

④ 헌법개정안제안권, 국민투표부의권, 임시국회소집요구권, 사면권

대통령의 권한

㉠ 국가원수로서의 권한

• 대외적으로 국가를 대표할 권한 : 외국과의 조약체결·비준권, 선전포고와 강화권, 외국승인권

• 국가의 독립과 영토의 보전, 국가의 계속성과 헌법을 수호할 책무에 따르는 권한 : 긴급재정·경제처분 및 명령권과 긴급명령권, 계엄선포권, 위헌정당해산제소권

• 국정조정권 : 헌법개정안제안권, 국민투표부의권, 임시국회소집요구권, 국회출석 발언과 의견표시권, 사면권

• 헌법기관을 구성할 권한 : 대법원장·국무총리·헌법재판소장 임명권

㉡ 행정부수반으로서의 권한 : 행정부의 지휘·감독권 및 법령집행권, 국군통수권, 공무원임명권, 대통령령발포권 등이다.

31 국회에 대한 내용으로 옳지 않은 것은?

① 정기회는 90일을 초과할 수 없다.

② 회의는 공개함을 원칙으로 한다.

③ 의결시 가부동수인 경우는 부결된 것으로 본다.

④ 의사의 능률을 올리기 위하여 위원회와 교섭단체를 둔다.

국회의 회기

구분	집회	회기	주요 안건
정기회	매년 1회(9월 1일)	100일 내	예산안 심의확정
임시회	재적 4분의 1 이상의 요구	30일 내	국회의 필요안건
	대통령의 요구	30일 내	정부제출의 안건

32 다음 보기에서 제시한 대통령의 권한과 같은 것은?

> ㉠ 국군통수권
> ㉡ 국가재정권
> ㉢ 법령집행권

① 공무원임면권　　　　　　　　　　② 헌법수호권
③ 사면권　　　　　　　　　　　　　④ 법률안 거부권

　보기는 행정부 수반으로서의 권한이다.
　②③④ 국가원수로서의 권한에 해당한다.

33 다음 중 3심제의 예외가 아닌 것은?

① 특허 재판　　　　　　　　　　　② 선거 재판
③ 비상 계엄하의 군사재판　　　　　④ 행정 재판

　④ 행정 재판 – 3심제
　① 특허 재판 – 2심제
　② 선거 재판 – 2심제(광역 지역구 의원, 기초 자치 단체장 및 기초 의원), 단심제(대통령, 국회의원, 광역 단체장, 광역 비례 대표 의원)
　③ 비상 계엄하의 군사재판 – 단심제
　※ 3심제의 예외

2심제	특허 재판	특허 법원 → 대법원
	선거 재판〈광역 지역구 의원(시·도의원), 기초 자치 단체장 및 기초 의원(시·군·구의 장, 시·군·구의원)〉	고등 법원 → 대법원
단심제	선거 재판〈대통령, 국회의원, 광역 단체장(시·도지사), 광역 비례 대표 의원(시·도 의원)〉	대법원
	비상 계엄하의 군사재판〈군인·군무원의 범죄나 간첩죄 등 법률이 정한 경우〉	군사법원 (단, 사형 선고인 경우는 3심제로 함)

Answer　30.④　31.①　32.①　33.④

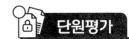

34 그림은 국회 의사 일정 중의 일부이다. 밑줄 친 ㉠~㉺에 대한 설명으로 옳은 것은?

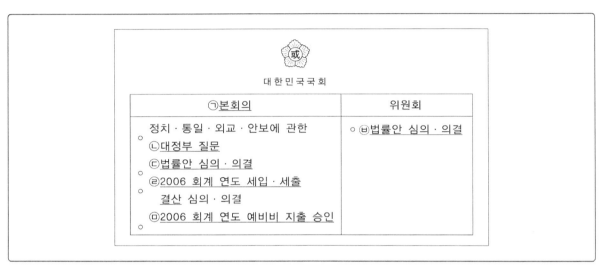

① ㉠은 국회의 전문성을 강화하기 위해 상시적으로 운영된다.

② ㉡에 대한 국무 위원의 답변은 면책 특권의 보호를 받는다.

③ ㉢과 같은 활동은 예외 없이 ㉺을 거쳐 이루어진다.

④ ㉤은 재정에 관한 국회의 권한으로 국민의 재산권을 보호하기 위한 것이다.

Point

④ 예산안의 심의·확정권, 결산 심사권, 예비비 설치 동의권 및 그 지출에 대한 승인권 등은 국회의 재정에 대한 권한이며, 이는 예산 증대로 인한 국민의 조세 부담 증가를 억제하기 위한 것이므로 국민의 재산권 보호와 관련 있다.

① 국회의 전문성 강화를 위한 국회 기구는 상임 위원회에 해당한다.

② 면책 특권은 국회 의원에게만 부여된다.

③ 법률안은 상임 위원회를 거치지 않고 국회 의장에 의해 직권으로 본회의에 상정되어 심의·의결될 수 있다.

35 다음 사례에 대한 옳은 설명만을 〈보기〉에서 있는 대로 고른 것은?

> A는 교육 시민 단체의 대표로서 교육감 선거에 출마할 의향을 가지고 있었으나, 교육감 입후보자에 대해 5년 이상의 교육 경력 또는 교육 공무원으로서의 교육 행정 경력을 요구하는 지방 교육 자치에 관한 법률로 인하여 교육감 선거에 입후보할 수 없게 되자, 이 법률 조항들이 자신의 공무 담임권을 침해한다는 이유로 이 조항들의 위헌 확인을 구하는 심판을 청구하였다.

> 〈보기〉
> ㉠ A는 법원을 통해서도 위헌 법률 심판 제청을 신청할 수 있다.
> ㉡ 심판 기관이 A의 청구에 대해 기각 결정을 하면 해당 법률 조항들의 효력은 유지된다.
> ㉢ 전원 재판부는 재판관 7인 이상의 출석으로 심리하고, 재판관 과반수의 찬성으로 위헌 여부를 결정한다.
> ㉣ 심판 청구는 재판관 3인으로 구성된 지정 재판부에서 사전 심사하며 청구 여건을 충족하지 못한 경우 각하 결정된다.

① ㉠, ㉢   ② ㉡, ㉢
③ ㉡, ㉣   ④ ㉠, ㉡, ㉣

Point

A가 제기한 것은 헌법 소원 심판이다. 헌법 소원은 공권력의 행사 또는 불행사로 인해 기본권을 침해받은 자가 직접 헌법재판소에 그 권리를 구제해주도록 청구하는 제도이다. A는 해당 법률 조항에 의해 공무 담임권이 침해된다는 이유로 헌법 소원을 제기한 것이다.

㉡ A의 청구가 기각된다는 것은 해당 법률 조항이 위헌이 아닌 것을 의미하므로 그 법률의 효력이 유지된다.

㉣ 사전 심사에서 헌법 소원의 청구 요건을 충족하지 못하는 경우 각하 결정이 내려진다.

㉠ 위헌 법률 심판 제청 신청은 소송 당사자가 해당 법률의 위헌 여부가 재판의 전제가 된 경우에 법원에 신청하는 제도이다. 이 경우 법원은 신청을 받아들여 헌법 재판소에 위헌 법률 심판을 제청하거나 아니면 이를 기각한다.

㉢ 헌법에 의하면 헌법 재판소에서 법률의 위헌 결정을 내리기 위해서는 재판관 6인 이상의 찬성이 있어야 한다.

36 (가)~(다)는 헌법의 기본 원리를 실현하기 위한 방안이다. 이를 〈보기〉의 헌법 조항과 바르게 연결한 것은?

> (가) 상향식 의사 형성 과정을 보장하고 권력을 분립시키며 법률에 따른 행정과 책임 정치를 실현하도록 한다.
> (나) 교육의 정치적 중립을 보장하고 의무 교육 제도를 실시해야 한다. 또한 종교·학문·예술의 자유를 보장해야 한다.
> (다) 국민의 참정권과 언론·출판 및 집회·결사의 자유를 보장해야 한다. 또한 복수 정당 제도 및 민주적 선거 제도에 바탕을 둔 대의제를 실시해야 한다.

> 〈보기〉
> ㉠ 대한민국의 주권은 국민에게 있고, 모든 권력은 국민으로부터 나온다.
> ㉡ 국가는 전통 문화의 계승·발전과 민족 문화의 창달에 노력하여야 한다.
> ㉢ 정당은 그 목적·조직과 활동이 민주적이어야 하며, 국민의 정치적 의사 형성에 참여하는데 필요한 조직을 가져야 한다.

	(가)	(나)	(다)			(가)	(나)	(다)
①	㉠	㉡	㉢		②	㉡	㉠	㉢
③	㉡	㉢	㉠		④	㉢	㉡	㉠

⸛Point▷
(가)는 자유 민주주의 원리, (나)는 문화 국가의 원리, (다)는 국민 주권주의 원리를 실현하는 방안이다.

37 그림의 A, B에 대한 설명으로 옳은 것은?

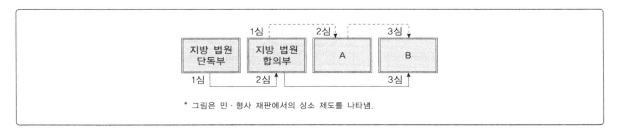

* 그림은 민·형사 재판에서의 상소 제도를 나타냄.

① 대통령과 국회의원의 선거 재판은 A에서 담당한다.
② 특허 법원의 판결에 불복하는 경우, A에 2심을 청구한다.
③ 가정 법원 합의부의 항소 사건은 B에서 담당한다.
④ B의 장(長)은 국회의 동의를 얻어 대통령이 임명한다.

A는 고등 법원, B는 대법원이다. 대통령·국회의원·광역 자치 단체장의 선거 재판은 단심제로 대법원에서 담당한다. 특허 재판은 2심제
이며, 가정 법원 합의부의 항소 사건은 고등 법원에서 담당한다.
행정 재판은 행정 법원→고등 법원→대법원의 3심제이다.

38 다음 사례에서 갑, 을, 병과 관련된 기본권의 공통적 특징을 〈보기〉에서 고른 것은?

- 갑은 대규모 점포의 입점을 규제하는 '유통산업발전법 개정안'의 입법을 촉구하는 입법 청원서를 국회에 제출하고자 한다.
- 을은 ○○시가 관리하는 상수도관의 파열로 인하여 자신의 가옥이 침수되는 피해를 입게 되자 그 손해를 ○○시로부터 배상 받으려 한다.
- 병은 타인의 범죄로 인하여 부모님이 사망하게 되었으나 가해자를 알 수 없어서 그 피해 배상을 받지 못하게 되자 국가로부터 구조를 받으려고 한다.

〈보기〉

㉠ 국가의 존재를 전제로 한 적극적 권리이다.
㉡ 기본권을 보장하기 위한 기본권이라고도 한다.
㉢ 국가의 간섭을 배제하는 자연권적 기본권이다.
㉣ 자본주의의 모순을 극복하는 과정에서 등장하였다.

---

① ㉠, ㉡   ② ㉠, ㉢

③ ㉡, ㉢   ④ ㉡, ㉣

갑은 헌법상 청원권, 을은 국가배상청구권, 병은 범죄피해자 국가구조청구권을 행사하게 된 상황이다. 이들 권리는 모두 헌법상 청구권에
속하며, 청구권은 천부적 권리라기보다는 법률의 규정이 있어야 비로소 청구가 가능하여 국가의 존재를 전제로 한 권리이다. 또한 청구권
은 다른 기본권이 침해되었을 때 이를 구제하거나 침해를 배제할 것을 요구 하는 수단적 권리에 해당한다.
㉢ 국가의 간섭을 배제하는 자연권적 권리로는 자유권이 해당된다.
㉣ 자본주의 모순을 극복하는 과정에서 등장한 기본권은 사회권이다.

Answer   36.④   37.④   38.①

04 개인생활과 법

section 1 민법의 기초 이해

(1) 법의 분류

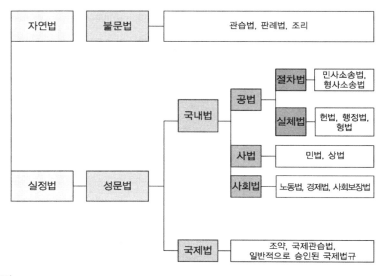

① 공법
  ㉠ 의미 : 국가 또는 공공 단체와 관련된 공권력 관계를 다루는 법 (근대 이전에 중요성 강조)
  ㉡ 법적 주체 : 한 당사자가 국가 또는 공공단체의 경우, 상하수직관계
  ㉢ 종류 : 헌법, 행정법, 형법, 민사 소송법, 형사소송법

② 사법
  ㉠ 의미 : 개인 간의 사적인 생활관계를 규율하는 법 (근대 이후에 강조)
  ㉡ 법적 주체 : 자연인, 사법인 등 사인(私人)인 경우, 수평관계
  ㉢ 종류 : 민법(개인 간의 재산적, 신분적 생활관계규율), 상법(개인이나 기업 간의 경제적 생활관계 규율)

③ 사회법
  ㉠ 의미 : 사적(私的) 생활 영역에 정부가 적극 개입하여 공법적 제재를 가미한 법
    → 사법과 공법의 조화, 사법의 공법화 현상, 제3의 법영역, 법의 사회화, 사회적 강자에 대한 규제, 사회적 약자에 대한 보호(사적자치의 원칙이 부정되는 것은 아님)

문 (가)에 포함되는 법률만을 〈보기〉에서 고르면?

▶ 2019. 6. 15. 제1회 지방직

| (가) |는(은) 근대 자본주의 국가에서 나타나는 모순과 부조리를 해결하기 위해 등장한 법으로, 국민의 사적 영역에 국가가 개입하여 공법적 규제를 가할 수 있도록 제정된 법이다.

〈보기〉
ㄱ. 형사소송법
ㄴ. 근로기준법
ㄷ. 독점규제 및 공정거래에 관한 법률
ㄹ. 민법
ㅁ. 국가배상법
ㅂ. 소비자기본법

① ㄱ, ㄷ, ㄹ
② ㄱ, ㄹ, ㅁ
③ ㄴ, ㄷ, ㅂ
④ ㄴ, ㅁ, ㅂ

┃정답 ③

ⓛ 등장 배경 : 20세기 이후 정부가 사회적 약자 보호를 위해 사적 생활 관계에 개입하면서 등장, 경제적 강자의 횡포나 빈부격차 심화와 같은 근대 자본주의의 문제점을 해결하기 위해 노력

ⓒ 종류 : 노동관련법, 경제관련법, 사회보장법

(2) 민법의 3대 원칙

① 근대 민법의 3원칙

ⓐ 배경 : 개인주의, 자유주의, 합리주의
- 인간은 출생과 생존에 있어서 자유와 평등의 권리를 가진다.
- 사람은 생존한 동안 권리와 의무의 주체가 된다.

ⓑ 내용
- 사유재산권 존중(소유권 절대의 원칙) : 사유재산권의 절대적 지배권 인정, 국가나 타인은 이에 간섭, 제한을 가하지 못함
- 사적 자치의 원칙(계약자유의 원칙) : 각 개인은 그의 자유로운 의사에 기초하여 자신의 법률관계를 형성할 수 있음, 개인의 권리와 의무는 각 개인의 자율적인 의사에 의하여 취득되거나 상실
- 과실 책임의 원칙(자기책임의 원칙) : 타인에게 끼친 손해에 대해서는 고의 또는 과실이 있을 때에만 책임을 진다는 원칙, 개인은 자신의 행위에 대해서만 책임을 지고 타인의 행위에 대해서는 책임을 지지 않음

ⓒ 근대 민법 제한 원리
- 강행법규, 선량한 풍속, 사회질서에 반하면 법률행위는 무효
- 채무의 이행 : 신의와 성실이 요구
- 소유권의 행사 : 법률의 제한에 따라야 하고 타인에게 해를 끼칠 목적으로 행사하면 권리 남용으로 금지

② 현대 민법의 3원칙

ⓐ 배경 : 근대 이후 자본주의 체제가 발전함에 따라 부의 불평등 현상이 일어나고 노사의 대립이 격화되는 과정에서 근대 민법의 3대 원칙은 일정한 한계를 갖는다.

ⓑ 내용
- 소유권 공공의 원칙 : 소유권 절대의 원칙은 가진 자가 대다수의 가지지 못한 자를 지배하는 수단으로 악용
- 계약 공정의 원칙 : 계약자유의 원칙은 경제적 약자에 대한 일방적인 계약 강제 수단으로 변질하였고, 자본가가 노동자를 착취하는 결과 초래
- 무과실 책임의 원칙 : 과실책임의 원칙은 경제적 강자의 책임을 면하는 구실을 제공, 과실책임의 원칙은 경제적 강자의 책임을 면하는 구실 제공

기출문제

문 다음은 판결문의 일부이다. 밑줄 친 '이 사건'에 해당하는 경우로 옳은 것은?

▶ 2021. 6. 5. 제1회 지방직

이 사건의 경우, 갑이 을에게 백만 원을 빌려주면서 맺은 계약은 무효이다.

① 갑은 을에게 속아서 돈을 빌려주었다.
② 갑과 을은 계약서를 쓰지 않고 구두로 계약하였다.
③ 미성년자 갑이 부모의 허락 없이 친구인 을에게 돈을 빌려주었다.
④ 갑은 약속기일 내에 채무를 변제하지 않으면 을의 손목을 자르기로 하였다.

문 〈보기〉의 사례에 나타난 민법의 원칙에 대한 설명으로 가장 옳은 것은?

▶ 2022. 6. 18. 제2회 서울시(보훈청)

〈보기〉
공항 근처에 땅을 소유한 갑(甲)은 15층짜리 주상 복합 건물을 신축하려고 하였으나 5층짜리 건물을 지을 수밖에 없었다. 항공기 이착륙에 문제가 있을 수 있어 고도 제한의 적용을 받기 때문이다.

① 국가는 개인 소유의 재산에 함부로 간섭하지 못한다.
② 개인은 각자의 자율적인 판단에 기초하여 법률관계를 형성할 수 있다.
③ 자신에게 고의나 과실이 없는 경우에도 손해 배상 책임을 질 수 있다.
④ 개인의 소유권 행사가 공공의 이익을 침해한다면 경우에 따라 제한될 수 있다.

┃정답 ④, ④

기출문제

▶ 2023. 6. 10. 제1회 서울시

〈보기 1〉의 A~D에 대한 설명으로 가장 옳은 것을 〈보기 2〉에서 모두 고른 것은?

〈보기 1〉

〈근대 민법의 3대 원칙〉		〈근대 민법 3대 원칙의 수정〉
소유권 절대의 원칙	→	A
B		계약 공정의 원칙
C		D

〈보기 2〉

㉠ A에 따르면 공공복리를 위하여 개인의 소유권을 법률로써 제한할 수 있다.

㉡ B에 의해 사회적 이익에 반하거나 불공정한 계약은 법적 효력이 없다.

㉢ B와 C는 모두 현대 민법에서도 기본 원리로 작용한다.

㉣ D는 자신에게 고의나 과실 없이는 책임을 부담하지 않는다는 원칙이다.

① ㉠, ㉡
② ㉠, ㉢
③ ㉡, ㉣
④ ㉢, ㉣

|정답 ②

Point 팁 현대 민법의 원리가 반영된 법조문

㉠ 소유권 행사의 공공복리 적합 의무

• 헌법 제23조 2항 : 재산권의 행사는 공공복리에 적합하도록 하여야 한다.

• 민법 제2조 2항 : 권리는 남용하지 못한다.

• 민법 제211조 : 소유자는 법률의 범위 내에서 그 소유물을 사용, 수익, 처분할 권리가 있다.

㉡ 계약 공정의 원칙

• 근로 기준법과 노동조합 및 노동관계 조정법의 여러 조문

• 독점 규제 및 공정 거래에 관한 법률, 소비자 보호법, 약관 규제에 관한 법률, 할부거래에 관한 법률, 방문 판매 등에 관한 법률 등의 여러 조문

㉢ 무과실 책임의 인정

• 환경정책기본법 제44조 1항 : 환경오염 또는 환경훼손으로 피해가 발생한 경우에는 해당 환경오염 또는 환경훼손의 원인자가 그 피해를 배상하여야 한다.

무과실 책임주의

근대의 시민법은 과실 책임주의를 원칙으로 하며, 현행 민법 역시 과실 책임주의를 채택하고 있다. 그러나 20세기 이후 자본주의의 발전에 따라 나타난 여러 가지 사회 문제들을 과실 책임주의 만으로는 해결할 수 없게 되었다. 근대 이후 산업 발달로 많은 사회적 위험이나 공해를 유발하는 기업은 막대한 이윤을 챙기는데 반해, 그로 인해 손해를 입은 자는 과실 책임주의만으로는 그에 따른 손해배상을 청구할 수 없게 된 것이다. 무과실책임주의는 특별법의 형태로 규정되고 있으며 판례 역시 이를 인정해 왔다.

하지만 현행 과실 책임주의가 전적으로 폐기된 것은 아니다. 즉, 일반적인 분야에서는 여전히 과실 책임주의가 1차적인 손해배상의 원리로 작용하고 있으며, 특수한 분야에서만 예외적으로 무과실 책임주의가 인정되고 있는 것이다.

---

section 2 법률상 각종 능력

(1) 권리 능력의 발생과 소멸

① 권리 능력 … 권리와 의무의 주체가 될 수 있는 지위 또는 자격으로써, 권리 능력자는 자연인과 법인이 있다.

② 자연인의 권리 능력 발생 … 출생

㉠ 발생 : 모든 자연인은 출생과 더불어 사법상의 권리 능력을 갖게 된다.

㉡ 사람으로 출생한 것으로 족하고 가족관계등록법에 따른 출생 신고와 무관하다.

㉢ 남녀의 구별이 없고, 나이의 차이를 두지 않으며, 질병여부에 관계없이 출생으로 모든 사람은 권리능력을 가진다.

© 출생시기
- 진통설 : 형법상 통설 (생명의 존중)
  → 살인죄 : 진통이 개시된 상태의 태아를 살해할 경우
  　낙태죄 : 진통이 개시되기 전의 태아를 살해할 경우
- 완전 노출설 : 민법상 통설 – 태아가 모체에서 전부 노출된 순간
② 태아(胎兒)의 권리 능력 인정 여부
- 원칙적 규정 : 출생 전이므로 원칙적으로 민법상의 권리 능력이 없음
- 예외적 인정 : 살아서 태어난다는 전제하에 인정된다.
  - 불법행위로 인한 손해배상청구
  - 상속
  - 유증
  - 대습상속
③ 자연인의 권리 능력 소멸 … 사망(사망 시점 → 의학적인 사망 진단에 의해 이루어짐)
○ 심폐 기능 정지설
- 의미 : 호흡과 심장 박동이 영구적으로 정지한 때
- 근거 : 오랜 역사적 관습, 윤리적 관념에 일치
- 현재의 추세 : 우리나라의 통설(通說)
○ 뇌사설
- 의미 : 뇌 기능이 돌이킬 수 없이 상실된 때
- 근거 : 생명의 핵심은 뇌 기능에 있다. 하지만 뇌사는 전문가만이 알 수 있어서 일반적·객관적 사망 시점이 불분명하다.
- 현재의 추세 : 장기 이식의 필요성에서 2000년부터 법적으로(장기등 이식에 관한 법률) 공식 인정됨(제한적)
④ 사망의 입증을 위한 제도
○ 동시 사망의 추정 : 2인 이상이 동일한 위난으로 사망했을 때 동시에 사망한 것으로 추정
○ 인정 사망 : 시체는 발견되지 않았으나 사망이 확실시될 때, 호적부에 사망사실을 기재하여 사망한 것으로 추정
© 실종 선고 : 부재자의 생사불명상태가 일정기간 계속되는 경우에 가정 법원의 선고에 의해 사망으로 간주·요건
- 부재자의 생사불명상태
- 실종기간의 경과(보통실종 5년, 특별실종-전쟁, 선박, 항공, 위난-1년)
- 이해관계인 또는 검사의 청구
- 6개월 이상의 공시최고
- 반증만으로 번복되지 않으며, 사실과 다를 때에는 선고 취소 필요

문 임신 중인 A는 B가 운전하는 자동차에 치여 심하게 다쳤으며, 이 사고로 A의 태아가 유산되었다. 이에 대한 법적 판단으로 옳지 않은 것은?
▶ 2014. 3. 22. 사회복지직
① A는 B에게 손해배상을 청구할 수 있다.
② A가 청구할 수 있는 손해배상의 범위에 정신적 피해는 포함되지 않는다.
③ 민법상 출생의 시기는 전부노출설(완전노출설)이 판례의 입장이다.
④ 민법상 태아는 불법행위에 기한 손해배상의 청구권에 관하여는 이미 출생한 것으로 본다.

문 다음 글의 ㉠과 관련된 내용으로 옳은 것은?
▶ 2016. 4. 9. 인사혁신처

「민법」상 태아는 원칙적으로 (㉠)이/가 없지만 불법행위로 인한 손해배상의 청구, 상속 등과 같은 경우 태아의 (㉠)을/를 인정하고 있다.

① 미성년자는 (㉠)이/가 있다.
② 자연인만 (㉠)을/를 가질 수 있다.
③ 출생신고를 마쳐야만 (㉠)을/를 취득할 수 있다.
④ 제한능력자 제도는 (㉠)이/가 없는 사람을 보호하기 위한 제도이다.

정답 ②, ①

⑤ **법인(法人)의 권리능력**

　㉠ **의미** : 법에 의하여 권리 능력이 부여되어 있는 사단(社團)과 재단(財團)

　㉡ **종류** : 공법인, 사법인, 사단법인, 재단법인, 영리법인, 비영리법인

　㉢ **권리능력의 발생** : 설립 등기와 함께 권리 능력을 갖게 됨

　㉣ **권리능력의 범위** : 정관(定款)의 범위에서 권리 능력을 가짐→자연인 보다는 좁은 범위

　　• 자연인을 전제로 하는 권리를 향유할 수 없음 : 생명권, 친권 등은 없음

　　• 재산권, 명예권, 신용권 등은 향유할 수 있음

　　• 상속권은 인정되지 않으나 유증(유언에 의한 증여)은 받을 수 있음

　㉤ **권리능력의 소멸** : 해산등기

(2) 의사 능력

① **의미** … 법률행위를 함에 있어서 행위의 의미와 결과를 합리적으로 판단하여 정상적인 의사결정을 할 수 있는 정신적 능력 또는 지능 (보통의 성인이 가지는 정상적인 판단 능력)

② **의사 능력의 판단** … 개별적으로 판단

③ **의사무능력자의 법률행위** … 젖먹이, 정신병자, 술에 만취한 자 등 → 원칙적으로 무효

④ **문제점** … 의사능력은 법률행위를 할 개별적인 경우의 실질적 판단 능력을 의미하므로 어느 특정인이 어떤 행위를 할 때에 의사능력을 갖고 있는지 판단하기 어려움.

　→ 일일이 증명할 수 없으므로 형식적이고 획일적인 기준이 필요

(3) 행위 능력

① **의미**

　㉠ 단독으로 유효한 법률 행위를 할 수 있는 능력

　㉡ 자신의 의사 표시로써 유효하게 법률행위를 성립시킬 수 있는 법률상의 자격

② **필요성** … 법률 행위의 효과를 무효화하려면 행위 당시 의사 능력이 없음을 매번 증명해야 함.

③ **행위능력제도** … 객관적·획일적 기준에 의해 의사 능력을 객관적으로 획일화한 제도

④ 행위 무능력자의 법률행위 … 취소 가능

공통점		무효	취소
공통점		법정효과 부인	
차이점	주장	누구라도 가능함	특정인만 가능함
	방치	유효한 것으로 되지 않음	유효한 것으로 될 수 있음
	추인	할 수 없음	할 수 있음
	주장기간	제한 없음	일정 기간에 한함
	예	• 화재로 인해 이미 소실된 건물을 매매하기로 한 계약 • 집을 담보로 도박자금을 대여하는 계약(반사회적 법률행위) • 대리모계약, 첩계약(선량한 풍속을 해치는 법률행위)	피성년후견인이 단독으로 부동산을 매매하기로 한 계약

Point 팁

무효와 취소

㉠ 무효 : 법률요건으로서의 법률행위에 부여되어야 할 법률효과가 처음부터 전혀 발생하지 않은 것

㉡ 취소 : 법률행위가 일단 유효한 법률행위로서 효력을 발생하였으나 후에 법률행위가 있었던 때에 소급하여 효력을 잃게 되는 것

무효	취소
말이나 서면으로 표현하지 않아도 언제라도 주장이 가능하며 처음부터 당연히 법적효력이 없음	말이나 서면으로 '취소한다'는 의사표시가 있어야 효력이 없게 되고, 일정기간이 경과하면 취소 할 수 없음
대부분 제3자에게도 무효임을 주장 가능	선의의 제3자에게는 취소사실을 주장할 수 없음
처음부터 당연히 법적효력이 없으므로 누구든지 효력이 없는 것으로 다루게 됨	법률 행위를 한날로 소급하여 무효였던 것으로 취급하기 때문에 취소로 하기 전에는 효력이 있는 것으로 다루어짐
의사무능력자의 법률행위, 실현불가능한 법률행위, 강행법규에 위반하는 법률행위, 반사회질서의 법률행위	행위무능력자의 법률행위, 착오에 의한 의사표시, 사기·강박에 의한 의사표시

(4) 행위무능력자(無能力者) 제도

① 행위무능력자 제도의 의미

㉠ 목적 : 행위무능력자가 단독으로 행한 법률 행위를 취소할 수 있게 함으로써 행위무능력자를 보호하고자 함

㉡ 적용 범위 : 재산상의 행위에만 적용되고 특별 규정이 있는 경우를 제외하고 가족법상의 행위에는 전혀 적용되지 않음

㉢ 민법상 행위무능력자 : 연령, 법원의 선고에 의해 확정함

민법상 법률행위에 대한 설명으로 옳지 않은 것은?

▶ 2013. 8. 24. 제1회 지방직

① 미성년자는 독자적으로 유효한 법률행위를 할 수 없음이 원칙이다.
② 젖먹이, 만취자와 같은 의사무능력자의 법률행위는 무효이다.
③ 당연 무효인 법률행위는 처음부터 효과가 발생하지 않는다.
④ 취소할 수 있는 법률행위는 특정인이 취소할 때까지는 유효하고 그 이후부터 장래를 향하여 효력을 상실한다.

〈보기〉의 사례에 대한 법적 판단으로 가장 옳은 것은?

▶ 2023. 6. 10. 제1회 서울시

〈보기〉
• 갑(甲, 만 16세)은 법정 대리인의 동의 없이 고가의 스마트폰을 매매하는 계약을 판매자 을(乙, 만 35세)과 체결하였다. 을(乙)은 다음날 갑(甲)이 미성년자임을 알게 되었다.
• 병(丙, 만 17세)은 법정 대리인의 동의 없이 자신의 용돈으로 참고서를 구매하는 계약을 서점 운영자인 정(T, 만 43세)과 체결하였다.

① 갑의 법정 대리인은 갑의 동의를 얻어야 계약을 취소할 수 있다.
② 을은 갑에게 계약의 취소 여부에 대한 확답을 촉구할 수 있다.
③ 갑과 달리 병은 미성년자임을 이유로 계약을 취소할 수 없다.
④ 병이 정과 체결한 계약은 단순히 권리만을 얻거나 의무만을 면하는 행위에 해당한다.

┃정답 ④, ③

② **미성년자**(연령 - 만 19세 미만의 자 + 법원의 선고 ×)

㉠ **요건** : 만 19세 미만인 자(혼인의 경우에는 사법상의 법률관계에 있어서 성년으로 간주)

→ 이혼해도 성년의제 (단, 공법상의 법률관계 - 근로기준법, 선거, 청소년보호법에서는 성년의제×)

㉡ **법률 행위** : 원칙적으로 법정 대리인의 동의를 얻어 법률행위를 할 수 있음

㉢ **단독으로 한 법률 행위** : 미성년자 본인이나 법정 대리인이 취소할 수 있음

㉣ **미성년자의 법정대리인이 갖는 권리** : 동의권, 취소권, 대리권

미성년자 단독 가능 행위
① 단순히 권리만을 얻거나 의무만을 면하는 행위
② 처분이 허락된 재산의 처분행위 (예 : 부모님이 주신 용돈을 사용하는 경우)
③ 영업이 허락된 미성년자의 영업에 관한 행위
④ 혼인을 한 미성년자의 행위 (성년의제)
⑤ 유언행위(만 17세 이상)
⑥ 미성년자의 노동에 대한 자신의 임금 청구 행위
⑦ 자신이 행한 법률행위의 취소

③ **성년후견인제도** ⋯ 성년자의 인간으로서의 존엄성에 비추어 재산보호, 의료행위, 거주지 결정(요양) 등 실질적이고 효율적인 보호를 제공할 수 있는 제도로 도입되었다. 성년후견인제도는 성년후견, 한정후견, 특정후견, 임의후견으로 분류된다.

㉠ **성년후견**

• 성년후견개시의 심판 : 가정법원은 질병, 장애, 노령, 그 밖의 사유로 인한 정신적 제약으로 사무를 처리할 능력이 지속적으로 결여된 사람에 대하여 본인, 배우자, 4촌 이내의 친족, 미성년후견인, 미성년후견감독인, 한정후견인, 한정후견감독인, 특정후견인, 특정후견감독인, 검사 또는 지방자치단체의 장의 청구에 의하여 성년후견개시의 심판을 한다.

• 피성년후견인의 행위와 취소

- 피성년후견인의 법률행위는 취소할 수 있다. 그럼에도 불구하고 가정법원은 취소할 수 없는 피성년후견인의 법률행위의 범위를 정할 수 있다.

- 가정법원은 본인, 배우자, 4촌 이내의 친족, 성년후견인, 성년후견감독인, 검사 또는 지방자치단체의 장의 청구에 의하여 피성년후견인의 법률행위의 범위를 변경할 수 있다.

- 일용품의 구입 등 일상생활에 필요하고 그 대가가 과도하지 아니한 법률행위는 성년후견인이 취소할 수 없다.

ⓛ 한정후견
  • 한정후견개시의 심판 : 가정법원은 질병, 장애, 노령, 그 밖의 사유로 인한 정신
    적 제약으로 사무를 처리할 능력이 부족한 사람에 대하여 본인, 배우자, 4촌 이
    내의 친족, 미성년후견인, 미성년후견감독인, 성년후견인, 성년후견감독인, 특정
    후견인, 특정후견감독인, 검사 또는 지방자치단체의 장의 청구에 의하여 한정후
    견개시의 심판을 한다.
  • 피한정후견인의 행위와 동의
  -가정법원은 피한정후견인이 한정후견인의 동의를 받아야 하는 행위의 범위를 정
    할 수 있다.
  -가정법원은 본인, 배우자, 4촌 이내의 친족, 한정후견인, 한정후견감독인, 검사
    또는 지방자치단체의 장의 청구에 의하여 한정후견인의 동의를 받아야만 할 수
    있는 행위의 범위를 변경할 수 있다.
  -한정후견인의 동의를 필요로 하는 행위에 대하여 한정후견인이 피한정후견인의
    이익이 침해될 염려가 있음에도 그 동의를 하지 아니하는 때에는 가정법원은 피
    한정후견인의 청구에 의하여 한정후견인의 동의를 갈음하는 허가를 할 수 있다.
  -한정후견인의 동의가 필요한 법률행위를 피한정후견인이 한정후견인의 동의 없
    이 하였을 때에는 그 법률행위를 취소할 수 있다. 다만, 일용품의 구입 등 일상
    생활에 필요하고 그 대가가 과도하지 아니한 법률행위에 대하여는 그러하지 아
    니하다.

④ 행위무능력자와 거래한 상대방 보호 - 2차적 목적
  ㉠ **최고권** : 행위무능력자의 상대방이 행위무능력자 측에 대하여 그 법률행위를
    취소할 것인지 말 것인지 여부를 묻는 것을 말한다.
  ㉡ **철회권** : 무능력자와 체결한 계약은 추인이 있을 때까지 상대방이 그 의사표
    시를 철회할 수 있다.
  ㉢ **거절권** : 무능력자의 단독행위는 추인이 있을 때까지 상대방이 거절할 수 있음
  ㉣ **취소권 제한** : 행위무능력자가 사술(거짓)로써 상대방으로 하여금 자신을 행
    위 능력자로 믿게 하거나 법정대리인의 동의가 있는 것으로 믿게 한 경우→
    취소 불가

기출문제

section 3 계약법과 불법행위

(1) 채권 채무의 의미

① 채권의 의미 … 채권자가 채무자에 대하여 일정한 행위(급부)를 청구할 수 있는 권리

② 채무의 의미 … 채권에 대한 의무, 채무자가 일정한 행위를 해야 하는 의무

③ 채권자와 채무자 사이에는 일정한 행위를 청구할 권리와 의무가 있음

구분	물권	채권
권리내용	물건을 직접 지배	특정인에게 일정한 행위 청구
주장대상	배타성(대세효)	당사자 간(대인효)
공개여부	물권변동에는 공시가 필요	제3자에게 공시할 필요없음
종류와 내용	물권법정주의	계약자유의 원칙

(2) 채권의 목적

① 급부 … 채권은 급부, 즉 채무자의 이행을 목적으로 함

> 예 매매계약을 체결하면 매도인은 소유권 등을 이전해 주고 물건을 인도해야 할 채무와 동시에 매매대금을 청구할 수 있는 권리를 가지며 매수인은 매매 대금의 지급 의무를 지는 동시에 계약한 물건의 소유권 이전과 인도를 요구하는 권리를 행사함

② 급부는 실현가능하고 법과 선량한 풍속 등의 사회 질서에 위배되지 않아야 함

(3) 채권의 원인

① 채권의 발생을 목적으로 하는 당사자 간의 합의

② 청약(계약의 내용이 되는 구체적인 사항을 제시하면서 계약체결을 신청하는 것)과 승낙(청약에 대하여 동의를 표시하는 것)으로 성립

(4) 채권의 소멸

① 채무의 이행(변제) … 채무 내용을 이행하는 채무자의 행위

② 채무불이행 … 채권자는 법원의 판결을 받아서 강제 이행시키거나 계약을 해제할 수 있고, 그 밖에 손해배상청구 할 수 있음

(5) 일반불법행위

"고의 또는 과실로 인한 위법행위로 타인에게 손해를 가한 자는 그 손해를 배상할 책임이 있다."(민법 제750조)

① 가해행위 … 가해자가 피해자에게 손해를 야기하는 행위를 했어야 함

문 **다음 사례에 대한 법적 판단으로 옳은 것은?**

▶ 2017. 3. 18. 제1회 서울시

• 갑이 운영하는 커피 전문점에서 아르바이트를 하던 을은 실수로 뜨거운 음료를 쏟아 손님에게 화상을 입혔다.

• 병 소유의 상가를 빌려 피자 가게를 운영하던 정의 가게 간판이 떨어져 행인이 크게 다쳤다.

① 을의 행위에 고의가 없었으므로 불법 행위가 성립하지 않는다.

② 갑의 불법 행위 책임이 인정되더라도 을은 불법 행위 책임을 진다.

③ 병과 정은 공동 불법 행위 책임을 진다.

④ 을과 정의 불법 행위에 대하여 갑과 병은 과실 책임을 진다.

┃정답 ②

② **위법성** ··· 어떠한 법률행위가 사회 전체의 법질서에 위반되는 것(범죄행위를 하다가 피해자의 신체를 상하게 하면 형법에 의해 처벌을 받는 동시에 사람의 신체를 상하게 한 것에 대해 민사적으로 손해배상)

③ **고의, 과실** ··· 가해행위가 가해자의 고의 또는 과실에 의한 것이어야 함.

④ **손해발생**

　㉠ 가해행위로 인해 피해자에게 일정한 손해가 발생하여야 함.

　㉡ 손해의 종류

　　• 재산적 손해

　　－적극적 손해 **예** 치료비

　　－소극적 손해 **예** 일실이익

　　• 정신적 손해 **예** 위자료 : 정신적 손해에 대한 배상금

　㉢ 손해의 발생과 그 금액은 피하재가 입증하여야 함

　㉣ '통상 손해' 배상원칙 : '특별 손해는 가해자의 예견 가능성이 있을 때만 성립

⑤ **인과관계** ··· 가해자의 가해행위와 피해자의 손해발생 간에 인과관계 존재

⑥ **책임능력** ··· 가해자에게 책임능력이 있어야 함. 책임무능력자는 손해배상의 책임이 없다.

　예 7세 어린이가 타인에게 손해를 가하면 어린이가 아니라 부모가 감독 소홀로 손해 배상 책임을 진다.

(6) 손해배상

① **의미** ··· 일정행위나 사실에 의해 타인에게 손해를 입힌 경우에 그 손해를 피해자 이외의 자가 전보하는 것

② **발생원인** ··· 불법행위(원칙 : 과실책임주의 + 예외 : 무과실책임주의) + 채무불이행

③ **배상방법**

　㉠ 금전배상원칙(재산적, 정신적 손해를 구별 안함) : 손해배상은 당사자 간에 다른 의사표시가 없는 한, 재산적 손해이든 정신적 손해이든 간에 금전배상을 원칙으로 함

　㉡ 명예훼손의 경우의 특례 : 타인의 명예를 훼손한자에 대하여 법원은 손해배상과 함께 명예회복에 적당한 처분을 명할 수 있음 (사죄광고→헌법상 양심의 자유를 침해하므로 위헌결정)

　㉢ 교통사고 : 배상금 합의 (공소제기 저지)

　㉣ 후발손해에 관한 배상책임 인정 : 배상액 합의에서 문제가 되는 것은 배상액 합의 이후에 심각한 후유증이 생겼을 경우이다.

④ **청구시효** ··· 손해 및 가해자를 안 날로부터 3년, 불법행위를 한 날로부터 10년

문 〈보기〉의 A~F 중에서 손해 배상 책임을 질 수 있는 사람을 모두 고른 것은?

▶ 2024. 6. 22. 제2회 서울시

〈보기〉

• 유치원에 다니는 A(6세)는 엄마 B(35세)가 청소하는 틈을 타 아파트 10층 자신의 집 베란다에 있던 화분을 창밖으로 던졌다. 이 화분이 아파트 화단에서 텃밭을 가꾸고 있던 C의 머리에 맞아 C는 6주간 치료를 받았다.

• D(34세)는 E(46세)가 운영하는 전자 제품 대리점의 배달 사원으로 고객 F가 구매한 텔레비전을 배달하였다. 설치하는 과정에서 실수로 텔레비전을 넘어뜨렸고, 옆에 서 있던 F의 발 위로 떨어지면서 발가락이 골절 되어 F는 4주간 치료를 받았다.

① B, D
② A, B, D
③ A, D, E
④ B, D, E

정답 ④

⑤ 과실상계 ⋯ 사고 발생에 있어서나 피해의 정도에 있어서 피해자에게도 잘못이 있는 경우에 피해자가 피해의 전부를 배상받도록 하는 것은 공정하지 못하므로 피해자가 잘못한 정도만큼 배상액을 감하는 것

(7) 특수한 불법행위

① 책임 무능력자의 감독자 책임(민법 755조)

- ㉠ 책임 무능력자가 불법행위로 타인에게 손해를 입혔을 때, 그를 감독할 법정 의무자가 그 손해를 배상할 책임을 짐
- ㉡ 감독 의무를 게을리 하지 않았음을 입증할 경우 면책 됨
- ㉢ 중간 책임적 성격을 가짐
- ㉣ 유의점 : 책임능력자(만 18세 미성년자)의 불법행위에 대해서는 감독 소홀과 제3자의 손해와의 인과관계를 입증하여 일반 불법행위의 책임이 있음

> 민법 제753조 미성년자의 책임능력
> 미성년자가 타인에게 손해를 가한 경우에 그 행위의 책임을 변식할 지능이 없는 때에는 배상의 책임이 없다.
> 민법 제754조 심신상실자의 책임능력
> 심신상실중에 타인에게 손해를 가한 자는 배상의 책임이 없다. 그러나 고의 또는 과실로 인하여 심신상실을 초래한 때에는 그러하지 아니하다.
> 민법 제755조 감독자의 책임
> ① 다른 자에게 손해를 가한 사람이 제753조 또는 제754조에 따라 책임이 없는 경우에는 그를 감독할 법정의무가 있는 자가 그 손해를 배상할 책임이 있다. 다만, 감독의무를 게을리하지 아니한 경우에는 그러하지 아니하다.
> ② 감독의무자를 갈음하여 제753조 또는 제754조에 따라 책임이 없는 사람을 감독하는 자도 ①항의 책임이 있다.

> 책임능력은 있으나, 그에게 배상능력이 없는 미성년자의 불법행위에 대한 책임
> 갑은 만 18세의 고등학교 3학년 학생으로 지난 달에 원동기 장치 자전거(오토 바이)운전면허를 취득한 자인데, 도로 상에는 자신의 오토바이를 운행하던 중 운전 미숙으로 을(乙)을 치어 전치 8주의 상해를 입혔다. 을(乙)은 미성년자인 갑에게 손해를 배상한 자력(資力)이 없음을 이유로 그의 편모인 병에게 갑의 불법행위로 인한 손해배상을 청구하였다. 을(乙)의 청구는 인정되는가?
> → 갑은 책임 능력이 인정되는 자이므로 을(乙)에 대한 불법행위책임을 인정하는 데에는 어려움이 없다. 그러나 갑이 무자력일 경우 현실적으로는 을(乙)은 갑으로부터 손해배상을 받을 수 없는 문제가 생긴다. 그래서 피해자인 을이 갑의 친권자인 병에게 그 배상을 청구하려 하는 것이다. 미성년자가 책임능력이 있어 그 스스로 불법행위의 책임을 지는 경우에는 그 손해가 당해 미성년자의 감독의무자의 의무위반과 상당 인과관계가 있으면 미성년자의 불법행위책임과는 별도로 감독의무자로서 손해배상책임을 부담한다. 특히, 이 경우에 그러한 감독 의무 위반 사실 및 손해배상과의 상당 인과 관계의 존재는 이를 주장하는 자(피해자)가 입증하여야 할 것이다.

기출문제

문 다음 사례에 대한 법적 판단으로 옳은 것은?

▶ 2018. 5. 19. 제1회 지방직

학교에서 계속 최상위권을 유지하고 있는 고등학생 갑(만 17세)은 학교가 끝나면 무면허로 아버지의 승용차를 운전하는 일탈 행위를 즐기고 있었다. 그러다 결국 집 근처 길가에 정차된 을과 병의 승용차를 파손시켰다. 갑의 부모는 작은 가게를 운영하느라 갑의 일탈 행위를 전혀 몰랐으므로 자신들은 어떠한 법적 책임도 없다고 주장하고 있다.

① 갑은 형사미성년자이므로 형벌을 부과받지 않는다.

② 갑은 을과 병에 대하여 채무불이행에 근거한 손해배상책임을 진다.

③ 갑은 특별한 사정이 없는 한 책임능력이 있다고 판단되므로 을과 병에 대한 손해배상책임이 있다.

④ 갑이 손해배상책임이 있다면 갑의 부모도 갑의 행위에 대한 감독 의무를 게을리한 것으로 간주된다.

정답 ③

사례에서 을(乙)은 그가 입은 손해와 병의 감독 의무 위반과의 상당 인과 관계를 증명함으로써 제750조를 원용하여 병에게 손해 배상을 청구할 수 있다. (즉, 병에게 일반불법행위에 의한 손해 배상 책임이 있다고 본다.)

구분	미성년자의 손해배상 책임	감독자의 손해배상 책임
미성년자에게 책임능력이 있을 때	○	×
미성년자에게 책임능력이 없을 때	×	○
미성년자에게 책임능력이 없으나 감독자가 감독의무를 다한 때	×	×
미성년자에게 책임 능력이 있고 감독자가 감독 의무를 다하지 못한 때	○	○

② **사용자의 배상 책임**(민법 756조)

　㉠ 타인을 사용하여 어느 사무에 종사하게 한 자는 피용자가 그 사무 집행에 관하여 제3자에게 가한 손해를 배상할 책임이 있다. 그러나 사용자가 피용자의 선임 및 그 사무감독에 상당한 주의를 한 때 또는 상당한 주의를 하여도 손해가 있을 경우에는 그러하지 아니하다.

　㉡ 사용자에 갈음하여 그 사무를 감독하는 자도 전항의 책임이 있다.

　㉢ 전 ㉡항의 경우에 사용자 또는 감독자는 피용자에 대하여 구상권을 행사할 수 있다.

③ **공작물의 점유자·소유자 책임**(민법 758조)

　㉠ 공작물의 설치 또는 보존의 하자로 인하여 타인에게 손해를 가한 때에는 공작물의 점유자가 손해를 배상할 책임이 있다. 그러나 점유자가 손해의 방지에 필요한 주의를 해태라지 아니한 때에는 그 소유자가 손해를 배상할 책임이 있다(소유자의 무과실 책임).

　㉡ 전항의 규정은 수목의 재식 또는 보존에 하자있는 경우에 준용한다.

　㉢ 전 ㉡항의 경우에 점유자 또는 소유자는 그 손해의 원인에 대한 책임 있는 자에 대하여 구상권을 행사할 수 있다.

④ **동물의 점유자의 책임**(민법 759조)

　㉠ 동물의 점유자는 그 동물이 타인에게 가한 손해를 배상할 책임이 있다. 그러나 동물의 종류와 성질에 따라 그 보관에 상당한 주의를 해태하지 아니한 때에는 그러하지 아니하다.

　㉡ 점유자에 갈음하여 동물을 보관한 자도 전항의 책임이 있다.

기출문제

문 다음 글에서 설명하는 개념에 대한 사례에 해당하지 않는 것은?

▶ 2016. 4. 9. 인사혁신처

일반적인 불법행위와 달리, 우리 「민법」은 일정한 경우에 특수 불법행위의 유형을 정하여 손해배상책임을 지우고 있다.

① 개를 데리고 산책하다가 주의를 게을리한 사이 개가 행인을 물어 상처가 난 경우, 개의 점유자가 그 손해를 배상해 주었다.

② 칵테일 가게 종업원이 칵테일 제조 묘기를 하던 중 잘못 던진 컵에 손님이 부딪혀 부상을 입은 경우, 사용자가 그 손해를 배상해 주었다.

③ 타인의 승용차 운전 중 부주의로 인해 상품 진열대를 파손하여 운전자가 그 손해를 배상해 주었다.

④ 5세 자녀가 타인의 집 유리창을 부주의로 파손한 경우, 그 자녀의 부모가 손해를 배상해 주었다.

▌정답 ③

⑤ 공동 불법 행위 책임(민법 760조)

㉠ 수인이 공동으로 불법행위로 타인에게 손해를 가한 때에는 연대하여 그 손해를 배상할 책임이 있다.

㉡ 공동 아닌 수인의 행위 중 어느 자의 행위가 그 손해를 가한 것인지를 알 수 없는 때에도 전항과 같다.

㉢ 교사자나 방조자는 공동행위자로 본다.

section 4 친족법

(1) 혼인

① 의미 … 남녀가 부부가 된다는 의사의 합치에서 출발하는 일종의 계약

② 혼인 성립의 실질적 요건

㉠ 남녀 당사자의 자유로운 의사 합치가 있을 것

㉡ 혼인 연령에 이르렀을 것(남자, 여자 18세 통일). 다만 미성년자의 경우에는 부모 등의 동의를 얻어야 한다.

㉢ 근친 간 혼인이 아닐 것

㉣ 중혼(重婚, 아내나 남편이 있는 사람이 다른 사람과 혼인하는 것)이 아닐 것

③ 혼인 성립의 형식적 요건 … 가족관계등록법이 정하는 혼인 신고를 할 것 (법률혼주의) → 혼인 신고를 하지 않을 경우 법률적인 보호(상속 등)를 받지 못함

④ 혼인의 효과

㉠ 친족 관계(인척)의 발생 → 시부모, 장인, 장모, 형부, 처제 등

㉡ 부부 동거, 부양, 협조, 정조를 지킬 의무

㉢ 부부가 낳은 자녀는 혼인 중의 출생자가 됨

㉣ 부부의 일방이 사망하면 생존 배우자에게 상속권이 생김

㉤ 성년의제

㉥ 부부 간의 계약 취소권(부부사이에서 혼인 중에 맺은 계약은 언제든지 부부의 일방이 이를 취소 할 수 있다.)

㉦ 부부 간의 일상(日常) 가사(家事) 대리권 발생(공동생활에서 필요로 하는 통상적 사무를 원활히 수행하기 위해서 부부 서로가 쌍방을 대리할 수 있음)

⑤ 혼인의 무효와 취소

㉠ 혼인의 무효요건

• 당사자 간에 혼인의 합의가 없는 때

• 8촌 이내의 혈족 사이의 혼인일 때

• 당사자 간에 직계 인척 관계가 있거나 있었던 때

ⓛ 혼인의 취소요건
- 혼인 연령에 미달하는 혼인, 사기 또는 강박에 의한 혼인
- 배우자가 있는 자의 이중 혼인, 악성 질환, 기타 중대한 사유가 있었던 것을 모르고 한 혼인

(2) 사실혼(事實婚)

① 의미 … 실상 혼인 생활을 하고 있으면서 혼인신고가 없기 때문에 법률상 혼인으로서 인정되지 않는 부부 관계. 따라서 사실혼은 장래 부부가 되자는 합의만 있고 부부생활의 실체가 없는 약혼과 다르며, 혼인 의사를 가지지 않는 동거, 첩 관계 등과도 구별된다.

② 성립요건
  ㉠ 사실상의 혼인 의사가 있어야 함
  ㉡ 당사자 사이에 사회 관념상 부부 공동 생활이라고 인정할 만한 사회적 사실이 존재해야 함
  ㉢ 선량한 풍속, 기타 미풍 양속에 반하지 않아야 함 : 부첩관계는 사실혼 불인정

③ 사실혼의 효과 … 신분적 효과 – 법률상의 부부와 마찬가지로 동거하여 협조하고 부양의무존재

④ 재산적 효과
  ㉠ 일상가사대리권, 일상 가사에 의한 채무 연대 책임은 있다.
  ㉡ 각자의 특유 재산을 수익·관리 가능하며, 사실혼 관계 이후에 함께 노력하여 모은 재산은 공동 소유가 된다.
  ㉢ 신고를 전제로 하는 효과 : 사실혼은 혼인 신고를 전제로 하는 법률적 효과를 받지 못한다.
    - 중혼이 성립되지 않고, 호적 변동도 생기지 않으며, 친족 관계도 발생하지 않음
    - 부정행위에 따른 위자료 청구 가능
    - 상속권은 인정되지 않음
  ㉣ 자녀의 신분 : 혼인 외의 자로서 부의 인지가 없으면 어머니의 성과 본을 따른다.
  ㉤ 기타
    - 연금수령가능 : 국민연금법상 '유족'에서 사실혼 관계의 배우자를 인정하고 있다.
    - 제3자의 불법행위로 인한 손해배상 청구가능 : (판례) "사실혼의 남편을 살해한 자는 사실혼의 처에게 위자료를 배상할 책임이 있다."고 한다.
    - 사실상 혼인관계 존재 확인 청구 : 가정 법원의 확인에 의해 강제적으로 혼인신고 가능
    - 임차권 승계 가능 : 주택임대차보호법에 따라 임차인의 사실혼 배우자도 임차인이 사망할 경우 임차권을 승계

기출문제

문 다음 사례에 대한 설명으로 옳지 않은 것은?
▶ 2016. 6. 18. 제1회 지방직

- 갑은 만 18세이다. 갑에게는 할아버지로부터 증여받은 3억 원 상당의 주택이 있다. 갑은 ㉠부모의 동의를 얻어 만 21세의 을과 결혼식을 올린 후 혼인신고를 마쳤으나, 같이 살고 있지는 않다.
- 병과 정은 모두 만 32세이다. 병에게는 그 동안 회사 생활을 하면서 모아둔 돈으로 마련한 ㉡2억 원 상당의 주택이 있다. 혼인의 사가 있는 병과 정은 ㉢결혼식을 올리고 ㉣공동생활을 하고 있지만 아직 혼인신고는 하지 않았다.

① 갑은 ㉠없이 을과 이혼할 수 있다.
② 병이 사망한 경우에도 정은 ㉡에 대한 상속권을 취득하지 못한다.
③ ㉢과 ㉣에도 불구하고 ㉡은 병과 정의 공동재산으로 추정되지 않는다.
④ 병이 정의 이혼요구에 동의하지 않는 경우, 병은 법원의 판결을 통해 이혼할 수 있다.

정답 ④

⑤ 사실혼의 법률 효과

㉠ 사실혼 당사자에게는 동거, 부양, 협조의 의무가 인정된다.

㉡ 사실혼의 부당파기는 불법행위가 된다. (손해배상 의무를 진다.)

㉢ 사실상 혼인관계 존재확인청구를 통해 강제적으로 혼인신고를 하는 방법이 인정된다.

㉣ 일상가사대리권이 있고, 일상가사채무에 대하여 연대책임을 진다.

㉤ 재산분할청구권이 있다.

㉥ 강제적으로 혼인신고를 하는 방법이 인정된다.

㉦ 당사자 중 일방의 사망으로 인한 정신적 손해에 대한 배상청구권을 가진다.

㉧ 주택임차권의 승계가 인정된다.

㉨ 공무원연금법, 군인연금법, 사립학교교직원연금법, 산업재해보상보호법 등의 유족 급여를 받을 수 있다.

(3) 약혼(約婚)

① 약혼의 성립요건

㉠ 양 당사자의 약혼에 관한 합의

㉡ 혼인 연령에 달할 것 (남 : 18세, 여 : 18세)

㉢ 양 당사자 간 근친관계가 아닐 것

② 약혼의 효과

㉠ 정조의 의무 : 위반할 경우 약혼 해제 사유와 손해배상 책임을 질 수 있음

㉡ 혼인 강제 이행 : 약혼을 했다고 해서 강제 이행 청구는 불가능

㉢ 간통죄의 성립 여부 : 약혼 중 정조의 의무를 위반했어도 간통죄는 불성립

③ 약혼의 해제

㉠ 사유 : 자격 정지 이상의 형을 받은 경우, 금치산·한정치산선고를 받은 경우, 불치의 악질이 있을 경우, 타인과 약혼·혼인한 경우, 간음한 경우, 1년 이상 생사 불명 등

㉡ 효과

• 손해배상청구 : 과실이 있는 상대에 대해 정신상·재산상 손해배상 청구 가능

• 약혼예물반환청구 : 과실이 없는 상대만 가능

(4) 이혼

① 혼인의 해소 … 자연적 해소(사망, 실종 선고), 인위적 해소(이혼)

② 이혼 … 부부의 생존 중에 당사자의 합의나 법원의 재판에 의해 인위적으로 부부 관계를 해소시키는 일 → 이혼의 자유 인정

③ 이혼의 종류

㉠ 협의상 이혼

- 요건 : 부부의 의사 합치에 의한 이혼으로 이유나 원인, 동기는 묻지 않음

📖 실제로는 이혼의 의사가 없으면서 어떤 필요에 의해 부부가 형식적으로만 협의 이혼을 하는 것은 무효이다.

- 절차 : 이혼숙려기간 거친 후 가정 법원에서 진정한 이혼 의사의 확인(진정한 이혼 의사 여부를 공적으로 확인)
- 3개월 이내에 본적지 또는 주소지 관할 구청에 신고한다.(3개월 이내에 이혼 신고를 하지 않으면 협의 이혼은 무효가 된다.)
- 이혼 숙려 제도
- 협의이혼 당사자는 일정 기간(양육하여야 할 자녀가 있는 경우는 3개월, 양육하여야 할 자녀가 없는 경우는 1개월)이 경과한 후 가정법원으로부터 이혼의사 확인을 받아야만 이혼이 가능하도록 함.
- 과거 협의이혼제도는 당사자의 이혼의사 합치, 가정법원의 확인, 호적법에 의한 신고 등 간편한 절차만으로도 이혼의 효력이 발생함으로써 혼인의 보호보다는 자유로운 해소에 중점을 두고 있다는 문제점이 있었다.
- 신중하지 않은 이혼이 방지될 것으로 기대된다.

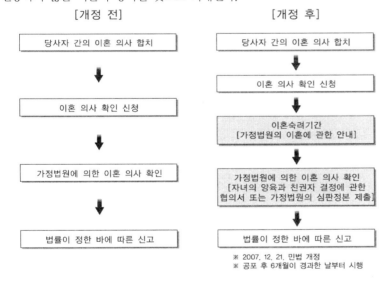

㉡ 재판상 이혼 : 협의를 통한 이혼이 불가능 할 때

- 요건 : 부부관계가 파탄의 상태에 이르러 부부관계를 더 이상 유지할 수 없지만, 합의에 의한 이혼이 불가능한 경우에 주소지 관할 법원에 이혼소송을 청구하여 판결로써 부부관계를 해소하는 것
  → 이혼하기 위해서는 이혼 청구자가 법률이 정한 이혼 사유를 충분히 증명해야 한다.

기출문제

🔎 밑줄 친 ㉠, ㉡에 대한 설명으로 옳은 것은?

▶ 2020. 7. 11. 인사혁신처

갑과 을은 법률상의 부부이다. 혼인 생활을 유지하던 중 갑은 을의 심각한 부정행위를 알게 되어 을에게 ㉠협의상 이혼을 요구하였다. 하지만 을은 이를 거절하였고, 이에 갑은 가정법원에 ㉡재판상 이혼을 청구하였다.

① ㉠의 효력은 법원에서 이혼 의사 확인을 받은 즉시 발생한다.
② ㉠과 달리 ㉡에서만 을은 갑에게 재산 분할을 청구할 수 있다.
③ ㉠, ㉡ 모두 법원을 거쳐야만 혼인 관계를 해소할 수 있다.
④ ㉡은 법률로 정한 이혼의 사유나 원인을 필요로 하지 아니한다.

┃정답 ③

• 재판상 이혼의 원인(민법 제840조)
– 배우자의 부정행위 : 혼인 후에 일어난 부부 간의 정조 의무에 위배되는 일체의 탈선행위
– 배우자의 악의적인 유기하는 때(악의로 다른 일방을 유기한다는 것은 나쁜 의도로 상대방을 내버려 둔다는 뜻
  > **예** 동거, 부양, 협조의 의무를 이행하지 않는 행위를 말한다(상대방을 내쫓는다든가 가족을 버려두고 장기간 가출하는 행위 또는 악의적으로 생활비 지급을 거부하는 행위, 단, 경제적인 이유로 돈벌이를 나간 경우는 악의의 유기가 되지 않는다).
– 배우자 또는 직계존속으로 부터 심히 부당한 대우를 받을 때(심히 부당한 대우란 신체, 정신에 대한 학대 또는 명예에 대한 모욕을 의미한다.)
– 자기의 직계존속에 대한 배우자의 심히 부당한 대우가 있을 때
– 배우자의 생사가 3년 이상 불분명한 경우(배우자의 생사가 3년 이상 불분명 하다면 더 이상 혼인을 강제할 수 없는 상황이라고 보아 이혼을 청구할 수 있게 함. 실종선고는 신고 후 5년이 지나면 사망으로 간주되기 때문에 자동적으로 혼인관계가 해소되지만, 이 조항은 법원의 실종선고와는 다르다. 따라서 상속의 문제는 발생하지 않는다.)
– 그 밖에 혼인을 계속하기 어려운 중대한 사유
  • 2~3달 간격으로 5~6회 가량 무단 가출하고 이후에도 가출이 계속되어 별거상태에 이르렀을때, 배우자의 범죄로 인한 구속
  • 불치의 정신병으로 상대방의 일생을 희생시켜야 할 정도로 심할 때
  • 임신 능력(무정자증)과 관련해서는 이혼을 허락하지 않으나, 성적인 불능, 부부관계 거부 시에는 이혼을 허락함.
  • 단순한 애정 상실만을 이유로 이혼소송에서 승소하기 어렵고 혼인 관계의 심각한 파탄의 원인이 있어야 한다.
  • 경제적 파탄, 허영으로 인한 지나친 낭비, 불성실 또는 지나친 사치, 거액의 도박, 과도한 종교생활의 경우에는 이혼 허락함
• 혼인파탄의 원인 행위자는 이혼을 청구할 수 없음이 원칙
• 가사조정전치주의 : 이혼 소송을 제기하기 전에 먼저 이혼 조정을 거치고, 조정이 성립하지 않으면 재판을 통해 이혼을 하게 된다.
• 이혼 신고 : 재판상 이혼의 효력은 판결에 의해 발생한다.

④ 이혼의 효과 – 부부 간 효과
  ㉠ 혼인에 의해 성립한 부부 사이의 모든 권리와 의무, 친족관계 소멸(예 : 부부 간의 계약취소권, 일상가사대리권소멸)
  ㉡ 부부 공동 재산에 대한 분할 청구권(이혼의 책임이 있는 일방의 경우에도 재산 분할 청구가 가능함, 전업주부도 재산분할청구가능)
  ㉢ 사해 행위 취소권 : 부부의 일방이 상대방 배우자의 재산 분할 청구권 행사를 해함을 알고 사해 행위를 한 때에는 상대방 배우자가 그 취소 및 원상 회복을 법원에 청구할 수 있음

ⓐ 위자료 청구 : 이혼에 따른 정신적 피해에 대한 것으로 협의상 이혼에서도 가능함
ⓔ 재판상 이혼 시 이혼에 책임이 있는 상대방에 대한 손해배상청구권 발생

⑤ 이혼의 효과 – 부모와 자녀 간 효과
ㄱ 자녀에 대하여 친권을 행사할 자는 부모의 협의로 정함
ㄴ 협의 이혼 시 자녀 양육 사항 및 친권자 지정 합의 의무화
• 양육자의 결정, 양육 비용의 부담, 면접교섭권의 행사 여부 및 방법, 친권자 지정 미리 결정
• 자녀의 복리에 반하는 협의는 가정법원이 직권으로 보정
• 양육에 관한 협의가 이루어지지 아니하거나 협의할 수 없는 때에는 가정법원이 결정
ㄷ 면접교섭권
• 자녀를 직접 양육하지 않는 부모 중 일방이 가짐
• 자녀의 면접교섭권도 인정

[협의상이혼과 재판상이혼의 비교]

구분	협의상 이혼	재판상 이혼	비고
사유	사유에 제한 없다.	민법 제840조에 규정된 사유로 한정된다.	
절차	이혼확인신청 → 법원에서 발급한 이혼 확인서 → 구청 등에 신고		
면접교섭권	○	○	
재산분할청구권	○	○	사실혼의 해제에서도 인정
위자료청구권	• 법에 규정 없다. • 학설로 인정한다.	법에 규정 있다. (민법 제843조)	사실혼의 해제에서도 인정

(5) 친자관계(부모와 자녀 간의 법률관계)

① 친생자(혈연) … 부모와 혈연관계에 있는 자
ㄱ 혼인 중의 출생자
• 법률혼 부부 사이에 잉태하여 태어났다고 법률이 인정하는 자녀, 남편의 아이로 추정
• 부부가 공동의 친권을 행사함

기출문제

🔵 〈보기〉의 사례에 대한 법적 판
단으로 가장 옳은 것은?

▶ 2022. 6. 18. 제2회 서울시

〈보기〉

법률혼 부부인 갑(甲)과 을(乙)은
자녀 A를 두고 있었는데, 갑(甲)의
부정한 행위로 을(乙)은 A가 8세
가 되던 해에 갑(甲)과 재판상 이
혼을 하였다. 한편, 결혼 후 혼인
신고를 하였지만 자녀가 없었던
병(丙)과 정(丁) 부부는 적법한 절
차를 거쳐 을(乙)이 홀로 양육하던
A를 친양자로 입양하였다. 얼마
후 교통 사고로 병(丙)이 유언없이
사망하였는데 채무 없이 재산 10
억을 남겼다.

① 갑(甲)과 을(乙)은 3개월의 이혼
숙려 기간을 거쳐 이혼하였다.
② 갑(甲)은 유책 배우자로서 혼
인 중 공유 재산에 대한 분할
을 청구할 수 없다.
③ 친양자로 입양된 A는 병(丙)과
정(丁)의 혼인 중의 출생자로
간주된다.
④ 병(丙)의 사망으로 법정 상속
순위에 따라 정(丁)이 단독 상
속하게 된다.

ⓛ 혼인 외의 출생자
- 법률혼 부부가 아닌 경우(사실혼 관계, 외도)의 자녀
- 인지(認知)해야만 부자(父子)관계성립
- 부(父)의 인지 이전 : 모(母)가 친권을 가짐
- 부(父)의 인지 이후 : 모(母)와 협의로 정하고, 합의 안 되면 법원이 정함

② 양자(養子) … 생리적인 혈연관계는 없지만 법에 의해 창설된 인위적 친자관계

③ 친양자(親養子) … 15세 미만의 양자를 입양할 경우 입양 전의 친족 관계를 종료
시키고 양친의 혼인 중의 출생자로 보며 양친의 성과 본을 따를 수 있는 제도

④ 일반양자 대 친양자
ㄱ 일반양자
- 민법 제866조 내지 제908조
- 법률상 친생자는 아님
- 친생부모와의 친족관계 및 상속관계가 유지
- 친생부의 성과 본을 유지
- 연령제한 없음
- 협의에 의해서만 입양
- 협의상 파양 가능
ㄴ 친양자
- 민법 제908조의2부터 8까지
- 양자를 법률상 완전한 친생자로 인정하려는 제도
- 일반양자와 달리 친생부모와의 친족관계 및 상속관계는 모두 종료
- 성과 본도 양부의 성과 본으로 변경할 수 있음
- 친양자가 될 자가 15세 미만이어야 함
- 친생부모의 입양동의를 얻어 반드시 가정법원의 친양자 입양재판을 거쳐야 함.
- 협의상 파양은 불가능

정답 ③

section 5 상속법

(1) 상속

① 의미 … 사람이 사망함으로써 그(피상속인)가 가지고 있던 재산에 관한 권리와 의무를 일정 범위의 친족과 배우자에게 포괄적으로 승계해 주는 재산의 이전

② 상속능력 … 자연인(태아 포함)이 가짐, 법인 및 사실혼의 배우자는 법정 상속을 받을 수 없음

③ 상속의 개시 … 자연인의 사망(실종선고, 인정사망)에 의해서 상속 개시

④ 상속의 대상 … 재산(적극적 재산→동산, 부동산, 채권, 지적 재산권), 소극적 재산→(채무)

⑤ 상속자격의 박탈 … 피상속인에게 부도덕한 행위나 유언에 대한 부정행위를 했을 때

⑥ 상속의 종류
  ㉠ 유언 상속(유언이 있을 경우), 법정 상속 (유언이 없을 경우)
  ㉡ 유언이 있을 때에는 유류분을 제외하고는 유언에 따르고, 유언이 없을 때에는 법정 상속함

(2) 법정 상속

① 상속 능력자
  ㉠ 자연인만 상속(태아 인정)
  ㉡ 사실혼의 배우자는 상속인이 될 수 없음
  ㉢ 자신을 낳은 친부모와 양부모가 있을 때, 상속에 있어서 양측은 순위가 동일하다.
  ㉣ 혼인관계에서 태어난 자녀와 그 이외의 관계에서 태어난 자녀, 장남과 차남, 딸과 아들, 기혼과 미혼, 동복과 이복 사이에 상속액의 차이는 없다.

② 상속인의 순위(유증이 없는 경우의 순위)
  ㉠ 피상속인의 직계비속(자, 손자, 증손자 등)과 피상속인의 배우자
    • 직계비속이 수인인 경우 근친부터, 촌수가 같으면 동등하게 상속
    • 자연혈족이건 법적혈족(양자)이건 차별 없음
    • 계모자 사이와 적모서자 사이에는 상속권이 인정되지 않음
    • 태아는 살아서 출생한 경우 상속권이 인정됨
  ㉡ 피상속인의 직계존속과 피상속인의 배우자(부모, 조부모, 증조부모 등)
    • 직계존속이 수인인 경우 촌수가 근친부터이며, 촌수가 같으면 동등하게 상속
    • 직계존속은 부계이건 모계이건, 양가측이건 생가측이건 불문
    • 적모와 계모는 상속권이 없음.

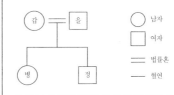

기출문제

ⓒ 피상속인의 배우자 : 직계비속과 직계존속이 없는 경우 배우자 단독으로 상속

ⓔ 피상속인의 형제자매

ⓜ 피상속인의 4촌 이내의 방계혈족(삼촌, 고모 등)

③ **법정상속의 상속분** … 균등 분할 상속이 원칙이나 피상속인의 배우자는 직계비속이나 직계존속의 상속분의 5할을 가산함

문 갑(甲)에게는 홀어머니 을(乙), 남동생 병(丙), 부인 정(丁)과 아들 무(戊)가 있다. 갑(甲)이 유언 없이 사망하였을 때, 무(戊)의 법정 상속분에 따른 상속액은? (단, 갑의 재산은 18억 원이고 빚은 없다)

▶ 2016. 3. 19. 사회복지직

① 4억 원
② 4억 5천만 원
③ 7억 2천만 원
④ 9억 원

상속분의 계산 : 부(父)가 사망한 경우

상속인	모	장남	장남 사망시 대습		차녀
			처	자	
상속분	1.5	1	(3/5)	(2/5)	1
분배율	3/7	2/7	6/35	4/35	4/35

동시 사망의 상속 문제
동시 사망의 경우 사망자 간에는 상속이 발생하지 않는다.
예 교통사고로 '본인'과 '자'가 사망하였다.
① '본인'이 '자'보다 먼저 사망한 경우
  • 상속인은 직계비속(자)과 배우자(처)
  • '자'의 사망으로 직계 존속인 '처'가 '자'의 유산 상속
  • 최종적으로 '처' 단독으로 유산 상속
② '자' 가 먼저 사망
  • 직계 비속이 없으므로 직계존속인 '모'와 배우자인 '처'가 공동 상속
③ 동시 사망
  • '본인'과 '자' 사이에서는 상속이 발생하지 않는다.
  • 직계존속인 '모'와 배우자인 '처'가 공동 상속

④ 대습상속
  ⊙ **의미** : 상속인이 상속 개시 전에 사망 또는 상속권을 상실한 경우(패륜 행위 등) 사망한 상속인의 직계비속이나 배우자가 재산을 상속하는 것
  ⓛ 대습상속자는 상속권자여야 하고 그 상속권자가 처나 직계비속이 있어야 함
  ⓒ 동시사망의 경우도 대습상속은 인정(판례)

⑤ 상속 재산에 특별한 기여를 한 사람의 경우(기여분 제도)
  ⊙ 상속인 중 동거, 간호 등 사망한 자를 특별히 보살폈거나, 그 재산을 관리하거나 증식시키는 데 노력한 자가 있다면, 다른 상속인들과 합의로 그 기여에 대해 일정한 보상액을 정할 수 있다. 이 경우, 상속의 비율을 정할 때 기분이 되는 상속 재산을 계산함에 있어서는 그 사람에 대한 보상액을 뺀 재산이 그 기준이 된다.

▌정답 ③

ⓛ 다른 상속인들이 기여자의 노력을 인정하지 않거나 얼마를 보상할지 합의되지 않을 때에는 기여자가 가정법원에 청구하여 이를 인정받을 수 있다.

(3) 유언(遺言)

① 의미 … 유언자의 사망과 동시에 일정한 법률 효과를 발생시키는 것을 목적으로 하는 단독적 법률 행위

② 요식주의 … 민법이 정한 방식에 의해야만 효력 발생

③ 유언의 효력

ⓐ 유언자가 유언할 당시 의사 능력이 있어야 효력 발생(심신상실 또는 혼수 상태의 유언은 무효)

ⓑ 유언 당시 17세 이상이어야 함

ⓒ 유언을 한사람이 아직 살아있는 동안에 특별한 이유가 없어도, 유언자는 언제든지 유언의 일부 또는 전부를 취소할 수 있음

④ 유언의 효력 발생 시기 … 사망 시

⑤ 유언의 방법

ⓐ 공정증서에 의한 유언 : 유언자가 두 명의 증인이 참여한 공증인의 면전에서 유언의 취지를 말하고, 공증인이 이를 필기, 낭독하여 유언자와 증인이 그 정확함을 승인한 후, 각자 서명 또는 기명날인한다.

ⓑ 비밀 증서에 의한 유언 : 작성자 자신의 이름이 포함된 증서를 엄봉하고, 엄봉하였음을 확인하기 위해 날인한다. 그리고 작성자가 해당 증서를 작성하였다는 것을 2인 이상의 증인을 통해 확인받고, 그 증인과 자신이 증서 위에 서명하거나 기명날인한다.

ⓒ 구수증서에 의한 유언 : 질병이나 기타 급박한 사유로 다른 방식에 의하여 유언을 할 수 없을 때 2명 이상의 증인이 참여한 상태에서 유언자가 말로 유언하고 증인이 이를 필기, 낭독하여 유언자와 증인이 그 정확함을 승인한 후, 각자 서명 또는 기명날인한다.

ⓓ 자필 증서에 의한 유언 : 스스로 쓴 유언. 남이 써주었거나 컴퓨터로 작성하여 인쇄한 것은 자필증서로 인정되지 않아 무효가 된다. 그리고 유언의 내용 외에도 연원일, 주소, 성명을 작성하고 날인을 반드시 하여야 한다. 또한 문자를 모르는 사람은 유언을 남길 수 없고, 증인이 참여하지 않기 때문에 유언증서가 쉽게 위조, 변조될 수 있다는 점이 단점이다.

ⓔ 녹음에 의한 유언 : 유언자는 유언의 취지, 그 성명과 연월일을 말하고 이에 참여한 증인이 자신의 성명을 밝히고 유언의 정확함을 확인하였음을 녹음한다.

기출문제

🔲 다음 사례에서 갑의 재산에 대한 상속인과 상속액으로 옳은 것은?
▶ 2013. 9. 7. 서울시

갑은 아내 A, 딸 B, 노모(老母) C와 함께 살고 있었다. 그러던 어느 날, 갑은 교통사고를 당하여 유언 없이 전 재산 7억 원을 남기고 사망하였다.

---

① A : 3.5억 원, B : 3.5억 원
② A : 4.2억 원, B : 2.8억 원
③ A : 4.2억 원, C : 2.8억 원
④ A : 3억 원, B : 2억 원, C : 2억 원
⑤ A : 3억 원, B : 3억 원, C : 1억 원

| 정답 ②

기출문제

⑥ 유류분 제도

　㉠ 제도의 취지 : 유언을 하는 자는 원칙적으로 자기 재산을 자유로이 처분할 수 있다. 그러나 모든 재산을 사회에 기부한다든지, 상속인 중 소수에게 몰아준다든지 하여 다른 상속인이 생활하기조차 힘들어지는 등 상속인들의 지나친 희생을 강요하는 경우가 있다. 이런 경우 상속인들을 보호하기 위해 법률이 상속 재산 중의 일정한 비율을 그들에게 보장해 주는데, 이를 유류분이라고 한다. 물론 상속인은 이 권리를 포기할 수 있다.

　㉡ 의미 : 피상속인이 유언으로 상속 재산 전부를 제3자에게 처분했을 때, 유가족이 유증을 받은 자를 대상으로 법적 상속분의 일정 부분의 반환을 요구할 수 있는 제도

　㉢ 유류분 주장 범위

　　• 피상속인(사망한 자)의 직계비속(아들, 손자, 증손자, 외손자 등)은 그 법정 상속분의 1/2

　　• 피상속인의 배우자는 그 법정 상속분의 1/2

　　• 피상속인의 직계존속(부모, 증조부모, 외조부모 등)은 그 법정 상속분의 1/3

　　• 피상속인의 형제자매는 그 법정 상속분의 1/3

(4) 상속포기와 한정승인

① 상속포기제도

　㉠ 의미 : 재산보다 빚이 더 많을 경우, 이를 안지 3개월 안에 법원에 상속포기 신청을 하는 것

　㉡ 만일, 이 기간 안에 신청하지 않는다면, 단순승인이라 하여 상속포기의사가 없다는 것으로 간주되기 때문에 빚을 갚아야 하는 의무가 생긴다.

　㉢ 주의할 점은 상속우선순위에 있는 사람이 상속을 포기한다면 다음 순위의 사람에게 상속이 승계된다는 것이다. 즉, 할아버지의 상속을 아버지가 포기하였다면, 다음 순위인 손자나 가장 가까운 친족에게 승계된다.

　㉣ 따라서 법률상 상속받을 순위에 있는 모든 사람(즉, 4촌 이내의 방계혈족까지)이 같이 상속포기를 신청해야 함.

　㉤ 상속을 포기하면 일단 피상속인의 재산은 모두 채권자에게 넘어가게 된다.

② 한정 승인

　㉠ 의미 : 상속받은 재산의 범위 내에서 빚을 갚는 것

　㉡ 부동산처럼 상속 재산의 가치가 분명하지 않거나 빚의 규모를 정확히 알 수 없을 때 신청하면 된다.

③ 채권자에게 불리한 상속포기와 한정상속제도를 만든 이유
  ㉠ 민법에서 가정하는 권리와 의무의 주체를 독립된 개인으로 보기 때문이다.
  ㉡ 즉, 아버지의 재산과 빚은 모두 아버지의 책임이며 이에 대한 해결도 아버지가 생전에 해야 한다는 정신이 깔려 있다.

④ 한정승인과 상속포기의 차이

구분	단순 승인	한정 승인	상속포기
상속재산과 빚	상속 재산 > 빚	상속 재산 ≒ 빚	상속재산 < 빚
상속효과	상속 재산 뿐 아니라 빚까지도 모두 상속	상속 재산의 한도 내에서 빚을 갚음	상속 재산을 포기하며 빚도 갚지 않음
상속방법	• 특별한 절차를 밟지 않음 • 필요 없이 가만히 있으면 단순 승인한 것으로 인정	• 사망을 안 날로부터 3개월 내에 상속 재산의 목록을 첨부하여 가정법원에 신고	• 사망을 안 날로부터 3개월 내에 가정법원에 신고

section 6 부동산 물권법

(1) 물권법정주의(物權法定主義)

물권의 종류와 내용은 법으로 정해져 있으므로 당사자가 합의하더라도 새로운 물권의 창설은 금지된다.

구분	내용		종류
점유권	물건을 사실상 지배하고 있을 때, 그 상태를 보호해 주기 위한 권리		
소유권	대표적 물권→물건을 직접적으로, 배타적으로 사용, 수익, 처분하거나 그 밖의 방법으로 지배할 수 있는 권리		
제한 물권	물건의 한정된 면만 지배할 수 있는 권리	용익 물권	타인의 물건(토지 또는 건물)을 일정 범위 내에서 사용, 수익할 수 있는 물권 →지상권, 지역권, 전세권
		담보 물권	목적물을 자기 채권의 담보에 제공함을 목적으로 하는 물권 →유치권, 질권, 저당권

[제한물권의 종류와 의미]

용익물권	지상권	타인의 토지에 있는 건물 및 기타 공작물이나 수목을 소유하기 위하여 그 토지를 직접 사용할 수 있는 권리
	지역권	일정한 목적을 위하여 타인의 토지를 자기 토지의 편익에 이용할 수 있는 권리
	전세권	전세금을 지급하고 타인의 부동산을 점유하여 그 부동산의 용도에 좇아 사용, 수익할 수 있는 권리
담보물권	유치권	타인의 물건 또는 유가 증권을 점유한 자가 그 물건이나 유가증권에 관하여 생긴 채권이 변제기에 있는 경우 변제를 받을 때까지 인도를 거절할 수 있는 권리 예 시계수리공이 수리비를 받을 때까지 시계를 돌려주지 않는 권리
	질권	채권자가 그의 채권의 담보로서 채무자 또는 제3자로부터 받은 동산 또는 재산권(채권, 주식, 특허권)을 채무의 변제가 있을 때까지 유치함으로써 채무의 변제를 간접적으로 강제하는 동시에 변제가 없는 때에는 그 목적물로부터 우선적으로 변제를 받는 권리
	저당권	담보로 제공한 목적물(부동산)로부터 다른 채권자보다 우선 변제를 받을 수 있는 권리로서 일반적으로 당사자 간의 저당권 설정 계약과 그에 따른 등기를 함으로써 성립

(2) 물권의 효력

① 물권 상호 간의 우선적 효력 … 시간적으로 앞서서 성립한 물권은 뒤에 성립한 물권에 우선함

> 예 나중에 성립한 저당권은 앞서 성립한 저당권을 해치지 않는 범위 내에서만 성립

② 물권과 채권 간의 우선적 효력 … 동일물에 대하여 물권과 채권이 병존하는 경우에는 그 성립 시기에 관계없이 항상 물권이 우선함

(3) 공시의 원칙

① 공시 … 물권의 변동은 거래의 안전을 위하여 당사자는 물론 제3자도 쉽게 그 변동관계를 알 수 있도록 언제나 외부에서 인식할 수 있는 방법을 수반해야 함

② 공시의 방법

구분	물권의 공시방법	물권변동의 공시방법
부동산	등기	등기
동산	점유	인도

🔑 부동산의 물권변동 공시는 등기로, 동산의 물권변동 공시는 인도로 한다. 이와 같이 공시의 원칙을 적용하는 근본적인 이유는?

▶ 2011.법무부

① 계약의 공정을 위하여
② 거래의 투명성을 위하여
③ 거래의 안전을 위하여
④ 조세 납부의 효율성을 위하여

|정답 ③

(4) 부동산 매매와 등기

① 등기

- ㉠ 등기부라는 공적 장부에 일정한 권리 관계를 기록하는 것
- ㉡ 각종 거래와 관련된 권리의 내용을 공시하여 제3자의 예측하지 못한 손해를 방지함
- ㉢ 부동산에 관한 권리는 등기를 하지 않으면 권리 변동의 효력이 생기지 않음

② 등기부

- ㉠ 부동산 물권 변동이 공시되어 있는 장부→누구나 열람하고 그 등본을 교부 받을 수 있음
- ㉡ 등기부의 열람, 교부는 누구나 할 수 있음
- ㉢ 등기부의 구성

표제부
(건물의 표시) 예 부동산의 지번, 면적, 용도, 구조 등이 변경된 순서대로 기재

갑구	을구
(소유권에 관한 사항) 예 소유권 보존 등기, 소유권 이전 등기	(소유권 이외의 권리에 관한 사항) 예 저당권 설정, 근저당권설정, 전세권설정

- ㉣ 등기부 등본(표제부 + 갑구 + 을구)

【표제부】				
표시번호	접수	소재지번 및 건물번호	건물 내역	등기원인
1	1999. 2. 20	○○시 ◇◇구	벽돌조슬라브	
		☆☆동 102	주택 67.38㎡	
−이하여백−				

【갑 구】				
순위번호	등기목적	접수	등기원인	권리자 및 기타사항
1	소유권보존	1999. 2.20 제31234호		소유자 홍길동 500520-xxxxxxx ○○시 ◇◇구 ☆☆동 102
2	소유권이전	2002. 3.15	2002.3.15 매매계약	소유자 이몽룡 611103-xxxx ○○시 ◇◇구 ☆☆동 102
−이하여백−				

기출문제

문 〈보기〉에 대한 설명으로 가장 옳은 것은?

▶ 2019. 2. 23. 제1회 서울시

〈보기〉

갑(甲)은 A주택의 소유자이다.
- 갑(甲) - 2017년 2월 15일 A주택에 대해 B은행에 3억 원 근저당을 설정함.
- 갑(甲) - 2017년 10월 2일 A주택에 대해 을(乙)과 2억 원에 전세 계약을 함.
- 을(乙) - 2017년 12월 2일 A주택에 입주하고 전입신고를 하면서 확정일자를 받음.
- 갑(甲) - 2018년 1월 10일 A주택에 대해 C은행에 2억 원의 근저당을 설정함.

① 을(乙)의 A주택 전입신고 기록은 등기부 등본 갑구에 기록된다.
② A주택 등기부 등본 을구에는 B은행과 C은행의 근저당권이 설정되어 있다.
③ A주택이 경매될 경우 을(乙)은 B은행에 우선하여 보증금을 받을 수 있다.
④ 갑(甲)이 채무를 변제하지 못한다면 B은행은 A주택을 직접 사용, 수익할 수 있다.

|정답 ②

【을 구】

순위번호	등기목적	접수	등기원인	권리자 및 기타사항
1	근저당권 설정	2002.10.1 제53456호	2002.10.1 설정계약	채권최고액 금5,000,000원정 채무자 이몽룡 ○○시 ◇◇구 ☆☆동 102 근저당권자 △△은행 1223-xxx ○○시 ◇◇구 ☆☆동 11
				—이하여백—

📖 다음 사례에 대한 설명으로 옳지 않은 것은?

▶ 2018. 4. 7. 인사혁신처

갑은 자기 소유의 A아파트를 을에게 2억 3천만 원에 매도하는 매매 계약을 체결하면서 계약금으로 3천만 원을 받았다. 갑은 10일 후 을에게서 중도금 1억 원을 받았으며, 한 달 뒤 잔금 1억 원을 받으면서 을에게 등기에 필요한 모든 서류를 넘겨주었다.

① 을은 등기에 필요한 서류를 받은 시점에 A아파트에 대한 소유권을 취득하였다.

② 을은 계약을 체결하기 전에 A아파트의 등기부를 열람할 법적 의무가 없다.

③ 을은 계약금을 지불한 후에도 중도금을 지급하기 전에는 다른 약정이 없는 한 갑의 동의 없이 계약을 해제할 수 있다.

④ 갑과 을은 각각 대리인을 통해서 매매 계약을 체결할 수도 있다.

③ 부동산 거래 절차

탐색	내용
등기부 열람	• 토지나 건물의 소유자 확인 • 권리설정관계의 유무 파악하기 위해 • 등기부는 누구나 열람 가능
토지대장 열람	• 건물주인 ≠ 토지주인 • 등기부와 다른 점 확인 • 전산화× • 해당 구청에서 열람(그 외 도시계획확인원, 건축물관리대장도 살펴봄)
매매계약 체결	• 매도인(파는사람)이 실소유자가 맞는지 반드시 확인 • 두 사람이 합의하여 약속한 순간 계약 성립(계약서를 작성한 후 아님)
계약금지불	계약서 작성 후→ 매매가의 10%
중도금지급	계약일과 잔금일의 중간쯤→매매가의 40%(이행 보증금, 계약 해제 불가)
잔금지급	매매대상물을 인도하는 날 + 등기서류 및 부동산 인수
등기	• 지방법원관할 등기소에 신청 • 필요한 서류 : 신청서, 등기원인을 증명하는 서면, 매도인의 등기필증(집문서, 땅문서), 매매용 인감증명서

부동산의 이중매매

부동산 중개업소에서 만난 집주인은 시중 가격보다 조금 싸게 팔겠다고 말했다. K씨는 계약금을 지급하고, 잔금을 한달 후에 지급하기로 하고 계약을 끝냈다. 한달 후 K씨는 드디어 자신의 집으로 이사를 했고, 등기소를 방문하여 소유권 이전 등기를 신청하였다. 집주인이 이중거래를 하여 이미 다른 사람의 이름으로 소유권 이전 등기가 이루어져 있기 때문이다. K씨는 하늘이 노래졌다.

정답 ①

→이중 매매된 아파트의 실제 소유주는 누구인가? 그리고 K씨는 어떤 조치를 취해야 하는가?

실제 소유주는 등기가 되어 있는 다른 사람이다. 우리나라 민법 제186조에 의하면 "부동산에 관한 법률행위로 인한 물건의 득실변경은 등기하여야 효력이 발생한다."라고 하여, 부동산에 관한 권리는 등기를 하지 않으면, 효력이 생기지 않기 때문이다. 이때 K씨는 집주인의 이중매매계약을 이유로 손해배상을 청구할 수 있다. 한편, 토지나 주택 등 부동산을 이중 매매했을 때에 고의가 인정되면 형법상 배임죄가 성립되고, 만약 등기 명의자가 알고서 이중매매를 했다면 법률적으로 무효이다. 따라서, K씨는 집주인의 이중 매매를 고소하여 형사적 책임을 물을 수도 있다.

① 의미 : 매도인이 특정 물건에 관하여 매매 계약을 체결하고 등기 또는 인도 등을 하지 않은 상황에서 다른 사람 (제2매수인)과 동일 목적물에 관한 매매 계약을 체결하는 것

② 법률효과
   ㉠ 손해배상책임 : 물건 인도 불능(不能)에 따른 책임
   ㉡ 계약해제청구권
   ㉢ 형사상 배임죄
   ㉣ 제2매수인이 악의였다면 이중매매는 무효

④ 주택 임대차 보호법

   ㉠ 임대차 계약
   • 임대인이 임차인에게 건물이나 토지 등을 빌려 주고 임차인이 그 대가를 지급하기로 하는 계약
   • 우리가 통상 일컫는 전월세 계약은 그 법적 성질이 임대차 계약

   ㉡ 임대차 계약 시 유의사항
   • 계약 해지 시에 보증금을 안전하게 돌려받을 수 있는지를 확인 → 등기부 등본을 열람하거나 발급받아 소유권 이외에 근저당권이나 그 밖의 권리가 존재하는 지 확인
   • 등기부 등본상에 기재가 안 된 선순위의 임차권자(먼저 세든 사람의 권리)의 보증금이 얼마나 되는지, 그리고 해당 부동산이 경매에 부쳐질 때에는 얼마에 경매될 것인지를 예측 → 자신의 보증금을 안전하게 돌려받을 수 있는 지 확인
   • 소유주와 임대차 계약서 작성 : 계약금은 보증금의 약 5~20% 범위내에서 지급, 나머지는 이삿날에 지급
   • 잔금 지급 시에 주민 등록 전입신고를 하면서 임대차 계약서에 확정일자를 받음
   • 주택 임대차 보호법상의 대항력을 인정받으려면 현실로 주택을 인도받아야 함

기출문제

문 다음은 법률상담의 내용이다. 법적 조언으로 옳지 않은 것은?
▶ 2015. 6. 13. 서울시

저는 이번에 회사 사무실이 이전하면서 회사 근처에 있는 집으로 이사하려고 합니다. 하지만 요즘 전세대란으로 집 구하기가 힘든 상황에서 회사 근처에 적당한 집이 나와서 임대차 계약을 하려고 합니다. 임대차 계약은 처음인데, 무엇을 주의해야 할까요? 그리고 등기부 등본을 확인해보니 을구에 저당권이 설정되어 있더군요.

【을구】

순위 번호	등기 목적	접수
1	저당권 설정	2015년 3월 5일 제○○○○호

등기 원인	권리자 및 기타 사항
… 계약	채권 최고액 금 ㅁㅁ원 채무자 갑 저당권자 A은행(이하 생략)

① 철수 : 임대차 기간은 보통 2년으로 정하며 입주와 전입신고를 해야 대항력을 갖출 수 있습니다.

② 영희 : 저당권이 설정되어 있으므로 집이 경매에 넘어갈 경우 임차보증금을 모두 반환받지 못할 수 있습니다.

③ 지우 : 확정일자를 받아도 저당권이 설정되어 있기 때문에 임차인은 후순위가 되어 우선변제권은 인정되지 않습니다.

④ 유경 : 주택임대차 보호법상의 소액임차인에 해당하는 경우 경매가 집행되더라도 임차보증금의 일부금액에 대하여 최우선으로 지급됩니다.

정답 ③

기출문제

🙂 다음은 주택 임대차 계약을 체결한 (갑)∼(기)의 상황을 나타낸 것이다. 이에 대한 설명으로 옳은 것은? (단, 자연인 (갑)∼(병)은 등기를 하지 않았으며, 모든 임대차 계약은 일시사용을 위한 것이 아니다)

▶ 2019. 4. 6. 인사혁신처

임차인	임대인	임차인이 실제 거주하고 있는가?	임차인이 전입신고 후 주민등록이 되어 있는가?	임차인이 계약서에 확정일자를 받는가?
(갑)	(정)	예	아니요	아니요
(을)	(무)	예	예	아니요
(병)	(기)	예	예	예

① (갑)은 자신의 임차권으로 제3자에게 대항할 수 있다.

② (을)은 임차한 주택이 경매 등의 절차를 거치더라도 후순위 권리자보다 우선하여 보증금 2억 전액을 변제받을 수 있다.

③ (병)이 임대차 기간을 1년으로 주택을 임차하였다면 임대차 기간을 2년이라고 주장할 수는 없다.

④ (갑)과 (정)이 임대차 기간이 끝날 때까지 상대방에게 계약 갱신에 관한 어떤 의사도 표시하지 않았다면 원칙적으로 그 기간이 끝난 때에 전 임대차와 동일한 조건으로 다시 임대차한 것으로 본다.

ⓒ 주택임대차보호법

• 민법에 대한 특별법으로 국민 주거생활의 안정을 보장하는 것이 목적이다.

• 강행규정 : 임차인에게 불리한 것은 효력이 없다

• 주택임차권의 대항력

−임차권 등기를 받지 않더라도 그 다음날로부터 제3자에 대한 대항력 발생

−발생요건 : 주택의 인도＋주민등록(전입신고)

• 우선변제권

−임대인의 주택이 강제적으로 경매·공매되는 경우, 후순위 권리자나 일반채권자보다 우선적으로 돌려받을 수 있는 권리

−발생요건 : 대항요건(주택의 인도＋주민등록)＋확정일자

• 소액보증금 우선변제

−소액임차인이 보증금 중 일정액을 다른 담보물권자보다 우선하여 변제받을 수 있는 권리

−경매개시결정등기 전에 대항요건을 갖추어야 함

• 임대차 기간 보장

−최단기간의 보장 : 기간을 정하지 않았거나 2년 미만으로 정한 임대차는 그 기간을 2년으로 본다.

−법적갱신(묵시적갱신) : 임대인이 기간 만료 전 갱신거절이나 계약 조건변경을 하지 않은 경우에는 전 임대차와 동일한 조건으로 다시 계약한 것으로 본다.

• 임차권의 승계

−임차인이 상속인 없이 사망한 경우 : 그 주택에서 가정공동생활을 하던 사실상의 혼인 관계에 있는 자가 임차인의 권리와 의무를 승계한다.

−임차인 사망 당시 상속인이 그 주택에서 생활하지 않은 경우 : 그 주택에서 가정공동생활을 하던 사실상의 혼인관계에 있는 자와 2촌 이내의 친족이 공동으로 임차인의 권리와 의무를 승계한다.

• 임대인의 정보 제시 의무 : 임대차계약을 체결할 때 임대인은 다음의 사항을 임차인에게 제시하여야 한다.

−해당 주택의 확정일자 부여일, 차임 및 보증금 등 정보. 다만, 임대인이 임대차계약을 체결하기 전에 제3조의6제4항에 따라 동의함으로써 이를 갈음할 수 있다.

−「국세징수법」에 따른 납세증명서 및 「지방세징수법」에 따른 납세증명서. 다만, 임대인이 임대차계약을 체결하기 전에 「국세징수법」에 따른 미납국세와 체납액의 열람 및 「지방세징수법」에 따른 미납지방세의 열람에 각각 동의함으로써 이를 갈음할 수 있다.

┃정답 ④

임대차등기명령제도

임대차 종료 후 보증금을 반환받지 못한 임차인에게 단독으로 임차권등기를 경료할 수 있도록 함으로써 자유롭게 주거를 이전할 수 있는 기회를 보장

보증금반환을 위한 제도적 장치

① 동시이행 : 보증금의 반환과 임차주택의 명도 간에 동시이행 관계
② 지위의 승계 : 대항력을 취득한 임차인이 임차주택의 신소유자(임대인의 지위승계)에 대해 반환청구가능
③ 임대차의 존속 : 임대차 관계 종료 후에 주택을 다른 사람에게 매도한 경우 임차인은 매수한 사람에 대하여도 보증금을 반환받을 때까지 계속 그 건물에 거주할 수 있음

확정일자와 전세권설정등기

① 확정일자 : 주택임대차보호법의 개정규정에 의하여 사회적 약자인 세입자를 보호하기 위해 원칙적으로 채권계약인 주택임대차에 대하여 물권적효력(순위에 따른 우선변제의 효력)을 인정하는 제도
② 전세권설정등기 : 민법의 전세권에 대한 규정에 의하여 그 설정 순위에 따라 당연히 물권적 효력인순위보호가 인정
③ 차이점

확정일자	전세권설정등기
확정일자를 받는 이외에 주민등록의 전입신고 및 주택을 인도받아 실제 거주할 것을 그 요건으로 함	등기만 설정해 두면 그 설정 순위에 따라 당연히 순위가 보호됨
임대인의 동의 여부와는 관계없이 신속, 간편한 절차에 의해 받을 수 있음	임대인의 동의 없이는 불가능하며, 그 절차가 복잡, 많은 비용 소요
임대인이 보증금을 반환하지 않을 경우, 별도로 임차 보증금 반환 청구소송을 제기하여 승소판결을 받은 후 강제 집행 신청	임대인이 보증금을 반환하지 않을 경우, 판결 절차 없이도 직접 경매 신청 가능
경매 절차에서 별도의 배당 요구를 해야 함	별도의 배당 요구 없이 순위에 의한 배당을 받을 수 있음
임차 주택 외에 그 대지의 환가 대금에서도 우선배당을 받을 수 있음	대지를 포함하지 않고 주택만 전세권 등기를 한 경우 대지의 환가 대금에서 우선배당을 받을 수 없음

2024. 6. 22. 제2회 서울시(보훈청)

1 〈보기〉의 민법 기본 원칙 (개), (내)에 대한 설명으로 가장 옳지 않은 것은?

〈보기〉	
(개)	(내)
개인은 각자의 자율적인 판단에 기초하여 자유롭게 법률관계를 형성해 나갈 수 있다.	계약내용이 사회 질서에 위반되거나 공정하지 못한 경우에는 법적효력이 발생하지 않는다.

① (개)는 계약의 자유를 핵심으로 한다.

② (개)는 (내)에 대한 수정 원칙에 해당한다.

③ (내)는 계약이 공정해야 함을 강조한다.

④ (내)는 경제적 강자가 경제적 약자를 지배하는 수단으로 (개)가 악용되는 것을 막고자 한다.

Point

② (개)는 계약의 자유, (내)는 자유가 공정성이나 사회 질서를 침해할 경우 제한된다는 것을 의미한다. (내)가 (개)에 대한 제한 원칙에 해당한다.

2021. 6. 5. 제1회 서울시

2 〈보기〉에 대한 설명으로 가장 옳은 것은? (단, A~D는 각각 서로 다른 민법의 원칙에 해당한다.)

〈보기〉

• A는 ㉠ 계약 공정의 원칙으로 수정되었다.

• ㉡ 자기 책임의 원칙은 B로 수정되었다.

• C는 D로 수정 · 보완되었다.

---

① ㉠은 경제적 약자에게 일방적으로 불리한 내용의 계약 체결을 방지한다.

② ㉡에 따라 과실이 없을 때에도 일정한 상황에서 관계된 자가 책임을 질 수 있다.

③ C는 소유권은 공공복리에 적합하도록 행사해야 한다는 원칙이다.

④ D는 C와 달리 개인 소유의 재산에 대한 사적 지배를 인정한다.

Point

A 계약 자유의 원칙 B 무과실 책임 원칙 C 소유권 절대 D 공정

② 무과실 책임 원칙에 대한 설명이다.

③ D는 소유권은 공공복리에 적합하도록 행사해야 한다는 원칙이다.

④ C와 D는 개인 소유의 재산에 대한 사적 지배를 인정한다.

※ 민법의 기본원리

㉠ 소유권 절대의 원칙 : 모든 개인의 사소유권을 인정하고, 이에 대한 일체의 공적 · 사적 규제를 원칙적으로 배제하는 것이다. 이 원칙은 인간의 이기적 속성을 전제로 한 소유욕을 자극하여 생산력의 증가에 크게 기여한 바 있다.

㉡ 사적 자치의 원칙 : 신분사회로부터 계약사회로의 진입(from status to contract)을 상징하는 중요한 표지가 된다. 사적 자치는 법률행위를 통하여 실현되므로 이를 법률행위자유의 원칙이라고도 하고, 또한 법률행위의 중심은 계약에 있으므로 계약자유의 원칙이라고도 부르는데, 계약자유의 원칙은 계약법의 지배원리로써 계약체결의 자유, 계약방식의 자유, 계약내용결정의 자유를 포함한다. 이 원칙을 통하여 거래관계가 활성화되었고, 시장경제의 틀이 구축되었다.

㉢ 과실책임의 원칙 : 로마법의 "과실 없으면 책임 없다"라는 법언에서 유래한다. 과실은 민사책임의 중요한 귀책요소이지만, 역으로 이는 과실 없으면 책임을 면할 수 있게 된다는 의미이기도 하다. 이를 통하여 개인의 자유로운 활동이 간접적으로 보장됨으로써 자유경쟁이 촉진되었다.

Answer 1.② 2.①

3 다음 사례에 대한 설명으로 옳은 것은?

> 10세인 (A)아들이 장난을 치다가 타인을 다치게 한 경우 (B)부모들이 피해자가 입은 손해를 배상할 책임이 있다.

① 특수한 불법 행위에 해당한다.
② 가해자 (A)도 배상 책임을 진다.
③ (B)는 사용자의 배상책임을 진다.
④ 모든 미성년자가 책임 무능력자이다.

Point
　① 다른 사람이 저지른 행위에 대해서도 책임을 지는 경우로서, 특수한 불법 행위에 해당한다.
　② 10세인 가해자 (A)는 책임 능력이 없는 자이다. 책임 무능력자가 타인의 권리를 침해해도 불법행위에 따른 손해배상 책임을 지지 않고, 책임 무능력자의 감독자인 (B)부모가 대신 책임을 진다.
　③ (B)는 책임 무능력자의 감독자 책임을 진다.
　④ 모든 미성년자가 책임 무능력자인 것이 아니라 개별적으로 판단한다. 판례는 12~14세 정도에 이른 경우 사안에 따라 책임능력을 인정한 판례가 있다.

4 법의 효력에 대한 설명으로 가장 옳은 것은?

① 법이 구체적으로 적용되기 위해서는 실효성과 강제성이 있어야 한다.
② 오늘 대부분의 국가는 속인주의를 원칙으로 하고, 속지주의를 보충적으로 채택하고 있다.
③ 일반법과 특별법이 서로 충돌할 때에는 특별법이 우선한다.
④ 법률은 항상 공포한 날로부터 20일이 지나면 효력을 발생한다.

Point
　③ 일반법과 특별법이 서로 충돌할 때에는 특별법 우선의 원칙이 적용된다.
　① 법이 구체적으로 적용되기 위해서는 타당성과 실효성이 있어야 한다.
　② 오늘 대부분의 국가는 속지주의를 원칙으로 하고, 속인주의를 보충적으로 채택하고 있다.
　④ 법률은 특별한 규정이 없는 한 공포한 날로부터 20일이 지나면 효력을 발생한다.

Answer 1.① 2.① 3.③

5 다음 내용에 대한 설명으로 옳은 것은?

> (가) 동시 사망 : 동시에 사망한 것으로 <u>추정</u>하는 것
>
> (나) 인정 사망 : 사망한 것으로 <u>추정</u>하는 것
>
> (다) 실종선고 : 사망으로 <u>간주</u>하는 것

① 보통 실종 선고의 신청은 생사 불명 상태가 3년 이상 계속될 때 할 수 있다.

② 실종 선고는 사망하지 않았다는 반증으로도 그 효과를 뒤집을 수 있다.

③ 동시사망과 인정 사망의 추정은 반증만으로 추정의 효과를 뒤집을 수 있다.

④ 실종 선고로 실종자의 권리 능력은 상실한다.

Point

    ③ 추정은 반증만으로 추정의 효과를 뒤집을 수 있다.

    (가) 동시 사망 : 두 사람 이상이 같은 사고로 사망했을 때, 동시에 사망한 것으로 추정하는 것

    (나) 인정 사망 : 수난, 화재, 기타 사변 등으로 시체는 발견되지 않았으나 사망이 확실시 될 때, 이를 조사한 관공서는 지체없이 사망지의
        시ㆍ읍ㆍ면의 장에게 사망 보고하고, 가족 관계등록부에 사망사실을 기재하여 사망한 것으로 추정하는 것

    (다) 실종선고 : 부재자의 생사 불명 상태가 일정 기간(특별 실종 선고 1년, 보통 실종 선고 5년 이상) 계속될 때, 가정 법원의 선고에 의하
        여 사망으로 간주하는 것

    ① 보통 실종 선고의 신청은 생사 불명 상태가 5년 이상 계속될 때 할 수 있다.

    ② 실종 선고는 사망하지 않았다는 반증으로도 그 효과를 뒤집을 수 없다. 실종 선고는 그 효과를 뒤집기 위해 법원의 실종선고 취소 절
        차가 별도로 필요하다.

    ④ 실종 선고는 실종자를 사망으로 간주하는 효과가 있지만, 이것은 종래의 주소지를 중심으로 한 사법상의 법률 관계에만 한정되며 실
        종자의 권리 능력을 상실하는 것은 아니다.

6 갑의 재산을 상속받을 수 없는 사람은?

> 갑은 갑자기 뇌출혈로 쓰러져 의식 불명 상태에 있다가, 한마디 유언도 남기지 못한 채 사망하였다. 유족으
> 로는 어머니, 아내, 결혼한 딸, 미혼의 두 아들이 있다. 그가 남긴 재산은 살고 있는 집을 포함하여 약 8억
> 7천만 원 정도로 추정된다.

① 어머니   ② 아내

③ 결혼한 딸   ④ 미혼의 두 아들

Point

    유언이 없었으므로 법정상속을 한다. 1순위는 직계 비속과 배우자이므로 배우자, 딸1, 아들 2명이 가능하다.

    어머니는 직계존속이므로 상속 순위에서 2순위

    에 해당하고, 1순위에서 상속이 끝나기 때문에

    상속받을 수 없다.

Answer   3.① 4.③ 5.③ 6.①

7 다음에서 공통적으로 설명하는 법에 해당되는 것을 〈보기〉에서 모두 고른 것은?

> • 형식적인 평등관에 바탕을 둔 근대 민법의 기본원리가 초래한 사회·경제적 문제점을 해결하기 위해 등장한 법이다.
> • 정부가 개인 또는 집단 간의 생활 관계에 적극적으로 개입하여 국민 경제 생활과 노사 관계를 규제·조정하기 위한 법이다.

> ㉠ 정부 조직법　　　　　　　　　　㉡ 국민 연금법
> ㉢ 최저 임금법　　　　　　　　　　㉣ 민사소송법

① ㉠㉢　　　　　　　　　　　　② ㉠㉣
③ ㉡㉢　　　　　　　　　　　　④ ㉡㉣

Point

제시문에서 공통적으로 설명하고 있는 법은 사회법이다.
㉡ 사회법(사회보장법) ㉢ 사회법(노동법)
㉠ 공법(행정법) ㉣ 공법(절차법)
※ 공법, 사법, 사회법 – 법이 규율하는 생활관계의 실체에 따른 분류

공법(강행법)	공적인 국가생활관계를 다루는 법 – 헌법, 형법, 행정법, 각종 절차법(형사소송법, 민사소송법)
사법(임의법)	사적인 사회생활관계를 다루는 법 – 민법, 상법
사회법(강행법)	자본주의의 모순점으로 인한 빈부 격차를 해결하기 위해 국가가 사적인 생활 관계에 개입하면서 등장한 법 (사법의 공법화, 법의 사회화 현상, 사법과 공법의 조화, 제3의 법 영역) – 노동법, 경제법, 사회보장법

8 다음 사례에서 갑의 재산에 대한 상속의 결과를 옳게 설명한 것은?

> 갑은 2년 전 A와 결혼하였으나 생업에 바빠 혼인신고를 하지 못하였다. 결혼 후 1년이 지나 갑과 A 사이에는 외아들 B가 출생하였다. 그 후 갑은 지방에서 출장 업무를 수행하던 중, 과로로 인해 갑작스럽게 사망하였다. 사망 당시 갑에게는 부양해야 할 노모 C와 갑의 미혼인 누나 D가 한 집에 같이 살고 있었다.
> 워낙 갑작스럽게 사망하였기 때문에 갑은 유언을 하지 못했고 유산으로 5억 원의 부동산을 남겼다.

① A와 B는 C와 D의 유류분을 제외한 나머지를 공동상속한다.
② A와 B가 공동상속하고, 상속분은 각각 2억 5천만 원이다.
③ A와 B가 공동상속하고, 상속분은 A는 3억 원, B는 2억 원이다.
④ B가 단독으로 상속하고, 상속분은 5억 원 전액이다.

Point

B는 혼인 외의 출생자에 해당하지만, 상속에 있어서는 혼인 중의 출생자와 혼인 외의 출생자는 동일한 권리를 갖는다. 즉, B는 제1 순위 상속인이 된다. 배우자는 제1 순위 직계 비속이 있을 때에는 직계 비속과 함께 상속인이 된다. 그러나 제시된 상황에 따르면 A는 갑과 혼인 신고를 하지 않았으며, 이에 따라 A는 배우자로서의 권리를 누리지 못한다.
결국 B가 제1 순위 상속인으로서 전 재산을 상속하게 된다.
피상속인이 유언을 통해 자신의 재산을 제3자에게 처분하지 않았기 때문에 유류분은 생각할 필요가 없다. 그리고 제1순위 상속인이 있는 경우 제2, 3 순위 상속인은 재산을 상속받지 못한다.

9 다음 중 법과 관련된 능력에 대해 바르게 설명한 사람은?

① 갑 : "법인은 자연인과 달리 행위 능력을 제한하지."
② 을 : "권리 능력은 자연인에게만 인정되는 능력이야."
③ 병 : "의사 무능력자의 법률 행위는 법적 효과가 없어."
④ 정 : "권리 능력을 가진 자는 누구나 의사 능력이 있어."

Point

③ 의사 무능력자의 법률 행위는 무효이다.
① 법인은 법에 의하여 권리·의무의 주체로서 단독으로 완전·유효한 법률행위를 할 수 있는 지위·자격을 부여받는다.
② 법인도 권리 능력이 인정된다.
④ 권리 능력을 가진 자라고 해서 누구나 의사 능력이 있는 것은 아니다. 예: 유아, 만취자 등

Answer 7.③ 8.④ 9.③

10 다음 표는 법률 행위를 효과에 따라 분류한 것이다. ㈎에 해당하는 사례를 〈보기〉에서 고른 것은?

법률 행위의 효과	A	B
사례	• 술에 만취된 '갑'이 10억짜리 집을 1억 원에 매도 하기로 계약을 체결한 경우 • ＿＿＿＿＿㈎＿＿＿＿＿	• 만 19세인 '갑'이 자동차를 갖고 싶은 욕심에 부모의 동의 없이 자동차 매매 계약을 체결한 경우

〈보기〉

ⓐ 당사자 간에 혼인의 합의 없이 혼인 신고를 한 경우
ⓑ 피한정후견인이 단독으로 부동산 매매 계약을 체결한 경우
ⓒ 유언이 기재된 자필 증서에 유언자의 기명날인이 없는 경우
ⓓ 피성년후견인이 단독으로 부동산 임대차 계약을 체결한 경우

① ㉠, ㉡
② ㉠, ㉢
③ ㉡, ㉢
④ ㉡, ㉣

Point

술에 만취한 A의 사례에서 '갑'은 의사 무능력자이고, 미성년지인 B의 '갑'은 행위 무능력자이다. 의사 무능력자의 법률 행위는 원천적으로 무효이며, 행위무능력자가 단독으로 행사한 법률행위는 취소할 수 있다. 따라서 무효인 법률 행위 사례를 찾으면 된다.
㉠㉢ 혼인의 조건 중 양당사자간의 자유로운 합의가 없는 경우는 혼인이 무효라는 것이 대법원의 판례이며, 자필 증서에 의한 유언의 경우 유언장에 자필 날인이 없는 경우는 원칙적으로 그 유언장은 무효가 된다.
㉡ 한정 치산자가 단독으로 부동산 매매 계약을 체결한 경우에는 본인이나 법정 대리인이 취소할 수 있으며,
㉣ 피성년후견인이 단독으로 부동산 임대차 계약을 체결한 경우에도 언제든지 취소가 가능하다.

11 다음 자료에 해당하는 사례만을 〈보기〉에서 있는 대로 고른 것은?

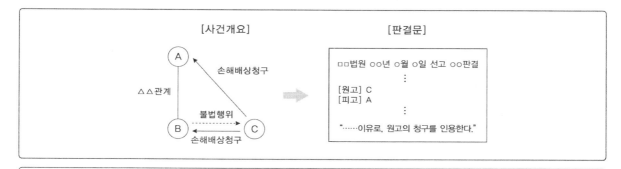

〈보기〉

㉠ A의 아들인 15세의 중학생 B가 지나가던 어린아이 C를 폭행하여 상해를 입힌 경우

㉡ A가 운영하는 음식점 배달 종업원 B가 몰래 나가 게임방에서 C의 돈을 훔쳐 가지고 나온 경우

㉢ A가 경영하는 가구점 점원 B가 트럭으로 가구를 배달하던 중 횡단보도를 건너고 있던 행인 C를 다치게 한 경우

㉣ 소유자 A가 광견병의 우려가 있는 개를 수의사 B에게 맡겼는데, B가 관리를 소홀히 하여 개가 지나가던 행인 C를 문 경우

① ㉠, ㉡ ② ㉠, ㉢

③ ㉡, ㉣ ④ ㉠, ㉢, ㉣

그림은 불법 행위를 저지른 자는 물론 그 사람과 일정한 관계에 있는 사람을 상대로 손해 배상을 청구할 수 있음을 보여준다.

㉠ C의 법정 대리인은 불법 행위를 저지른 B는 물론 미성년자에 대한 감독 소홀을 이유로 B의 부모인 A를 상대로도 손해 배상을 청구할 수 있다.

㉡ 종업의 B의 절도 행위는 사무 집행과 관련되지 않기 때문에, A를 상대로 손해 배상을 청구할 수 없다.

㉢ 사용자 배상 책임과 관련된 내용으로, 행인 C는 점원 B와 가게 주인 A를 상대로 손해 배상을 청구할 수 있다.

㉣ 동물의 점유자인 수의사 B만을 상대로 손해 배상을 청구할 수 있다.

05 사회생활과 법

기출문제

🔮 〈보기〉에 나타난 죄형 법정주의의 구체적 원칙에 대한 설명으로 가장 옳은 것은?

▶ 2023. 6. 10. 제1회 서울시(보훈청)

〈보기〉

헌법재판소는 공공의 안녕질서 또는 미풍양속을 해하는 내용의 통신을 금한다는 해당 법률 조항이 판단 기준을 제시하지 않고 불분명하다고 판단했다. 지나치게 광범위하여 행위 유형을 정형화하거나 한정할 합리적 해석 기준을 찾기 어려워 죄형 법정주의의 원칙에 위배된다고 본 것이다.

① 범죄와 형벌 간에 적정한 균형이 이루어져야 한다.
② 행위 당시의 형벌 법규를 재판의 기준으로 삼아야 한다.
③ 범죄와 형벌은 명확하게 규정되어 누구나 알 수 있어야 한다.
④ 법률에 규정이 없는 사항에 대해서는 그것과 유사한 규정을 적용하여 처벌할 수 없어야 한다.

section 1 형법의 의의

(1) 죄형법정주의

① 의미

    ㉠ 어떤 행위가 범죄가 되고 그 범죄에 대하여 어떤 처벌을 할 것인가는 미리 성문의 법률에 규정되어 있어야 한다는 형법의 최고 원칙 → "법률 없으면 범죄도 없고 형벌도 없다."

    ㉡ 국가는 아무리 사회적으로 비난받아야 할 행위라도 법률이 이를 범죄로 규정하지 아니하는 한 벌할 수 없고, 또 그 범죄에 관하여 법률이 정하고 있는 형벌 외의 형벌을 과할 수 없다.

② 목적 … 국가 형벌권의 확장과 남용 방지 → 국민의 자유와 인권 보장

③ 원칙

    ㉠ **관습형법금지의 원칙** : 법관이 적용할 형벌에 관한 법은 오직 성문의 법률이어야 하고, 그 내용과 범위가 명백하지 않은 관습법이나 불문법을 적용할 수 없음

    ㉡ **명확성의 원칙** : 어떤 행위가 형법에 의하여 금지되는 행위인지 또한 행위의 효과로서 부과되는 형벌의 종류와 형기가 명확하여 누구나 알 수 있어야 함.

    ㉢ **유추해석금지의 원칙** : 법률에 규정이 없는 사항에 대하여 그것과 유사한 성질을 가지는 사항에 관한 법률을 적용해서는 안 됨 → 자의적 해석 금지(단, 행위자에게 유리한 우추해석까지 금지하는 것은 아님)

    ㉣ **형벌 효력 불소급의 원칙** : 형벌 법규는 그 시행 이후에 이루어진 행위에 대해서만 적용되고, 시행 이전의 행위에 까지 소급하여 적용할 수 없음

        → 법적 안정성과 법률에 대한 예측 가능성 실현(단, 행위자에게 신법이 유리한 경우에는 신법을 적용한다.)

    ㉤ **적정성의 원칙** : 법률 자체가 불합리하거나 부정한 것을 배제하여 적정해야 하고 범죄와 형벌 간에 적정한 균형이 이루어져야 함 → 실질적 법치주의

▌정답 ③

(2) 범죄성립의 3요소

어떤 행위가 범죄로 성립되려면 구성요건해당성, 위법성, 책임성의 요건을 갖추어야 한다.

① **구성요건해당성**

　㉠ 의미 : 형법의 규정에 범죄로 규정한 행위를 구성요건이라 함. 즉 형벌 법규에 규정되어 있는 위법 행위의 정형(定型)

　　예 '사람을 살해'에서 살해행위, '타인의 재물을 절취'에서 재물절취 등

　㉡ 객관적 요소(행위, 인과관계, 결과 등)와 주관적 요소(고의, 과실)필요

　㉢ 위법성 추정 : 구성요건에 해당하면 위법성이 추정됨

② **위법성**

　㉠ 의미 : 구성요건에 해당하는 행위가 전체 법 질서로부터 부정적 가치판단이 내려지면 위법성이 인정됨

　㉡ 위법성 조각사유 : 위법성이 없어서 범죄가 성립하지 않는 경우

　　• 정당방위(불법 대 정의)

　　　형법 제21조 : "현재의 부당한 침해로부터 자기 또는 타인의 법익(法益)을 방위하기 위하여 한 행위는 상당한 이유가 있는 경우에는 벌하지 아니한다."
　　　→ ① 현재의 ② 부당한 침해로부터 ③ 자기 또는 타인의 법익(法益)을 ④ 방위하기 위하여 한 행위는 ⑤ 상당한 이유가 있을 것

　　－현재의 침해에 대한 방위 : 장래에 침해가 예상되는 행위는 인정되지 않음

　　－동물에 의한 침해는 긴급피난이 될 뿐이나, 사람의 사주에 의한 것이면 정당방위

　　－상당한 이유가 있어야 하므로 과잉방위는 인정되지 않음

　　－부당한 침해 : 침해행위가 객관적으로 법질서와 모순되는 위법한 것이어야 하는 사회통념상 인정되지 아니한 행위

　　－상당한 이유 : 침해자에게 가장 경미한 손실을 입히는 수단이어야 한다. (과잉방위×)

　　－정당방위에 대한 정당방위가 성립하지 않는다 : 정당방위가 위법한 행위가 아니기 때문

　　　(대판 1986. 10. 14. 86도1091)
　　　차량통행문제를 둘러싸고 피고인의 부와 다툼이 있던 피해자가 그 소유의 차량에 올라타 문안으로 운전해 들어가려 하자 피고임의 부가 양팔을 벌리고 이를 제지하였으나 위 피해자가 이에 불응하고 그대로 그 차를 피고인의 부 앞쪽으로 약 3미터 가량 전진시키자 위 차의 운전석 부근 옆에서 있던 피고인이 부가 위차에 다치겠으므로 이에 당황하여 위차를 정차시키기 위하여 운전석 옆 창문을 통하여 피해자의 머리털을 잡아당겨 그의 흉부가 위차의 창문틀에 부딪혀 약간의 상처를 입게 한 행위는 부의 생명, 신체에 대한 현재의 부당한 침해를 방위하기 위한 행위로서 정당방위에 해당한다.

문 다음 사례에 대한 법적 판단으로 옳은 것은?

▶ 2018. 5. 19. 제1회 지방직

갑은 ○○전자회사에서 근무하는 40대 회사원으로 두 아들이 있으며, 현재 회사 내 신기술 연구에 참여하고 있다. 그런데 얼마 전 경쟁업체 직원 을이 현재 연구 중인 ○○전자회사 신기술 관련 정보를 빼내어 자신에게 알려주지 않으면 두 아들을 살해하겠다고 협박했다. 갑이 이에 응하지 않자 을은 초등학생인 갑의 차남 병을 유인하여 데리고 있으며 언제든지 병에게 위해를 가할 수 있다는 메시지를 전달했다. 병의 생명에 대한 을의 위해를 방어할 방법이 없자 갑은 당해 신기술 관련 정보를 을에게 알려주었다.

① 갑의 행위는 위법성이 인정되므로 범죄가 성립된다.

② 갑의 행위는 구성요건에 해당하지만 책임이 조각된다.

③ 갑의 행위는 정당행위에 해당하여 책임이 없다.

④ 갑의 행위는 구성요건에 해당하지만 위법성이 인정되지 않는다.

정답 ②

문 다음 사례에 대한 설명으로 옳은 것은?

▶ 2016. 6. 18. 제1회 지방직

• 갑은 불법체포를 면하기 위해 반항하는 과정에서 경찰관에게 상해를 입혔다.
• 산부인과 의사인 을은 임산부의 생명을 구하기 위해 낙태수술행위를 하였다.
• 채권자 병은 자신의 채무를 변제하지 않고 외국으로 도주하는 채무자를 발견하고 붙잡아 출국을 못하게 하였다.

① 갑, 을, 병의 행위는 구성요건에 해당하지 않는다.
② 갑, 을, 병의 행위는 위법성조각사유에 해당한다.
③ 갑, 을, 병의 행위는 책임조각사유에 해당한다.
④ 갑, 을, 병의 행위는 범죄가 되지만 처벌되지 않는다.

∎정답 ②

• 긴급피난(정의 대 정의)

> 형법 제22조 : "자기 또는 타인의 법익에 대한 현재의 위난을 피하기 위한 행위는 상당한 이유가 있는 때에는 벌하지 아니한다."
> → ① 자기 또는 타인의 법익에 대한 ② 현재의 ③ 위난을 피하기 위한 행위에 ④ 상당한 이유가 있을 것

예 맹견의 추격을 피하려고 무단으로 주거를 침해하는 경우

– 위난 : 위난의 원인이 사람의 행위이든 자연현상이든 불문
– 상당한 이유 : 균형성과 필요성, 보충성의 원리에 입각해야 함
 • 균형성의 원리 : 긴급피난에 의해서 보호되는 법익이 긴급 피난의 행위에 의해 침해되는 법익보다 현저하게 우월할 것을 요구하는 요건
  예 달려오는 자동차를 피하기 위해 몸을 던져 옆 상점의 유리창을 깰 경우(생명의 법익 > 재산권)
 • 보충성의 원칙 : 위난에 처한 법익을 보호할 다른 방법이 있을 때 긴급 피난은 인정되지 않는다.
 • 적법성의 원칙 : 피난 행위 자체가 사회 윤리나 법질서에 적합한 수단이어야 한다.
  예 급히 피를 필요로 하는 환자를 위해서 타인의 피를 강제 채혈할 경우, 보충성의 원리 및 균형성의 원리에는 어긋나지 않지만 적법성의 원칙에 어긋나기 때문에 긴급피난을 부정하였다.

> 정당방위와 비교한 긴급피난의 특징
> ① 정당방위는 부정(不正)에 대한 정(正)의 관계지만, 긴급피난은 정대정(正對正)의 관계이다.
> ② 긴급피난은 최후의 방법이어야 한다.
> ③ 긴급피난은 피난행위로서 보호하려는 법익이 침해하는 법익보다 커야 한다.

• 자구행위

> 형법 제23조 : "법률에서 정한 절차에 따라서는 청구권을 보전(保全)할 수 없는 경우에 그 청구권의 실행이 불가능해지거나 현저히 곤란해지는 상황을 피하기 위하여 한 행위는 상당한 이유가 있는 때에는 벌하지 아니한다."
> → ① 법률에서 정한 절차로 청구권을 보전하기 불능한 경우에, (**예** 경찰의 도움)
>   ② 청구권의 실행이 불가능해지거나 현저히 곤란을 피하기 위할 것

– 청구권의 실행 불능 또는 현저한 실행 곤란 : 지체 없이 자구 행위를 하지 않으면 청구권 · 자구행위란 청구권을 보존하기 위한 행위이지, 청구권을 직접 실행하는 수단은 아니다.
 예 폭력을 통해 스스로 채무를 변제받는 행위는 자구 행위로 구제받을 수 없다.

• 피해자의 승낙

> 형법 제24조 : "처분할 수 있는 자의 승낙에 의하여 그 법익을 훼손한 행위는 법률에 특별한 규정이 없는 한 벌하지 아니한다."
> → ① 처분할 수 있는 자의 ② 승낙이 있을 것 ③ 법률의 특별한 규정이 없을 것

– 처분할 수 있는 자 : 침해되는 법익을 처분할 수 있는 자
  - 법익 : 개인적 법익에 대해서만 가능하며 국가적, 사회적 법익에 대한 승낙은 불가능
  - 승낙은 명시적이든 묵시적이든 불문하고 행위 이전이나 당시에 있어야 하고 피해자가 진정으로 신중한 의사결정에 의해서 그러한 승낙을 내려야 함.
  - 한계 : 법률에 특별한 규정이 없을 경우만 승낙에 의한 위법성 조각 인정
    > 예 촉탁·승낙에 의한 살인, 동의낙태죄, 미성년자 의제강간처럼 승낙에 의한 행위 자체가 범죄의 구성요건으로 되어있는 경우에는 위법성을 조각하지 않음
  - 추정적 승낙 : 피해자의 현실적인 승낙은 없지만 행위 당시의 모든 사정을 객관적으로 판단할 때 피해자의 승낙이 있었을 것으로 기대되는 경우
    > 예 불난 집에 불을 꺼주기 위해 무단으로 들어가거나 친구 하숙방에 들어가는 경우

• 정당행위

> 형법 제20조 : "법령에 의한 행위 또는 업무로 인한 행위 기타 사회상규에 위배되지 아니하는 행위는 벌하지 아니한다."
> → 위법성 조각사유인 정당방위, 긴급피난, 피해자의 승낙, 자구행위를 적용할 수 없을 때 형법 20조 적용함.

– 사례 : 교도관이 사형을 집행하는 행위, 전쟁터에서 적군을 살해하는 행위, 교사가 교육차원에서 행하는 적정한 체벌, 경찰관의 범인체포, 일반인의 현행범체포, 노동쟁의행위, 의사치료, 안락사(진정 안락사)

> 위법성 조각사유 사례
> ① 군인이 전쟁 중 적군을 죽였다.
> ② 노동조합이 합법적 파업으로 회사에 손해를 입혔다.
> ③ 갑은 맹견을 피해 도망치다가 남의 집 화단을 망가뜨렸다.
> ④ 을은 자신을 죽이려는 병과 싸우다가 병에게 상처를 입혔다.
>   (시가 1만원 정도의 참외를 훔친 절도범을 향해 총을 쏘아 중상을 입힌 행위 – 과잉방위)
> ⑤ 외과 의사가 수술을 위해서 환자의 피부에 수술용 칼을 대었다.
> ⑥ 갑은 불이난 가게에서 도망치기 위해 가게 창문을 부수고 탈출하였다.
> ⑦ 폭풍을 만나 배가 전복될 위기에 처하자 선장인 갑은 화물을 바다에 던졌다.

기출문제

> 📖 다음 (가)~(다)에 대한 설명으로 옳지 않은 것은? (단, (가)~(다)는 각각 구성 요건 해당성, 위법성, 책임 중 하나이다)
> ▶ 2021. 6. 5. 제1회 지방직

갑이 행한 행위가 범죄의 성립 요건에 충족하는지에 대한 판단을 위해 먼저 ⎡(가)⎤를 검토해야 한다. ⎡(가)⎤를 충족할 경우 ⎡(나)⎤를 따져본 후 ⎡(다)⎤의 충족 여부까지 검토해야 형사상 범죄의 성립 요건이 충족된다고 할 수 있다.

① (가)는 갑의 행위가 법률에서 금지하고 있는 행위에 해당해야 한다는 내용이다.
② 갑의 행위가 피해자의 승낙에 해당하는 사유가 있다면 (나)에서 범죄 불성립으로 판단될 수 있다.
③ (가), (나) 모두에서 갑의 행위에 대한 사회적 비난 가능성을 물을 수 있다.
④ 갑이 농아자(청각 및 언어장애인)이고 그 행위가 (가), (나)를 충족하는 경우 (다)는 조각되지 않고 형을 감경한다.

| 정답 ③

⑧ 갑은 불법체포를 면하기 위해 반항하는 과정에서 경찰관에게 상해를 입혔다.

⑨ 갑은 자신의 지갑을 훔쳐간 소매치기를 잡아 격투 끝에 지갑을 되찾았다.

③ **책임성**

㉠ 의미 : 어떠한 행위를 이유로 그 행위자가 사회적으로 비난받을 만한 책임이 있어야 함

㉡ 책임성 조각사유

• 책임 능력이 없는 경우 : 행위자가 법 규범의 의미 및 내용을 이해하여 당해 행위를 법률이 금지하고 있다는 것을 인식할 수 있는 통찰능력이 없는 경우

예 형사미성년자 (만 14세 미만자), 심신상실자

• 기대가능성이 없는 경우(강요된 행위) : 행위시의 구체적인 사정으로 보아 행위자가 범죄행위를 하지 않고 적법행위를 할 것을 기대할 수 있는 가능성이 없는 경우

예 자신의 딸의 목에 칼을 들이대고 있는 강도의 협박에 못 이겨 경찰에 허위신고를 함으로써 공무수행을 방해한 아버지의 행동은 위법성은 있지만 비난가능성이 없다.

㉢ 책임성 감경사유 : 심신미약자, 농아자 (귀머거리이면서 벙어리)

(3) 형벌의 종류

① **생명형(사형)** … 범죄자의 생명을 박탈하는 형벌로서 형법 중에서 최고의 극형

② **자유형**

㉠ 징역 : 범죄자를 교도소 내에 가두어 노역을 하게 하는 형벌

㉡ 금고 : 징역형처럼 구금형이지만 교도소에서 노역을 시키지 않는다는 점에서 징역형과 구별

㉢ 구류

• 1일 이상 30일 미만의 기간 동안 교도소 등 수용시설에 구금시키는 형벌

• 구금 기간이 30일 미만이라는 점에서 징역·금고와 구별

③ **명예형**

㉠ 자격상실

• 법원으로부터 사형·무기징역·무기 금고의 형의 선고가 있을 때에는 그 효력으로서 당연히 일정한 자격을 상실시키는 형벌

• 상실되는 자격 : 공무원이 되는 자격, 공법상의 선거권과 피선거권, 법률로 요건을 정한 공법상의 업무에 관한 자격, 법인의 이사, 감사 또는 기타 법인의 업무에 관한 검사역이나 재산 관리인이 되는 자격 등

㉡ 자격정지 : 일정 자격을 일정 기간 정지시키는 형벌

④ 재산형

　㉠ 벌금 : 금전으로 과해진 형벌(5만 원 이상)

　㉡ 과료 : 일정한 액수를 기준으로 벌금보다 상대적으로 가벼운 재산형(2천원
　　~5만원 미만)

　㉢ 몰수 : 유죄판결을 선고할 때 범죄 행위에 제공하였거나, 제공하려고 한 물건,
　　또는 범죄로 말미암아 생겼거나 범죄로 인해 취득한 물건, 그 밖에 이러한 물
　　건의 대가로 취득한 물건을 범죄자의 수중으로부터 국가에 귀속시키는 형벌

[단기 자유형의 폐해 보완 제도]

의의	단기 징역형의 경우 범죄자를 양산하는 결과 초래
방법	선고유예제도, 집행유예제도, 기소유예제도
선고유예	범정(犯情)이 경미한 범인에 대하여 일정한 기간 형(刑)의 선고를 유예하고, 그 유예기간을 사고 없이 지내면 형의 선고를 면하게 하는 제도 → 선고유예를 받은 날로부터 2년을 경과한 때에는 면소(免訴)된 것으로 본다. 곧 유죄판결의 선고가 없었던 것과 똑같은 효력이 있다.
집행유예	범죄자에게 단기(短期)의 자유형을 선고할 때에 그 정상을 참작하여 일정 기간 그 형의 집행을 유예하는 제도
기소유예	검사는 범인의 연령·성행(性行), 지능과 환경, 피해자에 대한 관계, 범행 동기·수단과 결과, 범행 후의 정황 등을 참작하여 소추할 필요가 없다고 사료될 때에는 공소를 제기하지 않을 수 있다

section 2 형사 소송 절차

(1) 형사 소송 절차

① 수사

　㉠ 고소, 고발인지 : 수사의 개시

　㉡ 수사 : (경찰)범죄 혐의의 유무를 명백히 하고 공소의 제기와 유지 여부를 결
　　정하기 위해 범인을 발견, 확보하고 증거를 수집·보전하는 수사기관의 활동

　㉢ 체포, 구속

　　• 구속적부심사

　　- 영장주의 : 체포나 구속은 검사의 신청에 의하여 법관이 발부한 영장에 의함. 단,
　　　현행 범인에 대해서는 사후에 영장을 청구할 수 있음

　　- 구속적부심사 : 구속영장의 발부가 법률의 규정을 위반하거나 기타 구속을 계속
　　　할 필요가 없어졌을 때, 피의자 본인이나 변호인, 법정대리인, 가족 등은 구속
　　　적부 심사를 법원에 청구할 수 있음

🔖 다음은 형사 절차를 간단히 나타낸 것이다. 이에 대한 옳은 설명은?
▶ 2021. 6. 5. 제1회 지방직

(개) 수사→(내) 기소→(대) 공판→(래) 판결

① (개)에서 구속 수사를 하기 위해서는 검사가 발부한 영장이 있어야 한다.
② (내)시기부터 피의자는 변호인의 도움을 받을 권리를 갖기 시작한다.
③ (대)에서 피고인에 대한 유죄 입증 책임은 검사에게 있다.
④ (래)에서 유죄 판결이 확정이 되면 피고인은 반드시 구금된다.

∥정답 ③

기출문제

▶ 2015. 6. 27. 제1회 지방직

문 형벌과 형사절차에 대한 내용으로 옳지 않은 것은?

① 「소년법」상 소년에 대한 소년원 송치처분은 「형법」상 형벌에 해당하지 않는다.
② 경찰관이 피의자를 체포하는 경우 피의사실의 요지, 체포의 이유와 변호인을 선임할 수 있음을 고지하지 아니하면 위법한 체포가 된다.
③ 국민참여재판에서 법원은 배심원이 내린 유무죄에 관한 평결을 따라야 한다.
④ 성폭력범죄자에게는 법원의 판결로 형벌의 부과와 함께 위치추적 전자장치(전자발찌)를 부착하게 할 수 있다.

문 〈보기〉의 형사 절차 (가)~(마)에 대한 설명으로 가장 옳은 것은?

▶ 2023. 6. 10. 제1회 서울시

〈보기〉

(가) 수사 ⇨ (나) 구속 ⇨ (다) 기소 ⇨ (라) 선고 ⇨ (마) 집행

① (가)에는 피해자의 고소를 통해서만 개시된다.
② (나) 이후 피의자는 검사에게 구속 적부 심사를 청구할 수 있다.
③ (다) 이후 공판 과정에서 피고인의 유죄는 판사가 증명해야 한다.
④ (라)는 판사에 의해, (마)는 검사의 지휘로 이루어진다.

▌정답 ③, ④

② 수사종결(검사)
㉠ 기소
• 혐의가 인정되어 유죄로 추정 될 때 재판에 회부하는 행위
• 기소독점주의 : 검사만이 피의자를 기소할 수 있다는 원칙
㉡ 불기소처분
• 의미 : 수사 결과 재판에 회부하지 않는 것이 상당하다고 판단되는 경우 불기소
• 기소유예 : 죄는 인정되나 정상을 참작하여 기소하지 않는 것(선도 조건부 기소유예)
• 무혐의 처분 : 수사한 결과 범죄를 인정할 만한 증거가 없는 경우 피의자의 무고함을 최종적으로 판단하는 조치

③ 공판
㉠ 심리(법원)
• 심리와 변론 : 재판의 기초가 되는 사실 관계 및 법률관계를 명확히 하기 위해 검사와 피고인이나 그 변론을 듣고 증거를 조사하는 행위
• 보석 : 구속된 형사 피고인은 보증금 납부를 조건으로 구속을 해제해 달라는 보석을 신청할 수 있음
㉡ 판결(법원)
• 실형선고
• 무죄 : 심리 결과 유죄를 인정할 만한 증거가 없거나 범인이 아니라는 확증이 있을 때
• 선고유예 : 유죄가 인정되지만, 선고를 미뤄주는 것 + 보호관찰
• 집행유예 : 선고는 하였지만 집행을 미뤄주는 것 + 보호관찰

④ 형의 집행(검사)
㉠ 지휘권 : 법원에 의해 선고된 형은 검사의 지휘에 의해 집행 됨
㉡ 유죄인 피고인의 석방 : 집행유예, 선고유예, 벌금형의 선고 등에 의함
㉢ 가석방 : 형 집행 기간 중일지라도 일정한 요건에 해당하면 가석방 됨
→ 가석방 기간 중에는 원칙적으로 보호관찰을 받음

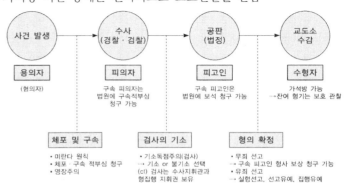

(2) 석방

① **구속적부심** … 구속영장이 발부되어 구속된 피의자의 구속 여부가 적합한가 아닌가에 대하여 판사에게 심사받는 것을 말한다. 이 때 구속이 부당하다고 판단되면 판사는 구속된 피의자에 대하여 석방을 명할 수 있다. 구속 적부심사는 검사가 피의자에 대하여 공소를 제기하기 전이면 언제든지 청구할 수 있다.

② **보석** … 구속 기소된 피고인이 법원에 보증금을 납부하는 조건으로 구속 집행을 정지하고 석방시키는 제도. 구속 피고인의 석방 제도라는 점에서 구속 피의자의 석방 제도인 구속 적부심과 구분된다. 보석은 피고인 등의 서면 청구를 받은 법원이 허가 여부를 결정한다. 보증금은 현금이나 보증보험증권을 첨부한 보증서로 할 수 있다.

③ **무죄** … 재판을 진행한 결과 구속된 사람의 죄를 인정하기 어렵다는 판결이 내려진 경우

④ 집행유예, 선고유예의 경우도 유죄판결이지만 석방

⑤ 모두 판사에 의해 판결과 결정에 의해 석방된다.

(3) 국민 사법 참여 제도

① **도입 배경** … 국민의 사법참여는 재판에 대한 국민의 신뢰 제고와 국민주권주의 실현 차원에서 재야단체 등의 꾸준한 도입 요구가 있었다. 사법개혁위원회가 결정한 사법참여제도는 배심제와 참심제를 혼합한 형태이다.

ㄱ 배심제 : 다수의 일반인으로 구성되는 배심원단이 피고에 대한 유무죄 판단을 내리고 법관은 유죄일 경우 형량만을 결정하는 영미식 제도. 미국에서는 전체 형사사건의 1%에 해당하는 중요 사건이 배심제로 운영된다. 미식축구선수 O. J. 심슨 사건처럼 여론재판으로 흐를 수 있다는 단점이 있다. 하지만 재판이 조서에 의존해 진행되는 관행에서 탈피해 변론과 배심원 설득에 더 무게를 두게 된다는 장점이 있다.

ㄴ 참심제 : 소수의 일반인이 참심원으로 참여해 법관과 함께 합의체를 구성해 피고인의 유무죄는 물론 양형까지 판단하는 방식. 독일, 프랑스 등 대륙계 국가들이 채택하고 있다. 참심원이 법관의 '들러리'가 될 수 있다는 단점이 있으나 재판과 심의과정이 국민에게 공개된다는 장점이 있다.

② **주요 내용** … 사법참여인단 규모는 미국 배심제(12명)보다는 적지만, 독일 참심제(2명)보다는 많다. 외견상으로는 법관 3명과 일반인 중에 선발한 재판원 6명이 재판에 참여해 유무죄 판단 및 양형 결정에 참여하는 일본식에 가깝다. 피고인이 참여재판을 희망하는 '중죄(重罪) 형사사건'이 대상. 연간 28만건의 형사재판 중 100~200건이 사법참여제로 운영될 전망이다. 사법참여인단은 선거인명부, 주민등록전산자료 등을 통해 무작위로 선발된다.

기출문제

문 밑줄 친 ㉠~㉣에 대한 설명으로 옳은 것은?
▶ 2020. 7. 11. 인사혁신처

갑은 을에게 상해를 입힌 혐의로 체포되었다. 경찰은 갑을 ㉠구속 수사한 후 사건을 검찰에 송치하였고, 갑은 기소되었다. 그 이후 갑은 법원의 허가를 받아 ㉡석방되었고, 국민 참여 재판이 열렸다. ㉢1심 법원은 갑에게 ㉣징역 1년에 집행 유예 2년을 선고하였다.

① 검사가 영장실질심사를 한 후 ㉠ 여부를 결정한다.

② ㉡을 위해 갑은 구속적부심사를 법원에 청구하였다.

③ ㉢은 지방 법원 본원 합의부이다.

④ ㉣은 선고 후 2년이 지나면 형의 선고가 없었던 것으로 된다.

문 다음은 우리나라 재판제도 중 하나의 절차이다. 이에 대한 설명으로 옳은 것은?
▶ 2017. 6. 17. 제1회 지방직

㉮ 배심원 선정 → ㉯ 공판 → ㉰ 평의 및 평결 → ㉱ 판결선고

① 피고인이 이 재판 절차를 희망하지 않으면 진행될 수 없다.

② ㉮의 배심원은 만 20세 이상의 국민이면 누구나 선정될 수 있다.

③ ㉯는 지방법원 본원 단독판사에 의해 이루어진다.

④ ㉰의 평결은 ㉱에서 법원을 기속한다.

정답 ③, ①

185

③ 문제점
  ㉠ 유죄 증거가 있어도 범죄가 이루어진 상황에 대한 동정심 때문에 무죄를 주장할 수 있다. 범죄자의 변호인단이 사회적 책임이나 범인에 대한 동정심에 호소한다면 배심원은 객관성을 잃은 판단을 할 수 있다.
  ㉡ 연고주의가 뿌리 깊게 발달한 우리 현실에서 편향된 판결이 나올 수 있다.
  ㉢ 많은 수의 배심원에게 수당을 지급해야 하는 재정적 문제가 발생한다.

④ 장점
  ㉠ 재판 주체의 변화 : 법관 독점의 재판에서 시민 참여, 시민 주도로 재판이 바뀌며, 법관과 시민의 분업이 가능하게 될 것이다.
  ㉡ 당사자의 지위와 역할의 변화 : 배심제가 도입이 되면 검사와 변호사는 실제로 대등하게 되며, 시민이 최종적인 사실 판단을 하고 판사가 양형을 담당하게 되어 검찰, 법원보다 시민이 중심이 되는 형사 재판이 될 것이다.
  ㉢ 공판중심주의의 확립 : 배심원은 오직 법원에 제출된 증거를 관찰하고 그에 기하여 얻어진 인상을 통하여 구체적 사건에 대한 판단을 내리게 되므로 구두 변론주의, 직접주의, 집중 심리주의가 확립되게 된다.
  ㉣ 무죄추정의 원칙의 철저한 보장 : 형사 재판에서 범죄 사실의 증명은 '합리적인 의심을 넘어서는' 정도의 입증을 요하는데 배심제 하에서는 배심원 전원 일치 평결로써 유죄를 선고할 수 있으므로, 배심원 중 의견의 불일치가 있는 경우에는 상호 간의 치열한 평의를 거쳐 서로가 완전히 설득된 경우에만 유죄 평결이 가능해 질 것이다.

section 3 행정구제

(1) 행정의 원리
① 민주행정의 원리
  ㉠ 국민 주권의 원리에 따라 행정은 모든 국민 모두의 이익과 국민의 의사가 반영되는 방향으로 진행되어야 한다는 의미
  ㉡ 현대 국가의 일반적 특색으로서 특히 법 집행 기능을 담당하는 행정의 분야에서 선행되어야 할 원리

② 법치행정의 원리
  ㉠ 행정기관의 행정 작용이 법에 위배되어서는 안될 뿐만 아니라, 미리 정해진 법률에 의거하여 행정권이 발동되어야 한다는 의미
  예 공과금 부과 등의 행정권은 법률에 의하여 발동되어야 한다.

ⓒ 형식적 의미의 법률 : 국민의 권리를 제한할 수 있는 것은 의회가 제정한 법률에 의해서만 가능하고 그 법률의 내용은 헌법의 기본 정신에 부합해야 한다.

ⓒ 행정 규제적 기능 : 법률로 행정을 규제함으로써 자의적인 권력행사를 억제

ⓒ 행정 유도적 기능 : 현대에는 복지 국가를 지향하는 경향에 따라 행정 기능 확대가 요청되면서 법치 행정은 행정의 규제 기능에서 행정이 해야 할 기능을 부여하고 그 활동을 촉진하는 기능으로 전환되고 있다.

③ 복지 행정의 원리
　　ⓒ 행정작용이 국민의 소극적인 자유권의 보호 작용에 머무를 것이 아니라 적극적으로 국민의 인간다운 생활을 보장해야 한다는 원칙
　　ⓒ 우리 헌법의 규정 : 인간다운 생활을 할 권리, 행복추구권, 사회권적 기본권의 보장, 국가의 사회 보장 의무 등을 규정함으로써 복지행정의 원리를 채택

④ 사법 국가주의
　　ⓒ 행정에 대한 재판을 행정 재판소에서 하는 행정 국가주의를 지양하고 행정에 대한 개괄적 사법심사를 인정하는 것을 의미
　　ⓒ 목적 : 이 원리는 국민의 권리 보호에 중점을 둔 것으로서 우리나라의 행정 재판도 점차 사법 국가주의 형태로 바뀌고 있다.

⑤ 지방 분권주의
　　ⓒ 지방의 행정은 그 지역 주민 자치에 의하여 행정이 이루어져야 함을 의미
　　ⓒ "지방 자치 단체는 주민의 복리에 관한 사무를 처리하고, 재산을 관리하며 법령의 범위 안에서 자치에 관한 규정을 제정할 수 있다."(헌법 제117조)

(2) 행정에 대한 시민 참여

① 거버넌스 … 행정에 시민이 참여하는 형태가 일반화 → 행정에 대한 민주적 통제

② 장점 … 분쟁의 예방, 효율적이고 합리적인 행정 작용 도모

③ 참여 방법 … 청문, 공청회, 의견 제출 등

(3) 행정 정보 공개 제도

① 의의 … 국민의 알 권리 보장, 행정의 민주화 공정화 실현

② 한계 … 공공 기관에만 청구할 수 있으며 일반 회사에 대해서는 정보 공개를 청구할 수 없음

section 4 행정 구제 제도

(1) 행정심판

① 행정심판의 의미

㉠ 의미 : 위법·부당한 행정처분으로 인해 권익을 침해당한 자가 행정기관에 대하여 그 시정을 구하는 행정쟁송절차

㉡ 한계 : 자기 스스로를 심판하기 때문에 자기 자신의 일을 객관적으로 판단하기 힘들다는 근본적 한계성

㉢ 장점

• 자율성 : 입법부나 사법부의 간섭 없이 행정기관이 자기반성에 의하여 스스로 잘못을 시정하도록 함

• 편의성 : 사법절차보다 간편한 방법으로 분쟁 해결

• 전문성 : 분쟁의 해결에 있어서 행정기관의 전문지식 활용

② 행정심판의 요건

㉠ 당사자

• 청구인

–행정청의 처분이나 부작위의 직접 상대방

–직접 상대방이 아니더라도 심판을 구할 법률상 이익이 있는 자

예 예를 들어 광산 채굴에 대한 영업허가로 피해를 본 인근 주민도 청구 가능

• 피청구인

–청구내용이 이유 있다고 인정 : 심판 청구의 취지에 따른 처분

–청구 내용이 이유 없다고 인정 : 답변서를 첨부하여 청구인과 행정심판위원회에 통지

㉡ 청구기간

• 행정 처분을 안 날로부터 90일 이내

• 행정 처분이 있은 날로부터 180일 이내

(2) 행정 소송의 의미와 대상

① 의미 … 행정기관의 위법한 처분(부작위 포함)으로 인한 국민의 권리의 침해를 구제하고, 나아가 공법상의 권리 관계 또는 법 적용에 관한 다툼을 해결함을 그 목적으로 한다.

② 목적 … 행정청의 위법한 처분, 그 밖에 공권력의 행사 또는 불행사 등으로 인한 국민의 권리나 이익의 침해를 구제하고 공법상의 권리 관계 또는 법적용에 관한 다툼을 적정하게 해결한다.

③ **행정심판과의 관계** ··· 행정심판은 행정 기관이 자기의 행위를 시정하는 절차이므로 국민의 권리를 보호하려면 좀 더 객관적 입장에서 행정법 관계에서의 분쟁을 해결할 수 있는 제도가 필요

④ **행정소송의 대상**

㉠ **처분** : 행정청이 행하는 구체적 사실에 관한 법집행으로서의 공권력의 행사 또는 그 거부, 그 밖에 이에 준하는 행정작용 및 행정심판이 대한 재결

㉡ **부작위** : 행정청이 당사자의 신청에 대하여 상당한 기간 내에 일정한 처분을 해야 할 법률상의 의무가 있는데도 불구하고 행정청이 이를 하지 아니하는 것

(3) 행정소송의 종류

① **항고소송**

㉠ **항고소송의 의미** : 행정청의 위법한 처분이나 부작위에 대하여 제기하는 소송

㉡ **취소소송** : 행정청의 위법한 처분이나 재결의 취소 또는 변경을 구하는 소송
예 운전면허 취소처분 취소소송

㉢ **무효 등 확인 소송** : 행정청의 처분이나 재결의 효력 유무 또는 존재의 여부를 확인하는 소송
예 공무원의 해고 무효 확인 소송

㉣ **부작위 위법 확인소송** : 결론을 내려주어야 할 행정청이 아무런 행위를 하지 않고 있어 피해가 발생할 때, 이러한 부작위에 대한 행정청의 위법성을 확인하고자 하는 소송
예 허가증 불 교부 위법 확인 소송

② **당사자 소송**

㉠ **의미** : 행정청의 처분 등을 원인으로 하여 형성된 법률관계에 관한 소송과 공법상의 법률관계에 관한 소송으로서 그 법률관계의 한쪽 당사자를 피고로 하여 대등한 입장에서 하는 소송

㉡ **사례**
• 행정청의 처분 등을 원인으로 하는 법률관계에 관한 소송
예 조세 과·오납 반환 청구 소송, 공무원의 직무상 불법행위로 인한 국가 배상청구 소송
• 공법상의 법률관계에 관한 소송
예 공무원의 신분이나 지위의 확인을 구하는 소송, 공무원의 봉급 청구 소송

㉢ **성질** : 소송 절차 면에서 민사 소송과 그 본질을 같이 하며, 대법원은 민사 소송으로 제기할 것을 판결

③ **민중소송**

㉠ **의미** : 국가 또는 공공 단체의 기관이 법률에 위반한 행위를 했을 때, 자기의 직접적인 법률상의 이익과 관계없이 그 시정을 구하는 소송 → 법에 정해진 경우 소송 가능

기출문제

ㄴ 종류 : 선거법상의 선거무효소송, 지방 자치법 상의 주민소송(자치 법령의 위헌, 위법소송)

④ 기관소송

ㄱ 의미 : 국가나 공공 기관 상호 간에 권한의 존재 여부 또는 권한의 행사에 관한 다툼이 있을 때 제기하는 소송

ㄴ 필요성 : 국가 행정 조직 내부에서는 감독관청에 의해 조율되기 때문에 그 필요성이 적으며, 주로 지방 자치의 영역에서 인정됨

예 지방자치단체의 장의 재의결 요구

[행정심판과 행정소송의 비교]

구분	행정심판	행정소송
쟁송 성격	약식 쟁송	정식 쟁송
쟁송 대상	위법·부당한 처분 (적법 여부+합목적성 여부 판단)	위법한 처분(적법 여부 판단)
쟁송 수단	• 취소심판 • 무효등 확인심판 • 의무이행심판(부작위) ※ 당사자심판(×)	• 취소소송 • 무효등 확인소송 • 부작위법확인소송 • 당사자소송
쟁송 기관	행정관청(재결청)	법원
심리절차의 원칙	서면·구술 심리 원칙, 비공개 원칙	구술 심리 원칙, 공개 원칙
쟁송판단의 형식	재결	판결
판단에 대한 불복	재심 청구의 금지(→항고소송)	항소, 상고

[재결과 판결]

각하	• 심판청구의 요건을 검토한 후 요건에 합당하지 않을 때 내리는 결정 • 형식 자체가 맞지 않아 내용을 보지도 않는 것
기각	• 심판청구가 요건을 갖추었지만, 청구의 내용이 이유 없다고 인정하여 청구인의 요구를 들어주지 않는 결정
인용	• 요건도 갖추고 내용이 이유 있어서 청구인의 요구를 받아들이는 재결 • 취소재결, 무효 등 확인재결, 의무 이행 재결
사정	• 내용이 이유 있지만, 그 처분을 취소 변경하는 것이 사회 전체의 이익에 어긋난다고 인정될 때 청구를 기각하는 결정 • 다만, 그 심판을 청구한 이유가 충분히 일리 있기 때문에 행정청은 청구인에게 손해배상과 같은 구제책을 강구해야 함

(4) 행정상 손해배상

① 공무원의 직무상 불법행위

  ㉠ 의미

- "국가 또는 지방자치단체는 공무원이 그 직무를 집행함에 있어서 고의 또는 과실로 법령에 위반하여 타인에게 손해를 가한 경우 그 손해를 배상해야 한다."
- 국가나 지방자치단체는 그 공무원의 선임, 감독에 상당한 주의를 게을리 하지 않았다고 하더라도 배상해야 한다.

  ㉡ 요건

- 공무원의 행위 : 넓은 의미의 공무원 국가 공무원 및 지방 공무원, 공무를 위임 받아 그에 종사하는 모든 자
  - **예** 통장, 시청 청소차 운전수
- 직무행위의 위법성 직무행위자체, 객관적으로 직무 범위 내에 속하는 행위라고 인정되거나 직무와 밀접하게 관련된 행위
  - **예** 직무를 보러 지방으로 이동하다 교통사고 난 경우도 직무행위에 포함된다.
- 손해발생 법률이나 명령을 위반하는 것뿐만 아니라 적법하더라도 객관적으로 보아 부당한 행위

  ㉢ **구상권** : 공무원의 직무상 불법행위로 인하여 국가나 지방 자치 단체가 배상 책임을 진 경우, 공무원이 그 직무를 집행할 때에 고의 또는 중대한 과실이 있으면 국가 또는 지방자치단체는 구상권을 행사할 수 있다. (구상권 : 다른 사람을 위하여 채무를 변제한 이가 그 사람에 대하여 가지는 상환 청구권을 말한다.)

② 공공시설(영조물)의 설치 및 관리의 하자

  ㉠ 의미 : 국가배상법 제5조 ② "도로·하천 기타 공공 영조물(營造物)의 설치 또는 관리에 하자가 있기 때문에 타인에게 손해를 발생하게 하였을 때에는 국가 또는 지방자치단체는 그 손해를 배상해야 한다."

  ㉡ 요건

- 공공영조물의 존재 : 다리나 도로, 육교처럼 공공의 목적에 사용되는 국가나 지방 자치 단체의 물건
- 설치, 관리의 하자 : 공공영조물이 (고의든 과실이든 간에) 사람들이 공공 영조물에 일반적으로 기대할 수 있는 안전성조차 가지고 있지 않다는 것이다.
- 그로 인한 손해 : 하자와 손해 사이의 상당한 인과관계
  - **예** 다리가 무너졌을 때 진도 7의 강력한 지진이 발생하고 있었다면 다리의 붕괴가 관리의 소홀 때문에 발생했다고 볼 수 없다

문 다음 (가), (나)와 관련된 행정구제 제도에 대한 설명으로 옳은 것은?

▶ 2013. 9. 7. 서울시

(가) A법 제2조 ① 국가나 지방자치 단체는 공무원 또는 공무를 위탁받은 사인이 직무를 집행하면서 고의 또는 과실로 법령을 위반하여 타인에게 손해를 입히거나, … 이 법에 따라 그 손해를 배상하여야 한다.

(나) A법 제5조 ① 도로·하천, 그 밖의 공공의 영조물의 설치나 관리에 하자가 있기 때문에 타인에게 손해를 발생하게 하였을 때에는 국가나 지방자치단체는 그 손해를 배상하여야 한다.

① (가)는 적법한 공권력의 행사로 인한 손실을 전보하여 주는 제도이다.

② 공원을 건립하기 위하여 어떤 지역의 땅을 수용할 때 (가)가 적용된다.

③ (나)의 성립 요건으로 공무원의 위법한 직무 행위가 있어야 한다.

④ (나)가 적용되는 피해에 대해 국가는 과실이 없더라도 배상책임을 질 수 있다.

⑤ (나)는 사회 정의 및 공평 부담의 원칙에 따른 특별한 희생에 대한 구제 제도이다.

▌정답 ④

기출문제

문 다음 사례에서 갑이 취할 수 있는 가장 적절한 구제 제도는?
▶ 2014. 4. 19. 안전행정부

A시는 늘어나는 인구에 비해 도로가 턱없이 부족하여 심각한 교통 불편을 겪고 있는 지역에 도로를 넓히려고 한다. 이에 A시는 법률에 따라 도로가에 위치하고 있는 갑의 집을 적법하게 수용하려고 한다.

① 주민소송
② 사법상 손해배상
③ 행정상 손실보상
④ 영조물의 설치나 관리의 하자로 인한 국가배상

(5) 행정상 손실 보상

① 의미 근거
　　㉠ 공공의 필요에 의한 적법한 공권력 행사로 인해 개인의 재산에 가해진 특별한 손실에 대하여 보상
　　㉡ 특정인의 희생으로 공공의 필요를 충족시키는 것은 공평부담의 원칙에 어긋나므로, 개인의 특별한 희생을 전체의 부담으로 분산·전가시켜 사회 정의의 원칙을 실현하고자 하는 제도

② 행정상 손실보상의 요건
　　㉠ 공공 필요에 의한 재산권의 수용·사용 또는 제한이 있어야 하며 → 공공필요 : 직접적인 공익사업뿐만 아니라 넓은 의미에서 공익의 목적을 위해 필요한 경우
　　㉡ 그로 인해 사유 재산에 특별한 희생이 가해져야 한다.
　　　→ 특별한 희생 : 일반적인 권리의 제약을 넘어서서 개인에게 특히 과다한 부담이 지워질 때
　　　예 댐의 건설로 인해 토지가 모두 유실되는 경우
　　③ 보상 범위 … 현대 복지 국가의 이념에 따라 정당한 보상은 단순히 침해된 재산의 등가 교환 가치를 넘어 재산권의 침해 이전의 생활 상태를 보상해야 한다는 생각이 대두 → 생활 보상

④ 보상 절차
　　㉠ 일반적인 규정은 없고 각 개별법에서 규정
　　㉡ 당사자 간의 협의, 행정청의 재결, 또는 행정 소송에 의하는 경우 등

⑤ 보상 방법 … 특별한 규정이 있는 경우를 제외하고는 현금 보상이 원칙이다.

⑥ 보상의 불복 … 재산권을 침해 받은 자가 보상에 대하여 불복할 때에 행정 심판이나 행정 소송을 제기할 수 있다.

[행정상 손해 배상과 행정상 손실 보상의 비교]

구분	행정상 손해 배상	행정상 손실 보상
손해전보의 본질	위법한 국가 작용으로 인한 손해의 배상	적법한 고용침해로 인한 손실의 보상
전보책임의 성격	개인주의적 사상에 기초한 개인적, 도의적 과실책임주의	단체주의사상에 기초한 사회적, 공평 부담적 무과실 책임주의
발생 원인	• 공무원의 불법 행위 • 공공시설의 설치, 관리상의 하자	공공의 필요에 의한 사유 재산의 특별한 희생
손해전보의 범위	상당인과관계가 있는 모든 손해 배상	• 정당보상의 원칙(완전보상) • 생활보상(일실 손실, 이주비용 등)

손해전보의 내용	재산상+정신상 손해	재산상 손실
손해전보의 방법	일반 민사상 손배방법(금전배상)	금전보상 원칙, 예외적으로 현물보상, 매수보상

section 5 미성년의 법률상 보호

(1) 청소년 보호법상의 보호

만 19세가 되는 1월 1일이 되면 청소년의 지위에서 벗어나게 된다.

① 보호 목적 … 유해환경으로부터의 청소년의 보호 → 청소년 처벌 ×, 업주만 처벌 받음

② 주요 내용

　㉠ 만 19세 미만의 청소년에게 술과 담배의 판매 금지

　㉡ 선량한 풍속을 해칠 우려가 있는 장소 출입 금지 및 풍기 문란 행위 규제

　㉢ 음란물(도서 및 음반류) 등 소지, 제작, 판매, 대여, 관람금지

(2) 근로기준법상의 보호

① 고용 가능 연령

　㉠ 15세 미만인 사람(초·중등교육법에 따른 중학교에 재학 중인 18세 미만인 사람 포함)은 근로자로 사용하지 못한다.

　㉡ 예외 : 단 15세 미만이라도 노동부 장관이 발행한 취직 인허증이 있으면 취직 가능

② 근로기준법에서 보호대상이 되는 연소자의 근로계약(연소자 : 근로기준법상 보호대상이 되는 15세 이상~18세 미만의 미성년자)

　㉠ 연소자 증명서 : 사용자는 18세 미만인 사람에 대하여는 그 연령을 증명하는 가족관계기록사항에 관한 증명서와 친권자 또는 후견인의 동의서를 사업장에 갖추어 두어야 한다.

　㉡ 근로계약

　　• 친권자나 후견인은 미성년자의 근로계약을 대리할 수 없다.

　　• 친권자, 후견인 또는 고용노동부장관은 근로계약이 미성년자에게 불리하다고 인정하는 경우에 이를 해지할 수 있다.

　　• 사용자는 18세 미만인 사람과 근로계약을 체결하는 경우에는 근로조건을 서면으로 명시하여 교부해야 한다.

　㉢ 임금의 청구 : 미성년자는 독자적으로 임금을 청구할 수 있다.

ⓒ 근로시간 : 15세 이상 18세 미만인 사람의 근로시간은 1일에 7시간, 1주에 35시간을 초과하지 못한다. 다만, 당사자 사이의 합의에 따라 1일에 1시간, 1주에 5시간을 한도로 연장할 수 있다.

ⓜ 야간·휴일근로의 제한 : 사용자는 18세 미만자를 오후 10시부터 오전 6시까지의 시간 및 휴일에 근로시키지 못한다. 다만, 본인의 동의와 고용노동부장관의 인가를 받은 경우에는 가능하다.

ⓢ 갱내근로의 금지 : 18세 미만인 사람을 갱내에서 근로시키지 못한다.

(3) 형사상 보호

① 형법상의 보호 … 형사 미성년자

ⓖ 만 14세 미만자(형법) - 만 14세는 실제 나이를 기준으로 함

ⓛ 법률효과 : 만 14세 미만의 범죄행위는 책임성이 조각되어 형사처벌이 면제 됨

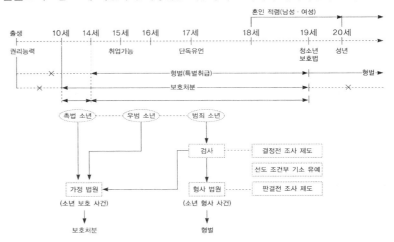

② 소년법상의 보호 … 소년범(만 19세 미만의 범죄자)에 대한 특별 대책

ⓖ 분류

10세 미만	형사 미성년자	보호처분 및 형벌 부과 대상이 아님
10세 이상 14세 미만		보호처분의 대상은 되지만 형벌은 부과할 수 없음 (촉법소년)
14세 이상 19세 미만	형사 책임능력자	보호처분과 형벌 부과의 대상이 되지만, 형벌을 부과할 때는 특례가 주어짐(범죄소년)

💡 〈보기〉의 사례에 대한 법적 판단으로 가장 옳은 것은?
▶ 2022. 6. 18. 제2회 서울시

〈보기〉
• 갑(甲)은 친구 을(乙)이 맡긴 반려견을 데리고 산책 중이었는데, 목줄이 풀리며 반려견이 지나가던 병(丙)의 다리를 무는 사고가 발생하였다.
• 유치원생인 A는 엄마 B가 친구와 대화를 나누고 있는 사이에 길가에 세워둔 C의 자동차에 돌을 던져 유리창을 파손시켰다.

① 갑(甲)이 반려견 보관에 상당한 주의를 기울였음을 입증하면 을(乙)이 불법 행위에 대한 책임을 진다.
② 갑(甲)과 을(乙)은 공동 불법 행위로 연대하여 병(丙)에게 배상 책임을 지게 된다.
③ A의 행위는 위법성이 조각되어 불법 행위가 성립되지 않는다.
④ B가 A에 대한 감독에 상당한 주의를 다하였다는 것을 증명하면 면책된다.

정답 ④

ⓒ **소년범의 특별 취급**: 소년법 제정, 가정 법원 소년부, 소년 교도소, 소년원, 소년분류심사원 등을 설치

→ 가정법원의 심판은 재판과 달리 처벌을 하는 것이 아니라 문제 소년의 교육과 반성·선도를 목적으로 함.

ⓒ 소년범에게 형벌을 부과하는 경우도 있지만 형벌이 아닌 보호 처분을 통하여 평생 범죄인으로 낙인찍히는 것을 방지

- 형벌이 아니므로 전과로 인정되지 않으며, 장래에 불리한 영향을 주지 않음
- 보호처분의 종류: 성질과 행실의 교정 및 건전한 육성을 위하여 가정 법원 또는 지방법원 소년부에서 결정(보호자감호위탁, 수강명령, 사회봉사명령, 단기보호관찰, 장기보호관찰, 시설감호위탁, 병원·위양소 위탁, 1개월 이내 소년원 송치, 단기 소년원 송치, 장기 소년원송치)

ⓔ **미성년자가 범죄를 저질렀을 때의 재판 진행**

- 미성년자의 범죄는 가정 법원의 소년 담당 판사의 심판을 받는 경우가 많다.
- 19세 미만의 사람, 즉 소년이 죄를 범했을 때에는 경찰서 조사→검찰→법원에 송치된다.
- 중죄를 저지른 소년은 보통의 형사재판을 받는데, 중죄일지라도 죄를 범할 당시 만18세가 되지 아니한 사람에 대해서는 사형이나 무기형을 선고할 수 없다.
- 중죄를 범한 경우가 아니면 보호처분이 필요하다고 인정되는 소년 사건은 가정 법원으로 보낸다. 가정법원에 송치된 비행소년은 조사관에게 조사를 받고, 잘못을 저지른 소년은 소년 분류 심사원에 수용하여 소년의 자질과 성품을 분석, 연구하고 가정 법원 판사의 심판에 필요한 자료를 만든다.
- 가정법원의 심판은 소년 심판부(단독판사)에서 이뤄지는데 심판은 재판과 달리 처벌이 아니라 문제 소년의 교육과 반성, 선도를 목적으로 하며 온화한 분위기에서 이뤄진다.
- 판결 전 조사제도: 법원이 보호관찰, 사회봉사 또는 수강을 명하기 위하여 필요하다고 인정할 때에 보호 관찰관에게 피고인의 범행 동기, 직업, 생활환경, 교우관계, 가족상황, 피해회복여부 등 필요한 사항을 조사해 줄 것을 요청하는 제도를 말한다. 우리나라에서는 소년 형사범의 경우에만 임의적으로 시행할 수 있도록 되어 있는데, 외국의 경우에는 적정한 형량을 결정하기 위하여 성인 형사범에게도 적용하거나 의무적으로 실시하도록 하는 나라가 많다.

③ **미성년자의 형사법적 고찰**

ⓐ 미성년자(소년법에서는 소년이라 함)가 죄를 범했을 때는 가정법원(또는 지방법원 소년부)의 소년 담당 판사의 심판을 받게 된다. 심판은 소년의 보호와 교육이 주된 목적이다. 단 중죄를 지은 소년은 보통의 형사 재판을 받으며 만 18세 미만의 소년에 대해서는 사형이나 무기형을 선고할 수 없다.

문 상점 절도를 저지른 갑~정에 대한 판단으로 옳은 것만을 〈보기〉에서 모두 고르면?

▶ 2020. 6. 13. 지방직/서울시

구분	갑	을	병	정
10세 이상의 '소년'인가요?	아니요	아니요	예	예
기소할 수 있는 연령인가요?	예	아니요	아니요	예

〈보기〉

ⓐ 갑과 정은 모두 선도조건부 기소유예 처분을 받을 수 있다.

ⓑ 정의 연령은 을, 병보다 높지만 갑보다는 낮다.

ⓒ 을, 병은 모두 형사 미성년자이다.

ⓓ 검사는 정에 대한 피의사건 수사 결과, 보호처분에 해당하는 사유가 있다고 인정한 경우에는 사건을 관할 법원 소년부에 송치하여야 한다.

① ㉠, ㉢
② ㉡, ㉣
③ ㉠, ㉡, ㉢
④ ㉡, ㉢, ㉣

정답 ④

ⓒ 경찰서는 다음과 같이 소년 형사 사건을 처리한다.

범죄소년	14세 이상 19세 미만 범죄행위를 한 소년	검찰 송치
촉법소년	10세 이상 14세 미만 형벌 법령에 저촉되는 행위를 한 소년	가정법원이송(형사 미성년자이므로 처벌하지 않고 선도)
우범소년	10세 이상, 성격이나 환경에 비추어 앞으로 형벌 법령에 저촉되는 행위를 할 우려가 있는 소년	선도 단체에 의뢰 또는 가정법원에 보호조치 청구

ⓒ 가정법원에 송치된 비행소년은 조사관에게서 조사를 받으며 큰 잘못을 저지른 소년은 소년 분류 심사원에 수용하여 소년의 자질과 성품을 분석, 연구하고 심판에 필요한 자료를 만든다. 가정 법원의 심판은 재판과 달리 처벌을 하는 것이 아니라 문제 소년의 교육과 반성, 선도를 목적으로 한다. 따라서 온화한 분위기에서 조사가 이루어지고 그에 대한 처분이 내려진다.

(4) 학생의 권리와 의무

① 학생의 인권
   ㉠ 학생의 지위 : 피 교육자이면서 동시에 인권의 주체
   ㉡ "학생을 포함한 학습자의 기본적 인권은 학교 교육 또는 사회 교육의 과정에서 존중되고 보호된다."

② 학습권
   ㉠ 학교 시설 이용권
   ㉡ 수학권 : 교사의 수업을 수강할 수 있는 권리
   ㉢ 교육 과정에 대한 선택권, 학생 자치 활동권, 교육의 기회 균등권

③ 학생의 의무 … 교칙준수, 교원의 교육과 연구 활동 방해 금지, 학내 질서 유지

(5) 학생의 징계와 처벌

① 징계의 사유
   ㉠ 품행이 불량하여 개전의 가망이 없다고 인정된 자
   ㉡ 정당한 이유 없이 결석이 잦은 자
   ㉢ 학칙을 위반한 자
   ㉣ 교육상 필요하다고 인정할 때

② 징계의 종류 … 교내 봉사 < 사회 봉사 < 특별 교육 이수 < 퇴학처분(의무 교육 대상자 제외)

③ 징계의 절차와 방법

　㉠ 학교장은 학생의 인격이 존중되는 교육적인 방법으로 징계 결정

　㉡ 사유의 경중에 따라 단계별로 적용하여 학생에게 개전의 기회 부여

　㉢ 의견 진술권 : 해당 학생 또는 학부모에게 의견 진술의 기회 부여

　㉣ 징계 ≠ 체벌

④ 체벌

　㉠ 의미 : 교육 담당자가 교육 목적상 필요하여 대상 학생을 매로 때리는 등 신체적 고통을 가하는 일체의 행위 → 학생의 인권 침해 소지

　㉡ 교육상 불가피한 경우가 아니면 훈육이나 훈계 등의 방법으로 해야 함

section 6 소비자의 권리와 법

(1) 소비자의 8대 권리(소비자기본법)

① 안전할 권리 … 모든 물품 및 용역으로 인한 생명·신체 및 재산상의 위해로부터 보호받을 권리

> 모든 물품 및 용역으로 인한 생명·신체 및 재산상의 위해로부터 보호받을 권리로 소비자의 안전을 도모하기 위해서 국가는 안전기준을 제정하고 위해 상품을 수거·파기할 의무가 있다. 우리나라는 약 14개의 법률에서 소비자의 안전과 관련된 각종 기준을 규정하고 있으나 본래의 입법 목적이 행정 관리에 있었기 때문에 소비자 보호 측면에서는 아직 미흡한 실정이다.

② 알 권리 … 물품 및 용역을 선택함에 있어서 필요한 지식 및 정보를 제공받을 권리

> 물품 및 용역을 선택함에 있어서 필요한 지식 및 정보를 제공 받을 권리는 합리적 소비 생활을 이루기 위한 전제조건이다. 소비자들이 제품을 구매하기 전에는 각종 상품 정보나 상품 표시 등을 통해 사용목적에의 부합 여부를 정확히 판단해야 하고, 사용과정에서는 올바른 사용(취급)방법, 주의 사항을 알 수 있어야 한다. 한국 소비자 보호원 및 소비자 단체 등에서 유사한 상품들 간에 우수성을 비교 시험하여 일반에게 공표하는 것도 소비자의 알 권리를 도모하기 위한 것으로 볼 수 있다.

기출문제

문 다음에서 소비자의 권리 보호에 대한 설명으로 옳은 것만을 모두 고르면?

▶ 2018. 5. 19. 제1회 지방직

㉠ 우리 헌법은 국가가 건전한 소비 행위를 계도하고 생산품의 품질 향상을 촉구하기 위한 소비자의 보호 운동을 법률이 정하는 바에 의하여 보장하도록 하고 있다.

㉡ 소비자분쟁조정위원회의 위원장으로부터 분쟁조정의 내용을 통지받은 당사자는 그 통지를 받은 날부터 15일 이내에 분쟁조정의 내용에 대한 수락 여부를 소비자분쟁조정위원회에 통보하여야 하며, 이 경우 15일 이내에 의사표시가 없는 때에는 수락을 거부한 것으로 본다.

㉢ 제조물의 결함으로 생명·신체 또는 재산에 손해를 입은 사람이 구제를 받으려면 제조물의 제조과정에서 제조업자의 과실이 있었고, 그 과실로 인한 제조물의 결함으로 피해가 발생하였음을 입증하여야 한다.

㉣ 국가는 소비자의 합리적인 선택을 방해하고 소비자에게 손해를 끼칠 우려가 있다고 인정되는 사업자의 부당한 행위를 지정·고시할 수 있다.

① ㉠, ㉡
② ㉠, ㉣
③ ㉡, ㉢
④ ㉢, ㉣

정답 ②

③ 선택할 권리 … 물품 및 용역을 사용 또는 이용함에 있어서 거래의 상대방, 구입 장소, 가격, 거래조건 등을 자유로이 선택할 권리

물품 및 서비스를 이용함에 있어서 거래의 상대방, 구입장소, 가격, 거래조건 등을 자유로이 선택할 권리로 자유롭고 공정한 경쟁이 이루어지는 시장에서는 보장되어야만 한다. 특히 우리나라는 방문판매원들의 허위, 기만 행위 등으로부터 소비자의 선택할 권리를 보장하기 위해 1991년 "할부거래에 관한 법률", "방문판매에 관한 법률"을 제정하였다.

④ 의견을 반영할 권리 … 소비생활에 영향을 주는 국가 및 지방자치단체의 정책과 사업자의 사업 활동 등에 대하여 의견을 반영시킬 권리

소비자는 소비 생활에 영향을 주는 국가나 지방자치단체의 정책과 사업자의 사업 활동에 대하여 의견을 반영시킬 권리가 있다. 소비자의 권익증진을 위한 소비자 정책심의위원회에 소비자 대표가 직접 참여하는 것을 비롯하여 소비자 관련 기관이 사업자의 특정 행위를 조사할 결과를 토대로 관계 당국에 정책을 건의하고 사업자에게 시정을 촉구하는 것도 의견을 반영할 권리를 행사하는 것이다.

⑤ 피해를 보상받을 권리 … 물품 및 용역의 사용 또는 이용으로 인하여 입은 피해에 대하여 신속·공정한 절차에 의하여 적절한 보상을 받을 권리

소비자는 제품이나 서비스를 이용해서 입은 피해에 대하여 신속·공정한 절차에 의하여 적절한 보상을 받을 권리가 있다. 정부가 품목별로 피해 보상 기준을 마련하고 사업자로 하여금 자체 보상기구를 설치, 운영토록 한 것이나, 소비자 관련 기관에서 소비자 불만, 피해구제업무를 수행하는 것 등은 소비자의 보상 받을 권리를 실현시키는 정책의 일환이다.

⑥ 교육을 받을 권리 … 합리적인 소비 생활을 영위하기 위하여 필요한 교육을 받을 권리

합리적인 소비 생활을 영위하기 위하여 필요한 교육을 받을 권리를 소비자의 자주적, 주체적 소비 생활을 통해 소비자의 권익이 옹호되기 위함이다. 대체로 소비자 교육은 어린이를 대상으로 하는 가정 소비자 교육과 학생을 대상으로 하는 체계적인 학교 소비자 교육, 그리고 성인을 대상으로 하는 소비자 관련 기관의 사회 교육 및 계몽활동 등으로 구분된다.

⑦ 단체를 조직·활동할 권리 … 소비자 스스로의 권익을 옹호하기 위하여 단체를 조직하고 이를 통하여 활동할 수 있는 권리

소비자는 단체를 자율적으로 조직하고 활동할 수 있다는 권리. 위에서 보았듯이 권리를 보장하지 받지 못했을 때 단체를 조직해서 권리를 보장받거나 다른 소비자를 도울 수 있는 권리이다.

⑧ 안전하고 쾌적한 소비생활 환경에서 소비할 권리

(2) 소비자의 의무

상품의 올바른 사용법을 익힐 것, 상품을 안전하게 사용할 것, 상품의 사용상 나타나는 문제점을 지적할 것, 거래에 정직하게 임할 것, 자원을 아껴 쓰고 환경을 보호할 것

(3) 국가 및 지방자치단체의 의무, 사업자의 의무, 한국 소비자원

① 국가 및 지방자치단체의 의무
  ㉠ 관계 법령 및 조례의 제정 및 개폐
  ㉡ 필요한 행정 조직의 정비 및 운영 개선
  ㉢ 필요한 시책의 수립 및 실시
  ㉣ 소비자의 건전하고 자주적인 조직 활동의 지원 및 육성

② 사업자의 의무
  ㉠ 소비자 보호 시책에 적극 협력
  ㉡ 각종 위해(危害)의 방지 노력
  ㉢ 소비자의 건전한 의견이나 불만 반영
  ㉣ 소비자 피해 보상 설치 기구의 운영

③ 한국 소비자원
  ㉠ 소비자의 불만 처리 및 피해를 구제하고, 소비자를 보호하고자 필요할 때에 다음의 업무를 수행한다. (특수법인, 공기관, 소비자가 권리 구제를 위해 꼭 거쳐야 하는 기관은 아님)
  ㉡ 물품 및 용역의 규격, 품질, 안전성 등에 관한 시험, 검사 또는 조사 실시
  ㉢ 관련된 시책의 연구 및 건의
  ㉣ 소비 생활의 합리화 및 안전을 위한 각종 정보의 수집과 제공
  ㉤ 소비자 보호와 관련된 교육 및 홍보
  ㉥ 국민 생활을 향상하고자 종합적인 조사, 연구수행
  ㉦ 소비자 불만 처리 및 피해규제

(4) 쿨링 오프 제도

① **방문 판매로 물품을 구매한 경우** … 소비자의 권익 보호를 위하여 일정 기간 동안 계약의 체결을 청약으로 보므로, 소비자는 물품을 인도받은 날로부터 14일 이내에 계약에 관한 청약을 철회할 수 있다. 이 때 철회의 뜻이 담긴 서면을 내용 증명 우편으로 보내는 것이 바람직하며, 발송한 날로부터 효력이 발생하는 특칙이 인정된다.

② **물품을 구입하면서 대금을 신용 카드로 할부 거래한 경우** … 소비자는 계약서를 교부받은 날 또는 계약서를 교부받지 아니한 경우에는 목적물의 인도 등을 받은 날부터 7일 이내에 할부 계약에 관한 청약을 철회할 수 있다. 이때에는 철회의 의사 표시가 기재된 서면을 발송하여야 하며, 발송한 날에 그 효력이 발생한 것으로 본다.

③ **방문 판매로 물품을 할부 거래하여 산 경우** … 방문판매법은 할부거래법과 경합하는 경우 방문판매법을 우선 적용한다고 규정하고 있으므로 소비자는 방문판매법의 철회기간인 14일 이내에 철회하면 된다.

④ **통신 판매로 물품을 구매한 경우**

㉠ 전자 상거래와 통신 판매의 경우 직접 계약서를 쓰지 않고 대부분 전자 문서로 계약서를 대신한다. 이러한 경우 계약서라고 볼 수 있는 문서를 받은 날로부터 7일 이내에는 계약을 철회할 수 있다.

㉡ 소비자가 물건을 구입한 쇼핑몰의 주소가 바뀌어서 철회 의사 표시를 할 수 없었던 경우에는 그 주소를 안 날 또는 알 수 있었던 날로부터 7일 이내에 철회할 수 있다.

㉢ 소비자가 구입하고자 했던 물품과 다른 물품이 온 경우, 또는 광고와 다른 물품이 온 경우에는 물품을 받은 날로부터 3개월 이내 그리고 다른 물품이 왔다는 것을 안 날 또는 알 수 있었던 날로부터 30일 이내에 철회할 수 있다.

㉣ 할부거래를 철회하겠다는 의사표시는 서면(내용증명)으로 발송해야 하지만 (할부거래의 경우 할부계약서를 받은 날로 부터 7일 이내에 철회 의사표시를 해야 한다.), 전자상거래나 방문판매의 경우에는 서면이 아니더라도 철회할 수 있다. 철회의 효력은 서면을 발송하거나 철회의 의사 표시를 한날로부터 발생한다.

㉤ 소비자는 지금 가지고 있는 물품을 판매자에게 돌려주어야 하며, 판매자는 소비자에게 물품 구입 가격을 3일 이내에 돌려주어야 한다.

㉥ 만약, 물품 구입을 한 후 물품에 문제가 없는데도 계약을 철회하려고 한다면, 물품을 판매자에게 돌려줄 때의 비용은 소비자가 부담해야 한다. 하지만 판매자의 잘못으로 계약을 철회하는 것이라면 판매자가 비용을 부담해야 한다.

⑤ 철회 불가능 사유

  ㉠ 소비자의 책임으로 재화 훼손(내용 확인을 위해 포장 훼손한 경우는 제외)

  ㉡ 소비자가 재화를 사용하였거나 일부 소비하여 그 가치가 현저히 떨어진 경우

  ㉢ 판매하기가 곤란한 정도로 그 가치가 현저히 떨어진 경우

  ㉣ 복제 가능한 재화의 포장을 훼손한 경우 등

(5) 공정거래와 소비자 보호

① 필요성

  ㉠ 경제발전과 산업 구조 고도화에 따른 소비자 피해 증가

  ㉡ 기업 간의 경쟁으로 인한 상품의 허위·과장 광고, 불량 상품의 증가

② 독점 규제 및 공정거래에 관한 법률

  ㉠ 목적

   • 사업자의 시장 지배적 지위의 남용과 과도한 경제력 집중 방지

   • 부당한 공동 행위 및 불공정 거래 행위 규제

   • 자유롭고 공정한 경쟁의 촉진

  ㉡ 기능

   • 국민 경제의 균형 있는 발전 도모

   • 창의적 기업 활동의 보장, 소비자 보호

(6) 소비자 피해 구제 절차

① 의미 … 소비자는 상품을 구입, 사용 중이거나 각종 서비스를 이용하는 과정에서 부당하게 피해를 입었거나 불만이 있을 때, 공정한 절차에 의하여 적절한 구제를 받을 수 있음

② 구제

  ㉠ 품질 보증 기간 또는 유효 기간 이내의 제조, 유통 과정이나 용역의 이용과정에서 발생한 소비자의 피해에 대하여 사업자가 행하는 수리나 교환, 환불이나 배상, 해약 등

  ㉡ 당사자 간의 합의

  ㉢ 민간 소비자단체를 통한 조정과 소비자 분쟁 조정위원회에 조정신청

  ㉣ 한국소비자보호원에 피해구제신청

  ㉤ 국가기관에 있는 소비자보호를 위한 기구를 통한 조정신청

  ㉥ **민사소송** : 민사조정제도, 소액사건심판제도

(7) 리콜제도

① 의미 … 결함 있는 제품을 회수하여 무상으로 수리해 주거나, 유통을 막는 제도

② 과정 … 행정적 규제로서 자발적인 방법과 강제적인 방법이 있음

③ 관련법 … 소비자 보호법, 자동차 관리법, 식품 위생법, 대기 환경 보전법 등

④ 요건
  ㉠ 제조물의 결함으로 위해가 발생하였거나, 발생할 우려가 있을 때
  ㉡ 신문, 방송 등에 공개적으로 진행
  ㉢ 사전적 예방 조치 : 소비자 보호를 위한 사전적 예방 방법 임

(8) 제조물 책임법

① 의의 … 상품의 대량 생산 및 다단계적 유통 구조에 있어서 상품의 제조자가 그 상품의 흠결로 인하여 야기된 피해에 대해 손해 제조업자에게 배상 책임을 강제하는 법 → 사후적 구제방법

② 요건
  ㉠ 제품(1차 생산물은 해당하지 않음)의 결함
  ㉡ 제품의 결함과 손해에 따른 인과관계
  ㉢ 피해자는 결함과 손해 사이의 개연성만을 입증하고 가해자는 인과 관계 없음을 입증하지 못하면 손해 배상을 해야 함
  ㉣ 제조업자의 무과실 책임

③ 적용 범위 … 제조물책임법은 제조물의 결함으로 생긴 손해는 제조업자 등의 고의나 과실이 없는 경우에도 손해 배상을 하도록 하고 있다(무과실책임). 다만 제조업자의 배상의무는 피해자의 '생명, 신체 또는 재산에 대한 손해'에 대한 것으로 제한되고 결함이 있는 제조물 자체는 계약 당사자인 유통업자나 판매자에게 구제받아야 한다. 예를 들면 결함이 있는 녹즙기로 인해 손을 다쳤을 경우, 치료비는 제조업자에게 배상받고 불량품인 녹즙기는 판매자에게 환불받을 수 있다. 제조물책임법이 적용되지 않는 제품은 미가공된 축산물, 임산물, 축산물, 수산물 등 1차 자연산물, 아파트 · 빌딩 · 교량 등의 부동산, 소프트웨어 · 정보 등 지적 재산물을 들 수 있다.

④ 제조업자가 책임지지 않는 경우 … 피해자는 원칙적으로 제조물의 결함사실과 손해 발생의 사실, 그리고 제조물의 결함과 손해 발생의 인과 관계를 입증할 책임이 있다. 이때 피해자가 자신의 피해 사실을 입증하지 못하면 제조업자 등은 책임을 피할 수 있게 된다. 그리고 제조업자 등이 제조물에 결함이 없다거나 소비자가 입은 손해의 원인이 제조물의 결함이 아닌 다른데 있다는 것을 입증하는

🔍 다음 사례에서 「제조물 책임법」의 규정에 따라 회사 을이 책임을 면할 수 있는 경우가 아닌 것은?

▶ 2018. 4. 7. 인사혁신처

갑이 저녁식사를 한 후 거실에서 TV를 보던 중 TV가 갑자기 폭발하였다. 이 폭발로 갑은 얼굴에 파편을 맞아 상해를 입었고, 거실에 있던 골동품이 파손되었다. 이에 갑은 TV 제조자인 회사 을을 상대로 손해배상을 청구하였다.

① 회사 을이 해당 TV를 공급하지 아니하였다는 사실을 입증한 경우
② 회사 을이 해당 TV를 공급한 당시의 과학 · 기술 수준으로는 결함의 존재를 발견할 수 없었다는 사실을 입증한 경우
③ 회사 을이 해당 TV의 결함을 알지 못하였다는 사실을 입증한 경우
④ 회사 을이 TV를 공급한 당시의 법령에서 정하는 기준을 준수함으로써 해당 TV의 결함이 발생하였다는 사실을 입증한 경우

경우에는 책임을 면할 수 있다. 그러나 면책 사유에 해당하지 않는 경우, 또는 주의를 기울였다면 충분히 알 수 있었을 결함을 발견하지 못한 경우에는 책임을 피할 수 없다.

⑤ 제조업자가 책임을 면할 수 있는 사유
  ㉠ 제조업자가 예상한 유통경로가 아닌 도난 등의 이유로 유통된 제품의 결함으로 손해가 발생한 경우
  ㉡ 제품을 만든 시대의 과학적, 기술적 수준으로는 결함의 존재를 발견할 수 없는 경우
  ㉢ 법령의 기준을 준수한 물품으로 인하여 손해가 발생한 경우
  ㉣ 제조업자의 설계 또는 지시로 인하여 사고가 발생한 원재료 또는 부품의 제조업자

[민법과 제조물 책임법의 책임 요건 비교]

민사상 손해배상	제조물 책임법상 손해배상 책임
• 제조업자의 고의 · 과실	• 제조물의 결함 (무과실책임)
• 손해의 발생	• 손해의 발생
• 제조업자의 고의 · 과실과 손해의 발생 사이의 인과관계	• 제조물의 결함과 손해의 발생 사이의 상당한 인과관계 성립

section 7 근로자의 권리와 법

(1) 근로의 권리

① 노동 기본권
  ㉠ 근로자의 생존권 확보를 위하여 헌법이 규정하는 권리→근로권과 노동3권
  ㉡ **사상적 배경** : 경제적 민주주의를 실현하여 근로자의 삶의 질 향상
  ㉢ **발전 과정** : 1919년 독일의 바이마르 헌법을 효시, 20세기 헌법의 특징

② 근로권
  ㉠ 근로의 능력과 의사를 가진 자가 사회적으로 근로할 수 있는 기회의 보장을 요구할 수 있는 권리
  ㉡ 구체적 권리 × →국가에게 노동 정책적 방향을 제시
    예 완전 고용
  ㉢ 절대적 권리 × →공공복리에 의한 제약

(2) 노동 3권(근로 3권)

① 의미

　　㉠ 근로 조건의 향상을 위하여 근로자가 가지는 단결권, 단체교섭권, 단체행동권

　　㉡ 우리나라에서는 제1공화국 헌법이 규정한 이래 헌법상 보장

② 내용

　　㉠ 단결권 : 근로자들이 자주적으로 노동 조합을 설립할 수 있는 권리

　　㉡ 단체교섭권

　　　• 근로자가 근로 조건을 유지, 개선하기 위하여 조합원이 단결하여 사용자와 교섭할 수 있는 권리

　　　• 노동 조합이 합리적인 시간, 장소, 인원, 태도로 교섭을 요청할 때 사용자는 정당한 이유 없이 이를 거부 또는 회피할 수 없음

　　　• 교섭 제외사항 : 사용자가 독점적으로 보유하는 경영권, 인사권, 이윤 취득권

　　㉢ 단체행동권

　　　• 근로자가 사용자에 대해서 근로 조건에 관한 자기 측의 주장을 관철하기 위하여 단결권을 배경으로 각종 쟁의 행위를 할 수 있는 권리

　　　• 정당한 쟁의 행위에 대해서는 형사상, 민사상 책임이 면제

Point 팁 ┆ 단체 행동권의 한계

　　㉠ 목적상의 한계 : 근로조건의 향상을 위한 목적으로 행사되어야 함(순수한 정치파업은 위법)

　　㉡ 수단상 한계 : 폭력이나 파괴행위 또는 생산 기타 주요시설 등을 점거할 수 없음

　　㉢ 절차상 한계

　　　• 단체교섭을 통해 목적달성이 불가능한 경우 정당화됨

　　　• 노동쟁의가 발생하여 조정과 중재절차를 거친 후 쟁의행위를 할 수 있음

(3) 근로의 의무

① 헌법상의 의무 … "모든 국민은 근로의 의무를 진다. 국가는 근로의 의무의 내용과 조건을 민주주의 원칙에 따라 법률로 정한다."

② 법적 성질 … 윤리적 의무로 파악하는 견해와 법률적 의무로 파악하는 견해

(4) 근로 기준법

① 의미 … 최저 근로 조건을 정하고 감독 관청으로 하여금 근로 감독을 실시하게 함으로써 근로자를 보호하려는 법

② 목적 … 개별적 근로 관계에 있어서 근로자의 근로 조건과 그 밖의 생활 조건을 일정한 수준 이상으로 유지 → 인간의 존엄성 보장

③ 적용 범위 … 원칙적으로 모든 사업과 사업장에 적용, 정신 노동과 육체 노동 포함

④ 기본원칙

　ⓐ **최저 근로 기준** : 근로 기준법에서 정하는 근로 조건은 최저 기준이며, 당사자는 이 기준을 이유로 근로 조건을 저하시키지 못함.

　ⓑ **자유로운 합의** : 근로 조건은 근로자와 사용자가 동등한 지위에서 자유 의사에 의해 결정

　ⓒ **계약의 성실 이행 의무** : 근로자와 사용자는 단체협약, 취업 규칙과 근로 계약을 준수해야 하고, 각자가 성실하게 이행할 의무 있음

　ⓓ **차별 대우 금지** : 근로자에 대하여 남녀의 차별적 대우를 하지 못하며, 국적, 신앙, 사회적 신분을 이유로 근로 조건에 대한 차별적 대우를 하지 못함

　ⓔ **강요, 폭행 금지** : 사용자는 폭행 등의 수단으로 근로자의 자유 의사에 반하는 근로를 강요하지 못하여 어떠한 이유로도 근로자에게 폭행이나 구타 행위를 하지 못함.

(5) 노동 조합 및 노동 관계 조정법

① 목적

　ⓐ 근로 3권의 보장, 근로 조건의 개선 → 근로자의 경제적 · 사회적 지위 향상 도모

　ⓑ 관계를 공정하게 조정하여 노동 쟁의를 예방하고 해결 → 산업 평화 유지와 국민 경제 발전에 이바지

② 노동 쟁의

　ⓐ **근로자의 노동쟁의**

　　• 의미 : 임금, 근로 시간 등 근로 조건에 관한 의견 불일치로 인한 분쟁 상태

　　• 유형 : 파업, 태업, 보이콧, 피케팅

　ⓑ **사용자의 노동쟁의**

　　• 직장폐쇄 : 사용자는 근로자의 파업, 태업 등에 대하여 대항하는 방법. 사용자가 자기의 주장을 관철시키기 위하여 공장 · 작업장을 폐쇄하는 일을 뜻하는 직장 폐쇄는 사용자가 사업장으로부터 해당 근로자들을 축출하고, 적법하게 임금 지급을 면하는 효과가 있다.(무노동 무임금의 원칙)

③ 노동 쟁의 조정

　ⓐ **조정**

　　• 조정 위원회가 분쟁 당사자 사이에 개입하여 조정안을 작성하고 수립을 권고

　　• 수락된 조정서의 내용은 단체 협약과 동일한 효력 가짐

　ⓑ **중재**

　　• 노동 위원회 내의 중재 위원회가 재정(裁定)을 내림으로써 분쟁 해결

기출문제

🔖 다음은 어떤 법의 제1조(목적)이다. 다음 법에서 규정하고 있는 내용으로 옳은 것은?

▶ 2023. 8. 26. 국회사무처

제1조(목적) 이 법은 헌법에 의한 근로자의 단결권 · 단체교섭권 및 단체행동권을 보장하여 근로조건의 유지 · 개선과 근로자의 경제적 · 사회적 지위의 향상을 도모하고, 노동관계를 공정하게 조정하여 노동쟁의를 예방 · 해결함으로써 산업평화의 유지와 국민경제의 발전에 이바지함을 목적으로 한다.

① 부당 노동 행위 유형
② 임금 및 퇴직금 제도
③ 취업 규칙의 작성 · 신고
④ 근로 감독관의 권한과 의무
⑤ 해고의 예고와 부당 해고 등의 구제 신청 절차

▍정답 ①

묻 〈보기 1〉의 대화에서 (가)에 들어갈 내용으로 적절한 것을 〈보기 2〉에서 모두 고른 것은?

▶ 2024. 6. 22. 제2회 서울시

〈보기 1〉

갑(甲) : 근로 계약서 작성이나 일을 할 당시에 사용자가 노동 관련 법을 위반한 사실이 있나요?

을(乙, 28세) : 예. 저는 _____(가)_____

〈보기 2〉

㉠ 두 달 전에 해고의 사유와 시기를 서면으로 통보 받았습니다.

㉡ 사용자와 합의하여 1주일에 10시간 이내의 연장 근로를 했습니다.

㉢ 근로 계약서에 노동조합에 가입하지 않는다는 내용을 작성했습니다.

㉣ 정당한 절차에 의한 파업에 참여하였는데, 파업에 참여했다는 이유로 지방으로 발령을 받았습니다.

① ㉠, ㉡

② ㉠, ㉢

③ ㉡, ㉣

④ ㉢, ㉣

• 당사자 일방 또는 쌍방에 의한 임의중재만 인정

• 중재 시 15일간 쟁의행위가 금지

ⓒ 긴급 조정

• 노동부 장관의 결정 통고에 의하여 중앙 노동 위원회가 행하는 조정 방식

• 쟁의가 공익 사업에 관한 것 또는 그 규모가 크거나 성질이 특별한 것으로서 현저히 국민경제를 해하거나 국민의 일상생활을 위태롭게 할 위협이 현존할 때

• 긴급조정이 공표되면 즉시 쟁의 행위를 중지해야 하고, 30일이 경과하지 않으면 재개 할 수 없다.

④ 부당노동행위

㉠ 노동 조합의 결성 방해

㉡ 조합원의 노조 탈퇴 종용

㉢ 조합 간부의 금전 매수, 향응 제공

㉣ 정당한 조합 활동에 대한 간섭 및 교란

㉤ 노동 조합에 운영비 원조

┃정답 ④

2022. 6. 18. 제2회 서울시

1 〈보기〉에 대한 법적 판단으로 가장 옳은 것은?

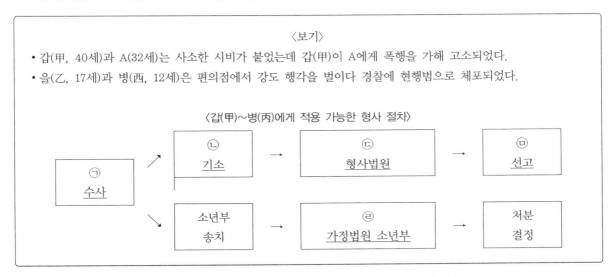

〈보기〉

• 갑(甲, 40세)과 A(32세)는 사소한 시비가 붙었는데 갑(甲)이 A에게 폭행을 가해 고소되었다.

• 을(乙, 17세)과 병(丙, 12세)은 편의점에서 강도 행각을 벌이다 경찰에 현행범으로 체포되었다.

〈갑(甲)~병(丙)에게 적용 가능한 형사 절차〉

① 수사

ⓒ 기소 → ⓒ 형사법원 → ⓜ 선고

소년부 송치 → ⓔ 가정법원 소년부 → 처분 결정

① ⓒ단계에서 병(丙)이 구속되었다면 보석 제도를 통해 구속 상태에서 벗어날 수 있다.

② 검사가 ⓒ을 결정할 경우, 을(乙)은 형벌과 보호처분을 동시에 받을 수 있다.

③ ⓒ은 을(乙)에 대한 보호 처분이 필요하다고 판단할 경우, ⓔ로 사건을 보낼 수 있다.

④ ⓜ단계에서 갑(甲)이 집행유예 판결을 받았다면 일정 기간이 경과한 때 면소된 것으로 간주된다.

Point

① 보석 제도는 공판 단계에서 구속 재판 중인 피고인이 법원에 신청할 수 있다. 수사 단계에서는 구속 수사 중인 피의자는 구속 적부심사 제도를 신청할 수 있다.

② 검사가 기소를 결정할 경우, 형사 재판이 진행되는 것이므로 형벌을 받을 수 있다.

④ 집행유예는 집행유예기간이 지난 후 형의 효력이 상실된다. 일정 기간이 경과한 때 면소된 것으로 간주하는 것은 선고유예이다.

2022. 6. 18. 제2회 서울시(보훈청)

2 〈보기〉의 밑줄 친 'A원칙'에 대한 설명으로 가장 옳은 것은?

〈보기〉

　대법원은 흑염소도 양에 해당한다고 보아, 흑염소를 도살한 사람에게 소, 돼지, 말, 양을 위생 처리시설이 아닌 장소에서 도축하면 처벌하는 법 규정을 적용하여 처벌하는 것은 죄형 법정주의의 <u>A원칙</u>에 위배된다고 보았다.

① 범죄 행위가 법률에 명시되어 있지 않은 경우 유추 해석을 해서는 안 된다.
② 일반 국민 누구나 이해할 수 있도록 범죄와 형벌을 명확하게 규정해야 한다.
③ 범죄로 규정되는 행위와 이에 대한 형벌 간에 적정한 균형이 이루어져야 한다.
④ 행위를 할 때 범죄로 규정하지 않았던 행위를 나중에 범죄로 규정하여 처벌할 수 없다.

 Point

죄형 법정주의의 파생적 원칙
㉠ 관습 형법 금지의 원칙 : 범죄와 형벌은 미리 성문의 법률에 규정되어 있어야 한다.
㉡ 명확성의 원칙 : 어떤 행위가 범죄이며 각각의 범죄에 대해 어떤 형벌이 부과되는지에 대하여 법률에 구체적으로 명확하게 규정되어야 한다.
㉢ 적정성의 원칙 : 범죄와 그에 따른 형벌 사이에는 적정한 균형이 유지되어야 한다.
㉣ 법률 불소급의 원칙 : 범죄와 형벌은 행위 당시의 법률에 규정되어 있어야 하고, 행위 이후에 제정된 법률로는 소급하여 처벌해서는 안 된다.
㉤ 유추 해석 금지의 원칙 : 법률에 규정이 없는 사항에 대하여 그것과 유사한 내용을 가지는 법률을 적용해서는 안 된다.

2021. 6. 5. 제1회 서울시

3 〈보기〉는 형사 절차의 진행과정이다. ㉠~㉣에 대한 설명으로 가장 옳은 것은?

〈보기〉

갑(甲)은 을(乙)을 폭행하였고 을(乙)의 고소로 인하여 아래와 같이 형사 절차가 진행되었다.

| 수사 개시 | ㉠→ | 구속 | ㉡→ | 기소 | ㉢→ | 판결 확정 | ㉣→ | 형 집행 종료 |

① ㉠단계에서 피의자의 범죄 혐의가 있다고 판단되면 경찰관이 형사 재판을 청구한다.
② 국선 변호인 선임은 ㉡단계 이후에 가능하다.
③ ㉢단계에서 갑(甲)이 구속될 경우 보석 제도를 활용할 수 있다.
④ ㉣단계와 달리 ㉡단계에서의 구금은 형사 보상 제도의 대상이 아니다.

Point

① ⓒ단계에서 피의자의 범죄 혐의가 있다고 판단되면 경찰관이 형사 재판을 청구한다.
② 국선 변호인 선임은 수사 단계에서부터 가능하다.
④ ⓒ단계에서의 구금도 형사 보상 제도의 대상이다.

2021. 4. 17. 인사혁신처

4 다음 〈사례〉에 대한 법적 판단으로 옳은 것만을 〈보기〉에서 모두 고르면?

〈사례〉

• 14세인 갑은 배고픔을 참지 못하고 빵집에서 빵을 훔쳤다.

• 을은 빚을 갚지 않고 해외로 도망가는 채무자를 공항에서 강제로 붙잡았다.

• 병은 갑자기 나타나 달려드는 맹견을 피하기 위해 대문이 열린 남의 집으로 들어갔다.

• 정은 친구의 가방에서 돈을 훔쳤는데 친구는 그 사실을 알지 못했다.

〈보기〉

㉠ 갑은 책임능력이 없다.

㉡ 을의 행위는 자구행위에 해당하여 위법성이 조각될 수 있다.

㉢ 병의 행위는 긴급피난에 해당하여 위법성이 조각될 수 있다.

㉣ 정의 행위는 절도죄의 구성요건에 해당하지 않는다.

---

① ㉠, ㉡   ② ㉠, ㉣

③ ㉡, ㉢   ④ ㉢, ㉣

Point

㉠ 갑은 14세로 형사미성년자가 아니므로 책임능력이 있다.

㉣ 정의 행위는 절도죄의 구성요건에 해당한다.

※ 절도죄의 구성요건

  ㉠ 재물

  ㉡ 재물의 타인성

  ㉢ 절취행위

Answer   2.① 3.③ 4.③

5 다음의 법에서 규정하는 주요 내용을 〈보기〉에서 모두 고르면?

> 제1조(목적) 이 법은 헌법에 의하여 근로 조건의 기준을 정함으로써 근로자의 기본적 생활을 보장, 향상시키며 균형 있는 국민 경제의 발전을 도모함을 목적으로 한다.

> ㉠ 임금 및 퇴직금 제도
> ㉡ 성별, 국적, 신앙, 신분 등의 이유로 차별 대우 금지
> ㉢ 노동 쟁의의 조정 · 중재
> ㉣ 노동조합의 설립과 해산
> ㉤ 노동 3권 보장
> ㉥ 근무시간 중 각종 선거권 및 각종 공민권 보장

① ㉠㉢㉤　　　　　　　　　　　　② ㉠㉡㉥
③ ㉡㉣㉤　　　　　　　　　　　　④ ㉢㉣㉥

 Point

제시된 법은 근로 기준법이다.
㉠㉡㉥는 근로 기준법의 내용이다.
- 근로기준법 : 근로조건의 기준을 정함으로써 근로자의 기본적 생활을 보장과 향상시키며 균형 있는 국민 경제의 발전을 도모할 목적으로, 근로자 개인의 임금, 근로시간 등 근로조건의 최소기준을 정한 법이다.
- 노동 조합 및 노동관계 조정법 : 근로자의 단결권 · 단체교섭권 및 단체행동권을 보장하여 근로조건의 유지 · 개선과 근로자의 경제적 · 사회적 지위의 향상을 도모하고, 노동관계를 공정하게 조정하여 노동쟁의를 예방 · 해결함으로써 산업평화의 유지와 국민경제의 발전에 이바지함을 목적으로 한다. 노동3권 즉 단결권(노동조합의 설립과 해산) · 단체교섭권(단체교섭 및 협약) 및 단체행동권(쟁의행위) 등 노동조합과 사용자 간의 관계를 규정한 것이다.
㉢㉣㉤는 노동 조합 및 노동 관계 조정법의 내용이다.
※ 노동 조합 및 노동 관계 조정법의 내용은 보통 '노동 ~'으로 시작된다.

6 다음 사례에 해당되는 소송의 종류로 바르게 연결된 것은?

> (가) 갑은 구청 계약직 공무원으로 일을 했으나 퇴직금을 지급받지 못했다. 갑은 밀린 퇴직금을 청구하려고 한다.
>
> (나) 을은 지방 경찰청장으로부터 운전 면허 취소 처분을 받았다. 을은 그 처분의 위법을 주장하는 소송을 제기하려고 한다.
>
> (다) 지방자치법의 규정에 따라 주민들이 시장의 처분이 헌법에 위반되는지에 대해 법원에 소송을 제기하려고 한다.

① (가) 민중소송   (나) 항고소송   (다) 민중소송
② (가) 민중소송   (나) 기관소송   (다) 항고소송
③ (가) 당사자소송   (나) 항고소송   (다) 민중소송
④ (가) 당사자소송   (나) 기관소송   (다) 항고소송

Point

(가) 공법상 권리관계(밀린 퇴직금을 청구) 또는 행정청의 처분을 원인으로 하는 법률관계에 관하여 그 법률관계의 한쪽 당사자를 피고로 하는 것이 당사자소송이다.

(나) 운전 면허 취소 처분의 위법을 주장하여 취소 처분에 대한 취소를 요구하는 취소 소송(항고 소송)이다.

(다) 민중소송은 직접적인 이해관계인이 아닌 사람이 자기의 법률상의 이익과 관계없이 행정 관청의 위법한 행정행위 시정을 구하기 위해 제기하는 소송이다.

※ 행정 소송

종류			
항고 소송	행정청의 위법한 처분이나 부작위에 대하여 제기하는 소송		
	취소소송	행정청의 위법한 처분이나 재결의 취소나 변경을 구하는 소송	
	무효등확인 소송	행정청의 처분이나 재결의 효력유무 또는 존재여부의 확인을 구하는 소송	
	부작위위법 확인소송	행정청의 부작위(어떠한 행위도 하지 않는 것)가 위법하다는 것을 확인하는 소송	
당사자 소송	대등하게 대립하고 있는 당사자 사이에 있어서의 공법상 권리관계에 관한 소송(민사소송적 성격) 예 공무원의 신분 또는 지위에 관한 소송, 공무원의 봉급·연금지급청구소송. 조세 과오납금 반환 청구 소송 등		
민중 소송	행정법규의 그릇된 적용을 시정하기 위해 일반국민이나 주민이 제기하는 소송 국가 또는 공공단체의 기관이 법률에 위반되는 행위를 한 때에 직접 자기의 법률상의 이익과 관계없이 그 시정을 구하기 위해 제기하는 소송 예 선거구민의 선거무효소송, 당선무효소송 등		
기관 소송	국가 또는 공공단체의 기관 상호간에 권한의 존재여부 또는 그 행사에 관한 다툼이 있는때에 이에 대하여 제기하는 소송 예 지방자치단체장이 지방의회의 월권 또는 법령위반을 이유로 지방의회를 피고로 하여 대법원에 제기하는 소송 등		

Answer 5.② 6.③

7 다음 내용과 관계있는 소비자의 권리는?

1992년 미국 뉴멕시코에 있었던 세계적인 패스트푸드점에서 한 할머니가 뜨거운 커피를 주문했다가 그 커피를 떨어뜨려 허벅지부분에 3도 화상을 입었는데 이 할머니는 컵이 뜨거우니 조심하라는 주의 경고를 하지 않은 제조업자의 잘못이라며 손해배상 소송을 청구하였고 그 소송에서 승소한 할머니는 64만 달러의 배상금을 받았다.

㉠ 안전할 권리   ㉡ 정보를 제공받을 권리
㉢ 선택할 권리   ㉣ 의견을 반영할 권리

① ㉠㉡   ② ㉡㉢
③ ㉢㉣   ④ ㉠㉣

Point

뜨겁다는 경고 문구를 달아놓지 않아서 안전하게 커피를 마실 수 있는 권리를 보장하지 않았기 때문에 결국 소비자의 '알권리(정보를 제공받을 권리)'와 '안전할 권리'가 침해당한 것이라고 할 수 있다.

※ 소비자 8대 권리(소비자 보호법 제3조)
　① 안전할 권리 : 모든 물품 등(물품, 용역)으로 인한 생명, 신체 및 재산상의 위해로부터 보호받을 권리
　② 알권리(정보를 제공받을 권리) : 물품 등을 선택함에 있어서 필요한 지식 및 정보를 제공받을 권리
　③ 선택할 권리 : 물품 등을 사용함에 있어서 거래상대방·구입장소·가격 및 거래조건 등을 자유로이 선택할 권리
　④ 의견을 반영할 권리 : 소비생활에 영향을 주는 국가 및 지방자치단체의 정책과 사업자의 사업활동 등에 대하여 의견을 반영시킬 권리
　⑤ 피해를 보상받을 권리 : 물품 등의 사용으로 인하여 입은 피해에 대하여 신속·공정한 절차에 따라 적절한 보상을 받을 권리
　⑥ 교육을 받을 권리 : 합리적인 소비생활을 위하여 필요한 교육을 받을 권리
　⑦ 단체를 조직, 활동할 권리 : 소비자 스스로의 권익을 증진하기 위하여 단체를 조직하고 이를 통하여 활동할 수 있는 권리
　⑧ 안전하고 쾌적한 환경에서 생활할 권리

8 다음은 형사 소송의 절차를 도식화한 것이다. 이에 대한 설명으로 옳은 것은?

① (가)단계에서 영장 없이 체포된 현행범인도 자기에게 불리한 진술을 거부할 권리가 있다.

② (나)단계에서 사실의 인정은 피고인의 자백만으로도 가능하다.

③ (나)단계에서 구속된 피고인은 검찰청에 보석을 청구할 수 있다.

④ (다)단계에서 가석방된 자는 가석방 기간 중 원칙적으로 수강명령을 이행하여야 한다.

Point

(가) 수사 (나) 공판 (다) 형의 집행

① (가)단계에서 영장 없이 현행범인을 체포할 때도 불리한 진술을 거부할 권리가 있음 등을 내용으로 하는 미란다원칙을 고지해야 한다.

② 피고인의 자백이 그 피고인에게 불리한 유일한 증거인 때에는 이를 유죄의 증거로 하지 못한다.

③ 보석 청구는 법원에 한다.

④ 가석방된 자는 가석방기간 중 보호관찰을 받는다..

Answer 7.① 8.①

9 (가)~(라)에 해당하는 사례로 옳지 <u>않은</u> 것은?

> (가) 법률로 정해 놓은 범죄 행위에 해당한다.
> (나) 행위자의 위법 행위에 대해 형사 책임을 물을 수 있다.
> (다) 위법이라는 가치 판단이 가능하다.
> (라) 예외적으로 위법성이 없어지는 경우이다.

① (가) – 만취 상태에 있던 갑이 을을 때려 전치 8주의 상처를 입혔다.
② (나) – 만 9세의 학생이 불을 질러 자신의 학교 건물의 일부를 태웠다.
③ (다) – 현금인출기 위에 놓여 있던 타인의 가방을 허락 없이 가져갔다.
④ (라) – 행인을 치지 않기 위해 차가 가게로 돌진하여 물건이 파손되었다.

이 제시문은 범죄의 성립 요건에 대한 내용이다.
(가) 구성요건 해당성, (나) 책임성(책임능력), (다) 위법성, (라) 위법성 조각 사유에 대한 설명이다.
② (나) 만 9세의 학생은 형사미성년자(만 14세 미만자)이므로 책임성이 없는 경우이다.(책임성 조각 사유)
① (가) 구성요건 해당성이 있는 경우이다. 만취 상태에 있던 갑이 을을 때려 전치 8주의 상처를 입힌 경우는 구성요건 해당성이 있으나 책임성이 없어서 범죄가 성립하지 않을 수 있다.
③ (다) 위법성이 있는 경우이다.(점유이탈물횡령죄)
④ (라) 긴급피난으로 위법성 조각 사유에 해당하는 경우이다.

10 다음 그림은 형사 소송 절차를 도식화한 것이다. A~D에 대한 옳은 설명을 〈보기〉에서 고른 것은?

> | A 수사 | ➡ | B 기소 | ➡ | C 재판 | ➡ | D 집행 |

> ㉠ A는 구속 수사가 원칙이다.
> ㉡ B는 검사와 판사가 할 수 있다.
> ㉢ C에서의 판결은 반드시 공개해야 한다.
> ㉣ D는 검사가 지휘한다.

① ㉠㉡
② ㉡㉢
③ ㉡㉣
④ ㉢㉣

ⓒ 재판에서의 판결은 반드시 공개해야 한다.
ⓔ 검사는 수사의 주재자로서 사법경찰관리를 지휘·감독하여 범죄사실을 수사하고, 수사의 결과 공소제기 여부를 독점적으로 결정한다.
ⓐ 수사는 불구속 수사가 원칙이다. ⓑ 기소는 검사만 가능하다(기소 독점주의)

11 다음 A, B의 행위에 대한 법적 판단으로 옳은 것은?

> • A는 광견병에 걸린 개가 쫓아와 이를 피하려고 주인의 허락 없이 남의 집 대문을 열고 들어갔다.
> • B는 자신을 때리는 사람을 피하면서 어깨를 한 차례 밀쳤는데, 상대방이 쓰러지면서 머리를 바닥에 부딪쳐 부상당했다.

① A의 행위는 정당 방위에 해당한다.
② A의 행위는 위법성, B의 행위는 책임성이 조각된다.
③ A, B의 행위는 모두 범죄의 구성 요건에 해당한다.
④ B의 행위는 정당 행위에 해당한다.

A의 행위는 긴급 피난, B의 행위는 정당 방위에 해당한다.
③ A, B의 행위(남의 집을 무단으로 침입한 행위, 상대방에게 부상을 입힌 행위)는 모두 범죄의 구성 요건에 해당하나, 위법성이 조각되어 범죄가 성립하지 않는 경우이다.
① A의 행위는 긴급 피난에 해당한다.
② A, B의 행위는 모두 위법성 조각사유에 해당한다.
④ B의 행위는 정당방위에 해당한다.

12 다음 (개, (내와 관련된 행정구제제도에 대한 설명으로 옳은 것은?

> (개) A법 제2조 ① 국가나 지방자치단체는 공무원 또는 공무를 위탁받은 사인이 직무를 집행하면서 고의 또는 과실로 법령을 위반하여 타인에게 손해를 입히거나, … 이 법에 따라 그 손해를 배상하여야 한다.
>
> (내) A법 제5조 ① 도로·하천, 그 밖의 공공의 영조물의 설치나 관리에 하자가 있기 때문에 타인에게 손해를 발생하게 하였을 때에는 국가나 지방자치단체는 그 손해를 배상하여야 한다.

① (개는 적법한 공권력의 행사로 인한 손실을 전보하여 주는 제도이다.

② 공원을 건립하기 위하여 어떤 지역의 땅을 수용할 때 (개가 적용된다.

③ (내의 성립 요건으로 공무원의 위법한 직무 행위가 있어야 한다.

④ (내가 적용되는 피해에 대해 국가는 과실이 없더라도 배상 책임을 질 수 있다.

Point

> 공무원의 위법한 직무행위, 공공시설의 설치·관리의 하자로 인하여 손해를 입은 국민에 대하여 국가나 공공단체가 손해를 배상해주는 것은 행정상 손해 배상이다.
> ④ (내는 영조물의 설치나 관리에 고의·과실을 요하지 않는다.
> ① (개는 공무원의 위법한 직무행위로 인한 손해를 전보하여 주는 제도이다.
> ② 공공의 필요에 의해서 적법하게 재산권을 수용할 때 적용하는 것은 행정상 손실보상이다.
> ③ (내는 공공 영조물의 설치나 관리의 하자로 인해 손해가 발생할 것이 그 요건이다.

13 다음 주장에 대해 비판자들이 제기할 수 있는 반론 중 가장 적합한 것을 보기에서 모두 고르면?

> 요즘 우리 사회에서는 무고한 사람들을 잔혹하게 죽이는 끔찍한 사건들이 자주 발생하여 국민들이 불안해하고 있다. 범죄가 자주 발생하는 원인은 형벌이 약한 데 있다고 본다. 따라서 흉악범에게 극형을 내려서 우리 사회의 범죄를 억제함으로써 국민들이 편안한 마음으로 살 수 있도록 해야 한다.

> ㉠ 흉악범죄의 발생 원인을 도외시하고 있다.
> ㉡ 극형은 문제의 근본적인 해결책이 아니다.
> ㉢ 흉악범은 사회여론을 존중하여 처벌하여야 한다.
> ㉣ 무고한 인간의 생명이 흉악범의 생명보다 존엄하다.

① ㉠㉡   ② ㉠㉢

③ ㉠㉣   ④ ㉡㉢

역사적으로 안면문신형, 궁형, 참수형 등 가혹하고 잔인한 형벌을 시행한 적이 있으나 그로 인해 흉악범이 없어지거나 줄지는 않았다.

14 다음 사례에 대한 옳은 법적 판단을 〈보기〉에서 고른 것은?

갑과 을은 신발 제조 회사인 A사와 근로기준법에서 정한 기준에 미치지 못하는 근로조건으로 근로계약을 체결한 후 노동조합에 가입하였다. 이를 알게 된 A사의 노동조합은 사용자 측과 근로조건 개선을 위하여 단체교섭을 시도하였으나, A사는 정당한 이유 없이 이를 거부하였다. 노동조합은 노동쟁의의 조정을 거쳐 파업에 들어갔다. 갑은 파업에 참가하였으나, 을은 참가하지 않았다. 파업이 시작된 후 A사는 직장폐쇄를 단행하였다.

〈보기〉
㉠ A사는 부당노동행위를 하였다.
㉡ A사는 갑과 을에게 근로계약의 이행을 강요할 수 없다.
㉢ A사의 교섭 거부는 노동조합의 단결권을 침해하는 것이다.
㉣ A사는 갑과 을에게 쟁의 기간 중의 임금을 지급할 의무가 없다.

① ㉠, ㉡
② ㉠, ㉢
③ ㉡, ㉢
④ ㉡, ㉣

㉠ A사가 정당한 이유 없이 단체 교섭을 거부하는 것은 부당 노동 행위에 해당한다. 부당 노동 행위란 근로자의 노동 3권(단결권·단체교섭권·단체행동권) 행사에 대한 사용자의 방해 행위를 말한다.
㉡ A사가 갑·을과 맺은 계약은 근로 기준법을 위반하였으므로, 효력을 갖지 못한다. 따라서 A사는 갑과 을에게 근로 계약의 이행을 강요할 수 없다.
㉢ 단결권을 단체 교섭권으로 바꾸어야 한다.
㉣ 을에게는 임금을 지급해야 한다.

15 다음의 ㉠에 대한 설명으로 옳은 것은?

> 신체적, 정신적으로 성숙하지 못한 미성년자의 경우 형사상 보호를 받습니다. 아래 그림과 같은 미성년자의 경우, 나이와 죄의 경중에 따라 처벌을 달리합니다. 이는 범죄에 대한 처벌보다 미성년자들을 선도하고 교육적으로 이끄는 데 목적이 있습니다.
>
>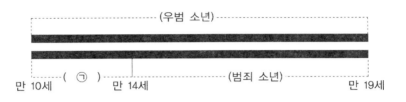

① 미성년자이므로 민사상 책임을 면제받는다.

② 보호 처분을 부과 받을 경우 전과로 기록된다.

③ 소년원 송치나 요양소 위탁 등의 처분이 가능하다.

④ 장래 범죄나 비행을 저지를 가능성이 있는 소년이다.

Point

㉠은 촉법 소년이다. 만 10세 이상 14세 미만의 형벌 법령에 저촉되는 행위를 한 소년을 말한다.

① 형벌을 부과 받지는 않지만 민사상 책임까지 면제되지는 않으며, 책임 무능력자의 감독자가 책임을 진다.

④ 우범 소년이다.

16 ㉠~㉢에 대한 옳은 분석을 〈보기〉에서 고른 것은?

> A 업체는 ○○시에 대규모 가축 단지 조성 사업 허가를 신청하였으나, ㉠○○시는 ㉡조성 사업 불허가 처분을 내렸다. 이에 A 업체는 ㉢행정 심판을 제기하였으나, 가축 단지 조성 사업이 지역 여건과 용도에 맞지 않는다는 이유로 ㉣기각되었다.

> 〈보기〉
> ㉠ A 업체는 ㉡을 취소해 달라는 취지의 소송을 제기할 수 있다.
> ㉡ 일반적으로 ㉢은 행정 소송에 비해 시간과 비용이 적게 든다.
> ㉢ ㉣은 행정 심판 청구의 요건을 갖추지 못했을 때 내린다.
> ㉣ ㉠은 ㉡에 대한 심판 청구를 심리, 재결하는 권한을 갖는다.

① ㉠, ㉡
② ㉠, ㉢
③ ㉡, ㉢
④ ㉡, ㉣

Point
㉠ 행정 심판에서 기각되었다고 해도 동일한 청구 취지의 행정 소송을 제기할 수 있다.
㉡ 행정 심판은 행정 소송보다 간편한 방법으로 분쟁을 해결할 수 있는 제도이다.

17 다음 자료에 대한 옳은 법적 판단을 〈보기〉에서 고른 것은?

근로계약서

갑과 을(만 17세)은 다음과 같이 계약을 체결하고 이를 성실히 이행할 것을 약정한다.

1. 근로 계약 기간 : 2010년 7월 1일~2011년 6월 30일
2. 근무 장소/업무 내용 : ○○시 ○○회사/창고 정리
3. 근로 시간 : 매일 오후 1시부터 오후 8시까지(유계 시간 1시간 포함)
4. 근무일/휴일 : 월~금/토요일과 일요일, 기타 법정 공휴일
5. 임금 : 월 급여는 매월 말일 을에게 지급함.
6. 기타 : 을은 회사 내 노동조합에 가입하지 않으며, 이를 위반할 시 해고됨.

2010년 6월 30일 갑 　(인)

을 　(인)

〈보기〉

㉠ 을의 업무 내용은 청소년보호법에 저촉된다.
㉡ 을의 근로 시간은 법정 근로 시간에 위반되지 않는다.
㉢ 근로 계약에는 부당노동행위에 해당하는 내용이 있다.
㉣ 을이 임금을 청구하기 위해서는 법정대리인의 동의가 있어야 한다.

---

① ㉠, ㉡

② ㉠, ㉢

③ ㉡, ㉢

④ ㉡, ㉣

근로기준법상 취업한 만 18세 미만의 자는 연소 근로자로서 근로기준법에 의해 특별히 보호받는다.

㉡ 근로 기준법에 의하면 15세 이상 18세 미만인자(연소 근로자)의 근로 시간은 1일에 7시간, 1주일에 35시간을 초과하지 못한다. 다만, 당사자 사이의 합의에 따라 1일에 1시간, 1주일에 5시간을 한도로 연장할 수 있다. 야간 근로 역시 연소 근로자에게 금지되는 것은 오후 10시부터 오전 6시까지이다. 그러므로 을의 근로 시간은 법정 근로 시간에 위반되지 않는다.

㉢ 노동자의 단결권, 단체 교섭권, 쟁의권, 노동조합의 자주성 따위를 침해하는 사용자 측의 행위를 부당 노동 행위라고 한다. 노동조합에 가입하지 않으며, 이를 위반할 경우 해고된다는 근로 계약의 내용은 황견 계약으로서 부당 노동 행위에 해당한다.

㉠ 회사 창고를 정리하는 을의 업무 내용이 청소년보호법에 저촉되지는 않는다.

㉣ 미성년자일지라도 임금 청구는 법정 대리인의 동의 없이 단독으로 할 수 있다.

18 (개)~(대) 사례에 대한 법적 판단으로 가장 적절한 것은?

> (개) 남편 갑은 A가 임신한 아내의 멱살을 잡고 벽으로 내동댕이치려고 하자 A를 떼어 놓는 과정에서 A를 폭행하였다.
>
> (내) 을은 길을 가던 도중 저절로 목줄이 풀린 이웃집 개가 달려와 자신의 종아리를 물려고 하자 개를 걷어차 상처를 입혔다.
>
> (대) 병은 B가 지갑을 훔쳐 달아나자 추격하여 완력으로 제압하고 자신의 지갑을 되찾았다.

① (개)는 자구행위에 해당하는 사례이다.
② (내)는 정당방위에 해당하는 사례이다.
③ (대)는 책임이 조각되는 사례에 해당한다.
④ (개)와 (내)는 모두 위법성이 조각되는 사례에 해당한다.

Point

④ (개는 임신한 아내의 생명이 위협을 받는 상황에서 부정한 의도로 공격하는 A를 폭행한 것이므로 정당 방위에 해당한다. (내는 개가 달려와 물려고 하자 이를 피하기 위해 걷어차 상처를 입힌 것이므로 긴급 피난에 해당한다. 정당 방위와 긴급 피난은 모두 위법성이 조각되는 사유이다.
① A가 부정한 의도에서 행한 공격에 갑이 대항한 것이므로 정당 방위의 사례이다.
② 을의 행위는 위험한 상황을 피하기 위한 것이므로 긴급 피난의 사례이다.
③ (대는 자신이 강탈당한 지갑을 되찾기 위한 행위이므로 자구 행위에 해당한다.

Answer 17.③ 18.④

06 국제 정치와 법

문 다음 중 국제사회의 성격이 아닌 것은?

▶ 2000. 서울시

① 상호 경쟁
② 이념 중시
③ 상호 협력
④ 자국의 이익 추구

문 국제관계에 대한 설명 중 옳지 않은 것은?

▶ 2005. 대전광역시

① 국제사회에는 중앙정부가 없다.
② 국제사회는 독립적 주권국가들로 구성된다.
③ 국제사회 구성 국가들은 공동의 이익을 추구한다.
④ 국제사회는 공동의 목표를 위해 각국이 협력한다.

문 1648년에 맺어진 베스트팔렌조약에 대한 설명으로 옳은 것을 모두 고른 것은?

▶ 2015. 4. 18. 인사혁신처

㉠ 교황권이 군주권보다 우위에 있음을 확인하였다.
㉡ 주권국가 개념이 확립되기 시작하였다.
㉢ 국제기구 설립과 다자협의를 통한 평화 유지에 합의하였다.
㉣ 30년 전쟁을 종결시켰다.

① ㉠㉢   ② ㉠㉣
③ ㉡㉢   ④ ㉡㉣

∥정답 ②, ③, ④

section 1 국제 사회의 이해

(1) 국제 사회와 국제 관계

① 국제 사회의 성격

㉠ 국제 사회는 독립적 주권국가로 구성되며, 주권평등이 기본원칙이 된다.
• 국제 사회의 구성원인 국가의 주권은 평등, 원칙적으로 다른 나라의 내정에 대한 간섭을 허용하지 않음
• 사례 : 국제법의 적용이나 국제기구의 활동에서 평등한 대우, 국제 연합 총회의 1국 1표주의

㉡ 국제 사회에는 중앙정부가 존재하지 않는다. → 법적 구속력이 미약하여 구속력 있는 법이나 집행제도가 존재하지 않는다.

㉢ 국제 사회의 구성 국가들은 자국의 이익을 추구하며 힘의 논리가 적용된다.
• 강대국의 힘과 논리에 의해서 국제 사회가 주도
• 사례 : 국제 연합 안전 보장 이사회 상임 이사국의 거부권 → 강대국의 영향력 인정

㉣ 구성 국가 간에는 공동의 이해관계와 규범이 존재한다.

② 국제 사회의 형성

㉠ 베스트팔렌 체제 : 종교 전쟁 후 베스트팔렌 체제의 형성으로 주권을 가진 민족 국가가 중요한 정치 단위로 등장

㉡ 1차대전 후 : 국제연맹체제(세계최초의 평화기구)

㉢ 1940년대(냉전 시작)
• 트루먼 독트린 (미국의 그리스, 터키 반공산화 지원1947), 마샬 플랜(유럽 부흥 계획, 1947)
• 베를린 봉쇄 (1948)
• 코메콘 (공산권국가들의 경제블록, 1949)

㉣ 1950년대(냉전 격화, 양극체제)
• 서독의 NATO가입 (1955)
• 바르샤바 조약기구 (공산진영의 군사동맹, 1955)
• 양극체제 : 자유진영과 공산진영간의 대립 → 국제연합의 기능 저하

㉤ 1960년대(냉전의 이완기)
• 쿠바 사태(미소 간의 분쟁의 평화적 해결, 1962)
• 중소 무력 충돌 (이념분쟁과 국경분쟁, 1969)

- 비동맹 77그룹 결성(제3세계국가의 국제사회진출, 1964)
- 드골의 NATO 탈퇴(프랑스의 대미독자노선, 강력한 프랑스 추구, 1967)
- 닉슨 독트린(아시아문제에 군사적 개입 포기, 대소 봉쇄 정책 완화, 1969)

ⓑ 1970년대(다극체제, 데탕트)

- 핑퐁외교(중국과 미국 - 닉슨의 중국방문), 중국의 안보리 진출(1971)
- 7.4 남북 공동 성명(민족대단결, 자주, 평화의 3원칙, 1972)
- 6.23선언 (비적성공산국가에 대한 개방, 1973)
- 미·소중심에서 여러 강대국의 독자적 활동 전개→냉전의 실질적 해소는 아님

ⓢ 1980년대(냉전의 해체기)

- 고르바쵸프의 개혁개방정책(페레스트로이카,1985)
- 몰타회담(냉전종식 회담 1989)
- 베를린 장벽 붕괴(탈냉전의 역사적 상징1989)

ⓞ 1990년대(탈냉전, 단다극체제)

- 독일의 통일(서독에 의한 동독 흡수통일, 1990)
- 소련 연방의 해체 (1991)
- 세계무역기구 출범(탈이념, 무한경쟁의 실리추구1995)
- 단다극체제 : 정치, 군사적 측면에서 미국이 유일한 패권국가, 경제적 측면에서는 유럽연합, 일본, 중국 등의 영향력이 점차 증가하는 상황

③ 국가와 주권

㉠ 주권의 성격 : 국내적으로 최고의 권위를 가지는 동시에 대외적으로 자국의 독립을 뜻한다.

㉡ 평등한 국가주권 : 주권국가는 국제법 앞의 평등한 주체이다.

㉢ 국가별 주권행사능력의 격차 : 실질적으로 각 국가의 국력이나 주권행사능력에는 차이가 있다.

(2) 국제사회에 대한 기본적 시각

① 이상주의

㉠ 가정 : 인간 이성에 대한 신뢰, 영토국가 체계를 대체할 초국가적 제도 창출

㉡ 특징 : 인간의 이익이 조화되는 것처럼 국제정치의 도덕성 강조, 집단적 정치 권력 자체에 주목

㉢ 핵심개념 : 도덕성, 이성, 이익조화, 국제기구, 법, 과정

㉣ 명제 : 인간에 대한 긍정적 이해에 기초, 인간조건은 갈등보다는 이성과 보편적 원칙의 합리적 적용으로 조화로운 사회질서를 창출함에 따라 개선 될 수 있음

㉤ 전쟁관 : 역사적 상황, 사악한 지도자, 결함 있는 사회정치적 체제, 부적절한 국제적 이해, 국가적 에고이즘

기출문제

📖 국제사회의 변천 과정에 대한 설명으로 옳지 않은 것은?
▶ 2020. 6. 13. 지방직/서울시

① 1648년 베스트팔렌 조약을 기점으로 영토, 국민, 주권을 지닌 국민국가가 국제사회의 주체로 등장하였다.

② 국제연맹은 미국의 참여와 주도에도 불구하고 일본과 독일, 이탈리아의 탈퇴로 실질적인 효과를 거두지 못하였다.

③ 미국은 1947년 트루먼 독트린을 통해 공산주의 세력의 위협을 받는 국가에 군사 및 경제 원조를 제공하였다.

④ 1990년대 들어 냉전이 종식되면서 민족, 종교, 영토, 자원 등으로 인한 분쟁은 오히려 증가했다.

📖 우리나라의 시대별 국제 관계 변화에 대한 설명으로 옳지 않은 것은?
▶ 2021. 4. 17. 인사혁신처

① 1970년대 냉전 체제의 강화로 공산 진영을 배제한 채 미국 중심의 자유 진영 국가와 우호 관계를 구축하였다.

② 1980년대 후반에는 북방 외교 정책을 펼쳐 구소련, 중국 등 공산권 국가와 관계 개선을 추진하였다.

③ 1990년대 탈냉전 흐름 속에서 안보 외교를 유지하면서도 실리를 중시하는 외교를 추구하였다.

④ 2000년 이후 공적 개발 원조(ODA) 지원 규모의 증가 추세 속에서 개발 원조 위원회(DAC) 회원국이 되었다.

❙정답 ②, ①

기출문제

문 국제사회를 바라보는 다음의 관점에 대한 설명으로 옳지 않은 것은?

▶ 2019. 4. 6. 인사혁신처

(가) 국가는 힘을 추구하며, 국가가 힘을 추구하는 데 있어 보편적 윤리는 중요한 관심의 대상이 아니라고 본다.
(나) 국제사회가 동물의 세계처럼 힘이 지배하는 세계가 아니라 인간의 이성과 윤리가 작동하는 사회라고 본다.

① (가)는 국제사회를 무정부 상태에 가깝다고 이해하고, 국가안보의 중요성을 강조한다.
② (가)는 (나)의 관점과 달리 경제, 환경, 인권 문제도 중시한다.
③ (나)는 국제사회가 보편적인 선이나 국제규범에 의해 지배되고 있다고 주장한다.
④ (나)는 (가)의 관점과 달리 국제법과 국제기구 등을 통해 평화적이고 협력적인 국제사회를 건설할 수 있다고 주장한다.

정답 ②

ⓗ 국제 문제에 대한 처방 : 국제법, 국제기구, 국제여론, 군비축소, 국가 간 상호협조, 집단 안전 보장

② 현실주의

　ㄱ 가정 : 성악설, 인간은 권력추구적 존재, 국가는 국가적 이익만 추구
　ㄴ 특징 : 단일 행위자로의 국가, 인간의 이익좌화에 비관적, 국가는 권력 추구 경쟁자
　ㄷ 핵심개념 : 힘과 국가이익
　ㄹ 명제 : 무정부적 국제상황은 영속적 안보딜레마를 일으키며, 이 상황에서 힘의 극대화가 가장 중요
　ㅁ 전쟁관 : 세력균형이 깨질 때 전쟁발생
　ㅂ 국제 문제에 대한 처방 : 세력균형, 군사적 동맹

(3) 국제행위와 행위주체

① **국제행위** … 상호이익을 추구하는 협조행위와 자기이익만을 추구하는 갈등행위가 병존한다.

　ㄱ **국제 관계에서의 협력과 갈등** : 국제 관계에서 행위주체들은 상호이익을 위해 협조하기도 하고, 눈앞의 이익을 위해 다른 행위자들을 배신하고 자기이익만을 추구하여 갈등을 일으키기도 한다.

　ㄴ **국제행위 처벌의 한계성**
　　• 국제행위의 특수성 : 상호방위조약, 환경관련협약 등을 맺어 상호이익을 추구하기도 하고, 시대 변화에 따라 우방을 배신하고 다른 나라와 협력관계를 맺기도 한다.
　　• 배신행위에 대한 처벌의 한계 : 국제 정치에서는 국내정치와는 달리 행위 자체를 규율할 수 있는 정부가 없기 때문에 배신행위에 대한 처벌에 한계성이 있다.

② **행위주체** … 국제 사회에서 전형적인 행위주체는 국가이다.

　ㄱ **국가의 구성요소**
　　• 주권 : 국가 구성원에게 강제할 수 있는 최고성의 의미하는 대내 주권과 다른 국가로부터 독립하여 권력을 행사할 수 있는 대외 주권으로 나누어짐
　　• 국민 : 한 국가의 통치권 하에 있고, 그 국가의 국적을 가진 사람을 말함.
　　• 영토 : 영육, 영해, 영공을 모두 포함함
　　• 정부 : 국민의 집단 의지를 형성하여 국가 정책으로 반영하고 이를 집행하는 기관

　ㄴ **초국가적 행위체**
　　• 의미 : 국가를 구성원으로 하거나 국가를 넘어서 국제적으로 영향을 끼치는 행위주체
　　• 종류
　　　- 초국가적 국제기구 : 국제연합, 유럽연합, 세계무역기구, 아시아태평양경제협력체

- 다국적 기업 및 사회운동단체 : 코카콜라, 맥도널드, 국제사면위원회, 그린피스, 국경없는 의사회
- ⓒ 국가 내부적 행위체
  - 의미 : 한 국가 내부의 일부분으로 독자적인 입장을 가지고 타국 정부, 민간 조직과 상호 작용하는 단위체
  - 종류 : 소수 인종이나 소수 민족, 국가 내부의 각종 사회 단체 등
    <예> 중국 내의 티베트 민족, 이라크 내의 쿠르드 족, 지방자치단체, 러시아 체첸족 등
- ② 개인 : 국제 관계의 행위자로서 국제적으로 영향력을 행사하는 사람
    <예> 강대국의 국가 원수, 국제연합의 사무총장 등

section 2 국제 관계와 국제법

(1) 국제 관계의 규율

① 국제 사회와 국제법

- ㉠ 국제법 : 국제 사회의 법으로서 여러 국가 간의 합의에 의하여 성립되며 주로 국가 상호 간의 관계를 규율하지만 한정된 범위 내에서 국제기구와 개인과 관련된 문제도 규율한다.
- ㉡ 국제법의 특징 : 국내법과 달리 강제성이 미약하다.
- ㉢ 국제법의 종류 : 조약, 관습, 법의 일반 원칙 등이 있다.
  - 조약 : 문서형식으로 국가 간 또는 국제 기구와 국가 간에 체결 되어 국제 행위 주체의 행위를 규율하는 국제적 합의로 일반적으로 협정, 헌장, 협약, 의정서, 규정, 규약 등 모든 형태의 명시적 합의를 의미한다. 중요한 조약의 비준에는 국회의 동의가 필요함
    <예> 오존층 보존을 위한 비엔나 협약, 대한민국과 베트남 정부 간의 무역협정 등
  - 국제관습법 : 국가 간에 존재해 온 관습을 인정하여 법적 효력을 가진다고 인정하는 것으로 모든 국가들에게 적용되는 국제규범이다.
    <예> 외교관의 면책특권, 포로의 인도적 대우, 민족자결과 내정 불간섭 등
  - 법의 일반원칙 : 문명된 여러 나라의 국내법상 공통적으로 인정되고 있는 원칙으로서 인류에 비추어 봐서 마땅히 지켜야 할 내용들에 관한 것이다.
    <예> 신의성실의 원칙, 권리남용금지의 원칙, 위법행위에 대한 손해배상책임 발생의 원칙

② 국제법의 성격과 역할

- ㉠ 성격 : 세계평화라는 보편적 이익을 대변하려는 이상을 가지고 있으나, 실제로는 강대국들의 이해관계를 반영하고 강대국 중심의 국제질서를 유지하려는 경우가 많다.

문 국내법과 국제법의 구별 및 그 관계에 대한 설명으로 옳은 것은?
▶ 2014. 6. 21. 제1회 지방직

① 헌법 규정상 우호통상항해조약은 국회의 동의를 거쳐 대통령이 체결·비준한다.
② 국제법은 범세계적인 입법기관에서 제정되므로 국내법과 법원(法源)이 동일하다.
③ 국제법을 위반한 경우 국내법을 위반한 경우보다 이행을 강제하기가 쉽고 제재수단도 강력하다.
④ 헌법에 의하여 체결·공포된 조약과 일반적으로 승인된 국제법규는 국내법보다 상위의 효력을 가진다.

문 다음의 내용을 모두 포괄하는 것은?
▶ 2014. 3. 22. 사회복지직

• 원칙, 규범, 규칙, 절차 등으로 구성되어 있다.
• 비공식적인 정치적·관습적 요소도 포함한다.
• 참여국들의 자발적인 결합에 기초한 협력적 제도이다.
• 국제기구보다 범위가 넓으며 국제기구를 이용할 수 있다.

① 국제레짐
② 유엔헌장
③ 평화조약
④ 비정부간 국제기구

정답 ①, ①

ⓛ 역할
• 객관적인 규범으로서 확립되면 모든 국가에 구속력을 발휘하여 국제 관계의 협력을 증진시키고 갈등을 줄일 수 있다.
• 국제 사회를 만들고 유지해 나가기 위한 상호협력의 방법을 제공할 수 있다.
• 국가 간의 대립과 갈등을 제도적으로 해소할 수 있다.

③ 국제법의 한계와 변화
ⓛ 한계
• 효율적인 법 제정의 권위체와 제정된 법의 강제집행을 추진할 기구가 없다.

Point 팁 국내법과 국제법

구분	국내법	국제법
제정	국민의 의사를 대표하는 입법 기관에 의해 제정	국가 간의 협상이나 합의에 의해 제정
구속력 차이	중앙정부에 이해 강제 집행이 가능함	명확한 집행 기관이나 강제적 구속력이 없음
국내법과 국제법 차이	• 헌법에 의해 체결, 공포된 조약과 일반적으로 승인된 국제 법규는 국내법과 같은 효력을 지님 • 국가 간 교류와 의존이 심화되면서 국내법과 국제법의 관련이 밀접해지고 있음 • 국제법의 조류에 맞추어 국내법을 손질해야 할 필요성이 대두되고 있음	

• 국가 간의 합의를 기초로 하기 때문에 무시되거나 유보될 수 있다.
• 국가의 동의 없이 국제사법재판소는 국제분쟁을 관할할 수 없다.
ⓛ 변화 : 강제성이 미약하므로 이를 보완할 수 있는 효과적 장치가 필요하다.

④ 국제레짐의 내용과 성격
ⓛ 국제레짐 : 국제 관계를 규율하는 제도, 원칙, 규범, 규칙, 절차 등을 총칭하는 포괄적인 개념이다.
ⓛ 국제레짐의 예
• GATT(관세 및 무역에 관한 일반협정) : 제2차 세계대전 이후 자유무역을 추구하는 국제무역 레짐으로 자유주의로 세계경제의 위기를 방지하자는 원칙으로 무차별주의, 상호주의, 무역장벽의 투명성 보장 등을 가입국의 권리와 의무로 규정하고 모든 상품의 관세화와 비관세무역 규제의 철폐를 규칙으로 한다.
• WTO(국제무역기구) : 1980년대에 들어 심화된 무역불균형, 보호무역, 지적 소유권문제 등을 해결하기 위해 우루과이라운드 협상에 의해 창출된 국제무역레짐으로 신보호주의 등장을 배경으로 하며 기존의 GATT를 흡수 통합했다. WTO는 국가 간 경제분쟁에 대한 판결권과 그 판결의 강제집행권을 규범에 따라 행사함으

로써 국가 간 분쟁이나 마찰을 조정한다. WTO의 결정이나 판결은 지금까지의 개별국가들의 무역보복이나 무역장벽조치들보다 상위의 권한을 가진다.

(2) 국제기구

① 국제 사회와 국제기구의 변화

㉠ **국제기구의 탄생** : 국제분쟁의 해결 및 국제협력의 필요성에 의해 나타났다.

㉡ **국제연맹**(League of Nations) : 제1차 세계대전 이후 윌슨 대통령의 주장으로 창설되었으나 유럽 강대국의 힘의 정치에 아무런 역할을 하지 못했다.

㉢ **국제연합**(UN) : 제2차 세계대전 이후 국제연맹을 대신하여 창설되었으며, 현존하는 국제평화 등의 세계적 문제에 관여하는 세계적 규모의 국제기구이다.

• 국제연합의 기구

주요기구	총회, 안전보장이사회, 경제사회 이사회, 신탁통치이사회, 국제사법재판소, 사무국
전문기구	ILO(국제노동기구), FAO(세계식량농업기구), UNESCO(국제연합교육과학연합기구), WHO(세계보건기구), IMF(국제통화기금), IBRD(국제부흥개발은행) 등
보조 기구	UNDP(유엔개발계획), UNEP(유엔환경계획), UNHCR(유엔난민고등판무관사무소), PKO(평화유지군)등

• 주요기구 분석

−총회 : 유엔 회원국 전체로 구성되며, 본회의는 매년 9월 1일부터 익년 1월까지 개최되며 1국 1표 주의에 의하여 운영된다. 권고적 성격에 지나지 않는다.

−안전보장이사회 : 국제평화와 안전의 유지를 위한 전권을 가지고 있으며, 5대 상임이사국와 10개 상임 비상임이사국으로 구성. 상임이사국은 거부권을 갖는다.

−경제사회이사회 : 경제, 사회, 문화, 교육, 보건 분야 등에서 국제 협력을 증진하기 위한 기구로서 54개 이사국으로 구성, 산하에 많은 전문기구를 두고 있음

−인권이사회 : 경제 사회 이사회 산하의 인권위원회를 격상시킨 것으로 47개 이사국으로 구성되어 있다.

−사무국과 사무총장 : 사무국은 유엔의 정책과 프로그램을 집행하는 모든 행정을 담당하고 있으며, 사무총장에 의해 통솔된다.

• 문제점

−지나친 강대국 중심의 운영 : 상임이사국의 빈번한 거부권 행사로 일부 기능이 마비되거나 지연됨

−국제연합군(PKO)의 무력행사는 평화이념에 어긋남

−회원국들이 분담금 납부를 지연하여 재정난에 시달림

문 〈보기〉에 나타난 국제 연합의 주요 기관 A~C에 대한 설명으로 가장 옳은 것은?
▶ 2022. 6. 18. 제2회 서울시

〈보기〉

국제 연합의 모든 회원국으로 구성된 A는 국제 사회의 다양한 문제를 논의하며, 15개 이사국으로 구성된 B는 국제 평화와 안전 유지에 대한 책임을 지고 있다. C는 국제 연합의 주요 사법 기관이다.

① A에서는 분담금에 비례하여 투표권이 배분된다.
② B에서는 모든 안건에 대해 상임 이사국의 거부권이 인정된다.
③ C에 재판을 청구할 수 있는 국가는 국제 연합의 회원국이어야 한다.
④ C의 재판관은 A와 B에서 선출된 국적이 서로 다른 15인으로 구성된다.

정답 ④

문 〈보기〉에서 설명하는 국제 관계의 주체로 옳은 것은?

▶ 2024. 6. 22. 제2회 서울시(보훈청)

〈보기〉

국가 권력이 미치지 못하는 영역에서 발생하는 문제를 시민 사회 스스로 해결하기 위하여 만든 자발적인 조직이다. 공익의 증진과 보호를 목적으로 회원 자격이 모두에게 개방되어 있으며, 지속적으로 존속하는 단체를 말한다. 개별 시민들이나 민간단체를 중심으로 이루어진 국제기구로, 국제 사면 위원회(AI), 국경 없는 의사회(MSF), 그린피스(Greenpeace) 등이 있다.

① 국제적 영향력이 있는 개인
② 다국적 기업
③ 국제 비정부 기구
④ 정부 간 국제기구

ⓔ 국제기구의 분류

기준	분류	내용
회원 자격	정부 간 기구	국가 혹은 정부의 대표를 회원으로 함 예 국제연합(UN) 세계무역기구(WTO)
	비정부 간 기구	• 국가 내의 개인 또는 집단을 회원으로 함 • 최근 역할의 중요성이 증대되고 있음 예 그린피스, 국제적십자사 등
지리적 범위	범세계적 기구	전 세계를 참여 범위로 함 예 국제연합, 국제축구연맹
	지역적 기구	특정 내의 국가들로만 구성됨 예 유럽연합, 동남아시아국가연합 등
기능적 범위	포괄적 목적의 기구	• 국제 평화와 안전, 경제, 사회, 문화 등 포괄적이고 다면적인 목적을 추구함 • 국제연합, 아프리카 단결기구
	제한적 목적의 기구	제한적이고 전문적인 기능을 가짐 예 북대서양 조약기구, 세계보건기구

② 국제연합의 역할과 국제 정치 … 국제적 평화유지기능을 활발히 수행하고 있다.

③ 국제기구의 미래와 한국의 외교 … 적극적인 참여 필요성 증대, 세계 경제의 지역주의화

section 3 국제 문제와 외교

(1) 국제 외교의 성격과 추세

① 외교의 의미와 성격

㉠ 외교 : 한 국가가 국제무대에서 정치적 목적이나 자국의 이익을 평화적인 방법으로 달성하려는 행위를 말한다. 여기서 자국의 이익이란, 국가독립과 안전유지, 국력 신장을 위한 통상의 증대, 자원과 시장의 확보 등을 의미한다.

㉡ 외교방법 : 설득, 타협, 군사적·정치적 위협이 있으며 협상이 주된 방법이다.

② 외교의 추세

㉠ 1980년대 후반 : 냉전시대가 끝이 나고 화해와 협상시대가 시작되었다.

㉡ 1990년대 이후 : 사회주의가 몰락하고 소련이 무너지는 등 오늘날 국제질서는 재편 단계에 들어서고 있다.

㉢ 오늘날 국제 관계의 특징 : 세계화 현상으로 인류의 보편적인 문제에 관심이 집중되고 있다.

|정답 ③

(2) 우리의 과제와 나아갈 길

① 국제 관계와 우리나라의 과제

ㄱ 국제 관계의 특징

- 국가 간의 이해관계 : 국가 이익이 조화될 때는 우호적인 관계가 유지되나 이해 관계가 대립되면 적대관계나 전쟁이 야기된다.
- 힘의 균형 관계 : 힘의 우열에 따라 규율된다.

ㄴ 우리나라의 외교 정책의 변화

시기	내용
1950년대	반공이데올로기를 바탕으로 한 미국 중심의 외교
1960년대	동서 냉전 구도 간에 화해 분위기 조성, 비동맹주의를 표방한 신생 국들의 국제연합진출→제3세계 국가를 향한 외교
1970년대	6 · 23 평화 통일 선언→평화 공존 시대를 맞아 대 공산권 국가들 에 대한 외교 강화
1980년대	평화적 통일 기반 조성, 외교 영역의 확대, 경제적 실리 추구를 목 적으로 북방 외교를 추진
1990년대 이후	남북 긴장 완화, 이념을 초월한 실리 외교 전개→6 · 15 남북 공 동선언

ㄷ 우리나라의 과제

- 미국을 비롯한 여러 자유 우방과의 협력관계를 강화하고 스스로 안전보장능력을 길러야 한다.
- 동구 사회주의국가와 러시아 등 협력기반을 넓혀 국익을 보호하고 민족통일의 주체세력으로서의 자세를 갖추어야 한다.
- 국력과 국제협력을 기반으로 북한의 변화를 유도해야 한다.

② 민족주의와 우리나라의 과제

ㄱ 민족주의 : 언어, 혈통, 종교, 문화, 역사 등을 같이 하는 사람들이 독립된 복지국가를 세우려는 집단의식을 말한다.

- 시민민족주의 : 민족주의를 민주주의와 결합시킨 것으로 영국 · 프랑스 · 미국 등이 이 에 속한다.
- 국가민족주의 : 개인보다 집단과 전체의 이익을 우선시하는 것으로 독일 · 이탈리 아 · 일본 등이 이에 속한다.
- 사회주의적 민족주의 : 반식민주의적 민족주의와 사회주의를 내세워 대내적 통합 을 달성하고 산업화를 이루려는 것으로 쿠바 · 베트남 · 북한 등이 이에 속한다.
- 중상주의적 민족주의 : 아시아의 문화적 유산과 경제성장 우선주의를 결합한 권 위주의적 방식에 의해 산업화를 추진하여 민주주의 정착이라는 과제를 안고 있 으며 한국 · 대만 · 싱가포르 등이 이에 속한다.

🔍 다음 중 외교사절을 파견하는 순서가 옳은 것은?

▶ 2005. 서울시교육청

① 아그레망→파견→신임장 부여 →임명
② 아그레망→임명→신임장 부여 →파견
③ 임명→아그레망→신임장 부여 →파견
④ 임명→신임장 부여→아그레망 →파견

정답 ②

㉡ 민족주의의 긍정적 기능
- 선진국의 경우 : 민족국가를 형성하는 이념적 기반이 되었다.
- 후진국의 경우 : 제국주의에 대항하여 자주독립 국가를 건설하려는 이념적 기반이 되었다.

㉢ 민족주의의 부정적 기능
- 국가에 대한 지나친 희생을 강조하여 개인의 자유와 인권이 무시될 수 있다.
- 자기민족의 우수성만을 지나치게 강조하여 국수주의나 배타적 민족주의가 형성될 수 있다.
- 자국의 이익만을 강조하여 침략주의, 식민주의 등으로 세계평화에 위협이 될 수 있다.

㉣ 우리나라의 민족주의
- 민족주의사 : 식민주의에 대항하는 저항적 민족주의(광복 이전)에서 중상주의적 민족주의를 실용주의적으로 적용, '선건설·후통일' 노선에 따라 통일을 위한 경제적 기반을 조성하고 있다.
- 우리 민족의 과제 : 통일을 달성함으로써 한민족 전체에 삶의 질을 향상시키고 국제 사회의 화해, 협력에 기여해야 한다.

2021. 6. 5. 제1회 서울시

1 〈보기〉의 A, B는 국제 연합(UN)의 주요 기관이다. 이에 대한 설명으로 가장 옳지 않은 것은?

〈보기〉

• A는 갑(甲)국과 을(乙)국 양국이 제기한 카리브해 영유권분쟁 소송에서 만장일치로 갑(甲)국이 을(乙)국보다 3배 많은 해양 영토를 받아야 한다고 판결했다.

• B는 병(丙)국에 대한 무기 수출 금지, 제재를 담은 결의안을 표결에 부치기로 했다. 그러나 러시아가 거부권을 행사할 경우 무산될 수 있다.

---

① A는 국제 연합의 비회원국에 대해서도 재판할 수 있다.

② A는 당사국 간 합의에 의한 제소가 있어야 재판하는 것이 원칙이다.

③ B는 의사 결정 방식에서 강대국의 논리가 반영될 가능성이 높다.

④ A는 B와 달리 군사적 개입을 할 수 있다.

 Point

A 국제 사법 재판소 B 상임이사국
④ B는 군사적 개입을 할 수 있다.

2021. 4. 17. 인사혁신처

2 다음 A ~ C에 해당하는 국제연합의 주요 기관에 대한 설명으로 옳은 것은?

> • (A)는 국제연합의 모든 회원국으로 구성되며 국제연합의 활동범위에 속하는 문제에 대해 토의, 권고하는 권한을 지닌다. 주권평등원칙에 따라 안건을 의결할 때, 1국 1표를 행사한다.
> • (B)는 5개 상임이사국과 10개 비상임이사국으로 구성된다. 국제연합의 신속하고 효과적인 조치를 확보하기 위하여, 국제연합의 회원국은 국제평화와 안전의 유지를 위한 일차적 책임을 (B)에 부여한다.
> • (C)는 국제연합의 주요한 사법 기관이다. (C)는 국가 간 분쟁에 대해 국제법에 따른 판결을 내릴 수 있다.

① A는 국제연합의 실질적 최고 의사결정기구이다.
② B는 중요 문제에 대해 5개 상임이사국이 모두 포함된 9개국 이상의 찬성으로 의사를 결정한다.
③ C는 서로 다른 국적의 15인 재판관으로 구성되며 강제적 관할권을 가진다.
④ C는 판결을 이행하지 않는 당사국에 대하여 직접 제재를 가할 수 있다.

Point

A 총회 B 안전보장이사회 C 국제 사법 재판소
① 총회는 국제연합의 형식적 최고 의사결정기구이다.
③ 국제 사법 재판소는 서로 다른 국적의 15인 재판관으로 구성되나 강제적 관할권을 가지지는 않는다.
④ 국제 사법 재판소는 판결을 이행하지 않는 당사국에 대하여 직접 제재를 가할 수 없다.

3 다음의 국제법에 대하여 옳은 설명을 〈보기〉에서 모두 고르면?

> • 외교관의 면책 특권   • 정치범불인도의 원칙
> • 전쟁 포로에 대한 인도적 대우   • 내정 불간섭

> ㉠ 명시적 합의에 의해 성립한다.   ㉡ 모든 국가에 일반적으로 적용된다.
> ㉢ 사회적 관행에 기초하여 성립한다.   ㉣ 성문의 형태로 존재한다.
> ㉤ 가장 대표적인 국제법이다.

① ㉠㉡㉢   ② ㉡㉢
③ ㉢㉣   ④ ㉡㉣㉤

Point

본문의 자료는 모두 국제관습법이다.

ⓒ 국제관습법은 모든 국가에 일반적으로 적용된다.

ⓒ 국제 사회의 오래된 관행이 법 규범으로 승인된 것이다.

㉠ 묵시적 합의에 의해 성립한다. 명시적 합의에 의해 성립하는 것은 조약이다.

㉣ 국제관습법은 불문의 형태로 존재한다.

㉤ 가장 대표적인 국제법은 조약이다.

4 다음은 2차 세계 대전 이후 국제관계의 변화를 나타낸 것이다. (가)~(라)시기에 대한 설명으로 가장 적절한 것은?

> (가) 냉전기(1950~60년대) → (나) 긴장완화기(1970년대) → (다) 신냉전기(1980년대 초) → (라) 탈냉전기(1980년대 중반 이후)

① (나)는 (가)에 비해 국제연합(UN)에서 제3세계 국가들의 영향력이 감소한 시기이다.

② (다)는 (나)에 비해 지역 블록의 형성으로 단극체제가 강화된 시기이다.

③ (라)는 (가)에 비해 정치·경제적 협력과 상호의존이 전세계적으로 확산된 시기이다.

④ (라)는 (다)에 비해 국제 분쟁의 해결과정에서 국제 비정부 기구(INGO)의 역할이 감소된 시기이다.

Point

③ (라) 탈냉전기에는 이념적 대립과 갈등에서 벗어나 정치·경제적 협력과 상호의존이 전세계적으로 확산된 시기이다.

① (나) 긴장완화기에는 (가)냉전기에 비해 국제연합(UN)에서 제3세계 국가들의 영향력이 증대된 시기이다.

② (다) 시기에는 지역 블록이 형성되면서 다극체제가 나타났다.

④ (라) 탈냉전기에는 국제 비정부 기구(INGO)의 역할이 증대되는 시기이다.

5 우리 나라에서 주요 조약이 성립되는 일반적인 과정을 나타낸 것이다. 이에 대한 설명으로 옳은 것은?

> (가) 조약 체결 → (나) 국회의 동의 → (다) 비준 → (라) 비준서 교환

① 개별 주권 국가만이 (가)의 당사자가 된다.

② (가)의 행위는 권한을 위임받은 자에 의해서도 이루어진다.

③ (나)를 위해 국회출석의원 3분의 2 이상의 동의가 필요하다.

④ (다)를 통해 해당 조약은 국제 관습법으로 제도화된다.

 Point

② 조약 체결·비준권은 대통령의 권한이지만, 보통은 전권을 위임받은 대사에 의해 조약 체결이 이루어진다.

① 조약의 체결은 국가만이 아니라 국제기구에 의해서도 가능하다.

③ 대통령의 조약 체결·비준에 대해서 국회 동의를 얻어야 한다. 국회 동의는 일반의결 정족수인 재적의원 과반수의 출석과 출석의원 과반수의 찬성으로 의결된다.

④ (다)를 통해 해당 조약은 국내법과 같은 효력을 가진다. 국제 관습법이 조약 체결 과정을 거쳐서 조약으로 성문화될 수는 있어도, 조약 체결 과정을 거쳤다 해서 조약이 국제 관습법으로 제도화되는 것은 아니다.

6 다음 자료에 관한 설명으로 옳은 것을 〈보기〉에서 모두 고르면?

> 대법원은 ㉠ ㅁㅁ도 의회가 제정한 자치법규가 ㉡ 한·칠레 FTA(대한민국정부와 칠레공화국 간의 자유 무역 협정) ○○조에 위반된다고 판시하였다.

(가) ㉠은 규칙을 의미한다.	(나) ㉠은 법령에 위반되지 않아야 한다.
(다) ㉡은 국내법과 같은 효력을 가진다.	(라) ㉠은 ㉡에 우선하는 효력을 가진다.

① (가)(나) ② (가)(다)

③ (나)(다) ④ (나)(라)

 Point

법의 단계 : 헌법〉법률〉명령〉조례(지방자치단체장)〉규칙(지방의회) → 상위법 우선의 원칙

법의 단계에서 성문법의 효력은 상위법이 우선 적용되고 상위법에 위배되는 하위법은 효력을 잃게 된다.

(나) 조례는 상위법인 법령(법률과 명령)에 위반되지 않아야 한다.

(다) 헌법에 의하여 체결·공포된 조약은 국내법(법률)과 같은 효력을 가진다.

(가) ㉠도 의회가 제정한 자치법규는 조례이다.

(라) ㉠은 조례, ㉡은 법률과 같은 효력을 가지므로, ㉡한·칠레 FTA는 ㉠조례에 우선하는 효력을 가진다.

7 다음의 외교 사례를 유형별로 순서대로 바르게 묶은 것은?

> (가) 한국은 한국이 안보리 비상임 이사국에 진출하는 대신 일본이 거부권 없는 상임 이사국으로 진출하는 것을 반대하지 않기로 하였다.
> (나) 던켈 GATT 총장은 한국이 모든 농산물의 관세화 조치를 수용하지 않으면 한국은 UR에서 제외될 것이며 국제 무역에서 고립될 것이라고 말했다.
> (다) 한국은 UR에 참가한 각 국에 우리 농업의 특수성을 설명하고 농산물의 관세화 예외 조치를 인정해 줄 것을 요청하였다.

① 설득, 위협, 타협
② 위협, 타협, 설득
③ 설득, 설득, 타협
④ 타협, 위협, 설득

✿❋Point

국가 간의 외교는 주로 협상을 통하여 이루어지는데, 이 과정에서 상대국에 대하여 자기의 요구를 제시하여 설득(다)하기도 하고, 보다 나은 조건을 위하여 타협(가) 하기도 한다. 때로는 군사적 · 정치적 · 경제적 위협(나)이 가해지기도 한다.

※ 외교의 방법: 설득, 타협, 위협

설득	자국의 입장을 설명함으로써 상대국으로 하여금 충분히 납득하게 하고, 더 나아가 자국의 요구를 받아들이도록 하는 것
타협	상호간의 양보를 통하여 문제를 해결하는 것
위협	경제적 · 군사적 실력을 행사하겠다고 선언함으로써 자국의 주장이나 요구를 관철시키는 것

8 밑줄 친 ⊙~ⓒ에 대한 설명으로 옳은 것은?

⊙외교통상부 보도 자료

제목 : 3월 15일 ⓒ한-미 FTA 발효 개시

1. 우리나라와 미국 간 자유무역협정(FTA)이 3월 15일부터 ⓒ발효될 예정이다.

① ⊙의 장(長)은 ⓒ의 체결 비준권을 갖는다.
② ⓒ은 국가 사이에 맺은 법적 구속력을 가진 약속이다.
③ ⓒ은 일반적으로 국내의 법률보다 하위의 효력을 지닌다.
④ ⓒ이 이루어지더라도 실제 효력은 20일 후에 발생한다.

> ② ⓒ은 국가 사이에 맺은 명시적 합의(조약)로서, 법적 구속력을 가진다.
> ① 조약의 체결 비준권은 대통령이 갖는다.
> ③ 대한민국이 체결, 공포한 조약은 국내법(법률)과 동일한 효력을 가진다.
> ④ 한-미 FTA는 3월 15일 발효된 시점부터 효력이 발생한다.

9 교토 의정서, 남극해양생물자원보존에 관한 협약과 같은 유형의 국제법에 대한 일반적인 특성을 고른 것은?

⊙ 체결 당사국만을 구속한다.
ⓒ 문서 형식으로 이루어진 국제적 합의이다.
ⓒ 법의 일반 원칙으로 가입국들에게 적용되는 국제 규범이다.
ⓔ 불문화된 형태지만 국제 사회의 모든 구성원에게 적용된다.

① ⊙ⓒ   ② ⊙ⓒ
③ ⓒⓒ   ④ ⓒⓔ

> 교토 의정서, 남극해양생물자원보존에 관한 협약은 조약에 해당한다.
> ⊙ 조약은 조약을 체결한 당사국만을 구속한다.
> ⓒ 조약은 문서 형식의 합의서이다.
> ⓒ 조약은 모든 국가에서 일반적으로 인정되는 법의 일반 원칙과 구별된다.
> ⓔ 조약은 문서 형식의 합의서로 체결 당사국만을 구속한다.

10 다음과 같은 상황을 극복하기 위해서 강조하는 국제 사회의 특징은?

> • 핵전쟁으로 인한 인류멸망
> • 자원낭비로 인한 인류의 생존위협
> • 인구의 폭발적 증가로 행복저해

① 자원민족주의가 강화되는 사회
② 공동목표를 위해서 협조하는 사회
③ 통일된 통일기구가 없는 사회
④ 힘의 원리가 지배하는 사회

국제협력
ⓐ 국제협력의 필요성 : 세계 각국이 전쟁의 위협으로부터 벗어나 평화롭게 공존하기 위해서 국제협력이 필요하며, 상호교류를 통해 서로를 이해하는 것이 바람직하다.
ⓑ 국제협력으로 해결하여야 할 문제 : 자원문제, 환경문제, 인구문제, 남북문제, 군비확장문제 등이다.

11 다음의 내용을 읽고 오늘날의 국제적 현실을 바르게 추론한 것은?

> • 국제 사회에는 강제적인 규범과 체계적인 권력조직체가 없다.
> • 세계는 생태계 파괴, 환경오염 등의 환경윤리적 과제를 안고 있다.
> • 교통과 통신수단의 발달, 무역의 증진은 국제 관계를 변화시키고 있다.

① 국제 관계는 이제 힘의 논리가 아닌 법의 지배를 통해 규율된다.
② 국제기구의 역할이 확대되면서 각국의 주권은 크게 제한되고 있다.
③ 국가 간의 상호의존성이 심화됨에 따라 전쟁의 가능성이 거의 사라졌다.
④ 국가들은 국제협력을 확대해 나가면서도 개별적 안보노력을 계속하고 있다.

국제 사회는 힘에 의한 지배사회이지만, 지구촌의 공통적 관심사는 서로 협력해야 한다.

Answer 8.② 9.① 10.② 11.④

12 다음 보기의 내용은 세계무역기구(WTO)에 관한 설명이다. 이를 토대로 이 기구가 겨냥하는 효과를 바르게 추론한 것은?

> • 농산물 서비스의 교역에 있어 완전한 개방을 추구한다.
> • 국가 간 교역에 있어 관세 및 비관세장벽의 철폐를 추진한다.
> • 관세 및 무역에 관한 일반협정(GATT)을 대신하여 새로운 국제질서를 주도한다.

① 지역주의적 경제통합의 촉진에 기여할 것이다.
② 비교우위에 따른 국제분업의 이익이 증대될 것이다.
③ 산업보호를 통하여 각국이 유치산업을 육성하게 될 것이다.
④ 국가 간의 경쟁을 억제시켜 개방경제의 문제점을 해결하게 될 것이다.

    자국 무역의 완전한 개방을 추구함으로써 자유무역주의를 지향하고 자연스런 국제분업화를 촉진시킬 것이다.

13 다음은 어느 법에 관한 글이다. ㉠~㉢에 대한 설명으로 가장 적절한 것은?

> 국가 내에서 국민들 간의 행위를 규제하고, 국가의 안정을 유지하기 위해 법률이 필요한 것과 마찬가지로, 국제 사회의 질서를 유지하기 위해서는 국제 행위 주체들을 규율할 수 있는 규범과 원칙들이 필요하다. ㉠의 법은 국제 행위 주체들 사이에서 ㉡명시적인 합의에 의해 만들어진 것도 있고, ㉢암묵적인 동의에 의해서 인정된 것도 있다.

① ㉠은 국가나 단체만을 규율 대상으로 하며, 개인은 규율하지 못 한다.
② ㉠이 효력을 갖기 위해서는 국제 연합(UN) 총회의 의결이 필요하다.
③ ㉡에는 외교관의 면책 특권, 포로의 인도적 대우 등이 해당된다.
④ ㉢과 달리 ㉡이 우리나라에서 법률의 효력을 갖기 위해서는 일반적으로 국회의 동의가 필요하다·

    ㉠은 국제법을 가리키며, ㉡의 조약, ㉢의 국제 관습법과 법의 일반 원칙 등을 포함한다. 국제법은 국가와 국가 상호 간의 합의로 만들어지며 모든 국제 정치 주체를 규율할 수 있으나, 국내법과 달리 국제 사회 전체를 대표하는 통일된 입법 기구가 없다.

14 다음에서 제3세계에 대한 설명에 해당하는 것을 모두 고르면?

> ㉠ 반둥회의를 통해 비동맹운동을 추진하였다.
> ㉡ 국제 사회에서 발언권이 증대되고 있다.
> ㉢ 국제무대에서는 일관성 있는 외교정책을 전개한다.
> ㉣ 민족주의와 중립주의를 표방한다.
> ㉤ 친(親) 서구적 감정을 나타낸다.

① ㉠㉣
② ㉠㉡㉣
③ ㉠㉡㉢㉣
④ ㉡㉢㉣㉤

Point

제3세계는 자유진영과 공산진영이 아닌 국가군을 뜻한다.

15 그림의 (가)~(라) 시기에 대한 설명으로 옳지 않은 것은?

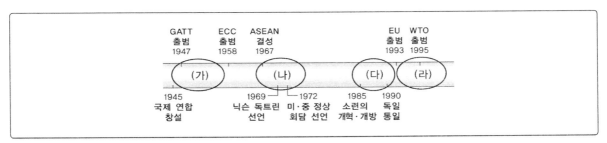

① (가)는 2차 세계대전 후 새로운 세계경제질서가 형성되고, 냉전에 의한 국제질서가 확립된 시기이다.
② (나)는 미·중 관계 회복으로 동서 진영 간의 대립이 완화되고, 중·소 분쟁이 격화된 시기이다.
③ (다)는 동구권에서 민주주의와 시장 경제 체제가 확산된 시기이다.
④ (가)는 (라)에 비해 지역 간 경제 공동체 결성을 통하여 지역 국가들의 협력과 상호 의존도가 심화된 시기이다.

Point

(가)시기는 양극시대로 제2차 세계 대전 후 미국을 중심으로 하는 자유민주 체제와 소련을 중심으로 하는 사회주의 체제가 극한적 대립을 이루었던 냉전의 시대였다. (나)의 1960년대 후반부터 1970년대 초반에는 다극화시대로 이념대립이 완화된 소위 데탕트 시기였다. (다)의 1980년대 후반에는 소련의 개혁 정책의 영향으로 소련과 동구공산권에 자유화 물결이 일어났다. (라)시기에 지역 간 경제 공동체 결성을 통한 국제협력과 상호 의존도가 심화된다.

Answer 12.② 13.④ 14.② 15.④

16 다음 글에 나타난 갑국과 을국의 행위를 설명하는 국제 정치의 관점에 부합하는 진술로 옳은 것은?

> • 갑국은 코펜하겐 기후 회의에서 선진국들이 주장하는 온실 가스 감축안에 반대하고 있다. 갑국은 자국의 경제 성장이 세계적 환경 보존보다 중요하다고 판단했기 때문이다.
> • 을국은 '포괄적 핵실험 금지 조약(CTBT)'의 비준을 거부하였다. 이는 CTBT가 핵 보유국인 을국의 핵 우위 확보 전략상 유리하지 않다는 판단 때문이었다.

① 국가 이익의 관철이 국제 규범의 준수보다 중요하다.
② 개별 국가의 이익과 국제 사회 전체의 이익이 일치한다.
③ 국제 협약을 통한 협력과 상호 의존적 관계 형성이 중요하다.
④ 국제 사회에서 개별 국가보다 국제기구가 주요 행위 주체이다.

Point

갑국과 을국은 모두 개별 국가의 이익을 우선하는 현실주의적 관점에서 국가 외교 정책을 결정하고 있다. 이는 국가 이익을 관철하는 것이 국제 규범을 준수하여 국제 사회의 질서를 유지하는 것보다 더 중요하다는 입장에 부합한다.
②③④는 모두 이상주의적 관점에서 국제 정치를 바라보고 있다.

17 국제 기구 (개), (내)에 대한 옳은 설명을 〈보기〉에서 고른 것은?

> 유럽 국가들은 제2차 세계 대전 후 미국과의 방위 동맹의 필요성에 따라 1948년 파리에서 대서양 동맹 조약을 체결하였다. 그 후 미국을 비롯한 서유럽 국가들이 1949년 새로운 조약을 체결하여 (개)이/가 탄생하였다. 한편, 소련 및 동유럽 7개국은 이에 대항하기 위해 1955년 소련을 중심으로 (내)을/를 창설 하였다.

〈보기〉
㉠ (개)는 집단 안전 보장 전략을 구사하는 국제기구로서 포괄적 기능을 수행하였다.
㉡ (개), (내)는 냉전 체제를 강화시키는 결과를 낳았다.
㉢ (개)는 (내)의 해체로 존립의 필요성이 상실되어 해체되었다.
㉣ (개), (내)의 등장에는 군사적 대응력을 갖지 못하면 안보를 확보할 수 없다는 논리가 작용하였다.

① ㉠, ㉡　　　　　　　　　　　② ㉠, ㉢
③ ㉡, ㉢　　　　　　　　　　　④ ㉡, ㉣

Point

(개) 북대서양 조약기구　(내) 바르샤바 조약기구
㉠ 두 기구는 군사 동맹으로서 포괄적인 기능을 수행한 것은 아니다.
㉢ 바르샤바 조약기구는 1990년 10월 독일 통일 이후 동독이 탈퇴하면서 1991년에 해체되었지만, 북대서양 조약기구는 현존하고 있다.

18 표는 국제 기구들의 의사 결정 구조를 비교한 것이다. 이에 대한 옳은 설명만을 〈보기〉에서 있는 대로 고른 것은?

구분	투표권 배분 기준	의결 방식
(개)	1국 1표	총 회원국의 2/3이상의 찬성
(내)	1국 1표	모든 상임 이사국의 찬성 투표를 포함한 9개국 이상의 찬성
(대)	경제력에 비례하여 국가별로 투표권 차등 배분	총 투표권의 85% 이상의 찬성

〈보기〉
㉠ (개)는 강대국과 약소국 사이에 투표권의 차이가 없다.
㉡ (내)는 9개 이상의 비상임 이사국들이 연합하면 상임 이사국이 반대하는 안건도 의결할 수 있다.
㉢ (대)는 15%를 초과하는 투표권을 가진 국가는 실질적인 거부권을 가진다.
㉣ (내), (대)의 의사 결정 방식은 약소국에게 유리할 수 있다.
㉤ (개), (내), (대)의 의사 결정 방식은 모두 주권 평등 원칙에 기초해 있다.

① ㉠, ㉢
② ㉡, ㉢
③ ㉠, ㉢, ㉤
④ ㉠, ㉣, ㉤

Point

(개)는 국제 연합의 총회, (내)는 국제 연합의 안전보장이사회, (대)는 국제 통화 기금(IMF)에 해당한다. 251
㉠ 국제 연합의 총회는 모든 회원국이 참여하며 1국 1표주의를 채택하고 있으므로 강대국과 약소국 사이에 투표권의 차이가 없다.
㉢ 총 투표권의 85% 이상의 찬성으로 의결된다는 것은 다른 의미로 15%를 초과하는 투표권을 가진 국가는 실질적인 거부권을 가진다는 것을 가리킨다.
㉡ 안전 보장 이사회의 상임 이사국은 거부권을 보유하고 있으며, 어느 한 나라가 거부권을 행사하면 안건이 의결되지 못한다.
㉣ 안전 보장 이사회에서 비상임 이사국에게는 거부권을 부여하지 않으므로 약소국이 불리하다.
㉤ (대)의 경우는 경제력에 따라 투표권을 차등 부여하므로 주권 평등의 원칙에 위배된다는 비판을 받을 수 있다.

Answer 16.① 17.④ 18.①

02

경제

01 경제생활과 경제문제의 이해

기출문제

問 (개), (내) 사례에 대한 〈보기〉의 진술 중 옳은 설명만을 고른 것은?

▶ 2017. 6. 24. 제2회 서울시

(개) 태평양의 어느 섬에서는 망고보다 바나나가 더 많이 생산된다. 하지만 바나나가 망고보다 훨씬 높은 가격에 거래된다.

(내) 물은 생존을 위해 반드시 필요한 재화이다. 하지만 물의 가격은 다이아몬드 가격보다 훨씬 낮다.

〈보기〉

㉠ (개)의 사례에서 바나나는 망고보다 희소성이 큰 재화이다.

㉡ (개)와 (내)의 사례에서 가격을 결정한 요인은 유용성보다는 존재량이다.

㉢ (내)에서 다이아몬드가 비싼 이유는 인간에게 더 유용한 재화이기 때문이다.

㉣ 희소성은 재화의 존재량과 인간의 욕구와의 관계에서 상대적으로 결정된다.

① ㉠, ㉡   ② ㉠, ㉣
③ ㉡, ㉢   ④ ㉢, ㉣

section 1 경제생활과 경제문제

(1) 경제활동의 이해

① 경제활동의 의미

㉠ 경제활동 : 인간에게 필요한 물품이나 서비스를 생산, 분배, 소비하는 사람의 모든 활동을 의미한다.

㉡ 경제원칙 : 최소의 비용으로 최대의 효과를 달성하려는 인간 활동의 원리이다.

② 경제활동의 과정

㉠ 생산 : 재화나 용역을 창출하는 일체의 활동을 의미한다.
　예 핸드폰 생산, 운송, 보관

㉡ 분배 : 생산 활동에 대한 기여를 시장가격으로 보상받는 것을 의미한다.
　예 임금, 이자, 지대

㉢ 소비 : 분배된 소득으로 필요한 재화와 서비스를 구입해서 사용·소모하는 것을 의미한다.
　예 아이스크림 구입

③ 경제활동의 주체와 객체

㉠ 경제주체 : 경제활동에 참여하는 경제단위
  • 가계(민간부분) : 소비 활동의 주체 → 효용의 극대화 추구
  • 기업(민간부분) : 생산 활동의 주체 → 이윤의 극대화 추구
  • 정부(공공부분) : 간 부문의 경제 경제활동을 조정, 규제하는 재정의 주체
  • 외국(해외부분) : 국제 무역의 주체 → 상호 이익의 극대화 추구

㉡ 경제객체 : 경제주체의 경제활동대상이 되는 것
  • 재화 : 인간 욕망의 대상이 되는 물질적 수단. 일정한 효용을 갖는 유형의 물건
　예 책, 자동차 등
  • 서비스 : 생산이나 소비에 필요한 일. 비물질적 형태의 상품, 일정한 효용을 갖는 무형의 인간 활동 예 의사의 진료, 교사의 수업 등

(2) 희소성과 경제문제

① 희소성과 경제재

㉠ 희소성의 원칙 : 인간의 무한한 욕구에 비하여 이를 충족시킬 수 있는 자원이 상대적으로 부족한 현상을 의미한다.

㉡ 경제활동의 대상 : 경제적 가치가 있는 것(경제재)이다.

▌정답 ②

② 기본적 경제문제 … 물질적 수단의 희소성 때문에 발생된다.

    ㉠ 자원배분의 문제 : 무엇을, 얼마나 생산할 것인가 하는 문제로 최대 생산의 문제(효율성)와 관련된다.

        예 한정된 땅에 배추를 심을 것인가? 무를 심을 것인가?

    ㉡ 생산방법의 문제 : 어떻게 생산해야 할 것인지를 결정하는 문제로 최소 비용의 문제(효율성)와 관련된다.

        예 인건비 상승으로 사장님은 공장을 중국으로 이전해야 할지 고민중이다.

    ㉢ 소득분배의 문제 : 생산물을 누구에게 분배해야 할 것인지를 결정해야 하는 문제로 공평 분배의 문제(형평성)와 관련된다.

        예 기업의 이익을 기술개발비로 사용할 것인가? 아니면 성과급으로 줄 것인가?

    ㉣ 경제문제의 해결원칙 : 효율성, 형평성, 자주성 등이 있다.

③ 선택과 기회비용

    ㉠ 합리적 선택 : 자원배분이 효율적으로 이루어지도록 하는 선택이며, 만족을 극대화시킬 수 있는 선택을 의미한다.

    ㉡ 기회비용 : 어떤 재화나 용역을 선택하기 위하여 포기하거나 희생한 재화 또는 용역의 가치이다.

section 2 경제체제와 경제목표

(1) 의미와 유형

① 의미 … 경제문제를 해결하기 위해 희소한 자원의 배분을 결정하고 조직하는 제도나 방식

② 경제체제의 유형

    ㉠ 생산수단의 소유여부에 따라 : 자본주의(사유허용) 대 사회주의(국, 공유)

    ㉡ 자원배분의 기준에 따라 : 시장경제체제(시장가격) 대 계획경제체제(국가계획)

(2) 경제체제의 특징

① 전통경제체제

    ㉠ 의의 : 전통과 관습에 의해서 경제문제를 해결한다.

    ㉡ 특징

      • 경제활동의 변화가 크지 않고 구성원의 자발적 선택을 찾아보기 어렵다.

      • 변화보다 전통의 연속성과 안정성을 중요하게 생각한다.

기출문제

문 다음은 갑, 을이 노동만을 투입하여 하루 동안 생산할 수 있는 각 재화의 최대량을 정리한 것이다. 이에 대한 분석으로 옳은 것은?

▶ 2021. 6. 5. 제1회 지방직

구분	갑	을
물고기	10마리	5마리
나무열매	3개	4개

① 갑은 두 재화의 생산 모두에서 절대 우위가 있다.
② 나무열매 1개 생산에 따른 기회 비용은 을이 갑보다 크다.
③ 갑은 나무열매에, 을은 물고기에 특화하여 재화를 서로 교환하는 것이 합리적이다.
④ 특화 후 나무열매 1개당 물고기 3마리로 교환하면 두 사람 모두 이익을 얻을 수 있다.

문 다음 자료에 대한 설명으로 옳은 것은?

▶ 2015. 6. 13. 서울시

A~E는 갑국이 보유한 자원으로 생산할 수 있는 X재와 Y재의 최대 생산량의 조합을 나타낸다. (단, 갑국은 X재와 Y재, 두 재화만 생산한다.)

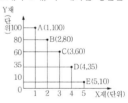

① X재와 Y재 생산에 자원이 고르게 배분된 C가 A보다 효율적이다.
② X재 추가 생산에 따른 기회비용은 B에서 C로 이동할 때가 A에서 B로 이동할 때보다 크다.
③ B에서 A로 이동할 때, Y재 1단위 추가 생산에 따른 기회비용은 X재 1단위이다.
④ Y재 추가 생산에 따른 기회비용은 C에서 B로 이동할 때가 D에서 C로 이동할 때보다 더 크다.

정답 ④, ④

문 〈보기〉는 경제 체제 A와 B를 구분한 것이다. 이에 대한 설명으로 가장 옳은 것은? (단, A와 B는 각각 시장 경제 체제와 계획 경제 체제 중 하나이다.)

▶ 2020. 6. 13. 제2회 서울시

〈보기〉

질문	A	B
생산 수단의 사적 소유를 인정하는 경제 체제와 관련이 있는가?	예	아니요
개별 경제 주체들의 자유로운 경제활동을 보장하는가?	㉠	㉡
(가)	아니요	예

① A는 기본적인 경제 문제의 해결에서 형평성을 더 강조한다.
② B보다 A에서 경제적 유인 체계를 더 중시한다.
③ ㉠에는 '아니요', ㉡에는 '예'가 들어간다.
④ (가)에는 '보이지 않는 손을 중시하는가?'가 들어갈 수 있다.

문 계획경제체제에 대한 설명으로 옳은 것만을 〈보기〉에서 모두 고르면?

▶ 2023. 8. 26. 국회사무처

〈보기〉
㉠ 중앙정부의 계획과 통제에 따라서 작동한다.
㉡ 자원배분의 효율성을 실현하는 것을 목표로 한다.
㉢ 재산권을 포함한 기본권 침해가 발생한다.
㉣ 특정 산업 분야를 단기간에 집중적으로 육성할 수 있다.

① ㉠, ㉢   ② ㉡, ㉢
③ ㉢, ㉣   ④ ㉠, ㉡, ㉣
⑤ ㉠, ㉢, ㉣

┃정답 ②, ⑤

② 계획경제체제

㉠ 의의 : 중앙정부의 명령과 지시에 의해서 경제문제를 해결한다.

㉡ 특징
• 개인의 소유권이 제한되어 개인 및 기업이 생산수단을 소유할 수 없다.
• 개인의 선택의 자유가 제한되어 본인의 의사와 무관한 작업을 하게 된다.
• 개인의 이윤추구 동기를 약화시켜 경제성장 동력을 상실하는 한계가 있다.

㉢ 장점 : 공평한 소득분배를 통해 빈부격차가 줄어들 수 있고, 국가가 원하는 전략산업을 육성할 수 있어 경제안정에 기여할 수 있다.

㉣ 단점 : 이윤동기가 없어 창의성과 근로의욕이 저하되어 경제가 침체되고 나아가 자원의 비효율성이 초래될 수 있다.

③ 시장경제체제

㉠ 의의 : 개인이 자신의 이익을 추구하기 위해 의사결정을 내려 경제문제를 해결한다.

㉡ 특징
• 소비자는 시장가격에 의해 소비를 결정하고 만족의 극대화를 추구한다.
• 생산자는 소비자가 원하는 상품을 생산하여 이윤의 극대화를 추구한다.
• 정부는 외교, 국방, 치안, 경제적 약자 보호의 영역에서만 역할을 한다(작은 정부).

㉢ 장점 : 소비자가 원하는 상품을 생산하게 하고, 개인의 창의력 발휘에 대한 동기부여로 기술혁신을 통한 경제성장이 촉진된다.

㉣ 단점 : 빈부격차 확대, 시장 실패(불완전한 경쟁 등으로 시장에 의한 자원의 최적 배분이 실패) 발생, 구성의 모순(개별적으로는 합리적이지만 전체적으로는 비합리적인 것이 되는 모순) 발생, 유효 수요의 부족으로 극심한 경기침체(경제 대공황, 1929년) 발생

④ 혼합경제체제

㉠ 의의 : 명령경제체제와 시장경제체제의 요소를 적절히 결합하여 경제문제를 해결한다.

㉡ 특징
• 시장경제체제에 바탕을 두고 공공부문의 생산이나 시장의 보완에 대해서 정부의 적극적 역할을 강조한다(큰 정부).
• 경제 대공황을 극복하기 위해 정부가 시장에 직접 개입한 것을 계기로 등장하였으며, 대부분의 나라가 채택하는 방식이다.

Point 팁 경제 대공황 … 자유방임주의에 의해 생산력이 증대되면서 총공급이 증가했으나 소득분배의 실패로 총수요가 감소하면서 발생한 디플레이션 현상으로 자유방임주의를 붕괴시켰다.

(2) 우리나라의 경제체제와 경제제도

① 선택의 자유 보장 … 경제적 자유를 통해 자신의 이익을 추구할 권리를 가진다.

② 시장경제체제를 유지하기 위해 필요한 경제제도

　⊙ 사유재산권 : 개인 또는 민간 기업이 재산을 소유하고 그것을 자유롭게 관리·사용·처분할 수 있는 권리를 말한다.

　　• 사람들은 자신의 재산을 축적하고, 보유 중인 재산을 더 가치 있게 만들려는 동기를 부여한다.

　　• 재산 가치를 증가시키기 위해 노력하는 과정에서 보유재산이 다른 사람에게 유익하게 사용된다.

　　• 사유재산의 보장으로 다른 사람과의 교환도 발생한다.

　⊙ 경쟁 : 시장경제체제에서 개인의 이익추구는 경쟁을 전제로 한다.

　　• 기업의 생산성을 제고하며, 경쟁력이 떨어지는 기업을 시장에서 솎아내 희소한 자원이 낭비되지 않게 한다.

　　• 소비자의 만족도를 높이는 상품 개발, 생산방법 혁신을 통해 저렴한 상품을 생산한다.

　　• 재화의 가격에 타당한 가치를 느끼는 소비자만이 구입하게 하여 재화가 꼭 필요한 사람에게 배분된다.

　　• 우리나라는 공정한 경쟁을 촉진하기 위해 공정거래법을 제정하였다.

③ 정부의 시장참여

　⊙ 공공부문의 생산 : 국방, 치안, 교육, 사회간접자본 등

　⊙ 개인의 자유를 일부 제한 : 사회적으로 금기시되거나 유해한 상품의 거래와 소비 규제

　⊙ 국가경제를 이상적인 상태로 이끌기 위해 다양한 경제정책 시행

　　• 세금 징수, 재정 지출 통한 특정계층의 경제생활 지원

　　• 연구개발비 지원으로 민간부문의 기술개발 촉진, 환경보전을 위한 투자와 규제

(3) 다양한 경제목표

① 국가의 경제목표

　⊙ 효율성 : 주어진 자원으로 최대효과를 달성하거나 의도한 효과를 최소비용으로 달성하는 상태를 말한다.

　⊙ 형평성 : 구성원들이 공정한 대우를 받는 상태를 말한다.

　⊙ 물가안정

　　• 인플레이션 발생 : 가계 구매력 약화, 소비와 투자 억제

　　• 디플레이션 발생 : 장기간의 경기침체에 빠져 투자·고용 위축, 기업·금융기관 부실화

247

ⓔ 경제성장 : 일자리의 안정성과 질적 개선에 기여, 기업의 부실위험 감소, 삶의 풍요 제공

ⓜ 완전고용 : 실업자가 없는 상태(전직과 개인사정으로 쉬는 사람이 있으므로 현실성 없음)

② 경제목표 간의 충돌(상충관계)

ㄱ 효율성과 형평성 : 능력에 따른 보상은 효율성을 높이지만, 형평성의 달성에는 부적절하다.

ㄴ 완전고용과 물가안정 : 통화량을 늘리면 고용은 증대되나 물가안정을 이루기 어렵다.

section 3 경제 정보의 활용

(1) 경제 정보의 활용의 중요성

① 경제정보의 활용가치가 그 정보를 만드는데 들어간 비용과 시간보다 더 큼.

② 경제전반의 흐름을 파악하여 이를 토대로 미래를 예측하고 경제적 의사결정에 활용함.

③ 한 나라의 경제적 성과를 측정하는 지표(경제성장률, 실업률, 물가상승률, 국제수지 등)와 기타 정보(통화량, 이자율)등을 나타내는 지표 등 여러 가지가 있다.

(2) 전수조사와 표본조사

구분	전수 조사	표본 조사
방법	대상을 모두 조사	집단의 일부(모집단)를 골라 조사
특징	정확하지만 시간과 비용이 많이 소모됨	빠른 시간과 적은 비용으로 전체의 특성을 파악할 수 있어 많이 이용됨. 조사자의 오차
비교	두 변수의 상대적 크기 비교	절대 규모는 알 수 없음
예	인구 및 주택조사 등	소비행태의 변화, 가계소득 통계 등

(3) 경제 정보의 분석

① 경제 통계의 가공 및 표현

ㄱ 비율 : 특정 시점에 발생한 서로 다른 경제 활동을 비교하기 위해 상대적 비중으로 표시함.

• 저축률(저축액/국내 총생산×100)

• 투자율(투자액/국내 총생산×100)

- 실업률(실업자수/경제 활동 인구×100)
    - ⓛ 변화율 : 기준 연도의 경제활동에 대한 비교 연도의 경제 활동의 변화 정도 표시
    - 비교 (연도 통계치−기준 연도 통계치)/기준 연도 통계치×100
    - 경제 성장률, 소비자 물가 상승률, 도매 물가 상승률 등
② **표현 방법**
    - ㉠ **수표** : 숫자로 구성된 표로서 정보의 정확한 크기를 보여 줌.
    - ㉡ **원도표** : 상대적 구성 비율을 한눈에 볼 수 있도록 함.
    - ㉢ **그래프** : 두 변수간의 관계나 시간의 흐름에 따른 변화 추세를 보여줌.
    - 꺾은선 그래프, 막대 그래프 : 시간별 변화의 모습이나 국가별 비교가 용이함.
    - 원 그래프 : 항목별, 또는 요인별 비교가 용이함.

section 4 경제 문제의 합리적 해결

(1) 합리적 선택

① **비용과 편익**
    - ㉠ **기회비용** : 어떤 것을 선택하기 위해 포기한 것들 가운데 가장 가치 있는 것을 말한다.
    - 암묵적 비용 : 어떤 것을 선택함으로써 포기한 다른 기회나 가치
    - 명시적 비용 : 현금의 지출과 같이 직접 명시적으로 지불한 비용
    - 사례 : 시간당 10만 원의 임금을 받는 사람이 2만 원을 주고 2시간 동안 상영하는 영화를 보았을 경우, 이 사람이 영화를 보기 위해 포기한 것(기회비용) → 현금 2만 원 (명시적 비용)과 희생된 소득인 10만 원×2시간 (암묵적 비용)을 합한 22만 원
    - ㉡ **기회비용의 특성**
    - 기회비용은 포기해야 할 가치 중 가장 큰 가치이다.
    - 기회비용은 사람마다 시기마다 그 값이 다르다.
    - 기회비용은 현 시점을 기준으로 계산해야 한다.
    - 시간의 가치도 중요한 요소로 포함된다.
    - 자유재의 기회비용은 0이고, 경제재는 기회비용이 (+)값을 가진다.
    - ㉢ **매몰비용** : 지불하고 난 뒤 회수할 수 없는 비용을 말한다.
        예 소 잃고 외양간 고친다. 놓친 고기가 더 커 보인다.
    - 사례 : 어떤 기업이 3억원의 기술 개발 비용을 지출하였는데, 추가적으로 기술 개발 완료를 위해 2억원의 비용이 들 것으로 보여진다. 그리고 기술 개발이 완료되면 3억원의 수입이 예상된다면 이미 지출한 매몰비용을 고려하지 않고 순편익 1억원이 발생하므로 기술 개발을 해야 한다.

기출문제

문 〈보기〉는 합리적 선택을 위한 비용에 대한 설명이다. 이에 대한 설명으로 가장 옳은 것은?
▶ 2024. 6. 22. 제2회 서울시

〈보기〉
(가) = ㉠ 명시적 비용 + ㉡ 암묵적 비용

① (가)는 매몰비용이다.
② ㉠은 다른 대안을 선택했을 때 얻을 수 있었던 가치이다.
③ ㉡은 대안을 선택할 때 실제 지출하는 비용이다.
④ 순편익은 선택으로 얻게 되는 이득에 (가)를 뺀 값이다.

┃정답 ④

〈보기〉
19세기 영국에서는 무거운 죄를
지은 사람들을 호주로 유배를 보
내는 것이 관례였는데, 호송 도중
죄수들이 사망하는 문제가 자주
발생했다. 영국 정부는 이 문제를
해결하기 위해 이송 범죄자의 수
에 비례하여 비용을 지급하는 방
식에서 이송이 끝났을 때까지 살
아남은 죄수들의 수에 비례하여
비용을 지급하는 방식으로 바꾸었
다. 이후 호송 도중 죄수들이 사
망하는 문제는 크게 줄어들었다.

① 특허권
② 환경 오염세
③ 쓰레기 종량제
④ 전력 요금 누진제

정답 ①

ⓒ **편익** : 경제행위를 통해 얻게 되는 이득이나 만족을 말한다.

ⓐ **순 편익** : 편익에서 비용을 뺀 것을 말한다.

ⓜ **합리적 선택** : 편익과 비용을 비교하여 편익이 비용보다 크면 선택하고 여러 대안 중에 가장 순 편익이 큰 것을 선택한다(매몰비용은 고려하지 말아야 한다).

② **합리적 의사결정**

ㄱ **문제인식** : 문제 해결의 필요성, 문제의 내용과 성격 파악

ㄴ **자료 및 정보 수집** : 문제와 관련된 정보의 수집

ㄷ **대안탐색** : 선택 가능한 대안들 찾아보기

ㄹ **대안평가** : 비용과 편익, 기회 비용을 고려하여 대안 평가, 대안의 사회적 영향, 도덕성 등 가치 탐구

ㅁ **대안 선택** : 평가를 바탕으로 최적의 대안 선택

ㅂ **결과 반성 및 평가** : 선택된 대안을 반성적으로 검토하고 평가

(2) 경제적 유인

① **경제적 유인**

ㄱ **의의** : 편익이나 비용에 변화를 주어 사람들의 행동 및 선택을 유도하거나 바꿀 수 있는 요인이 유인이며, 돈과 관련된 것을 경제적 유인이라 한다.

• 긍정적 유인 : 보상이나 이득처럼 편익이 증가하여 어떤 행위를 더하게 한다.

• 부정적 유인 : 벌금이나 손실처럼 비용이 증가하여 어떤 행위를 덜하게 한다.

ㄴ **효과** : 경제적 유인은 사람들의 선택에 영향을 주므로 시장경제의 원동력으로 평가된다.

② **경제적 유인의 사례**

ㄱ **시장경제와 유인**

• 유가 상승 → 소비자는 대중교통 이용, 연비 좋은 차 구매 → 버스·택시 운행 늘리고, 운전기사 채용 확대 → 자동차회사는 연비 개선된 차량 생산 → 에너지회사는 대체 에너지 개발에 박차

• 경제 주체들이 더 많은 이득을 얻기 위해 경제적 유인에 자발적으로 반응 → 경제 전체적으로 효율성이 높아진다.

ㄴ **정부의 유인책 사례** : 과속 운전 범칙금 부과, 쓰레기종량제, 전력요금누진제, 환경오염 세, 예방주사 접종비용 지불 등

ㄷ **정책의 간접 효과** : 간접 효과가 가져온 손해가 긍정적인 직접 효과를 압도해서 전혀 다른 결과가 나타날 수 있어, 정부는 간접 효과까지 따져보고 정책을 채택해야 한다. **예** 영국 정부의 창문세

(3) 비교우위와 거래의 이득

① 생산 가능 곡선

　⊙ 의미 : 기업이 주어진 생산요소를 이용하여 최대로 생산할 수 있는 상품의 조합들을 연결한 선이다.

　⊙ 형태 : 자원의 희소성으로 하나를 얻으면 하나를 포기해야 하므로(기회비용 발생) 우하향 형태를 나타낸다(음의 기울기).

② 점의 위치가 의미하는 것

　⊙ 곡선 위 : 합리적 생산 예 B점

　　• 점상이동 : 생산물의 조합이 바뀌는 것으로 시장가격이 높아진 쪽으로 생산량이 늘어나게 된다.

　⊙ 곡선 내부 : 비효율적 생산 예 A점

　⊙ 곡선 외부 : 현재 조건에서 생산 불가능, C점까지 확장하려면 다음의 조건이 필요

　　• 기술 진보 : 생산 요소 부존량은 일정하더라도 기술 진보가 이루어지면 생산 가능한 X재와 Y재의 수량이 증가하므로 생산가능곡선이 바깥쪽으로 이동

　　• 생산요소 부존량의 증가 : 새로운 천연 자원의 발견이나 노동력의 증가 등은 생산가능 곡선을 바깥쪽으로 이동

Point 팁 기회비용 체증 법칙 … 한 재화의 상품을 추가적으로 생산하기 위해 포기해야 하는 다른 재화의 양이 증가하는 것을 의미하는 것으로 기회비용의 증가하는 경우 생산 가능 곡선은 원점에 대해 오목하게 된다.

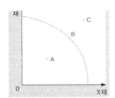

③ 분업과 특화

　⊙ 분업 : 재화 또는 서비스를 생산하는 과정에서 작업자들이 각기 다른 공정을 담당하는 생산 방식을 말한다.

　⊙ 특화 : 각자 잘하는 일 또는 자원을 가장 효율적으로 사용할 수 있는 일에 전념한다.

　⊙ 교환(거래)의 이득 : 특화 생산하여 거래하면 자급자족하는 경우보다 다양한 재화와 서비스를 저렴한 가격으로 구입할 수 있다.

④ 절대 우위와 비교 우위

　⊙ 절대 우위 : 동일한 자원을 이용하여 다른 생산자보다 더 많이 생산할 수 있는 능력이나 동일한 양을 생산하면서 자원을 더 적게 사용하는 능력을 말한다.

　⊙ 비교 우위 : 다른 생산자보다 작은 기회비용으로 생산할 수 있는 능력을 말한다.

　　• X재의 생산을 늘리기 위해 발생하는 기회비용이 상대방보다 작은 경우에 X재 생산에 비교우위가 있다고 한다.

　　• 한 사람이 상대방에 비해 두 재화 모두에서 생산의 절대 우위를 가질 수는 있지만, 비교우위를 가질 수는 없다.

문 〈보기〉의 X재와 Y재만 생산하는 갑(甲)국과 을(乙)국의 생산 가능 곡선을 나타낸 것이다. 갑국과 을국이 비교우위 재화를 특화하여 양 국가 간에만 교역하고자 할 때 이에 대한 설명으로 가장 옳은 것은?

▶ 2024. 6. 22. 제2회 서울시

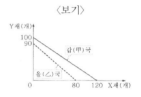

〈보기〉

① 교역 전 갑국이 X재 1개 생산의 기회비용은 Y재 65개이다.

② 교역 전 Y재 1개 생산의 기회비용은 갑국이 을국보다 작다.

③ 을국은 X재 생산에 절대 열위를, Y재 생산에 절대 우위를 가진다.

④ 교역을 위해 갑국은 X재를 특화하고 을국은 Y재를 특화한다.

문 〈보기〉는 갑(甲)국과 을(乙)국이 X재와 Y재 각각 1단위를 생산하는 데 필요한 노동자 수를 나타낸 것이다. 이에 대한 분석으로 가장 옳은 것은? (단, 갑국과 을국은 노동만을 생산 요소로 사용하며, 교역에 따른 운송비는 발생하지 않는다.)

▶ 2023. 6. 10. 제1회 서울시

〈보기〉

	X재	Y재
갑국	20명	30명
을국	40명	30명

① 갑국은 X, 노재 생산 모두 절대 우위에 있다.

② X재 1단위 생산의 기회 비용은 갑국이 을국보다 크다.

③ 노재 1단위 생산의 기회 비용은 갑국이 을국의 2배이다.

④ 양국이 비교 우위에 있는 재화에 특화 후 1:1로 교환하면 을국은 이익이 발생하지 않는다.

정답 ④, ③

1 다음은 아담 스미스의 말이다. 이러한 관점과 일치하는 내용을 〈보기〉에서 모두 고르면?

> "사람들은 단지 자신의 안전과 이익을 위하여 행동할 뿐입니다. 그런데 이렇게 행동하는 가운데 '보이지 않는 손'의 인도를 받아서 원래 의도하지도 않았던 목표를 달성하게 되는 것입니다. 이와 같이 사람들은 자신의 이익을 열심히 추구하는 가운데 흔히 국익을 증진하게 되는데, 이렇게 하는 것이 의도적으로 하는 경우보다, 공익을 오히려 더 증진하게 되는 것이다."

> ㉠ 효율성보다 형평성에 더 큰 비중을 둔다.
> ㉡ '보이지 않는 손'의 역할이 갖는 중요성을 강조한다.
> ㉢ 정부의 적극적인 시장 개입을 긍정적으로 평가한다.
> ㉣ 개인은 사회적 이익보다 자신의 이익에 더 많은 관심을 갖는다.

① ㉠㉡
② ㉠㉢
③ ㉡㉣
④ ㉢㉣

 Point

아담 스미스는 시장 가격에 의해 사회가 조화를 이루면서 발전한다고 보았고 정부는 모든 경제 활동에 개입해서는 안된다고 주장하였다.
㉡ 시장 가격에 의한 조화 즉 '보이지 않는 손'의 역할을 강조한다.
㉣ 사람들은 단지 자신의 안전과 이익을 위하여 행동할 뿐이다.
㉠ 형평성보다 효율성에 더 큰 비중을 둔다. 자유 경쟁하의 시장은 자원의 배분을 효율적으로 하게 된다고 하였다.
㉢ 정부의 시장 개입을 반대한다.

2 다음의 자본주의의 발달을 나타낸 표에서 자본주의 변화의 계기가 된 역사적 사실에 대한 설명으로 옳은 것을 보기에서 고르면?

> 상업 자본주의 → (A)산업 자본주의 → (B)독점 자본주의 → (C)수정 자본주의 → (D)신자유주의

> (가) (A) - 아담 스미스(A. Smith)의 자유 방임주의. 산업 혁명
> (나) (B) - 케인스(J.M. Keynes)의 이론
> (다) (C) - 근로 문제 발생, 노동 운동 활발
> (라) (D) - 스태그플레이션, 정부실패

① (가)(나)
② (가)(다)
③ (가)(라)
④ (다)(라)

> (가) (A) - 아담 스미스(A. Smith)의 자유 방임주의적 경제 이론이 사상적 기초가 된 시기. 증기 기관과 방직기 등 기술 혁신에 의해 생산력이 비약적으로 증가한 산업 혁명, 시민혁명이 계기
> (라) (D) - 스태그플레이션이 계기가 되어 등장. 정부 실패에 대한 반성으로 작은 정부를 지향
> (나) 케인스 (J.M. Keynes)의 경제 이론이 경제 정책의 이론적 기초가 된 시기는 (C)이다.
> (다) 근로 문제가 발생하고 노동 운동이 활발한 시기는 (B)이다.

3 다음 두 시대를 구분하는 가장 중요한 근거는?

> • 봉건경제
> • 자본주의경제

① 화폐의 발생
② 상인계급의 출현
③ 종교세력의 몰락
④ 임금노동자의 발생

> 봉건체제하에서는 없었으나 자본주의경제체제하에서 나타난 결과이다.

Answer 1.③ 2.③ 3.④

4 다음은 우리나라의 경제 운용에 관한 헌법 조항의 일부이다. 가장 거리가 먼 것은?

> 헌법 제 119조 제2항 : 국가는 균형 있는 국민 경제의 성장 및 인정과 적정한 소득의 분배를 유지하고, 시장의 지배와 경제력의 남용을 방지하며 경제 주체간의 조화를 통한 경제의 민주화를 위하여 경제에 관한 규제와 조정을 할 수 있다.

① 혼합 경제 체제   ② 수정 자본주의

③ 복지 국가   ④ 자본주의 부정

 Point

대한민국 헌법은 시장경제체제를 근본으로 하면서, 정부의 개입을 인정하는 혼합경제체제(=수정 자본주의)를 받아들이고 있다.
④ 수정 자본주의는 자본주의 발달에 의해 발생한 모순을 극복하기 위하여 원칙적으로는 자본주의 체제를 유지하면서 자본주의 체제의 일부 원리를 수정한 자본주의로, 자본주의 체제 자체를 부정하는 것은 아니다.
①② 혼합경제체제(=수정 자본주의)는 정부가 적극적으로 민간경제에 관여함으로써 사적 경제와 함께 공적 경제가 병존하게 된 경제 체제이다.
③ 시장경제원리를 바탕으로 복지 분야에 정부의 적극적인 역할을 인정하며 복지국가, 행정국가를 지향하고 있다.

5 다음은 시장경제와 계획경제를 비교한 것이다. 빈칸에 알맞은 말로 적절치 못한 것은?

구분	소유형태	자원 배분 기구	주체	경제적 동기	문제점
시장 경제	사유재산	(시장)가격	개별 경제주체	(A)	부의 불균등
계획 경제	공유재산	(B)	(C)	공동의 목표	(D)

① (A) – 사적 이익 추구   ② (B) – 시장

③ (C) – 중앙정부   ④ (D) – 비효율

 Point

② (B) – 계획 경제 체제에서의 자원 배분 기구는 중앙정부의 계획과 통제이다.

구분	소유형태	자원 배분 기구	주체	경제적 동기	문제점
시장 경제	사유재산	시장가격	개별 경제주체	사적 이익 추구, 효율성강조	부의 불균등
계획 경제	공유재산	계획, 통제	중앙정부	공동의 목표, 형평성 강조	비효율, 저생산성

6 다음 사례에서 야구 경기 관람의 기회비용은?

> 주유소에서 아르바이트를 하면 시간당 5,000원을 벌고, 고기집에서 아르바이트를 하면 시간당 6,000원을 벌수 있는 대학생이 아르바이트를 하는 대신에 4시간 동안 8,000원의 입장료를 내고 프로 야구 경기를 관람하였다.

① 20,000원   ② 24,000원

③ 28,000원   ④ 32,000원

 Point

〈포기1〉주유소 아르바이트(4시간) 수입 : 4 × 5,000원 = 20,000원
〈포기2〉고기집 아르바이트(4시간) 수입 : 4 × 6,000원 = 24,000원
야구 경기 관람의 기회비용 = 명시적 비용(야구경기 입장료 8,000원) + 암묵적 비용(포기한 것 중 가장 가치가 큰 것 → 고기집 아르바이트 24,000원) = 32,000원

7 다음 글의 ( ) 안에 알맞은 말로 짝지어진 것은?

> 자본주의경제가 성립되려면 자본의 축적, ( ), 노동력이라는 세 가지 요건이 갖추어져야 한다. 이 세 가지가 다 갖추어진 시기는 나라에 따라 다르나, 대체로 16세기에서 ( )까지에 걸쳐 유럽제국에서 이루어졌다.

① 자본재사용, 17세기   ② 상품시장, 18세기

③ 전문경영인, 18세기   ④ 자유경쟁, 17세기

 Point

자본재는 자본주의 이전 원시시대부터 사용되었다.

Answer   4.④   5.②   6.④   7.②

8 자본주의경제의 변화로 옳은 것은?

① 산업자본주의 - 독점자본주의 - 수정자본주의
② 독점자본주의 - 수정자본주의 - 산업자본주의
③ 수정자본주의 - 산업자본주의 - 독점자본주의
④ 산업자본주의 - 수정자본주의 - 독점자본주의

 Point

자본주의는 산업혁명 후에 나타난 산업자본주의에서, 자유방임주의 때문에 생겨난 독점자본주의로, 1930년대 경제공황으로 나타난 수정자본주의 순으로 변화되었다.

9 계획경제의 특징으로 옳지 않은 것은?

① 사유재산의 원칙적 부정
② 생산수단의 국유화
③ 중앙계획기구에 의한 계획 및 결정
④ 영리추구의 허용

 Point

계획경제 … 사회주의경제체제하에서 정부가 민간기업의 역할까지 수행하는 경제체제이다.

10 경제자료와 경제정보에 대한 설명으로 옳지 않은 것은?

① 재화의 소비를 통해 얻는 소비자의 만족도는 객관적 측정이 어렵다.
② 변화를 파악하고 비교하기 위해서는 다른 시점 간의 통계자료가 서로 일관성을 가져야 한다.
③ 정확한 경제정보를 생산하기 위해서는 수시로 자료수집의 기준을 바꾸어야 한다.
④ 경제정보를 생산해내는 이유는 정보의 활용가치가 그 정보를 만드는 데 들어간 비용과 시간보다 더 크기 때문이다.

 Point

자료수집의 기준을 자주 바꾸면 다른 시점과의 비교분석이 어렵다.

11 "한 남자가 회사에서 야근을 하지 않는 대신 퇴근 후 친구와 함께 음주가무를 즐겼다." 이는 다음 중 무엇에 대한 개념인가?

① 기회비용
② 효율성
③ 형평성
④ 희소성

기회비용 … 선택의 문제에서 발생하는 비용으로, 어떤 경제적 선택의 결과로 포기되는 여러 활동의 가치 중에서 가장 높은 값을 그 경제적 선택의 기회비용이라고 한다. 설문의 경우에 퇴근 후 친구와 함께 음주가무를 즐긴 것에 대한 기회비용은 회사에서 야근을 했다면 벌 수 있었던 돈의 양과 음주가무 시 사용한 액수의 합계이다.
② 일정한 효과를 얻는 것이라면 비용을 최소화해야 하고, 일정한 비용이 들어가는 경우라면 효과를 최대화해야 한다.
③ 생산의 결과는 업적에 따라 공평하게 분배되고, 공공복리와 사회정의가 실현되는 방향에서 분배가 이루어져야 한다.
④ 인간의 욕망은 무한한데 이를 충족시킬 수 있는 자원은 유한한 현상이다.

12 다음 보기의 경제체제 발달과정 중 빈칸에 들어갈 체제에 대한 설명으로 옳은 것은?

상업주의 ──→ 산업혁명 ──→ (   ) ──→ 수정자본주의

① 자본주의체제 성립의 결정적인 계기가 되었다.
② 근로자 생활의 불안정이 심화되었다.
③ 산업생산력과 노동생산성이 급격하게 증대되었다.
④ 금융과 회사제도의 발달을 가져왔다.

자본주의 … 아담 스미스(A. Smith)의 자유방임주의적 경제사상의 대두로 경제에 대한 정부의 간섭 없이도 개인의 자유로운 경제활동으로 균형가격이 형성되고 '보이지 않는 손'이 시장경제를 이끌어 간다는 사상이다. 그러나 결과적으로는 생산구조의 변동과 경기순환에 따른 실업으로 근로자 생활이 불안정해지고 빈부격차가 심화되는 등 문제점이 드러나게 되었고, 이로써 수정자본주의가 대두하게 되었다.

Answer   8.① 9.④ 10.③ 11.① 12.②

13 후진국이 교역의 균형유지를 위하여 산업구조를 조정할 때 올바른 정책이라 할 수 없는 것은?

① 점진적으로 중간재산업으로 확대해 나간다.
② 노동집약적 수출산업을 전문화한다.
③ 기술집약적 산업을 확대한다.
④ 노동집약적 산업을 확대한다.

Point
③ 선진국의 산업구조 조정방향에 해당한다.

14 아래 그림은 X재 시장 균형점(E)의 변화 방향을 나타낸 것이다. 다음 설명 중 옳은 것은? (단, X재는 수요와 공급의 법칙에 따르는 정상재이며, 다른 조건은 일정하다고 가정)

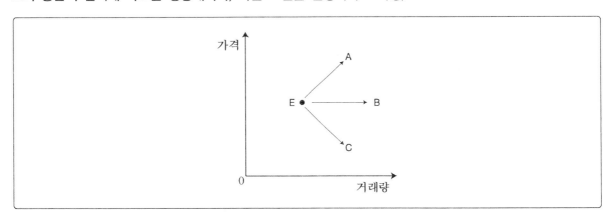

① X재 생산에 필수적인 원자재의 가격 상승은 E→A로의 변화를 초래한다.
② 소비자의 소득 수준 감소는 E→B로의 변화를 초래한다.
③ X재의 생산기술 향상은 E→C로의 변화를 초래한다.
④ E→A로의 변화는 X재의 수요 증가를 수반하지만, E→B로의 변화는 X재의 수요 증가를 수반하지 않는다.

Point
③ 생산기술 향상은 공급의 증가를 초래하므로 가격은 하락하고 거래량은 증가한다.
① X재 생산에 필수적인 원자재의 가격이 상승하면 공급이 감소한다. E→A로의 변화는 수요의 증가로 인한 변화이다.
② 소비자의 소득 수준 감소는 수요의 감소를 초래하여 가격 하락 및 거래량을 감소시킨다.
④ E→A로의 변화는 수요의 증가, E→B로의 변화는 수요와 공급의 동일한 증가로 두 경우 모두 수요 증가를 수반한다.

15 그림의 ㉠~㉺과 관련된 설명으로 옳은 것은?

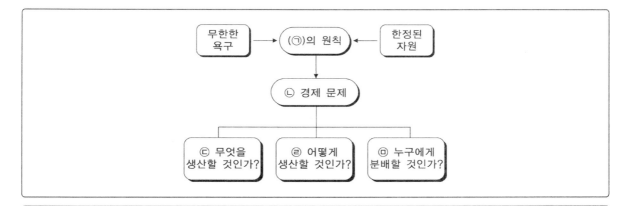

〈보기〉

(가) ㉠이 클수록 시장 가격이 높게 형성된다.

(나) 계획 경제 체제에서는 ㉡이 발생하지 않는다.

(다) ㉢은 얼마나 생산할지를 결정하는 자원 배분의 문제이다.

(라) 임금 인상에 관한 노사 협상은 ㉺의 사례이다.

① (가), (나) 　　　　　　　　　② (가), (라)

③ (나), (다) 　　　　　　　　　④ (나), (라)

 Point

자원의 희소성은 자원이 부족해서 생기는 것이므로 계획경제체제와 관련이 없으며, 임금 인상에 관한 노사 협상은 분배의 문제이므로 ㉺
에 해당한다.

16 다음 사례에 대한 옳은 분석이 아닌 것은?

> 대기업에 근무하는 호성은 특기를 살려 집에서 컴퓨터 프로그래머로 일할 수 있는 곳으로 직장을 옮기고 싶어 한다. 현재 월급 200만 원을 받고 있으나, 직장을 옮기면 연봉 3,000만 원을 받을 수 있다. 그런데 재택근무를 위해 매년 들어갈 컴퓨터 업그레이드 비용 400만 원과 1년 전에 업무용으로 구입한 300만 원짜리 전자수첩이 맘에 걸린다.

① 호성은 직장을 옮기는 것이 합리적이다.
② 전자수첩 구입 금액은 호성의 선택에서 고려 사항이 아니다.
③ 직장 변경 시 감수해야 할 기회비용은 연간 2,800만 원이다.
④ 직장을 옮겼을 때 얻을 수 있는 편익은 연간 200만 원이다.

> ⁑∴Point
> 직장을 옮겼을 때 편익은 3000만원이며 직장을 옮기는데 드는 비용은 명시적 비용 400만원과 암묵적비용 연봉 2400만원이다. 따라서 직장을 옮기는 것이 바람직하며 전자수첩은 매몰비용이므로 고려하지 않는다.

17 다음 생산가능 곡선을 읽고 옳은 것을 고르시오.

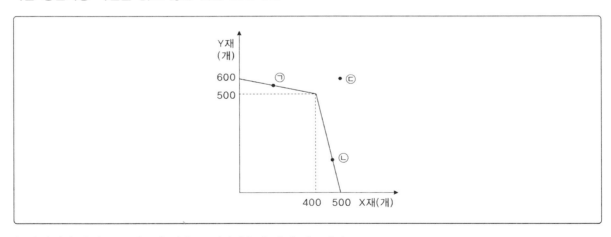

① ㉠점에서 ㉡점으로 이동한 이유는 생산기술의 발전 때문이다.
② X재 500개와 Y재 600개는 동시에 생산이 가능한 조합이다.
③ X재 400개 생산의 기회비용은 Y재 500개이다.
④ Y재 1개 추가 생산의 기회비용은 ㉠점보다 ㉡점이 더 작다.

① 생산가능곡선에서 선 안에서의 변화는 선호의 변화에 따른 것이므로, ㉡으로 이동한 이유는 X재의 선호가 증가했기 때문이다.

② 주어진 자원을 최대한 활용해서 하나만 생산했을 때 X재 500개 or Y재 600개를 생산할 수 있다.

③ X재 400개의 기회비용은 Y재가 600에서 500이 되었으므로 Y재 100개이다.

④ 1단위 추가의 기회비용은 X재는 기울기, Y재는 기울기의 역수이므로 기울기가 작은 ㉠이 Y재 1단위 추가의 기회비용이 크다고 볼 수 있다.

18 그림은 각 국가의 경제 체제를 두 가지 기준으로 나타낸 것이다. 이에 대한 설명으로 가장 적절한 것은?

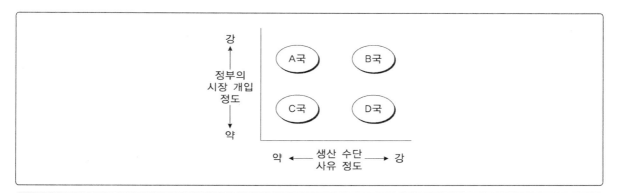

〈보기〉

㉠ A국과 B국은 사회주의를 기반으로 한다.

㉡ C국은 D국보다 경제적 유인 동기를 장려할 가능성이 낮다.

㉢ A국은 D국보다 시장의 자동 조절 기능이 약하다.

㉣ B국과 C국은 시장의 문제점 해결에 있어 정부 개입을 강조한다.

① ㉠, ㉡   ② ㉠, ㉢

③ ㉡, ㉢   ④ ㉡, ㉣

정부개입이 심할수록 계획경제, 약할수록 시장경제체제에 해당하며, 생산수단의 사유가 강하면 자본주의, 약하면 사회주의가 된다.

Answer   16.④ 17.④ 18.③

02 경제 주체의 역할과 의사 결정

기출문제

문 〈보기〉는 국민 경제 주체의 상호 관계를 나타낸다. 이에 대한 설명으로 가장 옳은 것은?

▶ 2018. 6. 23. 제2회 서울시

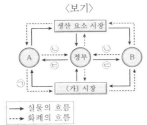

〈보기〉

→ 실물의 흐름
---→ 화폐의 흐름

① ㉠의 예로는 임금, 이자, 지대 등이 있다.
② 경기가 불황일수록 ㉡의 크기가 커진다.
③ B는 ㈎ 시장의 공급자로 효용 극대화를 추구한다.
④ 정부의 흑자 재정 정책은 A의 소득을 감소시키는 요인이다.

문 〈보기〉의 ㈎, ㈏에 대한 설명으로 가장 옳은 것은?

▶ 2021. 6. 5. 제1회 서울시

〈보기〉
소득은 규칙적이고 반복적으로 발생하는 ㈎ 와 불규칙적으로 발생하는 ㈏ 로 구성된다.

① ㈎ 중 이전 소득에는 공적 연금이 해당한다.
② ㈎ 중 사업 소득에는 배당금이 해당한다.
③ 연금 일시금은 ㈎에 해당한다.
④ 예산 수립 시에는 ㈏를 바탕으로 하는 것이 바람직하다.

┃정답 ④, ①

---

section 1 가계의 역할과 의사 결정

(1) 가계의 소비활동

① 가계와 경제활동

㉠ 소비생활 : 욕구를 충족시키기 위하여 이루어지는 경제활동이다.
  • 개인적 의미 : 욕구충족 및 생존 기반
  • 사회적 측면 : 적절한 소비 → 생산활동 촉진 → 경제활성화

㉡ 소비지출의 원천 : 가계소득(임금·이자·지대·이윤)이 소비의 원천을 이룬다.

구분		내용
경상소득 (정기적)	근로소득	노동의 대가로 얻은 봉급이나 임금
	사업·부업소득	사업을 하여 획득한 이윤이나 부업을 통해 얻은 소득영리 추구 목적 - 경영에 대한 이윤
	재산소득	재산(자본, 주식, 토지, 주택)으로부터 얻는 소득 예 이자, 배당금, 임대료
	이전소득	생산에 직접 참여하지 않고 무상으로 얻는 소득 예 정부로부터 받는 각종 연금, 생계비 등의 사회 보장금등
비경상소득(비정기적)		예상치 못하거나 일시적으로 들어오는 소득 예 퇴직금, 복권 당첨금, 상여금, 장학금 등

㉢ 가계소득의 차이 : 생산요소의 종류와 질에 따라 가계의 소득이 달라진다.

② 합리적 소비(소득배분의 합리적 선택)

㉠ 합리적 선택 : 한정된 소득으로 최대 만족을 보장하는 선택을 의미한다.

㉡ 합리적 소비의 필요조건
  • 최소비용, 최대만족(효율성의 원칙)
  • 기회비용을 최소화
  • 생애주기 가설 : 미래 생활의 보장을 고려하여 보다 장기적인 계획에 근거한 소비 필요
  • 합리적 의사 결정 : 필요성인식 → 시장조사(정보탐색) → 대안평가 → 구매결정 → 구매결과평가

㉢ 합리적 소비를 위한 고려사항 : 소비액과 저축액의 결정, 구매하고자 하는 상품의 가격, 품질, 만족감, 기회비용 등을 고려하여 선택해야 한다.

Point 팁 한계효용균등의 법칙 … 각 상품의 소비에 지출하는 비용 1원어치의 한계효용이 서로 같도록 소비할 때, 소비자는 가장 큰 총효용을 얻게 되어 합리적인 소비를 하게 된다 (고센의 제2법칙).

$$\frac{X재의\ 한계효용}{X재의\ 가격} = \frac{Y재의\ 한계효용}{Y재의\ 가격}$$
$$(=화폐\ 1원어치의\ 한계효용)$$

즉, X재 1원어치의 한계효용=Y재 1원어치의 한계효용(=화폐 1원어치의 한계효용)이다.

③ 바람직한 소비

㉠ 만족 극대화 + 공익추구(사회적 책임, 미래세대 책임)

㉡ 종류 : 나눔소비, 자원 절약 소비, 녹색 소비(또는 지속가능 소비)

㉢ 바람직하지 않은 소비

• 과소비 : 자신의 소득을 초과하는 소비, 사회적으로 물가 상승, 저축 감소로 인한 투자 재원의 부족을 초래함

• 과시 소비 : 경제적·사회적으로 남보다 앞선다는 것을 보여 주려는 욕구에서 나오는 소비(Veblen effect) → 사회적 위화감을 조성, 근로 의욕을 저하

• 모방 소비 : 사회의 특정 집단이나 유행을 따르는 소비(Bandwagon effect)

• 의존 소비 : 본인의 자주적인 판단이 아니라, 기업의 광고 등을 기준으로 하는 소비

• 속물 효과 : 비대중적 고급 취향의 상품을 구입하여 타인과 자신을 차별화하려는 소비(Snob effect)

• 투기 효과 : 가격 상승으로 장래에 투기 이익을 목적으로 하는 소비(사재기)

• 충동 소비 : 필요하지도 않고 구매 계획도 없지만 가격, 디자인, 포장 등에 이끌려 무의식적으로 하는 소비

(2) 소비와 국민경제

① 소비와 저축

㉠ 가계소득의 지출 : 현재의 만족을 위해 생산요소를 제공하고 얻은 소득을 재화와 용역의 소비에 지출하고, 나머지는 저축한다.

㉡ 가계소득과 저축 : 가계소득이 증가하면 소비가 증가하게 된다. 따라서 장래의 예비를 위한 저축이 필요하다.

② 소비와 국민경제

㉠ 가계의 소비와 저축

• 저축의 증가
 - 순기능 : 대출 증가 → 기업 투자 증가 → 경제성장
 - 역기능 : 소비 감소 → 생산 감소 → 경제성장 축소

• 저축의 감소 : 대출 감소 → 기업 투자 감소 → 경제위축

㉡ 평균소비성향 : 소득 중에서 소비가 차지하는 비율(C / Y)

㉢ 평균저축성향 : 소득 중에서 저축이 차지하는 비율(S / Y)

문 다음 자료에 대한 분석 및 추론으로 옳은 것은?

▶ 2021. 6. 5. 제1회 지방직

갑은 X재와 Y재만을 합리적으로 소비한다. 표는 각 재화 1개 추가 소비에 따른 편익 증가분을 화폐 단위로 나타낸다. 각 재화의 가격은 각각 5달러이고 갑의 현재 용돈은 25달러이다. 단, 갑은 용돈을 모두 사용한다.

(단위: 달러)

구분	1개째	2개째	3개째	4개째	5개째
X재	10	9	7	4	0
Y재	12	10	6	0	−8

① X재 2개, Y재 3개 소비 시 총편익이 가장 크다.

② X재 소비 증가에 따른 총편익은 지속적으로 감소한다.

③ Y재만을 소비하는 경우 총편익은 음(−)의 값을 가진다.

④ 용돈이 5달러 증가하면 현재보다 Y재 1개를 추가로 소비하게 될 것이다.

정답 ④

263

ⓔ 소비성향과 생산활동 : 소비성향이 확산되면 상품에 대한 수요가 증대되고 경제가 활성화되거나 물가가 상승된다.

section 2 기업의 역할과 의사 결정

(1) 기업의 생산활동

① 생산 … 인간에게 유용한 재화나 서비스를 만드는 과정으로, 물건의 보관·저장·운반·판매 등과 같이 부가 가치를 증대시키는 활동을 포함하는 개념이다.
  ⊙ 재화의 생산 : 인간생활에 유용한 유형의 재화를 직접 만들어내는 활동이다.
  ⓛ 용역의 생산 : 인간의 활동 즉, 무형재의 재산(보관·저장·운반·판매 등의 간접적 생산활동 포함)을 의미한다.
  ⓒ 생산요소의 구입 : 가계로부터 토지, 노동, 자본 등을 구입하고 그 대가로 지대, 임금, 이자 등을 지불한다.
  ⓔ 생산의 주체 : 기업(생산을 위한 조직체)

② 기업
  ⊙ 기업의 목적 : 이윤 추구
  ⓛ 이윤 : 총수입(재화의 가격×판매량) – 총비용(생산 요소 가격×생산 요소 사용량)경영 능력에 대한 대가/위험 부담 대가/기회비용 대가
  ⓒ 극대 이윤을 위한 기업의 결정 : 총수입을 늘리고 총비용을 줄이는 방향에서 결정해야 총이윤을 극대화시킬 수 있다.

(2) 기업의 합리적 선택

① 제품종류의 결정 … 소비자가 선호하고 시장에서 생산 비용 이상으로 팔릴 수 있는 제품을 생산함

② 생산 방법의 결정 … 가장 낮은 생산비로 생산하는 방법을 모색함

③ 가격과 생산량의 결정 … 시장 형편에 따라 결정

④ 기업가 정신
  ⊙ 의미 : 창의적이고 도전적이며 혁신적인 생산활동을 통해 경쟁력을 갖추고, 이윤을 극대화 하려는 기업가의 자세
  ⓛ 슘페터 : 기업가의 혁신적 활동이 경제 성장이 원동력이라고 보고, 기업가 정신 강조
  ⓒ 의의 : 기업가가 새로운 상품, 새로운 생산 방법, 새로운 시장, 새로운 자원, 새로운 조직을 모색하면서 미래의 불확실성 속에서도 장래를 예측하고, 기업을 나갈 수 있게 함

문 표는 한 기업의 X재 생산량 증가에 따른 추가 수입과 추가 비용을 나타낸 것이다. 이에 대한 분석으로 옳은 것은?
▶ 2017. 6. 24. 제2회 서울시

생산량	1개	2개	3개	4개	5개	6개
추가 수입	10	10	10	10	10	10
추가 비용	7	6	6	7	11	13

① 총이윤은 생산량이 2개일 때와 3개일 때 같다.
② 생산량이 1개씩 증가할 때마다 평균 비용은 증가한다.
③ 평균 비용이 가장 작을 때 이윤은 최대가 된다.
④ 위의 사례에서 최대로 얻을 수 있는 총이윤은 14만 원이다.

정답 ④

(3) 기업의 형태

① 민간기업과 정부기업(기업의 소유 및 운영 주체에 따른 분류)

　㉠ 민간기업 : 민간이 소유, 운영하는 기업으로서 일반적으로 이윤 추구를 목적으로 한다.

　㉡ 정부기업 : 정부가 소유, 운영하는 기업으로서 민간기업에 맡기는 것이 부적절한 재화와 서비스의 생산을 담당한다.

② 민간기업의 종류

　㉠ 개인기업 : 기업 운영에 필요한 자본 전액을 개인이 출자하고, 기업 운영에 따른 위험부담도 모두 개인이 지는 기업형태로 소규모 기업이 이에 속한다.

　㉡ 회사기업 : 많은 사람이 자본을 출자하고 선정된 전문가에게 경영을 맡기는 기업형태이다. 위험부담이 분산될 수 있으며, 대규모 기업이 이에 속한다. 회사는 구성원의 회사 채권에 대한 책임 정도에 따라, 합명 · 합자 · 유한 · 주식회사로 나뉜다.

(4) 기업의 역할과 책임

① 사회적 역할 … 값싸고 품질 좋은 제품을 공급하며 생산설비를 확충하고 새로운 기술을 개발하고 고용기회를 늘리고 부가가치를 증대시킨다.

② 사회적 책임 … 사회구성원으로서의 책임, 근로자 및 소비자의 권리를 보호해야 할 책임, 문화활동 지원 및 공익활동에 대한 참여 등 기업의 사회적 책임이 확대되고 있다.

section 3 정부의 역할과 의사 결정

(1) 시장경제의 효율성

① 경쟁시장의 균형

　㉠ 경쟁시장 : 개별 기업이나 소비자가 시장가격에 영향을 줄 수 없는 시장이다.

　㉡ 균형가격의 형성(시장의 균형) : 수요량과 공급량이 같아지면 균형가격이 형성된다.

② 경쟁시장의 효율성

　㉠ 경쟁시장의 원리 : 경쟁시장에서 생산자와 소비자는 모두 시장정보를 바탕으로 개인의 이익추구 지향하며 이를 통하여 사회적 이익을 실현하려고 한다. 생산자는 이윤을 극대화 하고자 하며, 소비자는 만족의 극대화를 추구한다.

기출문제

🔖 민간기업과 정부기업으로 구분하는 기준으로 옳은 것은?

▶ 2012. 서울시

① 고정자본시설
② 운영주체
③ 회사의 규모
④ 투자규모
⑤ 기업의 목표

┃정답 ②

기출문제

문 재정정책의 경제안정화 기능에 대한 설명인 것은?
▶ 2008. 대구광역시

① 조세 감면으로 기업의 투자 및 가계의 저축을 증대시킨다.
② 계층 간의 지나친 소득 격차를 완화시킨다.
③ 국민경제의 고용수준을 늘린다.
④ 한정된 자원을 효율적으로 사용할 수 있도록 배분한다.

문 경기침체 시의 경제안정화 정책으로 옳지 않은 것은?
▶ 2011. 법무부

① 공공사업의 시행
② 조세의 감면
③ 재할인율 인하
④ 지급준비율 인상

ⓛ 개인과 사회 이익의 실현 : 생산자와 소비자의 경쟁적 이익 추구 행위는 사회 전체적으로 희소한 재화와 용역의 효율적 배분을 실현시켜 준다.

(2) 정부의 경제적 역할

① **경쟁체제의 유지와 보호** … 정부는 공정한 경쟁 유지, 개인의 재산권 보호, 자유로운 경제활동 보장, 화폐의 공급 및 통화량을 조절하는 기능을 담당한다.

② **경제활동의 규제** … 정부는 독과점 기업의 담합, 불공정한 거래 활동, 공해 유발 행위의 규제 등 바람직하지 않은 경제활동에 적절한 규제를 행한다.

③ **사회간접자본의 건설** … 철도, 도로, 항만, 댐 등과 같은 사회간접자본의 건설과 시설 유지 및 관리는 정부나 공기업이 수행하는 중요한 경제적 기능이다.

④ **정부에 의한 생산**
　ⓞ 재화나 용역의 생산을 민간기업이 담당할 경우 나타날 수 있는 폐단을 막기 위하여 정부나 공기업이 사업자가 되어 직접 생산, 공급한다.
　ⓛ 작은 기업들이 나누어 생산하는 것보다는 하나의 대기업이 도맡아 하는 것이 비용이 적게 든다.
　ⓒ 민간기업이 규모의 경제가 존재하는 사업을 맡으면 이윤극대화를 위해 생산량을 제한하고 가격을 지나치게 올릴 수 있으므로, 이것을 방지하기 위하여 정부나 공기업이 직접 생산, 공급한다.

Point 팁 규모의 경제(Economics to scale) … 생산요소의 투입량 증가 시 생산량은 그 이상으로 크게 증가하는 경우를 말한다. 규모의 경제는 단위당 생산비(평균비용)는 체감하게 되며, 독점이 발생한다. 이 경우의 독점을 자연독점(Ratural monopoly)이라고 한다.

⑤ **경제의 안정** … 정부는 물가를 안정시키고, 국민경제의 균형적 발전을 도모하는 역할을 수행한다.
　ⓞ **긴축정책** : 경기가 과열되어 물가가 빠르게 오르는 인플레이션이 나타날 때 정부는 재정 및 금융활동에서 긴축정책을 채택한다.
　ⓛ **확장정책** : 불경기가 심화되어 도산하는 기업이 많아지고 실업자가 증가할 경우, 정부는 기업의 생산을 원활하게 하고 근로자에게 일자리를 더 많이 만들어 주기 위해 재정 및 금융활동에서 확장정책을 채택한다.

⑥ **공정한 분배** … 누진소득세제도 채택, 생계비 보조, 사회보장제도 등 소득재분배정책을 실시하고 있다.

정답 ③, ④

(3) 재정

① **의미** : 정부의 경제 활동을 위한 살림살이로서 정부의 수입 및 지출과 관련된 행동

② **구성**

기출문제

세입	조세 수입	조세를 통한 수입
	조세 외 수입	입장료, 수수료, 벌과금 등
세출	기능별 (목적에 따라)	• 경제 개발비 : 산업지원 및 육성, 도로·항만 건설 등 경제 발전을 위해 지출되는 비용 • 사회 개발비 : 공해 방지, 문화시설 주택 건설, 사회 보장 등 국민의 복지증진과 생활 환경개선을 위해 지출되는 비용 • 일반 행정비 : 공무원의 봉급, 치안 유지비 등 일반 행정 업무 처리에 지출되는 비용 • 교육비 : 교육 환경개선을 위해 지출되는 비용 • 방위비 : 국토 방위를 위해 지출되는 비용 • 지방 재정 교부금 : 지방자치 단체의 재정 부족을 정부에서 지원하는 비용
	경제적 성질별	경상적 지출(일상적 지출), 자본적 지출(자산취득 지출), 이전적 지출(사회 보장성 지출)

③ **원칙**

ㄱ **공정성(공평성)** : 사회적 약자를 고려하여 자원과 소득을 공정하게 분배

ㄴ **투명성** : 예산 편성 과정과 결과를 국민에게 공개

ㄷ **효율성** : 가장 적은 예산으로, 우선 순위를 정하여 지출을 통해 목적 달성

④ **조세법률주의**

ㄱ 조세의 항목과 세율은 국회에서 법률로써 제정함

ㄴ 권력의 자의적 징세를 방지하고, 국민의 재산권을 보장

⑤ **재정민주주의**

ㄱ 예산의 효율성과 공정성을 보장하고 민주성을 기하는 것

ㄴ 국민이 재정 운용 과정에 참여할 수 있음

ㄷ 국회의 예산 심의가 실질적으로 되어야함

ㄹ 납세자들이 정부의 재정활동에 관심을 갖고 감시·통제하는 제도적 장치와 노력이 필요

문 그림과 같은 조세제도에 대한 설명으로 옳은 것은?

▶ 2018. 4. 7. 인사혁신처

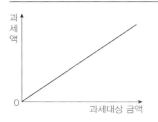

① 과세대상 금액에 관계없이 세율을 일정하다.
② 누진세 방식이다.
③ 우리나라의 소득세에 적용되는 과세방식이다.
④ 저소득 계층에 유리하게 작용한다.

문 〈보기〉의 A~C는 각각 조세부과 방식을 나타낸 것이다. 이에 대한 설명으로 가장 옳은 것은?

▶ 2023. 6. 10. 제1회 서울시

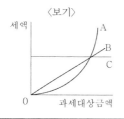

① C는 비례세이다.
② A와 B는 둘 다 누진세이다.
③ A와 B 중 A가 고소득층에 더 유리하다.
④ 우리나라의 부가가치세는 B형태로 부과된다.

정답 ①, ④

(4) 조세

① 의미

　㉠ 정부가 개별적 대가 없이 법률에 의해 국민으로부터 거두어들이는 수입

　㉡ 정부가 제공하는 재화와 서비스에 대한 대가

② 특징

　㉠ 납세의 강제성 : 시장에서의 물건 구입 여부는 자유이지만, 정부 서비스는 마음에 들지 않아도 세금을 납부해야 함

　㉡ 세 부담액 결정의 일방성 : 정부 서비스로부터 혜택을 받은 수준과 상관없이 다른 기준에 의해 담세액 결정

　㉢ 납세에 대한 대가의 불확실성 : 특정 항목의 세금을 제외하고는 납세의 목적이 불분명함.

　㉣ 세금 지출 용도의 불특정성 : 세금은 반드시 정부가 어떤 서비스를 생산하기 위하여 사용되는 것은 아님.

　　예 실업 수당, 재해 보상금 등

③ 적용세율에 따라

　㉠ 누진세 : 과세 대상 금액이 많을수록 높은 세율 적용

　㉡ 비례세 : 과세 대상 금액에 관계없이 동일 세율 적용

　㉢ 역진세 : 과세 대상 금액이 증가함에도 불구하고 오히려 세율이 낮아지는 조세

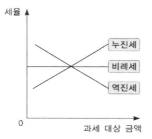

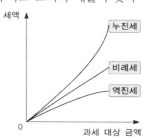

(5) 직접세와 간접세

① 구분기준 … 납세자와 담세자의 일치여부에 따라 같으면 직접세, 다르면 간접세이다.

② 특징

구분	직접세	간접세
의미	납세자 = 담세자 ∴ 조세전가 불가	납세자 ≠ 담세자 ∴ 조세전가가능
과세대상	소득의 원천이나 재산의 규모	소비 지출 행위
종류	• 개인 소득 : 개인 소득세, 법인세 • 재산 규모 : 종합 토지세, 재산세 • 재산의 상속·거래 : 상속세, 증여세 등	부가 가치세, 개별 소비세, 주세, 증권 거래세
특징	• 누진세율 적용→가처분 소득의 격차 완화(소득 재분배) • 조세 저항이 강하여 조세 징수 곤란 • 저축과 근로 의욕의 저해	• 비례세율 적용→저소득층에 불리(조세 부담의 역진성 초래) • 조세 저항이 약하여 조세 징수 용이 • 상품의 가격 상승으로 물가 상승 우려

기출문제

問 그림은 조세를 세율의 적용 방식에 따라 두 가지 유형 A와 B로 구분하여 나타낸 것이다. 이에 대한 설명으로 가장 적절한 것은?

▶ 2020. 7. 11. 인사혁신처

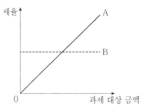

① 부가 가치세에는 주로 A가 적용된다.
② 법인세와 개인소득세에는 주로 B가 적용된다.
③ 직접세는 일반적으로 A보다는 B를 적용한다.
④ 소득 재분배 효과는 B에서보다 A에서 크게 나타난다.

問 〈보기〉의 밑줄 친 ㉠, ㉡에 대한 설명으로 가장 옳은 것은?

▶ 2020. 6. 13. 제2회 서울시

〈보기〉

세금을 국가나 지방 자치 단체에 납부하는 사람을 '납세자'라고 하고, 부과된 세금을 실질적으로 부담하는 사람을 '담세자'라고 한다. 납세자와 담세자의 일치 여부에 따라 조세를 분류하면 ㉠간접세와 ㉡직접세로 나뉜다.

① ㉠은 납세자와 담세자가 일치하는 조세이다.
② ㉡은 주로 소비 지출에 부과되는 조세이다.
③ ㉠이 ㉡보다 조세에 대한 저항이 더 강하다.
④ ㉡이 ㉠보다 소득 재분배 효과가 더 크다.

정답 ④, ④

1 다음 중 우리나라 예산 절차의 순서를 바르게 나열한 것은?

① 예산안 편성 – 예산 집행 – 예산안 심의·의결 – 결산 심사 – 결산 검사
② 예산안 편성 – 예산안 심의·의결 – 예산 집행 – 결산 검사 – 결산 심사
③ 예산안 편성 – 예산안 심의·의결 – 예산 집행 – 결산 심사 – 결산 검사
④ 예산안 편성 – 결산 심사 – 예산 집행 – 예산안 심의·의결 – 결산 검사

예산 절차는 '정부의 예산안 편성–국회의 예산안 심의·의결–정부의 예산 집행 – 감사원의 결산 검사 – 국회의 결산 심사(결과 승인)'의 순으로 이루어진다.

2 정부의 재정활동에 대하여 옳은 것은?

① 세입이 세출보다 작은 상태를 흑자 재정이라 한다.
② 재정의 원칙으로 양출제입(量出制入)원칙이 있다.
③ 우리나라의 예산편성은 국회에서 한다.
④ 정부 지출에 대한 의사 결정은 경제성이 우선적으로 고려된다.

② 재정의 원칙으로 지출을 먼저 결정한 뒤에 수입을 조정하는 양출 제입(量出制入)원칙이 있다.
① 세입이 세출보다 작은 상태를 적자 재정이라 한다.
③ 우리나라의 예산편성은 정부(기획재정부)에서 한다.
④ 정부 지출에 대한 의사 결정은 경제성(효율성)보다 형평성이나 정치적 고려와 같은 다른 기준에 의해 이루어진다.

3 다음 그래프는 세율과 조세 수입과의 관계를 나타낸 것이다. 〈보기〉에서 옳은 설명을 고르면?

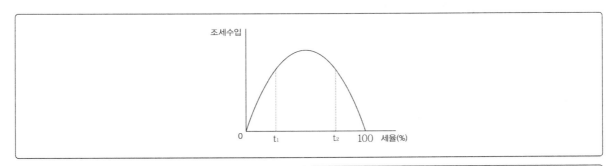

○ 세율이 일정 수준을 넘어서면 조세 수입은 오히려 감소한다.
○ 현재 세율이 t_2일 때 물가 상승을 막으려면 세율을 높여야 한다.
○ 세율이 100%일 때 정부의 조세 수입은 0이다.
○ 현재 세율이 t_1일 때는 세율을 높임으로써 국민경제활동은 확대된다.

① ㉠㉢
② ㉡㉣
③ ㉢㉤
④ ㉣㉤

Point

래퍼 곡선에 대한 문제이다.
㉠ 래퍼 곡선은 세율을 높임에 따라 조세 수입은 늘어나다가 세율이 일정 수준을 넘어서면 조세 수입은 오히려 감소하기 시작한다는 이론이다.
㉢ 세율이 100%이면 소득 전부를 세금으로 납부해야 하므로 아무도 생산하지 않을 것이고 세금을 부과할 대상이 없어진다.
㉡ 물가 상승을 막으려면 조세 수입을 늘려야 하는데, 현재 세율이 t_2일 때는 세율을 낮추어야 오히려 조세 수입을 늘릴 수 있다.
㉣ 현재 세율이 t_1일 때는 세율을 높임으로써 일정 수준까지 조세 수입은 증가한다는 의미이지, 국민경제활동을 확대시킨다는 의미가 아니다. 세율인상은 일반적으로 소비와 투자를 감소시켜 국민 경제 활동을 위축시키게 되어 과세 원천은 줄어들고 결국 일정한도를 넘어서면 조세 수입은 감소한다.

4 다음 그림은 정부의 실효성 있는 가격 규제 정책을 나타낸다. 이에 대한 분석으로 옳지 않은 것은?(단, 수요와 공급 곡선은 현재 시장 상황을 나타낸다.)

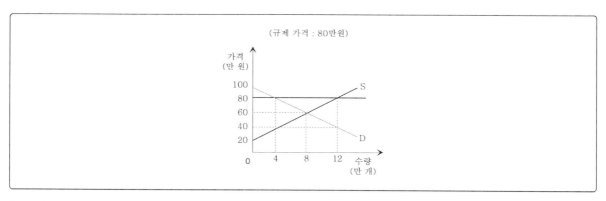

(규제 가격 : 80만원)

① 초과 공급이 발생한다.

② 정부가 최저 가격을 제한하고 있다.

③ 규제 이전에 비해 시장 거래량이 8만 개 감소하였다.

④ 모든 가격 수준에서 수요량이 8만 개씩 증가할 경우 규제의 실효성이 사라진다.

Point

정부가 최저 가격을 제한하고 있다.

③ 규제 이전에 비해 시장 거래량이 8만개에서 4만개가 되었으므로 4만 개 감소하였다.

① 80만원의 가격 규제선에서 8만개 초과 공급이 발생한다.

② 규제 가격이 균형 가격보다 높게 책정되어 있으므로 최저가격제이다.

④ 모든 가격 수준에서 수요량이 8만 개씩 증가할 경우 균형가격이 80만원에 형성되어 규제의 실효성이 사라진다.

5 다음 그림에 나타난 세율 적용 방식 A~C에 대한 옳은 설명을 〈보기〉에서 고른 것은?

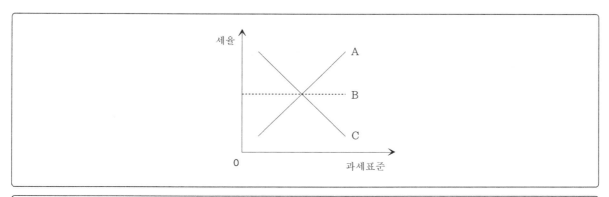

㉠ A는 일반적으로 납세자와 담세자가 일치하는 조세에 적용된다.

㉡ B는 과세 표준이 높아짐에 따라 일정한 비율로 세액이 증가한다.

㉢ C를 적용하더라도 높은 과세 표준에 부과된 세액이 낮은 과세 표준에 부과된 세액보다 많다.

㉣ B, C에 비해 A가 조세의 역진성이 높다.

① ㉠㉡　　　　　　　　　　　　　　② ㉠㉣

③ ㉡㉢　　　　　　　　　　　　　　④ ㉢㉣

Point

A는 누진세, B는 비례세, C는 역진세를 나타낸다.

㉠ 누진세는 일반적으로 납세자와 담세자가 일치하는 직접세에 적용된다.

㉡ 비례세는 세율이 일정하므로 과세 표준이 높아짐에 따라 일정한 비율로 세액이 증가한다.

㉢ 역진세는 높은 과세 표준에 부과된 세율이 낮은 과세 표준에 부과된 세율보다 낮다는 것이다. 세율에 따라 높은 과세 표준에 부과된 세액은 낮은 과세 표준에 부과된 세액보다 많을 수 있고, 적을 수도 있다.

㉣ C가 역진성이 가장 높다.

Answer　4.③　5.①

6 그림은 상품 1단위마다 일정액(ab)의 세금을 부과한다고 가정했을 때 나타나는 시장변화이다. 이에 대한 설명으로 옳지 않은 것은?

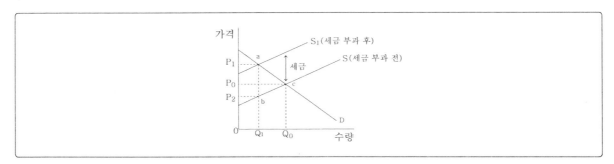

① 균형거래량은 감소한다.

② 사회적 후생은 삼각형 abe의 면적만큼 감소한다.

③ 정부의 조세수입은 $P_1P_2 \times OQ_1$이다.

④ 상품 단위당 세금 부과액만큼 가격이 상승한다.

Point

④ 세금 부과 후 소비자가 지불하는 가격은 P_1이므로, 상품 단위당 P_0P_1만큼 가격이 상승(소비자 세금 부담)한다. 세금 부과액만큼 가격이 상승하는 것이 아니다.

① 세금 부과 이전 균형가격 P_0, 균형거래량 Q_0이고, 세금 부과 이후의 균형가격 P_1, 균형거래량 Q_1이다. 균형가격은 상승(P_0P_1), 균형거래량은 감소(Q_0Q_1)한다.

② 정부의 조세부과로 균형거래량은 줄어들어 사회적 후생은 이전에 비해 삼각형 abe의 면적만큼 감소한다.

③ 정부의 세금부과액(정부의 조세수입)은 사각형 P_1P_2ab의 면적 = $P_1P_2(ab) \times OQ_1$이다.

7 정부에서는 2000년 1월 1일부터 다음 표에 나타난 물품들을 특별소비세의 과세대상에서 제외하기로 결정하였다. 이러한 정책의 시행에 따라 나타날 수 있는 경제적 효과를 알 수 있는 것을 모두 고르면?

구분	과세대상에서 제외되는 물품
식 · 음료품	청량 · 기호음료, 설탕, 커피, 코코아 등
생활용품	화장품, 크리스탈 유리제품, 피아노 등
가전제품	TV, 냉장고, VTR, 세탁기, 음향기기, 전자렌지 등
대중스포츠	스키, 볼링용품, 스키장 및 퍼블릭 골프장 이용료

> ㉠ 지방세의 수입이 증가할 것이다.
> ㉡ 조세부담의 역진성이 완화될 것이다.
> ㉢ 근로자의 일할 의욕이 감소할 것이다.
> ㉣ 특별소비세가 폐지된 상품의 가격이 인하될 것이다.

① ㉠㉡　　　　　　　　　　　　② ㉠㉢

③ ㉡㉢　　　　　　　　　　　　④ ㉡㉣

Point

㉠ 특별소비세는 국세이므로 지방세의 증감과 관련이 없다.

㉡ 특별소비세는 부가가치세의 단일세율에서 오는 세부담의 역진성을 보완하는 것이므로 이를 과세대상에서 제외한다면 역진성이 완화될 것이다.

㉢ 특별소비세를 과세하지 않으면 오히려 지나친 조세부담에서 벗어난 근로자들이 좋아할 것이다.

㉣ 특별소비세의 과세대상에서 제외되는 물품은 그만큼 가격이 인하될 것이다.

8 각국의 조세비율이 다음과 같다고 할 때 다음 중 알맞은 것은?

구분	한국	미국	영국	일본
직접세	44.1	90.9	54.3	72.7
간접세	55.9	9.1	45.7	27.3

① 영국은 미국보다 소득재분배효과가 클 것이다.

② 미국의 저소득층이 가장 불리할 것이다.

③ 일본은 영국보다 조세저항이 적을 것이다.

④ 한국은 타국에 비해 조세징수가 간편할 것이다.

Point

조세

㉠ 직접세
• 담세자와 납세자가 같으므로 조세의 전가성이 없다.
• 누진율이 적용되어 소득재분배효과가 있다.
• 조세저항이 크고 조세징수가 곤란하다.
• 선진국은 직접세의 비중이 높다.
• 종류 : 종합소득세, 법인세, 상속세, 재평가세, 이자소득세 등

㉡ 간접세
• 담세자와 납세자가 달라 조세의 부담을 타인에게 전가시킨다.
• 비례세율의 적용으로 빈부격차가 형성된다.
• 조세저항이 작고 조세징수가 용이하다.
• 후진국은 간접세의 비중이 높다.
• 종류 : 부가가치세, 특별소비세, 주세 등

㉢ 우리나라 세입구조의 특징
• 조세수입의 비중이 높다.
• 간접세의 비중이 높다.
• 조세징수가 간편하다.

9 다음 그래프는 어떤 세금의 특성을 나타낸 것이다. 이를 옳게 설명한 것은?

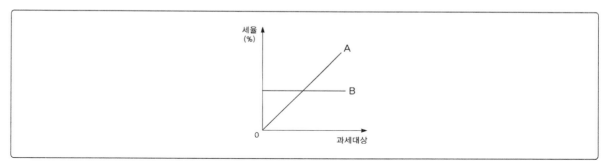

① A는 빈부격차를 완화시켜 소득재분배효과를 가져온다.
② A는 조세의 역진성을 초래할 수 있다.
③ B는 소득세, 특별소비세, 부가가치세 등이 해당된다.
④ B는 소득에 기준을 두고 부과하는 조세이다.

A는 누진세로서 과세대상이 커짐에 따라 세율 자체가 상승하며, 과세대상의 금액이 많을수록 높은 세율을 적용한다. 소득세(직접세) 등이
이에 해당한다. B는 비례세로서 세율이 일정하며 특별소비세, 부가가치세(간접세) 등이 이에 해당한다. 누진세는 소득의 재분배효과가 크
기 때문에 빈부의 격차를 해소하는 등 사회정의의 실현에 도움을 줄 수 있다.

10 경제주체들의 공정한 경쟁여건을 조성하기 위한 정부의 규제로 적절하지 않은 것은?

① 담합행위에 대하여 법으로 금지한다.
② 개인의 조림사업을 지원해 준다.
③ 소비자의 권리를 보호해 준다.
④ 대기업의 부당한 거래조건의 강요를 규제한다.

② 바람직한 경제활동으로 정부가 장려 또는 권장하는 사례이다.

11   다음 중 재정에 관한 내용으로 옳은 것은?

① 우리나라 세출구조의 특징은 정부주도의 경제개발비의 비중이 점차 높아지고 있어 경직성을 띠고 있는 것이다.

② 간접세의 비율이 높아진 관계로 소득분배를 많이 개선시켰다.

③ 직접세 위주의 조세정책은 간접세에 비해 보다 많은 조세저항을 가져온다.

④ 국민경제가 불경기일 때 긴축재정은 물가를 안정시키고 경기를 회복시킨다.

Point

① 경제개발비의 비중이 낮아지고 있는 것은 경제개발을 이끌어 나가는 데 있어서 민간부문의 역할이 증대되고 정부의 역할이 감소하는 추세에 있기 때문이다.

② 직접세의 비율이 높을수록 소득재분배효과가 있다(종합소득세, 법인세, 상속세, 재산세 등).

④ 불경기일 때 정부는 경기회복을 위해서 조세인하, 재정지출 증가 등의 팽창정책을 실시하여 경제안정화를 추구하고 호경기 때에는 반대로 조세인상, 재정지출 감소의 긴축재정을 펼친다.

※ 재정과 예산

  ㉠ 재정: 정부의 활동과 관련된 정부의 경제활동

  • 세입(재정수입): 정부의 수입

  • 세출(재정지출): 정부의 지출

  ㉡ 예산: 일정기간(보통 1년)의 정부의 재정수입·지출에 대한 계획서

12   다음은 두 종류의 세금을 대비시킨 것이다. 정부가 세금제도를 ㉡ 중심에서 ㉠ 중심으로 개편했을 때 예상되는 결과로 적절한 것은?

구분	부과기준	세율 적용	종류
㉠	소득원천	누진세율 적용	소득세, 상속세 등
㉡	소비지출	비례세율 적용	부가가치세, 특별소비세 등

① 물가상승이 우려된다.

② 조세저항이 줄어든다.

③ 소득의 불균형을 완화시킨다.

④ 상류층에게 유리하게 적용한다.

Point

제시된 표에서 ㉠은 직접세, ㉡은 간접세를 각각 나타낸다. 직접세는 세금의 부담자와 납세자가 같은 세금으로 소득에 기준을 두어 부과하며, 소득이 높아질수록 세율이 높아지는 누진세율을 적용한다. 이에 따라 소득의 불균형을 완화시키는 효과가 있다. 그러나 납세자들이 세금을 덜 내기 위해 소득규모를 축소하여 신고하거나 세원(稅源) 노출을 꺼리게 되는 등 조세저항이 강해진다.

13 다음은 A재 가격 하락으로 인해 변화된 B재와 C재 시장의 모습이다. 이에 대한 설명으로 옳은 것만을 보기에서 모두 고른 것은? (단, 모든 재화는 정상재)

구분	B재	C재
가격	상승	하락
수요(량)	증가	감소

㉠ A재와 B재의 관계는 승용차와 휘발유의 관계와 같다.

㉡ A재와 C재의 관계는 '꿩 대신 닭'이라고 표현할 수 있다.

㉢ A재와 C재의 교차탄력성은 음(−)의 값을 갖는다.

※ 교차탄력성 : 한 재화의 수요(량)변화율을 다른 재화의 가격변화율로 나눈 값

① ㉠㉡

② ㉠㉢

③ ㉡㉢

④ ㉠㉡㉢

∴Point

A재의 가격이 상승함에 따라 B재의 수요량이 증가하는 경우, 즉 수요량의 변화가 양(+)의 관계를 지닐 때 대체재 관계에 있다고 하며 A재의 가격이 상승함에 따라 B재의 수요량이 감소하는 경우, 즉 수요량의 변화가 음(−)의 관계를 지닐 때 보완재 관계에 있다고 한다.

㉢ A재와 C재는 대체재 관계이므로 교차탄력성은 양(+)이다.

Answer 11.③ 12.③ 13.①

14 다음과 같은 특성을 갖는 A, B, C, D시장에 대한 설명 중 옳은 것은?

구분	A	B	C	D
진입 장벽	없음	거의 없음	높음	매우 높음
경쟁 정도	← 경쟁이 심해짐			경쟁이 약해짐 →

① A : 기업이 상품가격을 결정하는 시장이다.

② B : 상품 차별화가 이루어지는 시장이다.

③ C : 자원배분의 효율성이 가장 높은 시장이다.

④ D : 소비자 잉여가 가장 큰 시장이다.

 Point

A는 완전경쟁시장, B는 독점적 경쟁시장, C는 과점시장, D는 독점시장이다.
① D시장에 대한 설명이다.
③④ A시장에 대한 설명이다.

15 정부에서 고율의 세금부과로 사치품의 범람을 막으려는 재정정책을 실시할 때 기대되는 효과는?

① 소득재분배

② 경제안정

③ 효율적인 자원배분

④ 물가안정

 Point

재정정책의 기능
㉠ 경제안정화
• 불황기 : 조세인하, 재정지출 증가
• 호황기 : 조세인상, 재정지출 감소
㉡ 경제발전 : 정부의 재정 투자·융자를 통해 경제성장에 기여한다.
㉢ 소득재분배
• 세입면 : 누진세 적용, 특별소비세 부과
• 세출면 : 사회보장비 지급
㉣ 자원배분
• 세입면 : 사치품에 대한 세율인상, 필수품에 대한 세율인하
• 세출면 : 공공주택부문 등에 정부자금 사용

16 다음 그래프에 대한 분석으로 옳은 것은?

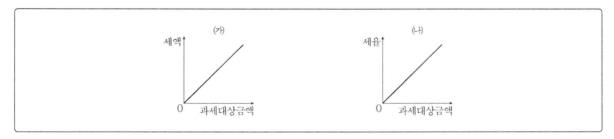

① 재산세 및 소득세는 주로 (가)의 형태를 띤다.
② (나)는 부가가치세 등에서 나타나는 세율 구조이다.
③ (나)의 조세 제도를 실시하면 과세 전에 비해 과세 후의 소득격차가 커진다.
④ 조세 제도가 (가)에서 (나)로 변화하면 소득 재분배 효과가 커진다.

(가)는 비례세, (나)는 누진세이다. 비례세는 과세물건의 대소에 관계없이 일정한 세율로 과세하는 것이고, 누진세는 과세물건의 금액 또는 수량이 많아짐에 따라 점차 높은 세율을 적용하여 과세하는 것이다.
① 재산세 및 소득세는 누진세율을 적용한다.
② 부가가치세 등에서 나타나는 세율 구조는 비례세이다.
③ 누진세는 소득 재분배 효과가 있어 소득 격차를 줄일 수 있다.

17 (개), (나)는 과세 대상에 따른 조세의 분류이다. 이에 대한 설명으로 옳은 것은?

Q 세금에 대해 궁금한 것이 있습니다. 제가 살아가면서 어떤 세금을 내야 하나요?

A 우리는 살면서 알게 모르게 많은 세금을 납부하고 있어요. 일을 하여 돈을 벌었으면 소득세, 번 돈을 가지고 부동산을 사면 취득세와 등록세, 집 등 재산을 가지고 있으면 재산세 등을 납부해야 해요. 이런 종류의 세금을 (개) 라고 합니다. 또한, 물건을 사거나 음식을 먹으면 그 값에 부가가치세, 고급가구 등을 사면 개별 소비세, 증권을 사고팔면 증권 거래세가 포함돼 있어요. 이런 종류의 세금을 (나) 라고 합니다.

〈보기〉

㉠ (개)의 인상은 소비를 증가시키는 결과를 가져온다.

㉡ (나)는 과세 대상 금액과 관계없이 동일한 세율이 적용된다.

㉢ (개)는 (나)에 비해 조세전가가 이루어진다.

㉣ (나)는 (개)에 비해 저소득층에게 불리하게 작용한다.

① ㉠, ㉡　　　　　　　　　　　　　② ㉠, ㉢

③ ㉡, ㉢　　　　　　　　　　　　　④ ㉡, ㉣

 Point

(개)는 직접세이고, (나)는 간접세이다. 직접세의 인상은 가처분소득의 감소를 가져오므로 소비를 감소시키고, 납세자와 담세자가 같으므로 조세의 전가가 이루어지지 않는다.

18 그래프와 같이 갑국에서 조세 제도를 변경했을 때 나타나는 현상으로 적절한 것은?

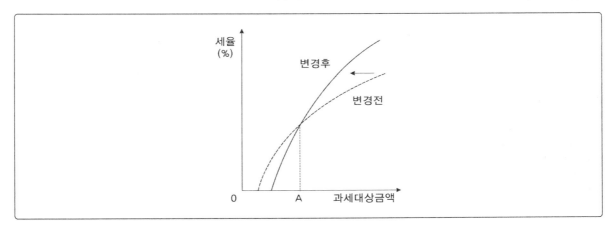

① 조세의 역진성이 나타난다.
② 변경 후에 과세대상금액에 관련한 가처분 소득의 차이가 벌어진다.
③ 과세 대상 금액이 클수록 세액이 누진적으로 증가한다.
④ 과세 대상 금액이 A보다 큰 납세자의 조세 저항이 약해진다.

Point

세율이 변경후에 과세대상 금액이 낮은 경우에는 감소하고 높아진 경우에 증가한 것을 알 수 있다. 따라서 조세의 역진성은 약해지고, 부자에게 세금을 많이걷고 빈자에게 세금을 적게 걷으므로 가처분소득의 차이가 작아지며, 소득이 높은사람의 조세저항이 커지게 된다.

03 시장과 경제활동

기출문제

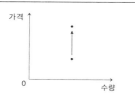

문 그래프는 양배추 시장의 균형점 변동을 나타낸 것이다. 이러한 변동을 초래할 수 있는 조합을 〈보기〉에서 고르면? (단, 양배추는 모든 사람에게 열등재이고, 수요·공급 법칙을 따르며, 양배추 시장은 완전경쟁시장이다.)

▶ 2017. 6. 24. 제2회 서울시

〈보기〉
㉠ 이상 고온 현상으로 양배추 수확이 급감하였다.
㉡ 사람들의 실질 소득이 증가하였다.
㉢ 채식 붐이 일어나 양배추를 끓는 물에 데쳐 쌈으로 먹는 사람이 늘었다.
㉣ 양배추가 갑상선 질환을 유발한다는 뉴스가 대대적으로 보도되었다.

① ㉠, ㉢   ② ㉠, ㉣
③ ㉡, ㉢   ④ ㉡, ㉣

┃정답 ①

section ① 시장의 수요와 공급 · 가격 탄력성

(1) 시장의 형태

① 시장형태 ··· 시장구조에 따라 완전경쟁시장과 불완전 경쟁시장으로 나눔

Point 팁 ㉠ 거래되는 상품의 종류에 따라 : 생산물 시장(예 농산물 시장, 자동차 시장 등), 생산요소 시장(예 노동 시장, 자본 시장 등)
㉡ 시장의 구조에 따라 : 완전 경쟁 시장과 불완전 경쟁 시장

㉠ 완전경쟁시장 : 다수의 거래자들이 참여하고 동질의 상품이 거래되며, 거래자들이 상품의 가격, 품질 등에 대한 완전한 정보를 지니고, 거래자들이 시장에 자유로이 들어가거나 나갈 수 있는 시장을 말한다(주식시장, 쌀시장).

㉡ 불완전 경쟁시장
• 독점시장 : 한 기업이 한 상품을 도맡아 시장에 공급하는 경우에 발생, 가격의 차별화가 가능하다(전력, 상·하수도, 담배).
• 독점적 경쟁시장 : 많은 기업들이 각기 질적인 측면에서 조금씩 다른 상품을 공급하는 시장형태로 상품의 차별화가 이루어진다(주유소, 약국).
• 과점시장 : 소수의 기업들이 공급에 참여하여 경쟁하는 시장형태로 과점기업들은 서로 담합하기도 하고, 독자적인 행동을 취하기도 한다(가전제품, 자동차).

② 시장형태의 결정요인 ··· 상품의 공급자와 수요자의 수, 상품의 동질성 정도, 신규 공급자의 시장진입 정도, 기존 기업들의 행동양태 등이 있다.

(2) 시장형태의 특징

① 완전경쟁시장
㉠ 완전경쟁시장의 특징
• 수요자와 공급자의 수가 많아야 한다.
• 완전경쟁시장에서 거래되는 같은 상품은 품질과 판매 조건 등이 모두 같아야 한다.(동질)
• 새로운 기업이 시장으로 들어오는 것과 비능률적인 기업이 시장에서 견디지 못하여 나가는 것 모두가 자유로워야 한다.
• 상품의 가격, 품질 등 시장정보에 대하여 수요자와 공급자가 모두 잘 알고 있어야 한다.(완전정보소유)
㉡ 완전경쟁시장의 의의 : 이상적인 시장형태이며, 합리적인 경제활동을 영위하는 길잡이가 된다.

② **독점시장** … 한 상품의 공급이 하나의 기업에 의해서만 이루어지는 시장형태로, 정부가 투자한 공기업, 경쟁 기업의 파산, 특허권과 판권에 의한 독점, 공익을 위한 정부의 독점 등에 의해 생성된다(전력·상수도·담배·철도사업 등).

③ **독점기업의 가격결정**

　㉠ **독점기업의 특징** : 독점기업은 한 상품의 유일한 공급자이므로 가격과 공급량을 마음대로 정할 수 있으므로 공급곡선은 기업의 의도대로 정할 수 있으며 소비자들은 가격에 반응하므로 독점기업의 수요곡선은 우하향 형태를 띤다.

　㉡ **독점기업의 가격결정** : 최대 이윤을 보장하는 수준에서 생산량과 가격을 결정한다.

　　• 생산비가 드는 경우 : 한계수입과 한계비용이 일치하는 수준에서 최적 산출량이 결정, 수요곡선과 만나는 점에서 독점가격이 결정된다.

　　• 생산비가 들지 않는 경우 : 한계수입 = 한계비용 = 0이기 때문에 한계수입이 0일 때의 생산량이 최적 산출량이 된다.

④ **독점적 경쟁시장** … 상품의 특수성에 따른 차별화, 가격 변동에 민감한 반응, 단기적인 시장 지배력의 행사 등의 특징이 있다.

⑤ **과점시장** … 소수의 기업만이 서로 경쟁하면서 한 상품을 생산, 공급하는 시장형태로, 제조업의 주요 업종들이 과점시장의 형태를 이루고 있다. 과점기업 간의 행동 예측 곤란, 높은 가격과 적은 공급량, 과점기업 간의 담합 등 복잡성과 다양성이 나타난다.

⑥ **시장의 종류 요약**

구분	완전경쟁시장	독점적 경쟁 시장	독점시장	과점시장
공급자의 수	다수	다수	하나	소수
상품의 질	동질	이질	동질	동질, 이질
시장 참여	자유	자유	제한	제한
시장의 예	주식 시장	주유소, 미용실	전력, 철도	가전제품, 자동차

(3) 수요

① **수요계획** … 수요자의 구매계획을 의미한다.

② **수요법칙**

　㉠ **수요법칙** : 상품 가격과 수요량 사이에 역의 관계(상품의 가격이 오르면 수요량을 줄이고, 가격이 내리면 수요량을 늘리는 것)가 성립하는 현상을 말한다.

　㉡ **수요곡선** : 동일한 가격수준에서 소비자의 수요량을 모아 합계한 것이다.

기출문제

📖 〈보기〉에서 ㈎와 ㈏는 X재 수요의 변동이다. ㈎와 ㈏의 변화 요인을 가장 옳게 연결한 것은?

▶ 2018. 6. 23. 제2회 서울시

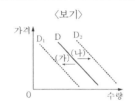

〈보기〉

	㈎	㈏
①	소득 감소	대체재 가격 상승
②	기호 감소	대체재 가격 하락
③	인구 감소	보완재 가격 상승
④	가격 하락	보완재 가격 하락

📖 다음 표는 A~D재의 가격이 현재 수준에서 1% 인상될 경우 수요량의 변화율을 나타낸다. 이에 대한 분석으로 옳은 것은?

▶ 2015. 6. 13. 서울시

재화	A재	B재	C재	D재
수요량 변화율(%)	−0.5	0	−1	1

① A재의 수요는 가격에 대해 탄력적이다.
② B재의 판매량이 변하지 않는다.
③ C재의 수요는 가격에 대해 완전 탄력적이다.
④ D재는 판매수입이 변하지 않는다.

┃정답 ①, ②

ㄷ 수요법칙의 예외

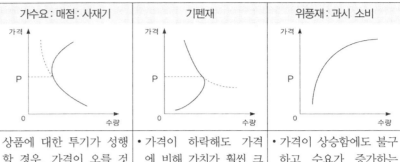

가수요 : 매점 : 사재기	기펜재	위풍재 : 과시 소비
상품에 대한 투기가 성행할 경우, 가격이 오를 것을 예상하고 가격이 높아지더라도 수요량을 늘리는 것	• 가격이 하락해도 가격에 비해 가치가 훨씬 크게 하락하여 수요가 감소하는 재화(삐삐, 연탄, 고무신) • 열등재 중 소득 효과로 인한 소비량 감소가 대체 효과로 인한 소비량 증가분보다 더 큰 재화	• 가격이 상승함에도 불구하고 수요가 증가하는 재화(다이아몬드, 밍크코트, 명품백) • 베블렌이 상위층의 명품소비 현상을 사회적으로 분석

③ 수요의 변동과 수요량의 변동

ㄱ 수요의 변동 : 가격 이외의 요인(기호 변화, 소득 증감, 인구 증감, 대체재와 보완재 가격의 등락 등)이 변동함으로써 일어나는 변동을 뜻하며, 수요곡선의 이동으로 나타난다.

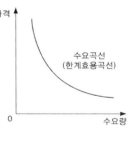

ㄴ 수요의 증가요인 : 소비자의 기호상승, 소득증가, 인구증가, 대체재 가격상승, 보완재 가격하락, 재화의 용도확대 등

ㄷ 수요량의 변동 : 상품의 가격변동에 대응하는 수요량을 나타내는 수요곡선상의 이동을 뜻한다.

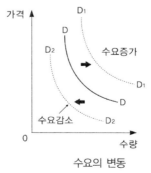

수요의 변동

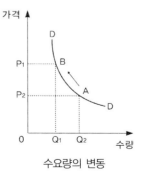

수요량의 변동

④ 수요의 가격탄력성 … 상품의 가격이 변동될 때 수요량의 변동되는 민감도를 나타낸다.

㉠ 탄력성의 공식

$$e = \frac{수요량의\ 변동율(\%)}{가격의\ 변동율(\%)} = \frac{\dfrac{수요량의\ 변동율}{원래의\ 수요량}}{\dfrac{가격의\ 변동분}{원래의\ 가격}} = \left| \frac{\dfrac{\Delta Q}{Q}}{\dfrac{\Delta P}{P}} \right| = \left| \frac{\Delta Q}{\Delta P} \cdot \frac{P}{Q} \right|$$

㉡ 탄력성의 결정요인
- 대체재의 수 : 대체재의 수가 많을수록 그 재화는 일반적으로 탄력적
- 소비에서 차지하는 비중 : 소비자의 지출에서 차지하는 비중이 클수록 탄력성은 커짐
- 재화의 성격 : 생활필수품은 비탄력적이고, 사치품은 탄력적인 것이 일반적임
- 재화의 용도 : 재화의 용도가 다양할수록 탄력적임
- 기간의 장단 : 수요의 탄력성을 측정하는 기간이 길어질수록 탄력적임

㉢ 탄력성의 크기
- $eD = \infty$ (⑤) : 완전탄력적, 수요곡선은 수평
- $eD > 1$ (④) : 탄력적, 가격변동률 < 수요량의 변동률(사치품)
- $eD = 1$ (③) : 단위탄력적, 수요곡선은 직각쌍곡선
- $eD < 1$ (②) : 비탄력적, 가격변동률 > 수요량의 변동률(생활필수품)
- $eD = 0$ (①) : 완전비탄력적, 수요곡선은 수직

㉣ 수입과의 관계 : 탄력성이 1보다 큰 탄력적 상품의 경우 가격이 하락하면, 총수요가 늘어 판매수입이 증가하나, 탄력성이 1보다 작은 비탄력적 상품의 경우 가격이 하락해도 수요가 많이 늘지 않아 판매수입은 감소한다.

㉤ 가격차별
- 의미 : 동일한 상품에 대하여 서로 다른 시장에서 다른 가격을 책정하여 판매 수입을 극대화
- 조건 : 가격지배력이 있어야 함, 두시장으로 분할이 가능해야함, 두시장 간의 상품의 재판매가 불가능해야함, 두시장 간의 수요의 가격탄력성이 달라야 함
- 가격설정 : 수요의 가격탄력성이 탄력적인 쪽은 가격은 내리고, 비탄력적인 쪽은 올리면 됨
- 사례 : 조조할인, 택시 심야할증, 야간개장할인, 휴향지의 성수기와 비수기 요금 차이 등

문 그림은 가격이 2% 상승했을 때 각 재화의 수요량 변화율을 나타낸 것이다. 이에 대한 분석으로 옳은 것은?

▶ 2020. 7. 11. 인사혁신처

① 감자와 호박의 판매수입은 각각 증가하였다.
② 당근의 수요는 가격에 대해 완전 탄력적이다.
③ 상추 판매수입은 감소하고, 당근 판매량은 감소하였다.
④ 상추의 수요는 가격에 대해 탄력적이다.

문 수요의 가격 탄력도를 결정하는 요인에 대한 설명으로 옳지 않은 것은? (단, 주어진 내용 이외의 조건은 고려하지 않는다)

▶ 2021. 6. 5. 제1회 지방직

① 사치품에 비해 생활 필수품에 대한 수요의 가격 탄력도가 더 크다.
② 대체재가 없는 상품보다 대체재가 있는 상품에 대한 수요의 가격 탄력도가 더 크다.
③ 상품의 가격이 가계 소득에서 차지하는 비중이 클수록 수요의 가격 탄력도가 커지는 경향이 있다.
④ 상품의 가격 변동에 대해 소비자가 적응할 수 있는 시간이 길수록 수요의 가격 탄력도가 커지는 경향이 있다.

정답 ①, ①

문 컴퓨터에 대한 수요의 가격탄력성이 1.0이고, 수요의 소득탄력성은 1.50이다. 소득수준이 10 % 하락할 경우, 이전과 동일한 컴퓨터 소비수준을 유지시키기 위해서는 컴퓨터의 가격을 얼마나 인하하여야 하는가? (단, 컴퓨터는 정상재이며, 다른 조건은 일정하다고 가정한다)

▶ 2015. 6. 27. 제1회 지방직

① 15 %   ② 20 %
③ 25 %   ④ 30 %

문 다음 글에 나타난 변화를 통해 예측할 수 있는 상황으로 가장 적절한 것은? (단, X재와 Y재 시장은 수요와 공급의 법칙을 따른다.)

▶ 2014. 3. 15. 경찰공무원

X재와 Y재는 서로 대체재이다. 최근 X재 생산에 필요한 원자재 가격이 상승하여 X재를 생산하는 기업들의 고민이 깊어지고 있다.

① X재의 가격이 하락할 것이다.
② X재의 거래량이 증가할 것이다.
③ Y재의 가격이 하락할 것이다.
④ Y재의 판매 수입이 증가할 것이다.

문 자동차–휘발유, 석탄–석유의 관계를 나타내는 용어로 옳게 짝지어진 것은?

▶ 2012. 서울시

① 독립재, 열등재
② 보완재, 대체재
③ 독립재, 보완재
④ 기펜재, 열등재
⑤ 대체재, 보완재

정답 ①, ④, ②

(4) 수요의 소득탄력성과 교차탄력성

① 의미 … 소득 변화가 재화의 수요에 얼마나 영향을 알아보는 지표

② 공식 … $\dfrac{\text{수요량의 변동률}(\%)}{\text{소득의 변동률}(\%)}$

③ 소득탄력성의 판단

소득탄력성	재화의 구분	소득 증가시 수요변화
소득탄력성 > 1	정상재 중 사치재	수요 증가율 > 소득증가율
0 < 소득탄력성 <1	정상재 중 필수재	수요 증가율 < 소득증가율
e < 0	열등재	소득 증가시 수요 감소

④ 수요의 교차 탄력성

㉠ 의미 : A라는 재화의 가격 변화에 대해 B재화의 수요량이 어떻게 변화하는 것

㉡ 공식 : $\dfrac{A\text{재 수요량의 변동률}(\%)}{B\text{재 가격의 변동률}(\%)}$

㉢ 재화의 구분

• 대체재 : A재화의 가격이 상승함에 따라 B재의 수요량이 증가하므로 A재와 B재의 관계는 대체재 관계 → 커피와 홍차, 돼지고기와 닭고기 등

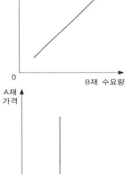

• 보완재 : A재화의 가격이 상승함에 따라 B재의 수요량이 감소하므로 A재와 B재의 관계는 보완재 관계 → 커피와 설탕, 돼지고기와 상추 등

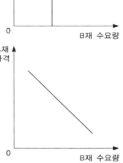

• 독립재 : A재의 가격 변동과 B재의 수요량은 관계가 없으므로 A재와 B재의 관계는 독립재 관계

(5) 공급

① 공급계획 … 공급자의 판매계획을 의미한다.

② 공급법칙

ㄱ 공급법칙: 한 상품의 가격이 오르면 그 상품의 공급량이 증가하고, 가격이 떨어지면 공급량이 감소하는 현상(정의 관계)을 말한다.

ㄴ 공급곡선: 동일한 가격수준에서 개별공급곡선을 합하여 나타낸다(개별공급곡선의 수평적 합계).

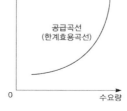

ㄷ 공급법칙의 예외

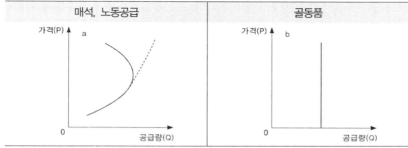

매석, 노동공급	골동품

③ 공급의 변동과 공급량의 변동

ㄱ 공급의 변동: 가격 외의 다른 요인(생산요소가격, 소비자 취향, 생산기술의 변화 등)이 변동함으로써 일어나는 공급량의 변동으로 공급곡선 자체의 이동을 표시된다.

• 공급의 증가요인: 생산요소가격 하락, 생산기술의 진보, 정부의 보조금 지급, 다른 재화의 가격하락 등

ㄴ 공급량의 변동: 다른 조건이 일정할 때에 상품 자체의 가격이 변하면 공급량이 변하는데 이러한 변동은 공급곡선상의 움직임으로 표시된다.

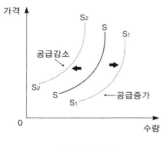

공급의 변동

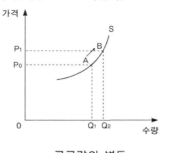

공급량의 변동

문 다음 그림은 한국의 외환시장에서 미국 달러의 공급곡선을 나타낸 것이다. 외환시장의 균형점을 E에서 A로 이동시키는 요인으로 옳은 것은? (단, 외환시장은 수요와 공급의 법칙을 따른다)

▶ 2017. 6. 17. 제1회 지방직

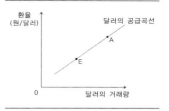

① 한국의 이자율 상승
② 미국 상품에 대한 한국의 수입 증가
③ 미국의 경기 침체로 미국 소비자의 소비 심리 위축
④ 한국 상품에 대한 미국 소비자의 선호도 증가

문 닭고기의 수요곡선과 공급곡선이 다음과 같을 때, 이에 대한 설명으로 옳은 것은? (단, Q_D는 수요량, Q_S는 공급량, P는 가격을 의미한다)

▶ 2015. 4. 18. 인사혁신처

• 수요곡선: $Q_D = 7 - 2P$
• 공급곡선: $Q_S = 1 + P$

① 시장균형일 때 가격은 2이다.
② 시장균형일 때 사회적 잉여의 크기는 6이다.
③ 시장균형일 때 거래량은 1이다.
④ 시장균형일 때 생산자 잉여의 크기는 3이다.

정답 ②, ①

PART 2 경제

기출문제

🔖 다음은 X재의 수요곡선과 공급 곡선을 함수로 나타낸 것이다. 이에 대한 설명으로 옳은 것은? (단, P 는 가격, Q_D는 수요량, Q_S는 공급량을 나타낸다)

▶ 2021. 4. 17. 인사혁신처

수요함수 : $Q_D = 100 - 3P$
공급함수 : $Q_S = -20 + P$

① 시장 가격이 25일 경우, 초과 공급량은 20이다.
② 가격 상승에 따라 수요량이 증가하는 수요 함수이다.
③ X재의 시장 균형 가격은 30, 시장 균형 거래량은 10이다.
④ 최고 가격을 32 이상으로 설정해야 가격 상한제 정책의 목적을 달성할 수 있다.

🔖 다음 자료에 대한 분석으로 옳은 것은?

▶ 2015. 6. 13. 서울시

• A재와 B재는 대체 관계에 있는 재화이며, A재와 C재는 보완 관계에 있는 재화이다.
• 최근 A재의 부품 가격이 급격히 하락하였다.
• A재의 수요의 가격탄력성은 1보다 작고, B재와 C재의 수요의 가격탄력성은 1보다 크다.

① B재의 거래량은 증가한다.
② C재의 가격은 하락한다.
③ A재와 B재의 가격은 모두 상승한다.
④ A재의 판매수입은 감소한다.

▌정답 ③, ④

④ 공급의 가격탄력성

　㉠ 의미 : 상품의 가격 변동에 대한 공급량의 변동 정도

　㉡ 공식 : $e_s = \dfrac{\text{공급량의변화율(\%)}}{\text{가격의변화율(\%)}} = \dfrac{\dfrac{\text{공급량의변화분}}{\text{원래의공급량}}}{\dfrac{\text{가격의변화분}}{\text{원래의가격}}} = \dfrac{\dfrac{\Delta Q}{Q}}{\dfrac{\Delta P}{P}} = \dfrac{\Delta Q}{\Delta P} \cdot \dfrac{P}{Q}$

　㉢ 결정요인
　　• 생산량 변화에 따른 비용의 변화 정도 : 생산량이 증가할 때 생산비가 급격히 상승하는 상품은 비탄력적인 반면 생산비가 완만하게 상승하는 상품은 탄력적이 됨
　　• 기술 수준 : 생산비는 기술 수준에 의해 많은 영향을 받으므로 기술 수준의 향상이 빠른 상품은 보다 탄력적이 됨
　　• 재화의 저장 가능성 및 저장 비용 : 저장 비용이 많이 소모되거나 저장 가능성이 낮은 상품은 가격 변화에 신축적으로 대응하기 어려우므로 비탄력적임
　　• 기간의 장단 : 측정 기간이 길면 길수록 생산설비규모의 조정이 용이하므로 공급의 탄력성이 커짐

　㉣ 종류
　　• $e_S = \infty$ (⑤) : 완전탄력적, 공급곡선은 수평
　　• $e_S > 1$ (④) : 탄력적, 가격변동률 < 공급량의 변동률(공산품)
　　• $e_S = 1$ (③) : 단위탄력적,
　　• $e_S < 1$ (②) : 비탄력적, 가격변동률 > 공급량의 변동률(농산물)
　　• $e_S = 0$ (①) : 완전비탄력적, 공급곡선은 수직

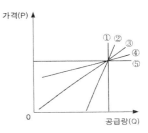

section 2 시장 균형 가격의 결정과 변동

(1) 가격의 기능

① 시장 … 수요자와 공급자가 만나 거래가 이루어지는 장소 또는 범위를 말한다.

② 가격의 기능

　㉠ 가격 : 시장에서 상품 한 단위와 교환되는 화폐단위

ⓒ 가격의 역할
- 효율적 자원 배분 기능 : 수요과 공급의 불일치 상태를 일치 상태로 만들어 주는 매개변수 기능
- 신호등 기능
- 가격 상승 : 공급자는 생산↑ 소비자는 소비↓,
- 가격 하락 : 공급자는 생산↓ 소비자는 소비↑
- 합리적 배분 기능 : 희소한 자원이 필요한 곳에 필요한 양만큼 생산, 분배, 소비 되도록 하는 기능
- 경제문제의 해결 기능 : 무엇을 얼마나 어떠한 방법으로 누구를 위하여 생산 할 것인가의 경제 문제를 해결하는 기능

③ 시장가격의 결정
ⓐ 초과공급과 가격 : 수요부족현상이 발생하여 가격이 하락한다.
ⓑ 초과수요와 가격 : 공급부족현상이 발생하여 가격이 상승한다.
ⓒ 균형가격의 결정 : 시장 공급량과 시장 수요량이 같은 상태에서 균형가격이 결정된다.

(2) 시장 균형 가격의 변동

① 시장의 균형 가격의 변동

구분		공급		
		불변	증가	감소
수요	불변	균형 가격 불변 균형 거래량 불변	균형 가격 하락 균형 거래량 증가	균형 가격 상승 균형 거래량 감소
	증가	균형 가격 상승 균형 거래량 증가	균형 가격 불분명 균형 거래량 증가	균형 가격 상승 균형 거래량 불분명
	감소	균형 가격 하락 균형 거래량 감소	균형 가격 하락 균형 거래량 불분명	균형 가격 불분명 균형 거래량 감소

② 생산 요소 시장에서의 수요와 공급 ⋯ 생산 요소 시장에서의 가격은 생산 요소에 대한 수요와 공급에 의해 결정되며, 노동 시장의 가격은 임금, 자본 시장의 가격은 이자율, 토지 시장의 가격은 지대라고 한다.

상품시장		가격
생산요소시장	노동	임금
	자본	이자
	부동산(토지)	지대, 임대료
외환시장	외환	환율

기출문제

문 X재의 수요와 공급이 균형을 이루고 있다. 다음에서 X재의 균형가격을 높이는 동시에 균형거래량을 줄이는 요인으로 옳은 것은? (단, 이 상품은 정상재이며, 수요와 공급의 법칙에 따른다)
▶ 2018. 4. 7. 인사혁신처
① X재와 대체관계에 있는 상품의 가격 하락
② 소비자들의 소득수준 향상
③ X재 생산에 사용되는 원자재 가격의 상승
④ 해외로부터 X재 수입의 증가

문 다음 글은 가격하한제에 대한 설명이다. 수요의 법칙과 공급의 법칙이 지켜진다고 할 때, ㉠~㉢에 들어갈 말로 옳게 짝지어진 것은?
▶ 2015. 3. 14. 사회복지직

가격하한제는 시장에서 형성되는 균형가격 수준이 너무 (㉠)고 판단하여 (㉡)를 보호할 목적으로 실시하는 제도이다. 이 제도가 실시될 때 하한가격이 유효(binding)하다면 시장에서 (㉢)이/가 발생한다.

	㉠	㉡	㉢
①	낮다	공급자	초과공급
②	높다	공급자	초과수요
③	낮다	소비자	초과수요
④	높다	소비자	초과공급

┃정답 ③, ①

기출문제

문 그림은 X재 시장의 균형점 E의 이동 방향을 나타낸 것이다. 이에 대한 설명으로 옳은 것은?

▶ 2020. 7. 11. 인사혁신처

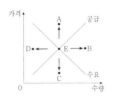

① X재의 생산 기술이 발전하고 X재에 대한 수요자의 선호가 감소하면, E는 A로 이동할 수 있다.
② X재의 생산 기술이 발전하고 X재 수요자의 소득이 증가하면, E는 B로 이동할 수 있다.
③ X재의 원자재 가격이 하락하고 X재의 대체재 가격이 상승하면, E는 C로 이동할 수 있다.
④ X재의 원자재 가격이 상승하고 X재의 보완재 가격이 하락하면, E는 D로 이동할 수 있다.

문 〈보기〉는 노동시장의 수요·공급 곡선을 나타낸 것이다. 정부가 임금의 하한선을 P_1으로 설정하여 규제할 경우 노동 시장을 분석한 것으로 가장 옳은 것은?

▶ 2023. 6. 10. 제1회 서울시

〈보기〉

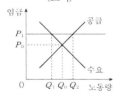

① 실업의 규모는 $Q_0 - Q_1$이다.
② 규제 후 소비자 잉여는 감소한다.
③ 규제 전과 규제 후의 총잉여 크기는 같다.
④ 규제 후 고용량은 Q_0과 Q_2사이에서 결정된다.

③ 생산 요소 시장에서 가격 변동 … 수출 경기가 좋아져 기업의 신규 고용이 증가하면 기업의 노동에 대한 수요가 증가한다. 그러나 노동 공급 곡선은 경기의 영향을 받지 않으므로 변화하지 않는다. 노동의 수요곡선이 오른쪽으로 이동하면 균형 가격과 균형 거래량이 증가하고, 노동자들의 임금과 고용량도 동반 상승한다.

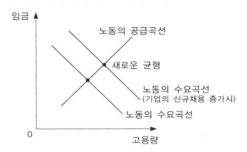

section 3 잉여와 조세의 귀착

(1) 잉여

① 소비자잉여(consumer surplus)
　㉠ 의미 : 소비자가 교환으로 얻는 이익
　㉡ 소비자잉여 = 지불할 용의가 있는 금액 − 실제 지불한 금액
　㉢ 소비자 잉여는 교환을 통해 소비자가 얻는 이득의 크기를 화폐액으로 환산한 것임

② 생산자잉여(producer surplus)
　㉠ 의미 : 생산자가 교환으로 얻는 이익
　㉡ 생산자잉여 = 실제로 받은 금액 − 최소한 받아야 할 금액
　㉢ 생산자 잉여는 교환을 통해 생산자가 얻게 되는 이득의 크기를 화폐액으로 측정한 것임

③ 종합 … 교환으로 얻을 수 있는 총잉여 = 생산자 잉여 + 소비자 잉여

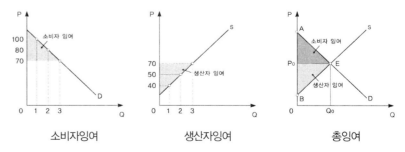

소비자잉여　　　생산자잉여　　　총잉여

▌정답 ②, ②

(2) 조세의 귀착

① 유형과 부과효과(종량세, 공급자에게 t원을 부과할 때)

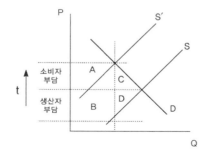

ㄱ 소비자 잉여 : −(A + C)

ㄴ 생산자 잉여 : −(B + D)

ㄷ 조세 수입 : A + B

ㄹ 사회 후생 : −(C + D)

② 수요의 가격 탄력성과 조세의 부담 ··· 수요가 탄력적일수록(공급이 비탄력적일수록) 소비세의 소비자 부담은 작아지고 생산자 부담은 커지며, 반대로 공급이 탄력적일수록(수요가 비탄력적일수록) 소비세의 생산자 부담은 작아지고 소비자 부담은 커진다.

section 4 시장의 한계와 보완

(1) 시장의 실패

① 의미 ··· 경제의 기본문제가 가격의 기능에 의해 해결되지 않는 것, 시장이 최선의 자원배분 기능을 못하는 것 → 자원의 비효율적 배분

② 독과점

  ㄱ 의미 : 시장이 독과점 기업에 의해 지배되는 경우처럼, 경쟁적인 시장이 확립되어 있지 않는 경우

  ㄴ 독과점의 폐해

    • 자원 배분의 비효율성 : 공급량을 제한하여 상품 가격을 상승 시키고, 결국 소비자만 피해를 겪음

    • 불공정한 경쟁 : 경쟁자가 시장에 진입하는 것을 방해

    • 품질 저하 : 경쟁자가 없으므로 기술 개발 및 품질 개선 노력이 저조

문 〈보기〉는 외부효과의 유형 A, B를 구분하여 나타낸 것이다. 이에 대한 설명으로 가장 옳은 것은?

▶ 2022. 6. 18. 제2회 서울시

〈보기〉

유형	A	B
문제점	사회적 최적 수준보다 과소 생산·소비	사회적 최적 수준보다 과다 생산·소비

① A는 '부정적 외부효과'이다.
② B의 사례로 독감 백신 접종이 있다.
③ 소비 측면에서 B의 경우 사회적 편익이 사적 편익보다 작다.
④ 생산 측면에서 A의 경우 생산에 대한 세금 부과로 외부효과를 개선할 수 있다.

ⓒ 과점 해결 방법
• 독과점 규제에 대한 헌법 제 119조
• 독점 규제 및 공정 거래에 관한 법률 제정
• 공정 거래 위원회 운영
• 가격 통제 : 최고 가격제 실시
• 소비자 운동 : 독과점 폐해 고발 및 정부 정책에 영향력 발휘, 불매 운동

③ 외부효과

구분	외부경제(긍정적 외부 효과)	외부 불경제(부정적 외부효과)
의미	어떤 경제 활동이 제3자에게 이익을 주는데도 시장을 통해 대가를 받지 못한 경우	어떤 경제 활동이 제3자에게 손해를 주는데도 시장을 통해 대가를 지불하지 않는 경우
시장 실패	과소 생산 또는 소비	과잉 생산 또는 소비
생산 측면	사적 비용 > 사회적 비용 사적편익 < 사회적 편익	사적 비용 < 사회적 비용 사적 편익 > 사회적 편익
기출 사례	과수원, 임업, 아름다운 정원, 신 기술	환경 오염, 흡연, 자동차 매연
해결 방안	외부 경제 장려 **예** 보조금, 감세	외부 불경제 규제 **예** 법적 처벌(직접), 조세부과(간접)
그래프		

④ 공공재의 공급
ⓐ 공공재 : 국방, 외교, 치안, 공원, 도로 등과 같이 여러 사람의 공동소비를 위해 생산된 재화와 서비스

┃정답 ③

ⓛ 공공재의 특성
- 소비에서의 비경합성 : 한 사람의 소비가 다른 사람이 소비할 수 있는 기회를 줄이지 않음
- 소비에서의 비배제성 : 대가를 치르지 않은 사람도 소비에서 배제할 수 없음
- 자본 회수 기간이 길고, 많은 자본이 필요함

ⓒ 공공재와 시장실패
- 공공재 부족 문제 : 사회적으로 반드시 생산되어야 하지만 수지가 맞지 않아 시장에서 기업이 생산을 회피함 → 자원 배분의 비효율성
- 무임 승차자 문제 : 자발적으로 가격을 지불하지 않고 편익만을 취하고자 하는 심리, 공공재의 특성으로부터 불가피함

ⓔ 해결책
- 정부에 의한 직접 생산 : 공공 서비스(국방, 치안, 보건, 교육 등), 사회 간접 자본(철도, 도로, 항만, 댐 등)
- 공기업 : 정부가 공공재 생산 및 유지·관리를 위해 직접 경영 하거나, 출자하여 기업 경영에 영향력을 행사하는 기업

(2) 정부의 경제적 역할

① **경쟁체제의 유지와 보호** … 정부는 공정한 경쟁 유지, 개인의 재산권 보호, 자유로운 경제활동 보장, 화폐의 공급 및 통화량을 조절하는 기능을 담당한다.

② **경제활동의 규제** … 정부는 독과점 기업의 담합, 불공정한 거래 활동, 공해 유발 행위의 규제 등 바람직하지 않은 경제활동에 적절한 규제를 행한다.

③ **사회간접자본의 건설** … 철도, 도로, 항만, 댐 등과 같은 사회간접자본의 건설과 시설 유지 및 관리는 정부나 공기업이 수행하는 중요한 경제적 기능이다.

④ **정부에 의한 생산**
ⓐ 재화나 용역의 생산을 민간기업이 담당할 경우 나타날 수 있는 폐단을 막기 위하여 정부나 공기업이 사업자가 되어 직접 생산, 공급한다.
ⓑ 작은 기업들이 나누어 생산하는 것보다는 하나의 대기업이 도맡아 하는 것이 비용이 적게 든다.
ⓒ 민간기업이 규모의 경제가 존재하는 사업을 맡으면 이윤극대화를 위해 생산량을 제한하고 가격을 지나치게 올릴 수 있으므로, 이를 방지하기 위해 정부나 공기업이 직접 생산, 공급한다.

Point 팁 규모의 경제(Economics to scale) … 생산요소의 투입량 증가 시 생산량은 그 이상으로 크게 증가하는 경우를 말한다. 규모의 경제는 단위당 생산비(평균비용)는 체감하게 되며, 독점이 발생한다. 이 경우의 독점을 자연독점(Natural monopoly)이라고 한다.

問 공공재의 특성에 대한 설명으로 옳은 것만을 〈보기〉에서 모두 고르면?
▶ 2023. 8. 26. 국회사무처

〈보기〉
ⓐ 누구든 재화와 서비스에 대한 대가를 지불하지 않고도 소비할 수 있다.
ⓑ 수요가 많기 때문에 누구나 생산에 참여하고자 한다.
ⓒ 대가를 지불하는 수준에 따라 차별화된 서비스가 제공된다.
ⓓ 한 개인의 소비가 다른 개인의 소비를 제약하거나 감소시키지 않는다.

① ⓐ, ⓑ
② ⓐ, ⓒ
③ ⓐ, ⓓ
④ ⓑ, ⓒ
⑤ ⓑ, ⓓ

問 표는 재화 A ~ D를 소비와 관련된 특징에 따라 구분한 것이다. 이에 대한 설명으로 옳은 것은?
▶ 2021. 6. 5. 제1회 지방직

구분	배제성	비배제성
경합성	A	C
비경합성	B	D

① A는 공공재이다.
② B는 A와 달리 무임승차자의 문제가 발생한다.
③ C의 사례로 고갈되기 쉬운 공해상의 어족이 있다.
④ D는 재화의 속성상 시장에서 사회적 최적 수준만큼 충분히 거래된다.

정답 ③, ③

기출문제

⑤ **경제의 안정** … 정부는 물가를 안정시키고, 국민경제의 균형적 발전을 도모하는 역할을 수행한다.

　㉠ **긴축정책**: 경기가 과열되어 물가가 빠르게 오르는 인플레이션이 나타날 때 정부는 재정 및 금융활동에서 긴축정책을 채택한다.

　㉡ **확장정책**: 불경기가 심화되어 도산하는 기업이 많아지고 실업자가 증가할 경우, 정부는 기업의 생산을 원활하게 하고 근로자에게 일자리를 더 많이 만들어 주기 위해 재정 및 금융활동에서 확장정책을 채택한다.

⑥ **공정한 분배** … 누진소득세제도 채택, 생계비 보조, 사회보장제도 등 소득재분배 정책을 실시하고 있다.

(3) 정부의 규제

① **정부규제의 필요성** … 시장의 실패가 나타나면서 정부의 규제가 필요(인·허가, 가격통제, 독과점 및 불공정 거래 규제 등)해졌다.

② **정부의 인·허가**

　㉠ **특정 업자에 대한 인·허가**: 정부의 규제 가운데 대표적인 것은 특정 산업부문에서의 기업활동을 특정한 업자에게만 인·허가하는 방법이다.

　㉡ **인·허가 규제를 하는 이유**: 과당 경쟁의 방지, 공익 목적의 실현, 자원의 효율적 관리, 전략 산업의 육성 등을 위해 규제한다.

　㉢ **정부의 인·허가에 대한 문제점**
　　• 독과점의 폐해로 인한 손실이 규제에 의한 이익보다 클 수 있다.
　　• 보호받는 기업과 보호받지 않는 기업 간의 공평성 문제가 발생할 수 있다.
　　• 육성·보호되는 기업이 타성에 젖어 기술개발이나 비용절감, 고객서비스에 대하여 소홀히 할 우려가 있다.

③ **가격통제** … 정부가 최고가격(소비자 보호) 또는 최저가격(생산자 보호)을 정해 가격을 규제하는 방식이다.

　㉠ **최고가격제**
　　• **의미**: 균형 가격이 너무 높다고 판단한 정부가 가격의 상한선(최고가격)을 정하고, 그 이상으로 거래하지 못하도록 규제하는 가격 통제 정책
　　• **목적**: 소비자 보호
　　• **사례**: 최고 이자율제, 아파트 분양가 규제, 독과점기업의 가격규제, 여름철의 숙박비
　　• **부작용**: 초과 수요, 암시장(불법거래시장)발생
　　• **문제해결**: 배급제(선호반영 안됨, 공평), 선착순 판매 (선호반영 됨, 불공평)

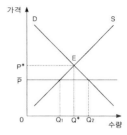

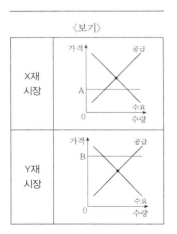

﹝보기﹞

문 정부가 각각 A와 B로 가격을 정한 X재 시장과 Y재 시장에 대한 설명으로 가장 옳은 것은?
▶ 2021. 6. 5. 제1회 서울시

① A의 사례로 최저임금제를 들 수 있다.
② X재 시장에서는 생산자 잉여가 소비자 잉여보다 크다.
③ Y재 시장에서는 초과 수요가 발생한다.
④ B는 정부가 생산자(공급자) 보호를 위해 가격 하한선을 정한 것이다.

┃정답 ④

ⓒ 최저가격제
  • 의미 : 과잉 공급으로 가격이 폭락하는 것을 방지하려는
    정부가 가격의 하한선(최저 가격)을 정하고, 그 이하의
    가격으로는 거래하지 못하도록 규제하는 가격통제
  • 목적 : 생산자 보호
    사례 : 최저 임금제, 농산물 가격 지지 정책
    부작용 : 과공급 발생 예 실업, 농산물 재고
    문제해결 : 정부가 초과 공급 분야에 대한 처리 감당

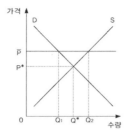

④ 불공정 거래 및 독과점 규제
  ㉠ 자원배분의 비효율화 방지 : 기업 간의 담합행위를 금지하고 기업의 결합·합
    병을 규제한다.
  ㉡ 힘의 우위를 이용한 불공정 거래의 방지 : 정부는 시정명령을 내릴 수 있다.

(4) 정부실패

① 정부의 실패
  ㉠ 시장의 실패를 보완하기 위한 정부의 개입이 오히려 효율적 자원 배분을 악
    화시키는 현상
  ㉡ 큰 정부 아래에서 무거운 세금과 관료적인 경직성으로 인한 국민 부담의 증
    대, 이익 단체 압력에 의한 불필요한 공공 지출 증가, 대기업과 정부의 유
    착, 공기업의 비효율성, 민간 부문의 자율과 창의성 저해, 사회 복지 제도의
    부작용 등

② 정부 실패 원인
  ㉠ 정부의 제약된 지식과 정보
  ㉡ 정치적 과정에서의 제약
  ㉢ 근시안적 규제 시장 경제와 같은 유인 동기의 부족
  ㉣ 부정부패 등
  ㉤ 관료 집단의 이기주의(공직자로서 공익보다는 개인의 승진이나 소속 부서의
    이해관계를 우선시함)

(5) 공기업의 필요성과 민영화

① 공기업의 필요성
  ㉠ 공기업 : 정부가 직접 기업활동을 하거나 출자하여 지배하는 기업을 의미한다.
  ㉡ 공기업 운영의 필요성 : 효율성과 공익성이 높으며 독점기업의 횡포 방지, 공
    공이익의 보호, 재화의 안정적 공급 등의 역할을 한다.

기출문제

문 정부가 시장에 대해 두 가지 가
격규제 정책 ㈎와 ㈏를 시행할 때
나타나는 변화에 대한 설명으로 옳
은 것은?
▶ 2020. 6. 13. 지방직/서울시

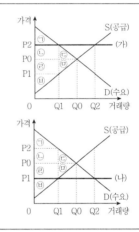

① ㈎를 시행하면 Q1 ~ Q2만큼
   초과수요가 발생하고, 사회적
   잉여 ㉢ + ㉤이 감소한다.
② ㈏를 시행하면 생산자 잉여였
   던 ㉣ + ㉤은 소비자 잉여로
   바뀐다.
③ ㈎와 ㈏, 두 경우 모두 사회적
   잉여 ㉢ + ㉤이 감소한다.
④ ㈎를 시행하면 소비자 잉여가
   증가하고, ㈏를 시행하면 생산
   자 잉여가 증가한다.

정답 ③

ⓒ 공기업의 형태와 종류
- 정부가 직접 수행하는 사업 : 철도, 우편, 상·하수도, 청소사업 등이 있다.
- 정부가 주식을 보유하는 사업 : 전력, 가스, 전화, 도로사업, 토지 및 주택개발사업, 자원개발사업, 방송사업 등이 있다.
- 수익을 주목적으로 하는 사업 : 담배, 인삼 등의 전매사업이 해당된다.
- 정책목적을 위해 설립하는 사업 : 한국은행, 주택은행 등이 있다.

② 규제 완화의 필요성 … 규제의 현실적 곤란성, 정부 규제의 남발 경향, 경제적 여건과 구조의 변화, 정부기구의 비대화 현상에 따른 자원낭비 우려 등으로 인해 규제를 완화할 필요성이 대두되고 있다.

③ 공기업의 민영화
  ㉠ 공기업의 부작용 : 경쟁이 배제된 경우가 많아 조직이 방만해지고 관료화되어 비효율적이 될 가능성이 높다.
  ㉡ 공기업의 민영화 효과 : 경쟁원리를 도입하여 서비스의 개선, 가격의 인하, 경영의 효율화에 많은 성과를 거두고 있다.

2024. 6. 22. 제2회 서울특별시

1 〈보기〉는 A재~D재를 재화의 특성에 따라 분류한 것이다. 이에 대한 설명으로 가장 옳은 것은?

〈보기〉				
	A재	B재	C재	D재
대가를 지불하지 않으려는 사람의 소비를 막을 수 있는가?	예	예	아니요	아니요
한 사람의 소비가 다른 사람의 소비 기회를 감소시키는가?	예	아니요	예	아니요

① B재의 사례로는 '막히는 무료도'가 있다.

② 시장에서 거래되는 대부분의 재화는 C재의 속성을 지닌다.

③ C재와 같은 특성을 지닌 재화는 '공유 자원의 비극'이 발생한다.

④ D재와 달리 A재는 '무임승차 문제'가 발생한다.

Point

〈보기〉에서 '대가를 지불하지 않으려는 사람의 소비를 막을 수 있는가?'는 배제성과 비배제성을 결정하고, '한 사람의 소비가 다른 사람이 소비 기회를 감소시키는가?'는 경합성과 비경합성을 결정한다.

구분		경합성	
		있음	없음
배제성	있음	사용재(A재)	요금재(B재)
	없음	공유재(C재)	공공재(D재)

① B재(요금재)에는 유료 도로, 유료 방송 서비스 등이 해당한다.

② C재(공유재)에는 국방, 공기, 등대 등에 해당한다.

④ A재(사용재)는 무임승차 문제가 발생하지 않는다. 사용재는 음식, 의류, 개인용 자동차 등이 해당한다.

Answer   1.③

2023. 8. 26. 국회사무서

2 다음 (가)~(다)의 경제적 상황에 대한 설명으로 옳은 것은?

> (가) 1776년 애덤 스미스는 『국부론』을 출판하여 국가의 개입을 비판하고 '보이지 않는 손'의 힘을 강조했다. 그는 자유롭게 의사 결정을 하는 개인의 합리적 행동은 사회의 부를 증가시킨다고 주장하며 시장경제에서 적극적인 경쟁을 옹호하였다.
>
> (나) 1929년 소비가 둔화하고 상품의 재고가 증가하여 기업들은 구조 조정을 시작했다. 소득이 줄어든 소비자들의 구매력이 떨어지자 경기는 침체하였고 주식은 폭락하기 시작했다.
>
> (다) 1980년대부터 시장의 효율과 경쟁을 중시하는 경제학자들의 주장이 다시 힘을 얻기 시작했다. 미국과 영국 정부는 이러한 신자유주의에 입각한 경제정책을 강화하였고 세계화로 신자유주의 정책은 전 세계로 확산되었다.

① (가)는 국가들의 중상주의 정책을 심화시켰다.
② (나)는 전 세계적인 인플레이션 현상을 발생시켰다.
③ (나)는 유효 수요가 지나치게 확대되어 발생하였다.
④ (다)는 스태그플레이션 현상을 배경으로 등장하였다.
⑤ (다)는 각국 정부의 대규모 공공사업을 촉진시켰다.

Point
① 애덤 스미스는 『국부론』에서 기존의 경제학을 비판하면서 이들을 '중상주의'로 표현하였다.
② 디플레이션 현상과 관련된다.
③ 유효 수요란 구매 능력을 동반한 수요를 말한다. 디플레이션 상황에서 유효 수요가 감소한다.
⑤ 신자유주의는 국가권력의 시장개입을 비판하고 시장의 기능과 민간의 자유로운 활동을 중시한다.

2021. 4. 17 인사혁신처

3 표는 제품 A의 생산량에 따른 평균 수입과 총비용을 나타낸 것이다. 이에 대한 설명으로 옳은 것은? (단, 생산된 A는 모두 판매된다)

(단위 : 원)

구분	생산량						
	1개	2개	3개	4개	5개	6개	7개
평균 수입	1,000	1,000	1,000	1,000	1,000	1,000	1,000
총비용	500	1,100	1,800	2,600	3,500	4,600	5,800

※ 평균 수입 $= \dfrac{총수입}{생산량}$

① 생산량이 1개씩 증가할 때 총수입의 증가분은 점차 커진다.
② 생산량이 1개씩 증가할 때 총비용의 증가분은 점차 작아진다.
③ 생산량이 3개일 때보다 5개일 때의 이윤이 더 크다.
④ 생산량이 6개일 때 이윤이 극대화된다.

 Point

구분	생산량						
	1개	2개	3개	4개	5개	6개	7개
총수입	1,000	2,000	3,000	4,000	5,000	6,000	7,000
총비용	500	1,100	1,800	2,600	3,500	4,600	5,800
총이윤	200	900	1,200	1,400	1,500	1,400	1,200

① 생산량이 1개씩 증가할 때 총수입의 증가분은 동일하다.
② 생산량이 1개씩 증가할 때 총비용의 증가분은 증가한다.
④ 생산량이 5개일 때 이윤이 극대화된다.

Answer　2.④　3.③

2021. 6. 5. 제1회 서울시

4 〈보기1〉의 밑줄 친 글에 대한 옳은 분석 및 추론만을 〈보기2〉에서 모두 고른 것은?

〈보기1〉

『허생전(許生傳)』에서 허생은 물건을 사들여 쌓아두었다가 시장에 공급이 부족해져 시장 가격이 오르면 내다 파는 형식으로 많은 돈을 번다. 허생이 사들인 물건은 과일과 말총이었는데, 과일은 제사나 잔치에 꼭 필요한 물건이었고, 말총은 양반의 필수품인 갓을 만드는 재료였다. 따라서 <u>과일과 말총은 아무리 가격이 비싸더라도 소비자 입장에서는 구매할 수밖에 없었던 것이다.</u>

〈보기2〉

㉠ 가격의 변동에 따라 수요량이 민감하게 반응하고 있다.
㉡ 일반적으로 대체재가 적은 상품에서 나타나는 모습이다.
㉢ 과일과 말총의 수요의 가격 탄력성은 1보다는 작다.
㉣ 생산 기간이 길거나 저장의 어려움이 따르는 경우에 나타나는 모습이다.

---

① ㉠, ㉡   ② ㉡, ㉢
③ ㉢, ㉣   ④ ㉠, ㉡, ㉢

Point

밑줄 친 부분은 수요의 가격 탄력성이 비탄력적이라는 것을 의미한다.
㉠ 가격의 변동에 따라 수요량이 둔감하게 반응하고 있다.
㉣ 공급의 가격 탄력성에 관한 설명이다.

5 다음 내용을 배경으로 등장한 경제 정책과 거리가 먼 것은?

> • 1970년대의 스태그플레이션으로 정부의 경제 정책이 더 이상 유용하지 않게 되었다.
> • 정부의 시장에 대한 지나친 개입이 오히려 경제의 효율성을 떨어뜨리는 현상을 초래하게 되었다.

① 시장 기능을 중시한다.　　　　　　　② 정부 규제 축소를 주장한다.

③ 민간의 자율성·창의성을 강조한다.　④ 성장보다 분배를 강조한다.

Point

제시문을 배경으로 등장한 경제 정책은 신자유주의(작은 정부)이다.
신자유주의(작은 정부)는 정부 실패 현상을 극복하고자 한다.
④ 분배보다 성장을 강조하는 경제 정책이라고 할 수 있다.
① 시장 기능을 중시하여 효율성을 강조한다.
② 정부 규제를 축소하고, 공기업을 민영화하여 경쟁원리를 도입한다.
③ 정부의 경제 개입을 줄이고 민간의 자율성·창의성을 강조한다.

6 그림은 X재의 가격 상승에 따른 연관재의 가격 변화를 나타낸 것이다. 이에 대한 설명 및 추론으로 옳은 것은?

> X재의 가격 상승 → A재의 가격 상승, C재의 가격 하락

① X재와 A재는 보완재 관계이다.

② X재의 가격이 상승할 때 A재의 판매량은 증가할 것이다.

③ C재의 수요는 X재 가격과 정(+)의 관계이다.

④ C재와 X재는 쇠고기와 돼지고기의 관계이다.

Point

X재의 가격이 상승할 때 X재의 수요량은 감소하고
→ 대체재 관계에 있는 재화는 수요가 증가하여 가격이 상승한다.
→ 보완재 관계에 있는 재화는 수요가 감소하여 가격이 하락한다.
따라서 X재와 A재는 대체재 관계이고, X재와 C재는 보완재 관계이다.
② X재의 가격이 상승할 때 A재의 수요가 증가하여 판매량은 증가할 것이다.
① X재와 A재는 대체재 관계이다.
③ X재의 가격이 상승할 때 보완재 관계에 있는 C재의 수요는 감소한다. 따라서 X재 가격과 부(-)의 관계이다.
④ C재와 X재는 보완재 관계인데, 쇠고기와 돼지고기는 대체재의 관계이다.

Answer　4.② 5.④ 6.②

7 다음의 설명으로 옳은 것은?

> ㉠ 우리가 정원에 수목과 화초를 잘 가꾸어 놓으면 이웃들에게 맑은 공기와 함께 식물원에서 느끼는 온갖 즐거움을 나누어 줄 수 있다.
>
> ㉡ 이웃의 공장에서 폐수나 매연을 뿜어내어 주위의 물이나 대기를 오염시킨다.

① ㉠은 외부불경제, ㉡은 외부경제이다.

② ㉡의 경우는 사회적 최적 수준보다 더 많이 생산된다.

③ ㉡의 경우는 사회적 비용은 사적 비용보다 적다.

④ ㉡을 해결하기 위해서 보조금을 지급할 수 있다.

Point

② ㉠의 경우는 사회적 최적 수준보다 적게 생산(과소 생산)되고, ㉡의 경우는 사회적 최적 수준보다 많이 생산(과다 생산)된다.

① ㉠은 외부경제(긍정적 외부효과=이로운 외부 효과), ㉡은 외부불경제(부정적 외부효과=해로운 외부효과)이다.

③ ㉡ 공해 등 부정적 외부효과의 경우는 주위의 물이나 대기를 오염시킴으로써 주민보건을 위한 지출, 세탁비증가 등의 사회적 비용이 추가되어 사회적 비용은 사적 비용보다 크게 된다.

④ ㉡ 공해 등 부정적 외부효과를 해결하는 방법은 환경 개선 부담금을 부과하여 생산 감소를 유도하는 것이다.

※ 어떤 경제활동이 제3자에게 의도하지 않은 이익이나 손해를 주는데도 시장을 통하여 그 대가를 받지도 지불하지도 않는 상태를 외부효과라 한다. 외부 효과에는 외부 경제(이로운 외부 효과)와 외부 불경제(해로운 외부 효과)가 있다. 외부 효과는 소비와 생산에 있어서 모두 발생할 수 있다.

• 외부경제(사회적 편익)사적 편익, 사회적 비용〈사적 비용〉: 자원의 비효율적 배분 → 과소생산(사회적 최적 수준보다 적게 생산, 사회적 최적 수준의 가격보다 높은 시장균형가격), 과소소비(사회적 최적 수준보다 적게 소비, 사회적 최적 수준의 가격보다 낮은 시장균형가격) → 보조금지급, 의무교육실시 → 생산, 소비가 적정 수준으로 증가

• 외부불경제(사회적 비용)사적 비용, 사회적 편익〈사적 편익〉: 자원의 비효율적 배분 → 과다생산(사회적 최적 수준보다 많게 생산, 사회적 최적 수준의 가격보다 낮은 시장균형가격), 과다소비(사회적 최적 수준보다 많게 소비, 사회적 최적 수준의 가격보다 높은 시장균형가격) → 세금 · 부과금 부과(또는 직접 규제) → 생산, 소비가 적정 수준으로 축소

8 다음 속담과 그 의미를 바르게 연결한 것은?

> ㉠ '원님 덕에 나팔 분다', '도랑 치고 가재 잡는다' → 외부경제
>
> ㉡ '나그네가 주인 노릇한다.' → 시장 실패
>
> ㉢ '신작로 닦아 놓으니 왕 서방이 먼저 지나간다' → 공공재
>
> ㉣ '바다는 메워도 사람 욕심은 못 메운다' → 외부불경제

① ㉠㉡   ② ㉠㉢
③ ㉡㉣   ④ ㉢㉣

Point

㉠ '원님 덕에 나팔 분다' (다른 사람 덕에 좋은 일이 생긴다), '도랑 치고 가재 잡는다' (도랑을 치기 위해 돌을 들면 돌에 숨어 있던 가재까지 잡을 수 있다는 의미로, 한 가지 일로 두 가지 이상의 이득을 얻게 됨) → 외부경제

㉢ '신작로 닦아 놓으니 왕 서방이 먼저 지나간다' – 왕 서방은 굳이 자기의 노력과 시간을 들여 가며 신작로 만드는 일에 나서지 않더라도 신작로를 이용할 수 있다는 뜻. 국방 · 치안 · 도로 · 소방 · 등대 · 공원 등 공공재는 일단 공급만 되면 개인이 공짜로 이용할 수 있기 때문에 아무도 실제로 비용을 부담하려고 하지 않는다(신작로 – 새로 만든 크고 넓은 길, 왕 서방 – 신작로를 닦는 일에 참여하지 않은 사람을 의미). → 공공재

㉡ '나그네(정부)가 주인 노릇한다.' → 정부 실패

㉣ '바다는 메워도 사람 욕심은 못 메운다' → 희소성의 원칙

※ 시험에 자주 출제되는 경제 관련 속담
• '이미 엎질러진 물' → 매몰비용
• '같은 값이면 다홍치마' '열번 재고 가위질은 한번 하라' → 합리적 소비, 경제 원칙(=효율성)
• '사촌이 땅을 사면 배가 아프다' → 외부불경제
• '산토끼 잡으려다 집토끼 놓친다.' → 기회비용

Answer   7.② 8.②

9 다음의 설명으로 옳은 것은?

> ㉠ 어떤 기업의 '신기술 개발'이 다른 산업 분야에서 응용 사용되고, '기초과학연구'는 각종 산업에 필요한 지식을 제공하여 경제 성장에 기여한다.
> ㉡ 흡연은 본인의 건강뿐만 아니라 주위 비흡연자들의 건강에도 나쁜 영향을 미친다.

① ㉠은 자원이 효율적으로 배분되는 경우이나, ㉡은 자원이 비효율적으로 배분되는 경우이다.

② ㉠의 경우는 '사촌이 땅을 사면 배가 아프다'라는 속담의 의미와 관련이 있다.

③ ㉡은 시장 균형 거래량은 사회적 최적 거래량보다 많다.

④ ㉡은 사회적 편익은 사적 편익보다 크다.

Point

㉠은 외부경제(긍정적 외부효과), ㉡은 외부불경제(부정적 외부효과)이다.
③ ㉡은 과다 소비되는 경우이다. 즉 사회적 최적 수준보다 많게 소비되어 시장 균형 거래량은 사회적 최적 거래량보다 많다.
① ㉠㉡ 모두 자원이 비효율적으로 배분된다. 외부효과는 시장기구가 제대로 작동하지 못하여 효율적인 자원배분이 이루어지지 않는 경우(시장실패)이다.
② ㉡의 경우는 '사촌이 땅을 사면 배가 아프다'라는 속담의 의미와 관련이 있다.
④ ㉡은 사회적 편익보다 사적 편익이 크다.

※ 외부효과

외부 경제(이로운 외부 효과)	외부 불경제(해로운 외부 효과)
제3자에게 의도하지 않은 이익을 주는데도 시장을 통하여 그 대가를 받지 않는 경우	제3자에게 의도하지 않은 손해를 주는데도 시장을 통하여 그 대가를 지불하지 않는 경우
• 타인에게 미치는 이익이 시장가격 결정에 반영되지 않음 • 사회적 편익(효용, 만족감)>사적 편익 • 사회적 비용<사적 비용 • 사회적 최적 수준에 미달하는 생산 수준 초래(과소생산)	• 타인에게 미치는 손실이 시장가격 결정에 반영되지 않음 • 사적 편익>사회적 편익 • 사적 비용<사회적 비용 • 사회적 최적 수준을 초과하는 생산 수준 초래(과다생산)
과수원 주인과 양봉업자, 꽃밭과 통행인, 신기술 개발(기초과학연구), 교육의 순기능(풍부한 인적 자원, 생산성향상, 정치발전에 기여), TV 드라마에서 유명 연예인이 입고 나온 옷·액세서리가 금세 유행하고 옷·액세서리 가게의 매출 증가	폐수 공장과 양식업자, 공해, 자동차 매연, 옆 사람의 흡연 때문에 생기는 간접흡연 피해, 연탄 공장 인근 주민의 세탁비 증가, 시위가 잦은 대학가 주변상인들의 영업 손실

10 다음 글에 나타난 변화를 통해 예측할 수 있는 상황으로 가장 적절한 것은?(단, X재와 Y재 시장은 수요
와 공급의 법칙을 따른다.)

> X재와 Y재는 서로 대체재이다. 최근 X재 생산에 필요한 원자재 가격이 상승하여 X재를 생산하는 기업들의
> 고민이 깊어지고 있다.

① X재의 가격이 하락할 것이다.　　　　② X재의 거래량이 증가할 것이다.
③ Y재의 가격이 하락할 것이다.　　　　④ Y재의 판매 수입이 증가할 것이다.

Point

- X재 생산에 필요한 원자재 가격 상승→X재 공급 감소(공급곡선 좌측 이동)→X재 가격 상승, X재 거래량 감소
  X재와 Y재는 서로 대체재이므로 X재 가격 상승→X재 수요 감소→Y재 수요 증가 (수요곡선 우측 이동) →Y재 가격 상승, Y재 거래량
  증가(Y재 판매 수입 증가)
  ④ Y재의 판매 수입이 증가할 것이다.
  ① X재의 가격이 상승할 것이다.
  ② X재의 거래량이 감소할 것이다.
  ③ Y재의 가격이 상승할 것이다.

11 다음 그림은 배추의 수요곡선이다. 배추생산량이 0Q일 때 시장가격이 0P에서 결정되었다. 그러나 배추의
생산이 풍년으로 0Q2만큼 생산되어 0P2로 가격이 폭락했다. 정부가 0P1의 가격을 유지하려면?

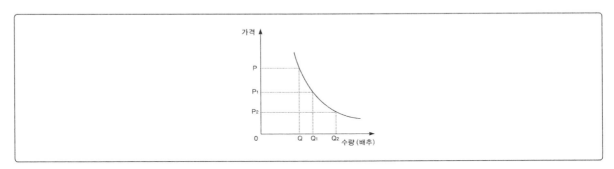

① $0Q_2 - 0Q$만큼 수매한다.　　　　② $0Q_2 - 0Q_1$만큼 수매한다.
③ $0Q_1$만큼 수매한다.　　　　　　　④ $0Q_2$만큼 수매한다.

Point

정부의 수매정책 … 풍년기근현상이 나타날 때 실시하는 정책으로, 정부가 Q_1, Q_2만큼의 배추를 사들이기로 한다면 배추의 일시적인 공급
곡선은 Q_1점에서 위로 올라가는 수직선이 되는 셈이므로 배추가격은 $0P_1$으로 결정된다. 이때 정부의 농산물 수매가격 역시 $0P_1$이라면 농
민의 소득은 $0P_1 \times 0Q_1$이 되어 풍년기근현상을 예방할 수 있다.

$\boxed{\text{Answer}}$　　9.③　10.④　11.②

12 다음 글에 나타난 재화에 대한 설명으로 옳은 것은?

> 이 재화는 한 사람이 소비해도 다른 사람들이 충분히 소비할 수 있는 특징을 지닌다. 또한 가격을 지불하지 않은 사람도 아무런 제한 없이 이 재화를 소비할 수 있다.

① 이 재화는 대부분 소규모 기업에 의해 생산된다.

② 이 재화는 공유지의 비극을 초래하는 대표적인 사례이다.

③ 이 재화의 생산을 민간 기업에 맡겨 두면 사회적으로 최적인 수준보다 적게 생산된다.

④ 한 사람이 이 재화를 소비하여 얻을 수 있는 효용은 사회 구성원 전체의 효용과 크기가 같다.

Point

비경합성, 비배제성의 특징을 지니는 공공재에 대한 설명이다.

※ 공공재의 특징

비배제성	어떤 사람이 공공재 사용에 대해 대가를 치르지 않는 경우에도 그 소비를 막지 못함
비경합성	많은 사람들이 동일한 재화와 서비스를 동시에 소비할 수 있고, 한 개인의 소비가 다른 사람의 소비를 방해하거나 감소시키지 않음

수지가 맞지 않아 기업이 생산을 기피함

자본 회수 기간이 길고, 많은 자본이 소요됨

③ 공공재 생산을 시장기능에 맡길 경우 사회적 필요만큼 충분히 공급되지 못한다.

① 정부나 공기업에서 공공재 생산을 담당한다.

② 공유자원은 비배제성과 경합성을 가지는 재화이다. 연안어장, 목초지, 관개시설, 산림자원, 지하자원, 호수에 있는 물고기 등이 그 예이다.

④ 많은 사람들이 동일한 재화와 서비스를 동시에 소비할 수 있고, 한 개인의 소비가 다른 사람의 소비를 방해하거나 감소시키지 않으므로, 사회 구성원 전체의 효용은 한 사람 소비에서 얻는 효용보다 더 크다.

13 일반적인 재화의 수요곡선이 다음 그림과 같은 형태로 나타나는 까닭이라고 보기 어려운 것은?

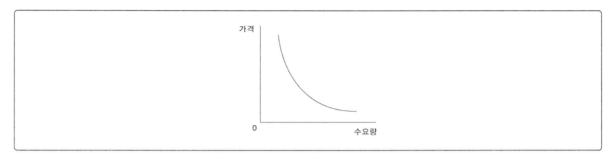

① 소득이 한정되어 있기 때문이다.
② 한계효용체감의 법칙이 작용하기 때문이다.
③ 한계비용체증의 법칙이 작용하기 때문이다.
④ 한계효용균등의 법칙에 따라 소비하기 때문이다.

③ 한계비용체증의 법칙은 한계생산이 체감하기 때문에 생산량이 늘어남에 따라 한계비용이 점차 증가하는 현상으로 기업의 합리적 생산과 관련이 있다.

※ 합리적인 소비
　㉠ 수요곡선 : 한정된 소득으로 합리적인 소비를 하기 위해서는 가격이 오른 재화의 소비를 줄이고 가격이 내린 재화의 소비를 늘려야 한다. 이러한 이유는 한계효용체감의 법칙이 작용하며, 합리적인 소비자는 한계효용균등의 법칙에 따라 소비하기 때문이다.
　㉡ 한계효용체감의 법칙 : 재화의 소비가 증가할수록 어느 정도까지는 총효용은 증가하나 총효용의 증가분인 한계효용이 점점 줄어드는 경향을 말한다.
　㉢ 한계효용균등의 법칙 : 각 상품의 소비에 지출하는 비용 1원 어치의 한계효용이 서로 같도록 소비할 때 소비자는 가장 큰 효용을 얻게되어 합리적인 소비를 하게 된다는 것이다.

Answer　12.③　13.②

14 다음의 조건하에 쌀시장에서 발생될 수 있는 경제현상으로 옳은 것은?

> • 식생활의 개선으로 빵의 수요가 급증
> • 쌀시장의 개방

① 가격하락, 거래량증가
② 가격하락, 거래량감소
③ 가격상승, 거래량증가
④ 가격상승, 거래량감소

Point

식생활의 개선으로 빵의 수요가 급증하면 결국은 가격이 하락하게 되고, 쌀시장이 개방되면 거래량이 감소하게 된다.

15 가격이 1,000원인 어떤 상품을 생산함에 있어서 투입되는 가변비용과 그에 따른 생산량의 관계가 다음 도표와 같을 때 합리적인 생산량은 몇 단위인가?

가변비용(만 원)	8	9	10	11	12
생산량(단위)	177	189	200	210	219

① 177단위
② 189단위
③ 200단위
④ 210단위

Point

합리적인 생산 … 한계비용 = 생산물의 가격

$$한계비용 = \frac{가변비용의 \ 증가분}{생산량의 \ 증가분}$$

가변비용(만 원)	8	9	10	11	12
생산량(단위)	177	189	200	210	219
한계비용		833	909	1,000	1,111

④ 가격이 1,000원이므로 한계비용이 1,000일 때, 즉 생산량 210단위에서 합리적인 생산량이 결정된다.

16 상품 A, B, C의 가격은 각각 100원, 200원, 300원이고 상품수입에 지출할 수 있는 금액은 2,000원이다. 아래의 한계효용표에서 소비자가 최대만족을 얻을 수 있는 각 상품의 구입량은 상품 A, B, C의 순서대로 보아 다음 중 어느 것인가?

단위 \ 상품명	A	B	C
1	10	14	21
2	8	10	15
3	7	6	9
4	5	4	6
5	3	2	3
6	2	1	2
7	1	0	0

① 3단위, 1단위, 1단위

② 4단위, 2단위, 2단위

③ 5단위, 3단위, 3단위

④ 6단위, 3단위, 2단위

 Point

합리적 소비는 한계효용균등의 법칙에 따라

$$\frac{A재\ 한계효용}{A재\ 가격} = \frac{B재\ 한계효용}{B재\ 가격} = \frac{C재\ 한계효용}{C재\ 가격}$$

$\therefore$ A재 $= \dfrac{3}{100}$, B재 $= \dfrac{6}{200}$, C재 $= \dfrac{9}{300}$

즉 A재 5단위, B재 3단위, C재 3단위일 때이다.

17 가격의 변동에 따른 수요량의 변동, 총수입의 변동에 대한 다음 설명 중 옳지 않은 것은?

① 정부가 가격을 통제하면 수요의 탄력성이 큰 상품이 그 효과가 크다.

② 수요의 탄력성이 작은 필수품의 공급이 줄면 그 가격은 현저하게 상승한다.

③ 수요의 가격탄력성이 완전비탄력적이면 가격인상에 비례해서 기업의 총수입이 증가한다.

④ 농산물은 일반적으로 수요·공급이 탄력적이기 때문에 가격변동이 큰 편이다.

Point>

④ 농산물은 가격에 대한 수요의 탄력성과 공급의 탄력성이 모두 작다. 비탄력적인 상품은 가격이 폭락하거나 폭등하는 경우가 발생한다.

18 다음은 총효용과 한계효용과의 관계를 나타낸 것이다. 이에 대한 설명으로 적절한 것은?

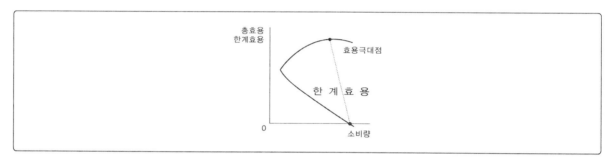

① 재화의 한계효용은 언제나 양수(+)이다.

② 재화의 소비량이 증가함에 따라 총효용곡선과 한계효용곡선은 점점 가까워진다.

③ 재화의 소비량이 증가함에 따라 총효용은 증가한다.

④ 재화의 소비량이 증가함에 따라 어느시점부터 한계효용은 감소한다.

Point>

재화의 소비량이 증가함에 따라 총효용은 증가하다가 어느 시점 이후부터는 감소한다.

19 수요곡선이 D에서 D′로 변동한 원인에 해당하는 것은?

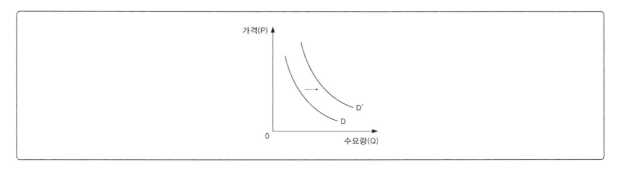

① 대신할 수 있는 상품의 가격이 올라갔다. ② 소비자의 소득이 감소하였다.
③ 소비자 수가 감소하였다. ④ 보완관계에 있는 상품의 가격이 올라갔다.

 Point

수요곡선이 오른쪽으로 이동한 것은 수요가 증가하였음을 의미하며, 수요 증가요인으로는 소비자의 소득수준의 향상, 대체재의 가격상승, 보완재의 가격하락, 소비자의 기호증가, 인구의 증가, 광고의 증가, 소비자의 가격상승 예상 등이 있다.

20 개별기업의 한계수입을 나타내는 곡선이 다음과 같이 수평선으로 나타나는 시장은?

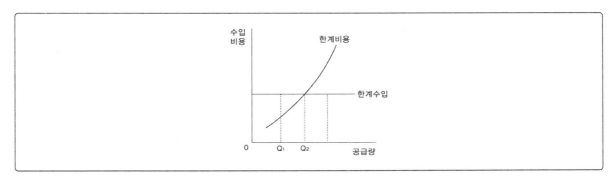

① 완전경쟁시장 ② 독점시장
③ 독점적 경쟁시장 ④ 과점시장

 Point

완전경쟁시장은 시장가격을 그대로 받아들이기 때문에 시장가격이 변하지 않는 한 한계수입 곡선도 변하지 않아 수평을 이루게 된다.

21 다음의 내용을 가장 적절하게 설명해 줄 수 있는 개념은?

> • 한 개인의 흡연행위는 담배를 피우지 않는 많은 사람에게 피해를 주게 된다.
> • 전력생산을 위해 댐을 건설하면 홍수조절과 함께 경관이 좋은 관광자원을 얻을 수 있다.

① 규모의 경제　　　　　　　　　　　② 기회비용
③ 감가상각　　　　　　　　　　　　④ 외부효과

Point

외부효과 … 시장경제에서 모든 문제를 전적으로 가격기능에만 의존할 수 없는 경우에 발생하는 문제 중 하나로, 어떤 한 사람의 행동이 제 3자에게 의도하지 않은 이익이나 손해를 가져다 주는데도 이에 대한 대가를 지불하지도 받지도 않았을 때, 외부효과가 발생했다고 한다.

22 도영이는 동네 햄버거 집에 대한 시장조사를 하였다. 다음은 그 결과를 적은 표이다. 표에서 알 수 있는 것을 고르면?

구분 햄버거집	햄버거의 가격 (원 / 한 개)	구입고객수 (명 / 월)	햄버거 매출액 (만 원 / 월)
L 햄버거	1,500	1,000	150
O 햄버거	1,200	1,200	144
M 햄버거	1,800	2,000	360

> ㉠ 햄버거는 공급법칙의 적용을 받지 않는다.
> ㉡ 동네 햄버거시장은 불완전경쟁상태에 있다.
> ㉢ 햄버거의 수요는 가격 이외의 요인에 의해서도 결정된다.
> ㉣ 햄버거는 수요의 가격탄력성이 1보다 큰 상품이다.

① ㉠㉡　　　　　　　　　　　　② ㉠㉢
③ ㉡㉢　　　　　　　　　　　　④ ㉢㉣

Point

자료에서 햄버거는 가격이 비싼 집에서 오히려 고객이 더 많고, 매출액이 많은 상태이다. 이를 통해 햄버거의 수요가 가격 이외에 다른 요인, 예를 들어 맛이나 상점의 서비스 등에 의해 더 크게 작용함을 알 수 있다. 또 햄버거의 가격이 서로 다른 점으로 미루어 보아 동네 햄버거시장은 불완전경쟁상태에 있음을 알 수 있다. 한편, 공급법칙이라든가 수요의 가격탄력성은 자료의 내용과는 무관하다.

23 다음 조건에서 A와 B가 어떤 재화인지를 추론한 것으로 옳은 것은?

> • 돼지고기는 상추와 같이 먹을 때 더 큰 만족을 얻는다.
> • 상추 대신에 깻잎을 먹어도 만족은 동일하다.

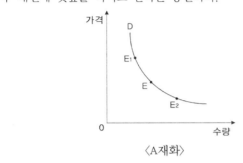
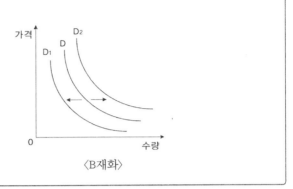

① E→E1 일 때 D→D1 이면, A재화는 상추, B재화는 돼지고기이다.

② E→E1 일 때 D→D2 이면, A재화는 돼지고기, B재화는 깻잎이다.

③ E→E2 일 때 D→D1 이면, A재화는 상추 B재화는 깻잎이다.

④ E→E2 일 때 D→D2 이면, A재화는 상추, B재화는 깻잎이다

Point

> 가격이 증가했을 때 다른 재화가 수요가 증가하면 대체재, 감소하면 보완재, 또한 가격이 감소했을 때 다른 재화의 수요가 감소하면 대체재, 증가하면 보완재이다. 상추와 깻잎은 대체재, 돼지고기와 상추는 보완재 관계이다.

24 그림은 X재 수요에 영향을 주는 두 요인의 변화를 나타낸 것이다. 이에 대한 옳은 분석은? (단, X재는 정상재이다.)

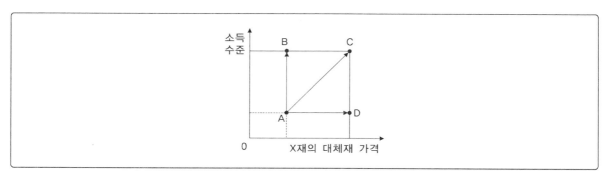

① A→B는 X재 수요 곡선을 왼쪽으로 이동시킨다.

② A→C는 X재 수요 곡선을 오른쪽으로 이동시킨다.

③ A→D는 X재 수요 곡선을 왼쪽으로 이동시킨다.

④ A→C는 A→D보다 X재 수요 곡선을 작은 폭으로 이동시킨다.

 Point

정상재는 소득이 증가하면 수요량이 늘어나고, 소득이 줄면 수요량이 줄어드는 재화이다. 따라서 A→B는 X재의 수요를 증가시키는 요인이므로 수요곡선은 오른쪽으로 이동한다. 또한 A→D는 대체재의 가격이 상승이므로 X재의 수요를 증가시키는 요인이다. 따라서 수요곡선은 오른쪽으로 이동한다. A→C는 이두가지가 결합된 것이므로 A→B, A→D보다 더 수요곡선을 더 오른쪽으로 가게 하는 원인이라고 할 수 있다.

25 그림은 A재화 가격 변화에 따른 각 재화의 수요량 변화를 나타낸 것이다. 이에 대한 설명으로 옳지 않은 것은?

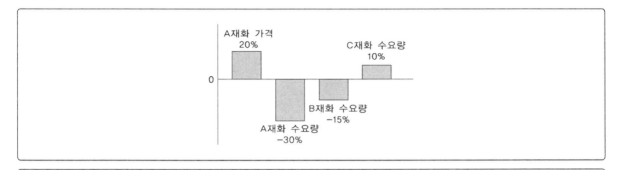

〈보기〉
㉠ A재화의 수요가 증가하면 A재화의 총판매 수입은 증가한다.
㉡ A재화의 가격이 상승하면 C재화의 총판매 수입은 증가한다.
㉢ A재화의 공급이 증가하면 A재화의 총판매 수입은 감소한다.
㉣ A재화의 공급이 증가하면 B재화의 총판매 수입은 감소한다.

① ㉠, ㉡
② ㉠, ㉢
③ ㉡, ㉢
④ ㉢, ㉣

Point

A재화의 가격이 20%올랐을 때 A재화의 수요량은 30%감소했으므로 수요의 가격탄력성이 탄력적이고, B재화는 같이 감소하므로 보완재, C재는 수요량이 증가하므로 대체재라 할 수 있다.

Answer 24.② 25.④

04 국민 경제의 이해

기출문제

section 1 한국 경제의 변화와 위상

(1) 우리 경제의 여건과 발전과정

① 어려운 경제 여건

　㉠ 광복 이후의 사회적 여건
- 경제적 여건 : 좁은 국토와 불리한 농업 여건, 국토의 분단, 불균형적인 산업 분포, 남한 인구의 급증 등이 있다.
- 정치적 여건 : 미국의 군정시대에 이어 새 정부가 들어섰으나 국가경영이 미숙하였고, 정치적 주도권 싸움이 발생하였다.
　㉡ 6·25전쟁 후 : 생계유지 곤란, 인구집중현상 등 최빈국 상태에 놓여 있었다.

② 폐허 속의 전후 복구

　㉠ 1950년대의 경제 : 전후 복구사업으로 어느 정도 경제성장을 이루었으나 식량의 부족, 공업과 사회간접자본의 부족 등 여전히 사회가 불안하였다.
　㉡ 외국 원조의 역할 : 전후 복구사업에 도움을 주었으며, 1960년대 초 이후 고도성장을 이룩하는 데 밑거름이 되었다.

③ 개발계획의 성과

　㉠ 1960년대의 경제개발 : 군사정변을 계기로 등장한 새 정부는 경제개발 5개년 계획을 1962년부터 입안, 시행하기 시작했다.
- 성과 : 경제규모의 확대, 산업구조의 고도화, 공업구조의 개선, 절대 빈곤 퇴치, 대외 위상의 향상 등을 들 수 있다.
- 문제점 : 경제적 불균형 심화, 경제력 집중현상, 환경오염 등이 나타났다.
- 발전요인 : 정부주도형 개발, 풍부한 노동력, 기업의 투자 의욕, 경제성장에 유리한 국제환경 등의 요인이 있다.
　㉡ 1970년대 초반의 경제개발 : 수출주도의 기조를 그대로 살리면서 중화학공업 육성과 농촌개발을 위한 새마을 운동에 박차를 가하였다.
　㉢ 1970년대 후반의 경제개발 : 중화학공업이 지속적으로 육성되었으며 경제개발과 아울러 사회개발의 중요성이 부각되었다.
　㉣ 1980년대의 경제시책 : 경제적 안정과 중화학공업 육성을 완성하는 데 역점을 두었다.

기출문제

(2) 경제개발의 성과와 발전방향

① 신흥공업국으로 부상

  ⊙ **공업국으로 변천**: 경제개발 5개년계획을 거듭하는 동안에 우리나라는 신흥공업국으로 부상하였고, 지금은 상위 중진국에서 선진국으로 발돋움하려는 단계에 있다.

  ⓒ **산업구조의 고도화**

    • 선진국형 산업구조: 농림·어업의 비중이 크게 낮아지고, 광공업과 사회간접자본 및 서비스업의 비중이 크게 높아진 선진국형으로 전환되었다.

    • 공업구조의 고도화: 중화학공업의 비중이 경공업 부문보다 훨씬 높은 수준에 달하였다.

    • 수출상품구조의 변화: 노동집약적 공산품에서 자본 및 기술집약적인 것으로 큰 변화를 가져왔다.

② 우리 경제의 발전방향 … 선진 경제권으로의 진입 위해서는 민간 주도형의 경제운영, 경제적 불균형과 개선, 신흥개발도상국과의 경제협력 증대, 산업기술 혁신, 원만한 노사관계의 정립 등의 노력이 필요하다.

(3) 우리 경제의 위상과 역할

① 의존관계의 심화

  ⊙ **경제적 성과의 원인**: 교육받은 풍부한 인력을 활용하면서, 대외지향적인 공업화를 이루었기 때문이다.

  ⓒ **우리 경제의 변모**

    • 경제발전 초기: 경제 및 무역의 규모가 미미하여 국제사회에서 관심의 대상이 되지 않았다.

    • 오늘날의 우리 경제: 고도성장으로 인해 세계 각국의 주목 대상국이 되었고, 세계시장에서의 역량이 증대되었다.

  ⓒ **대외지향적 발전전략의 결과**: 세계 각국과의 상호 의존관계가 심화되었으며, 국가 간의 교류가 확대되었다.

  ② **국제경제 질서의 세계화**: 경제적 실리추구의 자유시장경제체제가 형성되었으며 자유무역규범이 마련되었고(GATT체제) WTO체제가 출범하면서 무한경쟁 시대가 전개되었다. 이런 과정 중에 국가 간의 경쟁이 격화되고 협력과 의존관계가 심화되었다.

② 우리 경제의 국제적 위상

  ⊙ **신흥공업국으로 부상**: 급속한 경제성장에 따라 신흥공업국으로 부상하였으며, 국민총생산(GNP)에 의한 경제규모는 세계 10위권에 근접한 수준으로 확대되었다.

ⓛ **세계적 생산 및 수출국으로 부상**: 공업생산능력과 무역규모가 확대되었으며, 세계 유수의 생산 및 수출국으로 떠오르고 있다.

ⓒ **교역대국으로 부상**: 무역수지가 개선되고 있으며, 세계 12위의 교역대국으로서의 위치를 차지하고 있다.

ⓔ **우리 경제의 역량 증대**: 경제개발자금 융자대상국에서 탈피하였고, 외국과 대등한 국민경제 운용 역량을 인정받았으며, 원조 제공국으로 탈바꿈하게 되었다.

section 2 국민 경제 순환과 경제 성장

(1) 국민 경제의 활동과 경제지표

① **국민경제지표** … 국민경제활동을 총량화한 수치로 국민경제의 상태 파악이 가능하다.

例 국내 총생산, 경제 성장률, 물가지수, 실업률 등

② **국내총생산(GDP)** … 한 나라의 국경 안에서 일정기간에 걸쳐 새로이 생산한 재화와 용역의 부가가치 또는 모든 최종재의 값을 화폐단위로 합산한 것을 의미한다.

ⓐ 국민경제 전체적인 생산수준을 나타내며, 국내에서 생산된 재화와 용역의 생산물 가치가 포함된다.

ⓑ 국내총생산 = 각 생산단계의 부가가치의 합계 = 최종 생산물 가치의 합계 = 총 생산물액 − 중간 생산물액

ⓒ **삼면등가의 법칙**: 국내총생산은 생산, 분배, 지출의 어느 측면에서 측정하더라도 같은 금액이 된다.

• 생산 국민 소득: 재화와 용역을 생산물 시장에 제공한 대가로 얻은 판매액의 합계
→ 최종 생산물의 합계 = 부가가치

• 분배 국민 소득: 노동·토지·자본 등의 생산 요소를 생산 요소 시장에 제공한 대가로 얻은 요소 소득의 합계 → 임금 + 지대 + 이자 + 이윤

• 지출 국민 소득: 생산물 시장에서 재화와 용역을 구입한 대가로 지출한 금액의 합계
→ 민간소비지출 + 국내총투자 + 정부소비지출 + 순수출

국민 소득 3면 등가의 법칙

Point 팁 GNI(gross national income : 국민총소득)

① 국민들이 생산활동을 통해 획득한 소득의 구매력을 나타내는 지표 → 일정 기간 동안 한 나라 국민이 소유하고 있는 생산 요소를 국내외에 제공한 대가로 벌어들인 소득

② 과거에는 소득 지표로 GNP가 사용되었으나 GNP가 요역 조건 변화로 인한 실질 소득의 변화를 반영하지 못하는 문제점이 있어 GNI로 대체

③ GDP가 한 나라의 생산활동을 나타내는 생산 지표임에 비하여, GNI는 국민들의 생활수준을 측정하기 위한 소득 지표임 → 1인당 국민소득은 1인당 GNI의 크기로 측정

ⓔ **국내총생산의 한계**

- 시장에서 거래되지 않은 것은 반영되지 않음
- 복지수준, 삶의 질을 알 수 없음
- 소득 분배 상황 알 수 없음

③ **국민총생산(GNP)** … 한 나라의 국민이 국내와 국외에서 생산한 것의 총합을 의미한다.

ⓐ GDP = GNP + 외국인의 국내 생산액 − 자국민의 해외 생산액

= GNP − 해외 순수취 요소 소득

ⓑ 폐쇄 경제 : GDP = GNP

④ **국민소득의 기타 개념**

ⓐ **국민순생산(NNP)** : 국민총생산에서 감가상각비를 제외한 금액으로 국민경제의 순생산액이다.

Point 팁 국민순생산(NNP) = 국민총생산 − 감가상각비

= 소비 + 순투자

= 순생산물의 합계

= 순부가가치의 합계

ⓑ **국민소득(NI)** : 국민순생산에서 간접세를 빼고 정부보조금을 더한 합계액으로 요소소득의 합계액이다.

ⓒ **개인소득(PI)** : 개인이 실제로 받는 소득이다.

ⓓ **가처분소득(DI)** : 개인이 자유롭게 처분할 수 있는 소득이다.

ⓔ **1인당 국민총생산** : 국민총생산을 국민수로 나눈 것으로 그 나라 국민들의 생활수준을 알 수 있으며, 보통 국제비교를 위해 미 달러화로 표시한다.

문 국민총생산(GNP)과 국내총생산(GDP)에 대한 설명으로 옳은 것은?

▶ 2001. 서울시

구분	국민총생산 (GNP)	국내총생산 (GDP)
A국	1,350	1,500
B국	890	760

① A국은 B국보다 해외투자가 활발하다.

② B국은 해외지급 요소소득보다 해외수취 요소소득이 더 많다.

③ A국은 B국보다 삶의 질이 높다.

④ B국은 A국보다 소득이 평등하게 분배되고 있다.

⑤ A국은 해외에 지급하는 소득이 더 적다.

문 다음 로렌츠 곡선에 대한 설명으로 옳은 것은?

▶ 2015. 4. 18. 인사혁신처

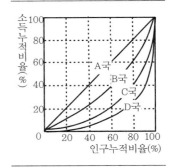

① 4개 국가 중 A국의 소득분배가 가장 불균등하다.

② B국은 하위소득 인구의 40%가 약 60%의 소득누적비율을 차지한다.

③ C국은 상위소득 인구의 40%가 약 80%의 소득점유율을 보인다.

④ 4개 국가 중 D국의 지니계수 값이 가장 작다.

|정답 ②, ③

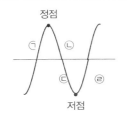

① ㉠시점에서 고용을 증대한다.
② ㉡시점에서 생산규모를 줄인다.
③ ㉢시점에서 설비투자를 늘린다.
④ ㉣시점에서 원자재 매입량을 늘린다.

㉠ 콘드라티예프 파동
㉡ 키친 파동
㉢ 쿠즈네츠 파동
㉣ 주글라 파동

① ㉠㉡㉢㉣
② ㉡㉠㉢㉣
③ ㉡㉣㉢㉠
④ ㉢㉠㉡㉣

정답 ③, ③

(2) 경기 순환과 안정화 정책

① 의미와 경기지표

㉠ 의미 : 국민 경제의 총체적 활동 수준을 말한다.(생산, 투자, 고용, 소비가 얼마나 활발한가?)

㉡ 기업 경기 실사 지수(BSI, Business Survey Index) : 경기에 대한 기업가들의 판단, 예측 및 기획 등이 단기적인 경기 변동에 중요한 영향을 미친다는 경험적인 사실에 바탕을 두고 설문지를 통해 기업가의 경기 동향 판단, 예측 등을 조사하여 지수화한 것으로 이 지수는 조사 결과의 전체 응답 중에서 긍정적인 응답 업체 비중과 부정적인 응답 업체 비중의 차를 기초로 하여 다음 공식에 의해 계산한다.

→BSI = 〈(좋아진다는 사람 − 나빠진다는 사람) / 전체응답 수〉×100 + 100 기업 경기 실사 지수의 값은 0~200까지의 범위 내에서 움직이게 되는데, 100이상의 값이 나오면 앞으로 경기가 좋아질 것으로 기대하는 기업인이 많다는 것이고, 100이하의 값이 나오면 그 반대를 나타냄

② 경기순환과 경기의 네 측면

㉠ 경기 : 국민경제의 총체적인 활동수준을 의미한다.

㉡ 경기순환 : 국민경제에 있어서 어느 정도의 규칙성을 가지고 호황과 불황이 반복되는 과정을 뜻한다.

㉢ 경기순환의 네 국면

• 호경기 : 생산, 고용, 판매 등의 경제활동이 가장 활발한 시기
• 후퇴기 : 전반적인 경제활동이 점차 위축되는 시기
• 불경기 : 전반적인 경제활동이 침체된 시기
• 회복기 : 생산, 고용, 판매 등의 경제활동이 점진적으로 활발해지는 시기

구분	생산	투자	물가	고용(실업)	소비	고재
호경기	최고	최고	최고	최고(최저)	최고	최저
후퇴기	↓	↓	↓	↓(↑)	↓	↑
불경기	최저	최저	최저	최저(최고)	최저	최고
회복기	↑	↑	↑	↑(↓)	↑	↓

ㄹ 경기 변동 원인

- 총수요의 변동(가계 소비, 기업 투자, 정부 지출, 수출 등의 변동)
- 총수요 증가→GDP 증가 (고용 증가, 실업 감소), 물가 상승→경기 활성화
- 총수요 감소→GDP 감소 (고용 감소, 실업 증가), 물가 하락→경기 침체
- 총공급의 변동(원자재 가격, 임금 등 생산비 변동 등이 원인)
- 총공급 증가→GDP 증가(고용 증가, 실업 감소), 물가 하락→경기 활성화
- 총공급 감소→GDP 감소(고용 감소, 실업 증가), 물가 상승→경기 침체

ㅁ 경기순환의 유형

종류	주기	원인
콘드라티예프 파동	약 50년(주기가 가장 김)	기술혁신, 전쟁, 혁명 등 사회변동
쿠즈네츠 파동	약 20년	인구증가율, 경제성장률의 변동
주글라 파동	10~20년(주순환)	기업의 설비투자 변동
키친 파동	3~4(소순환)	재고, 이자율의 변동

③ 경기안정화 정책

ㄱ 자동안정화 장치 : 경기 변동에 따라 자동적으로 경기 안정 효과를 발휘하는 제도적 장치

- 누진세 제도, 실업 보험 제도 등
- 경기 과열 시 세금과 보험료를 많이 내게 되어 경기를 진정시키는 효과가 있음
- 경기 침체 시 소득 감소로 세금은 적게 내고, 실업자가 된 경우에는 보험금을 받게 되어 경기를 부양시키는 효과가 있음

ㄴ 재정정책 : 정부가 조세(세율)와 정부 지출(세출)을 통해 경제의 성장과 성장을 도모하는 정책

- 경기 과열 시 재정 정책 : 세율 인상, 정부 지출 축소(긴축 재정)
- 경기 침체 시 재정 정책 : 세율 인하, 정부 지출 확대(확장 재정)

ㄷ 금융정책 : 중앙 은행이 통화량이나 이자율(금리)을 조절하여 경제의 안정적 성장을 도모하는 정책

- 일반적 금융정책 : 재할인율 정책, 지급 준비율 정책, 공개시장정책
- 선별적 금융정책 : 대출 한도제, 이자율 규제, 특정 분야에 대한 저리(낮은 이자) 정책 등
- 통화량 증가→이자율 하락 →소비 증가, 투자 증가→생산 확대, 고용 증대→물가 상승
- 통화량 감소→이자율 상승→소비 감소, 투자 위축 →생산 위축, 실업 증가→물가 하락(안정)

기출문제

문 다음 자료에 대한 설명으로 옳지 않은 것은?
▶ 2021. 4. 17. 인사혁신처

갑국은 가계 소비와 기업 투자의 감소로 인하여 전년도에 비해 실질GDP가 감소하였다. 이에 경기 회복을 위해 정부는 ㉠확대 재정 정책, 중앙은행은 ㉡확대 통화 정책을 시행하고자 한다. (단, 총수요 곡선은 우하향, 총공급 곡선은 우상향하며, 총공급의 변동은 없다)

① 갑국의 물가는 하락하였다.
② 갑국의 총수요는 감소하였다.
③ 정부의 소득세율 인하는 ㉠의 사례이다.
④ 중앙은행의 국·공채 매각은 ㉡의 사례이다.

문 〈보기〉는 갑(甲)국의 경제 상황에 대한 기자와 전문가의 화상 인터뷰의 일부이다. 이를 바탕으로 전문가가 주장할 것으로 예상되는 통화 정책으로 가장 옳은 것은?
▶ 2022. 6. 18. 제2회 서울시

〈보기〉

기자 : 최근 국내외 주요 기관들은 갑(甲)국의 경제 성장률 전망치를 상향 조정하고 있습니다. 갑(甲)국의 경제 상황 및 정책 방향에 대해 어떻게 생각하시는지요?
전문가 : "중앙은행의 확장적 통화 정책"의 영향으로 인플레이션에 대한 우려가 커지고 있습니다. 이에 따라 중앙은행이 정책 기조변화를 통해 통화량을 축소할 필요가 있습니다.

① 공개 시장 운영을 통한 국공채 매입
② 총수요 증대를 위한 지급 준비율 인하
③ 총수요 감소를 위한 기준 금리 인상
④ 총수요 감소를 위한 정부의 소득세율 인상

정답 ④, ③

기출문제

문 〈보기〉의 자료에 대한 분석 및 추론으로 가장 옳은 것은?

▶ 2023. 6. 10. 제1회 서울시

〈보기〉
- 갑(甲)국은 무역 호황으로 인해 외화 유입이 크게 증가하였고, 이에 따라 국내의 물가 수준도 가파르게 상승하였다. 갑국의 중 앙은행은 ㉠물가 안정을 위한 통화 정책을 시행하고자 한다.
- 을(乙)국은 국제 정세 불안으로 인한 소비와 투자 심리 위축으로 실물 경제가 침체에 빠졌다. 이에 따라 을국 정부는 ㉡소비세 감면 등 각종 세제 혜택을 늘려 소비와 투자를 진작시키고 경기 를 회복하고자 한다. 이에 을국 중앙은행도 ㉢이에 부응하는 정 책을 준비 중이다.

① 국공채 매각은 ㉠에 해당하는 수단이다.
② ㉡은 긴축 재정 정책에 해당한다.
③ 지급 준비율 인상은 ㉢에 해당 할 수 있다.
④ ㉠은 갑국의 실질 GDP 증가 요인, ㉡은 을국의 실질 GDP 감소 요인이다.

문 〈보기〉의 밑줄 친 ㉠, ㉡에 대 한 설명으로 가장 옳은 것은?

▶ 2020. 6. 13. 제2회 서울시

〈보기〉
사회자 : 현재 경기 상황을 극복하기 위한 대책은 무엇입니까?
- 갑 : ㉠소득세율을 인상해야 합니다.
- 을 : ㉡지급 준비율을 인상해야 합니다.

① ㉠은 금융 정책에 해당한다.
② ㉠을 통해 가계의 가처분 소득 은 증가한다.
③ ㉡을 통해 통화량이 증가한다.
④ ㉠과 ㉡ 모두 총수요 감소 정 책에 해당한다.

정답 ①, ④

재할인율 정책	의미	중앙은행이 일반 은행에 대출 이자율(재할인율)과 대출 규모를 조정하여 통화량을 조절
	영향	재할인율 인상(인하) → 은행 대출 감소(증가) → 통화량 감소(증가)
지급 준비 율 정책	의미	시중은행의 고객 인출을 대비하는 법정 지급 준비금 비율을 조절하는 정책
	영향	지급준비율 인상(인하) → 대출 감소(증가) → 통화량 감소(증가)
공개 시장 조작	의미	중앙은행이 국, 공채 또는 통화 안정 증권을 매입 또는 매각하여 통화량을 조절하는 정책
	영향	매각(매입) → 통화량 감소(증가)

Point 팁 물건의 대가로 현금을 지불하는 대신 언제까지 현금을 지급하겠다는 증서를 발행하는 경우가 있는데, 이때의 증서를 어음이라 한다. 어음 할인은 어음의 지급 기일이 되기 전에 은행에서 기일 만큼의 이자를 제한 나머지 금액을 먼저 현금으로 교환하는 것을 말한다.

은행이나 기타 금융 기관이 기업에 돈을 꾸어줄 때에는 어음을 할인해 주는 형식을 취할 때가 많다. 이들이 자금을 필요로 하는 경우에는 할인된 어음을 제시해 다시 할인받는 형태로 자금을 조달하기도 하는데 이로부터 재할인율이라는 말이 나왔다. 그러나 이제는 재할인율이라고 하면 중앙은행 차입금에 적용되는 이자율을 통틀어 그렇게 부르는 것이 보통이다.

(3) 경제의 성장

① 경제성장과 성장률

　㉠ 경제성장 : 국민경제 생산능력의 확대를 통한 성장을 의미한다.

　㉡ 경제성장률 : 국내총생산의 증가율로, 이때의 성장률은 물가의 변동을 제외한 실질 성장률이어야 한다.

$$실질 경제성장률 = \frac{금년도\ 국내총생산 - 전년도\ 국내총생산}{전년도국내총생산} \times 100$$

② 경제성장의 요인

　㉠ 생산요인 : 토지, 자원, 인력, 자본, 기술 등이 있다.

　　• 경제성장 초기단계 : 인력과 자본의 기여도가 기술보다 높다.

　　• 산업구조의 고도화 단계 : 기술 진보의 중요성이 점차 커지고 있다.

　㉡ 경제 외적인 요인 : 기업가정신, 정부의 정책과 법제·사회적 관행, 원만한 노사관계, 경제주체의 강한 의지 등이 있다.

③ 경제성장과 경제발전

　㉠ 경제성장 : 국민경제의 생산이 양적으로 증가하는 것을 의미한다.

ⓛ 경제발전 : 경제성장이 사회발전과 함께 이루어지는 경제의 질적 성장과정을 의미한다.

ⓒ 성장과 발전의 관계
• 발전은 성장의 궁극적 목표
• 성장은 발전의 필요조건이자 토대
• 발전 없는 성장은 지속되기 어려움

④ 명목 GDP와 실질 GDP

	명목 GDP	실질GDP
의미	해당년도의 시장 가격으로 계산	기준년도의 가격으로 계산
특징	물가에 의해 과도 또는 과소 표현됨	실제 생산력의 변화를 반영

section ③ 실업과 인플레이션

(1) 총수요와 총공급

① **총수요** … 국민경제의 모든 경제주체들이 소비와 투자를 목적으로 사려고 하는 재화와 용역의 총량이다.

> 총수요 = 민간 소비 + 민간 투자 + 정부 지출 + 수출

㉠ **가계 소비 지출** : 가계에서 재화와 서비스를 소모하거나 이용하기 위한 지출
㉡ **기업 투자 지출** : 생산 능력을 증가시키거나 생산 과정에서 닳아 없어지는 자본재를 보충하기 위한 지출
㉢ **정부 지출** : 소비 지출(공무원 봉급, 운영비)+투자 지출(철도, 도로, 항만 등을 위한 지출)
㉣ **수출**(해외수요) : 수출

② **총공급** … 한 나라의 모든 경제주체들이 공급하는 재화와 용역의 총량이다.

> 총공급 = 국내총생산 + 수입

③ 총수요와 총공급의 변동
㉠ **총수요 > 총공급** : 고용 투자 증가→생산 활발→물가 상승
㉡ **총수요 < 총공급** : 재고 증가→생산 위축→실업 증가
㉢ **총수요 = 총공급** : 균형 국민 소득, 물가 결정

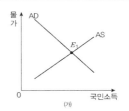
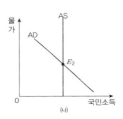

기출문제

💡 다음과 같은 경제상황의 변화가 발생했을 때, 총수요-총공급 모형을 이용하여 물가수준과 국내총생산의 변화를 예측한 것으로 옳은 것은?
▶ 2015. 6. 27. 제1회 지방직

(가) 소비와 투자의 위축
(나) 기술수준 향상과 생산비용 절감
(다) (가)의 변화가 (나)의 변화보다 훨씬 큼

① 물가수준 하락, 국내총생산 증가
② 물가수준 하락, 국내총생산 감소
③ 물가수준 상승, 국내총생산 증가
④ 물가수준 상승, 국내총생산 감소

💡 〈보기〉는 갑(甲)국의 고용지표 변화이다. 이에 대한 분석으로 가장 옳은 것은? (단, 갑(甲)국의 15세 이상 인구는 변하지 않았다.)
▶ 2018. 6. 23. 제2회 서울시

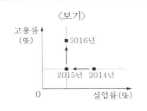
〈보기〉

① 2015년 취업자 수가 2014년보다 더 적다.
② 2015년 비경제활동인구 수가 2014년보다 더 적다.
③ 2016년 실업자 수가 2015년보다 더 많다.
④ 2016년 경제활동인구 수는 2015년과 동일하다.

정답 ②, ③

326

④ 균형국민소득

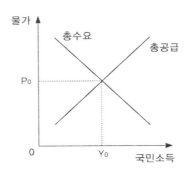

(2) 실업

① 의미 … 일할 능력과 의사가 있음에도 불구하고 일자리를 갖지 못한 상태

② 실업자 … 조사대상 주간 중 수입 있는 일에 전혀 종사하지 못한 자로서, 적극적으로 구직활동을 하고, 즉시 취업이 가능한 자. 30일 이내에 새로운 직장에 들어갈 것이 확실한 취업 대기자는 구직활동여부에 관계없이 실업자로 분류

③ 실업률 … $\dfrac{\text{실업자 수}}{\text{경제활동 인구 수}} \times 100$

④ 경제활동인구 … 15세 이상 인구(노동가능 인구) 중에서 취업자와 실업자 전체

⑤ 비경제활동인구
  ㉠ 생산가능인구수 - 경제활동인구수
  ㉡ 일할 의사 또는 능력이 없는 경우
  ㉢ 주부, 학생, 노인, 환자, 실망실업자 등

⑥ 실업과 관련된 표분석

전체 인구			
생산가능인구(노동가능인구)			비생산가능인구
경제활동인구		비경제활동인구	
취업자	실업자		

⑦ 주요공식
  ㉠ 경제활동참가율 = $\dfrac{\text{경제활동인구(취업자 + 실업자)}}{\text{생산가능인구}} \times 100$

  ㉡ 고용률 = $\dfrac{\text{취업자}}{\text{생산가능인구}} \times 100$

  ㉢ ○○실업률 = $\dfrac{\text{○○실업자수}}{\text{○○경제활동인구}} \times 100$

⑧ 실업의 종류와 대책

실업의 종류		의미	대책
자발적 실업	마찰적 실업 탐색적 실업	직장 이동 과정에서 일시적으로 생기는 실업 더 나은 일자리를 찾는 과정에서 생기는 실업	취업 정보 제공
비자발적 실업	경기적 실업	불경기로 노동 수요가 부족하여 생기는 실업	공공사업, 경기부양책, 정부지출확대
	구조적 실업	산업구조나 기술의 변동 속에서 생기는 실업	기술교육, 인력개발
	계절적 실업	계절적 요인으로 고용이 줄면서 생기는 실업	농촌가내공업육성, 부업개발

(3) 물가

① 물가와 물가지수

　㉠ 물가 : 개별적인 상품의 가격을 종합하여 평균한 것이다.

　㉡ 물가지수 : 물가수준을 나타내는 지표이다.

$$물가지수 = \frac{비교시의\ 물가지수}{기준시의\ 물가지수} \times 100$$

　㉢ 물가지수의 용도

　　• 화폐의 구매력을 측정하는 수단 : 물가가 상승하게 되면 화폐의 구매력은 떨어지게 된다.

　　• 경기 동향의 판단 지표로 사용 : 일반적으로 경기가 좋아지면 수요가 증가하여 물가가 상승하고 경기가 나빠지면 수요가 감소하여 물가가 하락한다.

　　• 전반적인 상품의 수급 동향을 판단하기 위한 자료 : 물가 지수에는 상품 종류별로 작성된 부문별 지수도 있어 재화 및 서비스의 종류별 물가 동향을 파악할 수 있다.

　　• 명목 국내총생산을 실질 국내총생산으로 환산하는데 쓰이는 지수로 이용 : 명목 국내총생산을 실질 국내총생산으로 환산하는데 쓰이는 물가 지수를 GDP 디플레이터라 한다.

② 물가지수의 종류

　㉠ 소비자 물가지수 : 상품의 소매가격을 기준으로 산출한 지수, 소비 생활에 중요한 재화와 서비스의 가격 변동을 기준 연도의 지출 비중을 가중값으로 계산하여 산출함 → 소비자의 구매력과 생계비 측정, 임금 결정의 기초 자료로 활용한다.

기출문제

문 〈보기〉는 실업의 유형 A~C를 질문에 따라 구분한 것이다. 이에 대한 설명으로 가장 옳은 것은? (단, A~C는 각각 마찰적 실업, 구조적 실업, 경기적 실업 중 하나이다.)

▶ 2024. 6. 22. 제2회 서울시

〈보기〉

	A	B	C
자발적 실업에 해당합니까?	예	아니요	아니요
불황으로 인한 노동 수요의 부족으로 인한 실업입니까?	아니요	예	아니요

① A를 해결하기 위해 정부는 경기 부양책을 마련해야 한다.

② A에서 나타나는 실업의 유형은 경기가 호황일 때도 발생할 수 있다.

③ B, C와 달리 A의 증가는 실업률을 상승시키지 않는다.

④ C는 직업 탐색의 과정에서 일시적으로 발생한다.

정답 ②

문 물가가 지속적으로 상승하는 현상이 발생할 경우, 일반적으로 나타날 수 있는 경제 상황에 대한 추론으로 옳은 것만을 모두 고르면?

▶ 2020. 7. 11. 인사혁신처

㉠ 채권자는 유리해지고 채무자는 불리해진다.
㉡ 환율의 변화가 없는 경우, 경상수지가 악화된다.
㉢ 고정된 임금을 받는 가계의 실질소득이 감소하게 된다.
㉣ 실물 자산을 보유한 사람이 화폐 자산을 보유한 사람에 비해 불리해진다.

① ㉠, ㉡
② ㉠, ㉣
③ ㉡, ㉢
④ ㉢, ㉣

정답 ③

㉡ 생활 물가지수 : 물가 지수가 현실에 맞지 않는 문제점을 최소화하기 위해 좀더 생활적으로 밀접한 품목을 중심으로 산출한 지수로 소비자 물가 지수의 보조지표로 활용한다.

㉢ 생산자 물가지수 : 기업 간에 거래되는 도매가격을 종합하여 평균한 것, 기업 사이에 거래되는 주요 원자재 및 자본재의 가격 변동을 기준 연도의 지출 비중을 가중값으로 계산하여 산출함 → 재화의 전반적인 수급 동향을 파악하는 자료로 활용

(4) 인플레이션의 원인과 영향

① 인플레이션의 의미와 종류

㉠ 인플레이션 : 물가수준이 상당히 높은 비율로 지속적으로 오르는 현상을 말한다.

㉡ 인플레이션의 원인

• 수요견인 인플레이션 : 총수요가 총공급을 초과하여 발생하는 물가 상승 현상

• 비용인상 인플레이션 : 생산비 상승(임금상승, 원자재가격 상승 등)으로 인해 물가가 오르는 현상

• 관리가격 인플레이션 : 독과점 기업이 가격을 높게 책정하는 데서 오는 인플레이션

• 통화 인플레이션 : 통화량 증가 → 화폐의 가치 하락 → 실질구매력 하락 → 물가 상승

② 인플레이션의 부정적 영향

㉠ 부와 소득의 불공평한 재분배

• 유리한 자 : 실물자산가, 고용주, 채무자, 수입업자

• 불리한 자 : 금융자산가, 봉급생활자, 연금생활자, 채권자, 수출업자

㉡ 장래 가격에 대한 예측 곤란 : 저축 감소, 소비 증가, 금리 상승, 생산비 상승으로 예측이 곤란하다.

㉢ 국제수지의 악화 : 수출이 위축되고 수입이 증가한다.

㉣ 국민경제성장 저해 : 근로의욕이 상실되고 투자활동이 위축되는 등 국민경제 성장에 악영향을 미친다.

③ 인플레이션 해결책

㉠ 긴축재정(흑자재정, 흑자예산) : 세입을 늘리고(세율 ↑), 세출(공공투자 등)을 줄임

㉡ 소비 억제, 저축 장려, 대출 억제

㉢ 생산성 향상 : 공급 견인 인플레이션 발생 시 총공급 증대

㉣ 통화량 감축 : 금융긴축 : 국공채 매각, 지급준비율 인상, 재할인율 인상

㉤ 폭리 단속 : 독과점기업이 높은 가격을 설정하지 못하도록 규제(최고가격제 등 시행)

(5) 디플레이션

① 의미 … 경기가 침체되고 물가가 지속적으로 하락하는 현상

② 원인 … 총수요 감소, 과도한 통화 긴축, 생산성 향상, 과잉 공급, 자산 가격 거품 붕괴

③ 사례 … 대공황 시기, IMF직후인 1999~2001년 → 소비와 생산 위축

④ 문제점

　　㉠ 실물 자산의 가치가 떨어지고, 화폐의 가치가 커짐

　　㉡ 유리 : 화폐보유자, 임금생활자(실질 임금 상승), 채권자

　　㉢ 불리 : 실물자산가(자산 거품 붕괴), 기업(실질 금리 상승), 채무자(실질적 채무 부담 증가), 대출이 많은 금융기관(채무불이행)

Point 팁 　스태그플레이션(stagflation)
　　㉠ 물가상승과 경기침체가 동시에 일어나는 불황 속의 인플레이션을 말한다.
　　㉡ 생산요소 가격상승에 따른 비용인상 인플레이션은 스태그플레이션을 초래한다.
　　㉢ 1970년대 오일쇼크는 대표적인 스태그플레이션의 사례이다.

(6) 물가안정대책

① 물가안정의 필요성

　　㉠ 물가불안 : 경제주체들이 자신의 이해득실을 고려하여 제각기 행동하기 때문에 국민경제 악순환을 초래한다.

　　㉡ 물가안정정책 : 정부의 경제정책과 함께 각 경제주체들의 협조가 필요하다.

② 경제주체의 역할

　　㉠ 정부의 역할 : 정부가 직접 가격결정에 개입, 금융·재정정책을 통한 총수요 관리 및 안정적인 공급 기반 확충 등 경제안정화 정책을 실시한다.

　　㉡ 기업의 역할 : 공정한 경쟁, 경영혁신 등을 통해 물가를 안정시킨다.

　　㉢ 가계의 역할 : 건전한 소비풍조조성 등이 필요하다.

　　㉣ 근로자의 역할 : 생산성의 범위를 벗어난 임금인상요구를 자제한다.

문 그림 ㈎와 ㈏의 인플레이션 유형에 대한 설명으로 옳지 않은 것은? (단, 우하향하는 총수요곡선, 우상향하는 총공급곡선을 가정한다)
▶ 2020. 6. 13. 지방직/서울시

① ㈎는 물가 상승과 경기 침체가 함께 발생하는 스태그플레이션(stagflation)을 발생시킬 수 있다.

② ㈏의 원인은 임금 상승, 임대료 상승, 원자재 가격 상승 등이다.

③ ㈎는 실질 GDP의 증가, ㈏는 실질 GDP의 감소를 가져온다.

④ ㈎는 총수요곡선의 우측 이동, ㈏는 총공급곡선의 좌측 이동으로 나타난다.

문 스태그플레이션(stagflation)에 대한 설명으로 옳은 것만을 모두 고른 것은?
▶ 2018. 4. 7. 인사혁신처

㉠ 1930년대 미국의 대공황은 대표적인 스태그플레이션의 사례이다.

㉡ 생산요소 가격상승에 따른 비용인상 인플레이션은 스태그플레이션을 초래한다.

㉢ 물가상승과 경기침체가 동시에 일어나는 불황 속의 인플레이션을 말한다.

① ㉠, ㉡　　　　② ㉠, ㉢
③ ㉡, ㉢　　　　④ ㉠, ㉡, ㉢

정답 ①, ③

2021. 6. 5. 제1회 서울시

1 〈보기〉의 ㉠~㉢에 들어갈 내용을 옳게 짝지은 것은?

〈보기〉

15세 이상 인구가 일정한 상태에서 인구 구성의 변화가 발생하였을 때 고용 지표의 변화를 정리하면 다음과 같다.

구분	실업률	고용률	경제 활동 참가율
취업자→ ㉠	상승	하락	불변
㉡ →비경제 활동 인구	하락	불변	하락
비경제 활동 인구→실업자	상승	㉢	상승

	㉠	㉡	㉢
①	실업자	취업자	상승
②	실업자	실업자	불변
③	비경제 활동 인구	실업자	불변
④	비경제 활동 인구	취업자	하락

② 경제 활동 참가율이 불변이므로, ㉠은 실업자이다. 실업률이 하락했으므로, ㉡은 실업자이다. 비경제 활동 인구가 실업자가 되면 고용률은 불변이다.

Answer) 1.②

2021. 6. 5. 제1회 서울시

2 〈보기〉의 자료에 대한 분석 및 추론으로 옳은 것은?

> 〈보기〉
>
> 표의 (가), (나)는 각각 갑(甲)국의 명목 GDP와 실질GDP 중 하나를 나타낸다. 단, 기준 연도는 2017년이며, 물가 수준은 GDP 디플레이터로 측정한다.
>
> (단위 : 억 달러)
>
> | 구분 | 연도 | | |
> |------|------|------|------|
> | | 2018년 | 2019년 | 2020년 |
> | (가) | 80 | 100 | 120 |
> | (나) | 120 | 100 | 80 |

① 2019년의 물가 수준은 2017년보다 낮다.

② (가)가 실질 GDP라면 2018년의 GDP 디플레이터는 2017년보다 높다.

③ (가)가 명목 GDP라면 2019년의 경제 성장률은 양(+)의 값을 가진다.

④ (나)가 실질 GDP라면 2020년의 물가 상승률은 음(−)의 값을 가진다.

Point

① 2019년의 물가 수준과 2017년의 물가 수준은 100으로 동일하다.

③ (가)가 명목 GDP라면 2019년의 경제 성장률은 $\frac{100-120}{120} \times 100 = -16.7(\%)$이므로 음(−)의 값을 가진다.

④ (나)가 실질 GDP라면 2020년의 물가 상승률은 $\frac{150-100}{100} \times 100 = 50(\%)$이므로 양(+)의 값을 가진다.

Answer 2.②

3 다음 그림은 소득 불평등도를 측정하는 하나의 지표인 로렌츠 곡선을 나타낸 것이다. 로렌츠 곡선을 a에서 b로 변화하도록 정책을 시행하고자 할 때 적절치 않은 것은?

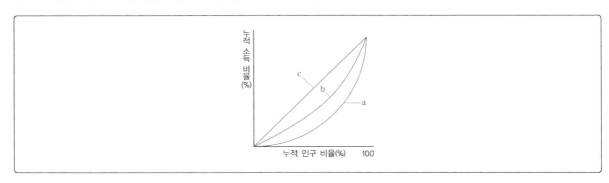

① 소득에 대한 누진세율을 강화한다.

② 각종 사회보험제도를 실시한다.

③ 의무 교육 연한을 확대하고, 직업 기술 교육을 강화한다.

④ 간접세의 비중을 늘리고 성장 위주의 경제 정책을 실시한다.

Point

• c는 완전평등선, 로렌츠 곡선이 c에 가까워질수록 소득분배는 평등하다.

• a에서 b로 변화하도록 하기 위해서는 소득분배의 불평등을 개선해야 한다.

④ 간접세의 비중을 늘리는 것은 오히려 저소득층에 불리하고, 효율성을 추구하는 성장 위주의 경제 정책도 형평성을 저해하여 소득분배의 불평등도는 악화될 수 있다.

① 직접세(누진 소득세) 인상 ② 사회보장제도 확충 ③ 의무 교육 연한을 확대, 최저임금 보장 등은 소득분배를 개선하기 위한 대책이 된다.

4 다음 내용에 해당하는 경기 순환의 종류는?

> 18세기 말에서 1920년까지의 영국 · 프랑스 · 미국 등의 경제현상을 연구한 결과 약 50년 주기의 장기순환이 존재함이 발견되었다. 자본주의 경기순환에는 3차례 경기순환이 있었는데, 제1차 파동은 산업혁명과 그 침투과정, 제2차 파동은 철도의 건설을 기간으로 하는 증기 · 강철의 보급, 제3차 파동은 자동차 · 전기 · 화학의 각 산업발달과 같이 경제활동을 급속하게 신장시키는 기술진보나 신제품의 출현이 있었다고 주장한다.

① 콘드라티예프 파동
② 쿠즈네츠 파동
③ 주글라 파동
④ 키친 파동

 Point

기술 혁신 등이 원인이 돼서 일어나는 약 50년 주기의 장기순환은 콘드라티예프 파동이다.

파동의 종류	주기	원인
콘드라티예프 파동	약 50년(장기 파동)	기술 혁신
쿠즈네츠 파동	약 20년	인구 증가율의 변동과 이에 따른 경제 성장률의 변동
주글라 파동	10~12년(중기 파동)	기업의 설비 투자 변동
키친 파동	3~4년(단기 파동)	재고의 변화, 이자율의 변동

5 다음은 물가 상승률과 실업률의 관계를 나타낸 것이다. 현재 e점에 위치하고 있는 국민경제 상태를 b점으로 유도하고자 할 때 취할 수 있는 정책으로 타당한 것은?

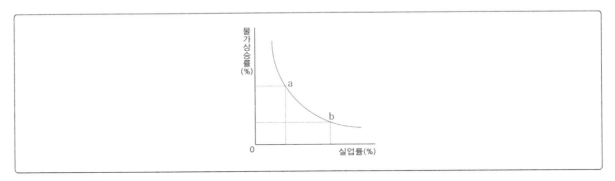

① 중앙은행이 재할인율을 인하한다.
② 일반은행의 지급 준비율을 인상한다.
③ 조세 수입을 줄이고 정부 지출을 늘린다.
④ 정부가 공공 투자 사업을 대규모로 실시한다.

- a점에서 b점으로 유도하면 실업률은 높아지지만 물가상승률을 낮출 수 있다.
- a점에서 b점으로 유도하고자 할 때 물가상승률을 낮추기 위해서는 통화량을 줄여야 한다. ②는 통화량을 줄이기 위한 정책이다.
①③④는 통화량을 늘리기 위한 정책이다.

6 다음에 나타난 경제 행위가 A국의 2013년 국내 총생산에 직접적으로 미치는 영향으로 옳은 것은?

A국에 거주하는 국민 갑은 2013년 12월 말에 직거래를 통해 자녀가 입을 의류를 B국으로부터 수입하였다.

① 소비가 감소했다.　　　　　　　　② 투자가 감소했다.
③ 순수출이 증가했다.　　　　　　　④ 국내 총생산은 변하지 않았다.

총수요=소비+투자+정부지출+순수출(수출−수입)
④ 수입품은 국내 총생산(GDP)에 포함되지 않는다.
① 수입 증가는 소비 증가로 나타난다.
② 투자에 영향을 주지 않는다.
③ 수입이 증가하면 순수출(수출−수입)은 감소한다.

7 다음 표에 대한 분석으로 옳은 것은?

구분	자국민 국내생산(소득)	해외수취요소소득	해외지급요소소득
2013년도	100	80	70
2014년도	90	60	50

① 2014년도에는 GDP가 GNP보다 더 크다.

② 2014년도에는 GDP가 전년도보다 감소하였다.

③ 2014년도에는 GDP의 증가율은 양(+)의 값을 갖는다.

④ 2014년도의 실질경제성장률은 양(+)의 값을 갖는다.

Point

　㉠ 2013년도
　　• GDP (국내 총생산) = 자국민의 국내생산 + 외국인의 국내생산(해외 지급 요소 소득) =100 + 70 = 170
　　• GNP (국민 총생산) = 자국민의 국내생산 + 자국민의 해외생산(해외 수취 요소 소득) =100+80=180
　㉡ 2014년도
　　• GDP = 자국민의 국내생산 + 외국인의 국내생산(해외 지급 요소 소득) = 90 + 50 = 140
　　• GNP = 자국민의 국내생산 + 자국민의 해외생산(해외 수취 요소 소득) = 90 + 60 = 150
　② 2014년도에는 GDP가 전년도보다 감소하였다.
　① 2014년도에는 GDP가 GNP보다 더 작다.
　③ 2014년도에는 GDP의 증가율은 음(−)의 값을 갖는다.
　④ 2014년도의 실질경제성장률은 물가지수를 알 수 없어서 계산할 수 없다.

8 경제상황이 (가)에서 (나)로 변화하였을 경우, 이에 대한 정책으로 옳은 것을 〈보기〉에서 고른 것은?

	물가상승율	실업율	고용
(가)	높음	낮음	높음
(나)	낮음	아주 높음	아주 낮음

> ㉠ 정부는 세율을 인하한다.　　　　　㉡ 정부는 국·공채를 매입한다.
> ㉢ 정부는 적자 재정정책을 실시한다.　㉣ 중앙은행은 지급준비율을 인상시킨다.
> ㉤ 정부는 소비를 억제하고 저축을 권장한다.

① ㉠㉡㉢　　　　　　　　　　　　② ㉠㉢㉣
③ ㉡㉢㉤　　　　　　　　　　　　④ ㉢㉣㉤

> **Point**
> (가)에서 (나)로 변화 : 물가상승률 낮아짐, 실업율 높아짐(경기침체)
> • 경기침체에 대한 정책 : 확대재정정책(적자재정정책 ; 조세감소, 정부지출증가), 확대금융정책(금융완화정책 ; 통화량확대)으로 총수요확대
> • 총수요확대 : ㉠ 확대재정정책(조세감소), ㉡ 확대금융정책(통화량확대), ㉢ 적자 재정정책
> 　총수요 축소 : ㉣ 긴축금융정책(통화량축소), ㉤ 총수요 축소

9 그림은 생산 가능 인구를 분류한 것이다. (A)~(D)에 대한 설명으로 옳은 것은?

실업률 통계를 위한 인구 분류도

		취업자 (C)
생산가능인구	경제활동인구 (A)	실업자 (D)
	비경제활동인구 (B)	

① 학생, 전업 주부는 (B)에 속한다.
② 일할 능력을 가지고 일자리를 구하려 노력한 사람은 (C)에 포함된다.
③ 여성의 경제 활동 참여가 증가할수록 (D)가 증가한다.
④ 실업률은 (A)에서 (C)가 차지하는 비율이다.

> **Point**
> ① 학생, 전업 주부는 일할 의사가 없으므로 비경제활동인구(B)에 속한다.
> ② 일할 능력을 가지고 일자리를 구하려 노력한 사람은 실업자(D)에 포함된다.
> ③ 여성의 경제 활동 참여가 증가할수록 경제활동인구(A)가 증가한다.
> ④ 실업률은 경제활동인구(A)에서 실업자(D)가 차지하는 비율이다.

10 밑줄 친 부분에 해당하는 사람들이 통계상 실업자로 분류된다면 고용 관련 지표에 나타날 변화로 옳은 것은?

> 어떤 사람들은 구직 활동에 적극적이지 않다는 이유로 경제 활동 인구에서 제외된다고 한다. 이들 중에는 <u>구직 활동을 포기하기는 하였으나 실제로는 일을 하고 싶어 하는 사람들</u>이 포함되어 있다.

① 실업률이 상승할 것이다.

② 고용률이 하락할 것이다.

③ 비경제 활동 인구가 증가할 것이다.

④ 경제 활동 인구는 변하지 않을 것이다.

 Point

현재 비경제 활동인구로 분류되어 있는 구직 단념자(실망 실업자)를 실업자로 분류된다면

▶ 생산활동 가능인구(만 15세 이상의 인구)

= 경제활동인구 + 비경제활동인구

▶ 경제활동인구= 취업자 + 실업자

경제 활동 참가율(%)	경제활동 인구/노동 가능 인구 × 100 = 경제활동 인구/(경제활동 인구 + 비경제활동 인구) × 100
실업률(%)	실업자 수 / 경제활동 인구 × 100
고용률(%)	취업자 수 / 노동 가능 인구 × 100

① 실업률이 상승할 것이다.

② 취업자 수는 불변이므로 고용률은 변함없다.

③ 비경제 활동인구는 감소한다.

④ 경제 활동 인구(취업자 +실업자)는 증가할 것이다.

11 국민경제에서 총수요가 총공급보다 지나치게 클 때 취해야 할 조치 중 옳지 않은 것은?

① 생산증대　　　　　　　　　　② 수입증대

③ 수출감소　　　　　　　　　　④ 정부지출증대

 Point

총수요와 총공급의 관계

㉠ 총수요 = 총공급 : 공급된 재화와 용역은 결국 여러 목적으로 쓰인 것이므로 일정기간이 지나고 나면 총공급과 총수요가 일치하게 된다.
　총공급(국민총생산 + 수입) = 총수요(민간소비 + 민간투자 + 정부지출 + 수출)

㉡ 공급부족 : 국내수요가 늘어나면 공급부족이 발생하는데, 이를 해결하기 위해서는 생산을 늘리거나 수입을 늘리고 수출을 줄인다.

㉢ 공급과잉 : 국내수요에 비하여 공급이 지나칠 때 발생하며, 생산을 줄이거나 수입을 줄이고 수출을 늘린다.

Answer　8.① 9.① 10.① 11.④

12 다음 그림은 경기순환의 네 국면을 나타낸 것이다. A국면에서 나타나는 현상은?

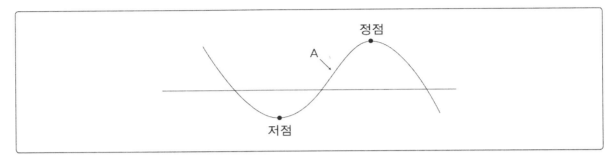

① 국민소득이 증가하고 기업의 이윤도 늘어나므로 설비투자도 활기를 띠게 된다.

② 경제활동이 둔화되고 생산과잉상태가 부분적으로 발생한다.

③ 기업이윤의 감소로 손해가 발생하게 되어 도산하는 기업이 생기고 실업자도 증가한다.

④ 경제활동이 활기를 띠기 시작하며 서서히 수요가 증가하고 생산량이 많아지므로, 실업자도 줄어들게 된다.

 Point

A국면은 호경기이다.

② 후퇴기 ③ 불경기 ④ 회복기 ⑤ 불경기

※ 경기순환

　　㉠ 개념 : 한 나라의 경제는 장기적으로는 성장하는 추세를 보이지만, 단기적으로는 호경기와 불경기가 주기적으로 순환하는데, 국민경제의 이와 같은 단기적인 움직임을 경기순환이라 한다.

　　㉡ 경기순환의 네 국면

　　　• 호경기 : 경제활동이 가장 활발, 수요 · 생산 · 고용 증가, 기업의 이윤 증가

　　　• 후퇴기 : 경제활동 둔화, 부분적 생산과잉

　　　• 불경기 : 경제활동 쇠퇴, 기업의 이윤감소, 생산 감소, 실업 증대

　　　• 회복기 : 경제활동 회복, 점증적인 수요 · 생산 증가, 실업 감소

13 다음 보기를 통하여 알 수 있는 GNP는?

> 나무꾼이 산에서 나무를 1단위 생산하여 종이생산자에게 팔고, 종이생산자는 나무를 가지고 종이를 3단위 생산하여 노트생산자에게 팔았다. 노트생산자는 노트를 5단위 생산하여 판매하였다(단, 나무꾼은 생산요소 중 노동력만 투입하였고, 그 외의 요소는 무시하기로 한다. 나무 1단위 20원, 종이 1단위 30원, 노트 1단위 50원).

① 150원 ② 330원
③ 250원 ④ 370원

 Point

국민총생산 = 최종생산물의 합계 = 부가가치의 합계 = 총생산물 − 중간생산물
최종생산물이 노트 5단위이므로 5단위 × 50원은 250원이 된다.

14 경기가 침체되어 있을 때 수요가 급증하는 상황에서 채택할 수 있는 정책적 수단은?

① 중앙정부의 세율을 높인다.
② 지급준비율을 내린다.
③ 재할인율을 높인다.
④ 은행대출의 최고금액을 올린다.

 Point

경기대책

구분	경기과열 시(인플레이션)	경기침체 시(디플레이션)
재정정책	긴축재정, 세율인상	적극재정, 세율인하
금융정책	• 지급준비율 · 재할인율 인상 • 유가증권 매각	• 지급준비율 · 재할인율 인하 • 유가증권 매입
공공투자정책	대규모 공공사업 억제	대규모 공공사업 추진

② 지급준비율을 조절할 경우 은행이 대출할 수 있는 자금량과 은행수지에 끼치는 영향이 매우 크다. 지급준비율을 인하하면 일반은행의 대출이 증가되어 통화량이 증가한다.

Answer 12.① 13.③ 14.②

15 실업자가 늘고 경기가 좋지 않아 기업의 부도율이 올라간다고 할 때, 정부는 재정정책으로 대처하려 한다. 적당한 재정정책은?

① 정부발주 각종 사업을 일시중단 또는 지체시킨다.

② 흑자예산을 편성한다.

③ 정부의 공공부문 공사를 늘린다.

④ 부가가치세금을 올린다.

경제안정화정책 … 정부가 인플레이션을 억제하고 완전고용 수준에 가깝도록 실업을 줄이면서 경제성장을 이루고자 재정정책이나 금융정책을 시행하는 것이다.
㉠ 불황기 : 팽창정책(조세인하, 재정지출 확대) → 국내수요 확대, 실업감소
㉡ 호황기 : 긴축정책(조세인상, 재정지출 감소) → 국내수요 억제, 물가안정

16 다음에서 국민소득(NI)을 계산하면?

* 총생산물 : 50만 원
* 간접세 : 3만 원
* 중간생산물 : 15만 원
* 감가상각비 : 5만 원
* 보조금 : 2만 원

① 20만 원
② 25만 원
③ 29만 원
④ 35만 원

국민소득(NI) … 국민들이 생산활동에 종사함으로써 얻게 되는 요소소득의 합계이다.
㉠ 국민소득(NI) = 국민순생산(NNP) − 간접세 + 정부보조금 = 29만 원
㉡ 국민순생산(NNP) = 국민총생산(GNP) − 감가상각비 = 30만 원
㉢ 국민총생산(GNP) = 총생산물 − 중간생산물 = 35만 원

17 어떤 해의 명목임금이 전년도에 비해 10% 상승하였다. 이때 전년도 기준으로 물가지수가 125라면 그 해의 실질적인 임금의 변동은?

① 15% 증가

② 15% 감소

③ 12% 증가

④ 12% 감소

명목임금과 실질임금

㉠ 명목임금 : 화폐액수로 표시된 금액이다.

㉡ 실질임금 : 화폐의 구매력으로 표시된 금액이다.

$$실질임금 = \frac{명목임금}{물가지수} \times 100 = \frac{110}{125} \times 100 = 88\%$$

∴ 실질임금은 전년도에 비해 12% 감소하였다.

18 다음에 해당되는 국민소득의 개념은?

- 순수한 부가가치의 합계
- 국민총생산 − 감가상각비

① 국내총생산(GDP)

② 국민순생산(NNP)

③ 국민소득(NI)

④ 개인소득(PI)

국민순생산(NNP) = 국민총생산 − 감가상각비 = 순부가가치의 합계 = 소비 + 순투자

① 국내총생산(GDP) = 국내에서 그 나라 국민의 생산 + 외국인의 생산

③ 국민소득(NI) = 국민순생산 − 간접세 + 정부보조금

④ 개인소득(PI) = 국민소득 − 법인세 − 법인유보이윤 + 이전소득

Answer 15.③ 16.③ 17.④ 18.②

19 1997년의 실질GDP과 실질경제성장률을 구한 것으로 올바른 것은?

구분	1995년	1996년	1997년
명목 GDP	240조 원	330조 원	396조 원
물가지수	100	110	120

① 310조 원, 5%
② 320조 원, 5%
③ 330조 원, 10%
④ 350조 원, 12%

Point

먼저 실질GDP를 구하면 1996년은 (330조 원 ÷ 110) × 100 = 300조 원, 1997년은 (396조 원 ÷ 120) ×100 = 330조 원이므로 1997년의 실질경제성장률은 (330조 원 − 300조 원) ÷ 300 × 100 = 10%가 된다.

20 다음은 국민총생산(GNP)과 국내총생산(GDP)의 개념을 표시한 것이다. 이를 토대로 바르게 설명한 것은?

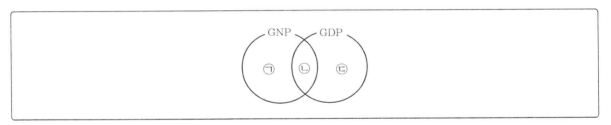

① ㉠은 국내에서 외국인들이 생산한 부가가치의 합계이다.
② ㉠과 ㉢을 합친 액수는 항상 ㉡보다는 크다.
③ ㉡은 우리국민이 해외에서 벌어들인 소득을 말한다.
④ ㉠이 ㉢보다 크면 국제수지의 흑자요인이 된다.

Point

국내총생산(GDP)은 일정기간 동안 자국 내에서 외국인 및 내국인이 새로이 생산한 재화와 용역의 가치를 합한 것이다. 이에 반해, 국민총생산(GNP)은 그 나라 국민이 국내와 해외에서 새로이 생산한 것을 합한 것이다. 그림에서 ㉠은 우리 국민이 해외에서 벌어들인 소득(생산액)을 나타내고, ㉡은 내국인이 순수하게 국내에서 생산하여 벌어들인 소득을 나타내며, ㉢은 외국인이 국내에서 벌어들인 소득(생산액)을 의미한다. 따라서 ㉠이 ㉢보다 크면 외화가 국내로 유입되므로 국제수지의 흑자요인이 된다.
① ㉢에 대한 설명이다.
② 근거없는 판단이다.
③ ㉠에 대한 설명이다.

21 가계와 기업은 시장경제원리에 따라 자기편익을 위한 이기적인 행동을 하게 된다. 이에 따라 호황 시에는 더한 호황을 초래하여 경기과열을 가져오게 되는데, 이러한 상황에서 경기를 진정시키기 위한 조치로서 옳은 것을 고르면?

㉠ 정부는 세율을 인하시킨다.　　　　　　㉡ 자금에 대한 이자율을 높인다.

㉢ 정부의 재정지출을 축소시킨다.　　　　㉣ 공공투자사업에 대한 투자를 확대한다.

---

① ㉠㉡　　　　　　　　　　　　　　② ㉡㉢

③ ㉡㉣　　　　　　　　　　　　　　④ ㉢㉣

 Point

경기과열 시에는 총수요를 억제·관리하고, 경기불황 시에는 총수요를 증대(투자·소비 증대)하기 위한 정책을 펴야 한다.

22 다음 중 빗금 친 부분에 해당하는 것은?

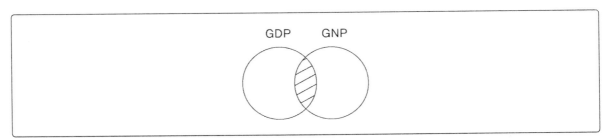

① 외국에서 생산한 자동차를 국내로 수입한다.　　② 자국민이 외국에 나가 생산한다.

③ 국내에서 외국인이 생산한다.　　　　　　　　④ 국내에서 자국민이 생산한다.

 Point

빗금 친 부분은 국내에서 자국민이 생산한 것을 나타낸다.

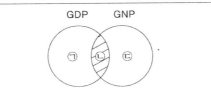

㉠ 국내에서 외국인이 생산한 것
㉡ 국내에서 자국민이 생산한 것
㉢ 외국에서 자국민이 생산한 것

Answer 19.③ 20.④ 21.② 22.④

23 다음 그래프에서 A점에서 B점으로의 이동을 바르게 해석한 것은?

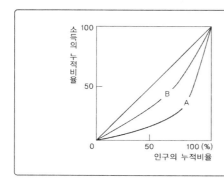

ㄱ 직접세보다 간접세를 늘린다.
ㄴ 누진세율을 인상한다.
ㄷ 공공부조의 이전지출을 줄인다.
ㄹ 불로소득을 제거하고 금융실명제를 실시한다.

① ㄱㄴ
② ㄴㄷ
③ ㄴㄹ
④ ㄷㄹ

A점에서 B점으로의 이동은 소득분배가 평등하게 개선되고 있는 상황이다.
※ 소득분배의 개선방법
  ㄱ 공평과세 : 재산소득에 대한 누진세의 적용, 고율의 상속세와 증여세 부과로 세습을 예방하여야 한다.
  ㄴ 지하경제의 근절 : 부동산투기나 탈세 등에 의한 불로소득은 국민경제의 건전한 발전을 저해하므로 근절해야 한다.
  ㄷ 분배정의의 실현 : 금융실명제, 부동산실명제, 금융소득종합과세를 실시한다.

24 다음 중 인플레이션의 영향으로 옳지 않은 것은?

① 금융자산소지자는 불리하다.
② 국제수지는 악화된다.
③ 봉급생활자는 불리하다.
④ 금리가 내려간다.

④ 사람들은 저축을 줄이고 소비를 늘리며 부동산 투기 등으로 자금의 초과수요가 발생하여 금리가 오르고 생산비가 증가한다.

25 인플레이션이 발생했을 때 일반적으로 일어나는 현상이 아닌 것은?

① 부와 소득의 분배가 더욱 불공평하게 된다.

② 저축이 늘어난다.

③ 부동산투기가 늘어난다.

④ 수출이 위축된다.

인플레이션(Inflation)

㉠ 개념 : 물가수준이 상당히 높은 비율로 지속적으로 오르는 현상이다.

㉡ 인플레이션의 영향 : 부와 소득의 불공평한 재분배(자원배분의 비효율), 저축의 감소, 부동산투기의 증가, 국제수지의 악화로 수입이 조장되고 수출이 위축되는 현상이 나타난다.

26 다음 중 인플레이션의 원인이라고 할 수 없는 것은?

① 총수요가 총공급을 초과　　　　② 임금의 상승

③ 원자재가격의 상승　　　　　　④ 정부의 재정정책

④ 경기안정화를 위해 경기과열과 경기침체 시 모두 실시하는 정책으로 문제와 직접적 연관이 없다.

27 비용인상인플레이션에 관한 설명으로 옳지 않은 것은?

① 원자재가격의 상승이 원인이다.

② 임금상승이 원인이다.

③ 노동조합의 활동과 연관이 깊다.

④ 소비자들의 소비수요 증가 시 발생한다.

비용인상인플레이션은 공급측면에서 발생하는 것인데, ④는 수요견인인플레이션의 원인이다.

※ 비용인상인플레이션 … 상품을 생산하거나 판매하는 데 드는 비용이 증가하기 때문에 전반적인 가격수준이 상승하는 것을 말한다.

Answer) 23.③ 24.④ 25.② 26.④ 27.④

28 한 나라의 총수요가 총공급을 초과하여 일어나는 인플레이션을 바르게 나타낸 것은?

① 관리가격인플레이션　　　　　　　　　② 비용인상인플레이션

③ 수요견인인플레이션　　　　　　　　　④ 초과공급인플레이션

인플레이션의 요인과 대책

인플레이션의 형태	요인	대책
초과수요인플레이션 (수요견인인플레이션)	초과수요, 과잉통화, 수요의 변화	총수요억제정책(대출억제, 금리인상, 세출축소, 세입확대, 부분적 수요조절)
임금인상인플레이션	임금의 상승	소득정책(임금 및 물가의 동결과 통제)
관리가격인플레이션	관리가격 인상	경쟁촉진정책(소비자운동, 경쟁기업육성)
구조적 인플레이션	저생산성	구조정책(산업합리화촉진, 유통구조의 개선)
수입인플레이션	수입가격 상승, 수입물량 부족, 수출과다	무역 및 외환정책(수입촉진, 무역자유화, 관세인하, 특정부문의 수출조정, 환율정책, 국제협력)

29 완전고용이란 어느 상태를 뜻하는가?

① 구조적 실업이 존재하는 상태

② 기술적 실업이 존재하는 상태

③ 경기적 실업이 존재하는 상태

④ 취업희망자 수와 일자리 수가 일치하는 상태

완전고용 … 비자발적 실업이 없는 상태이며 자발적 실업이 3~4% 존재하는 경우도 완전고용으로 본다.

30 다음 중 노동의 특성을 잘못 말하고 있는 것은?

① 노동은 근로자의 인격과 분리하기 어렵다.

② 임금의 노동수급조절기능이 미약하다.

③ 근로자의 유일한 생계수단이다.

④ 노동의 질은 향상시킬 수 없다.

④ 노동의 질은 교육이나 훈련 등을 통하여 그 향상이 가능하다.

31 다음 중 실업에 대한 설명으로 옳지 않은 것은?

① 경제불황으로 인해 노동에 대한 수요가 감소할 수 있다.

② 농업이나 건설업에서 계절에 따라 발생할 수 있다.

③ 경제성장이 지속되는 한 실업률은 반드시 줄어들게 되어 있다.

④ 산업구조의 변화로 기능과 기술이 없어 발생할 수 있다.

③ 경제성장이 지속되더라도 인구증가율이 경제성장률보다 높으면 실업률이 더 늘어날 수 있다.

32 다음에서 제시하고 있는 우리나라의 사회보장제도에 대한 설명으로 옳지 않은 것은?

> • 서비스 대상 : 65세 이상의 노인 또는 65세 미만의 노인성 질환자
> • 서비스 내용 : 시설 급여, 재가 급여, 특별 현금 급여
> • 보험료 징수 방법 : 건강보험료와 통합 징수

① 의료급여제도에 대한 설명으로 소득재분배 효과를 담보하고 있다.

② 가입자는 부양해야 할 노인이 없어도 부담액을 납부하여야 한다.

③ 국가와 지방자치단체의 노인부양책임을 강화하는 것을 목적으로 한다.

④ 가입자의 소득과 가입자 부담액은 양(+)의 상관관계가 있다.

① 제시된 내용은 사회보험인 노인장기 요양보험에 대한 설명이며 의료급여제도는 공적부조에 해당한다.

※ 노인장기 요양보험 … 고령이나 노인성 질병 등의 사유로 일상생활을 혼자서 수행하기 어려운 노인 등에게 신체활동 또는 가사활동 지원 등의 장기요양급여를 제공하여 노후의 건강증진 및 생활안정을 도모하고 그 가족의 부담을 덜어줌으로써 국민의 삶의 질을 향상하도록 함을 목적으로 시행하는 사회보험제도이다.

Answer 28.③ 29.④ 30.④ 31.③ 32.①

33 다음 자료에 대한 옳은 설명은?

> 그림은 최근 3년간 A국의 명목 GDP와 실질 GDP의 추이를 나타낸다. 이 기간 중 명목 GDP는 변함이 없었으나 실질 GDP는 감소했다. 단, 물가 지수는 GDP 디플레이터로 측정한다.
>
>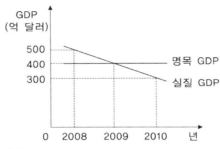
>
> * GDP 디플레이터 = 명목 GDP/실질 GDP × 100

> ㉠ 2008년의 물가 지수는 80이다.
> ㉡ 2009년은 물가지수가 100이다.
> ㉢ 2009년의 물가는 전년도와 같다.
> ㉣ 2010년의 물가는 전년도보다 높아졌다.
> ㉤ 2010의 경제성장률은 음의 값을 가진다.
> ㉥ 2009년과 2010년의 물가 상승률은 같다.

① ㉠, ㉡, ㉢ ② ㉠, ㉢, ㉣
③ ㉠, ㉡, ㉤ ④ ㉡, ㉢, ㉥

GDP디플레이터는 GDP로 측정한 물가지수이고, $\dfrac{명목\,GDP}{실질\,GDP} \times 100$ 으로 구하며, 기준연도는 GDP디플레이터가 100이 된다.

34 총수요와 총공급의 흐름을 나타낸 그림이다. 정부가 추진할 정책으로 ㈎, ㈏에 해당하는 것이 옳게 짝지어진 것을 모두 고르면?

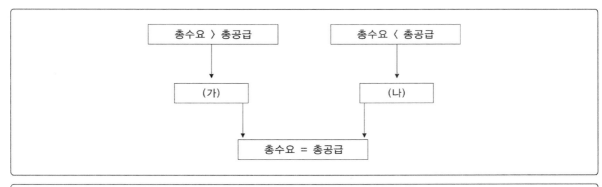

㈎	㈏
㉠ 세율 인상	정부 지출 축소
㉡ 통화량 감소	국·공채 매입
㉢ 정부 지출 확대	통화량 증가
㉣ 흑자 예산 편성	이자율 인하

① ㉠, ㉡
② ㉠, ㉢
③ ㉡, ㉢
④ ㉡, ㉣

 Point

㈎는 호경기의 인플레이션의 대책이고 ㈏는 불경기의 실업문제를 해결해야 하는 것이 화두이다. 호경기에는 통화량을 줄여 총수요를 줄여야 하고 불경기에는 통화량을 늘려 총수요를 확대시켜야 한다.

35 경제 안정화 정책으로서 밑줄 친 전략의 취지에 부합하지 않는 것은?

> 세계 주요 국가들이 동시다발적으로 출구 전략(Exit Strategy)실행에 나서기 시작했다. 글로벌 금융 위기가 약화되고 경기가 회복 조짐을 보이자 그동안 시중에 풀렸던 막대한 유동성을 회수하기 시작한 것이다. 중국은 은행 대출 규제 고삐를 한 단계 더 조여 개인 대출을 엄격하게 시행하기 시작했다. 사실상 <u>출구 전략</u>에 들어간 것이라는 해석이 나오고 있다.

> ㉠ 흑자 재정 정책을 실시한다.
> ㉡ 재할인율 인상이 필수적이다.
> ㉢ 국가차원에서 통화량을 늘린다.
> ㉣ 소득세율과 법인세율을 높인다.
> ㉤ 저소득층을 위한 사업을 대규모 확장한다.
> ㉥ 중앙은행이 국·공채를 매입한다.
> ㉦ 중앙은행이 시중 은행에 대한 대출 이자율을 높인다.

① ㉠, ㉡, ㉢   ② ㉡, ㉢, ㉣
③ ㉣, ㉤, ㉦   ④ ㉢, ㉤, ㉥

 Point

출구전략은 불경기의 대책으로 통화량을 늘렸던 것에 대하여 다시 통화량을 줄이는 정책으로 전환하는 것이다. 따라서 흑자재정을 실시하고, 재할인율, 지급준비율, 이자율을 올리며 공개시장조작은 매각정책으로 전환하는 것을 의미한다.

36 그림은 한 나라의 고용 수준을 파악하기 위한 정보이다. (개)~(다)에 대한 설명으로 타당한 것은?

> (가) = 취업 인구 + (나)
>
> (나) = 15세 이상 인구 - 취업 인구 - (다)
>
> (다) = 15세 이상 인구 - (가)
>
> ┌─────────── 15세 이상 인구 ───────────┐
>
> | 취업 인구 | (나) | (다) |
>
> └────────── (가) ──────────┘

> ㉠ (가)에는 전업 주부, 학생 등이 포함된다.
>
> ㉡ 실업률은 (나)를 (가)로 나눈 백분율이다.
>
> ㉢ 경제 활성화 시기에는 (다)의 크기가 증가한다.
>
> ㉣ (나)에는 일하려는 의지가 없는 사람은 포함되지 않는다.

① ㉠, ㉡   ② ㉠, ㉢

③ ㉡, ㉢   ④ ㉡, ㉣

Point

(가)는 경제활동인구, (나)는 실업자, (다)는 비경제 활동인구에 해당한다. 전업주부 학생은 비경제활동인구이며, 경제 활성화시기에는 경제활동
인구가 증가하는 것이 일반적이다.

05 세계 시장과 한국 경제

기출문제

문 다음은 A국과 B국이 각각 신발과 전화기를 1단위씩 생산하는데 투입한 노동량을 비교한 것이다. 이에 대한 설명으로 옳은 것만을 〈보기〉에서 모두 고른 것은? (단, 두 나라 간에 생산요소 이동은 없고, 생산비에는 노동량만 포함된다고 가정한다)

▶ 2018. 4. 7. 인사혁신처

구분	A국	B국
신발(1단위)	7명	6명
전화기(1단위)	9명	5명

〈보기〉
㉠ 절대우위론에 따르면 두 국가 간의 무역은 이루어지지 않는다.
㉡ 신발 생산에 대한 절대우위와 비교우위는 B국에 있다.
㉢ B국은 신발 생산에 절대우위가, 전화기 생산에 절대우위와 비교우위가 있다.

① ㉠　　　　② ㉡
③ ㉠, ㉡　　④ ㉠, ㉢

┃정답 ④

section 1 국제교역과 무역이론

(1) 국제교역의 필요성
① 국민경제 … 다른 나라와 상호 교류 하는 개방경제를 지향한다.
② 국제경제 … 국가 상호 간의 인적·물적 교류에 의한 활발한 국제경제가 이루어지고 있다.
③ 국제거래의 특징
　㉠ 국가 간의 생산요소의 이동은 다른 나라의 법규에 따라야 하므로, 국내에서만큼 자유롭지 못하다.
　㉡ 국가 간에는 부존자원, 생산기술 등의 차이가 있으므로, 각국 상품의 생산비와 가격에도 차이가 생긴다.

(2) 국제교역의 대상
상품뿐만 아니라 생산요소, 서비스, 지적 소유권에 이르기까지 매우 다양하다.

(3) 국제교역의 발생
① 국제교역의 발생원인 … 자국의 이익 추구, 생산비와 가격의 차이 등으로 인하여 국가 간의 무역이 발생한다.
② 국제분업 … 생산비가 싼 비교우위상품을 중심으로 국제 분업이 발생하므로 각국이 상대적으로 생산비가 적게 드는 상품을 생산, 교환하면 양국이 모두 이익을 얻게 된다.

(4) 국제무역이론
① 절대우위론(절대 생산비설) … A. Smith
　㉠ 각국이 절대적으로 생산비가 싼 재화의 생산에 특화하여 그 일부를 교환함으로써 상호이익을 얻을 수 있다는 이론
　㉡ 내용

	영국	포르투갈
직물 1단위	10	11
포도주 1단위	12	8

• 직물 1단위와 포도주 1단위를 생산하는데 드는 노동 투입량 : 작을수록 좋음

- 무역을 하지 않을 경우
  - 영국 : 기계 1단위와 의류 1단위 생산에 드는 생산 비용 노동 220
  - 포르투갈 : 기계 1단위와 의류 1단위 생산에 드는 생산 비용 노동자 200
- 영국은 직물에 포르투갈은 포도주에 절대 우위가 있음(생산비가 적게 들기때문)
- 영국은 직물을 특화하고 포르투갈은 포도주에 특화하여 2단위씩 생산한 후 남는 1단위씩을 교환하면 서로에게 이득이 됨(영국은 직물 0.2단위, 포르투갈은 포도주 0.375 단위의 무역 이익 획득)
- 한계 : 양국 중 한 나라가 모든 재화에 절대 우위가 있을 때 무역이 발생하지 않음
- 의의 : 자유 무역의 근거를 최초로 제시

② 비교우위론(비교 생산비설) … D. Ricardo

  ⊙ 한 나라가 두 재화 생산에 있어 모두 절대 우위 혹은 절대 열위에 있더라도 양국이 상대적으로 생산비가 낮은 재화 생산에 특화하여 무역을 할 경우 양국 모두 무역으로부터 이익을 얻을 수 있다는 이론

  ⓒ 가정

- 노동만이 유일한 생산 요소
- 모든 노동의 질은 동일
- 재화 1단위를 생산하는 데 필요한 노동량은 재화의 생산량과 관계없이 일정(기회 비용 일정 생산가능곡선이 우하향의 직선)
- 생산 요소의 국가 간 이동은 없음

  ⓒ 비교 우위의 결정 요인 : 각 국의 부존 자원, 노동 · 자본 · 기술 수준, 특화의 역사로 인한 학습 효과 등

  ⓔ 비교 우위의 효과 : 각 국의 자원이 효율적으로 이용되고 세계적으로는 국제 분업의 효과가 극대화되는 결과를 가져옴

  ⓜ 비교 우위에 의한 무역의 이익

구분	상품	갑국	을국
특화 전	의류(1단위)	10명	9명
	기계(1단위)	12명	8명
특화 후	의류	22/10＝2.2단위	
	기계	17/8＝2.125단위	

- 무역을 하지 않을 경우
  - 을국 : 기계 1단위와 의류 1단위 생산에 드는 생산 비용 노동자 17명
  - 갑국 : 기계 1단위와 의류 1단위 생산에 드는 생산 비용 노동자 22명
- 무역의 이익
  - 을국 : 비교 우위가 있는 기계를 2단위 생산하여 1단위는 갑국의 의류와 교환한다. 이때의 생산비는 노동자 16명이 된다. 따라서, 을국은 노동자 1명이 절감되고 이 노동자 1명으로 기계 1/8(0.125)단위를 더 생산할 수 있게 된다.

🔵 〈보기〉에 대한 설명으로 가장 옳은 것은?

▶ 2020. 6. 13. 제2회 서울시

〈보기〉

아래의 표는 갑(甲)국과 을(乙)국이 X재 1개와 Y재 1개를 각각 생산하는 데 필요한 노동자 수를 나타낸 것이다. (단, 양국은 X재와 Y재만을 생산하고 노동만을 생산 요소로 사용하며 양국이 보유한 노동자 수는 각각 100명이다.)

구분	갑(甲)국	을(乙)국
X재(1개)	4명	2명
Y재(1개)	5명	4명

① 갑(甲)국은 Y재를 최대 25개 생산할 수 있다.
② 갑(甲)국의 X재 1개 생산에 따른 기회비용은 Y재 5/4개이다.
③ 갑(甲)국은 X재에, 을(乙)국은 Y재에 비교우위를 가진다.
④ 을(乙)국은 X재 10개와 Y재 20개를 동시에 생산할 수 있다.

🔵 〈보기〉는 갑(甲)국과 을(乙)국의 생산가능 곡선이다. 이에 대한 분석으로 가장 옳은 것은? (단, 양국의 생산요소 투입량은 동일하며, 교역 시 양국은 비교 우위에 있는 재화에 특화한다.)

▶ 2018. 6. 23. 제2회 서울시

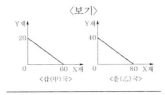

〈보기〉

① 갑(甲)국은 X재 50개와 Y재 15개 생산이 가능하다.
② X재 교환비율은 Y재 1/3에서 Y재 1/2 사이에서 결정된다.
③ Y재 1개 생산의 기회비용은 을(乙)국이 갑(甲)국보다 크다.
④ 무역 발생 시 갑(甲)국은 X재를 수입하고, Y재를 수출한다.

┃정답 ④, ②

기출문제

－갑국 : 비교 우위가 있는 의류를 2단위 생산하여, 1단위는 을국의 기계와 교환한다. 이때의 생산비는 노동자 20명이 된다. 따라서 갑국은 노동자 2명이 절감되었고, 이 노동자 2명으로 의류 1/5(0.2)단위를 더 생산할 수 있게 된다.

(5) 무역마찰

① **무역마찰의 발생원인** … 각국의 이해관계가 서로 대립되어 관세 등을 통한 정책으로 인하여 국가 간에 무역마찰이 발생한다.

② **선·후진국 간의 보호무역으로 인한 무역마찰**

   ⊙ 후진국 : 자국 제품의 수출 기간산업과 수입대체산업을 보호, 육성하기 위하여 수입품에 관세를 부과한다.

   ⓒ 선진국 : 증대를 위해 무역장벽을 낮추어 달라는 협상을 요구한다.

③ **자유무역주의와 보호무역주의**

   ⊙ 자유무역주의 : 무역에 참가하는 모든 나라가 이익을 얻을 수 있으므로 무역거래를 자유롭게 해야 한다는 주장으로 영국의 스미스가 제창했다. 국내 상업, 생산향상, 기술개발 자극, 물가안정 등의 장점이 있으나, 장기적인 면에서의 국제수지 악화가능성, 국내산업의 기반약화 등의 단점이 있다.

   • 이득을 보는 사람 : 수출국의 기업, 노동자 / 수입국의 소비자

   • 손해를 보는 사람 : 수입국의 기업, 노동자 / 수출국의 소비자

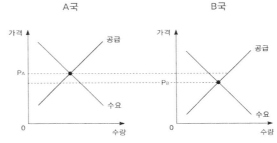

   ⓒ 보호무역주의 : 국제경제력을 갖출 때까지 국내 산업을 보호·육성하고, 대외무역을 통제해야 한다는 주장으로 19세기 후반 독일의 리스트 등에 의해 체계화되었다. 국내 산업을 보호할 수는 있으나 국내기업의 독과점초래, 국제경쟁력 약화 등의 단점이 있다.

   ⓒ 보호무역정책 수단

   • 관세 : 무역을 통해 거래되는 재화에 부과되는 조세

   • 비관세장벽

   －수입 허가제 : 수입할 리스트를 만들고 리스트에 없는 상품은 수입을 금지하는 방식

그림은 T년과 T+1년 갑국의 X재 시장을 나타낸다. 갑국은 자유무역을 시행하고 있으며, T년과 T+1년의 국제가격은 각각 P_1, P_2이다. 이에 대한 설명으로 옳은 것은? (단, 갑국은 국제가격을 주어진 것으로 받아들이며, 이 가격에서 X재의 공급량에는 제한이 없다)

▶ 2021. 4. 17. 인사혁신처

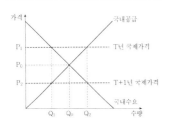

① T년 갑국은 X재를 수입한다.

② T+1년 갑국의 X재 교역량은 Q_0Q_2이다.

③ T년 갑국 소비자 잉여는 T+1년보다 크다.

④ T+1년 갑국 총잉여는 무역을 하지 않는 경우와 비교하여 $\dfrac{(P_0P_2 \times Q_1Q_2)}{2}$만큼 증가한다.

┃정답 ④

－수입 담보금제 : 정부가 수입을 허가할 때 수입업자로 하여금 수입 신청 금액의 일부분을 은행에 적립하도록 하는 것. 적립 금액이 높을수록 수입 억제 효과가 있음

－구상무역 : 한나라가 자국의 수출 범위 내에서 상대국의 수입을 허가하는 무역

－기준 강화 : 자동차 배기가스 방출량 등을 이유로 수입의 기준을 강화하는 방법

－보조금 지급 : 정부가 수출업체에게 보조금을 지급하는 방법이다. 무역 분쟁을 야기할 수 있음

－쿼터제 : 수입 할당량을 정해 놓고 그 이상은 수입하지 않는다. 예 스크린 쿼터

(6) 국제거래

① 경상거래(경상수지)

㉠ **무역거래(상품수지)** : 재화의 수출입을 말하며, 국제거래 중에서 가장 대표적이다.

㉡ **무역외거래** : 운수, 통신, 보험, 관광 등 용역의 수출입이나 해외투자수익, 차관, 이자 등의 수입과 지급을 말한다.

　• 서비스수지 : 운수, 여행, 통신, 보험, 특허권 사용료 등에서 생긴 외화의 차액

　• 소득수지 : 임금소득, 대외 자산 및 부채와 관련된 이자, 투자에 대한 배당금 등에서 생긴 외화의 차액

㉢ **이전거래(경상이전수지)** : 국가 간에 반대급부 없이 수취되거나 지급되는 증여, 무상원조, 이민송금 등의 일방적 거래를 말한다.

② 자본거래(자본수지) … 기업의 해외 직접투자와 금융기관을 통한 간접투자로 구분된다.

㉠ **투자수지** : 직접투자, 증권 같은 간접 투자 등에서 자본 유출 및 유입의 차액

㉡ **기타자본수지** : 특허권, 상표권, 저작권 등의 매매, 해외 이주비 등 자산 거래에 의한 외화의 차액

(7) 국제수지와 구성

① 국제수지 … 일정 기간 동안에 한 나라가 받은 외화와 지급한 외화와의 차액을 국제수지라 한다.

② 국제수지의 구성

㉠ **경상수지** : 재화 및 서비스의 거래에 따른 외화의 수취와 지급을 말한다.

㉡ **자본수지** : 차관, 해외투자 등 자본거래에 의한 외화의 수치와 지급을 말한다.

㉢ **종합수지** : 경상수지와 자본수지의 합을 말한다.

㉣ **기초수지** : 경상수지와 장기자본수지를 합하여 말한다.

기출문제

〈보기〉는 우리나라의 경상 수지를 항목별로 나타낸 것이다. (가)~(라)에 해당하는 사례로 가장 옳은 것은?

▶ 2024. 6. 22. 제2회 서울시

〈보기〉

구분	외한 수취	외환 지급
상품 수지		(가)
서비스 수지	(나)	
본원 소득 수지	(다)	
이전 소득 수지		(라)

① (가) – 우리나라 기업이 외국에 휴대전화를 수출하고 받은 대금

② (나) – 우리나라 기업이 상표권을 외국 기업에 매각하여 받은 대금

③ (다) – 우리나라 사람이 외국의 주식에 투자하여 벌어들인 배당금

④ (라) – 우리나라 기업이 외국에 공장을 설립하기 위해 지급한 대금

정답 ③

🔍 다음 국제수지표에 대한 설명으로 옳은 것은? (단, 금융 계정은 준비자산을 제외한 수치이며, 오차 및 누락은 없다고 가정한다)

▶ 2015. 4. 18. 인사혁신처

(단위 : 억 달러)

항목	2013년	2014년
상품 수지	80	50
서비스 수지	10	-10
본원 소득 수지	-10	10
이전 소득 수지	-5	5
금융 계정	20	10
자본 수지	-5	5

① 2014년의 자본수지에는 증권투자가 포함된다.
② 2014년 말의 외환보유액은 전년 말에 비해 증가했다.
③ 2014년의 경상수지 적자 규모는 전년에 비해 증가했다.
④ 2014년의 자본·금융 계정 적자 규모는 전년에 비해 증가했다.

🔍 〈보기〉는 미국 달러화 대비 각국 통화 가치의 변화율을 나타낸다. 이에 대한 설명으로 가장 옳은 것은? (단, 국제거래는 미국 달러화로만 이루어진다.)

▶ 2021. 6. 5. 제1회 서울시

〈보기〉

갑(甲)국	10%
을(乙)국	-5%
병(丙)국	-10%
정(丁)국	5%

① 미국에서 유학 중인 자녀에게 학비를 보내야 하는 갑(甲)국 학부모의 부담이 증가하였다.
② 병(丙)국 통화 대비 을(乙)국 통화의 가치는 하락하였다.
③ 미국에서 부품을 수입하는 병(丙)국 기업의 대금지급 부담이 증가하였다.
④ 정(丁)국 기업이 상환해야 하는 미국 달러화 표시채무 부담이 증가하였다.

❙정답 ②, ③

③ 국제수지 불균형의 문제점

　㉠ 균형
　　• 외화의 수치＝외화의 지급
　　• 흑자나 적자가 없는 상태
　　• 현실적으로 매번 달성하는 것은 불가능하지만 중장기적 균형 추구

　㉡ 국제수지 흑자(수취〉지급)
　　• 장점 : 소득증가, 고용확대, 외채상환, 국가신인도 상승, 원자재 안정적 공급, 외국인 투자 확대, 해외 직접 투자 확대
　　• 단점 : 통화량 증대, 물가 상승, 무역 마찰

　㉢ 국제수지 적자(수취〈지급)
　　• 단기적 적자를 무조건 손해라고 볼 필요는 없음
　　• 만성적 적자, 경기 침체 지속, 통화량 감소, 외채 증가, 국가 신인도 하락, 외환 위기 발생

section 2 환율의 결정과 변동

(1) 국제거래 결제수단

① 결제수단 … 국제거래에서의 대금의 결제는 각국이 화폐제도를 달리 하고 있으므로 국제통화인 외화를 사용한다.

② 결제방법 … 외화로 표시된 수표나 어음(외국환, 외환)으로 결제한다.

③ 주사용 외화 … 미국의 달러($), 영국의 파운드(£), 독일의 마르크(DM), 일본의 엔(¥)

(2) 환율의 의미와 결정

① 환율 … 통화제도가 다른 나라와 거래를 위해 정해 놓은 자국 화폐와 외국 화폐와의 교환 비율을 뜻한다.

② 환율의 표시 … 외국 화폐 1단위와 교환되는 자국 화폐의 단위로 표시한다.
　예 1달러＝1000원 or 원/달러＝1000원

③ 환율의 결정 : 외환 시장에서 외화의 수요와 공급이 일치하는 수준에서 결정

　㉠ 외화수요 : 외화가 해외로 유출되는 것
　　예 수입, 해외투자, 해외여행, 외채상환, 해외 송금 등

ⓛ 외화공급 : 외화가 국내로 유입되는 것

　에 수출, 외국인의 국내투자와 국내관광, 차관도입 해외친지의 국내 송금 등

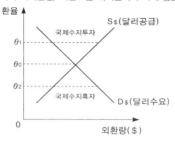

Point　팁

구매력 평가설 ··· 환율은 두 나라 화폐 사이의 구매력 차이를 반영해 똑같은 상품이면 똑같은 가격이 형성되는 수준에서 결정된다고 설명하는 이론. 나라 사이에서도 일물 일가의 법칙 적용 　예 빅맥지수

④ 환율제도

　㉠ 고정환율제도 : 한 나라의 환율을 정부(중앙은행)가 결정, 고시하여 운영하는 제도이다. 수·출입 계획을 세우기가 쉽고 국제 거래가 촉진되며 국내 경제 가 안정되나, 무역 분쟁의 원인이 될 수 있다.

　㉡ 변동환율제도 : 외환시장에서 수요·공급의 법칙에 따라 한 나라의 환율이 적정 수준으로 변동하는 제도이다. '보이지 않는 손'에 의한 자동적 균형유지가 이루어 지고 국제수지의 불균형이 조절되나 수·출입 계획을 세우기가 어렵고, 환율의 변동으로 인해 경제가 불안정하다는 단점이 있다.

(3) 환율의 변동(평가절하와 평가절상)

구분	환율인상(평가절하)	환율인하(평가절상)
의미	우리나라 원화 가치의 하락 (1달러 : 700원 → 1달러 : 900원)	우리나라 원화 가치의 상승 (1달러 : 700원 → 1달러 : 500원)
그래프		
효과	• 수출↑, 수입↓(국제수지 개선) • 수입원자재의 가격상승으로 물가상승 • 외채상환 부담증가 • 통화량증가, 물가상승 • 해외여행 불리	• 수출↓, 수입↑ • 수입원자재의 가격하락으로 물가안정 • 외채상환 부담감소 • 통화량감소, 물가하락 • 해외여행 유리

문 다음 자료의 A~C 시기 환율 변화에 대한 설명으로 옳은 것만을 〈보기〉에서 모두 고르면? (단, 환율 외에 다른 요인은 고려하지 않는다)

▶ 2023. 8. 26. 국회사무처

시기 환율	A	B	C
원/달러	1,023	1,127	1,021
원/100엔	923	891	932

〈보기〉

ㄱ. A 시기에서 B 시기로 가며 원화의 가치는 달러에 대해 상승했다.

ㄴ. A 시기에 달러를 매입한 한국인은 매입한 달러를 B 시기보다 C 시기에 원화로 환전하면 이익이 된다.

ㄷ. 우리나라의 대일 수출 실적은 A 시기에서 B 시기로 가며 악화되지만 B 시기에서 C 시기로 가며 개선될 것이다.

ㄹ. 해외여행을 계획하고 A 시기에 달러와 엔화를 미리 매입한 한국인은 B 시기에는 미국을, C 시기에는 일본을 가는 것이 유리하다.

① ㄱ, ㄴ
② ㄱ, ㄷ
③ ㄴ, ㄷ
④ ㄴ, ㄹ
⑤ ㄷ, ㄹ

정답 ⑤

기출문제

Point 팁 우리나라 환율제 변천 … 고정환율제 → 단일변동 환율제 → 복수통화 바스켓제 → 시장평균 환율제 → 자율변동 환율제

section 3 국제 경제 환경의 변화와 우리의 대응

(1) 국제 경제 질서의 변화

① 자유무역의 확대 … 국제 분업의 발달과 GATT체제 아래 자유무역이 확대되었다.

② 신보호주의의 등장

  ㉠ 신보호주의 : 1970년대 중반 이래 점차 강화되는 무역 제한 조치를 통틀어서 신보호주의라 한다.

  ㉡ 신보호주의 등장 원인 : 선진국의 경기 침체, 선진국의 일부 산업에서의 경쟁력 상실, 선진국간의 무역마찰 심화 등이 원인이 되었다.

  ㉢ 신보호주의 정책 : 국가와 상품에 따라 선별적으로 취해지는데 신흥공업국의 수출품에 대한 수입 규제, 선진국의 제조업 보호를 위한 비관세 장벽, 신흥공업국에 대한 관세 장벽 등의 방식으로 행해진다.

③ 국제무역의 전개과정

  ㉠ 남북문제의 대두

    • 남북문제 : 선 · 후진국 간의 소득격차 문제가 생겼다.

    • 남북문제의 원인 : GATT체제하의 관세인하교섭이 선진국 상호 간에 이루어짐에 따라 후진국의 이익을 경시하여 소득격차가 크게 확대되었다.

  ㉡ 무역마찰의 발생

    • 배경 : 세계무역의 다극화 현상이 생겼다.

    • 원인 : 각국 간의 무역 불균형현상이 두드러졌다.

  ㉢ 새로운 자유무역 질서의 성립 : 무역질서의 재편에 대한 노력으로 우르과이라운드협상이 타결됨에 따라 1995년 세계무역기구(WTO)체제가 구축되어 새로운 자유무역 질서가 성립되었다.

(2) 국제 경제 협력의 확대

① 지역적인 경제통합

  ㉠ 경제통합 : 국가와 국가 간에 존재하는 무역 장벽을 헐어 버리고, 자유무역의 무차별 원칙을 지역적으로 적용하려는 국제관계를 뜻한다.

  ㉡ 경제통합의 형태

    • 자유무역지역 : 가맹국 간에 관세가 완전히 철폐되어 자유무역이 실현되지만, 비가맹국에 대해서는 공동관세로 대처하지 않고 독자적인 관세정책을 인정하는 형태로 유럽자유무역지역(EFTA), 북미자유무역지역(NAFTA)등이 있다.

문 표에 나타난 t 년 대비 t + 1년 환율 변동에 대한 설명으로 가장 적절한 것은?

▶ 2021. 6. 5. 제1회 지방직

구분	t 년	t + 1년
원/달러	1,075	1,138

① 달러화 대비 원화 가치 상승으로 우리나라의 물가 상승 요인으로 작용할 것이다.
② 원/달러 환율 하락으로 우리나라에서 달러화 예금 자산가치가 상승할 것이다.
③ 원/달러 환율 상승으로 우리나라 사람의 미국 여행 경비 부담은 감소할 것이다.
④ 원화 대비 달러화 가치 상승으로 미국 시장에서 우리나라 수출품의 가격 경쟁력은 높아질 것이다.

정답 ④

- **관세동맹** : 가맹국 간에 자유무역이 실현되면서, 비가맹국에 대해서는 공동관세로 대처하는 형태로 중앙아메리카공동시장(CACM)이 있다.
- **공동시장** : 관세동맹에서 생산요소의 이동까지 자유로운 형태의 유럽공동시장(EC)이 있다.
- **경제동맹** : 공동시장에서 더 나아가 국가 간에 재정·금융정책까지 상호협조하게 되는 형태로 유럽연합(EU)이 있다.

② **국제경제협력 증대** … 경제통합의 형태는 아니지만 특정 지역 내의 국가들이 경제협력기구를 만들어, 국제경제관계를 더욱 긴밀히 하고 있다(OECD, ASEAN).

③ **우리의 경제협력** … 경제협력기구에 적극적으로 참여하여 협력, 국가 간 경제교류 증대, 저개발 국가에 대한 원조를 확대해야 한다.

(3) 국제 경제 환경의 변화와 우리의 대응자세

① **국제경쟁의 심화**

ㄱ **국제 경제 환경의 변동** : 세계경제의 통합, 세계무역기구(WTO)의 출범, 지역주의의 대두 등

ㄴ **세계경제질서의 과제** : 세계주의와 지역주의의 조화가 가장 중요한 과제

ㄷ **국제경쟁의 심화** : 기업 활동의 국제화로 인한 국경 없는 경쟁의 심화, 선진국 중심의 신보호주의 경향 심화, 중진국의 경쟁력확보의 어려움, 후발 개발도상국과의 경쟁이 점차 심화

② **우리의 대응자세**

ㄱ **우리 경제의 과제** : 대외적으로는 국제경제 질서의 변화에 능동적으로 대처해야 하며, 대내적으로는 남북통일에 대비하면서 우리 경제를 선진국 수준으로 계속 발전시켜야 한다.

ㄴ **우리의 대응자세** : 국제경쟁력을 강화하고 세계일류의식을 함양하면서 자주적인 경쟁체제를 마련하고 각 경제주체가 자신의 역할을 충실히 수행해야 한다.

 **단원평가**

세계 시장과 한국 경제

1 그림은 A시기 이후 예상되는 미국 달러화에 대한 한국 원화의 환율 변화를 나타낸 것이다. 이에 대한 추론으로 가장 적절한 것은?

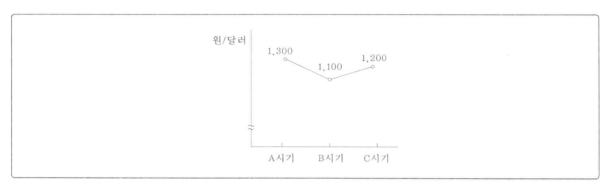

① 미국 달러대비 원화 가치는 A시기가 가장 높을 것이다.

② 한국을 여행하려는 미국인은 A시기에 비해 B시기가 유리할 것이다.

③ 한국 상품의 대미 수출 경쟁력은 C시기에 비해 B시기가 높을 것이다.

④ 미국에 유학 보낸 한국 학부모의 학비부담은 B시기에 비해 C시기가 클 것이다.

Point

A시기 : 1달러당 1,300원, B시기 : 1달러당 1,100원,

C시기 : 1달러당 1,200원

A시기→B시기 : 환율인하(원화가치 평가절상)

B시기→C시기 : 환율인상(원화가치 평가절하)

A시기 : 미국 달러대비 원화 가치 가장 낮음(원화대비 미국 달러 가치 가장 높음)

B시기 : 미국 달러대비 원화 가치 가장 높음(원화대비 미국 달러 가치 가장 낮음)

④ 미국에 유학 보낸 한국 학부모의 학비부담은 미국 달러대비 원화 가치가 낮을수록 커지므로, B시기에 비해 C시기가 클 것이다.

① 미국 달러대비 원화 가치는 B시기가 가장 높을 것이다.

② 한국을 여행하려는 미국인은 B시기에 비해 A시기가 유리할 것이다.

③ 한국 상품의 대미 수출 경쟁력은 미국 달러대비 원화 가치가 낮을수록 높아지므로, B시기보다 C시기에 높을 것이다.

2 다음 표는 원/달러 환율과 엔/달러 환율을 가정하여 나타낸 것이다. 이와 같은 환율 변동에 따라 2013년에 나타날 수 있는 효과로 가장 적절한 것은?

	원/달러	엔/달러
2010년	1,250	125
2013년	1,100	100

① 미국 시장에서 일본보다 우리나라 제품의 수출 가격 경쟁력이 높아졌다.

② 일본산 부품을 사용하는 우리나라 기업의 생산 비용이 감소하게 되었다.

③ 원화의 가치가 상승하여 우리나라의 달러 표시 외채 상환 부담이 증가하게 되었다.

④ 달러의 가치가 하락하여 미국이 한국과 일본에 수출하는 제품의 가격 경쟁력이 낮아졌다.

Point

- 원/달러 환율 인하 : 원화 가치 상승(평가절상), 달러화 가치 하락
- 엔/달러 환율 인하 : 엔화 가치 상승(평가절상), 달러화 가치 하락

① 원화 가치는 엔화와 비교해 상승률이 낮으므로, 우리나라 제품의 수출 가격 경쟁력이 높아질 것이다.

② 일본산 부품을 사용하는 우리나라 기업의 생산비용은 증가하게 된다.

③ 원화의 가치가 상승했으므로 달러 표시 외채 상환 부담은 감소하게 된다.

④ 달러의 가치가 원화와 엔화에 대해 하락하였으므로 미국이 한국과 일본에 수출하는 제품의 가격 경쟁력은 높아지게 된다.

3 변동환율제도하에서 국내물가가 상승하면 환율은 어떻게 되는가?

① 수출감소와 수입증가로 환율이 인상된다.

② 수출증가와 수입감소로 환율이 인하된다.

③ 수출감소와 수입증가로 환율이 인하된다.

④ 수출증가와 수입감소로 환율이 인상된다.

Point

① 국내물가가 상승하면 수출품의 외화가격이 올라 수출이 감소되고 수입이 증대되므로 외화의 공급감소 및 수요의 증대를 가져와 환율이 인상된다.

※ 변동환율제도

㉠ 개념 : 외화에 대한 수요와 공급에 의하여 환율이 자유로이 변동되도록 하는 제도이다.

㉡ 장점 : 환율이 자동적으로 균형을 이루게 되므로 국제수지불균형을 조절하기 위한 정책을 실시할 필요가 없다.

㉢ 단점 : 환율이 자주 변동하면 수입과 수출에 대한 계획을 세우기 어렵고, 수출품과 수입품의 가격변동이 심해져 국민경제가 불안정하다.

㉣ 우리나라의 환율제도(시장평균환율제도) : 국내 외환시장에서 은행들간 원화와 달러화의 매매가격에 의해 환율이 결정된다.

㉤ 변동환율제도하의 국제수지균형
- 국제수지흑자 → 환율인하 → 수출감소 · 수입증가
- 국제수지적자 → 환율인상 → 수출증가 · 수입감소

Answer 1.④ 2.① 3.①

4 가~바의 사례를 외화의 수취와 지급에 바르게 연결한 것은?

> ㉠ 외국인이 국내 주식시장에서 주식을 구입하였다.
> ㉡ 우리나라의 자동차 회사가 미국에 공장을 건설하였다.
> ㉢ 한류 열풍으로 한국을 찾은 일본 관광객들이 많은 돈을 쓰고 갔다.
> ㉣ 우리나라의 전자 회사가 미국에 반도체를 수출하고 수출 대금을 받았다.
> ㉤ 우리나라의 정유 회사가 해외에서 원유를 수입하고 수입 대금을 지불하였다.
> ㉥ 우리나라에 체류하는 외국인 근로자가 임금을 자기 나라로 송금하였다.

	외화 수취	외화 지급
①	㉠㉢㉤	㉡㉣㉥
②	㉠㉢㉣	㉡㉤㉥
③	㉠㉣㉥	㉡㉢㉤
④	㉡㉣㉥	㉠㉢㉤

Point

외화의 수취는 외화가 국내로 유입되는 경우, 외화의 지급은 외화가 해외로 유출되는 경우이다.
외화 수취(외화가 국내로 유입) – ㉠㉢㉣
외화 지급(외화가 해외로 유출) – ㉡㉤㉥

5 A, B국의 라디오와 옷감의 생산비가 도표와 같다. 양국이 비교우위에 따라 교역을 할 때, A국이 옷감 1 단위를 얻는 데 드는 노동은? (단, 교역 조건은 1 : 1)

구분	라디오	옷감
A국	8	9
B국	12	10

① 8단위   ② 9단위

③ 10단위   ④ 11단위

 Point

주어진 도표에 따라 A국은 라디오, B국은 옷감이 비교우위이다. A국과 B국은 라디오와 옷감의 1 : 1 교역이 가능하므로, A국은 노동 8을 들여 라디오 1단위를 생산하여 B국이 노동 10을 들여 생산한 옷감 1단위와 교역하는 것이므로 A국은 옷감 1단위를 얻는 데 노동 8이 들어간 셈이다.

6 甲, 乙 양국의 다음 상품의 생산에 있어 노동비용만이 생산비를 구성한다고 할 때 비교우위설에 대해 옳은 것은?

상품 ╲ 나라	甲국	乙국
라디오(1단위)	100명	90명
옷감(1단위)	120명	80명

① 라디오, 옷감 둘 다 乙국에서 생산한다.

② 라디오, 옷감 둘 다 甲국에서 생산한다.

③ 甲국은 라디오만을 생산하고, 乙국은 옷감만을 생산한다.

④ 甲국은 옷감이 비교우위에 있고, 乙국은 라디오가 비교우위에 있다.

Point

비교우위설 … 무역이익은 양국이 서로 다른 재화에 절대우위가 있을 때에만 발생하는 것이 아니라, 어느 한 나라의 두 재화가 모두 절대우위에 있을 때에도 발생하게 된다는 리카도(D. Ricaedo)의 보완적인 무역이론이다.

③ 乙국이 두 재화에 대해 모두 절대우위에 있지만,

甲국 : 라디오는 $\frac{100}{90}$, 옷감은 $\frac{120}{80}$ 으로 라디오가 비교우위

乙국 : 라디오는 $\frac{90}{100}$, 옷감은 $\frac{80}{120}$ 으로 옷감이 비교우위

따라서 甲국은 상대적으로 생산비가 적게 드는 라디오를 특화하고, 乙국은 옷감을 특화하여 무역을 하면 양국 모두 무역상의 이익을 볼 수 있다.

7 우리나라가 외국에 빌려준 돈에 대한 이자를 받아서 다른 나라에 직접 투자를 하였다. 이러한 경우에 국제수지표에서는 어떤 항목이 어떻게 변동되겠는가?

① 무역수지 수취↑, 자본수지 지급↑   ② 무역외수지 수취↑, 자본수지 지급↑

③ 이전거래 수취↑, 무역외수지 지급↑   ④ 자본수지 수취↑, 자본수지 지급↑

Point

국제수지 … 1년간 한 나라가 수취한 외화와 지급한 외화의 차액을 말한다.

㉠ 무역외수지

• 무역외거래에서의 수취 : 우리 선박에 의한 해상운임, 해외공장 설립에 따른 투자수익, 외국에 빌려준 돈에 대한 이자

• 무역외거래에서의 지급 : 외국 선박에 의한 해상운임, 해외차관에 의한 이자

㉡ 자본수지

• 외화의 수취 : 차관을 도입

• 외화의 지급 : 차관에 대한 원금상환, 외국에 직접 투자

Answer   4.② 5.① 6.③ 7.②

8 A국과 B국이 휴대 전화 1단위와 에어컨 1단위를 생산하는 데 투입되는 노동자 수를 나타낸 표이다. 이에 대한 옳은 분석은? (단, 휴대 전화와 에어컨의 교역 조건은 1대 1이다.)

(단위 : 명)

상품 ＼ 국가	A국	B국
휴대전화	10	8
에어컨	12	5

① A국은 휴대 전화에, B국은 에어컨에 절대 우위가 있다.

② A국은 휴대 전화를, B국은 에어컨을 특화 · 생산하는 것이 불리하다.

③ A국이 특화한 상품을 2단위 생산하여 1단위를 교역할 경우, 3명의 노동력 절감 효과를 거둘 수 있다.

④ B국이 특화한 상품을 2단위 생산하여 1단위를 교역할 경우, 특화 상품의 0.6단위에 해당되는 무역 이익을 얻을 수 있다.

 Point

비교우위론문제로 A국은 B국에 절대열위가 있으며 B는 절대우위에 있다. 양국의 특화상품을 기회비용으로 구하면 A국은 휴대전화를 B국은 에어컨을 특화하면 된다. 스스로 휴대전화와 에어컨을 생산할 자원을 가지고 각각 특화하여 거래하면 A국은 노동력 2명, B국은 3명에 이득을 보게 된다.

9 그림은 교역 전 소비재 X에 대한 두 나라의 시장 상황을 나타낸다. 교역 후 두 나라의 X거래로 이득을 보는 사람을 차례로 연결한 것은?(단, 교역에 따른 거래 비용은 없다고 가정한다.)

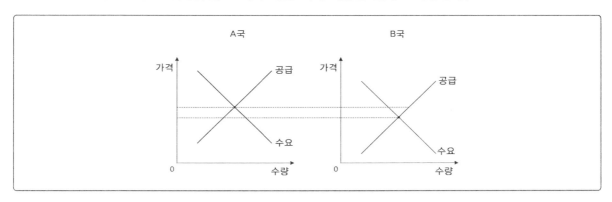

① A국 소비자-B국 소비자
② A국 소비자-B국 생산자
③ A국 생산자-B국 생산자
④ A국 생산자-B국 소비자

자유무역을 하면 수입국에서는 가격이 낮으므로 수입을, 수출국에서는 가격이 높으므로 수출할 것이다. 따라서 수출국에서는 생산자가 이득, 소비자가 손해, 수입국에서는 소비자가 이득, 생산자가 손해를 볼 것이다.

10 그림은 갑국과 을국이 주어진 기술과 자원을 가장 효율적으로 사용하여 최대한 생산할 수 있는 X재와 Y재의 조합을 나타낸 것이다. 이에 대한 옳은 분석을 모두 고르면? (단, 갑국과 을국에 주어진 자원은 동일하다.)

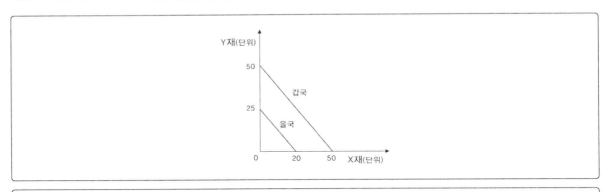

㉠ 갑국은 을국보다 두 재화 모두 기술 수준이 높다.

㉡ 갑국은 Y재 50단위와 X재 50단위를 동시에 생산할 수 있는 능력을 가지고 있다.

㉢ 을국은 Y재에 절대열위에 있으나 비교우위에 있다.

㉣ X재로 표시한 Y재 1단위의 기회비용은 을국이 갑국보다 크다.

㉤ 양국의 교역에서 을국은 X재, 갑국은 Y재에 특화하는 것이 유리하다.

㉥ 갑국은 Y재 생산을 늘릴수록 그 기회비용이 커지나, 을국은 일정하다.

① ㉠, ㉡
② ㉠, ㉢
③ ㉡, ㉢
④ ㉣, ㉤

 Point

생산가능곡선은 산출량이 많을수록 우위에 있으므로 갑국이 절대 우위, 을국이 절대열위에 있다. 그러나 갑국은 X재에 비교우위, 을국이 Y재에 비교우위가 있으므로 각각의 항목을 특화하면 무역의 이익을 달성할 수 있다.

11 (가)와 (나) 두 시점 사이의 환율 변화가 우리나라에 미칠 수 있는 영향을 추론한 것으로 옳은 것은?

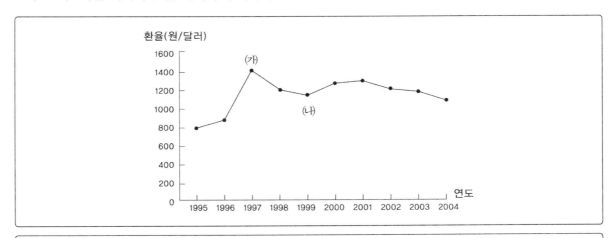

〈보기〉

㉠ 미국 현지 자산에 대한 투자가 늘어난다.
㉡ 수입 물가를 자극해 인플레이션을 유발한다.
㉢ 미국으로 수출하는 상품의 달러 표시 가격이 상승한다.
㉣ 달러 표시 부채를 갖고 있는 기업의 외채 상환 부담이 커진다.

① ㉠, ㉡
② ㉠, ㉢
③ ㉡, ㉢
④ ㉡, ㉣

Point

원/달러 환율이 내려가고 있으므로 미국에 대한 한국인의 투자가 늘어나지만 수출은 감소하므로 인플레이션이 일어날 확률은 적다. 또한 한국의 외채 상환부담은 작아진다.

Answer 10.② 11.②

06 경제생활과 금융

기출문제

section 1 화폐와 금융 제도

(1) 교환과 화폐

① 화폐의 기원

　　㉠ 화폐의 발생 : 물물교환의 어려움을 해소하기 위해서 화폐가 발생하였다.

　　㉡ 화폐의 발달 : 물품화폐 → 금속화폐 → 주조 화폐 → 지폐 → 신용화폐 → 전자화폐

② 화폐의 기능

　　㉠ 교환수단으로서의 기능 : 화폐를 통해서 물건을 바꿀 수 있는 것

　　㉡ 가치저장기능 : 미래에 소비하기 위해 저장하는 것

　　㉢ 가치 척도기능 : 물건의 가치를 평가하는 기능

③ 화폐의 종류

　　㉠ 통화 : 현금통화(민간 보유 현금) + 예금통화(요구불 예금)

　　㉡ 총통화 : 현금 + 요구불 예금 및 저축성 예금 + 외화 예금

(2) 화폐의 수요와 공급

① 화폐의 수요 … 거래적 동기, 예비적 동기, 투기적 동기가 화폐의 수요를 창출한다.

　　㉠ 거래적 동기 : 교환수단으로 화폐의 기능과 연관 소득과 물가수준이 높아질수록 거래적 동기에 의한 화폐수요 커진다. 거래규모에 의해 결정되는 것으로 국민소득과 비례하게 된다.

　　㉡ 예비적 동기에 의한 화폐수요 : 예상치 못한 지출에 대비하는 것으로 미래에 발생할 것으로 예상되는 거래규모에 의해 결정되는 화폐수요이다.

　　㉢ 투기적 동기에 의한 화폐수요 : 투기적 자산을 구입하기위한 화폐를 보유하는 것으로 가치의 증식을 위한 화폐보유를 말한다. 가치 저장 수단으로의 화폐 기능을 중요시하고 있다. 특히 이자율에 영향을 받는다.

② 화폐의 공급

　　㉠ 중앙은행 : 현금통화 공급

　　㉡ 일반은행 : 예금통화(신용 창조)

section 2 금융 시장과 금융 정책

(1) 금융 시장과 금융 기관

① 의미 … 일정 기간 돈을 빌려 쓴 것에 대한 대가 → 이자의 원금에 대한 비율을 이자율이라 함

② 실물거래와 금융거래

   ⊙ 실물거래 : 재화나 서비스가 교환

   ⓒ 금융거래 : 자금이나 화폐가 거래

③ 직접금융과 간접금융

   ⊙ 직접금융 : 자금의 수요자와 공급자가 금융시장을 통하여 직접 자금을 거래하는 방식, 추적가능

   ⓒ 간접금융 : 중개기관을 사이에 두고 자금의 융통이 이루어지는 방식

④ 금융시장

   ⊙ 금융시장 : 자금의 수요자와 공급자가 만나 자금의 거래가 이루어지는 시장을 의미한다.

   ⓒ 금융시장의 역할 : 자금의 수요와 공급을 원활하게 하며, 이자율을 결정, 이자율이 자금의 수요와 공급을 조절하는 신호등의 역할을 한다. → 생산과 소비활동에 필요한 화폐의 흐름을 원활하게 하여 국민경제를 원활하게 작동하도록 도와줌

⑤ 중앙은행의 역할

   ⊙ 발권은행의 역할 : 우리나라에서 통용되는 모든 지폐와 주화를 발행하고, 발행한 화폐가치의 안정적 유지의 책임이 있다.

   ⓒ 은행의 은행으로서의 역할 : 중앙은행은 시중은행의 거래를 감독하며, 예금자에 대한 시중은행의 지급능력을 보장한다.

   ⓒ 정부의 은행으로서의 역할 : 국고의 수납·지불업무, 국채의 발행·상환업무를 수행한다.

   ⓔ 외환관리은행으로서의 역할 : 수출입 및 국제거래에 이용되는 외화 관리 업무를 수행한다.

⑥ 각종 은행과 금융기관

   ⊙ 통화금융기관 : 특수은행, 일반은행, 한국은행

   ⓒ 비통화금융기관(제2금융권) : 증권회사, 보험회사, 투자신탁회사 등

문 다음은 중앙은행이 이자율을 인하하는 경우, 총수요에 영향을 미치는 여러 경로를 나타낸 것이다. ⊙∼ⓒ의 변화로 옳은 것은? (단, 유동성 함정이 존재하지 않고, 각 경제주체는 경제를 낙관적으로 예상한다)

▶ 2018. 5. 19. 제1회 지방직

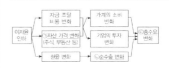

	⊙	ⓒ	ⓒ
①	상승	증가	증가
②	상승	감소	증가
③	하락	감소	감소
④	하락	증가	감소

정답 ①

기출문제

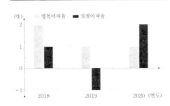

문 갑국의 연도별 명목이자율과 실질이자율이 그림과 같이 나타났다. 이에 대한 설명으로 옳은 것은?

▶ 2021. 4. 17. 인사혁신처

① 2019년 물가 상승률은 2018년보다 더 낮다.
② 2019년의 경우 예금보다 현금 보유가 수익성 측면에서 유리하다.
③ 2020년 물가 수준은 2019년보다 더 낮아졌다.
④ 2020년의 경우 2019년보다 화폐가치가 하락하였다.

┃정답 ③

(2) 금융 생활

① 수입과 지출
　㉠ 수입 : 가계는 소득, 기업은 상품판매액
　㉡ 가계지출 : 소비지출은 생계에 필요한 재화와 용역 구입을 위한 지출, 비소비지출은 각종 세금과 같이 법이나 제도에 의한 의무적 지출

② 예금과 금융투자 … 저축은 소득에서 소비를 뺀 나머지로 금융기관에 예금하거나 주식이나 채권 등에 투자하는 금융투자로 이루어짐
　㉠ 미래 소비에 대비하기 위한 것도 있으나 목돈을 마련한다든지 재산을 증식하기 위한 수단이 되기도 함
　㉡ 금융투자는 예금보다 높은 수익을 얻을 수도 있지만, 때로는 손실을 볼 수도 있기 때문에 신중해야함

③ 신용 … 금융생활에서 장래의 어느 시점에서 갚을 것을 약속하고 돈을 빌릴 수 있는 사람 → 사회적 평가의 일종임

④ 금융과 시간 … 인플레이션과 이자 때문에 금융생활에서 시간이 중시됨

(3) 금융 정책

① 금융정책 … 화폐가치의 안정과 국민경제 발전을 꾀하기 위하여 통화량을 적절히 조절하는 정책이다.
　㉠ 금융정책의 담당기관 : 한국은행
　㉡ 금융정책의 목표 : 화폐가치의 안정, 경제안정, 경제성장 등을 목표로 한다.

② 일반적 정책수단
　㉠ 재할인율 정책 : 중앙은행이 시중은행에 자금을 대출할 때, 시중은행에 대한 대출이자율 또는 재할인율을 변동시킴으로써 통화량을 간접적으로 조절하는 정책이다.
　㉡ 공개시장조작 정책 : 중앙은행이 금융시장에서 공개적으로 국·공채를 매매함으로써 자금의 공급을 조절하는 정책이다.
　㉢ 지급준비율 정책 : 중앙은행이 지급준비율을 높이거나 낮춤으로써 은행의 대출금 조절을 통해 통화량을 조절하는 정책이다.

③ 선별적 정책수단 … 특정 산업을 지원하고, 특정 정책을 실현하기 위하여 자금의 흐름을 직접적이고 질적으로 규제하는 강력한 정책수단이다.

section 3 자산 관리와 금융 수단

(1) 자산

① 자산 … 개인이나 가계 또는 기업이 보유하고 있는 재산의미

② 금융자산 … 금융거래를 통해 생겨난 자산

③ 금융부채 … 다른 사람들이 금융기관에서 빌린 돈→돈을 빌릴때에는 빌린 돈을 통해 얻을 수 있는 편익과 빌린 대가로 지불해야 하는 비용인 이자(변동이자율, 고정이자율)를 비교 분석하는 과정이 필요함

(2) 자산 관리

① 위험 관리와 위험의 유형

ⓘ 위험 관리 : 수익을 기대하고 자산을 구입하는 투자 행위는 불확실성으로 인해 이익과 손해에 대한 정확한 예측이 불가능하므로 위험 관리가 필요하다.

• 포트폴리오 : 금융 기관이나 개인이 보유한 금융 자산의 목록으로, 투자 위험을 줄이고 수익을 극대화하기 위한 자료로 활용된다. 한 종목에 투자하기 보다는 여러 종목에 분산하여 투자하는 것이 위험을 줄이는 데 효과적이다.

• 레버리지(부채)를 활용한 투자 : 자산을 구입할 때 부채를 적절하게 이용하면 자기 자본의 수익률을 높일 수 있다. 그러나 자산의 가격이 하락할 때에는 그 위험이 가중될 수 있다.

ⓛ 위험의 유형

유형	내용
채무 불이행 위험	• 거래 상대방이나 채무자가 계약상 지급해야 할 책임의 전부 또는 일부를 이행하지 않을 위험 • 주식, 채권 등이 채무 불이행 위험이 높음
시장 가격 변동 위험	• 금융 상품의 가격이 하락할 위험 • 주식, 채권, 외환 등이 시장 가격 변동의 위험이 높음
유동성 위험	• 자산을 현금화하기 어려운 위험 • 부동산 등은 유동성 위험이 높은 편임
인플레이션 위험	• 물가가 상승할 때 보유 자산의 가치가 하락할 위험 • 현금, 예금 상품 등은 인플레이션 발생 시 가치가 하락함

문 채권과 주식에 대한 설명으로 옳지 않은 것은? (단, 희석증권은 제외한다)

▶ 2017. 4. 8. 인사혁신처

① 주식보유자는 이익배당청구권을 갖지만, 채권보유자는 이익배당청구권을 갖지 못한다.
② 채권보유자와 주식보유자는 원칙적으로 경영참가권을 가진다.
③ 정부와 지방자치단체는 주식을 발행할 수 없다.
④ 채권보유자는 이자소득을 받지만, 주식보유자는 이자소득을 받을 수 없다.

문 〈보기〉에 대한 설명으로 가장 옳은 것은? (단, (가), (나)는 각각 계획 경제 체제, 시장 경제 체제 중 하나이다.)

▶ 2022. 6. 18. 제2회 서울시

〈보기〉

구분	(가)	(나)
'정부의 계획'에 의한 자원 배분을 강조하는가?	아니요	예
㉠	A	예

① (가)는 경제 활동의 형평성보다 효율성을 강조한다.
② (나)는 민간 경제 주체의 자율적 의사 결정을 중시한다.
③ (나)는 (가)에 비해 경제 주체의 이윤 추구를 장려한다.
④ A가 '아니요'라면 ㉠에 '자원의 희소성으로 인한 경제 문제가 발생하는가?'가 들어갈 수 있다.

정답 ②, ①

372

② 자산 관리의 기본 원칙
㉠ 안전성 : 금융 상품의 원금과 이자가 안정적으로 보전될 수 있는 정도에 관한 것으로 모든 금융 상품에는 정도의 차이가 있을 뿐 위험이 따르기 마련이다.
㉡ 수익성 : 금융 상품의 가격 상승이나 이자 수익을 기대할 수 있는 정도에 관한 것으로, 수익성이 높은 상품일수록 위험성이 높으므로, 안정성과 수익성을 적절히 고려해야 한다.
㉢ 유동성 : 환금성이라고도 하며 돈이 필요할 때 현금화할 수 있는 정도에 관한 것으로, 매매 소요 시간 및 해약의 조건, 절차 등의 영향을 받는다.

(3) 다양한 금융 상품

① 예금
㉠ 요구불 예금 : 입금과 출금이 자유로운 예금으로, 은행은 고객이 요구하면 언제라도 예금을 지불해야 한다. 이자가 적어 수익성 보다는 안전성과 유동성을 기대할 수 있다.
• 보통예금 : 수시로 필요한 생활 자금을 금융 기관에 안전하게 보관하는 예금
• 당좌예금 : 기업의 운영 자금을 금융 기관에 안전하게 보관하는 예금
㉡ 저축성 예금 : 이자 수입을 주된 목적으로 하는 예금이다.
• 정기 적금 : 매월 정기적으로 일정한 금액을 입금하고 만기일에 원금과 이자를 수령하는 예금
• 정기 예금 : 정해진 금리를 바탕으로 목돈을 일정 기간 금융 기관에 예치하는 예금
• 주택 청약 종합 저축 : 내 집 마련 상품 가입 후, 일정 기간이 지난 이후 새로 짓는 아파트를 분양받을 수 있는 자격을 줌

② 증권
㉠ 직접투자 상품 : 일반인이 금융 상품에 직접 투자하는 상품
• 주식 : 기업이 자금 조달을 위해 회사 소유권의 일부를 투자자에게 주는 증표로, 주식 투자자들은 배당이나 시세차익으로 투자 수익을 얻는다.
• 채권 : 돈을 빌리면서 상환 일시, 이자액, 이자 지급 일시 등을 지급한 증서로, 채권은 주식에 비해 안전성이 높지만 수익성은 낮다.
– 정부나 공공 기관, 금융 기관, 신용도가 높은 주식회사 등에서 주로 발행하므로 원금과 이자에 대한 안전성이 높은 편임
– 만기일 전이라도 언제든지 팔아 현금화할 수 있어 유동성이 높음
㉡ 간접투자 상품 : 금융 기관에 돈을 맡기고 대신 투자하는 상품으로, 수익성은 예금에 비해 높지만, 원금 손실의 책임이 고객에게 있고 수익과 관계없이 수수료가 발생한다.

- 수익 펀드 : 투자자가 자산 운용 회사에 맡긴 돈을 운영하여 발생한 이익을 돌려 받을 수 있는 권리를 표시한 증서
- 뮤추얼 펀드 : 자산 운용 회사가 펀드마다 하나의 서류상의 회사를 만들어 투자 금을 운용한 후 투자 수익을 실적대로 돌려주는 펀드

③ 보험 … 보험은 수익성은 낮지만 손해를 막거나 줄이기 위한 자산 관리 방법이다.
　㉠ 생명보험 : 가족의 사망 또는 상해 등의 인적 위험에 대비하는 보험
　㉡ 손해보험 : 집의 화재, 자동차의 사고 등 재산의 위험과 배상 책임의 위험에 대비하는 보험

④ 연금
　㉠ 공적 연금 : 국가가 보장하는 연금제도로, 국민연금 및 공무원 연금 같은 특수 직역 연금 등이 있다.
　㉡ 사적 연금 : 노후 생활 안정을 위해 개인이 가입하는 연금제도로, 개인연금, 퇴직 연금 등이 있다.

section ④ 재무 계획과 재무 설계

(1) 재무 계획

① 재무 계획의 필요 … 제한된 수입을 현재와 장래의 생활에 어떻게 사용할지 사전에 검토하는 일인 재무 계획은 원하는 생활양식의 유지, 노후에 대한 대비, 미래의 불확실성에 대한 대비 등을 위해 필요하다.

② 생애 주기와 재무 계획
　㉠ 생애 주기 : 시간의 흐름에 따라 개인 삶의 진행을 몇 단계로 구분한 것
　㉡ 생애 주기에 따른 소득과 지출 : 경제적 은퇴 전의 여유분 A로 경제적 은퇴 후의 부족분 B를 채울 수 있어야 한다.

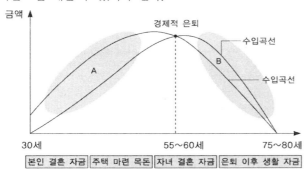

기출문제

📖 다음 대화에서 밑줄에 들어갈 수연이의 대답으로 옳지 않은 것은?
▶ 2016. 6. 25. 서울시

재화 : 어제 내가 감기가 심해서 결석을 했잖아. 어제 경제 수업시간에 금융 상품의 특징에 대해서 배웠다면서? 나에게 금융 상품의 특징에 대해서 설명해 줄 수 있니?

수연 : _____

① 펀드는 간접 투자의 대표적인 상품이야.
② 채권은 돈이 필요한 우리나라 사람이라면 누구나 발행 할 수 있어.
③ 주식 투자자들이 얻을 수 있는 투자 수익에는 배당과 시세차익이 있어.
④ 연금에는 국가가 보장하는 공적 연금, 기업이 보장하는 퇴직연금, 개인이 준비하는 개인 연금이 있어.

┃정답 ②

- 청년기 : 취업을 하여 소득이 발생하지만 그 규모가 크지 않고 소득의 대부분은 여가 활동이나 의복 및 외식비로 지출되어 저축률은 마이너스
- 성년기 : 결혼을 하여 지출이 늘어나지만 자녀가 어려서 교육에 대한 부담감은 적은 편임
- 장년기 : 수입이 많아 안정되어 소비보다 소득이 많으므로 정(+)의 저축률을 나타냄
- 노년기 : 주소득자가 퇴직하여 수입이 격감하지만 건강에 대한 관심이 높아 소득에 비해 지출이 많음

(2) 재무 설계

① **재무 설계의 과정** … 재무 목표 설정 → 재무 상태 파악 → 예산의 수립 및 실행 → 결산 및 평가

② **기간에 따른 재무 목표의 설정**

　㉠ 단기 목표(1년 이내) **예** 옷 구입, 휴대전화 변경 등

　㉡ 중기(1년~5년) **예** 대학 등록금 마련, 배낭여행 등

　㉢ 장기(5년 이상) **예** 자동차 구매, 결혼 자금 마련, 내 집 마련 등

③ **재무계획의 종류**

　㉠ **투자계획** : 펀드나 은행 예·적금, 채권, 주식 등 다양한 금융상품에 대한 안전하고 효율적인 투자 포트폴리오를 구성함

　㉡ **보험계획** : 사망이나 질병, 상해, 기타 재산상의 손실에 대비하여 자식과 가족의 위험을 줄일 수 있는 계획을 수립하는 일

　㉢ **세금계획** : 종합소득세, 양도소득세, 증여 및 상속과 관련된 절세 전략을 수립하는 것

　㉣ **은퇴계획** : 은퇴 자금의 계산 및 행복한 노후 생활을 위한 자금 준비 계획을 수립하고 퇴직 연금을 이용한 은퇴 생활 계획을 수립하는 것

　㉤ **증여 및 상속 계획** : 누구에게 얼마만큼 상속할 것인가를 결정하는 것

④ **재무 상태의 파악**

　㉠ **자산 상태표** : 자산과 부채의 상태를 나타내는 표로 자산 상황을 왼쪽에, 오른쪽에는 부채와 순자산을 기록한다.

　㉡ **수지 상태표** : 수입과 지출을 나타내는 표로, 왼쪽에는 수입을 오른쪽에는 지출을 기록하여 흑자와 적자를 파악한다.

⑤ **예산 수립 및 실행** … 일상적인 소비 지출, 재무 목표에 따른 지출 등을 토대로 예산을 수립하고 소득이 들어오는 기간에 따라 실행한다.

⑥ **결산 및 평가** … 정기적인 결산을 통해 재무 설계를 적절하게 수정하거나 목표를 재설정해 실행한다.

경제생활과 금융

1 다음 A 또는 B로 인해 인플레이션이 우려될 때, 이에 대한 설명으로 옳지 않은 것은? (단, 총수요곡선은 우하향하고, 총공급곡선은 우상향하며, 다른 조건은 불변)

> A : 원자재 가격의 급등
> B : 소비 및 투자 증가로 인한 경기 과열

① A로 인해 생산과 고용이 감소한다.

② A의 경우 총공급곡선이 좌측으로 이동한다.

③ B로 인해 생산과 고용이 증가한다.

④ B에 대한 대책으로 재할인율 인하를 들 수 있다.

④ 소비 및 투자 증가로 인한 경기 과열은 총수요 증가 요인으로 총수요곡선을 오른쪽으로 이동시킨다. 이 경우 생산과 고용이 증대하지만, 물가도 상승하여 인플레이션을 초래하는데 이를 수요견인인플레이션이라 한다. 이에 대한 대책으로는 통화량 감소를 위한 재할인율 인상 정책이 필요하다.
- 원자재 가격의 급등→총공급 감소→총공급곡선 왼쪽으로 이동
- 소비 및 투자 증가로 인한 경기 과열→총수요 증가→총수요곡선 오른쪽 이동

(Answer) 1.④

2 다음은 A국이 직면하고 있는 경제 상황을 타개하기 위해 A국 정부가 제시한 정책들이다. A국의 당면과제로 가장 적절한 것은?

> • 정부의 국채매입 확대
> • 기준금리 인하
> • 기업의 투자 촉진을 위한 인센티브 확대
> • 사회간접자본 확충을 위한 정부지출의 조기집행

① 경기 활성화
② 인플레이션 억제
③ 기술개발여건 조성
④ 국제수지의 단기적 개선

Point

A국 정부가 제시한 정책들을 살펴보면 통화량을 증가시키는 정책임을 알 수 있다.
• 정부의 국채 매입 확대→예금은행이 증가한 지급준비금을 방출→통화량 증가
• 기준금리 인하→은행 대출 증가→통화량 증가
• 인센티브 확대→기업 투자 증가→통화량 증가
• 정부지출의 조기집행→정부 지출 증가→통화량 증가
따라서 A국은 경기 침체를 타개하기 위하여 시중 통화량을 증가시켜 경기 활성화를 시도하는 것으로 볼 수 있다.

3 외상대금 지불, 세금 납부, 채무의 변제 등과 관계가 깊은 화폐의 기능으로 옳은 것은?

① 일반적 교환수단
② 가치척도수단
③ 가치저장수단
④ 거래의 결제수단

Point

화폐의 기능
㉠ 교환매개수단 : 상품과 상품의 교환을 매개하는 기능을 말한다.
㉡ 가치척도의 수단 : 모든 재화와 용역의 가치 크기는 화폐금액으로 표시된다.
㉢ 가치저장의 수단 : 경제적 가치를 보장함으로써 화폐의 소유 또는 저축수단의 기능을 말한다.
㉣ 결제의 수단 : 신용사회에서 외상거래, 각종 납부금의 고지서가 발급되었을 때, 채무의 변제에 화폐가 그 수단으로 이용된다.

4 다음 사례에 대한 옳은 법적 판단을 〈보기〉에서 고른 것은?

> ㉠A는 B로부터 5천만원을 빌리면서 자기 소유의 아파트에 저당권을 설정해 주었다. 그로부터 한 달 후, C는 위 A 소유의 아파트를 보증금 1억 5천만원에 2년간 임차하는 계약을 체결하였고, ㉡다음 날 이사함과 동시에 바로 동주민센터에서 전입신고를 하고 임대차 계약서에 확정일자를 받았다.

> 〈보기〉
> (가) ㉠에서 B는 용익 물권을 갖게 된다.
> (나) ㉠에서 발생한 B의 권리는 등기부의 을구에 기재된다.
> (다) ㉠에서 발생한 B의 권리는 물건을 점유하지 않더라도 행사할 수 있다.
> (라) ㉡에서 C는 B보다 우선하여 보증금을 변제받을 권리를 취득하게 된다.

① (가), (나)
② (가), (다)
③ (나), (다)
④ (나), (라)

 Point

 (가) 용익 물권은 타인의 토지 또는 건물을 일정한 목적을 위하여 사용·수익할 수 있는 물권으로 민법상의 용익 물권은 지상권, 지역권, 전세권의 세 가지가 있다.
 (라) C는 후순위자이다.

5 밑줄 친 '국민 경제적 의미에서의 활동'이 아닌 것은?

> 이익을 얻기 위하여 어떤 일이나 사업에 자본을 대거나 시간이나 정성을 쏟는 일을 말한다. 이는 <u>국민 경제 적 의미나 개인적 의미에서의 활동</u>이 있다.

> ㉠ 수출품을 만드는 공장을 짓는 일
> ㉡ 정기 예금에 가입하는 일
> ㉢ 여유자금을 부동산투자로 돌리는 것
> ㉣ 생산요소인 기계 설비를 늘리는 일

① ㉠, ㉡   ② ㉠, ㉢
③ ㉡, ㉢   ④ ㉡, ㉣

Point
국민경제적 의미의 투자는 건설투자＋설비투자＋재고투자에 해당한다.

6 다음과 같은 경제 조치가 가져올 영향은?

> A 은행은 상환 능력과 의지가 있는 신용 불량자에게 연 6~15%의 저금리 적용, 연체 이자의 1년 분할 상환 등과 같은 혜택을 주기로 했다. 그리고 B 은행은 이번 주부터 최장 8년 분할 상환, 최고 100% 연체 이자 감 면 등과 같은 조치를 통해 신용 불량자의 채무 재조정을 본격화하기로 했다.

① 가계의 소비 지출이 큰 폭으로 증가할 것이다.
② 성실한 채무자는 더 열심히 상환 것이다.
③ 누구나 은행 대출을 쉽게 받을 수 있을 것이다.
④ 채무자들의 도덕적 해이를 유발할 수 있을 것이다.

Point
돈을 갚지 않은 사람을 구제해주려는 것이므로 도덕적 해이가 나타날 가능성이 높다.

7 다음 자료에 대한 설명으로 옳은 것은?

> 갑이 현재 소득 200만 원을 모두 은행에 예금하면 5년 후에는 300만 원이 된다고 한다. 이러한 상황을 그림과 같이 나타낼 때, 갑은 현재 A수준에서 소비하기로 하였다.

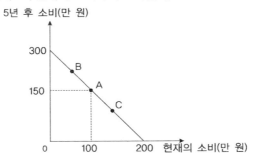

⊙ 갑의 선택은 합리적이다.
ⓒ 갑은 현재 소득 중 150만 원을 저축하려 한다.
ⓒ 갑이 A점 대신 C점을 선택하면 소비 성향이 높아진다.
ⓔ 명목 이자율이 상승한다면 선의 기울기가 완만해진다.

① ⊙, ⓒ
② ⊙, ⓒ
③ ⓒ, ⓒ
④ ⓒ, ⓔ

> 갑은 현재의 소득 중 100만원을 저축하려고 하며, 150만원은 미래의 가치를 의미한다. 또한 명목이자율이 높아지면 5년 후 소비액이 커지게 되므로 선의 기울기는 급해지게 된다.

8 그래프는 생애 주기 가설을 나타낸 것이다. 일생에 따른 소득과 소비의 변화가 그래프와 같다고 가정했을 때, 이에 대한 설명으로 옳은 것은?

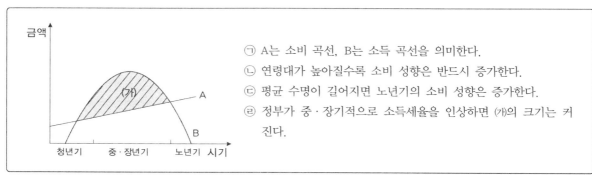

⊙ A는 소비 곡선, B는 소득 곡선을 의미한다.
ⓛ 연령대가 높아질수록 소비 성향은 반드시 증가한다.
ⓒ 평균 수명이 길어지면 노년기의 소비 성향은 증가한다.
ⓔ 정부가 중·장기적으로 소득세율을 인상하면 (가)의 크기는 커진다.

① ⊙, ⓛ
② ⊙, ⓒ
③ ⓛ, ⓒ
④ ⓛ, ⓔ

 Point

ⓛ 소비성향은 소득을 소비로 나눈 것이기 때문에 소득이 더 많이 증가한다면 소비성향은 낮아질 수도 있다.
ⓔ 소득세율을 증가하면 저축할 여지가 줄어들기 때문에 저축의 양이 줄어든다.

9 그래프는 일정 기간 동안 갑의 저축률 변화 추이를 나타낸 것이다. 이에 대한 분석으로 옳지 않은 것은? (단, 갑의 소득은 해당 기간 동안 변화가 없음.)

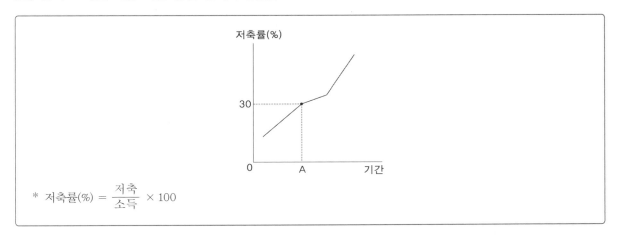

$$* \ \text{저축률}(\%) = \frac{\text{저축}}{\text{소득}} \times 100$$

① 저축과 소비의 합이 일정하다.

② A시기에는 저축액이 소비 지출액보다 더 적다.

③ 미래의 소비를 위해 현재의 저축을 줄이고 있다.

④ 소득에서 차지하는 소비 지출이 감소하고 있다.

저축률이 높아진다는 것은 소비지출의 양이 줄어든다는 것을 의미한다.

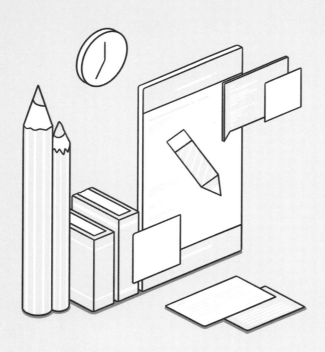

사회 · 문화

01. 사회·문화현상의 탐구

기출문제

문 〈보기〉의 밑줄 친 ㉠~㉢과 같은 현상의 일반적인 특징에 대한 설명으로 가장 옳은 것은?

▶ 2020. 6. 13. 제2회 서울시

〈보기〉

환경부에서 ㉠멸종 위기 야생생물로 지정한 열목어는 연어과의 민물고기로 ㉡산란기가 되면 온몸이 짙은 홍색으로 변한다. 열목어 개체 수가 급감하자 여러 기관에서는 인공 증식한 열목어를 방류하는 등 ㉢열목어 복원 사업을 추진하고 있다.

① ㉠과 같은 현상은 몰가치적, ㉢과 같은 현상은 가치 함축적이다.
② ㉡과 같은 현상은 ㉠과 같은 현상과 달리 확실성의 원리가 적용된다.
③ ㉢과 같은 현상은 ㉡과 같은 현상과 달리 존재 법칙의 지배를 받는다.
④ ㉠과 같은 현상은 ㉡, ㉢과 같은 현상과 달리 보편성과 특수성이 공존한다.

section 1 사회·문화현상의 이해

(1) 자연현상과 사회·문화현상의 의미와 특징

① **의미** … 인간의 의지와 무관한 보편적 자연법칙에 의해 발생하는 현상 ≒ 자연 속에서 본래부터 존재하는 현상
 ㉠ 자연적 질서에 의해 유지
 ㉡ 자연법칙 그 자체를 인위적으로 변경, 소멸시킬 수 없음

Point 팁 "물이 위에서 아래로 흐르는 것"은 인간의 의지와 무관한 현상

② **적용 법칙** … 존재법칙(Sein의 법칙), 사실법칙(事實法則) ≒ '한라산은 제주도에 있다', '물은 위에서 아래로 흐른다'와 같이 '사실상 그러하다'는 자연계의 법칙 (~이다. = Be)

③ **가치 문제** … 몰가치성(沒價値性) ≒ 인간의 의지와는 관계없이 진행되며 인간의 가치가 개입될 수 없다.

Point 팁 ㉠ 갈릴레이가 로마 교황청에서 마지못해 천동설을 인정했다고 해서 갑자기 지구가 멈추어 서고, 태양이 지구 주변을 도는 것은 아니다. → 지동설은 중세 교회의 의지 (사회현상)와는 무관한 자연 현상을 설명하는 불변의 진리이기 때문
㉡ 오랜 가뭄 끝에 비가 내리면 고마운 비가 내린다고 말하지만, 그것은 인간의 가치가 개입되어 평가되고 있기 때문이며 비는 단지 내릴 뿐이다.

④ **인과 관계** … 인과관계(因果關係) 분명 → 필연법칙, 확실성의 원리
 ㉠ 고정성과 불변성 → 규칙 발견과 예측이 용이
 ㉡ 통제된 실험이 가능함 ≒ 이는 어떤 현상의 원인과 결과간의 필연적인 관계로 자연현상은 특정원인에 의해 발생한 결과들이며 우연이나 예외가 있을 수 없는 필연법칙이다.

⑤ **존재 양식** … 보편성(普遍性) ≒ 시간과 공간을 초월하여 동일한 양상으로 나타남

Point 팁 조선시대에는 봄에 피던 꽃이 현대에 와서 갑자기 가을에 피는 일은 없으며, 중력의 법칙은 지구촌 어디서나 똑같이 적용된다. → 반복과 재현이 가능하다.

┃정답 ②

(2) 사회 문화 현상

① 의미 … 인간의 의지와 행동에 따라 사회 속에서 인위적으로 나타나는 현상

    ㉠ 인위적인 질서(사회법칙, 사회규범)에 의해 유지

    ㉡ 인간의 의지에 의해 인위적으로 변경가능

② 적용 법칙 … 당위법칙(Sollen의 법칙), 규범법칙(인간행위의 기준)

    ㉠ "이웃을 사랑하라", "사람을 해치지 말라", "도둑질하지 말라"와 같이 '마땅히 이러하여야 한다'는 법칙으로 인간으로서 당연히 지켜야할 도리, 나아가야 할 방향을 당위법칙이라고 한다.(~해야 한다 = Must, ~하지 말아야 한다.)

    ㉡ 목적법칙 : 어떤 사실이 발생하길 바라거나 그것을 목적으로 하는 법칙

③ 가치 문제 … 가치함축적(價値含蓄的) → 인위적인 질서(가치판단 가능) ≒ 사회현상은 그 사회의 역사적 전통과 규범, 사회 구성원의 자율적 가치와 신념 등에 영향을 받는다는 점에서 사회현상 탐구시 가치 중립 곤란

Point 팁   신분제에 대해 그 당시 지배세력은 좋은 제도라 생각했고 하층사람들은 자신을 옭아매는 족쇄라고 생각을 했다. 오늘날의 관점에서 보면 평등이라는 보편적 가치가 위배되는 사회 현상이었다. 이처럼 사회 현상에 대해서는 옳고 그름과 같은 인간의 가치판단이 가능하다.

④ 인과 관계 … 인과관계(因果關係) 불분명 → 개연성, 확률성의 원리

    ㉠ 유동성과 가변성 → 규칙 발견과 예측이 어려움

    ㉡ 통제된 실험이 불가능함

⑤ 존재 양식 … 특수성(特殊性) + 다양성(多樣性) + 보편성(普遍性) ≒ 사회현상은 보편성과 함께 시간과 공간에 따라서 서로 다르게 나타나는 특수성과 다양성을 지닌다.

몰가치성 대 가치중립성
가치중립이란 인간의 가치로 '옳다', '옳지 않다'는 등의 판단을 할 수는 있지만 의도적으로 판단하지 않는 것을 말한다. 예를 들어, 물이 100℃에서 끓는 현상은 '좋다', '싫다', '옳다', '옳지 않다'는 등의 판단이 되지 않는 몰가치적 현상이다.
하지만 에스파냐의 전통 투우는 보는 사람에 따라, 자기의 가치에 따라 '당연하다', '잘못이다', '멋있다', '잔인하다' 등의 판단을 할 수 있는 현상이다. 그러나 투우의 기원과 의미를 연구하는 연구자는 이러한 판단을 의도적으로 하지 않을 것이다. 왜냐하면 선입견과 이해관계에 빠져 제대로 된 연구를 할 수 없게 되기 때문이다. 바로 이와 같은 자세를 '가치 중립적이다' 또는 '객관적이다'라고 한다.

기출문제

문 〈보기〉의 밑줄 친 ㉠~㉢과 같은 현상의 일반적인 특성에 대한 설명으로 가장 옳은 것은?
▶ 2023. 6. 10. 제1회 서울시(보훈청)

〈보기〉
설연휴 마지막 날인 24일 ㉠한파와 강풍으로 인해 일부 항공편과 배편이 결항 조치되면서 귀경하려는 시민들의 발걸음도 묶이게 됐다. 제주지방항공청과 공항공사는 제주공항 대설과 강풍에 따른 ㉡비상대응체계를 가동하고 항공편 변경을 위해 공항에 방문하는 승객을 위한 ㉢안내요원을 추가 투입했다.

① ㉠과 같은 현상은 가치함축적, ㉡과 같은 현상은 몰가치적이다.

② ㉡과 같은 현상은 ㉠과 같은 현상과 달리 확률성의 원리가 적용된다.

③ ㉢과 같은 현상은 ㉡과 같은 현상과 달리 인과관계가 명확하다.

④ ㉠과 같은 현상은 ㉡, ㉢과 같은 현상과 달리 당위 법칙의 지배를 더 많이 받는다.

정답 ②

(3) 사회·문화현상 연구의 특징

① 사회과학의 세분화·전문화 … 사회과학은 사회·문화 현상을 과학적으로 탐구하려는 학문이다. 사회·문화 현상이 점점 복잡해지고 다양해지자 그에 따라 세분화 되고 전문화 되었다.
  ⑦ **정치학**: 권력, 공공정책, 정치적 의사결정과정을 연구 대상으로 하는 학문이다.
  ⑥ **경제학**: 인간의 경제활동에 기초를 둔 사회적 질서를 연구 대상으로 하는 학문이다.
  ⑥ **사회학**: 인간의 사회적 공동생활을 연구하는 학문이다.
  ⑥ **문화 인류학**: 인류의 생활 및 역사를 문화적인 면에서 비교하고 연구하는 학문이다.

② 간학문적 연구
  ⑦ 전통적인 학문 영역 간의 소통을 통해 특정한 현상을 통합적으로 이해하려는 방식이다.
  ⑥ 사회현상은 매우 복잡하기 때문에 개별 학문만으로는 모든 것을 설명하기 어려우므로 사회·문화현상을 종합적으로 분석하기 위해 여러 학문들을 적용하여 통합적으로 연구할 필요성이 있다.

section 2 사회·문화현상을 보는 관점

(1) 거시적 관점

사회·문화 현상을 사회 전체적인 구조와 관련시켜 탐구(제도나 조직, 계층, 사회 전체 중시) ≒ 사회실재론

① 기능론적 관점
  ⑦ **사회에 대한 인식**: 사회는 인체와 같은 유기적인 체계(살아있는 생명체처럼 각 부분과 전체가 통일적 관계 안에서 떨어질 수 없도록 긴밀히 관련됨) → 사회 유기체설
  • 사회의 구성 요소들이 상호 의존적인 관계를 유지하며, 전체 사회의 유지와 존속에 필요한 기능을 분담하여 수행하고 있는 체계
  • 사회는 조화와 균형을 이루고 있으며, 구성원들은 사회 내의 가치나 규범에 합의에 바탕을 둠
  ⑥ **기본적 입장**: 사회는 조화와 균형을 이룸, 사회의 구성 요소는 상호의존성
  • 사회·문화 현상은 사회 유지와 존속에 기여함
  • 구성원들의 협동 관계 중시, 사회는 지속 가능성

- 한 부분이 변질되면 다른 부분이 보완적인 반응을 함으로써 전체는 균형을 이루며 지속됨 ≒ 정태적 측면 강조
- 갈등을 보는 시각 : 갈등은 일시적이거나 비정상적인 현상일 뿐인 예외적 현상으로 없어져야할 상호작용
- 사회통합에 대한 시각 : 구성원 동의에 의해 통합
- 이해관계에 대한 시각 : 구성원들의 공통된 가치에 바탕을 둔 이해관계

ⓒ 관련 이론 : 사회적 갈등을 사회 병리 현상으로 봄(사회병리론), 사회 유기체설

ⓔ 특징 : 안정성과 지속성, 통합과 질서, 균형과 조화, 협동과 동의·사회 구성원들의 합의와 계약에 의해 역할과 기능 배분

ⓜ 강조점 : 현재의 상태를 유지·보전하면서 사회를 결속시키는데 중점을 둠(보수적 관점)

ⓗ 비판점 : 기존의 질서나 권력 관계, 기득권층의 이익을 유지·옹호에 기여하고 사회변동을 소홀히 한다는 비판을 받음, 혁명과 같은 급격한 사회 변동을 설명하기 곤란함

② 갈등론적 관점

ㄱ 사회에 대한 인식 : 사회는 희소 가치(이해관계나 권력 쟁취)를 둘러싼 구성요소들 간의 상호 대립과 갈등으로 인한 경쟁과 투쟁의 장 → 계급 투쟁론

- 사회의 구성 요소들은 대립과 갈등 관계에 있고, 이러한 갈등은 보편적인 현상으로, 사회 발전에 기여함
- 사회 질서는 지배 집단의 이익을 유지하고 옹호하기 위해 사회 구성원에게 강요와 강제, 탄압이 바탕을 둠

ㄴ 기본적 입장 : 사회는 긴장과 갈등이 존재

- 지배 집단은 교육을 통한 계급을 재생산, 법을 통한 피지배 집단을 억압함
- 갈등은 사회 변동의 원동력, 성원들의 갈등과 긴장 중시, 사회는 변화 가능성
- 갈등과 대립은 사회 전체의 다양성과 역동성을 불어넣으며, 이러한 갈등이 상호통제의 역할을 함으로써 사회 유지 ≒ 동태적 측면 강조
- 갈등을 보는 시각 : 갈등은 어디서나 존재하는 자연스러운 현상
- 사회통합에 대한 시각 : 강제에 의해서 통합 → 갈등이 변동원인
- 이해관계에 대한 시각 : 지배와 착취에의 관계에 입각한 이해관계

ㄷ 관련 이론 : 집단 간 갈등은 사회 변동의 원동력이 됨 ≒ 계급 투쟁론

ㄹ 특징 : 갈등, 강제 및 변동, 대립과 마찰, 긴장, 분열, 불일치
→ 지배 집단의 강제와 억압에 의해 사회 구성원들의 역할과 기능 배분

ㅁ 강조점 : 현재의 사회 모습을 변화시켜서 사회를 원하는 방향으로 바꾸는 데 중점을 둠

ㅂ 비판점 : 사회 각 부문 간의 협동과 질서(사회적 합의와 조화)를 경시하고, 사회의 존속 및 통합(사회 안정과 질서)을 소홀히 한다는 비판을 받음
→ 사회 구성 요소 간의 합리적 역할 분담을 설명하기 곤란함

기출문제

📝 〈보기〉에서 사회·문화 현상을 바라보는 관점 (가)~(다)에 대한 설명으로 가장 옳은 것은?

▶ 2022. 6. 18. 제2회 서울시

〈보기〉

관점	가족문제의 원인
(가)	가족 제도와 교육 제도의 본래 기능 상실
(나)	자녀 양육에 필요한 사회적 자원을 사회 기득권층에서 독점하는 구조
(다)	자녀의 행동에 대한 부모와 자녀간의 서로 다른 상황 정의

① (가)는 행위 주체인 인간이 상황 속에서 능동적으로 대응하는 존재라고 본다.

② (다)와 달리 (가)는 사회 문제를 사회 병리적인 현상으로 인식한다.

③ (나)에 비해 (다)는 사회 제도 간의 상호 의존적인 관계에 주목한다.

④ (다)와 달리 (나)는 희소가치의 배분과 관련하여 각 계급의 이익은 양립할 수 있다고 본다.

┃정답 ②

🔍 사회화를 바라보는 갑과 을의 관점에 대한 설명으로 옳은 것은?

▶ 2020. 6. 13. 지방직/서울시

갑 : 개인은 사회적 환경 속의 다른 대상자들처럼 자신을 대상으로 보는 과정을 통하여 자아를 형성해 간다. 또한 개인이 자아 관념을 형성하는 과정에서는 감정적으로 강한 애착을 느낄 수 있는 가족, 또래 집단 등이 중요하다.

을 : 어린아이들이 게임을 하는 과정에서 각기 다른 사람들의 역할을 배우고, 게임의 규칙에 따라 주어진 역할을 모방함으로써 사회 전반적으로 받아들여지는 태도와 역할을 배우게 된다.

① 한 사회의 보편적인 가치나 규범은 사회의 지배 집단에 의하여 규정된다.

② 사회화를 거시적 관점에서 바라보며, 사회화는 사회구조의 안정과 질서를 유지하는 데 반드시 필요한 과정이다.

③ 사회화는 언어나 몸짓, 기호와 같은 상징을 사용하여 다른 사회 구성원과 상호 작용하는 과정을 통하여 이루어진다.

④ 사회화는 기존의 불평등한 사회구조를 정당화하려는 것이며, 기득권층에 유리한 가치와 행동을 학습시키는 과정이다.

▌정답 ③

(2) 미시적 관점

사회 · 문화 현상을 개인이나 부분에 초점을 맞추어 탐구함(개인 간의 관계, 상호작용, 일상생활 중시) ≒ 사회 명목론

① 상징적 상호작용론

  ㉠ 기본 입장 : 사회 · 문화 현상은 주관적인 행위 동기와 목적을 지닌 인간에 의해 발생하며, 개인은 나름대로의 방식으로 사회나 주어진 상황을 해석 · 정의함

  • 사회 · 문화 현상을 제대로 이해하려면 일상적인 현상들의 개인적 · 사회적 의미를 이해해야 함

  • 사회 현실의 이해는 상호 주관적임

  • 사회 현실은 개인의 주관적인 해석과 그에 따른 반응에 따라 달라질 수 있음을 의미

  ㉡ 주요 연구 방법 : 참여 관찰, 개별 사례 연구

   → 객관적 사회 조건 보다 '상황정의'(사회적 상황에 대한 개인의 주관적 해석)를 중시

  ㉢ 장점 : 개인의 구체적인 일상 생활과 상호 작용, 의사 소통을 관찰하여 인간의 능동적인 사고와 자율적인 행위를 잘 설명함

  ㉣ 비판점 : 개인의 행위에 영향을 미치는 사회 구조나 제도의 거대한 힘을 간과(과소평가)함, 거시적 수준의 일반 법칙을 발견하기 어려움

② 교환이론

  ㉠ 기본 입장 : 인간의 행위를 비용과 그에 따른 보상을 교환하는 관계로 보는 관점

  ㉡ 전제 조건 : 인간을 교환을 통해 이익을 추구하는 합리적인 존재로 봄

  ㉢ 비판점 : 인간의 정서적이거나 비합리적인 행위를 설명하기 어렵다는 문제점이 있음

(3) 사회 · 문화 현상을 보는 관점들의 조화와 균형

① 거시적 관점과 미시적 관점의 비교

구분	거시적 관점(기능론과 갈등론)	미시적 관점 (상징적 상호작용론과 교환 이론)
특징	개인을 구속하는 사회의 구조에 초점을 둔다.	개인의 능동적 사고 과정과 선택 그리고 타인과의 상호 작용과정에 초점을 둔다.
단점	개인의 주체적 능동성을 간과하였다.	개인을 구속하고 통제하는 거시적 구조를 설명하지 못하였다.

② **사회·문화 현상을 보는 관점들의 조화와 균형** ··· 사회문화현상에 대하여 종합적으로 인식하고, 균형 잡힌 시각을 가지고 개인과 사회의 관계를 보려면 거시적 관점과 미시적 관점을 종합하여 보아야 한다.

section 3 사회·문화 현상의 연구 방법

(1) 사회과학의 연구방법

① **실증적 연구방법(양적 접근법)** ··· 자료를 계량화하여 분석하는 연구방법으로 사회현상에 관한 일반적인 법칙을 발견한다.

  ㉠ 특징
  - 객관적으로 관찰 가능한 인간행위를 분석대상으로 삼는다.
  - 객관적 법칙발견이나 엄밀한 인과관계의 확인이 목적이다.
  - 수량적으로 표현할 수 있는 양적인 자료 중시한다.
  - 통계적인 분석기법을 활용한다.
  - 연구자가 관찰대상과 일정한 거리를 유지한 채 가치중립적으로 연구한다.

  ㉡ 장점 : 객관적이고 정확·정밀한 연구, 법칙발견에 유리하다.

  ㉢ 단점 : 계량화가 곤란한 인간의 정신적 영역 등에 관한 연구는 제약을 받는다.

  ㉣ 전제
  - 자연현상과 사회·문화현상은 본질적으로 다르지 않다.
  - 자연과학적 연구방법을 사회 문화현상에 적용할 수 있다는 방법론적 일원론을 주장한다.

  ㉤ 절차 : 문제인식 → 가설설정 → 연구 설계 → 자료수집 → 자료 분석 → 가설검증 → 결론도출

② **해석적 연구방법(질적 접근법)** ··· 연구자의 직관적인 통찰에 의해 사회현상의 의미를 해석하고 이해하려는 연구방법이다.

  ㉠ 특징
  - 인간의식의 심층적 영역에 관심을 가진다.
  - 인간행동의 동기, 의도 등과 같은 의미의 파악이 목적이다.
  - 비공식적 문서, 역사적 기록의 이면적 의미를 중시한다.
  - 연구자의 직관적 통찰에 의거하여 연구한다.
  - 연구자가 관찰대상의 입장이 되어 볼 것을 강조한다.

  ㉡ 장점 : 행위자의 주관적 의식의 심층에 대한 이해가 가능하다.

  ㉢ 단점 : 실증적 연구와 같은 객관성 확보가 쉽지 않다.

기출문제

📄 다음은 연구 단계를 순서 없이 나열한 것이다. 이에 대한 설명으로 옳은 것은?
▶ 2020. 6. 13. 지방직/서울시

(가) 수집한 자료를 통계 처리하여 변수 간의 인과관계 분석
(나) 자기주도학습이 학업 성취도에 미치는 영향을 연구 주제로 선정
(다) 자기주도학습 태도를 지닌 고등학생일수록 학업 성취도가 높을 것이라는 잠정적 결론 도출
(라) ○○시 △△고교 학생 1,500명을 대상으로 연구주제에 대한 설문조사 실시
(마) 학업 성취도는 1학기와 2학기의 지필평가 평균 점수를 비교하여 측정하기로 결정

① (가) 단계와 (다) 단계에서는 연구자의 가치 중립적 태도가 요구된다.
② (가) 단계에서는 (다) 단계와 달리 연구자의 직관적 통찰이 필요하다.
③ (나) 단계와 (마) 단계에서는 연구자의 가치가 개입된다.
④ 연구는 (나) → (라) → (가) → (마) → (다)의 순서로 진행되어야 한다.

📄 다음 중 해석적 연구방법으로 옳은 것은?
▶ 2012. 서울시

① 직관적 통찰
② 법칙 발견
③ 통계적 연구
④ 조작적 정의
⑤ 경험적 자료의 계량화

정답 ③, ①

문 다음은 연구 단계를 순서 없이 나열한 것이다. 이에 대한 설명으로 옳은 것은?

▶ 2021. 6. 5. 제1회 지방직

(가) 무작위로 선정한 전국 초등학생 2,000명과 그 부모를 대상으로 질문지 조사를 실시하였다.

(나) 초등학생 자녀의 시험 불안감에 대해 부모의 자율적 양육태도가 미치는 영향을 알아보고자 하였다.

(다) '부모의 자율적 양육태도가 높을수록 초등학생 자녀의 시험 불안감은 낮을 것이다.'라는 가설을 설정하였다.

(라) 수집한 자료를 통계 분석 한 결과, 부모의 자율적 양육태도는 초등학생 자녀의 시험 불안감에 부(−)적인 영향을 주며 이는 통계적으로 유의미한 것으로 나타났다.

① '부모의 자율적 양육태도'는 독립변수, '초등학생 자녀의 시험 불안감'은 종속변수이다.

② 연구자와 연구대상 간에 정서적 교감이 중요한 자료 수집 방법을 사용하였다.

③ (가)와 달리 (나), (라)에서는 연구자의 엄격한 가치 중립이 요구된다.

④ 연구는 (다) − (나) − (가) − (라) 순서로 진행되는 것이 일반적이며, 가설은 기각되었다.

정답 ①

ⓔ 전제

• 자연현상과 사회·문화 현상은 본질적으로 다르다고 생각한다. 그렇기 때문에 자연과학적 연구방법을 가치 함축적인 사회 문화현상에 적용할 수 없다는 방법론적 이원론을 주장한다.

• 사회는 행위자에 의해 구성되면 개인들은 지속적으로 상호작용을 한다.

ⓜ 절차 : 문제인식 → 연구 설계 → 자료수집 → 자료 처리 및 해석 → 결론 및 적용

구분	실증적 연구 방법(양적 접근법)	해석적 연구 방법(질적 접근법)
의미	경험적 자료를 계량화하여 통계적으로 분석 → 사회 문화 현상의 인과 관계를 설명하고 법칙 발견	연구자의 직관적 통찰 → 사회 문화 현상의 의미 해석, 이해
전제	사회 문화 현상의 연구에 자연현상에 대한 탐구 방법을 적용 → 방법론적 일원론	사회 문화 현상은 자연현상과는 본질적으로 다름 → 방법론적 이원론
목적	일반화나 보편적인 법칙을 발견하여 미래 상황에 적용	사회 문화 현상에 담긴 인간의 행위 동기, 목적 등과 관련된 개인적·사회적 의미에 대한 심층적 이해
탐구 방법	• 자료의 계량화(수치화), 통계적 기법을 통해 자료 해석 • 질문지법, 실험 연구를 주로 사용함, 연역법	직관적 통찰, 감정 이입적 이해 기법을 통해 자료 해석 참여 관찰, 심층 면접을 주로 사용함. 귀납법
자료수집 방법	질문지법, 실험법, 문헌연구법	면접법, 참여관찰법, 문헌연구법
장점	• 가설 검증, 법칙 발견용이 • 정밀하고 객관적인 연구 가능	사람들의 주관적인 의식의 심층적 이해에 유리 인간 행위의 사회적 의미 파악이 가능
단점	• 통제된 실험 곤란, 계량화하기 어려운 영역에 부적합함 • 사회 문화 현상과 인간의 가치·동기와 분리되어 연구	연구자의 주관적 가치 개입 → 객관성이 결여됨 보편적인 법칙을 발견하기 어려움

(2) 자료수집방법

① 질문지법

ⓞ 의미 : 조사할 내용을 질문지로 작성하여 조사 대상자에게 기입하게 하는 방법

ⓛ 질문지 작성 원칙 : 가치중립성, 용어의 명확성, 내용의 간결성 등

ⓒ 용도 : 조사 대상자의 규모가 크고, 계량화된 자료 수집이 필요할 때

ⓔ 장점 : 시간과 비용 절약, 한 번에 다량의 자료 수집이 가능 통계 분석을 통해 다양한 집단 간 비교·분석이 용이함

ⓜ 단점 : 문맹자에게 실시 곤란, 질문 내용의 오해 가능성 질문자의 회수율이 낮을 경우 조사 결과의 신뢰도에 문제가 있을 수 있음

② 면접법

ⓠ 의미 : 조사자(연구자)와 조사(연구) 대상자가 직접적 대면 접촉을 통해 자료 수집

ⓛ 용도 : 비교적 소수의 응답자로부터 깊이 있는 자료를 수집하고자 할 때

ⓒ 장점 : 문맹자에게 실시 가능, 심층적·자세한 자료 수집 가능

ⓔ 단점 : 조사자의 편견이 개입될 가능성이 있음. 시간과 비용이 부담됨. 표본 선정이 곤란함. 조사자의 전문성이 요구됨

③ 참여 관찰법

ⓠ 의미 : 조사자가 직접 조사 대상 집단에 참여하여 관찰을 통해 자료를 수집함

ⓛ 용도 : 의사소통이 어려운 대상(어린이, 동물, 원시 부족 등)을 상대로 심층적인 자료를 수집 할 때

ⓒ 장점 : 질문지법이나 면접법을 사용하기 곤란한 경우에 이용함, 언어나 문자로 표현할 수 없는 현상까지도 조사 가능함

ⓔ 단점 : 관찰자(조사자)의 편견이 개입될 가능성이 있음. 예상치 못한 변수를 통제하기 어려움 많은 사람을 대상으로 하기 어려움

④ 문헌 연구법

ⓠ 의미 : 기존의 연구 결과나 역사적인 문헌, 이미 발표된 통계에서 자료 수집

ⓛ 용도 : 1차 자료(조사자가 직접 자료를 수집하거나 작성한 경우)를 구하기 어려울 때

ⓒ 장점 : 시간·비용이 절약됨. 기존의 연구 성과·동향을 알 수 있음

ⓔ 단점 : 문헌 해석 시 연구자의 주관적 판단 개입 발생 가능성, 기존 연구 문헌의 신뢰성 여부

⑤ 실험법

ⓠ 의미 : 연구자가 실험집단에 일정한 조작을 가하고, 그로 인해 나타나는 행동의 변화를 통제집단(실험 조작을 가하지 않은 집단)과 비교하여 자료 수집

ⓛ 용도 : 사회 문화 현상의 정확한 인과 관계를 알고자 할 때

ⓒ 장점 : 사회 문화 현상의 원인과 결과를 정확하게 분석하는 데 유용함, 과학적인 연구 가능

ⓔ 단점 : 실험 대상이 인간이라는 점에서 윤리적·법적 문제 발생

기출문제

문 〈보기〉에서 밑줄 친 '갑(甲)이 사용한 자료 수집 방법'의 일반적인 특징에 대한 설명으로 가장 옳은 것은?

▶ 2022. 6. 18. 제2회 서울시(보훈청)

〈보기〉

대학생 갑(甲)은 '어린이집 유아들의 놀이 과정에서 나타나는 상호 작용 연구'를 마친 후 보고서를 제출하였다. 얼마 후 교수는 갑(甲)을 불러 보고서에 대한 평가를 했는데, 교수는 갑(甲)이 사용한 자료 수집 방법은 적절했지만 어린이집 유아들이 갑(甲)의 존재를 의식하여 행동한 것으로 판단되는 내용들이 다수 있어 연구 결과를 신뢰할 수 없다고 말하였다.

① 비언어적 자료 수집이 용이하다.
② 연구자의 주관이 개입될 가능성이 낮다.
③ 수집된 자료를 통계 처리하기가 용이하다.
④ 다수를 대상으로 자료를 수집하기에 적합하다.

정답 ①

문 〈보기〉는 사회·문화 현상의 연구 방법 A, B의 일반적인 연구 절차를 나타낸 것이다. 이에 대한 설명으로 가장 옳은 것은?

▶ 2024. 6. 22. 제2회 서울시

〈보기〉

구분	연구 절차
A	연구 주제 선정→연구 설계→자료 수집→자료 해석→결론 도출
B	연구 주제 선정→___㉠___ →연구 설계→자료 수집→자료 분석→가설 검증→결론 도출

① A는 방법론적 일원론을 전제로 한다.
② ㉠에서는 연구 주제에 대한 잠정적인 결론을 제시 한다.
③ A는 B에 비해 연구 결과의 일반화가 용이하다.
④ B는 연구자가 연구 대상으로부터 분리되기 어렵다고 본다.

section 4 사회·문화 현상의 탐구 절차와 태도

(1) 사회·문화 현상의 탐구 절차

① 연역적 방법과 귀납적 방법

㉠ 연역적 방법 : 보편적인 원리에서 가설을 설정하고 출발하여 연구하고 일반적인 법칙이나 이론을 찾아내는 방법이다.

㉡ 귀납적 방법 : 개별사례에 대한 관찰을 총괄하여 그 공통된 성질을 일반적인 법칙으로 확립하는 방법이다.

② 양적 연구방법의 탐구절차

㉠ 문제제기 및 연구 주제 선정 : 연구를 통하여 해결하고자 하는 문제가 무엇인지를 명확히 밝히는 단계이다.

㉡ 가설 설정

• 기존의 연구 결과와 이론 등을 참고하여 가설을 설정하는 단계이다.

• 결론을 예측해 보는 것으로 원인에 해당하는 독립변수와 결과에 해당하는 종속변수 간의 관계를 구체적으로 나타낸다.

㉢ 연구 설계

• 자료수집방법 : 조사대상과 범위, 조사 기간, 그리고 분석 도구에 대해 구체적으로 계획을 세우는 단계이다.

㉣ 자료수집 및 분석 : 연구 설계에서 계획된 자료 수집 방법에 따라 자료를 수집하고 수치화된 자료를 통계 기법을 이용하여 분석하는 단계이다.

㉤ 가설 검증 및 일반화 : 자료를 분석한 결과를 바탕으로 가설을 수용할지 기각할지 검증하고 가설이 입증된 경우에는 일반화를 시도하는 단계이다.

③ 질적 연구 방법의 탐구 절차

㉠ 문제제기 및 연구주제 선정 : 가설을 설정하지 않거나 설정하는 경우에도 추상적인 형태로 만드는 것이 일반적이다.

㉡ 연구 설계 : 자료수집 방법, 조사대상과 범위, 조사기간에 대해 구체적인 계획을 세우는 단계이다.

㉢ 자료 수집 및 분석

• 주로 녹음, 메모, 촬영 등의 방법을 통해 자료 수집을 한다.

• 연구자의 직관적인 통찰에 의거하여 자료를 분석한다.

㉣ 결론 : 분석한 자료의 의미를 중심으로 결론을 도출하는 단계이다.

┃정답 ②

④ 실증적 탐구 방법의 연구과정

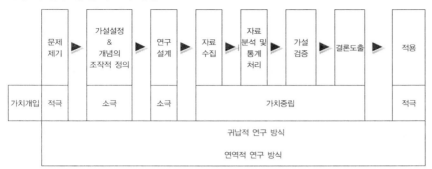

⊙ 가설 설정 & 개념의 조작적 정의는 실증적 연구방법의 대표적인 특징이다.

→ 가설 설정 & 개념의 조작적 정의 과정에서 소극적으로 가치가 개입되지만 가급적 배제하는 것이 좋다.

ⓛ 실증적 연구의 전체적인 흐름은 연역적 연구이지만, 자료수집→가설 검증 과정은 귀납적인 방식을 가진다.

⑤ 해석적 탐구의 연구과정

⊙ 해석적 연구방법은 특수하고 예외적인 사례에 주목한다.

→ 따라서 각 사례에 따른 연구가 중요하다. (귀납적 연구 방식)

ⓛ 개인 내면의 동기를 파악 할 수 있는 '비공식적인 문서'에 주목한다.

ⓒ 해석적인 연구는 '가치 함축적'이며, 이는 연구자가 연구 대상자의 입장에서 연구 대상자의 심리상태나 행동 방식 등을 판단해 보는 것을 의미한다.

(2) 사회·문화 현상의 탐구 태도

① 사회·문화 현상의 탐구에서 필요한 연구자의 태도

⊙ 성찰적 태도 : 현상을 있는 그대로 받아들이지 않고 의문을 가지고 살펴보려 하거나 자신의 연구과정에 대해서 제대로 탐구하고 있는지 되짚어 보려는 태도

ⓛ 객관적인 태도

• 자신의 주관을 떠나 사실을 있는 그대로 관찰하고 인식하려는 태도

• 자신의 선입관이나 감정적 요소를 배제한 제3자적 입장

문 밑줄 친 ㉠, ㉡과 같은 연구 방법의 일반적인 특징에 대한 설명으로 옳지 않은 것은?

▶ 2013. 9. 7. 서울시

신입 사원들의 직장 생활을 주제로 A 연구자는 ㉠신입 사원들의 입사 성적과 근무 성적 간의 상관관계를 연구하였고, B 연구자는 ㉡신입 사원들의 사내 문화 적응 과정을 연구하였다.

① ㉠은 방법론적 일원론에 기초하고 있다.

② ㉠은 수집된 자료를 계량화하여 분석하는 방법을 주로 사용한다.

③ ㉡은 비공식적 자료의 수집과 활용을 중시한다.

④ ㉡은 현상에 대한 심층적 이해를 위해 감정이입의 방법을 중시한다.

⑤ ㉡은 직관적 통찰의 방식을 활용함으로써 연구 결과의 일반화에 유리하다.

문 다음 중 사회·문화현상을 탐구하는 태도로 옳지 않은 것은?

▶ 2012. 서울시

① 사회·문화현상의 특수성을 고려한다.

② 가능한 한 선입견이나 편견을 배제한다.

③ 부분적인 가치를 지닌 특정한 이론은 그대로 받아들인다.

④ 사회·문화현상 그 자체를 있는 그대로 정확하게 인식하는 단계에서는 제3자의 입장에 서야 한다.

⑤ 조화의 중요성을 인식해야 한다.

┃정답 ⑤, ③

ⓒ 개방적인 태도
- 여러 가지 가능성이 동시에 공존할 수 있다고 인정하는 태도
- 논리적으로 옳아 보이는 주장이나 이론도 경험적으로 실증될 때까지는 가설로 받아들이는 태도
- 편견이나 편협한 가치관 배격, 무비판적 추종이나 무조건적 배격 탈피

ⓐ 상대주의적인 태도
- 사회와 문화의 특수성을 이해하는 태도
- 동일한 사회 · 문화현상이라 할지라도 해당 사회의 역사적 · 문화적 배경이나 현실적 여건에 따라 다르게 이해하려는 태도

ⓜ 조화의 중요성을 인식하는 태도
- 사회는 조화를 이루는 가운데 발전하는 것임을 인식하는 태도
- 협동과 대립, 갈등이 교차하고 반복되면서 사회가 발전한다고 생각하는 태도

② 사회 · 문화 현상의 탐구에서 가치중립문제

ⓖ 사실과 가치
- 사실 : 실재하는 어떤 것의 객관적 상태를 있는 그대로 설명해 주는 명제로, 경험적 증거를 바탕으로 하여 참과 거짓을 객관적으로 규명할 수 있다.
- 가치 : 사물이나 사건, 행위나 사람, 관행, 제도 등에 대한 주관적 평가의식을 담고 있는 명제로, 평가적 용어가 사용된다.

ⓛ 가치중립 : 가치로부터 자유로운 상태, 즉 가치의 영향이 배제된 상태를 뜻한다.

ⓒ 가치개입 : 특정한 가치를 전제로 그것과의 연관성 속에서 의사결정에 임하는 것이다.

ⓐ 과학과 가치의 문제
- 가치중립의 필요성 : 사회과학의 탐구목적은 사회 · 문화현상을 기술하고 그 속에서 법칙을 찾는 것이므로 연구자의 주관적인 가치가 배제되어야 한다(연구자의 주관적 가치 때문에 사실을 왜곡하여 자료를 수집해서는 안 된다).
- 가치중립성을 지키기 어려운 이유 : 사회현상 자체에 가치가 내포, 연구자 자신이 사회현상 내부에서 관찰, 연구 주제와 대상의 선택에서 연구자의 가치판단이 불가피할 수밖에 없기 때문이다.

문 〈보기〉에서 강조하는 사회 · 문화 현상의 탐구 태도로 가장 옳은 것은?

▶ 2021. 6. 5. 제1회 서울시

〈보기〉

사회 · 문화 현상의 발생 과정과 원인은 단순하지 않고 복잡하기 때문에 겉으로 드러나는 현상만을 보면 안 된다. 또한 자신이 연구 절차나 방법, 연구 윤리 등을 제대로 지키며 탐구하고 있는지 되짚어 보아야 한다.

① 사실을 있는 그대로 관찰하는 것을 말한다.
② 경험적인 근거를 통해 검증하기 전에는 하나의 가설로 받아들인다.
③ 사회 · 문화 현상은 그 현상이 발생한 맥락에 따라 다른 의미를 지닌다.
④ 현상의 이면에 담겨 있는 발생 원인이나 원리를 능동적으로 살펴본다.

|정답 ④

(3) 사회·문화 현상의 탐구에서 연구자가 지켜야하는 윤리문제

① 연구 윤리의 필요성

　㉠ 사회 문화 현상의 탐구는 인간의 행위를 탐구의 기본으로 하므로 윤리적 원칙에 충실해야 한다.

　㉡ 연구의 대상이 사람이므로 연구 과정이나 결과가 인권을 침해하지 않도록 해야 한다.

② 연구 주제의 윤리성

　㉠ 연구 주제가 윤리적으로 허용되는 범위 내의 것이어야 한다.

　㉡ 인간 생활에 해를 끼치거나 불이익을 주는 것은 허용되지 않는다.

③ 연구 대상자와 관련된 윤리문제

　㉠ 연구대상의 인권 보호 관련 문제 : 인간을 대상으로 하므로 탐구과정에서 조사 대상자의 신체적, 정신적, 물질적, 법적으로 피해를 주지 않고 인권을 보호해야 한다.

　㉡ 연구대상자의 자발적인 참여 문제 : 연구대상자에게 연구의 성격과 목적, 내용 등에 대한 정보를 미리 제공하고 조사 참여에 대한 동의를 구해야 한다.

　㉢ 연구대상자의 사생활 보호문제 : 연구대상자의 사생활보호를 위해 익명성을 보장해야 하며 연구결과의 분석과 보고과정에서도 연구대상자를 절대 공개해서는 안 된다.

④ 연구과정 결과 보고와 활용에서의 윤리문제

　㉠ 연구 과정에서의 윤리문제 : 원하는 결과를 얻기 위해 자료를 편파적으로 수집하거나 자료를 조작해서는 안 된다.

　㉡ 결과 보고에서의 윤리문제 : 연구결과의 확대 및 왜곡이나 타인의 연구결과물을 도용하는 것은 범죄에 해당한다.

　㉢ 연구 결과 활용에서의 윤리 문제 : 결과가 다수에게 악영향을 미치거나 정부정책에 왜곡되어 반영될 수 있는지도 고려해야 한다.

2024. 6. 22. 제2회 서울시(보훈청)

1 〈보기〉에 대한 설명으로 가장 옳은 것은?

〈보기〉

연구자 갑(甲) ㉠인터넷 중독 예방 프로그램이 청소년의 ㉡자기 통제력에 미치는 효과를 알아보기 위한 연구를 진행하였다. 이를 위해 OO중학교 3학년 2개 학급을 연구 대상으로 선정하여 ㉢사전 검사를 하였다. 이후 8주 동안 ㉣한 학급에게는 평상시와 같이 생활하게 하고 ㉤다른 학급에게는 인터넷 중독 예방프로 그램을 적용한 뒤, 다시 두 학급 모두 ㉥사후 검사를 하였다.

① ㉠은 종속 변인, ㉡은 독립 변인이다.
② ㉣은 통제 집단, ㉤은 실험 집단이다.
③ ㉢과 ㉥은 독립 변인에서 나타난 변화를 파악하기 위한 검사이다.
④ 갑이 사용한 자료 수집 방법은 자료의 실제성 확보가 용이한 방법이다.

> **Point**
> ① ㉠은 독립 변인, ㉡은 종속 변인에 해당한다.
> ③ 사전 검사와 사후 검사는 종속 변인(자기 통제력)의 변화를 파악하기 위한 것이다.
> ④ 갑이 사용한 자료 수집 방법은 실험 방법으로 실제 생활에서의 실제성을 확보에는 용이하지 않다.

2024. 6. 22. 제2회 서울시(보훈청)

2 〈보기〉에 대한 설명으로 가장 옳은 것은? (단, A, B는 각각 양적 연구 방법과 질적 연구 방법 중 하나이다.)

〈보기〉

사회 · 문화 현상의 연구 방법으로 A와 B가 있다. A는 사회 · 문화 현상에 내재한 법칙을 발견하는 데 목적이 있다. 반면, B는 인간 행위의 동기나 의도를 파악하여 사회 · 문화 현상이 지닌 의미에 대한 해석을 추구한다.

① A는 방법론적 이원론을 전제로 한다.
② B는 연구자의 감정 이입적 이해를 중시한다.
③ A는 B와 달리 비공식적 자료의 활용을 중시한다.
④ B는 A에 비해 연구 결과의 일반화가 용이하다.

〈보기〉에서 A는 사회·문화 현상에 내재한 법칙을 발견하는 것을 목적으로 하는 양적 연구 방법이고, B는 인간 행위의 동기나 의도를 파악하여 의미를 해석하는 것을 목적으로 하는 질적 연구 방법에 해당한다.
① 양적 연구 방법(A)은 방법론적 일원론을 전제로 한다.
③ 양적 연구 방법(A)은 공식적이고 구조화된 자료를 활용한다. 비공식적 자료의 활용은 질적 연구 방법(B)이다.
④ 질적 연구 방법(B)은 구체적인 맥락과 사례를 중시하여 일반화가 어렵다.

2023. 8. 26. 국회사무처

3 다음은 갑과 을이 각각 진행한 조사에 관한 내용이다. 이에 대한 설명으로 옳지 않은 것은?

> 갑은 '결혼이주여성들의 자녀교육 경험'에 관해 연구하기 위해, ○○군의 초등학교 학생을 자녀로 둔 20명의 결혼이주여성을 만나 심층 면접을 진행하였다. 조사 자료를 분석한 결과, 재학 중인 자녀들은 어머니가 한국어 소통 능력이 떨어짐에 따라 어머니로부터 학습에 도움을 받기 어려워 학교생활에 잘 적응하지 못하거나 학업성적이 떨어지는 경우가 많다는 사실이 드러났다.
> 을은 '해외여행 경험이 외국인노동자에 대한 인식에 미치는 영향을 조사하기 위해 전국의 18세 이상 성인 중 1,000명의 조사대상자를 무작위로 표집하여 설문조사를 진행하였다. 해외여행 경험은 여행한 나라의 수와 여행 기간으로 파악하였다. 조사된 설문지를 분석한 결과, 해외여행 경험이 많을수록 외국인노동자에 대한 부정적 인식이 약하다는 사실이 드러났다.

① 갑은 질적 연구를, 을은 양적 연구를 진행하였다.
② 갑의 연구에서는 조사 결과를 일반화하기 어렵다.
③ 을의 연구에서 모집단은 전국의 18세 이상 성인이다.
④ 갑의 연구에서는 인과 법칙 발견과 미래 예측이 목적이다.
⑤ 을의 연구에서 여행한 나라의 수와 여행 기간은 해외여행 경험에 대한 조작적 정의에 해당한다.

④ 인과 법칙 발견과 미래 예측이 목적인 것은 설명적 조사이다. 갑의 연구에서 사용된 심층 면접법은 탐색적 조사에 해당한다.

Answer 1.② 2.② 3.④

2023. 6. 10. 제1회 서울시

4 〈보기〉에 나타난 사회·문화 현상을 보는 관점에 대한 설명으로 가장 옳은 것은?

> 우리나라에서 중요한 시험을 앞두고 포크를 선물받은 사람은 포크의 의미를 정답을 잘 찍으라는 의미로 이해하고 고맙게 생각한다. 그러나 우리나라 문화에 익숙하지 않은 외국인이 포크를 선물로 받는다면 포크의 상징을 제대로 이해하지 못할 것이다.

① 사회문제를 병리적 현상으로 본다.

② 상황에 대한 주관적 의미 부여를 강조한다.

③ 사회가 본질적으로 변동을 지향한다고 본다.

④ 사회문화 현상을 사회 구조적 측면에서 바라본다.

 Point

〈보기〉는 사회·문화 현상을 바라보는 미시적 관점 중 하나인 상징적 상호작용에 대한 사례이다.
① 기능론 ③ 갈등론 ④ 거시적 관점

2021. 4. 17. 인사혁신처

5 다음 연구에 대한 설명으로 옳은 것만을 〈보기〉에서 모두 고르면?

> • 연구 목적 : 청소년의 ㉠학교 적응 정도에 ㉡이성교제 여부가 미치는 영향 분석
> • 가설 : 이성교제 경험이 있는 학생이 그렇지 않은 학생보다 학교 적응 정도가 높을 것이다.
> • 연구 방법
> – 조사 대상 : ㉢이성교제 경험이 있는 고등학생 300명, ㉣이성교제 경험이 없는 고등학생 300명
> – 조사 도구 : ㉤학교 적응 정도를 학교 생활 적응 정도, 학교 친구 적응 정도, 학교 수업 적응 정도로 구체화하여 측정한 값을 얻기 위해 개발된 질문지

> 〈보기〉
> ㈎ 방법론적 이원론에 기초한 연구 방법을 시행하였다.
> ㈏ ㉠은 종속 변수, ㉡은 독립 변수이다.
> ㈐ ㉢과 ㉣을 합한 것이 모집단이다.
> ㈑ ㉤은 개념의 조작적 정의에 해당한다.

① ㈎, ㈏

② ㈎, ㈐

③ ㈏, ㈑

④ ㈐, ㈑

 Point

㉠ 방법론적 일원론에 기초한 질문지법을 시행하였다.
㉢ ㉢과 ㉣을 합한 것은 표본집단이다.

6 다음의 사회·문화 현상을 이해하는 관점 중 기능론적 관점에 해당되는 것을 모두 고르면?

> ㉠ 노동자와 사용자가 서로 힘을 합쳐야 생산이 이루어지고 나라가 발전한다.
> ㉡ 자본가가 노동자를 착취하므로 노사관계는 끊임없는 갈등과 대립의 관계이다.
> ㉢ 학교는 기존의 위계 질서를 공고히 하는 제도이다.
> ㉣ 학교는 학생들의 자질과 소양을 키워주고 사회에서 자신의 역할을 할 수 있도록 도와준다.
> ㉤ 선물을 주고받는 것은 사회구성원 간의 관계 형성에 도움을 주고, 사회통합에 기여한다.
> ㉥ 선물은 개인의 이익이나 이롭지 못한 목적을 이루기 위한 수단이 되며, 지배 집단이 자신이 권력을 이용하여 피지배 집단에게 선물을 강요하기도 한다.
> ㉦ 사회는 살아있는 유기체와 같다.

① ㉠㉢㉥
② ㉠㉣㉤㉦
③ ㉡㉢㉥
④ ㉡㉣㉤㉦

Point

기능론적 관점 : 사회의 구성 요소들은 사회전체를 유지하는데 필요한 기능을 분담하여 상호 의존적 관계를 맺고 있다고 보는 입장
• 사회는 살아있는 유기체와 같다.(서로 유기적 관계)
• 사회의 구성 요소들은 사회전체의 질서유지와 통합에 필요한 기능을 분담한다(상호 의존·협동적 관계).
• 사회의 구성 요소들의 역할·방식과 가치관·규범들은 이미 합의된 것으로서 당연히 지켜야 되는 것으로 이해를 하고 있다.(합의에 바탕을 둔 질서와 통합)
• 사회는 항상 일정한 균형을 유지하려고 한다.
• 사회의 안정, 질서, 균형, 조화를 강조
따라서 ㉠㉣㉤㉦ → 기능론적 관점
※ 갈등론적 관점 : 회의 각 구성 요소들은 자신의 이해관계에 따라 움직이며 희소한 자원의 배분 문제로 인해 항상 갈등과 대립관계에 있다고 보는 입장
• 인간 사회에는 사회적 희소가치를 둘러싸고 지배집단과 피지배집단 간에 항상 갈등과 대립관계가 존재하며, 이러한 갈등은 사회변동에 기여한다.
• 사회의 구성 요소들의 역할·방식과 가치관·규범들은 합의에 의해 만들어진 것이 아니라, 지배집단(기득권자)의 이익을 위해서 만들어진 것이다.
• 사회 질서와 통합은 지배 집단의 강제와 억압에 의한 것이다.
• 사회는 긴장, 마찰, 변동의 속성을 갖는다.
따라서 ㉡㉢㉥ → 갈등론적 관점

7 다음 연구 절차에서 반드시 가치 중립을 지켜야 하는 단계를 모두 고른 것은?

> - 1단계 : 외환 위기 이후 실업 문제를 가장 절실하게 느낀 계층에 대하여 궁금해졌다.
> - 2단계 : 저소득 계층 여성 가장들의 실업 문제가 가장 심각할 것이라고 잠정적으로 결론을 내렸다.
> - 3단계 : 외환 위기 이후 계층별 임금과 실업 실태에 관한 자료를 수집하였다.
> - 4단계 : 자료 분석 결과 저소득 계층 여성 가장들의 실업이 가장 심각한 것으로 나타났다.
> - 5단계 : 저소득 계층 여성 가장들을 위한 취업 대책 마련을 제안했다.

① 1단계, 2단계 　　　　　② 1단계, 3단계
③ 2단계, 5단계 　　　　　④ 3단계, 4단계

자료 수집 및 분석 단계에서는 반드시 가치중립을 지켜야 한다.
- 1단계 : 문제 인식 단계
- 2단계 : 가설 설정 단계
- 3단계 : 자료 수집 단계
- 4단계 : 자료 분석 단계
- 5단계 : 연구 결과의 활용 단계

8 다음의 내용과 관련이 있는 것은?

> '사람을 해치지 말라', '이웃을 사랑해야 한다' 등과 같이 '마땅히 그러해야 한다', '마땅히 그렇게 해야 한다' 등이 그 예이다.

① 사실법칙 　　　　　② 당위법칙
③ 존재법칙 　　　　　④ 인과법칙

①③④ 자연을 지배하고 있는 법칙의 내용들이다.

9 다음의 사회 현상에 대한 여러 가지 인식 태도와 그 연결이 옳은 것은?

> ㉠ 우리나라는 다른 나라와 달리 남북이 분단되어 대결하고 있는 상황이므로 바른 국가관과 민족관을 가지고 사회를 보는 태도를 가져야 우리의 사회적 현상을 올바르게 인식하고 평가할 수 있다.
>
> ㉡ 어떤 사회는 종교적 권위에 의하여 쇠고기 또는 돼지고기를 먹는 것을 금한다. 이러한 종교적 금기를 그 사회의 맥락에서 살펴보게 되면 그 사회에서는 자연 환경을 고려한 삶의 지혜임을 알게 된다.
>
> ㉢ 행복이 무엇인가라는 질문에 대하여 가난에 허덕이는 사람은 '배불리 먹는 것'이라 할 것이고, 병에 시달리는 사람은 '건강'이라 할 것이다.
>
> ㉣ 사회 과학자는 그의 선입관을 버리고 가능한 한 냉정한 제3자의 입장을 유지할 때 사회·문화 현상을 과학적으로 인식할 수 있다.
>
> ㉤ 우리 사회의 제사 관습은 당연한 일로 여겨져 왔다. 왜 음식은 여자들이 차리는지. 왜 절은 주로 남자가 하는지. 의문을 제기할 수 있다.

① 상대주의적 태도 – ㉠㉡
② 객관적 태도 – ㉢㉣
③ 개방적 태도 – ㉡㉤
④ 성찰적 태도 – ㉠㉤

Point

㉠ 사회와 문화의 특수성을 고려하는 태도가 상대주의적 태도이다.
㉡ 그 사회의 역사적·문화적 맥락을 고려하는 태도가 상대주의적인 태도이다.
㉢ 사회 현상은 보는 각도에 따라 다른 견해가 나올 수 있다는 것은 개방적인 태도이다.
㉣ 선입관을 버리고 제3자의 입장을 유지하는 것은 객관적 태도이다.
㉤ 과거의 인습적 사고를 수동적으로 받아들이지 않고 의문을 가지고 비판적으로 살펴보려는 성찰적 태도이다.

Answer 7.④ 8.② 9.①

10 밑줄 친 ⓐ~ⓕ에 대한 옳은 설명을 〈보기〉에서 고른 것은?

연구자 갑은 ⓐ불공정한 꾸중이 ⓑ학업 성취 수준에 미치는 영향을 알아보고자 하였다. 이를 위해 ○○대학교 학생들 중 특정 과목을 공통으로 수강한 ⓒ2개 분과 학생들을 대상으로 1차 평가를 실시하였다. 2개 분과의 전반적 성적은 실제로 동일했으나, 갑은 ⓓ한 분과 학생들의 ⓔ성적을 인위적으로 낮추고는 학생들에게 성취도가 낮다고 꾸중하였다. 그 후 일주일 뒤 1차 평가와 유사한 난이도의 2차 평가를 2개 분과에 실시하여 ⓕ불공정한 꾸중을 들은 분과의 성적이 유의미하게 낮게 나타난 것을 확인하였다.

㉠ ⓐ는 독립 변수, ⓑ는 종속 변수이다.
㉡ ⓒ는 실험 집단, ⓓ는 통제 집단이다.
㉢ ⓔ의 과정에 대해 연구 윤리에 위배된다는 비판을 받을 수 있다.
㉣ ⓕ의 결과만으로도 전체 대학생들에게 일반화할 수 있다.

① ㉠㉡
② ㉠㉢
③ ㉡㉣
④ ㉢㉣

Point
㉠ ⓐ불공정한 꾸중이 ⓑ학업 성취 수준에 미치는 영향을 알아보는 연구이므로 ⓐ는 독립 변수, ⓑ는 종속 변수이다.
㉢ 성적을 인위적으로 낮추고 불공한 꾸중을 하는 과정에서 윤리적 문제가 발생할 수 있다.
㉡ 2개 분과 중 불공정한 꾸중을 들은 집단(ⓓ)이 실험집단이고, 나머지가 통제 집단이다.
㉣ ○○대학교 학생들 중 일부만을 표본으로 조사하였으므로 대표성이 부족해서 일반화하기는 어렵다.

11 그림은 자료 수집 방법을 분류한 것이다. A ~ C에 대한 설명으로 옳은 것은? (단, A ~ C는 질문지법, 면접법, 참여 관찰법 중의 하나이다.)

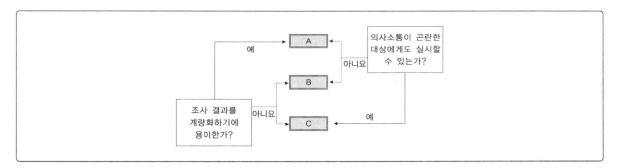

① A와 B는 동일한 연구에서 함께 사용할 수 없다.

② A는 B보다 대규모 집단을 대상으로 하는 조사에 적합하다.

③ A는 B보다 연구자의 주관적 가치가 개입될 가능성이 크다.

④ A는 C보다 자료의 실제성을 확보하는 데에 유리하다.

Point

A는 질문지법, B는 면접법, C는 참여관찰법이다. 질문지법은 대규모 집단에 대한 정보 수집에 적합하며, 변수 간의 상관관계를 밝히기 위해 주로 사용된다. 면접법과 참여 관찰법은 연구자의 주관적 가치가 개입될 가능성이 크다. 자료의 실제성을 확보하는 데에 유리한 자료 수집 방법은 참여 관찰법이다.

Answer 10.② 11.②

12 밑줄 친 ㉠, ㉡과 같은 연구 방법의 일반적인 특징에 대한 설명으로 옳지 않은 것은?

> 신입 사원들의 직장 생활을 주제로 A 연구자는 ㉠ 신입 사원들의 입사 성적과 근무 성적 간의 상관관계를 연구하였고, B 연구자는 ㉡ 신입 사원들의 사내 문화 적응 과정을 연구하였다.

① ㉠은 방법론적 일원론에 기초하고 있다.
② ㉠은 수집된 자료를 계량화하여 분석하는 방법을 주로 사용한다.
③ ㉡은 비공식적 자료의 수집과 활용을 중시한다.
④ ㉡은 직관적 통찰의 방식을 활용함으로써 연구 결과의 일반화에 유리하다.

㉠ 양적 연구, ㉡ 질적 연구
④ 직관적 통찰을 활용하는 것은 질적 연구이나, 연구 결과의 일반화에 유리한 것은 양적 연구이다.
① 양적 연구는 사회·문화 현상과 자연 현상의 연구방법은 같다고 보는 방법론적 일원론을 전제로 한다.
② 양적 연구는 수집된 자료를 계량화하여 분석하는 방법을 사용한다.
③ 질적 연구는 일기, 역사적 기록 등 비공식적 자료를 중시한다.

13 다음 내용을 읽고 사회과학연구에서 연구자의 주관이나 가치관이 개입될 수도 있는 단계를 고르면?

> 모든 사회현상이 객관적 성격을 가지고 있지는 않지만 사회현상 중에서도 자연현상과 마찬가지로 객관화시킬 수 있는 분야가 있다. 인구의 수, 연령 및 성별로 구분된 분포형태라든가, 봉급과 물가의 현황, 생산구조, 노동조건 등은 객관성을 갖는다. 뿐만 아니라 역사학에서의 전쟁과정이나 동맹의 내용, 정치학에서의 선거제도 등도 객관적 사실로 파악된다. 이처럼 사회과학에서도 여러 현상들이 객관성을 가지며 관찰자의 편견을 배제시킬 수 있는 장점을 가지기 때문에 사회과학자들은 가능한 한 많은 사회현상을 객관적인 방법으로 연구하려 한다.

① 개념의 규정　　　　　　　　② 가설의 설정
③ 대책의 수립　　　　　　　　④ 자료의 수집

연구과정에서 중요한 것은 객관성이다. 그러나 연구결과를 어디에 어떻게 적용시키는가는 연구자의 주관에 의해 결정될 수도 있다.

14 사회·문화 현상을 바라보는 갑, 을, 병 관점의 일반적인 특징에 대한 설명으로 옳은 것은?

> 갑 : 외모 지상주의는 기존의 인재 선발 체계가 제 기능을 다하지 못하면서 나타난 비정상적 현상으로, 사회
> 의 안정을 위협하고 있어.
> 을 : 난 생각이 달라. 개인들이 상호 작용 과정에서 준수한 외모를 성공이라는 의미로 인식하게 되었기 때문
> 에, 외모를 가꾸는 것을 중시하는 거야.
> 병 : 나는 지배 집단이 준수한 외모에 대한 기준을 설정하고 그것을 피지배 집단에게 강요함으로써 그들을
> 억압하고 있다고 생각해.

① 갑은 각 집단 간에는 항상 대립과 갈등이 존재한다고 본다.
② 을은 사회 각 구성 요소들은 상호 의존과 협동 관계에 있다고 본다.
③ 병은 사회 구성 요소 간의 조화와 균형을 중시한다.
④ 갑과 병은 사회 전체의 조직 및 구조 파악에, 을은 주관적 의미 부여에 초점을 맞춘다.

 Point

    갑은 기능론, 을은 상징적 상호작용론, 병은 갈등론적 관점으로 사회·문화 현상을 바라보고 있다.
    ④ 기능론과 갈등론은 거시적 관점, 상징적 상호작용론은 미시적 관점에 해당한다.

※ 다음 사회 조사 과정을 보고 물음에 답하시오. 【 15~16 】

| (가) 단계 | 청소년들이 온라인 게임을 하는 시간과 학교생활 간에는 어떤 관계가 있는지 궁금해졌다. |

| (나) 단계 | 온라인 게임을 하는 시간이 많은 청소년일수록 학교생활이 불성실할 것으로 가정한다. |

(다) 단계
- 조사 기간 : 2011년 9월 20일~2011년 9월 30일
- 조사 대상 : ○○지역 일반계 고등학생 500명
- 조사 방법 : 설문 조사
- 조사 항목 : 온라인 게임시간 – 하루 평균 온라인 게임시간
  학교생활 성실도 – 무단 지각·결석·조퇴 횟수

(라) 단계 | 설문조사 내용 : 3월 1일부터 9월 1일까지의 하루 평균 온라인 게임시간과 기간 중 무단 지각·결석·조퇴 횟수와 사유

(마) 단계 | 수집한 자료를 통계·분석하고 가설을 검증한다.

(바) 단계 | 온라인 게임을 많이 한 청소년일수록 집중력 저하 및 수면 부족으로 인해 학교생활이 불성실하다는 결론을 도출하였다.

15 (가)~(바) 단계에 대한 설명으로 옳지 않은 것은?

① (가)에서는 연구자의 가치가 개입되어서는 안 된다.
② (나)에서 원인과 결과에 대한 상관관계를 기술한다.
③ (다)에서는 자료 수집 방법과 분석 도구를 선택한다.
④ (가)에서 (바)로 가는 과정은 연역적이다.

Point
① (가)는 문제 제기로 연구자의 가치가 개입될 수 있다.

16 위의 연구에 대한 평가로 옳은 것만을 〈보기〉에서 있는 대로 고른 것은?

〈보기〉
㉠ 경험적으로 증명할 수 없는 가설이 설정되었다.
㉡ 모집단에 대한 조사 대상자들의 대표성이 부족하다.
㉢ 양적 자료와 질적 자료 수집 방법을 병행하고 있다.
㉣ 보편적인 법칙 발견을 목표로 하는 연구에 적합하다.

① ㉠, ㉡
② ㉠, ㉢
③ ㉡, ㉣
④ ㉠, ㉢, ㉣

　　㉠ 조작적 정의를 했으므로 경험적으로 증명할 수 있는 가설이다. ㉢ 설문조사 방식은 양적 자료에 해당된다.

17 다음은 어떤 관점에서 사회·문화 현상을 서술한 것이다. 이 관점에 부합하는 진술만을 〈보기〉에서 있는 대로 고른 것은?

A 기업 사장은 중국 시장 개척을 위해 과거와는 달리 중국어에 능통한 갑을 우선적으로 승진시키고, 더 많은 급여를 지급하였다. 그러자 지금까지 시간과 학원비를 핑계로 중국어 학습을 등한시하던 직원들 사이에 중국어 강좌 수강 열풍이 불기 시작하였다. 이처럼 인간의 행위는 편익과 비용을 인지한 전략적 사고의 결과이다.

〈보기〉
㉠ 개인의 행위는 합리적 선택의 결과이다.
㉡ 인간은 호혜성의 원리에 따라 이익을 교환한다.
㉢ 사회 갈등 구조는 특정 집단의 이해관계가 반영되어 고착화된다.
㉣ 개인의 특정 행위에 대해 보상이 주어질 때 그러한 행위는 촉진된다.

① ㉠, ㉡
② ㉠, ㉣
③ ㉡, ㉢
④ ㉠, ㉡, ㉣

　　제시된 관점은 교환 이론이다. ㉢은 갈등론적 관점이다.

Answer　15.① 16.③ 17.④

02 개인과 사회 구조

기출문제

문 사회화의 개념에 대한 설명으로 적절하지 않은 것은?

▶ 2010. 관세청

① 사회화란 한 개인이 사회적 상호작용을 통하여 사회적 행동을 학습해가는 과정이다.

② 사회화는 개인을 사회적 성원으로 성장시키는 동시에 사회 구성원을 동질화하고 문화적 정체성을 형성하는 등의 기능을 한다.

③ 앞으로 자신이 맡으려고 하는 지위에 부합되는 가치, 태도, 기술을 먼저 습득하는 것은 재사회화의 한 예로 볼 수 있다.

④ 탈사회화란 과거에 이루어졌던 사회화로부터 이탈되거나 그것을 망각하는 것을 말한다.

┃정답 ③

section 1 인간의 사회적 성장

(1) 사회화

① 사회화의 의미와 종류

  ㉠ 사회화의 의미 : 개인이 사회적 상호작용을 통해서 그 사회의 행동방식과 사고방식을 학습해가는 과정이다.

  ㉡ 사회화의 종류

구분	내용	예
탈사회화	새로운 문화나 환경에 적응하기 위해 이미 배웠던 것을 버리는 과정	북한 이주민
예기 사회화	지위 변화에 따른 역할을 미리 배우고 준비하는 과정	교육 실습, 신부 수업
재사회화	새로운 환경에 적응하고자 새로운 규범과 가치, 지식 등을 학습 하는 과정	교도소에서 복역할 경우, 군 생활

  ㉢ 사회화 과정

   • 1차적 사회화 : 유아기에 가족과 주변의 가까운 사람들에 의해 이루어지며 이시기에 습득되는 사회화 내용은 인성의 기본 틀을 형성한다.

   • 2차적 사회화 : 아동기 이후부터 의도적인 교육과 훈련, 일상의 경험을 통해 평생 이루어진다.

  ㉣ 재사회화의 유의점

   • 기능론은 재사회화 강조(가치규범의 내면화)

   • 개인의 신변 혹은 생활의 변화로 인해 경험하는 특수한 경우도 포함됨(수녀원, 정신병원, 교도소 등)

   • 정보화 사회로 진행됨에 따라 그 필요성이 강조 되는 중

  ㉤ 생애에 따른 사회화

구분	사회화 기관	사회화 내용
유아기	가정	기본적 욕구 충족과 정서적 반응 방식 습득
유년기	또래 집단(놀이 집단), 유아원, 유치원	언어, 규칙과 가치관 습득 → 인성(성격) 형성
청소년기	학교, 동료 집단(교우 집단)	지식과 기술 습득, 진로 및 직업 선택 → 자아 형성
성인기	직장, 대중 매체	새로운 기술과 지식, 생활양식 습득 → 재사회화

② 사회화를 바라보는 관점

㉠ 거시적 관점

구분	기능론	갈등론
사회화의 의미	• 합의와 균형을 강조 • 다양한 개인들의 행동을 원만하게 조정, 통합하는 과정	지배 계급의 문화를 전수하여 지배층의 지배를 정당화 시키는 과정
사회화의 기능	• 개인을 사회에 적응 통합시켜 사회를 유지함 • 사회 구조의 안정과 질서를 유지시킴	기득권을 가진 집단의 이익이 지켜지는 상태를 유지·강화하기 위한 내용을 전달함
사회화의 내용	사회의 안정과 질서유지 및 통합에 필수적으로 개인과 사회의 필요에 따라 합의된 것	기득권층의 이익이나 의사를 대변하여 기득권층에 유리한 이데올로기 전파

㉡ 미시적 관점

• 사회화란 타인들의 반응에 따라 어떻게 생각하고 행동하는 것이 바람직한지 내면화하는 과정이다.

• 사회화에서 인간의 자아형성과 상징적 상호작용의 중요성을 강조한다.

• 사회화는 개인을 사회적 성원으로 성장시키고 사회적 소속감을 형성한다.

(2) 사회화 기관

① 사회화 기관의 의미와 종류

㉠ 사회화 기관의 의미 : 개인의 사회화를 담당하는 기관이다.

㉡ 주요사회화기관

사회화기관	주요사회화 내용	사회화기관	주요사회화 내용
가족	기본적인 욕구충족, 정서적 반응방식 습득	학교	지식과 기술 습득, 진로 및 직업 선택, 역할 규범 학습
또래집단	언어, 규칙과 가치관습득	대중매체	새로운 정보와 지식 및 생활 양식 습득

② 사회화 기관의 분류

㉠ 1차적 사회화 기관과 2차적 사회화 기관

구분	1차적 사회화 기관	2차적 사회화 기관
특징	자연발생적으로 형성, 전인격적 관계	인위적으로 형성, 형식적 비인격적 관계
기능	• 기초적인 사회화 담당 • 기본적 인성과 정체성 형성	• 전문적, 고차원적인 사회화 담당 • 사회생활을 위한 지식과 기능 습득
종류	가족, 친족, 또래집단	학교, 정당, 직장, 대중매체 등

ⓛ **공식적 사회화 기관과 비공식적 사회화 기관**

구분	공식적 사회화 기관	비공식적 사회화 기관
특징	사회화를 주목적	부수적으로 수행하는 사회화
종류	학교, 유치원 등	가족, 직장, 대중매체, 군대

(3) 지위와 역할, 역할 갈등

① 지위

ㄱ 지위 : 한 개인이 집단이나 사회적 관계 속에서 차지하고 있는 위치이다.

ㄴ 지위의 종류

구분	귀속 지위	성취 지위
의미	태어나면서부터 자연적으로 획득하는 지위	개인의 재능과 노력에 의해 후천적으로 획득하는 지위
특징	전통 사회에서 중요시	현대사회에서 중요시

② 역할

ㄱ 역할 : 지위에 따라 사회가 기대하는 일정한 행위 유형이다.

ㄴ 역할행동(역할 수행) : 개인이 자신에게 부여된 역할을 실제로 행동에 옮기는 방식으로 개인의 성격, 습관, 나이 등에 따라 각기 다르게 나타난다.

③ 역할 갈등

ㄱ 역할 갈등 : 한 사람이 수행해야 할 여러 가지 역할들이 서로 모순을 일으켜 역할 수행자가 갈등을 느끼게 되는 현상을 의미한다.

ㄴ 역할 갈등의 유형

구분	역할긴장	역할모순
지위의 수	하나의 지위	여러 개의 지위
의미	한 개인이 가지고 있는 하나의 지위에서 서로 상반되는 역할이 요구될 때 발생하는 역할 갈등	한 개인이 가지고 있는 여러 가지 지위에 따라 기대되는 역할들이 서로 상충 될 경우에 발생하는 역할 갈등

ㄷ 역할 갈등의 해결

• 사회적으로는 어느 것을 우선시 하는 것이 바람직한지에 대한 합의와 기타의 역할을 다른 방법으로 수행할 만한 제도적 뒷받침이 마련되어야한다.

• 개인적으로는 역할의 우선순위를 정하여 중요한 것부터 처리해 나가거나, 여러 가지 역할 가운데 하나를 선택하여 수행해야 한다.

ㄹ 지위 불일치 : 한 사람이 차지하는 지위들의 높이가 다른 경우(고명한 대학 교수가 경제적 지위는 하층인 경우)

문 〈보기〉에서 밑줄 친 ㉠~㉤에 대한 설명으로 가장 옳은 것은?

▶ 2023. 6. 10. 제1회 서울시(보훈청)

〈보기〉

(가) ㉠고등학교 재학기간 내내 봉사동아리에서 활동한 고3 ㉡학생인 갑(甲)은 행정학과와 경영학과 중 어느 전공에 지원할지 ㉢고민하고 있다.

(나) 대학 졸업 후 취직해서 ㉣회사 인사부에서 일하고 있는 을(乙)은 퇴근 후 자녀 생일파티 약속이 있는데, 부장으로부터 늦더라도 오늘까지 끝내야 하는 업무 지시를 받아서 ㉤고민하고 있다.

① ㉠은 자연적이고 본질적인 의지에 따라 자연발생적으로 형성된 집단이다.

② ㉡은 개인의 능력이나 노력과는 관계없이 가지게 되는 지위이다.

③ 사회화는 가정과 학교에서 모두 이루어져서 ㉣에서는 나타나지 않는다.

④ 갑의 ㉢과 달리 을의 ㉤은 역할 갈등에 해당한다.

정답 ④

ⓜ '역할' 대 '역할 행동' 주의점

- 같은 지위는 같은 역할이 부여됨, 그러나 같은 역할 행동을 하지는 않음.
- 역할행동이 역할에 일치할수록 포상(지위 상승, 상금, 기대 상승 등)이 일치하지 않을수록 제재가 따른다.(사회유지의 필수요소)

section 2 개인과 사회의 관계

(1) 사회적 상호 작용

① 사회적 상호작용 … 사회생활을 하면서 사람들 간에 서로 영향을 주고받으면서 행동을 교환하는 것이다.

② 사회적 상호작용의 유형

ⓒ **협동**: 공동의 목표를 달성하기 위해 구성원들이 서로 힘을 합치는 것이다. 평등한 참여 기회가 보장되며 목표 달성 시, 그 혜택을 공평하게 나눠야 잘 이루어진다.

ⓒ **경쟁**: 둘 이상의 행위자 혹은 집단이 공통의 규칙에 따라 동일한 목표를 서로 먼저 차지하기 위해 애쓰는 것이다. 심할 경우 갈등으로 발전할 수 있다.

ⓒ **갈등**: 목표나 이해관계가 충돌하여 상대방을 강제로 굴복시키거나 제거해서 목표를 달성하려는 것이다. 사회 분열과 혼란을 초래하기도 하지만 사회문제를 파악하고 해결방안을 모색함으로써 사회발전에 기여한다는 긍정적인 작용도 한다.

(2) 개인과 사회의 관계

① 사회실재론

ⓒ **기본 내용 및 관점**: 사회는 實在로써 존재하며, 독자적인 특성과 구속력을 지님

- 사회가 개인보다 우선시되며 개인은 사회를 구성하는 구성 요소에 불과함 → 전체주의적 사회관
- 전체는 단순한 개인들의 모임과는 구별되는 독자적 특성과 구속력을 가짐

ⓒ **중점**: 인간의 행동과 사회 현상을 분석하는 데 있어 집단적·사회적 요인을 중시 → 사회의 우월성 강조

ⓒ **이론적 바탕**: 전체주의, 단체주의

ⓒ **사상적 배경**: 사회 유기체설(뒤르켐, 콩트, 스펜서) 사회를 생물체에 비유. 즉 생물체를 구성하는 세포, 조직, 기관과 같은 각급 단위와 같이 사회에도 개인, 조직, 계급 등과 같은 각급 구성단위가 있다는 주장
→ 사회문화현상을 보는 관점 '거시적관점'과 관련

기출문제

문 〈보기 1〉에 소개된 갑(甲)에 대한 옳은 분석을 〈보기 2〉에서 모두 고른 것은?

▶ 2018. 6. 23. 제2회 서울시

〈보기 1〉
자동차 회사에 다니는 갑(甲)은 자신이 개발한 수소자동차로 인해 많은 칭송을 받고 있지만 출세보다 사랑에 모든 것을 건다. 중소기업의 부장이신 아버지 을(乙)의 뜻을 거역하고 경제적으로 어려움을 겪고 있는 병(丙)과 결혼을 강행하며 항상 자신보다 병(丙)을 감싸고 위한다.

〈보기 2〉
ⓒ 갑(甲)은 역할에 대한 보상을 받는다.
ⓒ 갑(甲)은 2차적 사회화 기관의 구성원이다.
ⓒ 갑(甲)은 후천적으로 획득한 지위를 갖고 있다.
ⓒ 갑(甲)은 성취지위와 귀속지위에서 역할 갈등을 경험한다.

① ㉠
② ㉠, ㉡
③ ㉡, ㉢
④ ㉡, ㉢, ㉣

| 정답 ③

📝 〈보기〉의 (개), (내)에 나타난 개인과 사회의 관계를 바라보는 관점과 일치하는 설명으로 가장 옳은 것은?

▶ 2023. 6. 10. 제1회 서울시

〈보기〉

(개) 사람들은 저마다 좋은 옷을 고르고 맛있는 음식을 찾아다닌다. 단지 유행이란, 사람들에게 많이 선택된 옷과 음식에 붙여진 이름일 뿐이다.

(내) 세상에 같은 사람은 하나도 없지만, 집단의 선망은 유행이라는 형태로 나타나 사람들에게 같은 옷을 입게 하고 같은 음식을 먹게 한다.

① (개)는 사회는 하나의 유기체로서 개인의 행동을 구속한다고 본다.

② (개)는 개인의 자율성이 사회 규범의 구속성보다 우선한다고 본다.

③ (내)는 개인의 속성이 사회의 속성을 결정한다고 본다.

④ (내)는 사회는 개인들 간 자발적인 계약에 의해 형성된다고 본다.

Ⅰ정답 ②

ⓜ 관련 학설 : 개인의 가치관, 태도가 사회의 질서 형성이나 유지, 변동에 미치는 영향이 미미하다고 보는 사회관

ⓗ 대표적 사례 : 한 개인의 자질이 아무리 뛰어나다 하더라도 특정 정당의 구성원인 이상 그 정당의 성격이나 정책에 따를 수밖에 없다는 것은 개인을 뛰어 넘는 사회적 실체로서 정당이 존재한다는 것이다.

② 사회명목론

㉠ 기본 내용 및 관점 : 사회는 개인들의 집합체에 붙여진 이름에 불과하며, 실제로 존재하는 것은 개인뿐임

• 사회에 대한 개인의 우월성을 강조하고, 개인 이외의 전체 사회의 존재나 그 구조적 특성은 인정치 않음 → 개인주의적 사회관

• 개인과 집단에 대한 분석을 통해 전체 사회에 대한 이해 가능

㉡ 중점 : 사회 질서를 설명하는 데 있어 개인의 의식, 정서, 심리 상태를 중시 → 개인의 우월성 강조

㉢ 이론적 바탕 : 개인주의, 자유주의(민주주의, 공리주의)

㉣ 사상적 배경 : 사회 계약설(홉스, 로크, 루소)

• 사회(국가)는 개인들이 자신들의 권리보호를 위해 자발적인 계약을 통하여 형성한 것이므로 개인을 위하여 사회는 존재한다는 이론

• 사회문화현상을 보는 관점 '미시적관점'과 관련

ⓜ 관련 학설 : 개인의 자율적인 판단과 선택 의지가 사회 질서의 형성, 유지, 변동에 영향을 미친다고 보는 사회관

ⓗ 대표적 사례 : 당에 어떤 성향을 가진 사람들이 모여서 어떤 행동을 하는가에 따라 그 정당의 성격이 형성된다. 즉 보수적이던 00정당도 당대표가 바뀜에 따라 개혁정책을 펴나가듯 정당이라는 사회적 실체는 무의미하며 중요한 것은 당원 개개인의 성향이다.

section 3 사회 집단과 조직

(1) 사회 집단

① 사회 집단의 의미

　㉠ 사회 집단 : 공통된 신념·태도·목표를 가진 두 사람 이상이 어느 정도의 소속감과 공동체의식을 가지고 지속적인 상호 작용을 하는 사람들의 집합체

　㉡ 성립 요건 : 공통된 문화적 특성(집단고유의 특성), 둘 이상의 구성원, 소속감(공동체의식), 지속적인 상호작용

　　• 사회 집단의 기능 : 사회적 관계의 형성과 소속감 부여, 사회화 기능, 자아실현, 사회적 욕구 충족 등

　　• 집단과 개인과의 관계

집단의 기대와 규범대로 행동 요구

개인 ← → 집단

집단의 잘못된 규범 지적, 영향력 거부

② 사회 집단의 유형

　㉠ 섬너(Sumner)

　　• 분류 기준 : 구성원의 소속감 – 경계가 고정되어 있지 않고, 상황에 따라 유동성을 가짐

　　• 분류 집단

　　• 내집단 : 자기 자신이 소속해 있으면서 그 집단의 구성원으로 동일시하는 집단 – 우리 집단(우리 의식)

　　• 집단 내 성원 관계 : 유대감, 충성심, 협동정신(헌신, 애정), 우리라는 공동체 의식(We-feeling)

　　• 기능 : 소속감과 상호작용을 통해 자신이 인정받고, 자아정체감을 얻으며 판단과 행동의 기준을 배움, 내집단의 소속감이 너무 강하면 개인의 행동이나 판단기준이 억압되고, 외집단과 갈등을 일으키기도 함.

　　• 외집단 : 자신이 소속되어 있지 않고 자신을 그 집단의 구성원과 동일시하지 않는 집단 – 그들 집단(그들 의식)

　　• 집단 간 성원 관계 : 이질감, 적대감, 공격적인 태도(경쟁, 대립)

　　• 기능 : 외집단을 통해 집단의 성격을 비교, 파악하고 서로 다른 판단과 행동이 있음을 알게 되고, 내집단 결속의 필요성을 인식함, 외집단의 성원들에 대하여 무관심, 경쟁, 갈등을 느낌.

問 다음에서 설명하고 있는 것은?

▶ 2005. 대전광역시

㉠ 한 개인이 그 집단에 소속감을 가지며, 구성원 간에 '우리'라는 공동체의식이 강한 집단

㉡ 내가 소속된 집단이 아니며, 이질감이나 적대감까지 갖게 되는 타인들로 이루어진 집단

㉠	㉡
① 내집단	외집단
② 1차 집단	2차 집단
③ 공동사회	이익사회
④ 소속집단	준거집단

ㅣ정답 ①

기출문제

다음에 제시된 A ~ C에 대한 설명으로 옳은 것은?

▶ 2020. 6. 13. 지방직/서울시

A. 회사 내 노동조합
B. 직장 내 등산 동호회
C. 환경 정책을 감시하는 시민단체

① A는 자발적 결사체이자 비공식 조직이다.
② B는 공식 조직으로 2차 집단의 성격이 강하다.
③ C는 A와 달리 자연 발생적으로 형성된 집단이다.
④ A ~ C는 모두 사회의 다원화에 기여하는 이익 사회이다.

문 다음 글의 빈칸 ㉠에 들어갈 집단으로 옳은 것은?

▶ 2014. 6. 28. 서울시

'당신이 사는 아파트는 당신의 가치를 말해 줍니다.', '이 차를 타는 순간 당신은 특별해집니다.' 등은 모두 텔레비전이나 신문 광고에서 종종 접할 수 있는 말들이다. 이와 같은 광고는 실제로 높은 판매 효과를 가져 온다고 한다. 그 이유는 무엇일까? 사람들에게는 (㉠)을(를) 정해 놓고 그에 따라 생각하고 행동하려는 경향이 있다.

① 내집단 　　② 외집단
③ 공동 사회 　④ 이익 사회
⑤ 준거 집단

정답 ④, ⑤

ㄴ **퇴니스(Tönnies)**

• 분류 기준 : 구성원의 결합 의지
• 분류 집단
• 공동 사회 : 본능적 · 무의도적 · 선천적 · 자연 발생적으로 결성된 집단
• 인간관계 · 결합 자체가 목적, 상호 이해와 공통의 신념 및 관습이 집단 구성의 바탕 → 인간관계가 매우 친밀하고 포괄적, 영구적인 관계를 유지, 가입과 탈퇴가 자유롭지 못함.
• 이익 사회 : 특정한 목적을 가지고, 의도적 · 선택적 · 인위적으로 결성된 집단
• 인간관계 · 결합 목적이 특정한 목적을 달성하기 위한 하나의 수단, 인간관계는 수단구성원의 이해관계에 따라 계약과 일정한 절차에 의해 마련된 규칙이 집단 구성의 바탕 → 인간관계가 이해 타산적, 형식적이며, 자유의사에 따라 가입, 탈퇴할 수 있음

ㄷ **쿨리(Cooley)**

• 분류 기준 : 구성원의 접촉 방식
• 분류 집단
• 1차 집단 : 구성원 간의 대면적 접촉과 친밀감을 바탕으로 결합되어 구성원들이 전인격적인 관계를 이루는 집단(원초적 집단)
• 1차적 사회화 기능 담당 – 개인의 인성이나 가치관 형성에 근본적 영향을 줌
• 집단 형성의 기본조건 : 전인격적 관계(직접적 대면 접촉), 친밀감, 집단의 소규모성, 관계의 지속성 · 영속성(쉽게 바꿀 수 없음), 도덕 · 관습 등의 비공식적 통제
• 2차 집단 : 집단 구성원 간의 간접적 접촉과 특정한 목적 달성을 위한 수단적인 만남을 바탕으로 하여 인위적으로 결합되고, 구성원들이 극히 부분적 관계로 이루어진 집단(파생집단, 특수 이해관계 집단)
• 2차적 사회화 기능 담당
• 집단 형성의 기본조건 : 비인격적 관계(간접적, 형식적, 피상적 접촉), 집단의 대규모성, 관계의 일시성 · 유동성(쉽게 바꿀 수 있음), 규칙 · 법률 등의 공식적 통제

ㄹ **하이만(Heiman)**

• 소속 집단 : 자기가 실제로 소속된 집단
• 준거 집단 : 개인의 신념, 태도, 행동 판단의 기준이 되는 집단
　예 A학교에 다니는 학생이 A학교에 만족하지 못하고 B학교로 전학을 희망한다면 A는 소속집단, B는 준거 집단이 됨.
• 내용 : 긍정적 준거집단(모범, 표준), 부정적 준거집단(거부, 배척)
• 소속 집단과 준거 집단의 관계 : 일치여부가 만족여부 결정
　– 일치 : 소속 집단에 대한 만족감, 안정감, 자부심 가짐

–불일치 : 소속 집단에 대한 불만족과 부적응, 비협조적 태도, 문화전파의 촉진 및 사회이동의 요인이 됨.

> 개인은 동시에 여러 개의 집단에 소속되어 있다. 소속된 집단에서 개인은 집단의 규범과 기대대로 행동하기도 하지만, 집단의 영향력을 거부하기도 한다.
>
> 퇴니스의 공동사회는 쿨리의 1차 집단과 그 성격이 같으며 이익사회는 2차 집단과 성격이 같다. 그러나 차이점은 분류 기준의 차이, 즉 어떤 결합 의지를 가지고 결합했느냐 또는 어떤 방식으로 만나느냐이다.
>
> 공동사회와 이익사회, 1차 집단과 2차 집단의 구분은 수평상의 양극에 불과하며 실제로는 두 집단을 성격을 동시에 가진다. 가령 초등학교나 교회 등은 공동 사회인지 이익 사회인지 구분이 쉽지 않다. 또한 1차 집단 내에도 2차 집단의 성격을 동시에 가지며, 2차 집단 내에서도 1차적 관계의 형성은 얼마든지 가능하다

(2) 사회조직

① 사회조직… 공식적인 목표와 과업의 효율적 달성이 1차적 관심이며 구성원의 지위와 역할이 명백하게 구별되고 절차와 규범에 따른 구성원들의 형식적·비인격적 관계가 형성되며 구성원의 개인적 행동을 상당히 제한하는 집단이다.

② 사회조직의 유형

　㉠ 공식 조직과 비공식 조직

공식 조직	의미	구성원의 지위와 역할 분담 및 업무 수행 절차가 명확하게 명시적으로 규정된 사회 조직
	종류	기업체, 학교, 군대, 경찰, 노동조합 등
	특징	• 특정한 목적을 달성하기 위해 인위적·의도적으로 형성 • 조직 목표의 효율성을 높이기 위해 구성원들의 활동을 통제·조정
비공식 조직	의미	공식 조직 내에서 개인적 관심과 취미, 개인적 친밀감 등을 중심으로 자연발생적으로 생겨난 사회 조직
	종류	각종 동호회, 친목모임 등
	기능 순기능	구성원의 만족감과 사기 증진, 구성원 간의 정서적 안정 제공, 공식 조직의 과업 수행 능률 향상, 조직의 효율성 제고
	기능 역기능	공식 조직과 적대적 관계에 있거나 비공식 조직이 과도하게 발달할 경우 공식 조직의 운영 및 효율성을 저해

기출문제

🔖 〈보기〉에서 밑줄 친 ㉠~㉲에 대한 설명으로 가장 옳은 것은?

▶ 2022. 6. 18. 제2회 서울시(보훈청)

〈보기〉

자동차 회사에 다니는 갑(甲)은 ㉠영업 실적이 뛰어나 ㉡최우수 사원으로 선정되었다. 그런데 실적을 올리려면 거의 매일 야근을 해야 해서 갑(甲)이 가장 소중하게 생각하는 ㉢가족과의 저녁 식사 시간이 사라지게 되었다. 이 뿐만 아니라 휴일에는 피곤하여 유치원에 다니는 ㉣아들과 거의 놀아 주지 못하고 잠만 자다 보니 ㉤아내와 갈등이 발생하기도 하였다. 이에 ㉥갑(甲)은 야근이 없는 회사로 옮기고자 정보를 수집하고 있다.

① 직장에서 ㉠은 갑(甲)의 역할이고, ㉡은 갑(甲)의 역할에 대한 보상이다.

② ㉢은 일반적으로 공식적인 통제가 중심이 되는 사회 집단이다.

③ ㉣과 ㉤은 모두 귀속 지위에 해당한다.

④ ㉥은 소속 집단과 준거 집단의 불일치로 설명된다.

🔖 사회 집단과 조직에 대한 설명으로 옳은 것은?

▶ 2017. 6. 17. 제1회 지방직

① 대학교는 2차 집단이며 이익 사회에 해당한다.

② 시민 단체는 이익 사회이며 비공식 조직에 해당한다.

③ 종친회는 1차 집단이며 공동 사회에 해당한다.

④ 대기업은 공식 조직이며 자발적 결사체이다.

ǀ정답 ④, ①

문 〈보기〉는 어느 조직의 운영 과정에서 나타난 문제점이다. 이 조직의 한계를 극복하기 위해 등장한 대안적 조직의 일반적 특징으로 가장 옳은 것은?

▶ 2023. 6. 10. 제1회 서울시(보훈청)

〈보기〉

목적 달성을 위해 만든 규칙과 절차에 지나치게 집착하여 본래의 목적을 소홀히 하기도 하고 외부의 변화에 유연하게 대처하지 못하기도 하며 구성원을 조직의 주체가 아닌 객체로 여기는 현상이 나타나기도 한다.

① 목표 달성을 중심으로 능력과 성과를 평가하여 승진과 임금 수준을 결정한다.
② 업무가 세분화 · 전문화되어 있으므로 복잡한 업무를 효율적으로 처리할 수 있다.
③ 권한과 책임에 따라 위계서열화되어 있어서 업무수행 시 책임소재가 분명하다.
④ 규칙과 절차에 따른 업무수행으로 구성원이 교체되더라도 안정적인 조직 운영이 가능하다.

정답 ①

ⓛ 자발적 결사체

• 의미 : 현대와 같은 다원화된 사회에서 공동의 이해나 목표를 추구하는 사람들이 자발적으로 만든 집단
→ 다원화된 현대 산업 사회의 구성원들은 그들의 다양한 이해관계를 국가 정책에 반영시키기 위해 자발적으로 사회 집단을 만들거나 이미 형성된 자발적 결사체에 적극적으로 참여한다.
• 등장 배경 : 현대 사회의 다원화, 복잡화, 첨예화와 개인들의 이해관계 및 관심의 다양화, 사회적 욕구의 증대 → 전통적인 조직의 이해관계 반영 곤란
• 특징 : 목적의식이 관료제보다는 약하고 1차 집단보다는 강함
－공동의 목표와 관심
－구성원의 자발적 · 능동적 참여 중시
－가입과 탈퇴의 자유, 형태와 운영의 다양성
－규정과 조직의 융통성, 구성원의 합의에 의한 민주적 운영
• 기능
－순기능 : 구성원에게 구조적 긴장 해소와 정서적 만족감 부여
　• 개인적 관심과 이해를 충족시킬 수 있는 기회를 제공
　• 소속감 부여와 자아 정체감 형성에 기여
　• 공적 문제에 대한 관심 유발과 사회 변동의 기반 마련
　• 시민 사회의 활성화 · 다원화 · 민주화에 기여
－역기능 : 배타적인 특권의 집단화(집단 이기주의) 우려
　• 사회전체의 이익(공익)과의 상충
　• 정책 결정에 혼란 야기, 규모가 커지면 관료화 우려
　• 구성원들의 자발적 참여 확보 문제
－현대적 의의 : 사회의 다원화와 이해관계의 다양화에 따라 중요성 증대
　→ 직업 집단, 정당 같은 수단으로는 달성하기 어려운 사회적 욕구 충족
　• 사회적 프로그램을 시도하는 장, 사회 운동을 전개하는 통로로 활용
　• 환경 문제나 노인 문제 등 시민 사회의 자발적 참여 필요성 증대
　→ 인간소외 만연에 대한 각성과 극복, 환경 · 노동 · 노인 문제 등 정부의 기능 보완
－사례 : 친목단체, 각종 동호회 순수한 친목을 목적으로 하는 결사체
　→ 동류의식과 한정된 의미의 정서적 만족감 제공(동창회, 향우회, 조기 축구회, 등산모임, 계모임 등)
　• 이익집단 : 특수한 직업적 이익을 실현하기 위한 결사체
　→ 직업적 이익의 지속적 실현. 단, 공익과 마찰 가능성(의사회, 약사회, 노동조합, 전경련 등)
　• 사회봉사 단체, 시민운동 단체 : 공동체의 이익을 위한 결사체
　→ 시민의 스스로의 적극적인 노력 → 사회 공동체의 발전 추구, 정책 결정 과정에 영향력 행사(소비자 보호 단체, 환경 운동 연합, 경실련 등)

(3) 관료제와 탈관료제

① 관료제의 의미

ㄱ 관료제 : 권위적인 위계 질서를 바탕으로 명시적인 규범과 절차에 따라 대규모 조직을 효율적으로 관리·운영하는 사회 조직의 한 형태

→ 수직적 : 계층제, 수평적 : 기능상 분업 체제

ㄴ 예 : 국가 기관, 군대 조직, 종합 병원, 대규모 기업체 등

ㄷ 등장 배경 : 근대 이후 산업화에 따른 조직의 대규모화(거대화와 복잡화)

→ 거대 조직의 효율적 관리 및 신속하고 정확한 업무 관리의 필요성 증대 (조직의 효율적인 관리 운영 방식 필요)

② 관료제의 특징과 장·단점

ㄱ 특징

• 과업의 분업화와 전문화

• 위계의 서열화(권한과 책임의 명백한 한계와 규정에 따른 지위의 서열화)

→ 피라미드형 조직, 상명 하복의 지휘 계통 확립)

• 문서로 된 규약과 절차에 따른 업무 수행(업무의 표준화)

• 지위 획득의 공평한 기회 보장(공개경쟁을 통한 선발)

• 경력에 따른 보상(구성원의 업무 수행 경험과 훈련 중시, 연공서열의 승진과 보수 결정 및 신분보장)

ㄴ 장점(순기능)

• 과업의 효율적·안정적 처리

• 과업의 안정적·효율적·신속한 처리

• 상사와 부하 직원 간의 불화 적음

• 지속적인 업무 수행 가능

• 자신의 역할 파악 용이

• 객관성과 정확성

• 전문성, 공평성(편애주의 배제)

• 사회적, 경제적 불평등 완화에 기여(능력 기준의 공개경쟁 채용)

• 조직 및 구성원의 안정성

ㄷ 단점(역기능)

• 개인의 창의성과 자율성 제한

• 과두제 현상(비민주적)

• 최고 결정자의 판단 능력이 조직의 운명을 좌우

• 경직성(특수상황 발생 시 대처능력 부족) → 새로운 변화에 적응 곤란, 정보화사회에서는 비능률적임.

• 경직된 운영으로 인한 비효율성 증대 ← 관료주의(형식주의, 획일주의, 권위주의, 규칙만능주의, 분파주의)

기출문제

문 〈보기 1〉에 나타난 조직 운영 원리 A, B에 대한 설명으로 옳은 것을 〈보기 2〉에서 모두 고른 것은? (단, A, B는 각각 관료제와 탈관료제 중 하나이다.)

▶ 2024. 6. 22. 제2회 서울시

〈보기 1〉
A는 장기에 비유할 수 있다. 장기의 말들은 각자의 위치와 가는 길이 정해져 있다. 또한 차, 포, 마, 상, 졸 등이 궁(임금)을 위해 존재하며, 궁을 필두로 각 말들이 수직 계층화되어 있다. 반면, B는 바둑에 비유할 수 있다. 바둑에는 규칙이 있지만 각 돌은 필요한 경우에 아무곳에나 가서 자리를 잡을 수 있으며, 바둑에서는 돌 간에 위계 서열이 존재하지 않는다.

〈보기 2〉
ㄱ 환경 변화에 대한 적응력 : A < B
ㄴ 조직 운영의 예측 가능성 : A > B
ㄷ 구성원 개인별 업무의 세분화 정도 : A < B
ㄹ 능력과 실적에 따른 보상 중시 정도 : A > B

① ㄱ, ㄴ
② ㄱ, ㄷ
③ ㄴ, ㄹ
④ ㄷ, ㄹ

정답 ①

문 관료제와 탈관료제에 대한 설명으로 가장 옳은 것은?

▶ 2020. 6. 13. 제2회 서울시

① 관료제는 업무의 세분화와 전문화를 강조한다.
② 탈관료제는 관료제에 비해 연공서열에 따른 보상을 중시한다.
③ 탈관료제는 관료제와 달리 조직 운영의 효율성을 추구한다.
④ 탈관료제는 업무 수행 방식의 표준화를 중시한다.

문 다음은 관료제의 문제점과 관련된 것이다. 이러한 문제점이 나타나는 공통적인 원인으로 옳은 것은?

▶ 2015. 6. 27. 제1회 지방직

• 대형 병원에서 수술 동의서를 받는 절차 때문에 시간이 지체되어 환자의 상태가 더 악화되었다.
• 위급한 상황이 발생하여 경찰에 신고를 했는데 관할구역이 아니어서 도움을 줄 수 없다는 답변을 받았다.

① 상향식 의사결정구조가 형성되어 있기 때문이다.
② 문서화된 규약과 절차에 따라 업무를 수행하기 때문이다.
③ 연공서열이 중시되어 무사안일주의에 빠져 있기 때문이다.
④ 권한과 책임의 한계가 명확하게 구분되어 있지 않기 때문이다.

정답 ①, ②

418

• 목적 전치 현상 발생 : 절차나 규약을 지나치게 중시해 그 자체가 목적이 되어버리는 현상(목적 〈 수단)
• 인간 소외 현상 심화 : 인간을 주어진 규칙과 절차만 지키는 객체로 전락시킴 → 자율성, 융통성, 창의성 발휘 곤란
• 불리한 점을 가진 사람들은 배제됨
• 무사 안일주의(=복지부동, 보신주의) 초래
• 신분 보장이 지나쳐 유능한 인재 배제

Point 팁 목적 전도 현상의 예
㉠ 응급실에서 중환자가 서류 미비로 수술이 지체되어 사망하는 경우
㉡ 도심의 교통 체증 억제보다는 혼잡 통행료 징수에 더 많은 관심을 갖는 경우
㉢ 교통 경찰관이 스티커 발부를 위해 교통 흐름을 막아버리는 경우
㉣ 신분 보장이 지나쳐서 새로운 인재 등용의 기회가 줄어들게 되는 경우
㉤ 자아실현과 국가 발전을 위한 학교 교육이 경쟁을 위한 것으로 되는 경우

③ 관료제의 역기능 극복 방안
㉠ 구성원들의 민주적 의식과 참여 기회의 확대 : 조직의 경직성을 완화시켜 참여 기회를 부여하고, 개성과 창의성 존중
㉡ 조직 운영의 융통성 : 규약과 절차를 중시하면서도 개인적 성격을 존중하는 융통성 발휘
㉢ 인간적 요소의 활용 : 대규모 조직 내의 1차적 인간관계 형성 및 비공식 조직의 활성화 → 구성원들의 만족감과 사기 진작
㉣ 개인의 자율성 보장, 유연한 의사 소통망의 구축 → 팀조직, 네트워크형 조직, 아메바형 조직, 오케스트라형 조직
㉤ 능력과 실적에 따른 보상 : 개인별 연봉제, 성과급제 등 서열에 벗어난 보상
㉥ 조직 목표의 정확한 인식 : 수단과 절차에 지나치게 얽매이지 않음으로써 목적 전치 현상 발생을 억제

④ 탈(脫)관료제화 현상의 의미와 등장배경
㉠ 의미 : 개성과 창의성이 강조되는 정보사회에서 신속한 의사결정과 조직의 신축성을 확보하기 위해 관료제적 경직성에서 벗어나려는 경향
㉡ 등장 배경
• 개성과 다양성을 중시하는 추세
• 관료제의 역기능 발생 : 인간소외현상, 목적전치현상, 무사안일주의, 경직성 등
• 조직 내 중간 관리층의 역할(가치, 비중) 감소 → 피라미드 형 관료 조직의 구조 변화 필요

- 탈산업 사회(정보화 사회)로의 이행 등 사회 환경의 급격한 변화 : 컴퓨터 등 정보통신기술의 발달을 비롯한 과학 기술의 혁신적 변화로 관료제 조직의 효율성 저하 → 새로운 조직의 필요성 대두
- 전문가 수와 역할의 증대로 지시형 의사 결정 구조는 더 이상 적합지 않게 됨 → 정보화 사회에서는 관료제가 오히려 비합리적 사회 조직으로 전락

⑤ 새로운 사회조직의 형태(탈관료제화 조직)

㉠ 네트워크형

- 의미 : 각각의 전문가들이 평등한 구성원으로서 점과 점으로 이어지는 수평적 조직(실제 업무 담당자와 최고 경영층이 평등하고 유기적인 관계를 맺고 쌍방향으로 의사소통하면서 신속한 의사 결정을 내릴 수 있는 조직 형태)
- 특징 : 열린 관계망(Network)을 통해 구성원은 자원과 정보를 공유하여 학습하고 변신함
  → 권위의 분산과 조직 성원의 권한 확대, 조직 운영의 유연성, 뛰어난 현장 적응 능력, 자기 관리에 의한 통제 방식 등
- 장점 : 유연한 조직 운영, 뛰어난 현장 적응 능력, 정보와 지식의 신속한 획득, 신속한 의사 결정과 구성원의 창의력 발휘용이

㉡ 팀(Team)제

- 의미 : 일시적인 업무를 위해 신속하게 조직·해체되는 조직
  → 조직의 경직성에 따른 창의성 부족 등 관료제가 갖는 문제점을 보완하고, 조직의 효율성과 유연성을 제고시킴
- 특징 : 상향식(하의 상달식) 의사소통과 집단 토론의 활성화, 팀에 의한 문제 해결과 집단적 의사 결정, 뛰어난 현장 적응 능력, 자유로운 근무 환경, 능력에 따른 보상(연봉제), 과업의 특성에 따른 지위 부여
- 장점 : 조직의 효율성과 유연성 제고, 신속한 현장 적응 능력

㉢ 아메바형

- 의미 : 아메바가 분열, 증식하는 모습처럼 자율성과 유연성을 기본원칙으로 하여 조직 편성의 변경, 분할, 증식이 수시로 일어나는 조직
- 만약 어떤 아메바(조직)가 활동 중에 새로운 기능과 목적이 추가되면 또 다른 아메바(조직)를 분열, 증식하는 과정의 모습처럼 조직 편성의 변경, 분할, 증식이 수시로 일어남.

㉣ 심포니 오케스트라형

- 의미 : 구성원이 동등한 지위를 가지고 협력하는 조직
- 오케스트라 단이 훌륭한 연주를 하기 위해서는 단원 모두가 동등한 입장에서 함께 조화를 이루어야 최고의 연주를 할 수 있는 것처럼, 심포니 오케스트라 형 조직에서는 구성원이 협동하고 동등한 지위와 책임을 짐.

문 〈보기 1〉의 특징을 갖는 조직 형태가 등장하게 된 원인을 〈보기 2〉에서 모두 고른 것은?

▶ 2022. 6. 18. 제2회 서울시

〈보기 1〉
- 중간 관리층이 적다.
- 조직의 의사 결정 과정이 유기적 네트워크와 같다.
- 자율성과 유연성을 기본 원칙으로 하여 조직의 변경이 수시로 일어난다.

〈보기 2〉
ㄱ. 형식주의에 따른 비효율성 증가
ㄴ. 급변하는 환경의 대처 능력 저하
ㄷ. 수평적 분업 체계에 기초한 업무

① ㄱ
② ㄱ, ㄴ
③ ㄱ, ㄷ
④ ㄴ, ㄷ

정답 ②

[관료제와 네트워크형 조직의 비교]

구분	관료제	네트워크형 조직
조직 형태	기능상 분업 체제를 이루고 상하 위계 질서가 분명한 수직적 조직(위계적 피라미드 형태)	실질적인 업무 처리를 중심으로 한 수평적 조직
개인과 조직의 관계	조직의 힘 중시	개인의 창의성과 전문성 중시
주요 관리 수단	보상과 처벌에 의한 사람 관리 명령과 지시에 의한 직접적 통제 방식	자기 관리에 의한 통제 방식
구성원 간의 관계	구성원 간 수직적 관계	구성원 간 수평적 관계
기업 내 계층 구조	8~10단계(중간 관리층의 역할 강조)	3~4단계(중간 관리층의 역할 감소)
조직 구성의 원리	대중화, 획일화, 표준화, 중앙집권화, 대규모화	탈대중화, 다원화, 분산화, 분권화, 소규모화
요구되는 리더십	카리스마를 가지고 조직을 이끌어 가는 사람	구성원의 참여와 동기를 유발하는 데 능한 사람

❓ 사회학적 개념 (A)에 대한 설명으로 옳은 것만을 고른 것은?

▶ 2015. 3. 14. 사회복지직

사회를 구성하는 개인들은 독립된 인격체이지만 서로 관계를 맺고 지속적인 상호작용을 하며 살아간다. 사회 구성원 간의 상호작용이 지속되면 일정한 유형의 사회적 관계가 나타난다. 이러한 사회적 관계나 상호작용의 유형이 정형화되어 안정된 틀을 이루는 상태를 (A)라고 한다.

㉠ 미시적 관점에서 주요한 분석의 대상이 된다.
㉡ 구성원의 자유의지에 따라 쉽게 변화될 수 있다.
㉢ 개인의 사회적 행위를 유형화하여 예측할 수 있게 한다.
㉣ 개인의 외부에서 영향력을 행사하여 사고와 행동을 구속하는 힘을 갖는다.

① ㉠㉡
② ㉠㉢
③ ㉡㉢
④ ㉢㉣

section 4 사회구조의 의미와 특징

(1) 사회구조의 의미와 특징

① **사회적 관계** … 개인이 생존과 활동 과정에서 이루어지는 주변과의 상호 작용이 지속적으로 일어나면서 형성된 관계를 말한다.

② **사회구조** … 하나의 사회 내에서 개인들이나 집단들이 상호 관계를 맺고 있는 방식이 정형화되어 안정된 틀을 이루고 있는 조직적인 총체를 말한다.

③ **사회구조와 개인 및 집단 간의 상호작용**
 ㉠ **사회구조는 구성원의 행동을 규정** : 사회구조가 일상생활에서 개인의 사회적 행위에 대하여 영향력을 행사한다.
 ㉡ **개인이 사회구조를 변화** : 인간에게는 자율성과 독립적 의지가 있어서 사회구조를 바꿀 수 있는 원동력이 되기도 한다.

정답 ④

④ 사회구조에 대한 관점

기능론적 관점	갈등론적 관점
• 합의와 균형 강조 • 상호의존성 : 사회를 이루는 구성요소들은 상호 의존적 관계에 있으며, 사회의 유지와 통합에 기여하고 있다고 보는 입장 • 사회적 합의 : 각 사회적 요소들의 기능과 방식들은 이미 사회적으로 합의된 것이므로, 당연히 지켜져야 함 • 사회문제는 비정상적인 상태이므로 사회구조는 이를 극복하고 안정적인 상태로 돌아가려는 속성을 가진다.	• 갈등과 강제 강조 • 사회구성요소의 대립 : 사회의 구성요소들이 서로 대립되거나 불일치한 상태로 존재, 이러한 갈등은 사회 전체의 변동에 기여함 • 강제와 억압을 통한 집단 이익의 추구 : 사회구성요소들 간의 이해관계의 상충은 기존 사회에 변동을 촉진시킴 • 서로 다른 이해관계를 지닌 집단들이 서로 투쟁하면서 사회변동이 일어난다.

(2) 일탈 행동의 원인과 대책

① 일탈 행동의 의미와 특징

　㉠ 의미 : 한 사회의 구성원들이 인정하는 사회 규칙이나 사회적 규범에 어긋나는 행동

　㉡ 특징

　　• 일탈행동의 여부는 역사적 조건, 시대적 상황과 지역에 따라 달라진다.

　　• 개인적 긴장 야기, 사회문제로 확산될 수 있다

　　• 일탈행동을 통해 사회문제 표면화가 일어나고 이를 해결함으로써 사회발전을 가능하게 한다.

Point 팁　일탈 행동의 상대성을 나타낸 사례

　㉠ 어린이가 귀엽다고 고추를 만지는 것은 한국에서는 자연스러운 일이지만, 미국에서는 성추행이 된다.

　㉡ 지금은 반바지를 입고 외출하는 것이 어느 정도 자연스러운 일로 받아들여지고 있지만, 조선시대에는 상상도 할 수 없는 일이었다.

　㉢ 강도의 폭행은 범죄가 되지만, 권투시합에서는 더 많이 때린 사람이 칭찬을 받는다.

② 일탈 행동의 원인

　㉠ **거시적 측면** : 일탈의 원인을 사회구조의 틀에서 찾는다. (관련이론 : 기능론, 갈등론)

　㉡ **미시적 측면** : 일탈의 원인을 개인들 간의 상호관계에서 찾는다. (관련이론 : 상징적 상호작용론)

기출문제

🔖 〈보기〉는 일탈 행위 A~C를 질문에 따라 구분한 것이다. 이에 대한 설명으로 가장 옳은 것은? (단, A!C는 각각 낙인 이론, 아노미 이론, 차별 교제 이론 중 하나이다.)
▶ 2022. 6. 18. 제2회 서울시

〈보기〉

① A는 무규범 상태를 일탈 행동의 원인으로 본다.
② B는 미시적 관점에서 일탈 행동을 설명한다.
③ C는 상호 작용을 통한 2차적 일탈 행동의 발생에 주목한다.
④ C는 B와 달리 일탈 행동의 해결 방안으로 사회 규범의 통제력 회복을 강조한다.

┃정답 ③

기출문제

문 일탈 현상에 대한 원인을 〈보기〉와 같이 분석한 이론에 대한 설명으로 가장 옳은 것은?

▶ 2023. 6. 10. 제1회 서울시

〈보기〉

급격한 사회 변동기에는 새로운 사회 규범 체계가 아직 자리 잡지 못해 가치와 규범의 혼란이 초래되고 그 결과 범죄가 많이 일어나게 된다. 또한, 사회 제도의 기능이 약화되면서 개인에 대한 사회 통제가 약화되고 사람들의 열망이 제한을 받지 않게 되면서 일탈과 범죄가 증가하게 된다.

① 일탈의 대책으로 사회 규범의 통제력 회복을 강조한다.
② 일탈 행동을 규정하는 기준은 존재하지 않는다고 본다.
③ 일탈 행동은 타인과의 상호 작용 과정을 통해 일탈 행동을 정당화하는 동기나 가치관을 내면화함으로써 학습된다고 본다.
④ 일탈 행동을 줄이기 위해서는 문화적 목표 달성을 위한 제도적 수단의 확대가 필요하다고 본다.

┃정답 ①

③ 일탈 행동의 원인에 대한 이론

㉠ 기능론

이론	일탈의 의미 및 원인	일탈에 대한 대책
아노미론	• 목표와 수단이 어긋나서 규범부재나 혼란의 상태에 있을 때, 일탈행동 발생 • 사회의 규범이 약화되거나 부재할 때, 또는 두 가지 이상의 규범이 동시에 존재할 때 행동지침을 잃게 되는 현상을 아노미로 규정	• 사회적 합의에 바탕을 둔 지배적 규범의 정립필요 • 다양한 사회적 욕구를 공평하게 해소 시켜줄 수 있는 사회 제도의 정립
사회병리론	사회를 하나의 유기체와 같이 보고, 어느 집단이나 제도 등이 제 역할을 해주지 못하는 것을 일탈 행위로 간주	도덕교육의 강화와 올바른 사회화
사회해체론	사회변동으로 인해 기존의 사회구조가 해체되어 제 기능을 담당하지 못할 때 일탈 행동 발생	사회체계의 불균형제거와 균형 상태를 회복하려는 제도적 노력 필요

Point 팁 아노미론
㉠ 뒤르켐의 아노미론 : 전통적인 아노미론으로 사회 규범력의 약화로 인한 무질서와 혼란으로 일탈행위가 증가한다고 주장
㉡ 머튼의 아노미론
• '문화적 목표'와 '제도적 수단' 간의 갈등
  예 자본주의 사회에서 돈을 많이 버는 것이 '문화적 목표'라고 한다면, 노동자나 회사원의 경우 돈을 벌 수 있는 수단이 제한되어 있기 때문에 부자가 되려는 자신의 '문화적 목표'를 달성할 수 없어 갈등에 빠지게 된다는 것
㉢ 아노미 상태에서의 적응유형에 대한 분류

적응방식	동조	혁신	의례주의	도피주의	반역
문화적 목표	+	+	−	−	−(+)
제도적 수단	+	−	+	−	−(+)

* +는 수용, −는 거부를 의미
• 동조형 : 사회에 순응하는 부류로 기존 사회에 충실한 유형
• 의례형 : 목표는 거부하되 수단은 수용하는 경우
  예 법안은 거부/등원
• 혁신형 : 목표를 달성하기 위해서 불법적 수단을 동원하는 부류(일탈행위의 주범)
• 도피형 : 목표와 수단 모두를 거부하는 유형
• 반역형 : 체제 전복형 인간유형으로 기존 사회의 목표와 수단을 모두 거부하고 전혀 새로운 사회를 모색함.(거부 + New)

ⓒ 갈등론

구분	일탈의 의미 및 원인	일탈에 대한 대책
집단 갈등론	지배적인 사회집단 혹은 계층의 가치와 규범, 이해관계가 법과 같은 강제성 있는 사회 규범으로 만들어지기 때문에 지배 집단이 정해 놓은 규범에 상충되는 행위를 함으로 써 일탈 행동 발생	공정한 법 제정과 시행 및 사회 불평등 구조 해소
가치갈등론	지배집단이 갖고 있는 가치와 피지배집단이 갖고 있는 가치가 존재하며 지배 집단의 가치에서 벗어난 행동을 일탈행동으로 봄	두 집단의 지배와 피지배의 역학관계 해소

ⓒ 상징적 상호작용론

이론	일탈의 의미 및 원인	일탈에 대한 대책
낙인이론	사회가 일탈행위자로 낙인찍을 경우, 스스로 체념하고 일탈행동을 반복하게 된다.	부정적 낙인에 대한 신중한 판단
차별적 교제이론	개인이 일탈유형과 지속적으로 접촉하면서 사회규범에 동조적인 행동유형과 멀어지고 일탈행동을 하게 됨	일탈행위자와의 접촉차단

④ 일탈 행동의 기능

ⓐ 역기능 : 사회의 기본 질서와 규범파괴, 혼란 야기, 사회결속 약화

ⓑ 순기능 : 동조 행위의 가치와 기존 규범의 강화하여 범죄자에 대한 낙인과 엄격한 제대로 다른 구성원에게 범죄 예방효과가 나타나며 사회문제를 표면화하여 발전에 기여한다.

📖 일탈행위에 관한 〈보기 1〉의 이론에서 제시하는 해결방안을 〈보기 2〉에서 가장 옳게 고른 것은?
▶ 2019. 2. 23. 제1회 서울시

〈보기 1〉
성인들이 학교 부적응 학생들을 문제아로 규정하고, 그 아이들을 사랑으로 감싸주지 않기 때문에 이들이 학교폭력의 가해자나 피해자가 된다고 생각합니다.

〈보기 2〉
㉠ 사회적 규범의 통제력 회복
㉡ 정상적인 집단과의 교류 추진
㉢ 타인에 대한 신중한 낙인 필요
㉣ 일탈자로 규정되는 과정과 일탈의 상대성을 강조

① ㉠, ㉡   ② ㉠, ㉢
③ ㉡, ㉢   ④ ㉢, ㉣

▌정답 ④

2023. 8. 26. 국회사무처

1 일탈행동과 범죄를 설명하는 다음 이론에 대한 설명으로 옳지 않은 것은?

> 일탈행동이나 범죄는 사회적으로나 문화적으로 주류를 형성하고 있는 집단 또는 사람들이 자신들과 다른 행동양식이나 태도를 보이는 소수의 집단 또는 사람들에게 일탈자라는 딱지를 붙임으로써 생겨난다. 특정한 부류의 사람들에 대해 야만적이라거나 비정상적이라고 낙인을 찍게 되면, 이들은 '일탈자'가 되어 일탈자에 걸맞게 행동하게 된다. 결국 특정 집단이나 개인에게 이렇게 딱지를 붙이고 낙인을 찍는 행위는 일탈행동이나 범죄를 조장하는 결과를 낳는다.

① 일탈자로 낙인 찍힌 사람은 스스로 일탈자라는 의식을 강화하게 된다.
② 특별히 비도덕적이지 않은 사람도 낙인의 성격에 따라 일탈자가 될 수 있다.
③ 최초의 일탈행동이나 범죄가 발생하게 되는 원인을 잘 설명해준다.
④ 사회적, 문화적 권력이 어떻게 일탈자와 일탈행동을 만들어 내는지를 보여준다.
⑤ 한 번 찍힌 낙인은 범죄를 근절하기보다 오히려 더 조장하는 결과를 낳는다.

Point

　　제시된 내용은 낙인 이론에 대한 설명이다.
　　③ 낙인 이론은 최초의 일탈행동이나 범죄가 발생하는 원인에 대해 설명하지 못하는 한계가 있다.

2021. 6. 5. 제1회 서울시

2 〈보기〉는 일탈 이론을 A~C로 분류한 것이다. 이에 대한 설명으로 가장 옳은 것은? (단, A~C는 각각 낙인이론, 아노미 이론, 차별적 교제이론 중 하나이다.)

〈보기〉

| 일탈을 규정하는 객관적 기준이 존재한다고 보는가? | 아니요 → | A |

↓ 예

| 일탈의 원인으로 규범의 부재를 강조하는가? | 아니요 → | B |

↓ 예

| C |

---

① A는 비합법적인 방법으로 목표를 달성하려고 하는 일탈이 발생한다고 본다.
② B는 타인과의 상호 작용 과정에서 일탈 행동을 학습한다고 본다.
③ C는 일탈 행동을 하는 사람과의 접촉 차단을 강조한다.
④ B는 A, C와 달리 일탈에 대한 대책으로 사회적 합의를 통한 규범의 정립을 강조한다.

Point

A 낙인 이론 B 차별적 교제이론 C 아노미 이론
① 아노미 이론에 대한 설명이다.
③ 차별적 교제이론에 대한 설명이다.
④ 아노미 이론에 대한 설명이다.
※ 일탈 행동
　⊙ 낙인 이론 : 어떤 사람의 행위에 대해 다른 사람들이 나쁜 행위라고 규정하고 주변 사람들에게 낙인이 찍히면 그 사람은 결국 일탈 자가 되기도 한다. 낙인 이론은 이런 측면에 주목하여 어떤 사람의 행위 자체가 반도덕적인 행위가 아님에도 불구하고 사회가 일 탈 행동으로 규정함으로써 일탈 행동이 되는 것이라고 주장한다.
　ⓒ 차별적 교제이론 : 개인은 일탈 행위자와 교류함으로써 일탈 행동에 빠질 수 있다. 차별적 교제 이론은 한 개인이 일탈자와 지속적 으로 교류하면서 사회 규범을 무시하고 일탈 행위자가 된다고 보는 이론이다. 이를테면 일탈 행위자가 많은 우범 지대에서 범죄자 들과 지속적으로 교류하는 과정에서 일탈 행동을 배우게 된다는 것이다.
　ⓒ 아노미 이론 : 일탈의 원인을 아노미 상태에서 찾는다. 그 중에서 뒤르켐(Durkheim, E.)은 사회 규범이 약화되거나 부재하는 경우나 여러 상반된 규범이 동시에 존재하는 경우를 아노미라고 규정한다. 이러한 아노미 상태에서 개인의 욕구와 행위를 조정하는 기준 이 되는 지배적 규율이 없으므로 개인은 행동의 방향을 잃게 된다는 것이다. 그는 이러한 아노미가 일탈 행동의 가능성을 높인다 고 설명한다. 머튼(Merton, R. K.)은 사회 구성원이 추구하는 문화적 목표와 이를 달성하기 위한 제도적 수단 간의 괴리에 따른 가 치관의 혼란 상태를 아노미라고 규정한다. 즉 합법적인 수단을 사용하지 않고 문화적 목표를 달성하려고 할 때 일탈이 발생한다는 것이다.

Answer　1.③　2.②

2021. 6. 5. 제1회 서울시

3 〈보기〉는 사회 집단을 접촉 방식과 결합 의지에 따라 구분한 것이다. ㈎, ㈏의 사례를 옳게 짝지은 것은?

〈보기〉			
분류 기준		결합 의지	
		본질적 의지	선택적 의지
접촉 방식	직접적인 대면 접촉	㈎	
	간접적 접촉		㈏

	㈎	㈏
①	가족	정당
②	가족	전통 사회의 마을 공동체
③	학교	친족
④	회사	또래 집단

 Point

사회 집단의 분류

㉠ 퇴니스의 분류 : 구성원의 결합의지에 따라

구분	공동 사회	이익 사회
결합관계	본질 의지➡본능적, 무의도적, 자연발생적 결합	선택 의지➡구체적 이익을 가지고 의도적·인위적 결합
인간관계	인격적, 정서적, 비공식적	부분적, 비인간적, 공식적
종류	가족, 민족, 지역사회 등	회사, 정당, 학교 등

㉡ 쿨리의 분류 : 구성원의 접촉방식에 따라

구분	1차 집단	2차 집단
접촉방식	친밀한 대면 접촉 전인격적 인간관계	간접적인 접촉 수단적 인간관계
특징	인성 형성에 영향	특수한 목적을 위한 관계
종류	가족, 놀이집단 등	회사, 직업 집단, 군대 등

㉢ 섬너의 분류 : 구성원의 소속감에 따라

구분	내집단	외집단
접촉방식	소속감을 가지고 '동일시'하는 '우리'집단	소속감을 가지지 않으며, 동일시의 대상이 아닌 '그들' 집단, '타인'집단
특징	소속감, 공동체의식이 강함	이질적, 적대의식을 갖게 됨
종류	우리편 등	상대편 등

㉣ 소속집단(내집단)과 준거집단

• 준거집단 : 개인이 행동이나 판단의 기준으로 삼는 집단

• 양자가 일치할 때 : 소속감이 강하고 구성원으로서의 자부심이 강하고, 만족감이 높아짐

2021. 6. 5. 제1회 지방직

4 밑줄 친 ⊙~⑩에 대한 설명으로 옳은 것은?

〈운동선수 A 소개〉

- 소속 : ㅁㅁ⊙회사의 프로농구팀
- 직업 : ⓒ농구 선수
- 학력 : ○○ⓒ고등학교 졸업
- 경력 : ⓔ2018년 아시안게임 국가대표
- 수상 : 2017년 올해의 ⑩최우수선수상

① ⊙은 공식적 사회화 기관이다.

② ⓒ은 A의 귀속지위, ⓔ은 A의 성취지위이다.

③ ⓒ은 이익사회이면서 2차적 사회화 기관이다.

④ ⑩은 ⓒ으로서 역할에 대한 보상이다.

Point

① 회사는 사회화를 비의도적으로 수행하는 비공식적 사회화 기관이다.

② ⓒ과 ⓔ은 개인의 노력에 의해 후천적으로 얻는 지위로, A의 성취지위이다.

④ ⑩은 ⓒ으로서 역할행동에 대한 보상이다. 역할이 지위에 대한 타인의 기대의 내용이라면 역할행동은 자기 주체적인 행위이다. 한 사람에 대한 정당한 평가는 그의 지위나 역할이 아니라 역할행동에 의해 이루어진다.

※ 공식적 사회화 기관과 비공식적 사회화 기관

구분	공식적 사회화 기관	비공식적 사회화 기관
의미	사회화를 계획적으로 수행하는 기관	사회화를 비의도적으로 수행하는 기관
종류	학교, 학원, 직업훈련소, 연수원	가족, 또래 집단, 회사, 정당, 대중 매체 등

Answer 3.① 4.③

2021. 4. 17 인사혁신처

5 밑줄 친 ㉠~㉶에 대한 설명으로 옳은 것만을 〈보기〉에서 모두 고르면?

> 빈농의 ㉠장남으로 태어난 갑은 고등학교를 졸업하고 대학 진학 대신 취업을 결심하였다. ㉡갑은 △△은행, ㅁㅁ회사 중 어디에 취업하는 것이 가족의 경제적 어려움을 해결하기 위해 더 좋을지를 고민하였다. 결국 부모님의 권유로 △△은행에 ㉢평사원으로 입사하였다. 갑은 35년 동안 성실히 근무하여 ㉣△△은행의 지점장으로 승진하고 중산층이 되었다. 갑은 고등학교 동창회에서 ㉤ㅇㅇ은행에 다니는 을을 만난 후 그가 ㉶ 은행장으로 승진한 사실을 알고 무척 부러워하였다.

> 〈보기〉
> ㈎ ㉠은 귀속지위에, ㉢과 ㉶은 성취지위에 해당한다.
> ㈏ ㉡은 갑의 역할 갈등에 해당한다.
> ㈐ ㉣은 갑의 세대 내 이동이면서 세대 간 이동이다.
> ㈑ ㉤과 ㉶은 모두 갑의 준거 집단이다.

① ㈎, ㈏
② ㈎, ㈐
③ ㈎, ㈐, ㈑
④ ㈏, ㈐, ㈑

Point

㉡ 역할 갈등이란 역할들이 충돌하여 나타나는 긴장이나 갈등상태로, 진로에 대한 고민은 역할 갈등이 아니다.
㉣ 준거 집단이란 개인이 행동을 함에 있어 그 행동 방향에 결정적인 영향력을 갖는 집단규범을 갖춘 집단으로, 갑이 부러워했다는 것만으로 ㅇㅇ은행과 은행장을 준거 집단으로 보기는 어렵다.

6 다음 (개)~(래)에 해당되는 사회화 기관으로 옳지 않은 것은?

구분	초기 사회화	초기 이후 사회화
사회화가 주목적	(개)	(내)
사회화를 부수적으로 수행	(대)	(래)

① 또래 집단은 (개)에 속한다.

② (내)의 예로는 학교가 있다.

③ 언어, 예절 등 기본적인 사회화가 이루어지는 가장 기초적인 사회화 기관은 (대)에 속한다.

④ (래)의 예로는 직장, 대중매체, 시민단체가 있다.

Point

(개)(내): 공식적 사회화 기관(사회화가 주목적)

(대)(래): 비공식적 사회화 기관(사회화를 부수적으로 수행)

(개)(대): 1차적 사회화 기관(초기 사회화)

(내)(래): 2차적 사회화 기관(초기 이후 사회화)

① 또래 집단(비공식적 사회화 기관, 1차적 사회화 기관)은 (대)에 속한다.

② 학교(공식적 사회화 기관, 2차적 사회화 기관)는 (내)에 속한다.

③ 언어, 예절 등 기본적인 생활양식의 사회화가 이루어지는 가장 기초적인 사회화 기관은 가족이다. 가족(비공식적 사회화 기관, 1차적 사회화 기관)은 (대)에 속한다.

④ 직장, 대중매체, 시민단체(비공식적 사회화 기관, 2차적 사회화 기관)는 (래)에 속한다.

7 다음 표는 사회집단을 구분한 것이다. 다음의 설명으로 옳은 것은?

구분	공동사회	이익사회
1차 집단	(가)	(나)
2차 집단	(다)	(라)

① 학교, 회사, 정당은 (가)의 예이다.

② 동호회는 (나)에 해당한다고 볼 수 있다.

③ (라)보다 (가)가 가입과 탈퇴가 더 자유롭다.

④ 가족, 친족, 또래집단은 (다)의 예이다.

> **Point**
>
> ② 동호회, 친목회, 동창회 등은 이익사회이면서 1차 집단적 성격을 갖는다.
> ① 학교, 회사, 정당은 (라)의 예이다.
> ③ 공동사회보다 이익사회가 가입과 탈퇴가 더 자유롭다.
> ④ 가족, 친족, 또래집단은 (가)의 예이다.

8 다음의 집단에 대한 설명으로 옳지 않은 것은?

> (가) 구성원 간 친목을 다지거나 취미 활동을 함께 하기 위해 모인 집단
>
> (나) 직업별로 특수한 이익을 추구하기 위하여 모인 집단
>
> (다) 각종 사회문제 해결이나 공익추구를 목적으로 하는 집단

① (가), (나), (다) 모두 자발적 결사체로서 이익사회에 해당한다.

② (가)는 인간관계의 친밀성에 기초하여 형성된다.

③ (나)는 사익을 추구한다.

④ (가)와 (나)는 공식 조직이고, (다)는 비공식 조직이다.

> **Point**
>
> 제시문은 자발적 결사체 중에서 (가) 친목 집단, (나) 이익 집단, (다) 시민 단체(공익 집단)이다.
> ④ (나)와 (다)는 공식 조직이고, (가)에는 공식 조직인 것(예 ∞대학교 총동창회)과 비공식 조직인 것
> (예 회사 내 동호회)도 있다.
> ① (가), (나), (다) 모두 자발적 결사체이고, 자발적 결사체는 공동의 이해관계나 목표를 추구하기 위해서 선택의지에 의해 형성된 것이므로
> 이익사회에 해당한다(예 시민단체 → 공식조직, 이익사회).
> ② (가)는 인간관계의 친밀성에 기초하여 형성된다.
> ③ (나)는 특수한 이익(사익)을 추구한다.

9 밑줄 친 ㉠~㉣에 대한 옳은 설명은?

> 갑은 ㉠음악 대학 진학을 꿈꾸었으나, 어려운 형편 때문에 포기하고 ㉡○○대학 경영학과에 입학하였다. 그러나 음악에 대한 열망을 버리지 못하고, ㉢대학 음악 동아리에 가입하여 전공보다는 노래 연습에 심취하였다. 졸업 후 ㉣방송사 주최 오디션 프로그램 출연을 계기로 가수가 되었다.

① ㉠과 ㉡은 갑의 내집단이다.
② ㉠과 ㉢은 갑의 준거 집단이다.
③ ㉡과 ㉣은 공식적 사회화 기관이다.
④ ㉢은 공동 사회, ㉣은 이익 사회이다.

Point
② 준거 집단은 자신의 판단과 행동의 기준으로 삼는 집단으로, ㉠과 ㉢은 갑의 준거 집단이 된다.
① ㉠은 갑이 소속되어 있지 않으므로 외집단이고, ㉡은 갑이 소속되어 있으므로 내집단이다.
③ ㉡은 공식적 사회화 기관이고, ㉣은 비공식적 사회화 기관이다.
④ ㉢과 ㉣ 모두 이익 사회이다.

Answer   7.② 8.④ 9.②

10 다음은 선거에 출마한 어느 후보자의 홍보물이다. 설명으로 옳은 것은?

> 약력
> ⊙ ○○대학교 사회학과 졸업
> ⓒ ◇◇환경 시민 연대 대표
> ⓒ ○○대학교 동문회 회장
> ⓔ 재경 ▲▲ ▲씨 종친회 회장

① ⊙은 1차적 사회화 기관에 해당한다.
② ⓒ은 공통의 관심사를 기초로 형성된 비공식 조직이다.
③ ⓒ은 특정한 목적을 위해 조직된 자발적 결사체이다.
④ ⓔ은 자연발생적으로 형성된 공동사회이다.

> **Point**
> ③ ⓒ학교 동문회는 자발적 결사체이다.
> ① ⊙ 학교는 2차적 사회화 기관이다.
> ② ⓒ 시민연대는 자발적 결사체이며, 공식 조직의 성격이 더 강하다.
> ④ ⓔ 종친회는 친목단체로서 이익사회이다.

11 밑줄 친 ⊙, ⓒ에 대한 설명으로 옳지 않은 것은?

> 최근에는 ⊙기업에서 구성원 간 친목 도모를 위한 ⓒ동호회 활동을 장려하는 경우가 많다. 조직 내에서 이루어지는 구성원 간 친목 도모 활동이 조직의 효율성을 높이는 데 기여하기 때문이다.

① ⊙은 공식 조직에, ⓒ은 비공식 조직에 해당한다.
② ⊙과 ⓒ은 모두 자발적 결사체로서 가입과 탈퇴가 자유롭다.
③ ⓒ은 ⊙에서 나타나는 인간 소외의 문제를 완화시키는 데 기여한다.
④ ⓒ은 ⊙과 달리 구성원 간 수단적인 관계보다는 정의적인 관계를 중시한다.

> **Point**
> ② 동호회는 자발적 결합체로 볼 수 있으나, 기업은 가입과 탈퇴가 자유롭지 못하므로 자발적 결합체로 볼 수 없다.
> ① 기업은 공식 조직에, 기업 내 동호회는 비공식 조직에 해당한다.
> ③④ 비공식 조직은 친밀한 인간관계를 바탕으로 형성되어 구성원들에게 소속감 및 정서적 안정감, 만족감과 사기를 높임으로써 공식 조직에서 나타나는 인간 소외의 문제 등을 완화시키는 데 기여한다.

12 다음은 일탈 행동이 일어나는 원인에 대한 이론들이다. 이에 대한 설명으로 옳지 않은 것은?

> (가) 사회를 생물유기체로 보고, 어느 집단이나 제도 등이 제 역할을 해주지 못하는 것을 일탈행동으로 본다.
>
> (나) 사회변동으로 인해 기존의 사회구조가 해체되면서 제 기능을 담당하지 못할 때 일탈행동이 발생한다.
>
> (다) 지배집단이 정해 놓은 법이나 규범에 상충되는 행위를 함으로써 일탈행동이 발생한다.
>
> (라) 지배집단이 갖고 있는 가치에서 벗어난 행동을 일탈행동으로 본다.

① (가)와 (나)는 기능론적 관점의 이론이다.

② (가), (나), (다), (라)는 거시적 관점의 이론이다.

③ (다)와 (라)는 갈등론적 관점의 이론이다.

④ (가), (나), (다), (라)는 일탈의 원인을 개인들 간의 상호작용에서 찾는다.

Point

    (가) 사회병리론(기능론적 관점)

    (나) 사회해체론(기능론적 관점)

    (다) 집단갈등론(갈등론적 관점)

    (라) 가치갈등론(갈등론적 관점)

    ④ (가)(나)(다)(라)는 거시적 관점의 이론(기능론과 갈등론)이므로 일탈의 원인을 사회구조의 틀에서 찾는다. 미시적 관점의 이론(상징적 상호
      작용론)은 일탈의 원인을 개인들 간의 상호작용에서 찾는다.

    ① (가)와 (나)는 기능론적 관점

    ② (가), (나), (다), (라)는 거시적 관점

    ③ (다)와 (라)는 갈등론적 관점

Answer   10.③ 11.② 12.④

13 밑줄 친 ⊙~⑩에 대한 설명으로 옳은 것은?

> ⊙○○ 회사에 입사하여 25년 동안 근무한 갑은 내년에 퇴직을 앞두고 있다. 3개월 전부터 퇴직 이후 창업을 위해 ⓒ△△ 요리 학원에서 요리를 배우고 있다. 또 창업을 준비하는 사람들이 모여 함께 정보를 공유하는 인터넷 카페에 가입하여 여러 가지 정보를 알아보고 있다. 하지만 ⓒ심경이 복잡하다. ⓔ막내아들이 아직 대학을 다니는 중이고 연로하신 ⑩어머니께서 병중에 계신 상황이기 때문이다.

① ⊙은 공식적 사회화 기관이다.
② ⓒ은 갑의 재사회화이자 예기 사회화이다.
③ ⓒ은 갑의 역할 갈등 상황을 나타낸다.
④ ⓔ과 ⑩은 모두 귀속 지위이다.

Point

② ⓒ은 성인이 되어 새로운 상황에 적응하기 위해 새로운 기술, 생활양식을 배우는 것이므로 재사회화이고, 앞으로 자신이 맡으려고 하는 지위에 부합되는 기술, 가치, 태도를 학습하는 것이므로 예기사회화이기도 하다.
① ⊙은 공식 조직이지만 비공식적 사회화 기관이다.
③ 역할 갈등은 지위에 따른 역할들이 갈등, 충돌이 있는 경우(예컨대 병중에 있는 어머니를 보살피기 위해 병원에 가야하나, 식당 일이 바빠서 가기 어려운 경우)이나, 제시문의 현 상황은 아직 그런 상황은 없고 단순히 심적 갈등을 겪고 있는 상황이다.
④ ⓔ은 귀속지위 ⑩은 성취지위이다.

14 '다른 집 아이들은 어찌되던 우리 집 아이만 좋고 괜찮으면 그만이다'라고 생각하는 형태는 다음 중 어디에 해당하는가?

① 아노미
② 집단이기주의
③ 문화지체
④ 문화해체

Point

설문은 가족이기주의에 관한 설명으로 집단이기주의의 하나의 행태이다.
① 사회구성원들의 목표와 수단이 어긋나서 규범의 부재 또는 혼란의 상태를 보이는 것을 뜻한다.
③ 문화변동의 속도와 관련하여 비물질적인 제도나 가치의 변화가 물질적 측면의 변화를 따르지 못해 간격이 점점 커지는 현상이다.
④ 외래문화가 수용되어 종래의 문화체계까지 변동이 일어나 기존문화체계의 통합성마저 분리하게 되는 문화변용을 말한다.
※ 집단이기주의
ⓒ 의의 : 한 집단이 전체 사회의 공동의 이익과 발전은 고려하지 않고, 자기 집단의 이익과 발전만을 추구하는 것을 말한다.
ⓒ 형태 : 가족이기주의와 지역이기주의 등이 있다.

15 다음의 내용을 충족시키는 가장 적절한 개념은?

> • 동물에게서는 발견되지 않는다.
> • 사고, 의지와 관계가 있다.
> • 생각과 느낌의 흐름을 파악한다.

① 생리적 욕구
② 사회적 존재
③ 상징체계
④ 자기성찰력

 Point
생각과 느낌의 흐름을 파악한다는 것에 착안한다.

16 다음에서 협동의 조건이 되는 것만을 옳게 골라 묶은 것은?

> ㉠ 목표달성을 위한 활동에 누구나 참여할 수 있다.
> ㉡ 달성된 목표나 혜택이 고루 분배된다.
> ㉢ 달성목표가 제한되어 있다.
> ㉣ 달성목표나 이해관계가 상충되어 있다.

① ㉠㉡
② ㉠㉢
③ ㉡㉢
④ ㉢㉣

 Point
협동의 성립조건 … 협동은 당사자들이 어떤 목표를 달성하기 위한 활동에 누구나 참여할 수 있고, 그 결과로 달성된 목표나 혜택이 고루 분배된다는 조건이 보장될 때에 잘 이루어진다.

Answer 13.② 14.② 15.④ 16.①

17 다음 두 주장이 공통으로 근거하고 있는 관점에 대한 설명으로 가장 거리가 먼 것은?

> • '부(富)'라는 사회가치는 인정하지만 비합법적으로 부를 달성하려 할 때 일탈행위가 발생한다.
> • 사회계층화는 개인과 사회가 최선의 기능을 발휘하도록 하는 불가피한 사회적 장치이다.

① 사회는 갈등에 의해 발전한다.
② 사회적으로 합의된 가치가 존재한다.
③ 사회구성원은 사회통합에 기여한다.
④ 사회문제는 사회기능이 파괴될 때 발생한다.

제시된 자료는 기능론에 의거하여 일탈행위와 사회계층현상을 설명하고 있다.
① 갈등론에 의한 사회발전인식이다. 기능론에서는 사회문제를 사회의 일정한 부문이 제기능을 발휘하지 못한 병리적인 현상으로 본다.

18 다음 글은 甲공무원이 일탈행동을 하게 되는 과정을 나타낸 것이다. 이 과정을 설명해 줄 수 있는 이론을 순서대로 나열한 것은?

> 甲공무원이 돈을 벌기 위하여 공무원신분을 망각한 채 이권에 개입하여 징계를 받았다. 이후 그는 주위 사람들과 동료들의 차가운 시선 때문에 헤어나지 못하고 계속 범죄의 수렁에 빠지게 되었다.

① 상호작용론, 낙인론
② 낙인론, 아노미론
③ 아노미론, 낙인론
④ 상호작용론, 아노미론

일탈행동의 형성원인
㉠ 아노미현상: 사회적인 목표는 분명하지만 그것을 성취할 만한 적절한 수단들이 제공되지 못할 경우에 목표와 수단이 어긋나서 규범의 부재나 혼란상태를 보이게 되는 것을 의미한다.
㉡ 낙인론: 일탈행동을 한 사람은 다른 사람들이 일탈행위를 한다고 낙인찍는 경향이 있기 때문에 그와 같은 행동을 더 저지르게 된다는 것이다.

19 다음의 내용과 가장 거리가 먼 것은?

> • 마약중독, 가출 또는 범죄를 비롯하여 어떤 취미나 신앙에 극단적으로 몰두하여 정상적인 생활을 하지 못하는 일을 말한다.
> • 이 같은 사회적 행동은 대부분의 구성원들이 생활과 조건에 적합한 행동으로 받아들이지 않는다.

① 부모님께 꾸중을 듣고 가출하는 것
② 농촌생활이 싫다고 무작정 상경하는 것
③ 알콜중독으로 가사를 돌보지 않는 것
④ 대학입시에 낙방하여 우는 것

Point

　　제시된 내용과 같은 행동들을 통틀어 사회학적 용어로 일탈행동이라 한다.

20 사회계층화현상에 관한 보기의 내용을 통해 추론한 설명 중 옳지 않은 것은?

> 지금까지 인간사회에서는 어떤 형태로든 계층화현상이 전혀 없는 상태를 가져 본 일이 없다는 것이 사회학적 연구에서 얻은 결론이다. '계층이 없는 사회를 볼 수 없다'는 말에는 '계급 없는 사회(Classless Society)'를 표방하는 공산주의사회에서도 계층화현상은 여전히 존재한다는 뜻이 내포되어 있다. 사실, 지금 우리가 보는 공산주의사회에는 경제적 불평등은 감소되었는지 몰라도 정치적인 계층화의 정도, 즉 정치적 불평등과 그에 따르는 특권의 불균등한 배분은 역사상 보기 드물 만큼 심각하다.

① 마르크스는 생산수단의 소유여부에 따라 계급이 발생되었다고 한다.
② 베버는 계급, 지위, 권력에 의해 사회계층화현상이 발생한다고 보았다.
③ 전통적 사회에서는 서열화 된 위치가 엄격하며, 사회적 차별이 심했고, 그 위치가 세습되었다.
④ 근대사회에서는 사회적 희소가치가 다양화되고 서열화 된 위치를 구분하기 어렵게 되어 사회계층화현상은 점차 소멸되어 가고 있다.

Point

　　④ '계층이 없는 사회를 볼 수 없다'는 말에서 보듯이 근대사회 이후에는 전통적 사회에서와 같은 경직된 사회계층화현상은 사라졌으나, 계급·지위·권력에 의한 새로운 사회계층화 현상은 계속 유지되고 있다.

Answer　17.① 18.③ 19.④ 20.④

21 밑줄 친 ㉠~㉤에 대한 설명으로 옳은 것은?

> A국에서 한국으로 시집 온 ㉠며느리 갑의 효행이 ㉡△△신문에 보도되면서 잔잔한 감동을 주고 있다. A국의 명문 ㉢법과 대학을 졸업한 갑은 을과 결혼한 후, 국제변호사가 되고자 했으나, 치매를 앓는 ㉣시어머니를 극진히 봉양하면서 꿈을 접어야 했다. 갑의 효행에 대해 ○○시에서는 ㉤효부상을 수여하였다.

① ㉠은 아들이나 변호사와 같은 성격의 지위로 분류된다.
② ㉡은 재사회화를 담당하는 1차적 사회화 기관이다.
③ ㉣은 갑이 두 가지 지위에 따른 역할 갈등을 극복한 것이다.
④ ㉡은 비공식적, ㉢은 공식적 사회화 기관에 해당한다.

Point
> ① ㉠은 성취 지위이다. ② ㉡은 비공식적, 2차적 사회화 기관이다. ③ ㉣은 두 가지 상반된 요구를 받은 것이 아니므로 역할 갈등이 아니다. ④ 학교는 공식적 사회화 기관이다.

22 ㉠~㉣에 대한 설명으로 옳지 않은 것은?

> • ㉠○○종합병원 정형외과 과장인 갑은 각종 수술과 외래 진료로 바쁜 와중에도 ㉡□□정형외과학회가 개최하는 학술 세미나에서 발표할 논문을 준비하고 있다.
> • ㉢△△고등학교의 교사인 을은 ㉣교내 수업 비평 동호회 회원으로서 일과 후에 동료 교사들과 함께 서로의 수업에 대해 비평하면서 수업의 질을 높이기 위해 노력하고 있다.

① ㉠은 구성원의 역할과 책임 소재가 분명하다.
② ㉡은 자발적 의지에 의해 형성된 비공식 조직이다.
③ ㉣은 가입과 탈퇴가 자유롭다.
④ ㉡과 ㉢은 2차적 사회화 기관이다.

Point
> ㉠ □□정형외과학회는 공식 조직의 형태를 띤 자발적 결사체이다.
> ㉡ ○○종합병원은 구성원의 역할과 책임 소재가 분명한 공식 조직이다.
> ㉢ △△고등학교는 공식 조직이면서 2차적 사회화 기관이다.

23 그림은 후보자의 연설 내용이다. 개인과 사회의 관계를 바라보는 갑과 을의 관점에 대한 설명으로 옳은 것은?

① 갑은 사회를 개인들의 집합체에 불과하다고 본다.
② 갑은 개인들이 계약을 맺어 사회를 구성하였다고 본다.
③ 을은 인간을 주체적이고 능동적인 존재로 인식한다.
④ 을은 사회를 개인의 삶을 구속하는 유기체로 인식한다.

Point

갑은 출신 배경에 의존하여 자신의 존재를 부각시키고 있으므로 사회실재론에 해당한다. 을은 자신의 능력과 인물을 강조하고 있으므로 사회명목론에 해당하며, 인간을 주체적이고 능동적인 존재로 인식하고 있다.

사회명목론에서는 사회를 개인들의 집합체에 불과하다고 보며 개인의 계약에 의해 사회가 구성되었다는 사회계약론의 주장과 맥을 같이한다. 사회를 개인의 삶을 구속하는 유기체로 인식하는 것은 사회실재론의 내용이다. 사회 전체보다 개인을 중시하는 것은 사회명목론이다.

24 그림은 관료제와 탈관료제를 구분한 것이다. 이에 대한 설명으로 옳은 것은?

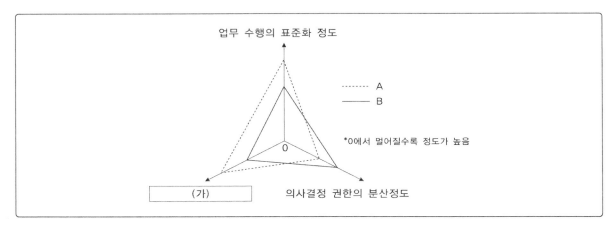

① (가)에는 '조직 구조의 경직성 정도'가 들어갈 수 있다.

② B는 보상 기준으로 실적보다 경력을 중시한다.

③ 정보 사회에서는 A가 B보다 더 적합하다.

④ A보다 B에서 업무 수행에 대한 구성원의 재량권이 더 작다.

Point

A는 관료제, B는 탈관료제에 해당한다.
① 관료제의 조직 구조가 더 경직적이다.
④ 탈관료제는 조직 구성원들의 재량권이 크다.

25 다음에서 설명하는 일탈 이론에 부합하는 사례로 옳은 것은?

> 같은 행동이라도 아무 일 없으면 그냥 '일상'이 되고, 문제가 생기면 '일탈'이 된다. 누구나 살면서 잘못을 저지르지만 적발되지 않으면 대부분 별 문제없이 지나간다. 하지만 그것이 다른 사람들에게 적발되고 세상에 알려지면 상황은 급격히 변화한다. 자신을 대하는 사회적 시선이 예전과 달라졌음을 인식하게 되면서 그는 점점 일탈을 내면화하고 정상적인 사회 규범과 멀어진다.

① 경로 사상이 퇴조하면서 노인에게 폭언과 폭행을 가하는 사건이 늘어난다.

② 실직 가장이 일확천금을 꿈꾸며 도박판에 뛰어들어 남은 재산을 모두 탕진한다.

③ 폭행을 당한 피해자가 법에 호소하는 대신 친구들을 동원해 가해자에게 보복을 한다.

④ 부유층 아이의 싸움은 자연스러운 성장 과정으로, 빈민층 아이의 싸움은 비행으로 가는 과정으로 간주한다.

 Point

제시문은 특정 행위에 대해 사회 구성원들이 일탈 행동으로 낙인을 찍으면 그에 맞추어 정체성을 형성하고 일탈을 내면화하게 된다는 낙인 이론을 설명하고 있다.

④ 부유층 아이의 싸움과 달리 빈민층 아이의 싸움을 비행으로 가는 과정으로 간주. 즉 낙인을 찍으면 빈민층 아이들은 이를 내면화하고 다시 일탈적인 행동을 하게 된다고 보는 것은 낙인 이론의 입장이다.

①②③은 아노미 이론에 해당한다.

Answer 24.① 25.④

03 문화와 사회

기출문제

section 1 문화의 의미와 특징

(1) 문화의 의미

① 문화의 의미

📖 문화를 보는 관점이 다른 하나는?

▶ 2010. 관세청

① 정치, 경제, 사회 영역 등과 구별되는 영역으로서의 문화
② 국가와 특별한 관계를 가지고 있는 인간의 정신적, 창조적 활동의 영역
③ 헌법상의 문화
④ 자연 상태에 대비되는 영역

   ⊙ 좁은 의미(협의) : 고급스럽고 세련된 것, 정신적·물질적 진보 상태, 예술적인 것 등과 같은 의미로 사용

     예 문화인, 문화 시설, 문화행사

   ⓒ 넓은 의미(광의) : 한 사회 구성원들의 행동 및 사고방식의 총체인 생활양식 전반을 의미

     예 한국 문화, 중국 문화, 서양 문화, 대중문화, 청소년 문화 등

(2) 문화의 구성 요소

① 문화적인 것과 비문화적인 것

   ⊙ 문화적인 것 : 학습된 행위, 공통된 생활양식, 반복적·계속적 생활양식

   ⓒ 비문화적인 것 : 선천적인 특성, 생물적인 본능에 의한 행동, 개인적인 습관, 일시적·우발적 행동

② 문화의 구성 요소

   ⊙ 물질적 요소

     • 의미 : 인간의 기본적인 욕구를 충족시키기 위해 필요한 도구와 기술

     • 기능 : 인간이 환경에 적응·극복하기 위한 물질적 수단을 제공함(기본적 욕구 충족 수단)

     예 의복, 주택, 음식, 도구, 기계 등

   ⓒ 제도적 요소(=규범 문화)

     • 의미 : 사회적 질서 유지와 운영을 가능하게 하는 제도와 관습, 규범과 규칙

     • 기능 : 사회 질서를 유지하고 전체로서의 사회 운용을 가능케 함

     예 가족, 친족, 혼인, 정치, 경제, 법률, 교육 등

   ⓒ 관념적 요소(=상징 문화)

     • 의미 : 인간에게 삶의 방향을 제시해 주고, 정신적 삶을 풍요롭게 해 주는 지식과 신념, 가치

     • 기능 : 환경 극복을 위한 용기를 고취시키며 생활의 지혜를 제공함

     예 신화, 전설, 철학, 언어, 문학, 예술 등

▮정답 ④

(3) 인간의 문화 창조 능력

인간은 문화를 창조할 수 있는 유일한 존재임 → 인간과 동물을 구별하는 가장 큰 요소

① 상징 능력 … 언어, 문자 등을 통해 사물 및 사건들에 의미를 부여하고, 그런 의미를 이해 및 해석할 수 있는 능력

② 학습 능력 … 전 세대가 쌓아놓은 여러 가지 경험과 지식을 다음 세대가 학습하여 문화를 계승 및 발전시킴

③ 도구 사용 능력 … 인간이 지니는 신체적인 약점을 극복하고 환경에 적응하기 위해 도구를 만들어서 사용함

(4) 문화의 기능

① 긍정적 기능
  ㉠ 환경에 적응하는 수단, 지식의 제공과 축적, 삶의 용기 및 지혜 · 신념 제공
  ㉡ 인간의 물질적 · 정신적 욕구의 충족 · 억제 방법 제시, 욕구의 충족, 억제 방법 제시
  ㉢ 행동 기준 제시 → 사회 유지와 존속(사회운영의 원리) → 사회통합 기여

② 부정적 기능
  ㉠ 환경오염, 자원 고갈, 첨단과학 무기 개발 등은 인류 생존 자체 위협
  ㉡ 잘못된 문화의 인간 타락 조장
    예 사이비종교, 히피문화, 퇴폐문화, 매스컴의 역기능 등

section 2 문화 이해의 관점과 속성

(1) 문화를 이해하는 태도

① 문화를 이해하는 잘못된 태도
  ㉠ 자문화 중심주의
    • 의미 : 자신의 문화를 우월하게 생각하여 자기 기준으로 다른 문화를 평가하는 태도
    • 장점 : 같은 문화를 공유하는 사람들끼리 소속감과 자부심 고무
    • 단점
    −다른 문화에 대한 편견 및 갈등 초래
    −국제적 고립으로 자문화의 발전 장애, 문화제국주의로 전락가능
    • 사례 : 중화사상

문 〈보기〉에서 갑(甲)~병(丙)의 문화 이해 태도에 대한 설명으로 가장 옳은 것은? (단, 갑(甲)~병(丙)의 문화 이해 태도는 각각 문화 사대주의, 자문화 중심주의, 문화 상대주의 중 하나이다.)
▶ 2022. 6. 18. 제2회 서울시(보훈청)

〈보기〉
갑(甲) : 병(丙)도 나와 마찬가지로 문화 간에 우열이 있다고 생각해.
을(乙) : 그렇구나. 하지만 병(丙)은 너처럼 자기 문화가 가장 우수한 문화라고 간주하지는 않아.
병(丙) : 나는 문화를 평가가 아닌 이해의 대상이라고 보는 을(乙)의 생각에 반대야.

① 갑(甲)의 태도는 사회 간 문화적 마찰을 초래할 수 있다.
② 을(乙)의 태도는 자기 문화의 주체성을 상실하게 할 우려가 있다.
③ 병(丙)은 각 문화가 해당 사회의 맥락에서 갖는 고유한 의미를 존중한다.
④ 갑(甲), 을(乙)은 병과 달리 문화를 평가의 대상이라고 본다.

정답 ①

443

기출문제

🔍 〈보기〉의 문화를 이해하는 태도 ㈎, ㈏에 대한 설명으로 가장 옳은 것은?

▶ 2023. 6. 10. 제1회 서울시

〈보기〉

㈎ 오리엔탈리즘(Orientalism)이란 유럽이 동양과 서양을 문맹과 문명, 야만과 지성으로 나누는 이분법적 틀을 말한다. 이 틀에 따르면 서양의 관점에서 동양은 미지의 신비로운 곳이며, 문명화되지 않은 야만사회로 간주해서 더 합리적이고 이성적인 서구문명이 미개한 동양을 문명화시키고 지배하는 것이 정당화된다.

㈏ 같은 옷이라도 영어로 표기하면 더 비싸게 인식되는 것으로 나타났다. '편한 검정 면바지'보다는 '블랙 코튼이지 팬츠'를, 또 그보다는 'black cotton easy pants'의 가격을 더 높게 평가하였다.

① ㈎는 각 사회의 맥락에서 그 문화를 이해한다.

② ㈏는 자기 문화의 주체성을 상실하고 전통 문화를 잃어버리게 될 수 있다.

③ ㈏는 국수주의로 흐르거나 문화 제국주의로 변질될 수 있다.

④ ㈎와 달리 ㈏는 특정 문화에 대한 편견을 가지고 다른 문화를 평가한다.

▮정답 ②

ⓒ **문화 사대주의**

- 의미 : 자신의 문화를 무시하거나 낮게 평가하고 다른 문화만을 동경하거나 숭상하는 태도
- 장점 : 외래문화에 개방적인 태도로 새로운 문화수용이 용이
- 단점
  - 문화에 대한 편협한 이해 초래
  - 문화의 주체성과 정체성 상실, 전통문화의 발전 장애
- 사례 : 일본식 다도예찬, 서구인 체형에 맞춘 성형수술

② **문화를 이해하는 바른 태도(문화상대주의)**

ⓐ 전제 : 각 사회의 문화는 독특한 의미가 있기 때문에 문화 간 열등하거나 우월한 것을 평가할 수 없다.

ⓑ 의미 : 한 문화를 바르게 이해하기 위해서는 그 사회의 맥락과 환경을 고려하여 이해해야하고 각 개별 특수성과 다양성을 인정하여 문화를 이해하는 태도이다.

ⓒ 극단적 문화 상대주의 : 각 문화의 특수성을 지나치게 강조하여 인류의 보편적 가치마저 부정하는 태도를 말한다. 문화상대주의는 비인간적인 문화까지 용인하고 이해하자는 것은 아니다. 예를 들어 식솔을 함께 묻는 순장제도, 지참금이 적다는 이유로 결혼한 여자를 살해하는 관습 등과 같은 인류의 보편적인 가치인 인간존엄성, 자유, 평등 등을 침해하는 문화적 관습까지 상대론적 시각으로 이해해서는 안 된다.

ⓓ 문화의 비교와 평가 : 서로 다른 문화를 비교할 수는 있지만 평가할 수는 없다. 평가는 어떤 기준에 입각해서 우열을 판단하는 것을 의미하기 때문에 상대주의를 부정하는 것이다.

Point 팁 │ 극단적 상대주의 … 상대주의는 중요하나 극단적 상대주의는 지양해야 할 문화 인식 태도임. 예를 들어 소고기를 좋아 하는가, 돼지고기를 좋아 하는가는 상대성의 태도로 인정할 수 있지만, 식인 문화는 상대성을 갖고 인정할 수 없다. 그것은 인간의 기본적인 가치인 인간의 존엄성을 파괴하는 행위가 될 수 있기 때문이다. 따라서 인간의 존엄성 등 보편적이고 기본적인 가치에 위배되는 현상까지 문화적 상대주의로 보는 것은 극단적 문화 상대주의라고 볼 수 있다.

(2) 문화를 바르게 이해하는 관점

① **총체론적 관점** … 특정 문화를 사회 구성요소와 관련지어 이해하려는 관점 , 문화현상을 부분적으로 바라본다면 편협하고 왜곡될 수 있다.

② **상대론적 관점** … 문화의 특수성을 인정하고 그 문화를 그 사회의 입장에서 이해하려는 관점이다.

③ 비교론적 관점 … 두 지역 이상의 문화를 비교하여 문화 간의 보편성과 특수성을 이해하려는 관점이다.

> **총체론적 관점의 사례**
> 〈사례1〉 인도인은 굶주려도 소를 잡아먹지 않는다. 이러한 식문화를 이해하려면 인도의 종교와 농경생활을 이해해야만 한다. 힌두교는 소에 종교적인 의미를 부여하여 성스러운 존재로 생각한다. 그리고 이러한 종교적 의미부여는 소가 농경생활과 일상생활에 여러 가지로 유용하다는 점과 연관되어 있다.
>
> 〈사례2〉 까치는 길조로 여긴다. 최근 개체수가 늘어나면서 사냥을 허용해 달라는 요구가 늘었고 실제로 많은 까치들이 사냥되었다. 이러한 현상은 까치를 사냥한 지역이 과수 농사를 하는 지역으로, 과수 농사에 막대한 피해를 입었다는 사실과 관련시켜 보아야 제대로 이해할 수 있다.
>
> **비교론적 관점의 사례**〈마가렛 미드의 세 부족 비교연구〉
> ㉠ 아라페시 족(Arapesh peoples) : 생활양식이 부드러운 사람들로서, 경쟁이나 공격을 싫어한다. 미드가 이 종족에서 가장 큰 흥미를 느낀 것은, 남녀 사이에 기질적인 차이에 대한 어떤 관념도 가지고 있지 않으며, 남녀 모두 가정적이기를 기대한다. 남녀 모두 똑같이 자기들보다 어리거나 약한 사람들을 위해서 자신의 욕구를 억제하는 성향을 가진다. 한 마디로 말해 그들은 모성적인 부족이다.
> ㉡ 문두구머 족(Mudugmor) : 이웃에 있는 문두구머 족은 사납고, 동성 부족원들 사이에 적대감을 가진다. 문두구머 족의 남자 아이는 적대적인 세계에서 태어난다. 아이의 출생은 문두구머 족에게 혼란을 가져온다. 남자 아이가 태어나면 아버지는 그 아이를 경쟁자로 생각한다. 공격적이며 전투적인 이 종족의 이상은 남녀 모두에게 적용된다.
> ㉢ 챔블리 족(Tchambuli) : 챔블리 족의 여자들은 단단하고, 실제적인 일들에 몰두하며, 짧고 장식을 달지 않은 머리를 한 채 강한 모습을 띠고 있다. 챔블리 족의 남자들은 여성들 모임의 주변으로 밀려나 있으며, 초대 및 선물 등이나 기대하고 있다.
> → 미드는 위의 세 부족을 관찰한 연구에서, 남성 또는 여성의 속성으로 여겨지고 있는 특성들은 인간 기질의 편차에 불과하며, 이러한 기질은 개인에 따라서 차이가 있기는 하지만 남자든 여자든 교육에 의해서 획득되는 부분이라고 결론을 맺고 있다.

(3) 문화의 속성

① 공유성
  ㉠ 의미 : 한 사회의 구성원들이 공통적으로 가지고 있는 행동 및 사고 방식
  ㉡ 특징 : 원활한 사회생활을 위한 공동의 장을 제공하고, 사회 질서를 유지하게 한다.
    → 구성원 간의 행동 및 사고를 예측할 수 있게 한다.
  ㉢ 사례 : 대문에 금줄이 있으면 아기가 태어난 집이라는 것을 알 수 있는 것

문 〈보기〉에서 부각되는 문화의 속성에 대한 진술로 가장 옳은 것은?
▶ 2022. 6. 18. 제2회 서울시

〈보기〉
집은 사람들이 사는 단순한 구조물 이상의 의미를 갖는다. 집은 누군가에게 중요한 재산이 되며, 그것은 경제적인 투자의 의미를 갖는다. 집이 위치한 지역은 그곳에 거주하는 사람들의 직업이나 지위 등 다양한 사회적 요인을 반영하며, 집을 짓는 방식은 그 사회의 생활 양식이나 기후 및 지형 조건, 부존자원의 영향을 받는다.

① 문화는 세대 간 전승 과정에서 점차 풍부하게 발전한다.
② 문화는 여러 요소들이 유기적으로 연관되어 이루어진 하나의 전체이다.
③ 문화는 다른 구성원과의 상호작용이 안정적으로 이루어지게 한다.
④ 문화는 계속적으로 변화하여 이전과 다른 모습을 갖는다.

정답 ②

문 〈보기〉에 나타난 문화의 속성으로 가장 적절한 것은?

▶ 2023. 6. 10. 제1회 서울시(보훈청)

〈보기〉

우리나라에서 생활하는 외국인 중에는 처음에는 김치를 잘 먹지 못했지만, 점점 익숙해져서 김치를 좋아하게 된 사람이 많다. 더 나아가 김치를 담그는 법을 배워서 직접 담가 먹기도 한다.

① 축적성　　② 변동성
③ 학습성　　④ 공유성

문 〈보기 1〉에서 부각되는 문화의 속성에 대한 설명으로 옳은 것을 〈보기 2〉에서 모두 고른 것은?

▶ 2024. 6. 22. 제2회 서울시

〈보기 1〉

A국을 여행한 갑(甲)은 처음 식당에 갔을 때 몹시 당황 했다. 식사 후에 영수증을 보니 봉사료를 손님이 선택 하도록 되어 있었기 때문이다. 하지만 A국 사람들은 음식 가격의 일정비율을 세 가지로 제시하고 이 중 하나를 봉사료로 선택하는 것을 자연스럽게 받아들였다.

〈보기 2〉

㉠ 문화가 구성원의 사고와 행동을 구속한다는 것을 보여준다.
㉡ 문화는 여러 요소들이 유기적으로 결합된 하나의 체계임을 보여준다.
㉢ 문화는 한 사회의 구성원들 간에 원활한 상호 작용을 위한 바탕이 됨을 보여준다.
㉣ 문화는 시간이 흐르면서 그 형태나 내용, 의미가 변화하는 생활 양식임을 보여준다.

① ㉠, ㉡　　② ㉠, ㉢
③ ㉡, ㉣　　④ ㉢, ㉣

정답 ③, ②

② 학습성

㉠ 의미 : 문화는 후천적인 사회화 과정 즉 학습을 통해 습득되며, 학습을 통해 다음 세대로 전달된다.

㉡ 특징 : 사회화의 내용 및 방법은 그 사회가 처한 환경에 따라 다양함

• 인간이 어떻게 행동하고 생각하는 지는 성장 과정에서 그가 어떠한 문화 속에서 생활하며, 그 문화를 어떻게 학습하느냐에 달려 있다.(사회적 상호작용을 통해 이루어짐)

• 의의 : 개인은 학습을 통해 그 사회의 문화를 수용하고, 각 사회는 새로운 사회 구성원에게 문화를 전수함으로써 문화가 유지·전승됨

㉢ 사례 : 아기가 자라면서 말을 배우고 예절에 맞는 행동을 하는 것

③ 축적성

㉠ 의미 : 문화는 한 세대에서 다음 세대로 전승되며, 이 과정에서 새로운 지식과 생활양식이 축적된다.

㉡ 특징

• 인간의 학습 능력과 상징체계에 의해 가능

• 문화는 전승될 때 과거의 내용에 새로운 삶의 방식들이 더해져서 전승되기 때문에 문화는 계속 축적되고 그 내용이 점점 복잡하고 다양해짐 → 문화의 축적은 인류 문명의 발달을 가능하게 한다.

㉢ 사례 : 집안 대대로 내려오는 요리 비법 책에 새로운 비법을 추가하여 자녀에게 물려주는 것

④ 전체성

㉠ 의미 : 문화의 구성 요소들은 유기적으로 상호 밀접한 관련을 맺으면서 전체를 이루고 있음(= 총체성, 통합성, 체계성)

㉡ 특징 : 문화는 한 부분의 변동이 생기면 연관되어 있는 다른 부분에도 영향을 끼쳐 연쇄적인 변동이 일어남→한 사회의 문화를 이해하기 위해서는 전체적인 관점에서 각 부분의 문화를 이해해야 한다.

㉢ 사례 : 대학 입시 제도의 변화가 공교육뿐만 아니라 사교육 등 교육 문화 전반에 영향을 주는 것

⑤ 변동성

㉠ 의미 : 문화는 고정 불변의 것이 아니라 시간이 흐르면서 발명, 발견 및 전파에 의해 새로운 것이 추가되거나 기존의 특성이 소멸되기도 하며 계속 변화함

㉡ 특징

• 문화 변동은 인간이 새로운 환경에 적응하기 위해 노력한 결과임

• 급격한 문화변동은 가치관 혼란과 사회 갈등을 유발하기도 함

㉢ 사례 : 우리나라의 결혼식이 전통 혼례식과 서양의 결혼식을 융합한 형태로 변화한 것

section 3 현대사회의 다양한 문화 양상

(1) 하위문화

① 하위문화

　㉠ 하위문화 : 사회의 전통적인 문화에 대하여 어떤 특정한 집단만이 가지는 문화적 가치나 행동 양식

　㉡ 집단구성원에게 독특한 기능 수행 : 정신적인 지향점 제시, 하위 집단 나름의 욕구해소, 소속감을 느끼게 하고 다른 집단과의 차별성 부여

　㉢ 사회전체에 대해서 일정한 역할 : 문화의 다양성과 역동성 제공, 전제문화의 유지와 존속에 영향

② 지역문화

　㉠ 한 나라를 구성하는 여러 지역에서 나타나는 고유한 생활양식이다.

　㉡ 지역 공동체 유지와 발전에 기여 한다.

　㉢ 한 국가가 문화다양성을 지닐 수 있는 바탕을 제공한다.

　㉣ 우리나라의 지역문화

　　• 정부 주도의 근대화 과정으로 문화의 수용에서 수동적인 성향이 강하다

　　• 지방자치시대의 개막과 함께 지역문화에 대한 관심이 증가하였다.

　　• 지역적 특성을 반영한 문화축제나 문화 행사들을 많이 개발하고 있다.

③ 청소년문화

　㉠ 기성세대의 문화에 대하여 비판적이고 새로운 것을 추구하여 미래지향적이고 저항적이다.

　㉡ 대중매체나 대중문화의 영향을 받아 충동적이고 모방적인 성향이 강하다.

　㉢ 청소년들은 감각적이고 쉽게 싫증을 느끼므로 또 다른 특징을 가진 형태로 변모하는 일시적 성향을 가진다.

④ 반문화 … 지배 집단에 대하여 적극적으로 도전하거나 상반되는 문화

　㉠ 시대나 사회에 따라 반문화의 규정은 달라진다.

　㉡ 보수사회에 대한 저항의 문화로 작동하면서 사회변화를 견인하는 역할을 한다.

　㉢ 반문화의 대표적인 예로는, 종교적인 급진적 종파운동, 동성애의 자유화 운동자 집단 등이 반문화의 예가 될 수 있다.

문 A, B에 대한 설명으로 옳은 것만을 〈보기〉에서 고르면?
▶ 2019. 6. 15. 제1회 지방직

한 사회 구성원 대부분이 누리는 문화를 　A　라고 한다면, 한 사회 내의 일부 구성원들이 공유하는 문화를 　B　라고 한다.

〈보기〉
㉠ A는 사회 내에 존재하는 B의 총합이다.
㉡ B는 사회 전체의 문화적 다양성을 저해한다.
㉢ 사회 변화에 따라 B는 A가 되기도 한다.
㉣ B는 A가 추구하는 가치와는 다른 가치를 추구하기도 한다.

① ㉠, ㉡
② ㉠, ㉢
③ ㉡, ㉣
④ ㉢, ㉣

정답 ④

문 〈보기〉의 대중문화에 관한 글에서 밑줄 친 ㉠~㉣에 대한 설명으로 가장 옳지 않은 것은?

▷ 2023. 6. 10. 제1회 서울시

〈보기〉

㉠ 산업화 과정에서 직장을 찾아 농촌에서 도시로 이동한 대규모 인구층을 대중이라 부른다. 미개발된 도시에서 살며 열악한 작업 환경에서 일하는 이들은 인간다운 삶을 살기 위한 최소한의 요구를 하게 되었으며, ㉡ 사회적 발언권의 확대와 함께 문화 향유에 대한 요구도 커졌다. 한편, 근대 기술의 발달로 등장한 ㉢ 대중 매체들이 이들의 문화적 욕구를 충족시킬 기반을 제공했으며, 이에 따라 문화·예술 생산자들은 대중을 주목하여 ㉣ 문화 상품 생산에 뛰어들었다.

① ㉠에서는 소품종 대량 생산이 주로 이루어졌다.
② ㉡은 대중 민주주의 형성의 토대가 되었다.
③ ㉢은 일방향 소통방식보다는 쌍방향 소통방식이 주로 이루어졌다.
④ ㉣에서는 예술성보다 상업성을 더 중요하게 생각하였다.

정답 ③

(2) 대중문화

① 대중문화의 의미
- ㉠ 사회 다수 사람들이 소비하거나 누리는 문화
- ㉡ 한 사회의 지배집단이 오랫동안 누려온 고급문화에 대응하는 의미로도 사용된다.

② 대중문화의 형성과정
- ㉠ 대중사회 : 대중이 정치·경제·사회·문화의 모든 분야에 진출하여, 큰 영향을 발휘하는 사회
- ㉡ 대중사회 이전사회 : 여가나 오락 등의 문화는 귀족 등 지배계층이 누리는 문화와 일반 사람들이 누리는 문화가 구분되었다.
- ㉢ 대중사회 형성 과정 : 대중매체의 발달, 여가문화의 발달, 대중들의 경제적인 여유가 생기면서 대중이 즐기는 문화가 형성되었다.
- ㉣ 대중문화 형성
  - 자본주의 발달과정에서 대량 생산과 대량 소비 가능하게 되었다.
  - 대중들의 경제적인 여유가 생기면서 여가에 관심을 쏟게 되었다.
  - 대중 매체의 발달로 다양한 문화 상품이 생성되었다.
  - 근대 교육을 받은 대중이 확대되면서 대중의 지위상승, 문화적 역량이 증가하게 되었다.

③ 대중문화의 순기능 … 소식을 전하고 정보를 전달하는 교육적인 기능과 일상에서 오락 및 여가 문화로서의 기능 제공하고, 삶의 활력소 역할이 되며 계층 간 문화 차이를 줄이고 문화 민주주의 실현하고 사회비판적인 역할도 수행한다.

④ 대중문화의 역기능 … 이윤을 추구하는 성격이 강해 문화를 상업화 시키고 한순간에 유행되어 문화의 획일성과 몰개성을 가져오며, 사회의 퇴폐화와 저속화 및 문화의 질적 저하를 가중시킨다. 또한 대중 소외를 심화시키고 정치적 무관심과 배금주의적 가치를 양산하며 권위주의 정부가 대중조작을 일삼거나 대중들의 주체성을 잃게 만들 위험성이 크다.

section 4 문화 변동과 한국 문화의 다양성

(1) 문화의 의미 및 양상

① 문화 변동의 의미와 요인

   ㉠ 문화의 변동 : 새로이 등장한 문화요소로 인해 기존의 문화 요소들이 변화하는 현상

   ㉡ 문화의 변동의 원인

    • 내부적 요인 : 발명과 발견(새로운 문화요소 창조, 알려지지 않은 것을 알아내거나 찾아내는 행위)

구분	의미	예	예	예
1차적 발명	기존에 없었던 새로운 문화 요소나 원리를 만들어 내는 것	활의 발명	증기기관의 발명	바퀴의 발명
2차적 발명	이미 존재하고 있던 기존의 문화 요소나 원리(1차 발명)를 응용해 다른 종류의 새로운 것을 만들어 내는 것	활의 원리를 이용한 현악기(바이올린)	증기기관을 이용한 증기 기관차	바퀴를 이용한 마차의 발명

    • 외부적 요인 : 전파(한 사회의 문화 요소가 다른 사회로 전해져 그 사회의 문화 과정에 정착하는 현상)

구분	의미	예
직접 전파	두 문화 체계 간의 직접적인 접촉에 의한 전파 (한 지역으로부터 문화를 직접 수입하거나 전해 받는 것)	• 중국으로부터 한자와 유교, 불교의 전파 • 선교사들 직접 천주교 전파 • 신라와 일본의 미륵 반가 사유상
간접 전파	• 인쇄물, 대중 매체(TV, 라디오), 인터넷 등의 • 매개체를 통한 정보·사상·관념 등의 전파(현대 사회에서는 간접 전파가 주류를 이룸)	• 어제 프랑스 파리에서 소개된 최신 패션이 오늘 서울의 명동거리에 곧바로 등장함 • 서울 한복판의 극장가에는 최근 헐리우드에서 개봉된 신작 영화가 상영됨

기출문제

구분	의미	예
자극 전파	다른 사회의 문화 요소로부터 자극을 받고 아이디어를 얻어 새로운 발명이 일어나는 것(문화 요소의 전파가 발명을 자극한 것, 전파 + 발명의 복합)	• 다른 나라의 문자에서 아이디어를 얻어 새로운 문자를 고안한 경우(한자에 자극→신라 시대의 이두 문자 발명 • 외래의 기성 종교에서 아이디어를 얻어 새로운 종교가 발생한 경우 (새로운 신흥 종교의 발생)

② 문화 변동의 과정과 양상

　㉠ 문화 접변 : 성격이 다른 문화 간의 접촉으로 한 문화가 다른 사회에 전파됨으로써 나타나는 문화를 말한다.

내재적 변동	한 문화 체계 안에서, 발명과 발견을 통해 등장한 새로운 문화 요소가 기존의 문화 요소들과 상호 작용하는 과정에서 생기는 문화 변동, 즉 한 문화 체계 안의 문화 변동		
외재적 변동 (문화 접변) = 접촉적 변동, 문화 교차	• 성격이 다른 두 문화 체계가 장기간에 걸쳐서 전면적인 접촉을 함으로써 새로운 문화 요소가 전파되어 새로운 양식으로 문화가 변화는 것, 즉 두 문화 체계의 접촉에 의한 문화 변동 • 문화 접속의 보편적 계기 : 전쟁을 통한 정복, 식민지화, 교역, 종교적 포교 등 예 B.C.334년 알렉산더 대왕의 동방 정벌은 고대 그리스 문화가 새로운 오리엔트 문화와 접촉할 수 있는 기회 제공 → 이 두 문화의 결합은 헬레니즘 문화 창조		
	유형	강제적 문화 접변 (강제성○)	• 정복이나 식민지 통치의 경우와 같이 강제성을 띤 외부의 압력에 의해 일어나는 문화 변동 • 지배 문화를 거부하거나, 전통 문화의 복고 운동이 발생하기도 함 예 일제가 우리 민족 문화를 말살하기 위해 한국어 사용을 금지하고, 창씨개명을 강요한 행위
		자발적 문화 접변 (강제성×)	새로이 접하게 된 문화 요소가 기존의 방식보다 더 효과적이라고 판단될 때 자발적으로 수용 예 이민 사회에서 스스로의 필요에 따라 현지의 문화 요소들이 추가되어 나타나는 문화 변동

문 다음 사례에 나타난 문화 변동에 대한 설명으로 옳은 것은?

▶ 2021. 4. 17. 인사혁신처

A국은 오랜 전쟁 끝에 B국을 정복하고 식민통치하였다. 식민통치하에서 B국 사람들이 자연스럽게 A국의 의복을 받아들이면서, B국의 고유한 의복은 자취를 감추고 A국의 의복으로 대체되었다. 또한 A국에서는 B국의 고유한 향신료를 A국 전통음식에 접목시킨 새로운 음식을 만들어 즐기게 되었다.

① A국에서는 문화 융합, B국에서는 문화 동화가 발생하였다.
② A국과 달리 B국에서는 간접 전파에 의한 문화 변동이 발생하였다.
③ B국과 달리 A국에서는 강제적 문화 접변으로 문화 변동이 발생하였다.
④ A, B국 모두 내재적 요인에 의한 문화 변동이 발생하였다.

▌정답 ①

ⓛ 문화 접변의 결과
- 문화 병존 : 새로운 문화 요소와 기존의 문화 요소가 동시에 존재(공존)하는 현상
  → 외래문화가 들어와 기존의 문화와 각각의 고유한 특성을 유지한 채 그 사회에 동시에 나타나는 것
- 문화 융합 : 두 개의 문화가 합쳐져 새로운 제3의 문화를 형성하는 것
  > 예 불교문화와 우리의 무속 신앙의 결합으로 사찰에 세워진 칠성각과 산신각, 기독교 문화와 남미의 여신 사상의 결합으로 나타난 중남미의 성모 숭배, 오늘날 한국의 혼례식 문화(서양 결혼식과 고유 폐백 의식의 융합), 퓨전 요리 등
- 문화 동화 : 한 사회의 문화가 다른 사회의 문화를 받아들여 그 문화와 동일해지거나 유사해지는 현상
  → 한 문화가 다른 문화에 흡수되어 고유의 성격을 상실하는 것(외래문화에 의해 토착 문화가 흡수·대체됨)
  > 예 아메리카 인디언들이 백인 문화에 흡수된 것, 청나라를 세운 만주족이 중국 한족의 문화를 수용하다 그들의 문화를 상실한 것(한자 사용으로 만주국 문자가 사라짐) 등
- 문화 진화 : 장기간에 걸친 완만한 문화 변동
  > 예 인류의 문화가 수 백 만년에 걸쳐 원시 상태에서부터 현대 문명의 단계까지 도달한 것과 같은 장기간에 걸친 문화 변동
- 문화 개혁 : 단기간에 걸친 급속한 의도적·계획적 문화 변동으로 문화의 혼란을 일으킬 수 있음
  > 예 조선 시대의 갑오개혁

③ 문화 변동과 사회문제
ⓛ 아노미현상 : 급격한 문화 변동으로 기존의 사회 규범은 무너지고 이를 대신할 새로운 규범이 확립되지 않은 규범 부재의 상태 → 무규범 상태(anomie)

ⓛ 문화지체
- 비물질 문화(종교, 가치관, 사회 제도)의 변동 속도가 물질문화의 변동 속도를 따르지 못해 그 간격이 점점 커지면서 발생하는 부조화 현상(비물질 문화의 변동 속도 < 물질문화의 변동 속도)
  → 비물질 문화와 물질문화 간의 변동 속도 차이 때문에 발생
- 영향 : 여러 가지 사회 문제를 야기하는 원인이 됨
- 자동차 수의 빠른 증가에도 불구하고 도로 조건이나 운전자의 태도가 개선되는 속도가 느려 교통 혼잡이나 자동차 사고가 늘어나는 현상
- 자동차를 처음 구입하고는 그 앞에서 고사를 지내는 것
- 첨단 기기인 컴퓨터가 제대로 작동되지 않을 때, 그 앞에서 주문을 외우는 것
- 예약 전산 시스템은 보급되었는데 예약 취소를 미리 알리지 않는 경우
- 기계화로 인한 실업자가 증가하는 것

기출문제

문 〈보기〉는 문화 접변의 결과 A, B의 사례를 나타낸 것이다. 이에 대한 설명으로 가장 옳은 것은?
▶ 2024. 6.22. 제2회 서울시(보훈청)

〈보기〉

구분	사례
A	우리나라에서 한의학과 양의학이 함께 존재하고 있다.
B	미국에서 서양 음악과 아프리카 음악이 결합하여 재즈 음악이 등장하였다.

① A는 문화 동화이다.
② B는 외래문화 요소가 변형되지 않은 상태로 남아 있다.
③ A는 B와 달리 새로운 문화 요소가 만들어진다.
④ A, B 모두 문화 접변 후에도 자문화의 정체성이 남아 있다.

정답 ④

ⓒ 문화 정체성 상실 : 주체성을 상실한 상태에서 외래문화를 급격하게 받아들이면 자기 민족의 고유문화를 상실할 우려가 있음(외래문화의 급격한 수용 → 고유문화의 정체성 상실)

ⓔ 기타 문제 : 인구급증, 식량문제, 자원고갈, 환경문제, 불확실한 미래에의 불안감(인간적응능력의 한계)

(2) 세계화와 한국 문화의 다양성

① 세계화와 다문화 사회의 도래

ⓖ 문화의 세계화 : 세계화로 서로 다른 문화들 간의 접촉이 활발해지고, 정보통신 기술의 발달로 인적, 물적 교류 뿐 아니라 일상적인 문화까지 교류가 가능하게 되었다.

• 문화와 세계화의 영향

–긍정 : 새로운 문화의 유입으로 기존의 문화가 더욱 풍부해지게 되었다.

–부정 : 서구 중심의 문화에 일방적인 동화로 고유한 문화 소멸, 획일화가 이루어지고 있다.

• 문화의 다양성의 심화 : 세계화로 인한 노동력의 이동과 국제결혼의 증가로 다양한 인종, 종교, 문화를 가진 사람들이 공존하면서 다인종 · 다문화 사회로 변화중이다.

ⓛ 다문화사회의 바람직한 자세 : 다른 문화에 대하여 개방적이고 서로 존중하는 태도, 문화적 다양성 인정 등이 있다.

② 우리 문화의 정체성과 세계화

ⓖ 문화의 정체성

• 문화적 정체성 : 한 사회의 구성원이 그 사회에서 오랫동안 공유한 역사적 경험과 공동체로서의 의식, 구성원들 사이에 공유된 가치관 · 세계관 · 신념 등의 문화에 대해 갖는 일체감

• 문화적 정체성의 약화 : 기존과 다른 문화요소의 유입으로 인한 급격한 문화변동으로 정체성이 약화되었다.

• 발전방향 : 타 문화의 좋은 점을 주체적으로 수용하여 전통문화를 발전시키면서도 창조적 계승이 필요하다.

ⓛ 세계화 시대의 문화 발전 방안

• 문화의 세계화 : 우리 문화를 세계에 알릴 수 있는 기회 제공

• 영향 : 우리 문화의 정체성 확립, 국가 경쟁력 강화, 전 세계적인 문화 다양성에 기여한다.

• 방법 : 대중매체를 이용한 우리 전통문화의 소개, 우리의 것을 세계적인 것으로 발전

〈보기〉

캐나다는 1971년 다문화주의를 선언하고 각각의 인종이나 민족이 자신의 특성을 유지하면서 모든 사람이 평등하게 캐나다 사회에 참여하는 정책을 실시하였다. 이러한 정책은 여러 개의 조각이 조화를 이루어 하나의 작품이 되는 '모자이크'와 같다고 하여 모자이크 정책이라고 한다.

① 문화적 단일성을 유지하기 위한 정책이다.

② 이민자의 문화 정체성을 훼손할 우려가 있는 정책이다.

③ 문화 간 차이를 인정하는 관용의 자세를 중시하는 정책이다.

④ 인위적으로 문화를 하나로 통합하는 것을 목적으로 하는 정책이다.

정답 ③

2023. 8. 26. 국회사무처

1 ㉠~㉤은 문화의 특징을 나타낸 것이다. 이에 해당하는 문화의 속성을 옳게 연결한 것은?

> ㉠ 문화는 사회 구성원의 공통된 행동이기 때문에 구속력을 갖는다.
> ㉡ 한 부분의 문화요소가 변동하면 연쇄적 변동이 나타난다.
> ㉢ 문화는 상징체계를 통해 다음 세대에 전승된다.
> ㉣ 문화적 특성은 후천적으로 학습을 통해 획득된다.
> ㉤ 시간의 흐름에 따라 창조, 변화, 소멸된다.

	㉠	㉡	㉢	㉣	㉤
①	공유성	전체성	축적성	학습성	변동성
②	전체성	축적성	변동성	공유성	학습성
③	축적성	공유성	전체성	변동성	학습성
④	공유성	전체성	학습성	축적성	변동성
⑤	학습성	전체성	변동성	축적성	공유성

Point

문화의 속성
㉠ 공유성 : 문화는 구성원 다수가 공통으로 가지고 있는 생활양식이다.
㉡ 전체성(총체성) : 문화는 여러 요소들이 하나의 체계를 형성한다.
㉢ 축적성 : 문화는 세대 간 전승되며 발전한다.
㉣ 학습성 : 문화는 후천적 학습으로 형성된다.
㉤ 변동성 : 문화는 시간이 흐름에 따라 형태, 의미, 내용이 변한다.

Answer 1.①

2021. 6. 5. 제1회 지방직

2 문화이해의 태도 ㈎~㈐에 대한 설명으로 옳은 것은? (단, ㈎~㈐는 각각 문화 사대주의, 문화 상대주의, 자문화 중심주의 중 하나이다)

- ㈎ 는 ㈏ , ㈐ 와 달리 국수주의나 문화 제국주의로 변질될 수 있다는 비판을 받는다.
- ㈐ 는 ㈎ , ㈏ 와 달리 해당 사회의 맥락을 고려하여 그 사회의 문화를 이해하려 한다.

① ㈎는 자문화의 객관적 이해에 기여한다.

② ㈏는 자문화 정체성을 약화시킬 우려가 있다.

③ ㈐는 다문화 사회에서 문화적 갈등을 초래한다.

④ ㈎는 문화 사대주의, ㈏는 자문화 중심주의, ㈐는 문화 상대주의이다.

Point

① 자문화의 객관적 이해에 기여하는 것은 비교론적 관점으로, ㈎, ㈏, ㈐ 어디에도 해당하지 않는다.

③ ㈎는 다문화 사회에서 문화적 갈등을 초래한다.

④ ㈎는 자문화 중심주의, ㈏는 문화 사대주의, ㈐는 문화 상대주의에 해당한다.

※ 문화이해의 태도
　ⓐ 자문화 중심주의 : 자신의 문화가 가장 우월하다고 보기 때문에 자신의 문화를 기준으로 다른 문화를 모두 열등한 것으로 보는 관점이다.
　ⓑ 문화 사대주의 : 다른 사회의 문화만을 좋은 것으로 믿고 그것을 동경하거나 숭상하는 나머지 오히려 자기의 문화를 업신여기거나 낮게 평가하는 태도이다.
　ⓒ 문화 상대주의 : 문화의 상대성을 인정하고 어떤 사회의 문화를 그 사회의 환경과 맥락 속에서 이해하고 평가하려는 태도이다.
　ⓓ 극단적 상대주의 : 상대주의를 강조한 나머지 인간의 존엄성과 같은 인류 공통의 보편적 가치 기준에 위배되는 행위를 타당하다고 보는 것은 극단적 상대주의로, 상대주의와 극단적 상대주의는 구분되는 개념이다.

3 문화의 순기능으로 적절하지 않은 것은?

> ㉠ 인간의 물질적 정신적 욕구 충족　　　　㉡ 사회 집단의 유지 발전
> ㉢ 지식 제공과 축적　　　　　　　　　　　㉣ 문화적 갈등 축소
> ㉤ 환경 오염 문제 해결

① ㉠㉢　　　　　　　　　　　　　　　② ㉡㉣

③ ㉢㉤　　　　　　　　　　　　　　　④ ㉣㉤

Point

• 문화의 역기능(부정적 기능) : 혼란 유발, 사회 문제 발생(자원 고갈, 환경오염, 무기경쟁, 교통체증)

㉣ 문화의 다양성으로 인한 문화적 갈등이 유발할 수 있다.

㉤ 공업화, 산업화 등으로 자원 고갈, 환경오염의 문제가 등장하였다.

• 문화의 순기능 : 환경 적응의 수단, 사회 집단의 유지·발전, 지식 제공과 축적, 인간의 욕구 충족 – ㉠㉡㉢

4 다음 중 청소년 문화에 대한 설명으로 옳은 것은?

> ㉠ 세대문화 중의 하나이다.
> ㉡ 청소년 문화는 어떤 문화와의 관계에서도 하위문화가 된다.
> ㉢ 변화지향적이고 저항적이다.
> ㉣ 충동적, 모방적이며 소비 지향적이다.
> ㉤ 기성세대의 문화를 수용한다.

① ㉠㉡㉤
② ㉠㉢㉣
③ ㉡㉢㉣
④ ㉢㉣㉤

Point

청소년 문화 : 세대문화 중의 하나 - ㉠㉢㉣

의미	청소년 집단이 독자적으로 공유하는 문화
특징	• 현실 지향적인 기성세대의 문화를 거부하거나 기존의 틀에 얽매이지 않고 새로운 것을 추구하는 경향이 있어 변화지향적이고 저항적이다. • 대중 매체나 대중문화의 영향을 많이 받아서 충동적이고 모방적인 성향을 보인다. • 유행에 민감하여 소비 지향적이다. 한편 오늘날 청소년은 단순한 소비자가 아닌 프로슈머로서 적극적인 활동을 하기도 한다.

㉡ 청소년 문화는 한국사회 문화(전체문화)와의 관계에서는 하위문화이지만, 고등학생 문화(하위문화)에 대해서는 전체문화가 된다.
㉤ 기성세대의 문화에 대해 비판적이다.

Answer　2.② 3.④ 4.②

5 다음 글을 토대로 진술한 문화의 특성으로 가장 적절한 것은?

> 현대 가옥은 난방 기술의 발달로 자연 환경의 영향을 덜 받지만, 전통 가옥에서는 자연 환경이 가옥의 위치와 방향뿐만 아니라 외부 형태와 내부 구조까지도 영향을 주는 매우 중요한 조건이었다. 겹집은 대들보 아래 방을 두 줄로 배치한 전(田)자형 가옥으로, 겨울이 길고 추운 관북 지방과 태백·소백 산지 등 주로 산간 지역에 분포하였다. 홑집은 대들보 아래 방을 한 줄로 배치한 일(一)자형 가옥으로, 주로 서부와 남부의 평야 지대에 분포하였다.

① 문화는 상징 체계의 학습과 이를 통한 축적을 통해 창조된다.
② 문화는 자연 환경의 차이에 따른 제약을 극복하는 과정에서 형성된다.
③ 문화는 세대 간 전승을 통해 새로운 문화가 창조되면서 발전한다.
④ 문화는 한 사회의 자연 환경보다 역사적 배경의 영향을 더 많이 받는다.

Point

제시문은 문화의 특수성에 대한 설명이다.
자연 환경이 가옥의 위치, 방향, 외부 형태, 내부 구조에 영향을 준 예이다. 즉 자연 환경에 적응, 극복하는 과정에서 가옥의 차이(문화의 특수성)를 가져왔다.
① 학습성, 축적성에 대한 설명이다.
③ 변동성, 축적성에 대한 설명이다.
④ 문화는 자연 환경보다 역사적 배경의 영향을 더 많이 받는다고 할 수 없다.

6 문화를 이해하는 갑과 을의 태도에 대한 적절한 설명을 〈보기〉에서 고른 것은?

> 갑 : 해외 여행은 즐거웠니?
>
> 을 : 글쎄, 즐겁긴 했는데. 그 나라에서는 누에와 메뚜기 튀긴걸 먹더라. 정말 징그럽고, 그 나라 사람들은 야만인 같다고 생각되었어.
>
> 갑 : 각 사회마다 독특한 음식 문화가 있을 수 있는 거지. 그건 그 나라가 가진 자연 환경과 사회적 상황에 따라 그들만의 생활양식이 만들어진 것이니, 그들 입장에서 그들의 음식 문화를 이해해야지.

> ㉠ 갑의 태도는 자기 문화의 주체성을 잃게 한다.
>
> ㉡ 갑은 각 문화의 고유한 특성과 가치를 인정하고 있다.
>
> ㉢ 을은 문화의 우열을 가릴 수 없다고 생각한다.
>
> ㉣ 을은 자기 문화를 기준으로 다른 문화를 평가하고 있다.

① ㉠㉡   ② ㉠㉢

③ ㉡㉣   ④ ㉢㉣

Point

갑은 문화상대주의, 을은 자문화 중심주의의 입장이다.
㉡ 갑은 모든 문화에는 절대적으로 우월하거나 열등한 문화가 없으며 유한 특성과 가치를 지닌다는 입장이다.
㉣ 을은 자문화의 가치와 습관에 기준하여 다른 문화를 바라보고 평가하는 태도로, 자기 문화의 우월성에 빠져 다른 문화를 부정적으로 비하하려고 한다.
㉠ 자기 문화의 주체성을 잃게 되는 것은 문화 사대주의이다.
㉢ 문화의 우열을 가릴 수 없다고 생각하는 것은 문화 상대주의(갑의 입장)이다.
  자문화 중심주의, 문화 사대주의는 문화의 우열을 가릴 수 있다고 생각한다.

7   다음 내용은 무엇에 대한 설명인가?

> ㉠ 의학의 발달로 인한 평균 수명의 연장으로 노인 인구가 현저하게 증가하고 있으나 노인들 개개인의 노후 대책과 노인 복지 제도는 제대로 마련되어 있지 않은 경우
> ㉡ 선진국에서 발전된 이념이나 지식이 후진국이나 개발도상국에 먼저 도입되어 교육을 통해 보급되었는데, 이를 지원하는 기술 체계가 미처 정립되지 못해서 사회적인 혼란이 야기되는 경우

① ㉠ 문화 지체 – ㉡ 문화 지체
② ㉠ 문화 접변 – ㉡ 문화 변동
③ ㉠ 기술 지체 – ㉡ 문화 접변
④ ㉠ 문화 지체 – ㉡ 기술 지체

⁂Point

문화 지체와 기술 지체 : 의식주나 컴퓨터, 자동차, 기술과 같은 물질문화는 빠르게 변동하는 데 비해, 사회제도나 규범, 가치관과 같은 비물질 문화는 그 속도를 따라가지 못해 발생하는 부조화현상이 문화지체 현상이고, 문화지체 현상과는 반대로 기술(물질문화)이 비물질 문화의 변동속도를 따라가지 못해 발생하는 부조화현상이 기술지체 현상이다.

제시문에서 ㉠은 문화지체 현상, ㉡은 기술지체 현상이다.

• 문화 변동 : 새롭게 등장한 문화 요소로 인해 기존의 문화 요소들이 변화하는 현상
• 문화 접변 : 성격이 다른 두 문화 체계가 장기간에 걸쳐 전면적인 접촉을 함으로써 문화 요소가 전파되어 일어나는 문화 변동

※ 문화 지체 현상

의미	문화변동 과정에서 물질문화와 비물질 문화의 속도 차이로 나타나는 부작용
원인	물질문화와 비물질 문화의 속도 차이 (물질문화의 속도 〉 비물질문화의 속도)
사례	• 휴대전화 등의 기술 발달에도 이에 적합한 규범이나 예절은 확립되지 않아 때와 장소를 가리지 않고 울리는 '벨소리'와 '큰 소리의 통화' • 자동차 수의 빠른 증가에도 불구하고 도로 조건이나 운전자의 태도가 개선되는 속도가 느려 자동차 사고가 늘어나는 현상 • 자동차를 처음 구입하고는 그 앞에서 무사고를 비는 고사를 지낸다. • 첨단 기기인 컴퓨터가 제대로 작동되지 않을 때, 그 앞에서 주문을 외운다. • 예약 전산 시스템의 발달로 여행이나 극장관람이 편리해졌으나, 예약 취소를 미리 알리지 않고 있다. • 레저산업의 발달로 산과 강을 찾는 사람이 늘었으나, 자연환경을 훼손하거나 쓰레기로 인한 오염 등의 문제가 심각하게 대두되었다.

8 다음 그림은 문화 접변의 결과로 나타나는 문화 변동의 양상을 유형화한 것이다. 이에 대한 설명으로 가장 적절한 것은? (단, (가)~(다)는 각각 문화 병존(공존), 문화 동화, 문화 융합 중 하나에 해당한다.)

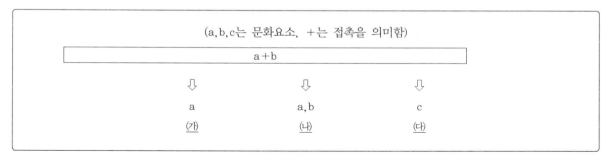

① (가)의 예로는 우리나라에 한의학과 별도로 서양 의학이 들어와 있는 것을 들 수 있다.

② (나)는 외부 문화가 강제로 이식되는 상황에서 주로 나타난다.

③ (다)를 통해 발생한 문화는 외국인과 문화 인식을 공유하는데 도움이 된다.

④ (가)와 달리 (나), (다)는 사회 구성원의 문화적 정체성이 약할 때 나타나기 쉽다.

Point

(가)는 문화동화, (나)는 문화병존, (다)는 문화융합이다.

③ (다)문화 융합을 통해 발생한 문화에 대해서는 외국인과 문화 인식을 공유하게 된다.

① 우리나라에 한의학과 별도로 서양 의학이 들어와 있는 것은 (나)문화병존의 예이다.

② 강제적 문화 접변에는 저항, 수용, 복고가 나타난다. 외부 문화가 강제로 이식되는 상황에서 주로 나타나는 것은 (가)문화동화이다.

④ 사회 구성원의 문화적 정체성이 약할 때 나타나기 쉬운 것이 (가)문화동화이다.

9 다음의 내용을 포괄적으로 지닌 문화로 옳은 것은?

> • 학문, 종교, 예술과 같은 정신적 창조물을 지칭하는 것으로 개인이나 집단이 가지는 의미와 가치, 즉 이상적인 문화를 내용으로 한다. 따라서 인간이 살아가야 할 궁극의 목표, 행위의 방향을 제시하여 준다.
> • 환경적인 제약을 극복해 나가는 데에 용기와 의욕을 불어넣어 주고, 생활의 지혜를 제공해 줌으로써 결과적으로 인간의 삶을 풍요롭게 해준다.

① 상징체계   ② 제도문화

③ 관념문화   ④ 물질문화

Point

관념문화
㉠ 관념 : 자연, 초자연, 인간, 사회 등에 대한 인간의 지식, 신념, 가치 등을 의미한다.
㉡ 내용 : 관념문화는 학문, 종교, 예술과 같은 정신적 창조물을 지칭하는 것으로 상징문화라고도 한다. 개인이나 집단이 가지는 의미와 가치를 내용으로 하며, 인간이 살아가야 할 궁극의 목표, 행위의 방향제시기능을 수행한다.

10 다음 중 사회마다 문화가 다양하게 나타난 이유만을 골라 옳게 묶은 것은?

> ㉠ 모든 사람마다 능력과 감정이 유사하다.
> ㉡ 각 사회마다 그 여건에 맞는 독자적인 생활양식을 개발하였다.
> ㉢ 사회적 환경이 서로 다르다.
> ㉣ 환경에의 적응수단이 다르다.
> ㉤ 인간의 감정은 지역에 따라 다르다.

① ㉠㉡㉢   ② ㉠㉡㉤

③ ㉡㉢㉣   ④ ㉡㉢㉤

Point

문화다양성의 요인으로는 자연적 · 지리적 조건의 차이, 역사적 · 사회적 조건의 차이, 환경에의 적응방식의 차이 등이 있다.

11 문화의 특성에 대한 설명으로 옳지 않은 것은?

> • 한 한국소녀의 가족이 온돌방에 상을 차려 놓고 둘러앉아 수저로 밥과 반찬을 먹고 있다.
> • 한 백인소녀의 가족이 식탁에 둘러앉아 포크와 나이프로 고기를 먹고 있다.

① 두 사람이 피부색, 얼굴형태, 머리색 등이 다른 것은 모두 문화적 특성이 다르기 때문이다.
② 그들의 이런 특성들은 출생 후 성장하면서 각기 그들의 문화를 학습한 결과이지 가지고 태어난 것이 아니다.
③ 어디서, 어떻게 앉아, 무슨 음식을, 어떤 식으로 먹는지는 그들의 생활양식의 한 부분으로서의 문화적 특성이다.
④ 문화는 특정한 사회집단의 성원들이 생각하고 행동하는 생활양식이다.

 Point

① 피부색, 얼굴형태, 머리색 등은 부모로부터 유전적으로 물려받은 체질적 특성이다.

12 다음에서 문화의 공유성기능에 속하는 것만을 옳게 골라 묶은 것은?

> ㉠ 사회생활을 위한 공통의 장을 제공한다.
> ㉡ 사회구성원 간의 행동 및 사고를 예측하게 한다.
> ㉢ 그 나라의 사회생활을 전체적으로 파악하게 한다.

① ㉠
② ㉠㉡
③ ㉠㉢
④ ㉡㉢

 Point

문화의 공유성의 기능
㉠ 사회생활을 위한 공통의 장을 제공 : 문화를 공유하고 있는 구성원들에게 원활한 사회생활을 위한 공통의 장(場)을 제공한다.
㉡ 사회구성원 간의 행동 및 사고의 예측 가능 : 특정한 상황에서 상대방이 어떻게 행동할 것인지, 서로에게 무엇을 기대할 수 있는지를 예측할 수 있게 한다.

Answer   9.③   10.③   11.①   12.②

13 다음의 내용은 문화의 속성 중 무엇을 말하는가?

> • 인간의 출생과 더불어 가지고 태어난 것은 아니다.
> • 성장과정에서 그가 어떠한 문화 속에 살았느냐에 달려 있다.
> • 어릴 때에는 주로 가정교육, 또래집단에서의 놀이, 친구들과의 담소 등을 통해서 익혀 나간다.

① 문화의 전체성
② 문화의 학습성
③ 문화의 변동성
④ 문화의 축적성

Point
인간이 어떤 문화를 학습하여 어떻게 행동하고 생각하는지는 부모로부터 물려받은 유전인자와는 상관없고, 성장과정에서 그가 어떠한 문화 속에서 살았느냐에 달려 있다.

14 다음과 관련된 문화현상은?

> ㉠ 쌀 + 햄버거 → 라이스 버거   ㉡ 피자 + 김치 → 김치피자

① 문화종속
② 문화융합
③ 문화수용
④ 문화정체성

Point
문화융합
㉠ 전통적 문화특질들과 새로 도입된 문화특질들이 혼합되는 것이다.
㉡ 한 사회의 문화가 다른 사회로 전파될 때 상호 간에 영향을 미쳐 새로운 제3의 문화가 나타나는 현상이다.

15 (개), (내)에 해당하는 문화의 속성에 대한 옳은 설명을 모두 고른 것은?

구분	(개)	(내)
의미	문화는 선천적·유전적으로 결정되는 것이 아니라 후천적인 경험을 통해 습득됨.	문화는 공통된 경험을 통해 한 사회의 구성원들이 공통적으로 지니고 있는 사고 방식과 생활 양식임.

> ㉠ 외국인 유학생들이 한국 음식의 맛에 익숙해지는 것은 (개)에 해당하는 사례이다.
> ㉡ 문화 요소 중 일부의 변화가 다른 부분에 영향을 주는 것은 (내)에 해당한다.
> ㉢ (개)는 (내)에 비해 부모의 양육 방식에 따라 자녀들의 생활 태도에 차이가 나는 것을 설명하기에 용이하다.
> ㉣ (개), (내)는 모두 사회화를 통해 문화가 습득됨을 보여준다.

① ㉠, ㉡
② ㉠, ㉢
③ ㉡, ㉣
④ ㉠, ㉢, ㉣

✧Point✧

(개)는 학습성, (내)는 공유성이다. 외국인 유학생의 사례와 부모의 양육 방식에 따라 자녀의 생활 태도가 달라지는 것은 문화의 학습성을 보여준다.
㉡은 문화의 총체성에 해당한다.
㉣ 문화는 그 사회의 공통된 생활 양식이 사회화를 통해 학습된 것이다.

Answer 13.② 14.② 15.④

16 다음 글에 대한 설명으로 가장 적절한 것은?

> A 국에서는 시계를 볼 줄 모르는 사람들이 자랑이라도 하듯 정작 자신에게는 소용없는 손목시계를 차고 있는 모습을 자주 볼 수 있다. 내가 A 국 사람들의 집에 초대받았을 때 그들은 즉석 라면이 다 떨어져 전통 음식인 보리빵을 내놓는 것에 대해 미안해하기도 했다. 자신이 서구화된 것으로 보이고 싶어 하는 분위기가 A 국에 확산되면서 이와 같은 현상이 두드러지게 나타나고 있다. 그러나 그들은 자신들이 원하는 많은 돈, 좋은 자동차 등을 얻기 위해 애쓰는 과정에서 가족, 이웃 등과 좋았던 관계가 깨지고 저마다 불안과 상실에 빠질 수도 있다는 것을 알지 못한다.

① A 국에서 일어나고 있는 문화 융합 사례를 소개하고 있다.

② A 국에서 문화 지체 현상이 나타나고 있음을 지적하고 있다.

③ A 국 사람들의 시각에서 A 국 문화 변동의 의의를 기술하고 있다.

④ A 국 사람들의 문화 사대주의 경향과 아노미 가능성을 언급하고 있다.

Point

A국 사람들은 자신의 전통 문화를 열등한 것으로 생각하고, 서구의 문화를 우수한 것으로 간주하고 있으므로 문화 사대주의적 자세를 엿볼 수 있다. 또한 제시글의 마지막에서 가치관의 혼란 상태를 엿볼 수 있으므로 아노미 현상 역시 도출할 수 있다.

① 전파된 문화 요소와 기존의 문화 요소가 결합하여 제3의 문화 요소가 형성되는 문화 융합 현상은 도출할 수 없다.

② 물질문화와 비물질 문화 요소 간의 변동 속도에 따르는 부작용 현상인 문화 지체 현상은 도출할 수 없다.

③ 제시된 글은 A국 사람이 아니라 다른 나라 사람이 쓴 글임을 알 수 있다.

17 (가), (나)에 나타난 문화 이해의 태도에 대한 옳은 설명을 〈보기〉에서 고른 것은?

> (가) 한글 창제에 반대한 일부 학자들은 세종에게 올린 상소문에서 '지금까지 중국 문화를 섬기어 왔는데, 갑자기 한자를 버리고 새로운 문자를 만드는 것은 사대부로서 긍지를 스스로 버리는 일'이라고 주장하였다.
>
> (나) A국 사람들은 독특한 역사와 정치 제도를 가진 자국을 특별하다고 생각한다. 그들은 인권과 평화를 보장하기 위해서는 A국의 민주주의만이 해답이며, 전 세계가 A국을 기준으로 삼아 국가를 운영해야 한다고 생각한다.

> 〈보기〉
> ㉠ (가)는 문화적 다양성을 보존하는데 기여한다.
> ㉡ (나)는 자문화에 대한 자부심을 강화시키기도 한다.
> ㉢ (가)는 (나)와 달리 문화 제국주의를 정당화하는 근거가 된다.
> ㉣ (가), (나) 모두 문화 절대주의적 태도를 취하고 있다.

① ㉠, ㉡ 　　　　　　　　　② ㉠, ㉢

③ ㉡, ㉢ 　　　　　　　　　④ ㉡, ㉣

Point

(가)는 문화 사대주의, (나)는 자문화 중심주의 입장에서 문화를 이해하고 있다.
㉠ 문화적 다양성 보존에 기여하는 것은 문화 상대주의 태도이다.
㉢ 문화 제국주의를 정당화하는 것은 자문화 중심주의이다.

18 그림은 갑국의 문화 교류와 문화 변동을 나타낸 것이다. 문화 변동 결과에 대한 분석으로 가장 적절한 것은?

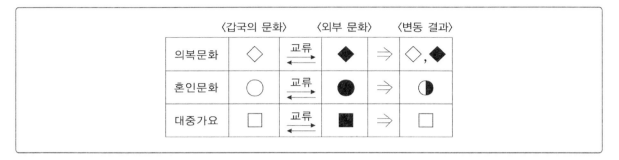

① 외부 문화와 접촉한 이후 갑국의 의복문화는 소멸되었다.

② 갑국의 혼인문화와 대중가요는 외부 문화로 인해 고유의 성격이 사라졌다.

③ 갑국의 대중가요에서는 문화 교류의 결과로 외부 문화의 토착화가 이루어졌다.

④ 갑국의 혼인문화 변동 결과와 같은 사례로 서로 다른 나라의 음식이 결합한 퓨전요리의 등장이 있다.

 Point

문화 접변의 결과로 의복문화는 문화공존, 혼인문화는 문화융합이 일어났다. 대중가요는 자국의 문화를 그대로 유지하고 있다.

19 다음 자료에서 강조하는 문화 이해의 태도로 가장 적절한 것은?

다른 문화를 바라볼 때 위와 같은 현상이 나타날 수 있다. 그래서 다른 사회의 문화를 연구하는 학자들은 일반적으로 1년 이상 현지에 머물며, 그 사회의 특수한 상황에서 형성된 문화가 그 사회 구성원들에게 어떤 의미와 가치가 있는지 이해하려고 노력한다.

① 여러 문화를 비교하면서 문화의 보편성을 파악해야 한다.
② 여러 문화 간의 우열에 영향을 주는 문화 요소를 해석해야 한다.
③ 한 사회의 문화를 파악하기 위해서는 그 사회의 맥락을 고려해야 한다.
④ 다른 문화와의 비교를 통해 자신의 문화가 갖는 문제점을 발견해야 한다.

Point

자료에서는 한 사회의 특수한 상황에서 형성된 문화는 그 사회 구성원들에게 나름대로의 의미와 가치를 지니고 있음을 인정해야 한다는 문화 상대주의 태도를 강조하고 있다.
③ 문화 상대주의는 한 사회의 문화를 올바르게 이해하기 위해서는 역사적 경험과 사회적 조건 등 그 사회의 맥락을 고려해야 한다는 점을 강조한다.
①④ 비교론적 관점에 대한 설명이다.
② 문화 간에 우열이 있다고 보는 것은 문화 상대주의 태도에 어긋난다.

Answer 18.④ 19.③

04 사회 계층과 불평등

기출문제

문 〈보기 1〉의 빈곤 유형 A, B에 대한 설명으로 옳은 것을 〈보기 2〉에서 모두 고른 것은? (단, A, B는 상대적 빈곤과 절대적 빈곤 중 하나이다.)

▶ 2021. 6. 5. 제1회 서울시

〈보기 1〉
⊙ 학습 주제 : 빈곤 유형
1. ☐ A ☐
 – 최소한의 생활 수준을 유지하기 곤란한 상태
 – 우리나라에서는 가구 소득이 최저 생계비 수준에 미치지 못하는 가구를 A 가구로 분류함
2. ☐ B ☐
 – 사회 구성원 다수가 누리는 생활 수준에 이르지 못한 상태
 – 우리나라에서는 가구 소득이 중위 소득의 50%에 미달하는 가구를 B 가구로 분류함

〈보기 2〉
㉠ A에 해당하는 가구는 B에 해당하지 않는다.
㉡ 중위 소득이 높아지면 B의 빈곤선도 높아진다.
㉢ A는 주로 선진국에서, B는 주로 저개발국에서 나타난다.
㉣ A와 B 모두 우리나라에서 객관적인 기준에 의해 분류되는 빈곤의 유형이다.

① ㉠, ㉡
② ㉠, ㉢
③ ㉡, ㉣
④ ㉢, ㉣

▌정답 ③

section 1 사회 불평등의 의미와 유형

(1) 사회 불평등의 의미와 유형

① 사회 불평등 … 어떤 사회속의 개인들이 평등한 사회적 지위를 갖지 못한 상태를 말한다.
 ㉠ 사회구성원다수가 가치 있게 여기는 희소가치가 차등적으로 분배되면 사회 불평등이 발생한다.
 ㉡ 어느 시대 어느 사회에서나 사람들의 신체적 특징, 재능, 관심사 등의 차이를 바탕으로 사회적 지위가 부여되면서 사회적 분화가 일어나고 사회계층의 서열화가 발생한다.

② 사회 불평등의 유형
 ㉠ 개인 간의 불평등 : 개인의 특성이나 하는 일의 기능적 중요성 또는 희소성 등의 이유로 급여 수준이 달라진다.
 ㉡ 집단 간의 불평등 : 백인종과 유색인종, 부유층과 중산층 및 빈곤층 등 다양한 사회 집단사이에 나타날 수 있다.

(2) 사회 불평등의 여러 형태

① 전통사회와 현대사회의 불평등
 ㉠ 전통사회 : 신분제도에 따른 사회적 불평등이 핵심이다.
 ㉡ 현대사회 : 다양한 사회적 요인에 의해 여러 측면에서 불평이 발생한다.

② 사회적 불평등의 형태
 ㉠ 경제적 불평등 : 경제적 자산이나 소득분배의 격차를 말한다.
 ㉡ 절대적 빈곤 : 기본적인 의식주의 해결이 불가능한 빈곤상태를 말한다.
 ㉢ 상대적 빈곤 : 생활 조건의 상대적 차이에서 느끼는 박탈감과 빈곤의식을 말한다.
 ㉣ 정치적 불평등 : 권력이 불평등하게 분배되는 상태를 말한다.
 ㉤ 사회 · 문화적 불평등 : 사회적 위신, 명예, 신뢰도, 교육수준 등 사회 문화적 자원의 불평등한 분배에서 비롯된 격차를 말한다.
 ㉥ 정보 격차로 발생하는 불평등 : 정보화의 혜택이 모든 사람에게 균등하게 분배되지 않아서 발생하는 것을 말한다.

section 2 **사회 계층 현상에 대한 이론적 설명**

(1) 사회 계층현상의 의미

① 사회 계층 현상
  ㉠ 한 사회 내에서 구성원들 간에 사회적 희소가치가 불평등하게 분배됨에 따라 개인과 집단이 서열화 되어 있는 현상을 말한다.
  ㉡ 사회적 희소가치가 개인의 능력 또는 가정적 배경 등에 따라 불평등하게 분배된다.

② 사회 계층 제도 ··· 사회적 업무와 지위 간의 불평등이 사회 전반에 받아들여져서 제도로 정착된 것을 말한다.
  ㉠ 사회 계층 제도의 종류
   • 노예 제도 : 주인의 재산이 되는 노예를 전제로 성립된 제도로 가장 오래된 불평등 형태
   • 카스트 제도 : 인도사회 특유의 제도로 개인의 출생 시부터 계층의 위치가 정해지는 제도
   • 신분 제도 : 개인의 사회적 지위가 혈연관계에 의해 세습되고 결정되는 계층 제도
   • 계급 제도 : 자본주의와 더불어 등장한 사회 계층 제도

구분	근대 이전 사회	근대 이후 사회
특징	• 사회 계층의 서열화 및 사회적 차별이 엄격함 • 사회 계층의 세습화(지위의 세습화)→귀속지위 강조, 신분제 사회의 폐쇄적 계층 구조 형성	• 사회적 희소가치의 다양화→사회 계층의 구별이 불명확, 사회적 차별 약화 • 사회 계층의 세습이 보장되지 않음→개방적 계층 구조 형성, 성취지위 강조
예	고대 노예제, 인도의 카스트 제도 등	사회 이동의 가능성이 큰 근대의 계층 제도

(2) 계급론과 계층론의 비교

오늘날의 추세→엄격한 구분보다는 혼용하여 사용되며, 어느 쪽이 더 의미있는가의 논쟁보다는 불평등 현상의 해소에 관심이 집중됨(계급론보다 계층론이 현대 사회의 사회 계층화 현상의 설명·분석에 적합)

기출문제

〈보기 1〉은 사회 계층화 현상에 대한 설명이다. A, B 이론에 대한 옳은 설명을 〈보기 2〉에서 모두 고른 것은? (단, A, B는 각각 계급 이론, 계층 이론 중 하나이다.)
▶ 2022. 6. 18. 제2회 서울시

〈보기 1〉
A는 생산 수단의 소유 여부를 기준으로 자본을 소유한 지배층과 그렇지 못한 피지배층 간에 권력 관계가 형성된다고 본다. 반면 B는 경제적, 정치적, 사회적 요인을 종합하여 사회 계층을 상층, 중층, 하층 또는 그보다 다양한 계층으로 구분한다.

〈보기 2〉
㉠ A는 생산 수단의 소유를 둘러싼 갈등을 사회 변동의 원동력으로 본다.
㉡ B는 경제적 지위에 따른 강한 귀속 의식을 중시한다.
㉢ B는 A와 달리 다양한 요인에 의한 희소가치의 불평등한 분배를 범주화하여 설명한다.
㉣ B는 A와 달리 사회 계층화 현상의 원인으로 경제적 요인만을 중시한다.

① ㉠, ㉡
② ㉠, ㉢
③ ㉡, ㉢
④ ㉢, ㉣

정답 ②

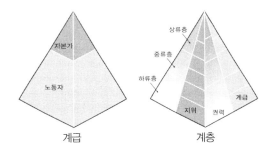

① **계급론**

ⓐ **의미** : 경제적 요소(생산 수단의 소유 여부)에 따라 서열화된 위치의 집단(이분법적 개념)

ⓑ **대표학자** : 칼 마르크스

ⓒ **구분 기준** : 경제적 요인(생산 수단의 소유 여부)에 의한 구분→일원론(마르크스)

• 유산 계급(부르주아) – 자본가

• 무산 계급 (프롤레타리아) – 노동자

ⓓ **계층 구분의 형태** : 부르주아 계급(자본가, 유산계급)과 프롤레타리아 계급(노동자, 무산계급)으로 나눔→지배와 피지배의 대립·갈등 관계 강조

ⓔ **구성원 간의 관계** : 생산 과정에서 명령과 복종 → 사회 전체의 지배·피지배 관계 형성

• 대립과 갈등으로 인한 양극화로 적대의식 있음→혁명 유발

• 심리적 공감 및 집합 의식이 있음(계급의식)

ⓕ **의의** : 생산수단을 소유한 지배 계급과 피지배 계급간의 이해관계로 인한 끊임없는 갈등과 대립 관계의 불가피성을 밝힘

ⓖ **특징** : 사회적 이동이 제한됨

• 계급 간에는 대립과 갈등이 불가피함을 전제

• 계급 의식 강조→소속감 강함(같은 계급에 소속감을 느끼고, 다른 계급에 적대감을 가짐→사회 변혁 욕구로 이어짐)

ⓗ **관련 이론** : 갈등론적 관점

② **계층론**

ⓐ **의미** : 계층 : 권력, 소득, 교육 수준, 직업 등의 다양한 요소(사회적 희소가치)에 의해 서열화된 위치의 집단

ⓑ **대표학자** : 막스 베버

ⓒ **구분 기준** : 사회적 지위, 정치적 권력, 경제적 계급 등의 요인에 의한 구분(사회적 희소가치) → 다원론(베버)

ⓔ 계층 구분의 형태 : 상류층, 중류층, 하류층의 계층으로 나눔

　• 각 계층들은 수직적으로 하나의 연속선상에 배열됨

　• 사회적 희소가치의 불평등한 분배 상태를 범주화

ⓜ 구성원 간의 관계 : 각 계층이 수직적으로 연속선상에 배열됨

　• 동일 계층 간의 동지의식이나 타 계층에 대한 적대의식이 없음

　• 심리적 공감이 없음

ⓑ 의의 : 사회적 희소가치의 불평등한 분배 상태를 범주화하여 이해하는 분석적 의미 내포

ⓢ 특징 : 사회적 이동이 자유로움

　• 사회 계층화는 계급(경제적 요소), 지위(사회적 위신), 권력(정치적 요소)이라는 세가지 측면에서 이루어짐

　• 불평등한 분배 상태를 범주화하여 이해

　• 지위 불일치 현상이 나타나기도 함

ⓞ 관련 이론 : 기능론적 관점

> **계층과 계급의 차이**
> '대학 가요제'를 통해 본 계급과 계층의 쌍곡선
> • 계급 : 대학 가요제에서 상을 받았는가 못 받았는가의 문제, 즉 참가자들이 무대 위의 입상자와 무대 뒤의 낙선자로 갈라지는 것, 입상자와 낙선자의 구분, 이것이 바로 이분법적 개념이다. 계급이란 사회적 희소가치들을 가지고 있는 사람과 갖지 못한 사람을 이분법적으로 나눈 개념
> • 계층 : 대학 가요제에서 시상은 대상을 비롯한 금상, 은상, 동상, 그리고 장려상까지 서열화된다. 이처럼 계층이란 사회적 희소가치를 누가 얼마만큼 많이 가지고 있는가에 따라 순서대로 서열화시킨 개념

(3) 현대사회의 계층과 불평등 현상을 바라보는 관점

① 기능론적 관점

ⓐ 성격 및 발생원인 : 사회 계층화 현상은 보다 중요한 위치에 보다 능력 있는 사람을 충원하는 기능을 수행하기 위해 불가피하게 형성됨. (사회적 희소가치의 차등 분배 결과로 사회적 자원의 불평등 분배가 가지는 기능적인 면 강조) →사회 유지를 위한 필수 불가결한 보편적 현상

ⓑ 가치 배분의 기준 : 희소가치는 사회 구성원 사이에 합의된 기준(개인의 자질과 능력)에 의해 합법적 절차로 분배→사회계층화 현상은 사회적 희소가치에 대한 차등 분배의 결과

ⓒ 의의 : 계층은 구성원들의 합의된 가치 반영 → 구성원의 합의에 의해 사회적 희소가치가 정당하게 차등 배분된 것

📝 〈보기〉는 질문 (가)~(다)를 통해 사회 불평등 현상을 설명하는 이론 A, B를 비교한 것이다. 이에 대한 설명으로 가장 옳지 <u>않은</u> 것은? (단, A와 B는 각각 계급론과 계층론 중 하나이다.)

▶ 2023. 6. 10. 제1회 서울시

〈보기〉

이론 \ 질문	A	B
(가)	예	아니오
(나)	아니오	예
(다)	예	예

① A가 계층론이면 (가)에 '사회 계층 구조를 불연속적으로 보는가?'가 들어갈 수 있다.
② A가 계층론이면 (나)에 '자신의 계급에 대한 강한 계급 의식을 가지는가?'가 들어갈 수 있다.
③ B가 계급론이면 (가)에 '현대 사회의 지위 불일치 현상을 설명하기 쉬운가?'가 들어갈 수 있다.
④ (다)에 '경제적 요인을 사회 불평등 현상의 원인으로 고려하는가?'가 들어갈 수 있다.

┃정답 ①

② 사회적 기능 : 개인과 사회의 유지·발전의 기여 요소(사회적 기능을 수행하기 위한 최선의 장치로 동기 부여, 인재 충원으로 사회 발전에 기여)→계층화의 불가피성 강조
  • 계층이란 역할의 중요성과 역할 수행 능력의 차이에 따라 불평등한 보수가 분배되기 때문에 발생하는 현상으로서, 복잡한 분업을 가진 사회에서는 기능적으로 반드시 필요하다고 보는 입장
  • 차별적인 분배 체계는 사람들로 하여금 보다 많은 분배를 얻도록 동기화→사람들의 자질과 능력이 향상, 사회도 발전→계층은 개인과 사회가 최선의 기능을 하도록 유도
⑤ 한계 : 계층은 집단이 아니므로 기능을 갖지 않으며, 어떤 기능이 더 중요한지도 애매함. 또한 현실적으로 분배가 반드시 기능에 따라 이루어지는 것도 아님
⑥ 변화 : 진화 과정을 통해 변화

② 갈등론적 관점
  ⊙ 성격 및 발생원인 : 사회계층화 현상은 현재의 지배 집단이 자신의 기득권과 지배적 위치를 유지, 강화하기 위해 형성됨(지배 집단의 기득권 유지 노력의 결과) → 보편적인 현상이나 필수 불가결한 현상이 아님
  ⓛ 가치 배분의 기준 : 희소가치는 권력이나 가정 배경 등에 따른 강제적이고 불공정한 차등적 분배→사회 계층화 현상은 지배 집단의 기득권 유지를 위한 노력의 결과
  ⓒ 의의 : 계층은 지배 집단의 가치 반영 → 지배 집단의 기득권 유지를 위해 사회적 희소가치가 불공정하게 차등 분배된 것
  ⓔ 사회적 기능 : 사회 발전의 저해 요소(사회적 박탈감과 집단 간의 대립 및 갈등 유발)→계층화의 극복 강조
  • 계층화가 불가피 하다는 기능론적 관점은 이미 사회적 희소가치를 많이 분배받고 있는 집단이 현재의 기득권과 지배적 위치를 계속 유지하기 위한 주장에 불과하다는 것이다.
  • 사회적 위치의 중요성과 분배되는 희소가치의 양과 질은 기득권을 가진 지배적 집단의 의사와 판단에 따라 결정되며, 분배의 절차와 기준 또한 이들 집단의 권력과 강제에 의해 결정되고 적용된다. 따라서 계층은 구성원들의 사회적 박탈감과 집단간의 대립과 갈등의 유발하여 사회 발전의 장애 요소이므로 척결되어야 하고 이를 위해 계급투쟁이 고무되어야 한다고 주장
③ 한계 : 산업 사회의 계층 이동의 증대나, 지위 결정에 있어서 업적주의의 보편화 등을 충분히 설명하지 못함
④ 변화 : 혁명적 과정을 통해 변화

section 3 사회 계층 구조의 유형과 특징

(1) 사회 계층 구조의 유형과 특징

① 사회 계층 구조의 의미

  ㉠ 계층

- 재산, 지위 신분 등 객관적인 조건이 동일한 사람들의 모임이다.
- 존재는 한 사회 내에서 희소한 자원이 불평등하게 분배되어 있음을 의미한다.
- 계층을 구분하는 기준은 사회에 따라 다르며 같은 사회 내에서도 시대에 따라 각기 다르다.

  ㉡ 계층 구조

- 사회적 불평등이 지속적으로 상층, 중층, 하층의 형태로 고정된 구조이다.
- 계층 구조는 한 사회의 희소한 자원의 분배 형태를 보여준다.
- 어느 사회이든지 사회 계층의 모습이 일정한 정형화된 구조를 띠고 있다.
- 일반적으로 사회의 불평등 정도를 알아보는 척도로 쓰인다.

② 사회 계층 구조의 유형

  ㉠ 평등 유형별 계층구조

구분		평등유형	내용
수직형 계층 구조		완전 불평등	• 모든 사회 구성원이 서로 다른 계층에 속해 있음 • 실제로 존재할 수 없는 극단적 형태의 구조
수평형 계층 구조		완전 평등	• 모든 사회 구성원이 같은 계층에 속해있음 • 실제로 존재할 수 없는 극단적 형태의 구조
피라미드형 계층 구조	상 중 하	부분 불평등	• 상층 < 중층 < 하층의 순으로 계층 비율 구성 • 소수의 상층이 다수의 하층을 지배하고 통제함 • 전근대적인 폐쇄사회에서 나타남
다이아몬드형 계층 구조	상 중 하	부분 평등	• 중층의 구성원비율이 상하층의 합보다 높은 경우 • 중간계층의 비율이 높아짐에 따라 사회가 안정적임 • 현대 산업사회에서 관료·사무직 등의 증가로 인해 나타남

기출문제

📄 〈보기〉에 대한 분석으로 가장 옳은 것은?

▶ 2024. 6. 22. 제2회 서울시

〈보기〉

갑(甲)국과 을(己)국의 계층은 상층, 중층, 하층으로만 구성되어 있다. 표는 국가별 계층 구성 비율의 비를 나타낸다.

구분(비율)	갑국	을국
상층 : 중층 : 하층	1 : 2 : 1	2 : 1 : 7

① 갑국은 을국에 비해 상층의 비율이 높다.
② 중층의 비율은 갑국이 을국의 2배이다.
③ 을국의 계층 구조는 피라미드형이다.
④ 을국의 계층 구조가 갑국에 비해 사회 통합에 유리하다.

| 정답 ①

기출문제

문 〈보기〉는 세대 내 이동을 이동 방향과 이동 원인에 따라 구분한 것이다. (가)~(라)에 해당하는 사례로 가장 옳은 것은?
▶ 2024. 6. 22. 제2회 서울시

〈보기〉

구분	세대 내 하강 이동	세대 내 상승 이동
개인적 이동	(가)	(나)
구조적 이동	(다)	(라)

① (가) - 노비였던 사람이 신분 제도의 철폐로 인해 노비에서 해방되어 최하층에서 벗어났다.
② (나) - 회사에서 업적을 인정받아 인사부 평사원에서 홍보부 이사로 승진하였다.
③ (다) - 가난한 집안에서 태어나 노점상을 하던 사람이 자수성가하여 기업의 최고 경영자가 되었다.
④ (라) - 부유했던 사람이 혁명으로 인해 자신이 모은 전 재산을 몰수당하고 공장 노동자가 되었다.

정답 ②

ⓛ 피라미드형에서 다이아몬드형 계층 구조로 바뀐 계기 : 신분제도의 철폐, 의무교육의 확대, 사회 복지제도의 확대, 산업화로 인한 중산층 확대 등

ⓒ 새롭게 등장한 계층구조

구분		내용
타원형 계층 구조	상 중 하	• 다이아몬드형 계층 구조에서 중상층과 중하층의 인구비율이 증가한 형태 • 중간계층의 비율이 가장 높음 • 가장 사회적 안전성이 높음
모래시계형 계층 구조	상 중 하	• 다른 구조에 비해 중간 계층 비율이 상대적으로 낮은 형태 • 사회 양극화로 사회적 불안정이 매우 심각한 형태

(2) 사회 이동의 유형과 특징

① 의미 : 개인과 집단의 계층적 지위가 변하는 현상

② 형태

분류	유형		내용
이동 방향	수평 이동		동일한 계층 내에서의 위치 변화 - 상하 지위(직급)는 변함이 없이 수평적 위치(자리)만 이동하는 것 예 정부부처의 재무부국장 → 같은 직급의 상공부국장, 대한항공 비행사 → 같은 직급의 아시아나 항공 비행사
	수직 이동	상승 이동	낮은 계층에서 높은 계층 위치로의 이동 예 부장 → 전무, 링컨 : 가난한 통나무집 → 대통령
		하강 이동	높은 계층에서 낮은 계층 위치로의 이동 예 사장 → 부도 → 공사판 인부
세대 범위 (시간)	세대내 이동		한 개인의 생애 동안에 나타나는 계층적 위치 변화
	세대 간 이동		한 세대에서 다음 세대 간(부모와 자식 간)에 나타나는 계층적 위치 변화 → 두 세대(부모와 자녀 간)에 걸쳐 나타나는 계층적 위치의 변화로, 부모와 자녀간의 사회적 위치가 달라지는 것
이동 원인 (규모)	개인적 이동		주어진 계층 체계 내에서의 개인적인 위치 변화 → 기존의 계층 체계 내에서 개인의 위치가 변화는 것으로 수직·수평이동, 세대 간·세대 내 이동 등
	구조적 이동		사회 변동(전쟁, 혁명)에 따라 기존의 계층 구조의 변화로 나타나는 사회적 위치 변화 예 봉건 질서가 붕괴됨에 따라 과거의 양반과 상놈의 구별이 없어졌다거나, 유럽에서 근대시민 혁명으로 귀족이 몰락하고 부르주아들이 사회의 주도권을 장악하는 세력으로 변화한 것

(3) 사회 이동의 기능

① 순기능… 개방적 계층 구조에서의 자유로운 사회 이동(← 개인의 노력에 의해 실현될 경우)은 심리적 만족감을 느끼게 하고, 사회의 통합과 안정에 기여함

② 역기능… 사회 이동에 대한 열망과 실제적인 이동 구조 사이의 불균형이 발생할 경우 심리적 좌절감을 느끼게 하고, 사회 혼란과 갈등을 초래함

section 4 사회 불평등의 여러 형태

(1) 빈곤문제

① 빈곤의 의미와 유형

  ㉠ 빈곤 : 인간의 기본적 욕구가 충족 되지 않은 상태

  ㉡ 절대적 빈곤 : 생존욕구 충족에 필요한 자원이 부족하여 최저 생계비를 확보하지 못하는 상태를 의미한다.

  ㉢ 상대적 빈곤 : 다른 사람이나 계층과 비교해서 상대적 박탈감을 느끼는 상태

  ㉣ 주관적 빈곤 : 개인의 주관적인 판단 수준에서 스스로가 가난하다고 느끼는 상태

② 빈곤의 원인

  ㉠ 기능론(개인적 요인) : 개인의 능력, 의욕부족으로 성공하지 못한 것, 빈곤층은 빈곤 문화를 형성하며 빈곤 문화는 자녀 세대에 전수되어 빈곤을 재생산시킨다.

  ㉡ 갈등론(사회구조적 요인) : 개인의 능력과는 무관한 사회 구조에 빈곤이 원인이 있다고 봄, 빈곤층은 모순된 사회 구조의 희생자임을 강조한다.

③ 빈곤문제의 해결방안

  ㉠ 개인적 측면

   • 빈곤에서 벗어나기 위한 개인의 의지와 노력(교육, 직업훈련) 필요

   • 빈곤층에 대한 편견과 인식을 버리고, 공존의 가치관과 공동체 의식 함양 필요

  ㉡ 사회적 측면

   • 직접지원 : 기초 생활비 및 자녀 양육비 보조, 최저 생계비 이상 소득보장, 조세의 형평성 실현

   • 간접지원 : 최저 임금제, 고용규모 확대, 고용 정보 시스템 강화, 교육 기회 확대, 기회의 평등

기출문제

문 〈보기〉에서 빈곤의 유형 (개), (내)에 대한 설명으로 가장 옳은 것은?

▶ 2022. 6. 18. 제2회 서울시(보훈청)

〈보기〉

(개) 한 사회의 사회적 평균보다 상대적으로 적게 가지고 있어 그 사회의 구성원 다수가 누리는 생활 수준에 미치지 못한 상태

(내) 개인 및 가족이 인간으로서 최소한의 생활을 유지하는 데 필요한 의식주 및 기타 생활상 필요한 자원이 결핍되어 인간다운 생존이 위협을 받는 상태

① (개)는 절대적 빈곤이다.

② 우리나라에서 (내)를 판단하는 기준은 최저 임금 수준이다.

③ (개)는 (내)와 달리 한 사회의 소득 수준이 높아질수록 줄어드는 것이 일반적이다.

④ 우리나라에서는 (개), (내) 모두 객관회된 기준에 따라 분류한다.

| 정답 ④

기출문제

🔍 성차별의 원인은 사회에서 "남성은 남성답게, 여성은 여성답게" 학습된 결과라고 본다. 이를 극복하는 방안이 아닌 것은?

▶ 2001. 행정자치부

① 양성성을 개발한다.
② 성 역할에 대한 고정관념을 극복하여 가치관을 재정립한다.
③ 여성의 사회활동을 지원할 수 있는 제도를 마련한다.
④ 남자는 남자답게, 여자는 여자답게 성 역할 교육을 강화시킨다.

▌정답 ④

(2) 성 불평등 문제

① 성 불평등의 의미

　㉠ 성 불평등 : 한 사회에서 남자와 여자가 차지하는 지위, 권력, 위신 등에서 나타나는 차이로 남자이거나 여자라는 이유만으로 다른 사람과 불평등한 대우를 받는 것을 말한다.

　㉡ 성별 분업 : 성에 따른 사회적 역할의 구분, 전통적으로 남성의 역할이 여성의 역할보다 더 높은 평가와 보상을 받음으로써 성 불평등을 초래한다.

② 성 불평등의 양상

　㉠ 경제적 측면 : 경제 활동 참가율, 임금 수준 및 승진 기회의 남녀 차별, 취업의 기회의 남녀 차별

　㉡ 정치적 측면 : 여성의 정치적 영향력 및 참여 여건 저조(국회의원, 지방 자치 단체장 등의 여성 비율)

　㉢ 사회·문화적 측면 : 교육 기회, 직업 선택에서의 차이, 남녀 차별적 자녀 양육 관행, 왜곡된 여성상을 표현하는 미디어

③ 성 불평등의 원인

　㉠ 기능론 : 남자와 여자의 생물학적 특성이 반영된 자연스럽고 바람직한 역할 문화, 불평등문제는 남녀 간 역할 체계가 새롭게 정립되지 못해 나타나는 일시적 교란 상태

　㉡ 갈등론 : 남성 중심적 사회 구조(남성 위주의 경제 구조, 가부장제) → 여성의 역할 경시, 사회 참여제한, 보조적 역할 강요

　㉢ 차별적 사회화 : 고정관념에 따른 성 정체성과 성 역할을 사회화 과정을 통해 학습한다.

④ 성 불평등의 해결방안

　㉠ 제도적 차원 : 성 차별적 제도 철폐, 여성의 권익 신장을 위한 정책, 여성 관련 사회복지 개선

　㉡ 의식적 차원 : 성 차별적 고정 관념·편견 타파, 평등 의식 제고, 양성성 함양

(3) 사회적 소수자 차별 문제

① 사회적 소수자의 의미

　㉠ 사회적 소수자 : 신체적·문화적 특징 때문에 사회의 다른 구성원들로부터 불평등한 처우를 받으며, 집단적 차별의 대상이 되는 사람

　㉡ 사회적 소수자 집단의 조건

　　• 구별 가능성 : 소수자 집단은 신체 또는 문화적으로 다른 집단과 구별되는 뚜렷한 차이가 있거나 그럴 것으로 여겨진다.

• 권력의 열세 : 정치 · 경제 · 사회적 권력에서 열세에 있거나, 자원 동원 능력이 뒤처지는 사람들이 소수자 집단으로 간주된다.

• 사회적 차별 : 소수자 집단은 그 집단 구성원이라는 이유만으로 사회적 차별의 대상이 된다.

• 집합적 정체성 : 자기가 차별받는 집단의 구성원이라는 점을 느껴야 비로소 소수자가 된다.

ⓒ 발생 기준 : 국적, 민족, 언어, 지역, 나이, 종교, 장애, 성, 계급, 문화, 가치관 등

② 사회적 소수자 차별의 주요 형태

㉠ 외국인 노동자와 결혼 이민자, 탈북자, 다문화 가정 자녀 : 취업, 교육 기회의 불평등

ⓛ 장애인 : 이동의 자유 제한, 취업 기회의 불평등, 동정의 시선

ⓒ 성적 소수자 : 정신 질환 또는 일탈 행위자로 인식, 혐오와 기피의 대상

③ 사회적 소수자 차별의 원인

㉠ 기능론 : 급격한 사회 변동에 따라 사회 제도의 일시적 기능 장애 상태

ⓛ 갈등론 : 소수자에 대한 기득권층의 일방적 착취

④ 사회적 소수자 차별문제의 개선방안

㉠ 제도적 차원 : 차별적 제도의 철폐, 소수 집단 우대 정책, 올바른 인식 개선 캠페인 주최

ⓛ 의식적 차원 : 배타적 민족주의 · 순혈주의 극복, 관용정신, 소수자에 대한 국민 의식 전환

기출문제

뮌 사회적 소수자에 대한 설명으로 옳지 않은 것은?
▶ 2013. 8. 24. 제1회 지방직

① 신체적 또는 문화적 특성으로 인해 자기가 사는 사회의 다른 구성원으로부터 구분되어 불평등한 처우와 차별을 받는다.

② 정치 · 경제 · 사회적 권력에서 열세에 있거나 자원 동원 능력이 뒤처진다.

③ 사회적 지위에 기초하여 결정되기보다는 사회에서의 수에 의해 결정된다.

④ 자신이 차별을 받는 소수자 집단에 속한다는 소속감을 가진다.

---

section ⑤ 사회 복지와 복지 제도

(1) 사회 복지의 의미와 발달과정

① 사회 복지의 의미와 등장배경

㉠ 사회 구성원의 기본적 욕구를 충족시키기 위한 사회적 활동체계이다.

ⓛ 자유방임적 초기 자본주의 사회의 폐해에서 최소한의 인간다운 삶을 국가가 보장해야 한다는 인식이 발생하였다.

ⓒ 현대복지국가 국가에 의한 사회보장제도, 사회정책 시행(강제적, 포괄적 성격), 사회 구성원 전체를 대항으로 삶의 질 향상을 추구한다.

ⓔ 인도주의, 평등주의, 보상주의가 기본이념이 된다.

정답 ③

問 다음 글을 읽고 〈보기〉에서 옳은 것만을 모두 고르시오.
▶ 2020. 7. 11. 인사혁신처

우리나라의 사회보장제도는 (㉠), (㉡), (㉢)(으)로 구성되어 있다. 이 가운데 (㉠)에 해당하는 대표적인 제도인 (㉣)은(는) 생활이 어려운 사람에게 생계급여, 주거급여, 의료급여, 교육급여 등 필요한 급여를 제공하여 이들의 최저생활을 보장하고 자활을 돕는 것을 목적으로 한다. 한편, (㉡)에 해당하는 대표적인 제도 중 하나인 (㉤)은(는) 업무와 관련하여 질병이나 장애를 얻거나 또는 사망할 경우, 본인의 치료비와 가족에게 생계비를 보장해 주는 제도이다.

〈보기〉
㉠ ㉠은 소득 재분배 효과가 있지만, ㉡은 소득 재분배 효과가 없다.
㉡ ㉠의 수혜자는 ㉢의 수혜자가 될 수 있다.
㉢ 기초연금제도는 ㉡에 해당한다.
㉣ ㉣은 국민기초생활보장제도이며, ㉤은 산업재해보상보험이다.

① ㉠, ㉢   ② ㉡, ㉣
③ ㉢, ㉣   ④ ㉡, ㉢, ㉣

정답 ②

② **사회 복지의 발달 과정**
   ㉠ 영국: 엘리자베스 여왕의 구빈법(1601년) → 베버리지 보고서(1942년)
   ㉡ 독일: 비스마르크의 사회보험제도(1883년)
   ㉢ 미국: 대공황 시기 루스벨트의 뉴딜정책과 사회보장법(1935년)
   ㉣ 석유파동이후: 정부역할 축소(1980년대) → 신자유주의
   ㉤ 제3의 길(영국): 신자유주의 폐해와 복지병의 동시 극복 → 생산적 복지 추구

(2) 복지 제도의 유형

① **사회 정책** … 복지 향상을 위해 국가가 시행하는 모든 정책
   ㉠ 여러 가지 사회 복지 정책
   • 소득보장 정책: 질병, 재해, 노령, 실업 등으로 소득을 얻지 못하는 경우에 국가와 사회가 개입하여 최저 생계를 보장하려는 정책이다(각종 연금제도, 생활보호, 최저임금제 등).
   • 의료보장 정책: 의료보험(국민의 질병, 부상, 분만 시 보험 급여), 산업재해보상보험(업무상 재해 시 치료 및 생계 보장), 의료보호(생활보호대상자, 저소득층 대상) 등이 있다.
   • 교육 정책: 복지사회 건설을 위한 가장 적극적인 수단으로 사람답게 살 수 있는 능력을 배양해 준다.
   • 주택정책: 주거안정과 안락한 주거환경을 제공하여 안정된 생활을 유지하도록 해 준다.
   ㉡ 사회 복지 정책의 과제: 복지에 대한 국민의 인식이 제고되어야 하며, 성장과 분배가 조화된 복지정책이 추진되어야 한다.

② **사회 보장 제도** … 국민의 최저 생활을 보장하고, 높은 삶의 질을 영위 할 수 있도록 국가가 정책적으로 지원하는 제도

구분	사회 보험	공공 부조
의미	노령, 질병, 사망, 실업, 산업 재해 등의 문제가 발생했을 때 급여를 행하는 제도	국가나 지방 자치 단체의 책임 하에 생활이 어려운 국민의 최저 생활 보장, 자립 지원
대상	보험료 부담 능력이 있는 사람	자산 상황, 건강 상태 등 조사 후 결정
비용	수혜자, 기업주 또는 국가가 부담	비용 전부를 국가, 지방 자치 단체가 부담
특징	강제 가입, 능력별 부담, 근로 의욕 고취, 상호 부조의 성격	소득 재분배 효과, 국가의 재정 부담 증가, 사회적 의타심 조장

㉠ 사회보장제도의 종류와 내용

유형	종류	내용
사회 보험	건강 보험	국민의 질병, 부상에 대한 예방·진단·치료·재활과 출산, 사망 및 건강 증진에 대한 보험 급여
	국민 연금	국민의 노령·폐질 또는 사망에 대한 연금 급여
	산업 재해 보상 보험	업무상 재해의 예방 및 보상, 재해 근로자의 재활 및 사회 복구 촉진 등
	고용 보험	실업의 예방, 고용의 촉진 및 근로자의 직업 능력의 개발, 근로자의 생활 안정과 구직 활동 촉진 등
	공무원·군인·사립학교 교직원 연금	공무원, 군무원, 사립학교 교직원 등의 퇴직 또는 사망과 공무로 인한 부상, 질병, 폐질에 대한 급여
공공 부조	국민 기초 생활 보장	생활이 어려운 자에 대한 최저 생활 보장, 자활 조성
	의료 급여	생활이 어려운 자에 대한 의료 급여
사회 복지 서비스	아동 복지, 노인 복지, 장애인 복지, 모·부자 복지	

㉡ 사회보장제도의 소득 재분배 효과

종류		소득 재분배 방향
사회보험	연금보험	근로세대→노년세대
	기타 사회보험	위험 미발생 집단→위험 발생 집단
공공부조		납세자 집단→저소득 집단

(3) 복지 제도의 역할과 한계

① 복지 제도의 역할… 인간 존엄성의 실질적 보장, 사회 불평등 현상 극복, 사회 안정과 통합

② 복지 제도의 한계와 발전 방향

㉠ 한계 : 근로 의욕 저하 및 복지 의존, 생산성과 효율성 저하, 국가 재정 악화

㉡ 우리나라 : 사회보험 재정 악화, 보험 가입자 간 비용부담 불균형, 미흡한 정보공유제도

㉢ 발전 방향 : 조건부 지원, 복지와 노동의 연계, 경제적 효율성과 복지 형평성의 조화

기출문제

〈보기〉의 ㈎와 ㈏가 각각 나타내는 사회 보장 제도의 일반적인 특징에 대한 설명으로 가장 옳은 것은?
2020. 6. 13. 제2회 서울시

〈보기〉

㈎ 가구 소득 인정액이 기준액 이하인 가구의 최저 생활을 보장하고 자활을 지원하기 위해 국가나 지방 자치 단체가 생계, 의료 등 급여를 지급하는 제도

㈏ 노령, 사망, 장애 등으로 인한 소득 상실을 보전하고 기본 생활을 지원하기 위해 가입자와 고용주 등이 분담해서 마련한 기금을 통해 연금 급여를 지급하는 제도

① ㈎가 속한 유형은 비금전적 지원을 원칙으로 한다.
② ㈏가 속한 유형은 사전 예방적 성격이 강하다.
③ ㈎가 속한 유형은 ㈏가 속한 유형과 달리 소득 재분배 효과가 나타난다.
④ ㈏가 속한 유형은 ㈎가 속한 유형과 달리 수혜 대상자가 수혜 정도에 따라 비용을 부담한다.

정답 ②

2023. 8. 26. 국회사무처

1 다음 표는 갑국의 소득 계층별 가구 비율의 변화이다. 이에 대한 설명으로 옳은 것만을 〈보기〉에서 모두 고르면?

소득 계층 연도	소득 상위층	소득 중위층	소득 하위층
2000년	18 %	73 %	9 %
2010년	21 %	68 %	11 %
2020년	22 %	63 %	15 %

〈보기〉
ㄱ. 갑국은 개방적 계층 구조를 가지고 있다.
ㄴ. 갑국에서 수평 이동의 가능성은 점점 떨어지고 있다.
ㄷ. 갑국은 사회 안전망을 확대할 필요가 있다.
ㄹ. 갑국의 계층 구조는 다이아몬드형에서 피라미드형으로 변화하였다.

① ㄱ, ㄴ   ② ㄱ, ㄷ
③ ㄴ, ㄷ   ④ ㄴ, ㄹ
⑤ ㄷ, ㄹ

ⓐ 갑국은 계층 간 이동 가능성이 열려 있는 개방적 계층 구조를 가지고 있다.
ⓒ 소득 중위층의 비율이 점점 줄어들고 소득 하위층이 늘어나고 있으므로 사회 안전망을 확대할 필요가 있다.
※ 사회 계층 구조의 유형

계층 간 이동 가능성에 따른 유형	폐쇄적 계층 구조	계층 간 상승이나 하강 이동이 엄격하게 제한된 계층 구조
	개방적 계층 구조	계층 간 이동 가능성이 열려 있는 계층 구조
계층 구성 비율에 따른 유형	피라미드형 계층 구조	하층의 비율이 가장 높고, 상층의 비율이 가장 낮은 형태의 계층 구조
	다이아몬드형 계층 구조	중층의 비율이 상층이나 하층 비율보다 높은 형태의 계층 구조
정보화 및 세계화에 따른 유형	타원형 계층 구조	계층 간 소득 격차가 감소하여 중층이 대다수를 차지하는 계층 구조
	모래시계형 계층 구조	계층 간 소득 격차가 심화되어 중층의 비율이 가장 낮고 소수의 상층과 다수의 하층으로 나타나는 계층 구조

2021 6. 5. 제1회 지방직

2 표는 A국과 B국의 계층 구성 비율을 나타낸 것이다. 이에 대한 분석으로 옳은 것은? (단, A국과 B국의 계층은 상층, 중층, 하층으로만 구분한다)

구분	A국	B국
중층 대비 상층의 비	$\frac{1}{3}$	$\frac{2}{3}$
중층 대비 하층의 비	$\frac{1}{3}$	$\frac{5}{3}$

① 전체에서 상층이 차지하는 비율은 A국보다 B국이 높다.

② 전체에서 하층이 차지하는 비율은 A국과 B국이 동일하다.

③ 상층 대비 하층의 비는 A국보다 B국이 높다.

④ A국은 피라미드형, B국은 다이아몬드형 계층 구조이다.

Point

A국과 B국의 상, 중, 하층 비율을 계산하면 다음과 같다.

구분	A국	B국
상층	1(20%)	2(20%)
중층	3(60%)	3(30%)
하층	1(20%)	5(50%)

① 전체에서 상층이 차지하는 비율은 A국과 B국이 동일하다.

② 전체에서 하층이 차지하는 비율은 A국보다 B국이 높다.

④ A국은 다이아몬드형, B국은 피라미드형 계층 구조이다.

Answer 1.② 2.③

2021. 4. 17. 인사혁신처

3 표는 갑국과 을국의 계층 구성 비율을 나타낸 것이다. 이에 대한 분석으로 옳은 것은? (단, 계층은 상층, 중층, 하층으로만 구분되고, A ~ C는 각각 상층, 중층, 하층 중 하나이다)

계층 ＼ 국가	갑국	을국
A	30 %	60 %
B	10 %	25 %
C	60 %	15 %

① 갑국의 계층 구조가 피라미드형이면, 을국의 계층 구조는 모래시계형이다.

② 갑국의 하층 비율이 상층 비율의 2배이면, 갑국의 계층 구조는 타원형이다.

③ B에서 A로의 이동이 하강이동이고 B에서 C로의 이동이 상승이동이면, 을국의 계층 구조는 다이아몬드형이다.

④ 갑국의 하층 비율과 을국의 중층 비율이 동일하다면, 사회 통합에 유리한 계층 구조를 가진 국가는 을국이다.

Point

① 갑국의 계층 구조가 피라미드형이면, 을국의 계층 구조는 다이아몬드형이다.
② 갑국의 하층 비율이 상층 비율의 2배이면, 갑국의 계층 구조는 모래시계형이다.
③ B에서 A로의 이동이 하강이동이고 B에서 C로의 이동이 상승이동이면, 을국의 계층 구조는 피라미드형이다.

4 다음 중, 균형 개발 방식에 대한 설명으로 적절한 것을 고른 것은?

> ㉠ 지역 격차를 심화시킬 우려가 있다.
> ㉡ 지방자치제도가 정착된 사회에 적합하다.
> ㉢ 투자의 효율성을 우선하는 개발 방식이다.
> ㉣ 낙후된 지역을 우선적으로 개발하는 방식이다.

① ㉠㉡

② ㉠㉢

③ ㉠㉣

④ ㉡㉣

Point

균형개발방식 … 낙후된 지역을 우선적으로 개발하여 지역격차를 줄이고자 하는 방식으로 주민의 욕구를 반영하고 지역 간 균형발전을 이루는 장점이 있으나, 자본의 효율적 투자는 불리하다.

5 우리 나라 복지정책 (가)와 (나)의 일반적인 특징에 대한 설명으로 가장 적절한 것은?

> (가) 소득이나 재산이 최저 생계비 이하인 가구의 생활을 보장하기 위해 자산 조사 등의 절차를 거쳐 급여를
> 제공한다.
> (나) 재해, 질병, 노령, 실업 등 사회적 위험이나 미래 생활의 불안에 대처하기 위해 국가, 기업, 개인이 부담
> 한 분담금을 재원으로 급여를 제공한다.

① (가)는 취약 계층을 위한 상호 부조의 성격을 띤다.
② (나)는 능력별 비용 부담 및 임의 가입 원칙이 우선 적용된다.
③ (가)는 위험에 대한 사전 예방적 기능을, (나)는 사후 대응적 기능을 강조한다.
④ (가)는 (나)에 비해 수혜 대상자의 범위가 좁다.

Point

(가) 공공 부조 (나) 사회 보험
④ (나)는 국민 전체를 대상으로 하나, (가)는 일부 빈곤층을 대상으로 하므로 수혜 대상자의 범위가 좁다.
① 상호 부조는 (나)의 특징이다.
② (나)는 소득에 따라 차등적으로 보험료를 납부하는 능력별 비용 부담의 원칙이나, 일정한 조건에 해당하는 사람은 법에 의해 가입이 강
제되는 강제 가입 원칙이다.
③ (가)는 빈곤층이 확인된 다음에 지원을 하므로 사후 대응적 성격이 있고, (나)는 위험에 대한 사전 예방적 성격을 가지고 있다.

6 다음 중, 대중사회를 출현시킨 배경으로 적절한 것을 고른 것은?

> ㉠ 의무교육의 시행   ㉡ 보통선거의 실시
> ㉢ 소수자의 권리 보장   ㉣ 탈(脫)관료제의 정착

① ㉠㉡   ② ㉠㉣
③ ㉡㉢   ④ ㉡㉣

Point

대중사회 … 산업사회의 생산양식에 토대를 두고, 대중이 정치·경제·사회·문화의 모든 분야에 진출하여 중심역할을 하는 사회로 불특
정 다수의 사람들로 이루어진 집합체이다. 대중사회는 자본주의가 발달하고 자본의 집중으로 대량생산, 대량소비, 교통·통신의 발달, 대
중매체의 발달, 보통선거제도의 도입, 의무교육제도 도입 등으로 출현했다. 대중사회는 평등의 이념과 참여 민주주의를 실현하고 대중의
지적 수준이 향상되나, 인간 소외와 주체성 상실, 대량 소비문화에 따른 정치적 무관심을 초래한다.

Answer 3.④ 4.④ 5.④ 6.①

7 다음 중 상대적 빈곤에 해당되는 내용을 모두 고른 것은?

> ㉠ 최저 생활을 유지하는 데 필요한 자원이 부족한 상태이다.
>
> ㉡ 우리나라는 가구 소득이 최저 생계비에 미치지 못한 상태로 파악한다.
>
> ㉢ 우리나라는 가구 소득이 전체 가구 중위 소득의 50%에 미달하는 상태로 파악한다.
>
> ㉣ 객관적 기준이 아니라 개인의 주관적인 판단에 의해 빈곤의 기준이 결정된다.
>
> ㉤ 후진국과 선진국 모두 문제가 된다.
>
> ㉥ 상대적 박탈감에 따른 갈등이 증가한다.

① ㉠㉡㉢ ② ㉡㉢㉣

③ ㉢㉤㉥ ④ ㉣㉤㉥

Point

빈곤 문제의 유형

절대적 빈곤	• 절대적 기준 이하의 삶을 유지하는 상태를 의미한다. • 우리나라는 정부가 정한 최저 생계비에 미치지 못한 가구를 절대적 빈곤층(극빈층)으로 파악한다. • 생존에 필요한 음식, 의복, 주거 등 최저라고 생각되는 어떤 수준(절대적 빈곤선)에 미달하는 상태를 뜻한다. • 후진국에서 주로 문제가 된다. **예** 분단과 전쟁을 겪고 난 직후의 우리나라, 기아에 허덕이는 아프리카 빈국
상대적 빈곤	• 개인의 생활수준이 다른 사람에 비해 미치지 못한 상태 • 우리나라는 전체 가구 중위 소득의 50%에 미달하는 가구를 상대적 빈곤층으로 파악한다. • 빈부격차가 큰 사회일수록 상대적 박탈감에 따른 갈등이 증가한다. • 후진국과 선진국 모두 문제가 된다. **예** 외환위기 이후 양극화가 진행되고 있는 우리나라
주관적 빈곤	• 자신이 욕구 충족을 위한 경제적 능력을 충분히 갖고 있지 않다고 느끼는 상태를 의미한다. • 이는 제3자의 판단에 의한 객관적 기준이 아니라 개인의 주관적인 판단에 의해 빈곤의 기준이 결정된다. 즉 실제로는 빈곤하지 않음에도 불구하고 스스로 가난하다고 느끼는 경우이다.

㉢ 상대적 빈곤 : 우리나라는 전체 가구 중위 소득의 50%에 미달하는 가구를 상대적 빈곤층으로 파악한다.

㉤ 상대적 빈곤 : 상대적 빈곤은 주로 후진국에서 문제가 되나, 상대적 빈곤은 후진국과 선진국 모두 문제가 된다.

㉥ 상대적 빈곤 : 빈부격차가 클수록 상대적 박탈감에 따른 갈등이 증가하고 사회통합을 저해한다.

㉠㉡ 절대적 빈곤, ㉣ 주관적 빈곤

8 다음 표는 사회 불평등 현상을 설명하는 개념 A, B의 일반적 특징을 나타낸 것이다. 이에 대한 옳은 설명을 〈보기〉에서 고른 것은?(단, A와 B는 각각 계급과 계층 중 하나에 해당한다.)

분	개념	
	A	B
지위 불일치 가능성이 인정되는가?	예	아니요
내부 구성원 간에 나타나는 강한 귀속 의식이 강조되는가?	아니요	예

- ㉠ A는 정치 권력의 배분이 전적으로 경제적 능력에 의해 결정된다고 본다.
- ㉡ B는 사회적 희소 가치의 불평등한 분배를 다원론적인 관점에서 이해한다.
- ㉢ B는 A와 달리 집단 간의 서열이 불연속적이라고 본다.
- ㉣ A와 B는 모두 사회 불평등과 경제적 부(富)를 관련지어 파악한다.

① ㉠㉡ ② ㉠㉣
③ ㉡㉢ ④ ㉢㉣

Point
- A는 지위 불일치를 설명할 수 있는 계층이다.
- B는 강한 귀속 의식, 소속감을 강조하는 계급이다.
- ㉢ 집단 간의 서열이 불연속적이라고 보는 것은 계급(B)이다.
- ㉣ 계급은 경제적 요소만 강조하고, 계층은 경제적 요소(계급)뿐만이 아니라 그 외 정치적 요소(권력), 사회적 요소(위신) 다원론적으로 접근한다. A와 B는 모두 경제적 요소와 관련지어 사회 불평등을 파악한다.
- ㉠ 계급(B)에 대한 설명이다. 전적으로 경제적 능력에 의해 권력 배분이 결정된다고 보는 것은 계급론이다.
- ㉡ 계층(A)에 대한 설명이다. 다원론적인 관점은 계층론이다.

9 현재 우리나라에서 실시하고 있는 사회보험의 내용으로만 묶인 것은?

> ㉠ 의료보호제도   ㉡ 생활보호제도
>
> ㉢ 공무원연금제도   ㉣ 산업재해보장보험제도
>
> ㉤ 의료보험제도   ㉥ 아동보호제도
>
> ㉦ 노인복지제도

① ㉠㉡㉢   ② ㉡㉢㉦

③ ㉢㉣㉤   ④ ㉣㉤㉥

Point

사회보장의 방법

㉠ 사회보험
  - 수혜자가 납부하여 마련된 기금에서 사고발생 시 급여하는 제도
  - 비용은 보험에 가입한 개인, 고용주, 국가가 부담
  - 국민건강보험제도(의료보험제도), 연금제도, 산업재해보상보험제도, 고용보험제도 등

㉡ 공공부조
  - 일정 기준 이하의 빈곤자에게 국가가 제공하는 부조
  - 비용은 국가가 세금으로 보조
  - 국민기초생활보장제도(생활보호제도), 의료보호제도, 재해구호제도 등

10 (개), (내)는 사회 불평등 현상을 설명하는 개념에 대한 내용이다. 이에 대한 설명으로 옳은 것은?

> (개) 불평등의 경제적 측면이 중요하기는 하지만 이는 단순한 경제적 현상 이상의 것이다. 사회의 위계 질서적 성격은 계급 이외에 지위, 권력 등의 요소들이 서로 중복되면서 상호 작용하는 요소를 반영하는 것이므로 사회 불평등 현상은 이 세 가지 차원에서 이해되어야 한다.
>
> (내) 현재까지의 인류의 역사는 투쟁의 역사였다. 지배자와 피지배자가 정반대의 입장에 서서 때로는 숨겨진 싸움을, 때로는 공개적인 싸움을 끊임없이 해 왔다. 그리고 이러한 투쟁은 사회를 혁명적으로 변화시키기도 했다.

① (개)는 생산 수단의 소유 여부가 사회적 위계를 결정한다고 본다.

② (개)는 사회를 구성하는 두 집단 간의 대립적 집단의식을 강조한다.

③ (내)는 사회 구성원들이 경제적 요인에 의해 이분법적으로 구분되어 있다고 본다.

④ (개)보다 (내)의 개념이 지위 불일치 현상을 설명하기에 용이하다.

11 다음 사례에 대한 옳은 분석을 모두 고른 것은?

> - 갑과 을이 살고 있는 사회는 계층을 상층, 중층, 하층으로 구분한다.
> - 부모의 계층을 세습했던 갑은 현재 부모와 다른 계층으로 살고 있다.
> - 하층이었던 을은 현재, 이전과 다른 계층으로 살고 있다.
> - 갑과 을은 이동 방향이 다른 사회 이동을 통해 현재 같은 계층에 속해 있다.

> ㉠ 갑의 부모의 계층은 하층이다.
> ㉡ 갑은 세대 간 하강 이동을 하였다.
> ㉢ 갑과 을은 현재 중층에 속해 있다.
> ㉣ 갑은 세대 내 하강 이동을, 을은 세대 내 상승 이동을 하였다.

① ㉠, ㉡

② ㉠, ㉣

③ ㉢, ㉣

④ ㉡, ㉢, ㉣

12 밑줄 친 ㉠~㉤에 대한 설명으로 옳은 것은?

> '세기의 수재', '엄친딸 종결자', '최고의 여성법학자', ○○○. 32세에 한국계 최초로 하버드법대 교수에 임용되었다. 이후 4년만에 교수단 심사를 만장일치로 통과, ㉠아시아 여성 최초로 ㉡하버드법대 종신교수로 선출되었다. ㉢하버드 법대 종신교수 ○○○은 아메리칸발레학교, 줄리아드 예비학교, 예일대 학부, 옥스퍼드대 대학원, 하버드법대 대학원 학력까지 ㉣학부모라면 누구나 한번쯤은 자녀가 재학하길 원하는 ㉤학교를 5군데나 거쳤다. 1월초 출간된 ○○○의 첫 에세이 「내가 보고 싶었던 세계」는 그녀의 화려한 이력에 가려진 예술에의 열정, 학업에의 끊임없는 정진, 그리고 자신의 직업에서 찾은 즐거움까지, ○○○ 교수의 일과 삶의 원칙에 애정이 덧입혀져 잔잔히 녹아든 책이다.
>
> (한국경제TV 2013.1.14. 인터넷뉴스팀)

① ㉠은 성취 지위이다. ② ㉡은 역할에 대한 보상이다.
③ ㉢은 ○○○의 외집단이다. ④ ㉤은 공식적 사회화 기관이다.

Point
① ㉠은 귀속 지위이다.
② ㉡은 역할 행동에 대한 보상이다.
③ ㉢은 ○○○의 내집단이다.

13 표는 우리나라 사회 보장 제도 유형의 일반적인 특징을 비교한 것이다. (가), (나)에 대한 설명으로 옳은 것은? (단, (가)와 (나)는 금전적 지원을 제공함.)

항목　　　　　　　　　　유형	(가)	(나)
수혜 대상의 범위	넓음	좁음
소득 재분배의 효과	작음	큼
관련 위험 발생의 현재성 정도	낮음	높음

① (가)는 수혜 정도와 상관없이 능력에 따라 비용을 부담한다.
② (나)는 재해, 질병, 고령, 실업 등에 대비하기 위한 것이다.
③ (가)는 (나)와 달리 자활적 복지를 강조한다.
④ (나)는 (가)에 비해 상호 부조의 성격이 강하다.

Point
사회 보장 제도 중 (가)는 사회 보험, (나)는 공공 부조이다.
① 사회보험은 수혜 정도와 상관없이 납부자의 소득이나 재산 등 능력에 따라 비용 부담 정도가 다르다.
② 재해, 질병, 고령, 실업 등 미래의 위험에 대비하기 위한 것은 사회보험이다.
③ 생계유지가 곤란한 자의 자활적 복지를 중시하는 것은 공공 부조이다.
④ 상호 부조의 성격이 강한 것은 사회 보험이다. 공공 부조는 생활 무능력자에 대한 일방적 지원이다.

14 어떤 국가의 소득 상위 10% 집단과 하위 10% 집단을 비교한 표이다. 이와 같은 현상이 심화될 때 나타날 수 있는 문제점을 〈보기〉에서 모두 고른 것은?

구분	월 평균 소득		월 교육비 지출	
	2000년	2005년	2000년	2005년
상위 10%	635만 원	750만 원	26만 원	38만 원
하위 10%	75만 원	84만 원	5만 원	6만 원
상위/하위(배)	8.46	8.92	5.2	5.84

〈보기〉
㉠ 계층 간 수직 이동 가능성이 점차 감소한다.
㉡ 하위층의 상대적 박탈감이 커져 사회 통합을 저해한다.
㉢ 귀속 지위보다 성취 지위에 의한 계층화 요인이 증대된다.
㉣ 협동적 상호 작용보다 갈등적 상호 작용이 나타나게 된다.

① ㉠, ㉢   ② ㉡, ㉣
③ ㉠, ㉡, ㉢   ④ ㉠, ㉡, ㉣

Point

제시된 표를 통해 소득 상위 10% 집단과 하위10% 집단의 월 평균 소득과 월 교육비 지출의 격차가 점점 벌어지고 있음을 알 수 있다. 계층 간 소득 및 교육비 지출의 격차가 점점 벌어지면서 계층이 고착화될 가능성이 커진다.
㉠ 계층 간 수직 이동 가능성이 감소한다.
㉡ 하위층 구성원들의 사회적 박탈감이 커지므로 사회 통합이 이루어지지 않게 된다.
㉣ 사회 통합이 이루어지지 않는다면 계층 간 갈등 요인이 커지게 된다.
㉢ 성취 지위보다 귀속 지위에 의한 계층화 요인이 증대하게 되므로 계층이 더욱 고착화 된다.

05 일상생활과 사회제도

기출문제

section 1 사회제도의 의미

(1) 사회제도

① 사회제도의 의미와 특징

　㉠ 사회제도의 의미

　　• 사회구성원들의 기본적인 요구와 사회적 기능을 충족시키려는 수단으로 만들어
　　낸 역할과 규범 체계

　　• 일상생활의 문제를 해결하기 위한 방식으로 관습화 되고 공식화된 방법과 절차

　　• 사회구성원들 간의 조직화한 행동양식 : 결혼제도, 대학입시제도, 군 복무제도 등

　㉡ 사회제도의 특징

　　• 구속력 · 강제력 : 구성원의 행동을 규제하고 사회제도를 위반 할 경우, 비난이나 처벌
　　을 받는다.

　　• 지속적 · 안정적 : 사회제도가 형성되면 하나의 관습이 되어 쉽게 변하지 않는다.

　　• 보편성 · 특수성 : 사회제도는 어느 사회에나 존재하지만 문화권마다 제도의 형태
　　는 다양하다.

② 기능과 중요성

　㉠ 기능 : 인간의 기본적 욕구 충족과 사회적 욕구 충족, 사회의 질서 유지 등이
　　있다.

　㉡ 사회 제도의 중요성

　　• 개인적 차원 : 사회 구성원의 욕구 충족의 기반, 욕구충족의 범위와 방법에 대한
　　안내

　　• 사회적 차원 : 사회의 안정적 유지 · 발전에 기여, 사회의 기본 질서 유지 및 변화
　　추구

(2) 사회 제도의 유형

① 다양한 사회 제도

　㉠ 가족제도

　　• 의미 : 가족의 구성이나 기능 등에 관하여 국가 · 지역사회가 규정하고 있는 질서

　　• 기능 : 사회구성원의 기본적 생존과 양육, 정서적 안정, 가족 구성원들의 행동 규
　　제 및 사회화

　㉡ 정치제도

　　• 의미 : 권력의 획득 및 행사, 정부의 구성 및 역할 등과 관련된 사회 제도

　　• 기능 : 사회 질서 유지, 사회 구성원의 안전 도모, 공공복리 증진

ⓒ 교육제도

- 의미 : 사회생활에 필요한 지식과 기술, 가치관 등을 사회구성원들이 체계적으로 습득하도록 하는 제도
- 기능 : 한 사회의 지식과 가치를 다음세대에 전달하고 사회 구성원개개인에게 삶의 방향을 제시

ⓔ 경제제도

- 의미 : 자원의 생산, 분배, 소비 등의 경제 활동과 관련된 제도
- 기능 : 사회 구성원의 욕구 충족을 위해 희소한 자원을 생산·분배

ⓜ 종교제도

- 의미 : 초월한 존재와 세계, 삶의 의미와 본질, 믿음 등에 관련된 제도
- 기능 : 삶의 의미와 방향제시, 도덕과 윤리적 행위 강화, 정서적 안정

② 사회 제도의 변화

ⓐ 현대의 사회 제도는 단순한 형태에서 복잡하고 다양한 형태로 분화되고 전문화되는 경향을 띤다.

ⓑ 사회 변동을 반영하여 사회 제도의 기능 또한 강화되거나 약화하는 방향으로 변화

section 2 가족제도

(1) 가족의 의미 및 기능

① 가족의 의미

ⓐ 사회를 구성하는 가장 기본적인 사회 제도

ⓑ 혼인, 출산 또는 입양을 통해 맺어진 사람들의 집단

ⓒ 사회 변동에 따라 가족을 기준 짓는 범위가 확대되고 있다.

② 가족의 기능

ⓐ 가족의 기본적 기능

- 사회 구성원의 재생산 : 자녀의 출산으로 새로운 사회 구성원을 충원, 사회 영속성 보장
- 양육과 보호 : 어린이와 노인 등 도움이 필요한 가족 구성원을 양육하거나 보호
- 1차적 사회화 : 사회생활에 필요한 기본적 행동 양식 및 사회적 규범 습득
- 정서적 안정의 제공 : 정서적 안정과 심리적 만족감 제공, 가치관 형성
- 오락의 기능 : 가족이 단위가 외어 여가를 즐김, 가족원이 함께 모여 대화
- 소비의 기능 : 한정된 수입으로 온 가족원의 욕구 충족시킬 수 있는 능력 요구

기출문제

🔑 현대사회에서 특히 강조되는 가족의 기능은?

▶ 2001. 서울시

ⓐ 자녀교육
ⓑ 정서적 기능
ⓒ 노약자 부양
ⓓ 여가·오락적 기능의 확대

① ⓐⓑ
② ⓐⓒ
③ ⓑⓒ
④ ⓑⓓ
⑤ ⓒⓓ

정답 ④

문 다음 표에 대한 해석 중 가장 적절한 것은?

▶ 2015. 6. 27. 제1회 지방직

〈지역별 가구 형태 분포〉

구분	A 지역	B 지역
총 가구수	10,000	8,000
1인 가구수	3,000	3,500
1세대 가구수	4,000	4,000
2세대 가구수	2,500	400
3세대 이상 가구수	500	100

① A지역이 B지역보다 핵가족 수가 적다.
② A지역이 B지역보다 총 인구수가 적다.
③ 1인 가구 총 인구수는 A지역이 B지역보다 적다.
④ 1세대 가구의 비율은 A지역보다 B지역이 더 낮다.

ⓛ 가족 기능의 변화
- 사회 변동 및 사회 제도의 분업과 전문화로 가족 기능이 축소·약화 되고 있다.
- 재생산과 사회화 기능, 정서적 안정의 기능은 여전히 가족의 중요한 기능으로 남아있다.

(2) 가족의 다양한 형태

① 확대 가족과 핵가족

구분	확대가족(전통가족)	핵가족(현대가족)
정의	부부와 기혼 자녀로 구성된 가족	부부 또는 부부와 미혼 자녀로 구성
특징	전통 농경 사회의 일반적 가족 형태	산업화 이후 확대된 가족 형태
장점	• 세대에서 세대로 이어지는 삶의 지혜와 인생의 경륜이 형성된다. • 가정교육을 통해 가풍과 가치관을 이어준다. • 안정된 가족생활을 통해 심리적으로 안정감을 준다.	• 민주적, 평등한 가족관계 • 구성원들의 개성과 창의성 중시 • 여성의 지위가 상대적으로 향상
단점	• 가부장의 권위주의 때문에 개인의 개성과 창의성 발휘가 어렵다. • 가족을 위한 여성들의 희생이 많다	• 이혼율 증가 • 노인들 소외 • 자녀양육의 문제

② 가족 형태의 다양화 … 사회 변동, 의식의 변화(개인주의, 양성평등), 세계화 등이 배경이 되었다.

예 노인 단독 가구(고령화 현상), 한 부모 가족(이혼증가), 다문화 가족(세계화) 등

(3) 가족문제의 원인 및 해결 방안

① 가족 문제의 의미와 양상
ⓛ 가족문제의 의미 : 가족의 기능을 정상적으로 수행하지 못하여 발생하는 문제
ⓛ 가족문제의 발생요인
- 가족 내적 요인 : 개인의 가치관·성격차이, 구성원 사이의 상호 작용 방식의 문제
- 가족 외적 요인 : 산업화·경기 침체, 의식의 변화(양성평등), 기술 발전 등

정답 ③

ⓒ 해결방안 : 개인의 의식 개선 + 사회 제도 및 환경 개선

구분	원인	양상	대처 방안
자녀 문제	• 핵가족화 • 맞벌이 부부의 증가	• 자녀들의 정서적 불안정 • 부모와 자녀 사이의 대화 단절	• 맞벌이 부부와 편부모 가정을 위한 복지 강화 • 육아 휴직 제도의 보편화
이혼 문제	• 여성의 경제 활동 증가 • 개인주의적 가치관 팽배	• 경제적 무능력자의 생계 유지 곤란 • 자녀 양육 문제	• 부부 관계 개선 프로그램 운영 • 공동체적 가치관 확립 • 이혼에 대한 사회적 편견 제거
노인 문제	• 노인 인구의 급증과 가치관의 변화 • 산업화로 인한 노인 지위 약화	• 노인들의 무력감과 건강 악화 • 경제적 빈곤과 노년 부양비 증가	• 개인의 계획적인 노후 준비 • 사회 제도적 차원의 노력(사회복지제도의 강화) • 가족들의 관심과 배려
가족 해체 현상	• 산업화·도시화로 인한 사회 변동 • 개인주의적 가치관의 확산	• 모성 기능의 상실과 노인문제발생 • 부모와 자녀, 부부 간의 갈등	• 공동체 의식의 강화 • 경로효친 사상 고취
가족 이기주의	• 산업 사회의 치열한 경쟁 논리 • 핵가족화로 인한 가족의 고립	사회 전반의 이기주의적 풍조 만연	• 이웃과의 교류 증대 • 공동체적 가치관 확립 • 지역 사회에서의 봉사 활동 장려

② 기능론적 관점

　ⓐ 가족문제는 가족 구성원 사이의 결속 약화, 가족 구성원의 일탈 행동이나 이혼 등의 가족의 기능이 원활하게 수행되지 못한 상태를 말한다.

　ⓑ 가족 구성원 사이의 역할 기대와 역할 수행 사이의 부조화, 가족 구성원의 가치관이나 태도의 결함 등이 원인이다.

　ⓒ 가족 갈등, 해체의 지속은 사회 전체적으로 바람직하지 않다.

　ⓓ 해결방안 : 올바른 가치관 및 태도에 대한 교육, 가족의 기능 상실 예방을 위한 복지 제도의 확충 등이 있다.

③ 갈등론적 관점

　ⓐ 가족문제는 가족 구성원사이의 갈등이 표출된 상태를 말한다.

　ⓑ 희소한 자원을 둘러싼 가족 구성원 사이의 불평등한 관계가 원인이다.

　ⓒ 갈등을 드러내고 해결함으로써 더 나은 가족생활이 가능해진다.

기출문제

문 급변하는 현대사회에서 산업구조가 변화되고 고령화 핵가족 등의 원인으로 노인문제가 대두되고 있는데, 이 노인문제의 해결방안으로 거리가 먼 것은?

▶ 2010. 행정안전부

① 재사회화
② 노인복지정책 강화
③ 노령층의 취업기회 강화
④ 국민연금 가입 연령을 앞당긴다.

▎정답 ④

② 해결방안 : 가부장제와 같은 제도의 개선과 남녀 간의 평등 의식, 가족 내의 민주적 의사소통 도입과 같은 의식 개선 등 가족 구성원 사이의 불평등한 관계 개선 등이 있다.

④ 상징적 상호작용론

　㉠ 가족문제는 가족 구성원의 상호 작용 가운데 특정 문제에 의미를 부여하는 방식에 따라 문제의 범위가 달라진다.

　㉡ 상호 작용 및 의미부여 과정에서 문제가 발생할 경우 가족 간의 갈등이나 문제가 발생한다.

　㉢ 해결방안 : 다양성의 관점에서 변화하는 가족의 형태와 가족 구성원의 특성을 이해하고 인정하는 방법으로 가족 구성원의 상호 작용 방식 수정, 특정 상황의 가족을 낙인찍지 않기 등이 있다.

⑤ 교환론

　㉠ 가족문제는 개인들의 합리적 계산에 의한 선택결과이다.

　㉡ 가족생활을 통한 기대 보상이 자신의 기대에 미치지 못할 경우 문제가 발생한다.

　㉢ 해결방안 : 사회적으로 바람직한 선택에 대한 보상을 높이고, 부정적 선택에 대한 제재를 강화한다.

section 3 교육제도

(1) 교육의 특성과 기능

① 교육의 의미와 특성

　㉠ 교육 : 내부적 능력을 개발 시켜 사회생활에 필요한 사회 규범, 지식, 기술, 가치, 태도 등을 가르치는 활동

　㉡ 교육의 특성

　　• 개인적 측면 : 개인의 성장과 사회 적응에 기여

　　• 사회적 측면 : 한 사회의 문화 전승, 사회 질서·규범 준수는 사회의 유지·발전에 이바지

② 교육제도의 발달

　㉠ 전통사회 가족 내에서 교육기능 수행, 체계적 교육 기회는 특정 집단에만 한정되었다.

　㉡ 산업화 이후 학교를 중심으로 한 공교육 체제 확립, 정규 교육의 기회 확대되었다.

ⓒ 교육기관의 전문화, 지식정보의 양 팽창 및 직업의 분화로 다양한 교육 기관이 등장하였다.

ⓔ 급속한 사회 변동에 따른 성인들의 재사회화가 점차 부각되었다.

(2) 교육기능에 대한 다양한 관점

① 기능론

ⓐ 교육의 기능 : 교육은 인력양성 · 사회통합 · 질서유지 · 수직적 계층 이동을 가능케 하였다.

사회화	• 사회생활이 필요한 지식 기술 습득하여 사회에 필요한 인력 양성 • 사회 질서 유지에 필요한 규범 가치 습득하여 사회 통합, 사회 안정 기여
문화전승	현 세대의 문화를 다음 세대로 전승하는 기능 수행
선발기능	사회 각 분야에서 역할을 수행할 수 있는 사람 선발, 개인의 능력 노력에 따라 수직적 계층이동이 가능, 개방적 계층 구조 유지

ⓑ 한계점

• 모든 사람들에게 교육의 기회가 균등하지 않다.

• 지연 · 혈연 등 능력 이외 요인의 영향을 간과하였다.

② 갈등론

ⓐ 교육의 기능 : 불평등한 사회 구조를 유지하고 재생산 하는 기능 수행, 교육에 의한 문화의 전승, 사회 통합 사회 통제 등은 결국 기존 질서를 정당화하고 재생산하는 교육의 기능을 보여 주는 것에 불과하다.

학교 교육	교육 내용이 지배 집단의 가치 반영, 지배집단의 이익 옹호, 지배 계급의 지배 정당화, 불평등 심화
학교 교육에서의 성공	개인의 능력보다 학생의 사회 · 경제적 배경 반영하여 불공평한 평가
선발 기능	불공평한 선발로 계층의 지위 세습을 정당화, 폐쇄적 계층구조 유지

ⓑ 한계점 : 사회 이동을 가능하게 한 학교 교육의 공헌을 무시하였다.

③ 바람직한 관점 … 기능론과 갈등론에 대한 균형 잡힌 이해가 필요하다.

(3) 교육의 기회균등 문제

① 교육의 기회균등 … 교육을 받을 수 있는 기회가 모든 사람에게 균등하게 보장되어야 한다.

ⓐ 기회균등의 두 가지 측면

• 접근 기회의 평등 : 성별, 종교, 인종, 신체적 조건으로 차별받지 않고 동등한 교육 기회 보장 자신의 노력과 능력에 따라 고등교육을 받을 수 있음

- 교육결과의 평등 : 접근 기회의 평등에도 불구하고 환경의 차이로 학생의 학업 성취도 차이 발생→상대적으로 열악한 지역의 교육 여건 개선 추진
- ㉡ 공교육 강화 의무교육 확대 교육이 사회 구성원의 권리로 인식됨에 따라 제도화 됨 교육의 기회 균등 가능성 증대
- ㉢ 기회균등의 중요성
  - 교육을 통하여 사회적 불평등을 해결할 수 있는 기회 부여, 수직적 사회 이동이 가능하다.
  - 교육 기회의 불균등이 지속될 경우 사회 불평등 구조가 심화된다.
  - 교육의 기회균등은 개개인의 삶의 질을 향상시킬 뿐 아니라 국가의 발전과 번영에도 도움이 된다.
- ㉣ 교육 기회의 불평등
  - 지역적·경제적 요인에 따라 교육 기회의 불평등 문제가 발생한다.
  - 인구가 많고 경제 수준이 높은 지역일수록 다양한 교육 기회가 존재한다.
  - 경제적 지위에 따라 사교육을 차별적으로 받게 된다.

② 교육의 기회균등에 대한 관점

㉠ 기능론과 갈등론의 비교

구분	기능론	갈등론
교육 수준	• 교육수준은 개인의 능력반영 • 개인의 능력과 노력 강조	• 교육 수준은 능력 이외 요인이 반영됨 • 노력에도 불구하고 높은 성취도 달성 어려움
교육의 기능	교육 수준에 따라 직업, 소득 등 사회경제적 지위 차등(사회 이동 가능)	사회 불평등을 재생산함
교육 기회균등	• 교육기회 불평등은 이미 사회적으로 합의된 결과 • 교육기회균등이 오히려 사회의 효율을 떨어뜨릴 수 있음 • 구성원들의 최선의 노력을 기대하기 어려움 • 고교 평준화보다는 고교 다양화와 선택권의 확대지지	• 교육기회 불평등은 이미 사회 구조에 내재되어있는 모습이 반영된 결과 • 교육은 지배층의 기득권 유지 수단으로 전락 • 교육기회 불평등으로 사회 전반의 불평등 현상이 고착화 되는 결과 • 교육의 기회균등 달성 어려움 사회의 불평등 구조의 해결 필요
기회균등 달성방안	• 취학률, 진학률 확대, 의무교육, 선택권 보장 등으로 교육의 기회 균등가능 • 개인의 노력과 능력에 따라 사회적 상승 이동가능	• 적극적인 소외 계층 배려 정책 추구 • 소외 지역 학교 지원정책

ⓒ 교육의 기회균등 문제 해결 방안
- 사회 경제적 배경이 개인의 교육수준에 영향을 미치는 현실을 부인하기 어렵다.
- 제도적 개선 : 방과 후 교육 프로그램 강화 등 공교육 수준 향상, 지역 균형 선발제, 농어촌 특별 전형제 등의 입학 전형 도입, 공교육 시설 개선, 사회 취약 계층 학비 지원, 고교 다양화 등

section 4 대중매체

(1) 대중매체의 유형과 특징

① 대중매체의 의미

ㄱ 의미 : 불특정 다수인 대중에게 대량의 정보를 전달하는 매체나 수단을 말한다.

ㄴ 특성
- 시간과 공간의 한계를 극복하여 정보가 공개적으로 동시에 전달된다.
- 다양한 계층의 불특정 다수인 대중을 대상으로 한다.
- 대중의 행동과 사고방식에 커다란 영향력을 가진다.

ㄷ 발전과정
- 기술 개발을 바탕으로 새로운 소통 수단이 등장하였다.
- 인쇄술 발전(인쇄매체), 라디오 발명(음성매체), TV발명(영상매체), 인터넷 등장 (뉴미디어)

ㄹ 대중 매체 발달의 영향
- 대중 사회 형성 및 대중문화의 생산과 쉽고 빠른 전달이 가능하게 되었다.
- 민주주의적 가치관의 확산되면서 대중들이 사회의 중심적인 역할 담당하게 되었다.
- 시간·공간의 제약이 줄어들면서 국경을 넘어 세계적으로 영향을 미치게 되었다.

ㅁ 대중매체의 단점 : 지나치게 상업화 되거나 선정적이고 편파적인 정보를 제공하여 대중들의 비판적 사고 능력을 약화시키거나 건전한 가치 판단을 어렵게 하는 경우도 발생한다, 획일화된 문화나 몰개성 등의 문제를 일으키기도 한다.

② 대중매체의 유형과 특징

ㄱ 인쇄매체 : 시각적 이미지를 활용하여 메시지 전달

예 책, 잡지, 신문
- 제작과정으로 인해 전달속도가 가장 느림
- 반복활용이 가능, 상세한 정보전달 가능
- 시간과 공간의 제약이 비교적 적음

기출문제

문 〈보기〉에서 공통적으로 부각된 대중 매체의 문제점으로 가장 적절한 것은?
▶ 2024. 6. 22. 제2회 서울시

〈보기〉
- 1920년대 신문 광고에서는 유명한 연예인을 내세워 담배가 날씬한 몸매 유지, 구강 살균, 신경 안정에 효과가 있다고 선전하여 흡연율을 몇 배로 높이고 담배 시장을 크게 확대했다.
- 1인 미디어의 영향력이 커지면서 부작용도 커지고 있다. 마음에 드는 1인 미디어 제작자에게 호감을 표시하는 행위로 시청자가 현금 가치를 갖는 온라인 아이템을 선물하는데, 이것을 받기 위한 1인 미디어 제작자들의 도를 넘은 자극적·선정적 콘텐츠가 양산되고 있다.

① 이윤 추구를 우선하는 상업주의의 폐해를 초래한다.
② 주류문화에 저항하는 문화를 양산하여 사회통합을 저해한다.
③ 정치적 무관심을 초래하여 정치권력에 대한 비판 기능을 약화시킨다.
④ 이질적인 문화를 확산시켜 전통문화의 주체성과 정체성을 약화시킨다.

정답 ①

ⓛ 전자매체
- 음성매체 : 청각에 의존하는 전달 매체
  예 라디오, 음반, 녹음기
  - 신속하고 휴대성 높음, 전달속도 빠름
  - 비교적 낮은 비용으로 정보제공 가능
  - 시각정보 처리 어려움
- 영상매체 : 시청각 이미지 전달가능
  예 공중파텔레비전, 케이블 텔레비전
  - 전달속도 빠름, 현장감 있는 정보제공
  - 영향력이 가장 높은 매체, 오락기능이 뛰어남
- 뉴미디어 인터넷, 스마트폰, 소셜 네트워크 서비스(SNS)
  - 정보의 상호 작용성, 대중의 정보 생산자로서의 참여
  - 정보의 복제 전송 용이로 대량의 정보유통이 가능

③ 인터넷의 발달과 사회변화
  ㉠ 사회 전 영역의 영향력 증가
  - 경제 : 지식 정보 산업중심으로 산업 구조 개편, 일하는 방식의 변화
  - 정치 : 온라인 공간을 통한 빠른 시간 내 여론 형성가능, 전자민주주의 가능성 증대
  - 사회 : 사회구성원 사이의 상호작용 방식 변화, 사이버 공동체 형성
  ㉡ 대중매체의 융합현상 증가
  - 인터넷으로 신문, 잡지, 라디오, TV 등 다양한 대중 매체가 통합되었다.
  - 정보기기의 발달로 대중 매체를 수용하는 시간이나 공간의 제약이 감소되었다.
  - 쌍방향성 증대 : 정보의 생산자와 소비자의 경계가 모호해졌다.

(2) 대중매체의 기능

① 대중 매체의 기능

기능	순기능	역기능
정보전달	다양한 정보를 수집·정리·분배	• 허위 정보 제공 시 부작용 발생 • 사생활침해 문제발생
해석평가 제공	• 사건과 정보에 대한 해석 평가제공 • 여론형성, 정부 기업 감시와 견제	• 권력에 유리한 방향으로 편견개입 가능 • 여론 조작가능
사회화	• 사회구성원의 가치관 형성 • 사회 통합에 이바지 • 일탈행위공개	• 지배적 규범이나 가치주입으로 인한 구성원의 가치와 사고방식 획일화 • 모방범죄 발생

🔍 농업에 인터넷을 사용하는 것에 관한 설명 중 옳지 않은 것은?
▶ 2006. 대구광역시

① 인터넷을 이용하여 농작물 재배에 대한 필요한 정보를 얻을 수 있다.
② 홈페이지를 만들어 소비자에게 직접 농산물을 판매하여 소득을 올릴 수 있다.
③ 소비자의 입장에서 볼 때 물건을 비싸게 구매하게 될 것이다.
④ 새로운 정보를 서로 교환할 수 있다.

| 정답 ③

오락	• 기분전환, 휴식기능 • 고급 예술접촉, 대중문화 형성에 기여	• 저질문화 양산, 정치적 무관심 증가 • 개성이 사라짐 • 게임중독문제 발생 • 가족 간 대화단절
동원	• 특정 가치나 행동을 선택하도록 홍보 선동 • 국가 위기상황을 극복할 수 있는 원동력	• 무분별한 소비문화 조장 • 부당한 전쟁이나 권력투쟁에 악용가능 • 폭력을 정당화 혹은 우상화함

② 대중매체의 역할과 기능에 대한 이론

　㉠ 기능론

　　• 대중 매체는 사회의 한 부분으로 사회의 유지와 통합을 위한 긍정적 기능 수행한다.

　　• 질서 유지와 통합 기능 : 대중매체를 통해 공유 할 수 있는 가치와 규범을 창출하여 참여민주주의를 가능하게 한다.

　　• 사회 통제기능 : 일탈행위의 부정적 결과를 보도한다.

　㉡ 갈등론

　　• 대중 매체는 지배 집단의 기득권을 유지시키고 정당화하는 역할을 수행한다.

　　• 기존 질서 순응 기능 : 지배 집단의 입장을 반영하는 대중 매체를 대중은 진실로 받아들인다. 그로 인하여 사회의 민주화를 저해하고, 정치적 무관심을 유도한다.

　　• 개인주의적 성향 강화 : 대중 매체를 통해 문화 상품을 개별적으로 소비하게 되면서 유대가 단절되고 고립되는 상황에 놓이게 될 것이다.

③ 대중매체의 비판적 수용자세

　㉠ 대중매체의 영향

　　• 일상적인 삶의 방식, 내면의 감정까지 통제하여 대중은 수동적 존재로 전락하였다.

　　• 대중 매체에 대한 의존도와 신뢰도가 높아져 대중들의 인식·행동을 이끌어간다.

　　• 상업적 대중문화의 무분별한 모방과 추종을 만들어 문화의 획일화를 만든다.

　㉡ 비판적 수용자세의 중요성

　　• 대중매체가 언제나 객관적 진실만을 제공하지 않는다.

　　• 올바른 인식과 판단을 위해서는 대중매체의 정보를 비판적으로 수용해야한다.

　　• 수동적인 소비자에서 벗어나 대중문화를 생산하는 능동적인 주체가 되기 위한 노력이 대중문화의 획일성 극복방안이다.

기출문제

문 다음의 사회현상으로 인한 결과가 아닌 것은?

▶ 2005. 경상남도교육청

㉠ 인터넷 보급률이 급속히 증가하고 있다.
㉡ 집에서 인터넷으로 모든 일을 처리한다.

① 정치집단의 영향력이 커진다.
② 정보의 빠른 전달·전파가 가능해진다.
③ 사회참여율이 높아진다
④ 개인주의적 성향이 더욱 강화된다.

정답 ①

section 5 종교제도

(1) 종교의 본질과 기능

① 종교의 본질

  ㉠ 종교의 의미 : 성스러운 존재나 세계에 대한 믿음으로 인간의 불안 · 죽음의 문제, 심각한 고민 해결을 하려고 하는 것이다.

  ㉡ 종교의 구성요소 : 믿음의 대상, 종교의례, 공동체, 경험

② 종교의 기능

  ㉠ 개인적 차원 : 삶의 의미와 목적제공, 심리적 안정과 만족감 제공

  ㉡ 사회적 차원

  • 사회 통합 기능 : 구성원에게 공통의 가치와 규범을 제공하여 소속감을 고취시키고 결속력을 증진한다.

  • 사회 통제 기능 : 종교적 가르침과 의례를 통해 사회 통제 및 질서를 유지한다.

  • 사회변동 기능 : 기존 질서의 모순을 지적하고 새로운 가치를 제시한다.

  ㉢ 종교를 바라보는 관점

  • 기능론

  −종교의 긍정적 기능과 역할에 대해 관심

  −정서적 안정 제공, 공동체의 결합과 소속감 고취, 사회적 결속력 증진, 사회통제와 질서 유지 등의 기능

  • 갈등론

  −종교의 부정적인 측면을 부각

  −사회 문제의 원천, 전쟁이나 테러의 원인

  −기존 질서 순응 : 지배적 가치와 규범을 사회화, 사회 불평등 정당화

  • 상징적 상호작용

  −미시적 관점에서 종교의 상징 부여적 기능 역설

  −서로 다른 상징과 의미를 부여하고 서로 다른 역할 기대를 만듦

(2) 종교 갈등의 원인과 해결방안

① 종교 갈등의 양상과 원인

　　㉠ 종교 갈등

　　　• 종교에 대한 절대적 믿음이 다른 종교에 대한 배타적 태도를 보이게 한다.

　　　• 종교의 차이가 계급, 인종, 민족, 국가 등 다른 요소와 연관되면 갈등이 확대

　　　　된다.

　　㉡ 부정적 측면 : 사회문제의 원천으로 작용, 폭력적 분쟁으로 까지 발전

　　㉢ 긍정적 측면 : 집단 내부의 결속력 증진, 사회 변동 촉진

② 갈등의 해결방안

　　㉠ 개방적 자세 : 서로의 가치를 인정하고 존중, 타 종교도 존중하고 이해

　　㉡ 다른 종교와의 공존 : 대화와 화합의 노력, 다양한 문화와 인종으로 중요성이

　　　커짐

단원평가 일상생활과 사회제도

1 고령화 추이를 나타내고 있는 표에 대한 설명으로 옳은 것은?

연도	노년부양비(%)	고령화지수(%)
2000	10.1	33.0
2010	15.0	66.3

① 노년부양비는 $\dfrac{65세\ 이상\ 인구}{유소년\ 인구+생산가능\ 인구} \times 100$ 으로 구한다.

② 고령화지수는 $\dfrac{65세\ 이상\ 인구}{생산가능\ 인구} \times 100$ 으로 구한다.

③ 2000년의 노인 인구는 유소년 인구의 3분의 2 이하이다.

④ 2010년의 유소년 인구는 생산가능 인구의 3분의 2 이상이다.

① 노년부양비는 $\dfrac{65세\ 이상\ 인구}{생산가능\ 인구} \times 100$ 으로 구한다.

② 고령화(노령화)지수 $\dfrac{65세\ 이상\ 인구}{15세\ 미만\ 유소년\ 인구} \times 100$ 으로 구한다.

④ 2010년 생산 가능 인구를 100명이라고 가정할 때, 노인 인구는 15명, 유소년 인구는 약 22명이 되므로 유소년 인구는 생산 가능 인구의 $\dfrac{22}{100}$ 이다.

2 다음의 내용과 가장 관계가 깊은 것은?

- 개인적 욕구의 충족
- 사회적 기능의 수행
- 사회의 유지 및 발전
- 관습화되고 공식화된 방법과 절차

① 계층구조
② 사회구조
③ 사회제도
④ 역할제도

사회제도는 관습화되고 공식화된 방법과 절차이다.

3 다음의 내용에서 공통적으로 추출할 수 있는 일반화는?

> • 티베트의 하층민들은 결혼지참금으로 인한 재산의 분산을 막기 위하여 여러 형제들이 한 아내와 공동생활을 한다.
> • 북극의 에스키모인들은 사냥감을 찾아 넓은 지역으로 흩어져 독립적 생활을 영위할 수 있도록 핵가족형태를 보편적 가족형태로 갖는다.
> • 농사는 협업을 통하여 생산성이 늘어나는 특징이 있기 때문에 농경민들은 확대가족의 형태를 유지한다.

① 경제적 요인은 가족의 형태를 결정하는 요인이 된다.
② 가족의 형태는 사회의 풍속에 따라 다르다.
③ 인류는 대개 확대 또는 대가족제도로 생활해 왔다.
④ 가족의 형태는 인종에 따라 달라진다.

Point

가족을 단위로 하는 가계는 경제적 생산과 소비의 기능을 수행하는데, 가족형태의 결정요인으로 경제적 요인이 중요한 변수로 작용하는 경우가 많다.

4 다음은 어떤 사회제도에 대한 설명인가?

> • 사회구성원들의 기본적인 생존을 가능하게 하는 수단을 제공한다.
> • 현대사회로 올수록 분배의 형평을 중요시하고 있다.

① 가족제도
② 교육제도
③ 종교제도
④ 경제제도

Point

① 행동규제, 사회구성원의 재생산과 사회화, 의식주 제공과 귀속지위 부여
② 문화창조 · 전승, 삶의 수단을 제공
③ 삶의 위안 제공, 집단통합과 가치 전승

Answer   1.③ 2.③ 3.① 4.④

5 다음에서 사회제도의 기능 가운데서 보다 중요한 두 가지로 짝지어진 것은?

> ㉠ 성원의 욕구충족　　　　　　　　㉡ 생존의 동기부여
> ㉢ 전체적 이익의 실현　　　　　　　㉣ 사회통제

① ㉠㉡　　　　　　　　　　　　② ㉠㉣
③ ㉡㉢　　　　　　　　　　　　④ ㉢㉣

Point

사회제도의 기능
㉠ 개인적 차원 : 인간의 기본적 욕구의 충족
㉡ 사회적 차원 : 사회의 유지 · 존속 · 발전을 위한 사회적 통제

6 다음은 갑의 생애를 나타낸 것이다. 시기별로 갑이 거주했던 지역 사회와 가족 형태를 표에서 찾아 순서대로 바르게 나열한 것은? (단, 갑이 거주했던 지역 사회는 도시와 농촌의 일반적인 특징을 근거로 구분한다.)

> • 유년기 : 지역 내 인구 이동이 적은 마을에서 태어나 부모님을 비롯하여 조부모님과 함께 생활함.
> • 청년기 : 결혼과 동시에 부모님으로부터 분가하여 2차적 관계가 지배적인 지역에서 살면서 자녀 2명을 출산함.
> • 장년기 : 자녀들을 대학에 입학시킨 후 계층 분화가 뚜렷하지 않은 지역에서 아내와 단둘이서 지냄.
> • 노년기 : 직업 구성이 이질적인 지역 사회에 거주하는 자녀들과 함께 살면서 손자들을 돌봄.

구 분		지역 사회	
		도시	농촌
가족 형태	핵가족*	(가)	(나)
	확대 가족*	(다)	(라)

* 핵가족 : 부부 또는 (편)부모와 그들의 미혼 자녀로 이루어진 가족
* 확대 가족 : (편)부모와 그들의 기혼 자녀로 이루어진 2세대 이상의 가족

① (가) – (나) – (다) – (라)　　　　② (나) – (다) – (가) – (라)
③ (나) – (라) – (가) – (다)　　　　④ (라) – (가) – (나) – (다)

Point

농촌은 지역 내 인구 이동이 적고, 계층 분화가 뚜렷하지 않다. 도시는 2차적 관계가 지배적이고, 구성원들의 직업 구성이 이질적이다. 따라서 갑의 거주 지역 및 가족 형태는 농촌(확대 가족) → 도시(핵가족) → 농촌(핵가족) → 도시(확대 가족)의 순서로 변하였다.

7 다음과 같은 가족 형태가 나타날 때 예상되는 현상으로 옳지 않은 것은?

> 정보화는 다른 여러 분야도 마찬가지이지만 가족의 관계와 기능에도 변화를 가져올 것이다. 이미 10대들은 외부 세계와 연결해주는 PC와 휴대 전화 등이 필수품이 되었고, 부모와의 면대면(face to face) 대화보다 친구와의 통신에 더 익숙해지고 있다. 이렇게 되면 물리적인 몸은 가정에 있지만 지속적으로 바깥 사회 관계망과 시간을 보냄으로써 개인의 자유를 즐기면서도 긴급 시에는 가족 성원들과 일시적 도움을 주고받는 네트워크형 가족이 새로운 가족으로 등장할 가능성이 있다.

① 가족의 본질적 기능이 점차 확대될 것이다.
② 가족 구성원의 개성과 사생활이 더욱 중시될 것이다.
③ 가족 간의 결속력이 약화되어 가족 해체가 증가할 수 있다.
④ 가족 이외의 사람들과 폭넓은 인간관계를 맺게 될 것이다.

8 다음에서 교육 제도를 바라보는 관점에 부합하는 진술로 옳은 것은?

> 교육은 인간 조건을 평등하게 만들어 주는 위대한 창조물이다. 교육은 빈자가 부자에 대해 갖는 적대감을 해소시킬 수 있는 장치이며 가난을 막아주는 방편이다.

① 사회 이동은 교육과 무관하게 이루어진다.
② 교육 수준은 개인의 능력과 노력의 결과이다.
③ 교육은 지위 세습을 강화하고 그 결과를 정당화한다.
④ 교육은 기존의 사회 불평등 유지에 기여하는 기능을 한다.

Answer 5.② 6.④ 7.① 8.②

9 그림은 두 사회의 대중 매체와 사회 구성원의 관계를 도식화한 것이다. 이에 대한 추론으로 옳은 것을 〈보기〉에서 모두 고른 것은?

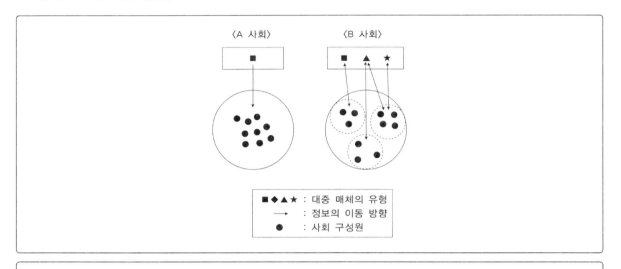

〈보기〉

㉠ A사회에서는 B사회에 비해 대중 매체를 통한 여론 조작이 용이할 것이다.
㉡ A사회에서는 B사회에 비해 사회 구성원의 규격화된 행동 양식이 적게 나타날 것이다.
㉢ B사회에서는 A사회에 비해 사회 구성원의 능동성이 많이 발휘될 것이다.
㉣ B사회에서는 A사회에 비해 대중 매체를 통한 사회화가 차별적으로 이루어질 것이다.

① ㉠, ㉡   ② ㉠, ㉢
③ ㉡, ㉣   ④ ㉠, ㉢, ㉣

Point

A사회는 대중매체의 종류가 하나이고 일방적인 정보전달이 이루어지는 반면, B사회는 대중매체의 종류가 다양하고 양방향적인 정보전달이 이루어진다.
㉠ A사회는 B사회보다 대중매체를 통한 여론 조작이 이루어질 가능성이 높다.
㉢ B사회는 A사회보다 사회구성원이 정보전달과정에 능동적으로 개입한다.
㉣ B사회에서는 A사회에 비해 대중매체를 통한 사회화가 매체의 종류와 개인에 따라 다양하게 이루어질 것이다.
㉡ A사회는 획일화된 사회로서, B사회에 비해 사회구성원의 규격화된 행동 양식이 많이 나타날 것이다.

10 그림이 나타내고 있는 사회의 특징에 대한 바른 설명을 〈보기〉에서 모두 고른 것은?

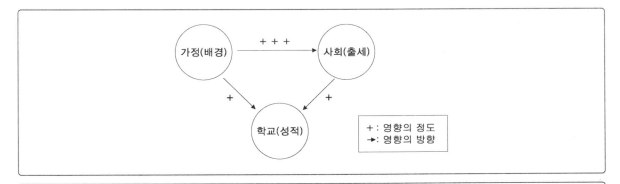

〈보기〉
㉠ 계층은 세대 간에 세습되지 않는다.
㉡ 사회적 가치가 불공평하게 분배된다.
㉢ 가정 배경이 아동의 사회 진출에 결정적인 영향을 준다.
㉣ 학교 교육은 사회가 필요로 하는 인력을 효과적으로 제공해 준다.

① ㉠, ㉡
② ㉠, ㉢
③ ㉡, ㉢
④ ㉡, ㉣

그림은 계층이 세대 간에 세습되고 사회적 가치(출세 등)는 불공평하게 분배됨을 보여주고 있다. 또한 가정의 배경이 출세에 결정적인 영향을 미치고 있으며 학교 교육의 역할이 그다지 크지 않음을 보여준다. 따라서 ㉡과 ㉢이 그림에 대한 바른 설명이 된다.

06 현대사회와 사회변동

〈보기〉
A를 주장하는 학자들은 사회 변동이 일정한 방향을 가지고 있으며 그 변동은 긍정적이고 발전적인 것으로 간주한다. 반면, B를 주장하는 학자들은 사회가 발전만 하는 것이 아니라 쇠퇴하거나 소멸하기도 한다고 본다.

① A는 서구 제국주의를 정당화한다는 비판을 받는다.
② A는 B와 달리 모든 사회가 같은 방향으로 변화하는 것이 아니라고 본다.
③ B는 A와 달리 다양한 경로의 사회 발전 양상을 설명하기 어렵다.
④ A는 B에 비해 앞으로의 사회 변동 방향을 예측하기 어렵다는 비판을 받는다.

┃정답 ①

section 1 사회 변동과 근대화

(1) 사회 변동

① 사회 변동의 의미와 요인
  ㉠ 일정한 시간동안 나타나는 사회의 구조적 변화
  ㉡ 사회 변동의 요인으로는 제도적 요인, 기술적 요인, 의식적 요인 등이 있다.

② 사회 변동의 방향에 대한 관점
  ㉠ 진화론
  • 사회는 일정한 방향으로 진보 · 발전한다고 보는 것이다.
  • 단순하고 미분화된 상태에서 복잡하고 분화된 상태로 진보한다고 본다.
  • 사회가 일정한 방향으로 진보한다는 전제의 오류와 제국주의국가의 식민지 지배를 정당화 한다는 비판을 받고 있다.
  ㉡ 순환론
  • 사회변동은 시간의 흐름에 따라 사회가 탄생, 성장, 쇠퇴, 해체를 반복하는 것이라고 본다.
  • 문명의 노쇠나 소멸까지 생각, 사회변동을 다소 비관적으로 바라보는 측면이다.
  • 앞으로의 사회변동에 대해 예측하고 대응하기 적합하지 않다는 비판을 받고 있다.

③ 사회 변동요인에 대한 관점
  ㉠ 기술결정론
  • 기술 발달로 생산 능력이 향상되고 생산양식이 변화되면서 사회는 총체적 변화한다.
  • 기술의 발달로 인한 경제 영역의 변화가 정치 사회의 변화는 물론 인간의 의식 구조도 변화시킨다는 이론이다.
  ㉡ 문화결정론
  • 사고, 가치관과 같은 비물질 문화의 변화가 정치, 경제, 사회의 총체적 변화를 불러온다.
  • 인간의 의식과 정신생활이 사회구조의 전반적인 변동을 가져온다는 이론이다.

④ 사회 변동에 대한 관점
  ㉠ 기능론
  • 사회가 전체적으로 균형을 유지하기 위해 각 부분이 조정되는 과정에서 나타나는 변화를 사회변동이라고 본다.
  • 사회는 수많은 부분이 각각의 기능을 원활히 수행할 때 균형을 이루고 안정을 유지할 수 있으며, 이 균형이 무너지는 것이 곧 사회변동이다.

ⓒ 갈등론
- 사회변동을 보편적이고 자연스러운 현상으로 받아들인다.
- 사회의 여러 부분이 대립하는 과정에서 지배적인 위치에 있는 사람과 지배를 받는 사람들과의 불안과 갈등이 표출되면서 사회변동이 일어난다.
- 사회 구조나 사회제도를 혁명과 같은 급진적인 수단을 통하여 근본적으로 고쳐야한다고 주장한다.

(2) 근대사회의 형성

① 근대화의 의미
- ㉠ 좁은 의미 : 기존의 농촌 중심의 사회에서 선진 공업 사회로 변화하는 과정
- ㉡ 넓은 의미 : 정치, 경제, 사회, 문화, 가치관 등 모든 영역에서 구조적인 변화가 나타나 총체적으로 더욱 개선된 생활양식으로 바뀌어 가는 과정
  - 정치적 측면 : 국가의 권위와 합법성이 국민으로부터 나오며, 국민의 의사에 따라 정책이 이루어지는 것
  - 경제적 측면 : 절대적 빈곤상태에서 벗어나 의식주 해결에 어려움이 없는 상태, 또는 공업 사회가 이룩되는 것으로 자본주의의 시작
  - 사회문화적 측면 : 문맹퇴치, 교육 지위 획득과 같은 사회적 기회의 평등, 동·서양 문화교류가 활발해짐

② 근대 사회의 형성배경
- ㉠ 정치적 측면
  - 시민 혁명을 통해 절대왕정의 전제정치와 봉건적 잔재를 타파하고, 시민계급이 주도하는 새로운 사회건설
  - 정치 체제와 권력의 민주화과정
- ㉡ 경제적 측면
  - 지리상의 발견과 산업혁명으로 전 세계를 하나의 거대한 자본주의로 편입
  - 산업혁명을 통한 생산 능력과 생활수준 향상으로 자본주의적 생활양식의 확산
  - 자족적 농촌공동체에서 도시중심의 상공업으로 발전
- ㉢ 사회문화적 측면
  - 과학혁명과 계몽주의의 확산에 따른 합리적 신념 확산
  - 개별 주체들의 특성과 권리가 강조되며 개인주의와 다원주의 확산

기출문제

문 다음은 사회 변동 방향에 대한 하나의 관점이다. 이에 대한 설명으로 옳은 것만을 〈보기〉에서 모두 고른 것은?

▶ 2018. 4. 7. 인사혁신처

이 관점은 사회를 살아있는 유기체에 비유하면서 사회 변동을 긍정적으로 인식한다. 그리고 사회를 복잡성이 증가하는 것으로 파악하고, 복잡해진 사회는 단순 사회에 비해 구성원들의 적응 능력이 더 높다고 본다.

〈보기〉
㉠ 서구 중심적이라는 비판을 받는다.
㉡ 사회 변동은 일정한 방향성이 있다고 본다.
㉢ 장기적인 역사적 관점에서 사회의 발전과 더불어 퇴보의 가능성도 잘 설명한다.
㉣ 사회 변동을 순환과정으로 설명하고 있다.

① ㉠, ㉡   ② ㉠, ㉣
③ ㉡, ㉢   ④ ㉢, ㉣

ⅠⅠ정답 ①

📝 밑줄 친 '나의 관점'에 부합하는 것만을 〈보기〉에서 모두 고르면?
▶ 2019. 4. 6. 인사혁신처

근대화 과정을 설명하는 주요 이론으로 A이론과 B이론이 있다. 이중 A이론은 세계 자본주의 체제가 중심부와 주변부로 구성된다고 가정하고, 주변의 제3세계 국가들은 중심부인 선진국으로부터 자원과 재화를 착취당하는 원료공급지와 상품시장으로 전락하여 저발전 상태를 벗어날 수 없다고 주장한다. 그러나 B이론을 지지하는 <u>나의 관점</u>에서 볼 때, A이론은 라틴아메리카 국가들의 특수한 상황을 토대로 만들어진 이론이며 한국이나 대만과 같은 신흥공업국의 사회경제적 발전을 설명하지 못하고 있다.

〈보기〉
㉠ 전통은 발전에 대한 장애 요인이다.
㉡ 서구 사회가 동양 사회보다 우월한 사회라고 단정 지을 수 없다.
㉢ 모든 사회는 일정한 단계를 거쳐 발전한다.
㉣ 제3세계 국가는 자국 산업을 중심으로 독자적인 발전을 도모해야 한다.

① ㉠, ㉡   ② ㉠, ㉢
③ ㉡, ㉣   ④ ㉢, ㉣

▌정답 ②

(3) 근대화를 설명하는 이론

① 근대화론

㉠ **의의** : 제2차 세계 대전 이후 신생 독립국들이 자국을 발전시키려는 과정을 설명하는 이론 → 개발 도상국의 발전 과정을 설명하기 위해 등장

㉡ **주요 입장** : 개발 도상국의 근대화를 서구화로 이해 → 개발 도상국은 서구 사회를 모형으로 삼아 국가 발전을 추진해야 한다고 주장

㉢ **관점** : 서구적 관점(진화론적 사고)

㉣ **배경** : 서구의 발전된 사회를 모델로 국가 발전 추구(서구화와 사회 발전을 동일시)

㉤ **이론적 구조** : 전통성과 근대성의 대비(전통을 말살하는 단일 방향으로 방향을 상정)

㉥ **목표** : 서구 사회 모방(경험의 획일적 적용)

㉦ **내용** : 근대화를 서구화로 이해
• 공업화를 통한 경제 발전 및 서구식 민주주의 확립
• 서구의 근대적 가치 수용(업적주의, 경제적 합리주의, 개인주의 등)
• 정치적 자유 보장, 국가의 완전한 자율성

㉧ **특징** : 이론의 획일적 적용

㉨ **비판점** : 진화론적 관념을 전제로 한 서구 사회의 자기 중심적 사고
• 개발 도상국의 발전의 주체성 간과(서구의 가치 수용과 전통 포기)
• 개발 도상국의 저발전에 대한 지나친 자기 책임론, 저발전은 개도국의 책임(종속적 구조 부정)
• 서구 사회가 문화적으로 더 발전하였는가에 대한 의문시(서구문화의 병폐) → 개인주의, 물질주의, 인간 소외
• 후진국이 근대화를 못한 것은 선진국의 정치적 · 경제적 압력 때문이라는 것(제3세계 입장에서 사회 발전을 보는 시각)

② 종속이론

㉠ **의의** : 1960년대 남미 학자들에 의해 남미의 경제 · 사회적 낙후성을 설명하려는 시도로 전개된 사회 · 경제 발전 이론 → 근대화론에 대한 비판, 제3세계의 독자적 발전을 위한 모색과정에서 등장

㉡ **주요 입장**
• 후진국의 주체적 · 자생적 발전과 발전의 다양성 강조
• 선진국과 개도국 사이의 불공정 관계 부각

㉢ **관점** : 제3세계의 관점(근대화론 비판)

② 배경 : 당시 남미는 근대화 노력에도 불구하고 경제는 낙후되고 사회는 계속적인 혼란 상태에서 벗어나지 못했음 → 중남미의 상황을 서구의 종속 및 저발전(低發展) 상태로 파악(종속에서의 탈피 추구)

⑤ 이론적 구조 : 중심부와 주변부의 대비

⑥ 목표 : 선진 자본주의의 종속에서의 탈피

⑦ 내용 : 제3세계는 미(未)발전이 아니라 저(低)발전의 상태
  • 저발전의 원인 → 중심부(선진국, 도시)에서 주변부(제3세계, 농촌)의 잉여생산분 착취
  • 세계 자본주의 체제는 중심국(선진국)이 주변국(후진국)을 지배하고 있다는 것
  • 이중적 종속 – 선진국이 후진국을 지배하고 있고, 다시 후진국의 도시(중심부)가 농촌(주변부)을 지배·착취한다는 것

⊙ 특징 : 발전의 주체성, 다양성 인정

⊙ 비판점
  • 저발전 현상은 자본주의뿐만 아니라 사회주의 체제에서도 나타남 → 사회주의 체제 내에서 종속과 저발전 현상이 나타남
  • 중남미의 경험을 토대로 이론화 → 아시아 신흥 공업국의 발전 과정을 설명하기에 부적합함

⊙ 이론적 공헌
  • 사회 발전에 있어 국제적 힘의 관계 강조
  • 사회 발전에 있어 이념적 문제를 부각
  • 주체적 발전과 발전의 다양성을 강조

section 2 사회변동과 사회문제

(1) 산업화와 노동 문제

① 산업화의 의미와 특성

ㄱ 산업화
  • 생산 활동의 분업화와 기계화로 2·3차 산업 중심으로 산업구조의 변화하였다
  • 공업이 차지하는 비율이 높아지고 그에 따라 생활양식이 변화하는 현상

ㄴ 산업사회에서 나타나는 현상 : 과학 기술과 기계의 발달, 대량 생산과 대량소비, 직업의 세분화와 전문성 증가, 관료제의 원리 확산, 자본주의적 원리 확산, 생산성 향상, 이촌 향도 등

ㄷ 산업사회의 문제점 : 사회 불평등, 환경오염, 물질 만능주의, 노동자 소외, 지역 간 불균형, 도시 문제 등

② 산업화에 따른 노동 구조의 변화

　㉠ 경공업에서 중화학공업으로 중화학공업에서 첨단 과학 산업, 정보 통신 산업, 서비스업 등 으로 변화하였다.

　㉡ 산업 구조의 변화에 따라 노동의 구조도 변화하였다.

　㉢ 단순작업 노동 중심에서 창의적 노동중심으로 증가하였다.

③ 실업문제

　㉠ 실업의 영향 : 개인의 자아실현 기회와 생계유지 수단 박탈로 인한 삶의 질 저하와 의욕저하, 사회적으로는 인력자원의 낭비

　　• 사회가 요구하는 능력이나 직업이 변화하면서 전체적으로 일자리 부족해진다.

　　• 마찰적 실업, 구조적 실업, 경기적 실업, 계절적 실업 등이 있다.

　㉡ 해결방안 : 정부의 공공사업 확대를 통한 일자리 마련, 구인, 구직정보 제공 시설 확충, 취업교육 및 생계지원, 근무제도 변경, 새로운 산업분야 개척, 동절기 공공근로사업 등

④ 임금문제

　㉠ 임금문제의 발생원인과 유형

　　• 저임금 문제와 임금 격차 문제 발생.

　　• 기업의 고용 관행 변화 : 비용절감을 목적으로 비정규직 노동자 고용 증가

　　• 노동자가 받아야 할 임금을 받지 못한 임금체불 문제

　　• 남녀 차별 및 인종 갈등으로 인한 여성 노동자와 외국인 노동자 문제

　㉡ 해결방안 : 사회적 형평성 고려, 최저임금제 도입, 비정규직 노동자의 정규직 전환, 임금체불 관련 법적 규제 만들기 등

⑤ 노사문제

　㉠ 더 많은 임금과 복지를 원하는 노동자와 적은 비용으로 많은 이윤을 얻고자 하는 사용자 간의 대립이다.

　㉡ 노동자는 사용자는 근로 조건, 복지 등에 대해 대립한다.

　　• 파업 : 노동자가 집단적으로 노동제공을 정지하는 행위

　　• 태업 : 집단적으로 작업 능률을 저하시키고 소극적 작업으로 사용자에게 손해를 주는 행위

　　• 직장 폐쇄 : 사용자가 자기의 요구를 관철하려고 공장이나 작업장을 폐쇄하는 행위

　㉢ 해결방안

　　• 서로의 의견을 존중하며 더 큰 이익을 공유하는 협상이 필요하다.

　　• 법적 보장범위 내의 권리 행사와 그에 따라 책임을 지는 자세가 요구된다.

(2) 도시화로 인한 사회문제

① 도시화의 의미와 특성

    ㉠ 도시로 인구가 집중이 되면서 도시적 생활양식이 증가하고 확산되는 과정을 말한다.

    ㉡ 인구 집중으로 인한 높은 인구 밀도, 2·3차 산업 종사자 증가, 분업화·전문화, 주로 수단적·형식적 인간관계가 나타난다.

    ㉢ 우리나라의 도시화 : 1960년대 이후 산업화가 진행되면서 도시의 인구 집중과 도시 비율이 상당히 높아졌다.

② 도시화로 나타난 문제

    ㉠ 도시문제 주택문제(주택부족, 지가 상승), 교통문제(교통체증, 주차난, 교통혼잡), 환경오염, 각종 범죄 증가, 인간소외문제

    ㉡ 농촌문제 노동력부족, 기반시설 부족, 상대적 박탈감등

③ 도시문제에 대한 대책

    ㉠ 도시 인구분산이 가장 기본적인 문제 해결방법

    ㉡ 분야별 대책

주택문제	낡은 주거지 재개발, 위성 도시 건설, 서민용 주택 공급 및 지원 등
교통문제	대중교통 수단의 확보, 도로 재정비, 주행세부과, 자동차 5부제 시행 등
환경문제	쓰레기 종량제실시, 환경오염관련 규정 만들기, 청정에너지 사용, 환경오염 기준 제시, 환경운동 등
범죄와 인간소외	CCTV설치, 작은 공동체 중심으로 인격적 인간관계 강조, 시민의식과 규범 활용 등

    ㉢ 농촌문제의 해결 : 귀농 정착금지원, 농촌의 생활환경 개선, 농촌의 소득 증대 방안 모색

(3) 인구변천으로 인한 사회문제

① 인구의 변천과정

    ㉠ 인구의 증가와 감소를 의미한다.

    ㉡ 인구변천에 영향을 주는 요소는 출생, 사망, 인구이동 등이 있다.

    ㉢ 인구변천

      • 1단계 : 출생률과 사망률이 모두 높아 총인구의 변화가 거의 없는 단계로, 산업혁명 이전의 모든 국가와 오늘날의 중부 아프리카들이 여기에 속한다.

기출문제

🔲 다음 중 후기 도시화의 과정에 해당하는 내용은?

▶ 2012. 서울시

① 공업도시의 형성
② 이촌향도 현상
③ 도시로의 인구 집중
④ 도시적 생활양식의 농촌 파급
⑤ 자급자족의 사회

|정답 ④

기출문제

▶ 2021. 6. 5. 제1회 지방직

🔲 표는 갑국의 인구 관련 자료이다. 이에 대한 분석으로 옳지 않은 것은?

구분	t 년	t + 50년
전체 인구에서 유소년 인구가 차지하는 비율(%)	28	20
노년 부양비(%)	20	60

※ 1) 유소년 부양비(%)

$= \dfrac{\text{유소년 인구(0~14세 인구)}}{\text{부양 인구(15~64세 인구)}} \times 100$

2) 노년 부양비(%)

$= \dfrac{\text{노인 인구(65세 이상 인구)}}{\text{부양 인구(15~64세 인구)}} \times 100$

3) 노령화 지수(%)

$= \dfrac{\text{노인 인구(65세 이상 인구)}}{\text{유소년 인구(0~14세 인구)}} \times 100$

4) 전체 인구에서 노인 인구가 차지하는 비율이 7 % 이상이면 고령화 사회, 14 % 이상이면 고령 사회, 20 % 이상이면 초고령 사회임.

① t 년의 유소년 부양비는 50이다.

② t + 50년의 노령화 지수는 100 이상이다.

③ 전체 인구에서 부양 인구가 차지하는 비율은 t년보다 t + 50년이 낮다.

④ t 년은 고령화 사회에, t + 50년은 초고령 사회에 해당한다.

정답 ①

• 2단계 : 출생률은 높으나 사망률이 감소하기 시작하여 인구증가율이 높아지는 단계로, 대부분의 아시아 국가들이 여기에 속한다.

• 3단계 : 의학의 발달로 사망률은 급감하는데 비해 출생률은 약간 감소하여 인구증가율이 가장 높은 단계로, 대부분의 중남미 국가들이 여기에 속한다.

• 4단계 : 가족계획과 생활수준의 향상으로 출생률이 급감하여 인구증가율이 낮아지는 단계로, 일부 남미 국가와 홍콩, 싱가포르 등이 여기에 속한다.

• 5단계 : 출생률과 사망률이 모두 낮은 단계에 이르고 인구증가율이 다시 낮아지는 단계로, 선진 공업국들이 여기에 속한다.

② 인구변화로 나타나는 문제 및 대책

문제점	내용	대책
자원부족	부존자원의 개발이나 자원의 재생속도보다 인구증가 속도가 빨라 자원 고갈	에너지 절약, 대체자원개발, 농업 생산성 개선 등
저출산	여성들의 지위가 향상되고 사회활동 참여의 기회가 증대. 이혼율 증가, 독신 증가, 자녀 양육비 및 교육비 증가 등이 원인. 사회의 유지와 부양이 심각한 위협	출산장려금 지급, 사회의 복지 수준향상, 육아비용 시설, 휴직 등의 지원확대, 교육비 부담 줄이기 위한 노력 필요
고령화	평균 수명 증대. 의학기술 및 보건 수준 향상, 경제수준 향상에 따른 식생활 개선으로 등장하였다. 산업인구 감소. 세대 간 갈등, 독거노인 증가. 노인부양비 증가	경로효친 사상 고양, 노령층의 취업 기회 강화, 노인 복지 지원필요

section 3 현대사회의 변동과 대응

(1) 세계화

① 세계화의 의미와 요인

ㄱ 세계화 : 삶의 범위가 민족과 국경의 범위를 넘어서 전 세계로 바뀌어 인적, 물적 교류가 활발하게 이루어지는 과정.

ㄴ 세계화의 요인 : 과학 및 정보 기술과 교통·통신기술의 발달, 국가 간 교류의 폭 확대, 자본의 자유로운 이동

② 세계화 양상과 현황

ㄱ 정치적 측면 : 민주주의의 확산

ⓒ 경제적 측면 : 자본주의의 확산, 시장개방을 지향하는 세계 무역 기구(WTO) 체제, 자유무역 협정(FTA)

ⓒ 사회 문화적 측면 : 세계 각 지역의 생활양식이 확산되면서 문화 간 접촉과 전파 증가로 인해 문화동화, 문화융합 등의 문화 변동이 일어나게 되었다.

③ 세계화의 특징 … 전 지구적 상호 의존성 증가, 물리적 공간과 시간의 제약이 줄어듦, 일부 특정한 문화권의 생활양식이 확산되며 상대적으로 약한 지역이나 문화가 소외된다.

④ 세계화에 대한 대응

㉠ 세계화의 문제점 : 한 국가의 상황이 전 세계적으로 경제상황에 영향을 미치고, 문화의 획일화 가능성이 크고, 경쟁력 약한 문화의 존립 기반과 정체성 약화되며 지역·인종·민족·문화 등에 따른 불평등 심화 등의 문제점이 있다.

㉡ 세계화에 대한 대응 : 다른 문화에 대한 열린 사고와 협력의 필요성을 인식하고 국제적 경쟁력을 확보하며 세계 공통의 보편적 가치와 인류애 추구의 정신을 가진 세계 시민으로서의 자질이 필요하다.

(2) 정보화

① 정보사회의 형성과 특징

㉠ 정보사회 정보의 지배가 사회적인 권력관계의 결정적 요소가 되는 사회

㉡ 형성배경

• 기술적 기반 : 새로운 기술이 등장하였다.
  예 스마트폰, 트위터, 페이스 북 등
• 경제적 기반 : 정보 기술이 자본과 결합하여 이윤을 창출할 수 있는 산업으로 발전하였다.
• 사회적 기반 : 대중의 사회 참여 욕구 증대와 다원화 경향 등이 있다.

㉢ 특징 : 가치 창출의 원천으로서 지식과 정보 중시, 다품종 소량 생산 방식 확대, 쌍방향적 정보 흐름에 의한 의사 결정의 분권화, 지적 창조적 활동을 통한 자아실현의 부각, 공간적 범위 확대와 새로운 관계양상 증가 등

② 정보사회의 긍정적인 면

㉠ 정치적 측면 : 대중의 정치 참여를 확대하여 직접 민주주의의 실현기반이 되었다.

㉡ 경제적 측면 : 생산의 효율성을 증대시키고 소비자 중심의 시장을 만들었다.

㉢ 사회적 측면 : 새로운 인간관계 형성에 도움을 주어 사회통합에 긍정적 영향을 미친다.

㉣ 문화적 측면 : 다양성과 창의성 중시하며 폭넓은 문화교류를 가능하게 했다.

③ 정보 사회의 문제점 … 정보격차, 사생활 침해, 사회적 통제와 감시, 정보기기와 서비스에 대한 지나친 의존도, 정보의 오남용, 정보 윤리 미흡, 정보 유출, 인간 소외 등이 있다.

④ 정보 사회의 문제에 대한 해결책
　㉠ 개인적 차원 : 보안에 주의하고, 역기능을 인식하고, 정보·윤리를 실현하고, 올바른 정보 활용 능력을 갖추고 절제하는 습관을 기른다.
　㉡ 사회적 차원 : 인터넷 실명제 실시, 사이버 범죄 담당부서 설치, 통신비 지원 정책, 정보·윤리 공익 광고방송, 공유 정보 공개, 개인 정보 보호에 관한 법과 제도 구축, 정보 소외 계층 교육 등이 있다.

⑤ 정보화를 바라보는 관점
　㉠ 낙관론
　　• 전제 : 정보화는 정보에 대한 보편적인 접근을 가능케 함.
　　－산업사회와 자본주의의 고질적인 문제가 해결됨
　　• 정치 : 정치 참여 기회의 확대로 참여 민주주의 실현
　　－전자 민주주의의 등장으로 인권 보장 확대와 평등주의 실현→직접 민주주의의 실현 가능성 증대, 권력의 분산(분권화)
　　• 경제 : 생산력과 효율성의 향상으로 경제적 이익 확대 및 삶의 질 향상
　　－상품 정보 공유와 주문형 생산 방식으로 소비자 주권 실현(주문형 다품종 소량 생산)
　　• 사회 : 시간과 공간의 제약을 극복함으로써 생활 및 관심 영역의 확대
　　－정보 공유로 인한 평등주의 사회 실현→남녀평등 실현, 장애인과 노약자의 사회 참여 확대
　　－가상 공동체를 통한 교류로 사회 통합에 기여→시공간의 제약을 극복하여 새로운 공동체 창출
　　• 문화 : 다양성과 창의성을 중시하는 풍요로운 문화 생활
　　－가상공간을 통한 세계적인 문화 교류로 문화적 편견의 완화와 지구 공동체 의식의 확대, 문화의 다양화
　　• 분배 : 정보화로 사회적 생산력과 효율성의 향상→구성원 모두가 경제적 이익을 누리게 됨
　　－육체노동의 감소→개인의 여가와 자유 증대
　　－생산력 향상의 혜택이 고르게 분배됨→여가 증가, 삶의 질 향상
　　• 인간성과 공동체 의식 : 창조적이고 개성적인 인성의 발달
　　－정보, 통신 기술 발달→의사소통 활성화
　　－시공의 제한을 없애고 가상 공동체를 가능하게 하여 사회 통합에 기여

기출문제

〈보기〉와 같이 A~C를 분류할 때, 이에 대한 설명으로 가장 옳은 것은? (단, A~C는 각각 농업 사회, 산업 사회, 정보 사회 중 하나이다.)
▶ 2022. 6. 18. 제2회 서울시(보훈청)
〈보기〉

사회\질문	A	B	C
부가가치 창출의 주요 수단이 정보인가?	(가)	(나)	(다)
㉠	아니요	(라)	(마)

① (가)가 '예'라면, 구성원 간 비대면 접촉 정도는 A<C이다.
② (다)가 '예', ㉠이 '쌍방향 미디어가 보편화된 사회인가?'라면, (마)에는 '예'가 해당된다.
③ (가)가 '예', ㉠이 '직업의 동질성 정도가 큰가?'라면, (라), (마)에는 모두 '아니요'가 해당된다.
④ (나)가 '예'라면, 관료제적 사회 구조의 특성은 B가 가장 크다.

정답 ②

ⓒ 비관론
- 전제
- 정보화로 인해 정보와 권력의 비대칭화가 심화됨.
- 산업사회와 자본주의의 문제가 답습되거나 더욱 악화됨
- 정치 : 정보의 통제와 감시 강화로 인한 국가 권력에 의한 국민 통제의 강화→새로운 독재 권력의 등장 가능성
- 정보의 소유와 통제를 둘러싼 정부와 국민간의 갈등
- 과잉 정치 참여 및 과도한 이익 표출로 인한 정치 불안 및 민주주의의 위기
- 경제 : 정보 격차에 따른 소득 격차 확대
- 단순 노동자의 대량 실업과 구조적 실업 확대(노동의 탈숙련화→육체노동의 쇠퇴와 고용의 불안)
- 선진국과 개발도상국 간의 격차 확대
- 사회 : 정보 공유로 인한 개인의 사생활 침해
- 익명성으로 컴퓨터, 네트워크를 통한 새로운 범죄와 사회 문제의 발생
- 정보의 소유와 활용 능력에 따른 사회 불평등 구조 형성
- 대면적 인간관계의 축소로 인간 소외 현상 심화, 사회적 유대감 약화로 인한 공동체 해체
- 인간 소외의 심화(←피상적 인간관계)
- 문화 : 자신의 기호와 취미에만 관심을 두는 편협한 문화생활
- 선진국의 문화에 의한 문화 종속 현상 발생→문화적 식민지화 가능성
- 지역 문화의 훼손
- 분배 : 국가, 사회적 개입 없이 정보화가 진행되면 개인·국가 간 불평등 심화
- 육체 노동의 쇠퇴→고용 불안정
- 생산력 향상의 결과가 집중됨→실업 증가, 삶의 질 하락
- 인간성과 공동체 의식 : 인간의 고립화와 소외의 증대
- 개인의 대면 접촉을 없애고 고립화시켜 공동체를 파괴함으로써 소외를 심화시킴
- 소외의 심화, 인간 관계의 파편화→공동체 해체

(3) 전 지구적 차원의 문제

① 환경 문제 … 산업화 이후로 인구가 증가하였고, 무분별한 개발과 자원의 낭비로 인해서 지구의 재생 능력의 한계에 도달하였다. 이로 인해 지구 온난화, 생물 멸종 위기, 열대 우림 감소, 사막화, 빙하 손실, 황사, 환경 재앙 사고 등의 환경문제들이 발생하고 있다.

② 자원 문제 … 인구 증가 및 급속한 개발로 인하여 자원이 부족하다. 삶에 필요한 물과 식량의 부족, 기아로 인한 어린이 생명의 위협 그리고 에너지 자원 고갈 등으로 인해 자원은 무기화 또는 분쟁의 씨앗이 되기도 한다.

기출문제

환경문제 중 대기의 오존층 파괴 현상의 대책으로 적당한 것은?
▶ 2004. 경기도교육청
① 과다한 표백제의 사용금지
② 청정연료의 사용
③ 인구증가의 억제
④ 쓰레기의 분리배출

정답 ②

기출문제

기출문제

📄 다음은 지구생태위기에 대응하여 제시된 하나의 입장을 정리한 것이다. 이러한 입장을 나타내는 용어로 옳은 것은?

▶ 2023. 8. 26. 국회사무처

1992년 리우환경회의의 중심 주제로서 환경적으로 건전한 발전이자 '미래 세대의 요구 충족 능력을 저해하지 않으면서, 현재 세대의 요구를 충족하는 발전'을 의미한다. 말하자면 지구의 수용 능력을 고려하는 한도 내에서 발전을 추구할 것을 주장한다.

① 정의로운 전환
② 그린 뉴딜
③ 생태적 현대화
④ 지속 가능한 발전
⑤ 재생에너지 100

③ 전쟁과 테러 문제 … 국가나 지역, 자원, 종교, 민족 등을 둘러싼 분쟁, 전략적 전쟁 및 테러가 발생한다. 무고한 인명 피해, 막대한 전쟁비용 소요, 테러발생으로 불특정 다수 피해, 인권문제와 환경문제를 야기한다.

④ 전 지구적 문제에 대한 대응

㉠ 세계인들의 관심과 노력
 • 그린피스(Green peace), 유엔 환경 계획(UNEP) 등의 국제 환경 NGO활동이 적극적으로 이루어져야 한다.
 • 기후변화 협약, 생물 다양성 협약 등 지구 환경 보호 협약을 지키도록 노력한다.
 • 지속 가능한 개발에 대한 합의를 잘 지켜야한다.
 • 국가 간 또는 지역 간 갈등과 분쟁에서의 국제 연합(UN)과 같은 국제기구의 중재와 지속적인 관심이 필요하다.

㉡ 각 주체의 노력
 • 시민 : 일상생활의 작은 것부터 노력하고, 국제적 감시 및 지지 활동을 해야 한다.
 • 정부 : 국제적 연대를 견고히 하고, 선진국이 먼저 큰 책임감과 양보하는 자세가 필요하다.
 • 기업 : 환경과 인간을 고려하고 국제적 약속과 정의의 범위에서 경제적 이윤을 추구해야 한다.

정답 ④

2021. 4. 17. 인사혁신처

1 사회 변동의 방향을 설명하는 이론 ㈎, ㈏에 대한 설명으로 옳은 것은?

> ㈎ 사회는 일정한 방향으로 진보하는데, 사회마다 속도의 차이는 있지만 결국 모든 사회가 같은 경로로 변동한다.
>
> ㈏ 사회는 특정한 방향으로 지속해서 진보하는 것이 아니라, 발전과 퇴보를 반복하며 변동한다.

① ㈎는 사회 변동을 운명론적 시각으로 바라본다.

② ㈏는 사회가 이전보다 발전된 모습으로 변동한다고 본다.

③ ㈎는 ㈏와 달리 인간의 주체적 행동을 과소평가한다는 비판을 받는다.

④ ㈏는 ㈎와 달리 미래의 사회 변동을 예측하여 대응하기에 적합하지 않다는 비판을 받는다.

Point

㈎ 진화론 ㈏ 순환론

① 순환론 ② 진화론 ③ 순환론

※ 진화론과 순환론

  ㉠ 진화론 : 로스토는 모든 사회가 일정한 단계를 거쳐 경제 성장을 이룩할 수 있다고 주장하며, 경제 성장 5단계론을 제시하였다. 이는 경제 성장이 1단계(전통 사회 단계) → 2단계(도약 준비 단계) → 3단계(도약 단계) → 4단계(성숙기) → 5단계(대량 소비 단계)를 거친다는 것이다.

  ㉡ 순환론 : 슈펭글러는 모든 사회가 생물 유기체의 생애 과정과 같이 변동하게 된다고 주장하였다. 그는 사회가 성장, 발전, 노쇠, 몰락의 단계를 거치며, 여러 문명들이 이와 유사한 단계를 밟는다고 주장하였다. 따라서 문명들은 서로 비교하면 어떤 사회가 어떤 단계에 이르렀는지 알 수 있다고 보고, 이를 근거로 서양 문명의 몰락을 주장하였다.

Answer 1.④

2 노인문제와 청소년문제의 발생배경이 근본적으로 같다고 보는 시각의 근거로 볼 수 있는 것을 고르면?

> ㉠ 개인주의의 강화
> ㉡ 노동력 상실로 인한 빈곤
> ㉢ 가족의 사회적 중요성 약화
> ㉣ 수명의 연장으로 인한 건강문제
> ㉤ 과학문명의 발달로 인하여 인간소외현상

① ㉠㉡㉢
② ㉠㉢㉤
③ ㉡㉣㉤
④ ㉡㉢㉣

Point

> 노인과 청소년문제는 노인과 청소년의 사회부적응문제로 가족의 기능과 공동체의식의 강화 없이 근본적으로 해결될 수 없다.
> ㉡㉣ 노인문제에만 해당하는 발생배경이다.

3 소수집단 또는 불리한 위치에 있는 집단에 대한 사회적 차별과 관련되어 있으며 평등주의적 사상을 받아들일 때에만 의미를 지니는 사회문제는?

> ㉠ 청소년문제　　　　　㉡ 여성문제
> ㉢ 인종문제　　　　　　㉣ 노인문제

① ㉠㉡
② ㉠㉢
③ ㉡㉢
④ ㉢㉣

Point

> 여성문제, 인종문제는 소수집단 또는 불리한 위치에 있는 집단에 대한 사회적 차별과 관련되어 있으며, 평등주의적 사상을 받아들일 때에만 의미를 갖는다. 청소년과 노인문제는 특정인구집단에만 해당되는 사회문제이다.

4 다음 내용과 관련된 사회변동에 관한 입장으로 옳은 것은?

> • 사회는 발전·퇴보·멸망하기도 한다는 비판을 받고 있다.
> • 서구의 선진사회가 후진사회를 식민지화하고 착취하는 것을 정당화하기 위한 것이라 비판받기도 한다.

① 종속이론
② 진화론
③ 갈등론
④ 균형론

 Point

사회가 진보한다고 보는 전제조건이 잘못되었다는 비판을 받는 진화론은 후진사회를 식민화하는 것을 정당화시키며, 사회는 발전만 하는 것이 아니라 퇴보도 하며 멸망하기도 한다는 비판을 받고 있다.

5 다음과 같이 사회 문제의 발생 요인을 바라보는 관점에 가장 부합하는 것은?

> 사회는 이익이 대립하는 관계에 있는 집단들로 구성된다. 사회의 각 집단이 추구하는 이익을 얻지 못하거나, 희소 자원의 배분에서 제외될 때 사회 문제가 발생한다.

① 청소년들의 특이한 복장이나 행동을 이해하지 못하여 일탈로 규정한다.
② 도시화에 따른 주거 조건의 황폐화로 사람들이 범죄에 휘말리게 된다.
③ 여성 빈곤 문제는 취업 기회의 제한과 열악한 고용 조건 등 차별적 요인에 기인한다.
④ 범죄 전과자들은 다른 범죄자로부터 범죄 기술을 배워서 범죄를 더 많이 저지르게 된다.

 Point

대립하는 집단들로 사회가 구성되며, 희소한 자원 배분에서 제외될 때 사회 문제가 발생한다는 점에서 제시문은 갈등론적 관점에서 사회 문제를 보고 있음을 알 수 있다. 갈등론적 관점에서는 사회 문제를 해결하기 위해 불평등한 사회 구조의 개혁이 필요하다고 본다. ①은 낙인이론, ②는 사회 해체론, ④는 차별적 교제 이론의 입장이다.

Answer 2.② 3.③ 4.② 5.③

6 사회 문제의 인식과 관련하여 을의 관점에 부합하는 진술만을 〈보기〉에서 있는 대로 고른 것은?

> 갑 : 수학 여행과 수련회를 다녀온 이후 학생들의 용의 복장 상태가 흐트러지고 있습니다. 치마를 말아 올려 짧게 입고 다니는 여학생이 늘었고, 머리를 길게 기른 남학생도 증가했습니다. 더 심각한 혼란이 초래되기 전에 학생 생활 지도를 강화할 필요가 있습니다.
>
> 을 : 그 나이에는 누구나가 외모에 신경을 씁니다. 교복을 착용하는 상황에서 여학생들이 교복 치마를 짧게 만들어 입고, 남학생들이 머리 모양에 신경을 쓰는 것은 당연하다고 생각됩니다. 타인에게 직접적인 피해를 끼치지 않는 그러한 행동들을 심각하게 생각하는 것이 더 문제가 아닐까요?

> 〈보기〉
> ㉠ 사회 문제는 낙인의 결과이므로 부정적 낙인을 신중하게 해야 한다.
> ㉡ 사회 문제의 원인 분석은 거시적 관점보다 미시적 관점이 효과적이다.
> ㉢ 사회 문제는 목표를 달성하기 위한 합법적 수단의 부재에서 비롯된다.
> ㉣ 정확한 진단을 통해 불균형 상태를 제거하고 균형 상태로 돌림으로써 사회 문제를 해결할 수 있다.

① ㉠, ㉡
② ㉠, ㉢
③ ㉢, ㉣
④ ㉠, ㉡, ㉢

Point

을은 학생들이 외모에 신경 쓰는 것이 일탈 행동이라는 갑의 주장에 대해 외모에 신경 쓰는 것은 청소년기에 나타나는 일반적 특징이고, 이러한 행동들을 부정적으로 낙인찍는 행위가 더 문제라고 반박하고 있다.
㉠ 낙인이론에서는 부정적 낙인을 신중하게 하는 것이 사회 문제 해결에 있어서 중요하다고 본다.
㉡ 낙인 이론은 사회 문제를 바라보는 미시적 관점에 해당한다.
㉢ 기능론에 속하는 아노미 이론에서 사회 문제의 발생 원인을 진술한 것이다.
㉣ 사회 해체론에서 주장하는 사회 문제의 해결 방안이다.

7 사회 변동 이론 A, B에 대한 옳은 설명을 〈보기〉에서 고른 것은?

> 과거 다수의 중국인과 서구인은 사회 변동의 방향에 대해 다른 관점을 가지고 있었다. 중국인은 무질서의 시기가 있으면 질서의 시기가 있고 번영의 시기가 지나면 쇠퇴의 시기가 오는 것이 인간사의 일반적 과정이라고 보았다. 한편, 서구인은 변동이 곧 진보이며 그 과정은 무한히 지속될 것이라고 인식하여 사회 변동을 긍정적으로 보았다. 이를 사회 변동 이론에 적용해 보면, 중국인의 관점은 A에, 서구인의 관점은 B에 가깝다.

〈보기〉
ⓐ A에 따르면 사회 변동은 부정적인 현상이다.
ⓑ A에 따르면 현대 사회가 전통 사회보다 반드시 우월한 것은 아니다.
ⓒ B에 따르면 사회는 안정적이고 단순한 형태로 발전한다.
ⓓ A, B에 따르면 사회 변동에는 일정한 양상이 나타난다.

① ㉠, ㉡
② ㉠, ㉢
③ ㉡, ㉢
④ ㉡, ㉣

Point

제시문의 A는 사회가 탄생과 성장, 쇠퇴, 해체를 반복한다고 보는 순환론이다. B는 사회가 일정한 방향으로 발전과 진보가 이루어진다고 보는 진화론이다.
ⓑ 순환론에 따르면 사회 변동은 일정한 과정이 반복되기 때문에 현대 사회가 전통 사회보다 반드시 우월하다고 볼 수 없다.
ⓓ 순환론은 일정한 과정이 반복된다는 측면을, 진화론은 일정한 방향으로 진보한다는 측면을 강조한다. 따라서 모두 사회 변동에는 일정한 양상이 나타난다고 본다.
ⓐ 순환론은 사회가 일시적으로 쇠퇴하거나 해체되기도 하지만 전체적으로는 발전되는 방향으로 변동된다고 보기 때문에 사회 변동에 대해 부정적이지 않다.
ⓒ 진화론은 사회가 단순한 것에서 복잡한 것으로, 낡은 것에서 새로운 것으로 변화한다고 보기 때문에 사회의 안정성보다 변동성을 강조한다.

Answer 6.① 7.④

8 다음은 사회 문제에 대한 정의들이다. 이를 종합할 때 사회 문제의 성격으로 적절한 것은?

> • 사회 질서의 상당 부분이 일반적으로 받아들여지고 있는 하나 또는 그 이상의 규범을 위배하고 있다고 간주되는 행동 양식
> • 사회의 영향력 있는 집단이 어떤 사회적 상태에 대하여 그것이 사회의 가치를 위협하고 있고 집단적 행동으로 개선이 가능하다고 인식하는 것
> • 사회의 상당수 사람들이 그들의 가치와 윤리 기준에 의하여 사회 질서를 위협한다고 판단하고 사회적 행동으로 그 개선이 가능하다고 생각하는 현상

① 한 개인 혹은 가족의 노력으로 해결이 가능하다.
② 대다수의 신문 및 방송에서 문제로 판단하는 것이다.
③ 지진, 홍수, 태풍 등의 자연 현상을 지칭하기도 한다.
④ 어떤 현상이 한 개인의 특별한 가치에 위배되어야 한다.

Point

제시된 사회 문제의 정의를 종합하면, 사회 문제는 어떤 사회적 현상이 1) 사회적 가치(또는 규범)에서 벗어나고, 2) 상당수의 사람이 그 현상으로 인해 부정적 영향을 받으며, 3) 그 원인이 사회적인 것이고, 4) 다수의 사람들, 혹은 영향력 있는 사람들이 문제로 판단하고 있으며, 5) 사회가 개선을 원하고, 6) 개선을 위한 집단적 행동이 요청되는 것이다. 따라서, 이 조건에 해당되는 진술은 ②이다.

9 다음 대화에서 대립되는 쟁점으로 가장 적절한 것은?

> 갑 : 우리 사회는 정부 주도의 산업화를 통해 세계에서 보기 드문 경제 성장을 이루었습니다.
>
> 을 : 물론 그렇죠. 하지만 산업화에만 치우친 근대화로 인해 권위주의적인 문화가 형성되었고, 아직까지 전근대적인 사고방식과 가치관이 남아 있습니다.
>
> 갑 : 당신이 제기한 문제에 저도 동의합니다. 그렇지만 그 문제는 산업 구조가 고도화되면 장차 저절로 해결될 것입니다.
>
> 을 : 산업 구조가 고도화된다고 해서 전근대적인 문화와 의식이 저절로 바뀌는 것은 아닙니다.

① 과거 우리 사회에서 근대화가 필요하였는가?

② 근대화로 인해 우리 사회에서 나타난 문제는 무엇인가?

③ 정부 주도의 산업화 전략은 경제 성장에 도움이 되었는가?

④ 산업화가 근대화를 구성하는 다양한 부문을 선도할 수 있는가?

Point

근대화의 특성을 파악하는지 묻는 문제이다. 갑과 을이 서로 의견을 달리하는 부분은 산업화로 인한 경제 성장이 가치관의 합리화나 민주적 문화 등을 자연스럽게 이끌어낼 수 있는가 여부이다.

② 권위주의적 문화(文化) 등이 존재한다는 데에는 갑과 을의 의견이 일치한다.

Answer) 8.② 9.④

가볍게! 빠르게! 확인하는 용어사전 시리즈

시사용어사전 1228 | 경제용어사전 1050 | 부동산용어사전 1310

시사용어사전 1228

매일 접하는 각종 기사와 정보! 공기업/언론사/기업체/공무원 채용을 준비하는 수험생과
현대인이 꼭 알아야 할 최신 시사상식을 쏙쏙 뽑아 이해하기 쉽도록 영역별로 정리

경제용어사전 1050

주요 경제용어는 거의 다 실었다! 금융권/공기업/언론사/기업체/공무원 채용을 준비하기 전에,
경제 공부를 시작하기 전에 읽어보면 경제가 쉬워지도록 사전식으로 구성

부동산용어사전 1310

부동산에 대한 이해를 높이고 부동산의 개발과 활용, 투자 및 부동산 용어 학습에도
적극적으로 이용할 수 있는 교재, 공인중개사 출제용어도 수록

자격증

한번에 따기 위한 서원각 교재

한 권에 준비하기 시리즈 / 기출문제 정복하기 시리즈를 통해 자격증 준비하자!